重庆市市级优质课程配套教材

应用数理统计

钟　波　刘琼荪　刘朝林　荣腾中　黄光辉　编著

科学出版社

北　京

内 容 简 介

本书是重庆市市级优质课程配套教材，是重庆市研究生教育教学改革重大项目成果，全书共 7 章，分别是概率论基础及应用、数理统计基础、参数估计、假设检验、回归分析、方差分析与正交设计、多元统计分析．本书每章均配有应用案例、章节总结、应用分享和习题，便于教师教学和学生自学．

本书可以作为高等院校工科专业研究生的数理统计教材，也可以作为相关专业研究生的参考资料．

图书在版编目（CIP）数据

应用数理统计/钟波等编著．—北京：科学出版社，2017.9
重庆市市级优质课程配套教材
ISBN 978-7-03-054214-4

Ⅰ．①应… Ⅱ．①钟… Ⅲ．①数理统计-研究生-教材 Ⅳ．①O212

中国版本图书馆 CIP 数据核字(2017)第 201810 号

责任编辑：任俊红 孙翠勤 / 责任校对：桂伟利
责任印制：侯文娟 / 封面设计：华路天然工作室

科学出版社 出版
北京东黄城根北街 16 号
邮政编码：100717
http://www.sciencep.com
天津市新科印刷有限公司印刷
科学出版社发行 各地新华书店经销
*
2017 年 9 月第 一 版 开本：787 × 1092 1/16
2025 年 6 月第七次印刷 印张：22
字数：522 000

定价：49.00 元

（如有印装质量问题，我社负责调换）

前　言

在科学研究和实际生产的各个领域中，需要对大量的数据进行处理和分析，尤其是随着科技的快速发展，数据在规模和类型上都发生了巨大变化，亟待工程技术人员等实际工作者对海量数据、大数据进行分析与挖掘.

数理统计是一门研究随机现象及其统计规律的数学学科，它以概率论为基础，研究如何获取随机现象的观测数据、如何根据观测数据推断随机现象的统计规律. 数理统计不仅为人们认识随机现象提供了有效的方法，而且为人们分析和挖掘数据集合的结构、特征、数据间的关系等提供了丰富的思想和技术.

重庆大学研究生数理统计课程是重庆市市级优质课程，有着丰富的教学成果. 本书结合作者多年积累的教学实践和教材编写经验，参考国内外相关优秀教材，以工科专业硕士研究生的培养目标为指导，在重庆市研究生教育教学改革重大研究项目——“加强专业硕士数理统计课程建设，提高学生应用能力”的支持下编写而成. 编写宗旨是：突出数理统计的应用性和实践性，重视统计思想的理解和统计方法在实际中的灵活应用，把现代科技与经济管理中的统计应用成果引入教材，提高读者的学习兴趣.

本书有如下特色.

(1) 内容浅显易懂. 结合实例，详细、透彻地介绍了数理统计的基本理论与方法，深入浅出地阐述了统计方法蕴含的统计思想与原理.

(2) 强调应用性，注意与统计软件结合. 书中引例、例题、应用案例、习题大量地选择了来源于工程管理、医学卫生、生物、信息、社会与经济等各个学科领域的实际问题. 各章的“应用案例”小节从实际问题出发，以真实数据为例，结合 Excel 或 R 等统计软件，呈现了“问题描述→统计模型建立→统计方法选择→软件求解（模拟）→结果分析”这种解决实际问题的全过程. 每章的“应用分享”小节呈现了统计在现代社会、科技以及工程管理等领域中的实际应用.各章习题中的 B 组题主要用于统计应用能力的训练.

(3) 强调实践性，注重学以致用. 各章设置了“结合你的专业背景研讨问题”的练习题，即要求读者结合自己的专业领域提出统计问题，收集数据，并解决问题. 引导学生勇于实践，用已学到的知识解决自己身边的问题.

(4) 引入随机模拟方法，以增强统计应用与研究能力. 随机模拟是进行计算机仿真、统计实践的一种重要而又方便、实用的现代统计方法. 此方法的引入，可以帮助读者更好地理解数理统计的基本理论，更好地用统计实验方法研讨一些较困难的问题.

(5) 注重研究性思维和自学能力的培养. 在习题中，编制了讨论题和查阅资料自学新知识的练习题. 这部分习题是对教材内容进一步的思考或扩展，以及新知识、统计应用新概念的学习.

本书主要面向高等院校工科专业硕士研究生，所需的预备知识是微积分和线性代数的基础知识.

本书共七章，具体分工是：第 1 章由荣腾中编写，第 2 章由刘朝林编写，第 3、4 章由钟波编写，第 5、6 章由刘琼荪编写，第 7 章由黄光辉编写. 全书校对工作由潘明勇完成.

书中许多例题、习题是从大量参考文献激发的思想中产生的，在此对参考文献的作者深表感谢！

本书的编写得到了学校各级领导和数理统计课程组教师的积极支持；同时，也得到了数学与统计学院部分研究生和本科生的热诚帮助，在此对他们表示真诚的感谢！

由于编者水平有限，文中难免不当之处，恳请广大读者不吝赐教.

编　者

2017 年 5 月 30 日

于重庆大学数学与统计学院

目　　录

第1章　概率论基础及应用

数学被人们尊崇为自然科学的皇后. 长期以来, 在传统的数学王国里, 结论都是确定的. 5个原始人均分15只猎物, 每人可分3只; 古巴比伦王国的土地分配, 无论是三角形还是平行四边形, 只关心土地面积是否相同; 直角三角形三边必定满足“勾股定理”; 祖冲之精确地计算了圆的周长与直径的比例常数π; 曲线长度可以用微积分准确计算. 然而, 现实生活并非如理想的数学模型一般, 常存在着随机因素, 使得用纯粹的数学来度量不够精确. 要更深刻地认识客观世界, 必须对这些随机因素进行探究. 在随机领域里, 结果是不确定的、随机的. 比如, 掷两颗骰子点数之和等于多少? 结果有很多, 一次抛掷两颗骰子出现哪一个结果具有随机性. 但如果能发现随机现象(random phenomenon)的客观规律性, 即在大量的观测、试验中随机现象表现出的统计规律, 就可以利用这些规律为生产生活服务.

随机数学(random mathematics)是研究随机现象及其统计规律性的一门数学学科, 它包含概率论(probability theory)、数理统计(mathematical statistics)、随机过程(stochastic processes)、试验设计(test design)、抽样调查(sample survey)、随机分析(stochastic analysis)等许多分支. 其中, 概率论与数理统计是随机数学的基础部分.

概率论给出了描述随机现象及其统计规律性的数学方法和模型, 从理论上研究随机事件发生的概率及性质; 数理统计运用概率论的理论与方法, 通过研究如何有效地收集、整理和分析随机现象的观测数据, 实现对随机现象及其统计规律性的认识.

概率论起源于17世纪中叶. 当时, 在误差分析、人口统计等范畴中有大量的随机数据资料需要整理和研究, 从而孕育出一门数学分支专门用于研究随机现象的规律性. 同时, 由于欧洲贵族赌博的兴起, 在利益的驱动下, 越来越多的精英投入到“可能性”的研究上来. 渐渐地, 人们不再满足于诸如“掷硬币赌正反面”这样简单的赌博方式, 希望增加赌局复杂度和趣味性, 把“可能性”进行“加密”, 让有概率运算能力的人靠技术拥有更多的赌博优势. 比如, 庄家掷骰子一次, 抛掷前下注三个点; 或是庄家掷骰子三次, 抛掷前下注一个点. 这两种赌博方式, 可能性是不是一样的呢? 应用古典概率计算方法, 可推断第一种方式对赌徒有利.

使概率论成为数学的一个分支, 并做出重要贡献的是瑞士数学家雅各布·伯努利(Jakob Bernoulli), 他于1689年建立了概率论中的第一个极限定理——“伯努利大数定律”. 法国数学家拉普拉斯(Laplace)于1812年出版了《概率的分析理论》, 首先明确地给出了概率的古典定义. 后来, 经过高斯(Gauss)和泊松(Poisson)等数学家的努力, 概率论在数学中的地位基本确立. 到了20世纪30年代, 数学家柯尔莫哥洛夫(Kolmogorov)提出了概率的公理化定义, 为概率论的发展做出了杰出贡献, 使概率论成为一门严谨的数学分支.

概率论作为理论严谨、应用广泛的数学学科日益受到人们的重视, 并随着社会和科学技术的发展而发展. 21世纪以来, 概率论的理论与方法已渗透到各个学科和领域. 例如:

◆应用概率论的分析方法对通信数据、电子商务数据、金融数据等建立概率模型, 推断随机规律、进行科学预测.

◆建立在概率论基础上的随机化优化算法、概率结构化过程是计算机科学的基本工具,其应用涉及组合优化、机器学习、通信网络以及安全协议等诸多领域. 越来越高级、越来越复杂的概率技术已用于更加广泛和更富有挑战性的问题.

◆基于概率论的可靠性数学, 广泛应用于航空航天、电力系统、核能系统、通信系统、软件系统、桥梁系统等的工程可靠性研究.

◆以概率论为基础的随机复杂网络理论, 在基因动态调控模型、干细胞等重要生物体的演化、计算机病毒在互联网或邮件网络中的传播、黑客对计算机网站攻击的演化, 以及禽流感、艾滋病等恶性传染病在人群构成的复杂网络中的传播、信用风险与非法资金在金融机构形成的复杂网络中的传播与扩散等方面, 有着深入的应用.

◆概率论是保险精算学科中保险模型、破产理论、分红理论、风险分析以及决策与风险控制理论的基础, 是保险公司对其风险进行定量分析和预测, 并根据这些结果进行管理与控制风险的基础理论.

诸如此类的例子, 举不胜举. 总之, 科学研究已经将随机性视为建模和分析中的基本组成部分.

概率论是数理统计的理论基础, 为了便于更好地学习数理统计知识, 本章对概率论的基础知识及其应用进行了概述.

1.1　随机事件及概率

1.1.1　随机事件

在一定条件下可能发生也可能不发生的现象称为随机现象或随机事件, 简称为事件(random event), 常用大写字母 A, B, C 等或带下标的 $A_i, B_j(i=1, 2, \cdots; j=1, 2,\cdots)$等表示. 在一定条件下必然发生的现象称为必然事件, 用Ω表示. 在一定条件下不可能发生的现象称为不可能事件, 用$\varnothing$表示. 在概率论中, 随机事件一定是某个随机试验 E 中的随机现象. 为了运用"集合"工具研究随机事件, 需要引入"样本点"和"样本空间"的概念. 将随机试验 E 中的基本事件称为样本点, 一般用小写字母ω, e 等或数字表示, 由所有样本点组成的集合称为E的样本空间, 记为Ω. 随机试验E中的任何一个随机事件A, 都有一个样本空间Ω的子集与之对应, 该子集具有这样的性质: 随机事件 A 发生当且仅当子集中的某一样本点发生. 因此, 任何一个随机事件都可以用样本空间的一个子集表示. 这样, 随机事件的问题可以转化为"集合"的问题.

运用集合论的知识, 可以方便地表示子事件 $A\subset B$、两事件相等 $A=B$、和事件 $A\cup B$、积事件 AB (或 $A\cap B$)、差事件 $A-B$、互斥事件 $AB=\varnothing$、逆事件 $\overline{A}$、完备事件组 $A_1, A_2,\cdots, A_n$ $\left(\text{两两互斥且}\bigcup_{i=1}^{n}A_i=\Omega\right)$等事件的关系与运算, 并且得到下列事件的运算规律:

(1) 交换律: $A\cup B=B\cup A, AB=BA$.

(2) 结合律: $(A\cup B)\cup C=A\cup(B\cup C)$, $(AB)C=A(BC)$.

(3) 分配律: $(A\cup B)\cap C=AC\cup BC$, $(A\cap B)\cup C=(A\cup C)\cap(B\cup C)$.

(4) 德摩根(De Morgan)定理(对偶律): $\overline{\bigcup_{i=1}^{n}A_i}=\bigcap_{i=1}^{n}\overline{A_i}$, $\overline{\bigcap_{i=1}^{n}A_i}=\bigcup_{i=1}^{n}\overline{A_i}$.

(5) 差化积: $A-B=A\overline{B}$.

(6) 吸收律: 如果 $A\subset B$, 则 $A\cup B=B, AB=A$.

1.1.2　概率的定义及性质

直观来讲, 概率(probability)是对事件在一次随机试验中发生可能性大小的一种数量度量, 介于 0 与 1 之间, 概率越接近数值 1, 则表明事件发生的可能性越大. 在一次随机试验中, 事件 A 的发生具有偶然性, 但在多次重复试验中, 事件 A 的发生却呈现出一定的规律性, 称这种规律性为统计规律, 即随着重复试验次数 n 的增加, 事件 A 发生的频率 $f_n(A)=\dfrac{r}{n}$ 会稳定在某一常数附近, 该常数称为频率的稳定值, 也就是事件 A 的概率 $P(A)$.

例 1.1.1　在足球比赛中, 罚点球是一个扣人心弦的场面. 若用 A 表示“罚点球射中球门”的事件, 那么事件 A 的概率是多少呢? 这可以用通过重复试验所得的数据资料计算出的频率估计概率 $P(A)$. 曾经有人对 1930～1988 年世界各地 53274 场重大足球比赛作了统计, 在判罚的 15382 个点球中, 有 11172 个射中球门, 其频率为 $11172/15382\approx 0.726$, 这就是概率 $P(A)$ 的一个估计值.

理论上 $P(A)$ 是存在的, 但在现实世界里人们无法将一个试验无限次地重复下去. 因此, 探寻事件的概率, 还不能完全依赖于做大量的重复试验, 需要进行理论上的研究、推断和假设. 比如, 古典概率、几何概率、概率的公理化定义.

1. 古典概率

假设随机试验 E 的样本空间 Ω 满足: ① Ω 是有限集合; ② Ω 中基本事件发生的可能性相等, 则随机试验 E 的任意事件 A 的概率:

$$P(A)=\frac{r}{n} \tag{1.1.1}$$

称由上述公式定义的概率为古典概率. 其中: n 表示 Ω 中基本事件的总数, r 表示事件 A 包含的基本事件数.

古典概率具有以下三个基本性质:

(1) 非负性: 对任意事件 A, 有 $0\leqslant P(A)\leqslant 1$;

(2) 规范性: $P(\Omega)=1$;

(3) 有限可加性: 设事件 $A_1, A_2, \cdots, A_m$ 为两两互斥的事件, 则 $P\left(\bigcup\limits_{i=1}^{m} A_i\right)=\sum\limits_{i=1}^{m} P(A_i)$.

2. 几何概率

当样本空间 Ω 是某个可度量的区域, 且基本事件在区域中是均匀等可能的. 则由区域 Ω 中的某个子区域 A 构成的随机事件的概率为

$$P(A)=\frac{A\text{的几何测度}}{\Omega\text{的几何测度}} \tag{1.1.2}$$

称由上述公式定义的概率为几何概率. 其中, 当区域 Ω 为一维、二维或三维区域时, 对应的几何测度分别为长度、面积及体积.

几何概率具有下列性质:

(1) 非负性: 对任意事件 A, 有 $0 \leqslant P(A) \leqslant 1$;

(2) 规范性: $P(\Omega)=1$;

(3) 可列可加性: 设事件 $A_1, A_2, \cdots, A_n, \cdots$ 为两两互斥的可列个事件, 则 $P\left(\bigcup_{i=1}^{+\infty} A_i\right)=\sum_{i=1}^{+\infty} P(A_i)$.

3. 概率的公理化定义

概率的公理化定义, 以一些不加证明而承认的前提为概率公理, 这些公理规定了概率理论的一些基本关系和所满足的条件, 为复杂随机事件的概率分析以及深入的理论推演奠定了基础.

1933 年, 苏联数学家柯尔莫哥洛夫提出了下列概率的公理化定义.

定义 1.1.1 设 Ω 是随机试验 E 的样本空间, F 是 Ω 中事件组成的集合, 称为事件域, P 是定义在 F 上的实值集合函数(测度), 即 $P: F \mapsto [0,1]$. 如果 P 满足:

公理 1 (非负性) $P(A) \geqslant 0$;

公理 2 (规范性) $P(\Omega)=1$;

公理 3 (可列可加性) $P\left(\bigcup_{i=1}^{+\infty} A_i\right)=\sum_{i=1}^{+\infty} P(A_i)$, 其中事件 $A_1, A_2, \cdots, A_n, \cdots$ 两两互斥.

则称 $P(A)$ 为事件 A 的概率.

在概率论体系里, Ω, F 和概率 P 三元素就构成了概率的全部, 称 (Ω, F, P) 为概率空间(probability space).

可以验证, 古典概率和几何概率皆满足上述概率的公理化定义.

利用概率的公理化定义可以导出概率的一系列性质.

性质 1.1.1 (1) 不可能事件的概率为零, 即 $P(\varnothing)=0$;

(2) 有限可加性: 设 $A_1, A_2, \cdots, A_n$ 为两两互斥的 n 个事件, 则

$$P\left(\sum_{i=1}^{n} A_i\right)=\sum_{i=1}^{n} P(A_i) \tag{1.1.3}$$

(3) 对任意一个事件 A, $P(\bar{A})=1-P(A)$;

(4) 减法公式: $P(A-B)=P(A)-P(AB)$;

(5) 单调性: 若 $A \subset B$, 则 $P(A) \leqslant P(B)$;

(6) 有界性: 对任意一个事件 A, $0 \leqslant P(A) \leqslant 1$;

(7) 加法公式: $P(A \cup B)=P(A)+P(B)-P(AB)$, 更一般的加法公式为

$$P\left(\bigcup_{i=1}^{n} A_i\right)=\sum_{i=1}^{n} P(A_i)-\sum_{i=1}^{n-1} \sum_{j=i+1}^{n} P(A_i A_j)+\cdots+(-1)^{n-1} P(A_1 A_2 \cdots A_n) \tag{1.1.4}$$

4. 条件概率

条件概率 $P(B \mid A)$ 描述的是在事件 A 已经发生的情况下事件 B 发生的概率, 可以理解为是对 $P(B)$ 的修正或在掌握了新信息 A 时对事件 B 发生概率的新认识. 当 $P(A)>0$ 时, 有下面的条件概率公式:

$$P(B \mid A)=\frac{P(AB)}{P(A)} \tag{1.1.5}$$

条件概率有如下性质.

性质 1.1.2　(1) 非负性: 对任意事件 B, 有 $P(B \mid A) \geqslant 0$;

(2) 规范性: $P(\Omega \mid A)=1$;

(3) 可列可加性: 若 $B_1, B_2, \cdots, B_n, \cdots$ 是两两互斥的随机事件, 则

$$P\left(\sum_{i=1}^{+\infty} B_i \mid A\right)=\sum_{i=1}^{+\infty} P(B_i \mid A)$$

(4) 对任意事件 B, 有 $P(\bar{B} \mid A)=1-P(B \mid A)$;

(5) 加法公式: $P(B_1 \cup B_2 \mid A)=P(B_1 \mid A)+P(B_2 \mid A)-P(B_1 B_2 \mid A)$.

将(1.1.5)式变形, 得到如下的乘法公式.

性质 1.1.3 (乘法公式)　设 A 与 B 是两事件, 且 $P(A)>0$, $P(B)>0$, 则

$$P(AB)=P(B) P(A \mid B) \tag{1.1.6}$$

$$P(AB)=P(A) P(B \mid A) \tag{1.1.7}$$

由乘法公式, 可导出下列两个著名的公式, 即全概率公式和贝叶斯(Bayes)公式.

性质 1.1.4 (全概率公式与贝叶斯公式)　设 $A_1, A_2, \cdots, A_n$ 是两两互斥的事件组, $P(A_i)>0$, $i=1,2,\cdots,n$, 且 $B \subset \sum_{i=1}^{n} A_i$, 则

$$P(B)=\sum_{i=1}^{n} P(B \mid A_i) P(A_i) \tag{1.1.8}$$

$$P(A_i \mid B)=\frac{P(A_i B)}{P(B)}=\frac{P(A_i) P(B \mid A_i)}{\sum_{j=1}^{n} P(A_j) P(B \mid A_j)}, \quad i=1,2,\cdots,n \tag{1.1.9}$$

称(1.1.8)式为全概率公式, (1.1.9)式为贝叶斯公式.

条件 $B \subset \sum_{i=1}^{n} A_i$ 表示: $A_1, A_2, \cdots, A_n$ 是与事件 B 有关的全部可能的、两两互斥的事件. 因此, B 发生时一定是 $A_1 B, A_2 B, \cdots, A_n B$ 中某个事件发生, 事件 B 的概率 $P(B)$ 就是全部事件 $A_1 B, A_2 B, \cdots, A_n B$ 的概率和. 全概率公式可以用图 1.1.1 所示的网络图形表示.

在图 1.1.1 中, 每条线的终端分别对应事件 $A_1, A_2, \cdots, A_n$ 及其概率, 表示与事件 B 有关的全部事件, 每条线上有一个条件概率 $P(B \mid A_i), i=1,2,\cdots,n$, 表示在 $A_i (i=1,2,\cdots,n)$ 发生的条件下, B 发生的可能性. 于是, 事件 B 发生的概率 $P(B)$ 就是各条线上的条件概率与对应终端概率乘积的全部和. 在实际应用中, 常常将事件 $A_1, A_2, \cdots, A_n$ 理解为引起事件 B 发生的各种 “原因”, 事件 B 理解为这些 “原因” 导致的 “结果”. 从这个角度讲, 全概率公式表示: “结果 B” 发生的概率由各个 “原因” 发生的概率 $P(A_i) (i=1,2,\cdots,n)$ 和 “原因” 作为条件时 “结果 B” 发生的条件概率

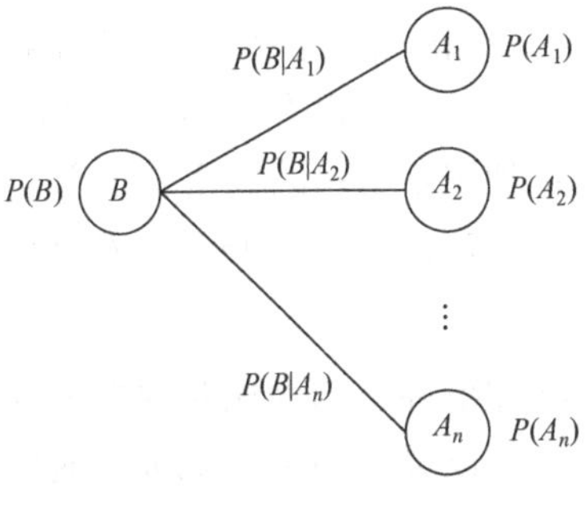

图 1.1.1　全概率公式的示意图

$P(B|A_i), i=1,2,\cdots,n$ 确定，是一种“由因推果”的概率计算．而贝叶斯公式计算的是“结果 B”已经发生的条件下各个“原因”发生的概率，即条件概率，是一种“由果推因”的概率计算．

在实际应用中，常把概率 $P(A_1),P(A_2),\cdots,P(A_n)$ 称为先验概率，一般可以通过经验获得；而 $P(A_i|B)$ 称为后验概率，是在知道 B 发生的信息下对事件 $A_1,A_2,\cdots,A_n$ 发生可能性大小的重新认识，也是利用信息 B 对先验概率 $P(A_i)$ 的一种修正．所以，贝叶斯公式也称为后验概率计算公式．

贝叶斯公式由英国数学家贝叶斯(Thomas Bayes)在 18 世纪提出．贝叶斯公式实现了先验信息到后验信息的转化，使人们对随机事件发生的概率有了更加客观的认识方法．贝叶斯公式在统计推断领域里有着重要的影响，以贝叶斯公式为基础形成的贝叶斯统计(Beyes statistics)是当今应用非常广泛的一个统计分支，尤其在数据挖掘、机器学习、机器翻译、模式识别、故障诊断等领域已得到深入的应用．

例 1.1.2　某个人欲向银行贷款，银行需要考察他的诚信度．如果此人首次贷款，那么银行会考察他的现状，如他的财产情况、工作状况等，利用这些信息可以估计他的诚信度，即按时还款可能性．如果此人曾经有一次贷款没有按期还款，那么他的诚信度肯定会下降．会下降多少呢？下面借助贝叶斯公式定量地估计他的诚信度下降的程度．

设事件 A 表示某人的“诚信”，且诚信度为 80%，即 $P(A)=0.8$．事件 B 表示此人“曾经有一次贷款没有按期还款”．一般地，在诚信度较高的情况下，曾经有一次贷款没有按期还款的可能性较小，而诚信度低时，曾经有一次贷款为按期还款的可能性较大．不妨设为

$$P(B|A)=0.1,\quad P(B|\bar{A})=0.7$$

当事件 B 已经发生了，那么，重新审视此人的诚信，就是对他诚信度的后验认识．由贝叶斯公式计算得

$$P(A|B)=\frac{P(A)P(B|A)}{P(A)P(B|A)+P(\bar{A})P(B|\bar{A})}$$

$$=\frac{0.8\times 0.1}{0.8\times 0.1+0.2\times 0.7}\approx 0.3636$$

计算结果表明，一旦他曾经有一次贷款没有按期还款，那么他的诚信度将从 80%大幅度下降到 36.36%．

1.1.3　事件的独立性

由于事件的发生会对概率产生影响，故在一般情况下，$P(A|B)\neq P(A)$．但当事件 B 对事件 A 的概率没有影响时，即 $P(A|B)=P(A)$，此时称事件 A 与 B 相互独立．事件之间的独立关系常用积事件的概率来定义．

定义 1.1.2　设 A，B 是概率空间 (Ω, F, P) 的事件，若

$$P(AB)=P(A)P(B) \tag{1.1.10}$$

则称事件 A 与 B 相互独立(independent)．

设 $A_1,A_2,\cdots,A_n$ 为 n 个随机事件，如果对其中任意 $s(2\leqslant s\leqslant n)$ 个事件 $A_{k_1},A_{k_2},\cdots,A_{k_s}$，均有

$$P(A_{k_1}A_{k_2}\cdots A_{k_s})=P(A_{k_1})P(A_{k_2})\cdots P(A_{k_s}) \tag{1.1.11}$$

则称事件 $A_1,A_2,\cdots,A_n$ 相互独立．

性质 1.1.5 (事件独立的性质)　(1) 若 $P(A)>0, P(B)>0$，则事件 A 与 B 相互独立的充要条件是

$$P(A|B)=P(A) \quad 或 \quad P(B|A)=P(B)$$

(2) 事件 A 与 B，A 与 $\overline{B}$，$\overline{A}$ 与 B，$\overline{A}$ 与 $\overline{B}$ 之间的独立性同时成立.

(3) 必然事件 Ω 与任意事件 A 相互独立，不可能事件 $\varnothing$ 与任意事件 A 相互独立.

(4) 若事件 $A_1, A_2, \cdots, A_n$ 相互独立，则将其中任一部分事件改为对立事件，所得事件组仍为相互独立的事件.

(5) 若事件 $A_1, A_2, \cdots, A_n$ 相互独立，将 $A_1, A_2, \cdots, A_n$ 任意分成多组，并对组内的事件施行“并、交、差、补”运算后所得事件之间也相互独立.

有了事件的独立性概念就可以定义 n 重伯努利试验，并得到重要的二项概率公式.

定义 1.1.3　设 E 为随机试验，若每次试验要么事件 A 发生，要么事件 $\overline{A}$ 发生，则称该试验为伯努利试验. 将伯努利试验独立重复 n 次，则称这 n 次试验为 n 重伯努利试验.

性质 1.1.6 (二项概率(binomial probability)公式)　在 n 重伯努利试验中，设事件 A 每次发生的概率为 p，记 n 次试验中事件 A 发生 k 次的概率为 $P_n(k)$，则

$$P_n(k)=\mathrm{C}_n^k p^k (1-p)^{n-k}, \quad k=0,1,\cdots,n \tag{1.1.12}$$

例 1.1.3　某厂需要到外地采购 12 只集成电路装配仪表. 已知所需集成电路的不合格率为 0.1，问要采购多少只，才能以 99%的概率保证完成仪表装配.

解　要完成仪表装配，即要求采购的集成电路中合格品不少于 12 只. 仅采购 12 只时，其全部都合格的概率仅为 $0.9^{12} \approx 0.2824$. 要保证装配，当然购买得越多越好了，但由于采购成本的原因，不可能买得太多.

设 X 表示购买的 n 只集成电路中合格品的个数，则由二项概率公式(1.1.12)

$$P\{X \geqslant 12\} = \sum_{k=12}^{n} \mathrm{C}_n^k 0.9^k 0.1^{n-k} \geqslant 0.99$$

由于上式不能用解析的方法求出，从而应用离散的方法进行推算.

表 1.1.1　采购数量与保证装配概率对应表

采购数 n	保证装配概率	采购数 n	保证装配概率
12	0.2824	17	0.9953
13	0.6213	18	0.9988
14	0.8416	19	0.9997
15	0.9444	20	0.9999
16	0.9830		

由表 1.1.1 可知，采购 17 只时，可以达到要求.

1.2　一维随机变量

随机变量(random variable)及其分布概念的引入，为概率论和数理统计方法的研究提供了有效工具.

1.2.1　一维随机变量的分布

设 X 为随机变量，称

$$F(x)=P\{X\leqslant x\},\quad x\in\mathbf{R} \tag{1.2.1}$$

为 X 的分布函数.

分布函数 $F(x)$ 蕴含了随机变量 X 所有取值及其分布情况.

分布函数具有下列基本性质.

性质 1.2.1　(1) 非负性：$0\leqslant F(x)\leqslant 1,\ x\in\mathbf{R}$；

(2) 单调不减性：当 $x_1<x_2$ 时，有 $F(x_1)\leqslant F(x_2)$；

(3) 规范性：$F(-\infty)=\lim\limits_{x\to-\infty}F(x)=0,\ F(+\infty)=\lim\limits_{x\to+\infty}F(x)=1$；

(4) 右连续性：$F(x+0)=\lim\limits_{t\to x+0}F(t)=F(x), x\in\mathbf{R}$；

(5) 函数 $F(x)$ 在点 x 连续的充分必要条件是 $P\{X=x\}=0$.

随机变量分为离散型随机变量(discrete random variable)、连续型随机变量(continuous random variable)、既不离散也不连续型随机变量. 离散型随机变量、连续型随机变量是常见的两类随机变量. 如果随机变量 X 取有限多个或可列多个不同的值，则称 X 为离散型随机变量，设 X 所有可能的取值为 $a_1,a_2,\cdots,a_i,\cdots$，则称 $p_i=P\{X=a_i\}\ (i=1,2,\cdots)$ 为 X 的分布律或概率分布. 分布律具有如下两个基本性质:

(1) 非负性：$p_i\geqslant 0,\ i=1,2,\cdots$;

(2) 正则性：$\sum\limits_{i=1}^{+\infty}p_i=1$.

连续型随机变量常用于刻画高度、长度、质量、时间、面积、体积等指标. 设 $F(x)$ 为随机变量 X 的分布函数，如果 $F(x)$ 可表示为非负函数 $f(x)$ 的积分，即

$$F(x)=\int_{-\infty}^{x}f(t)\mathrm{d}t,\quad x\in\mathbf{R} \tag{1.2.2}$$

则称 X 为连续型随机变量，$f(x)$ 为 X 的密度函数(density function)，X 服从 $f(x)$，记为 $X\sim f(x)$.

连续型随机变量 X 的密度函数 $f(x)$ 与分布函数 $F(x)$ 有下列性质.

性质 1.2.2　(1) 非负性：$f(x)\geqslant 0,\quad x\in\mathbf{R}$；

(2) 规范性：$\int_{-\infty}^{+\infty}f(x)\mathrm{d}x=1$；

(3) $P\{a<X\leqslant b\}=\int_a^b f(x)\mathrm{d}x$，其中 a,b 均为常数，且 $a<b$；

(4) $F(x)$ 是连续函数;

(5) 在 $F(x)$ 的可微点 x 处，有 $F'(x)=f(x)$.

1.2.2　常见一维随机变量的分布

1. 0-1 两点分布

如果随机变量 X 的分布律为

$$P\{X=k\}=p^k(1-p)^{1-k},\quad k=0,1 \tag{1.2.3}$$

其中$0<p<1$，则称X服从 0-1 两点分布，记为$X\sim B(1,p)$.

显然，伯努利试验结果可以用服从 0-1 两点分布的随机变量描述.

2. 二项分布

如果随机变量X的分布律为

$$P\{X=k\}=\mathrm{C}_n^k p^k(1-p)^{n-k},\quad k=0,1,2,\cdots,n \tag{1.2.4}$$

其中$0<p<1$，则称X服从参数为n与p的二项分布(binomial distribution)，记为$X\sim B(n,p)$.

二项分布描述的是n重伯努利试验中事件A出现次数的分布．二项分布是离散型随机变量分布中重要的分布之一，有着广泛的应用．例如，保险公司对企业或建设项目做风险担保时，必须对各种可能事件发生的概率进行估计．做人寿和意外伤亡保险时需要计算各种各样伤亡、疾病甚至自然灾害的概率，这些概率计算需要用到二项分布．又如，在质量管理中，不合格产品数控制图和不合格率控制图的绘制，一些抽样检验方案的制定等都要用到二项分布.

例 1.2.1　有 9 台设备，间歇地使用电力．设在任一时刻每台设备都以同样的概率 0.3 需要一个单位的电力，且各设备是否需要电力相互独立．求有 3 台设备同时需要供应一个单位电力的概率.

解　设X表示 9 台设备任一时刻同时需要供应一个单位电力的设备数，则$X\sim B(9,0.3)$．于是，3 台设备同时需要供应一个单位电力的概率为

$$P\{X=3\}=\mathrm{C}_9^3 0.3^3(1-0.3)^6\approx 0.2668$$

3. 泊松分布

如果随机变量X的分布律为

$$P\{X=k\}=\mathrm{e}^{-\lambda}\frac{\lambda^k}{k!},\quad k=0,1,2,\cdots \tag{1.2.5}$$

其中$\lambda>0$，则称X服从参数为λ的泊松分布(Poisson distribution)，记为$X\sim P(\lambda)$.

泊松分布在确定一个事件在特定时间或空间间隔中发生次数的随机分布方面是非常有用的．例如，某段时间内来到某售票口买票的人数、电话交换台在给定时间内收到用户的呼叫次数、交通枢纽在某高峰期的客流量和车流量、保险公司在一定时期内被索赔的次数、某天上午某大学上课迟到的总人数、某部手机一天内收到的短信数等，都可用服从泊松分布的随机变量来描述.

例 1.2.2　某商店根据过去的销售记录知道某种商品每月的需求量(单位：件)服从参数为 9 的泊松分布．为了以 95% 及以上的概率保证商品不脱销，问商店一个月应准备多少件这种商品？

解　设商店一个月需要准备a件商品，商品每月的需求量为X件．根据题意，$X\sim P(9)$．商品要不脱销，必须$X\leqslant a$．于是，参数a应满足

$$P\{X\leqslant a\}\geqslant 0.95$$

即

$$\sum_{k=0}^{a}P\{X=k\}=\sum_{k=0}^{a}\frac{9^k}{k!}\mathrm{e}^{-9}\geqslant 0.95$$

经计算知 $\sum_{k=0}^{13}\frac{9^k}{k!}\mathrm{e}^{-9}\approx 0.9231<0.95$，$\sum_{k=0}^{14}\frac{9^k}{k!}\mathrm{e}^{-9}\approx 0.9554>0.95$. 故每月应至少准备 14 件商品就能以 95%及以上的概率保证商品不脱销.

4. 几何分布

如果离散型随机变量 X 的分布律为

$$P\{X=k\}=p(1-p)^{k-1},\quad k=1,2,3,\cdots \tag{1.2.6}$$

其中 $0<p<1$，则称 X 服从参数为 p 的几何分布(geometric distribution)，记为 $X\sim G(p)$.

几何分布描述的是事件 A 在独立重复伯努利试验中首次出现时所需伯努利试验次数的概率分布. 例如，某批产品的不合格率为 0.05，那么首次检查到不合格品的检验次数服从几何分布 $G(0.05)$；某射击运动员命中 9 环以上的概率为 0.8，则首次击中 9 环以上区域的射击次数服从几何分布 $G(0.8)$. 几何分布也是一种很重要的离散型寿命分布，它是连续型寿命分布——指数分布的离散化，在可靠性分析和应用概率模型中有着很广泛的应用.

5. 均匀分布

如果连续型随机变量 X 的密度函数

$$f(x)=\begin{cases}\dfrac{1}{b-a}, & x\in[a,b]\\ 0, & x\notin[a,b]\end{cases}\quad (a<b) \tag{1.2.7}$$

则称 X 服从区间 $[a,b]$ 上的均匀分布(uniform distribution)，记为 $X\sim U[a,b]$.

对于服从区间 $[a,b]$ 上均匀分布的随机变量 X，其取值落入 $[a,b]$ 中任一子区间内的概率只与该子区间的长度成正比，与子区间的位置无关. 因此，均匀分布可用来描述在某个区间上具有等可能结果随机现象的统计规律性. 在随机模拟方面，许多随机分布的伪随机数可以用均匀分布的随机数产生.

6. 指数分布

如果连续型随机变量 X 的密度函数

$$f(x)=\begin{cases}\lambda\mathrm{e}^{-\lambda x}, & x>0\\ 0, & x\leqslant 0\end{cases},\quad \lambda>0 \tag{1.2.8}$$

则称 X 服从参数为 λ 的指数分布(exponential distribution)，记为 $X\sim\Gamma(1,\lambda)$.

指数分布常用来描述某一事件相继两次发生之间的时间间隔分布. 例如，乘客在公共汽车站的等车时间、各种随机服务系统的服务时间和等待时间、电话的通话时间等. 指数分布也是一种重要的连续型寿命分布，常用于电子元器件、设备、系统、动物等寿命分布的描述，是唯一具有“无记忆性”的连续型寿命分布.

7. 正态分布

如果连续型随机变量 X 的密度函数

$$f(x)=\frac{1}{\sqrt{2\pi}\sigma}\mathrm{e}^{-\frac{(x-\mu)^2}{2\sigma^2}},\quad x\in\mathbf{R} \tag{1.2.9}$$

其中 μ，σ 均为常数，$\sigma>0$，则称 X 服从参数为 μ 与 σ^2 的正态分布(normal distribution)，记为 $X\sim N(\mu,\sigma^2)$.

特别地，当 $\mu=0$，$\sigma=1$ 时，(1.2.9)式变为

$$f(x)=\frac{1}{\sqrt{2\pi}}\mathrm{e}^{-\frac{x^2}{2}},\quad x\in\mathbf{R} \tag{1.2.10}$$

这时，称 X 服从标准正态分布，记为 $X\sim N(0,1)$，用 $\Phi(x)$ 表示其分布函数.

正态分布 $N(\mu,\sigma^2)$ 的密度函数 $f(x)$ 与分布函数 $F(x)$ 具有如下重要的性质.

性质 1.2.3　(1) $f(x)$，$F(x)$ 处处为正且存在各阶导数；

(2) $f(x)$ 在 $(-\infty,\mu)$ 内单调上升，在 $(\mu,+\infty)$ 内单调下降，在 $x=\mu$ 处取得最大值 $\frac{1}{\sqrt{2\pi}\sigma}$，且 $\lim\limits_{x\to\pm\infty}f(x)=0$；

(3) $f(x)$ 的图形关于直线 $x=\mu$ 对称，即 $f(\mu+x)=f(\mu-x)$；

(4) $F(x)=\Phi\left(\frac{x-\mu}{\sigma}\right)$；

(5) $\Phi(-x)=1-\Phi(x)$.

正态分布是非常重要的连续型分布，无论是在理论研究中还是在实际应用中正态分布都占有极其重要的地位，其原因是：①它是最常见的一种分布；②正态分布有许多优良的性质；③许多分布可以用正态分布来逼近，如二项分布在 n 很大时，也以正态分布为极限分布；④许多重要分布可由正态分布导出，如数理统计中的 χ^2 分布、t 分布、F 分布都是由正态分布导出的.

1.2.3　一维随机变量函数的分布

1. 离散型

设离散型随机变量 X 的分布律为 $P\{X=a_i\}=p_i$，$i=1,2,\cdots$，则函数 $Y=g(X)$ 的分布律为

$$P\{Y=b_j\}=P\{g(X)=b_j\}=\sum_{g(a_i)=b_j}P\{X=a_i\} \tag{1.2.11}$$

其中 b_j 是 Y 的任意一个取值.

2. 连续型

设连续型随机变量 X 的密度函数为 $f_X(x)$，连续型随机变量 $Y=g(X)$，则 Y 的分布函数为

$$F_Y(y)=P\{Y\leqslant y\}=P\{g(X)\leqslant y\}=\int_{g(x)\leqslant y}f_X(x)\mathrm{d}x,\quad y\in\mathbf{R} \tag{1.2.12}$$

当 $F_Y(y)$ 在 y 可导时，有 $f_Y(y)=F_Y'(y)$.

如果 $Y=aX+b$，$a\neq 0$，则随机变量 Y 的密度函数为

$$f_Y(y)=\frac{1}{|a|}f_X\left(\frac{y-b}{a}\right),\quad -\infty<y<+\infty$$

特别地，当 $X\sim N(\mu,\sigma^2)$ 时，则 $Y=aX+b\sim N(a\mu+b,a^2\sigma^2)$.

例 1.2.3　设随机变量 $X \sim \Gamma(1,\lambda)$，$Y = 1 - \mathrm{e}^{-\lambda X}$，求 Y 的分布.

解　由于 $X > 0$，所以有 $0 < Y < 1$．当 $0 < y < 1$ 时,

$$\begin{aligned} F_Y(y) &= P\{Y \leqslant y\} = P\{1 - \mathrm{e}^{-\lambda X} \leqslant y\} \\ &= P\left\{X \leqslant -\frac{\ln(1-y)}{\lambda}\right\} \\ &= F_X\left(-\frac{\ln(1-y)}{\lambda}\right) \\ &= 1 - \mathrm{e}^{\lambda\frac{\ln(1-y)}{\lambda}} = y \end{aligned}$$

因此

$$F_Y(y) = P\{Y \leqslant y\} = \begin{cases} 0, & y < 0 \\ y, & 0 \leqslant y < 1 \\ 1, & y \geqslant 1 \end{cases}$$

故 $Y \sim U(0,1)$.

显然，由 $Y = 1 - \mathrm{e}^{-\lambda X}$，可得 $X = -\dfrac{1}{\lambda}\ln(1-Y)$．此即表明若 $y_i, i = 1,2,\cdots,n$ 是来自 $U(0,1)$ 的随机数，则由 $X = -\dfrac{1}{\lambda}\ln(1-Y)$ 可变换得到来自 $\Gamma(1,\lambda)$ 分布的随机数 $x_i = -\dfrac{1}{\lambda}\ln(1-y_i)$，$i = 1,2,\cdots,n$. 此例给出了产生指数分布 $\Gamma(1,\lambda)$ 随机数的方法.

1.2.4　一维随机变量的数字特征

随机变量的数字特征(numerical characteristics)刻画了随机变量分布的某些特点，通过数字特征，可以对随机变量取值的分布情况有一个概括性的了解．常见的数字特征有均值(数学期望)、方差、协方差、相关系数、矩、偏度、峰度、变异系数和分位数.

1. 均值(数学期望)

设离散型随机变量 X 的分布律为 $P\{X = a_i\} = p_i, i = 1,2,\cdots$，若级数 $\sum\limits_{i=1}^{+\infty} a_i p_i$ 绝对收敛，则称随机变量 X 的均值(mean)或数学期望(mathematical expectation)(简称为期望)存在，记为 EX，且

$$EX = \sum_{i=1}^{+\infty} a_i p_i \tag{1.2.13}$$

设连续型随机变量 X 的密度函数为 $f(x)$，如果积分 $\int_{-\infty}^{+\infty} xf(x)\mathrm{d}x$ 绝对收敛，则称连续型随机变量 X 的均值或数学期望存在，记为 EX，且

$$EX = \int_{-\infty}^{+\infty} xf(x)\mathrm{d}x \tag{1.2.14}$$

均值 EX 反映了随机变量 X 所有取值的平均水平，刻画了随机变量 X 概率分布的中心位置. EX 是随机变量最重要的数字特征之一，它是计算其他数字特征的基础.

若随机变量 X 的分布用分布律 $P\{X = a_i\} = p_i, i = 1,2,\cdots$ 或密度函数 $f(x)$ 表示，则 X 的某

一函数 $g(X)$ 均值的计算公式为

$$E[g(X)]=\begin{cases}\sum_{i=1}^{+\infty}g(a_i)p_i, & X\text{为离散型}\\ \int_{-\infty}^{+\infty}g(x)f(x)\mathrm{d}x, & X\text{为连续型}\end{cases} \tag{1.2.15}$$

2. 方差

设 X 是随机变量，如果 $E\left(X-EX\right)^2$ 存在，则称 $E\left(X-EX\right)^2$ 为 X 的方差(variance)，记为 DX. 因此，有

$$DX=\begin{cases}\sum_{i=1}^{+\infty}(a_i-EX)^2p_i, & X\text{为离散型}\\ \int_{-\infty}^{+\infty}(x-EX)^2f(x)\mathrm{d}x, & X\text{为连续型}\end{cases} \tag{1.2.16}$$

并称 $\sqrt{DX}$ 为 X 的标准差(standard deviation)或均方差(mean square deviation).

方差 DX 刻画了随机变量 X 取值的“波动”大小或稳定性，度量了随机变量 X 偏离 EX 的平均幅度. 由方差的定义可得

$$DX=EX^2-(EX)^2 \tag{1.2.17}$$

再由(1.2.17)式得到

$$EX^2=DX+(EX)^2 \tag{1.2.18}$$

当 EX，DX 已知时，由(1.2.18)式可计算 EX^2.

3. 矩

设 X 为随机变量，如果对正整数 k，EX^k 存在，则称 EX^k 为 X 的 k 阶原点矩(origin moment)；如果 $E(X-EX)^k$ 存在，则称 $E(X-EX)^k$ 为 X 的 k 阶中心矩(central moment). 易知，均值是一阶原点矩，方差是二阶中心矩.

设 X，Y 为两个随机变量，k，l 均为正整数，如果 $E[(X-EX)^k(Y-EY)^l]$ 存在，则称 $E[(X-EX)^k(Y-EY)^l]$ 为 X 与 Y 的 $k+l$ 阶混合中心矩；如果 $E(X^kY^l)$ 存在，则称 $E(X^kY^l)$ 为 X 与 Y 的 $k+l$ 阶混合原点矩(mixed origin moment).

从理论上讲，在一定条件下，矩可以完全确定一个随机变量的分布. 所以，矩是一个十分重要的概念.

4. 偏度与峰度

偏度与峰度是随机变量特殊的“矩”，是描述随机变量分布形态的数字特征.

设随机变量 X 的三阶矩存在，则称

$$r_1=E\left(\frac{X-EX}{\sqrt{DX}}\right)^3 \tag{1.2.19}$$

为 X 的偏度(skewness).

显然，偏度r_1是标准化随机变量$X^* = \dfrac{X-EX}{\sqrt{DX}}$的三阶原点矩，刻画了随机变量$X$的分布偏离对称性的程度. 当$r_1>0$时，称随机变量$X$的分布为正偏或右偏；当$r_1=0$时，称随机变量$X$的分布关于$EX$左右对称；当$r_1<0$时，称随机变量$X$的分布为负偏或左偏. X分布的正偏、对称、负偏如图 1.2.1 所示.

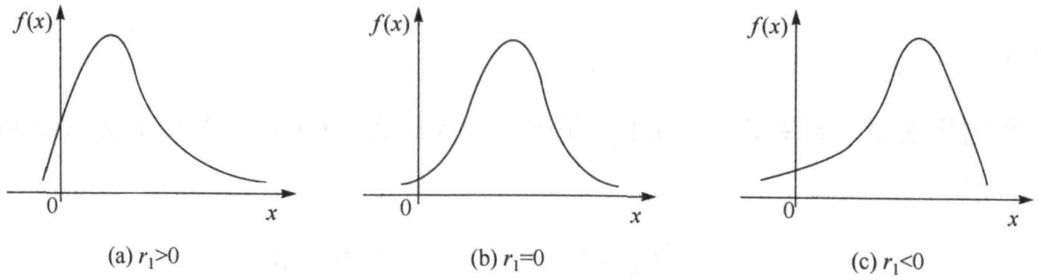

图 1.2.1 偏度示意图

设连续型随机变量X的四阶矩存在，则称

$$r_2 = E\left(\frac{X-EX}{\sqrt{DX}}\right)^4 - 3 \tag{1.2.20}$$

为X的峰度(kurtosis).

随机变量X的峰度r_2是标准化随机变量X^*的四阶原点矩，是描述X分布在均值附近陡峭程度和尾部粗细程度的一个数字特征. 由于在$X \sim N(\mu,\sigma^2)$时，有$E(X-EX)^4 = 3\sigma^4$，所以正态分布的峰度$r_2=0$. 随机变量X的峰度r_2的意义是：当$r_2>0$时，表示X^*的取值在0点附近的集中程度要大于$N(0,1)$的分布的钟形峰顶. r_2越大，0 点及附近概率越集中，峰顶越尖，同时尾部越长. 当$r_2<0$时，表示X的取值在 0 点附近的集中程度要小于$N(0,1)$的分布钟形峰顶. r_2越小，0 点附近密度曲线高度与左右尾部的差异越小，峰顶较平. 如图 1.2.2 所示.

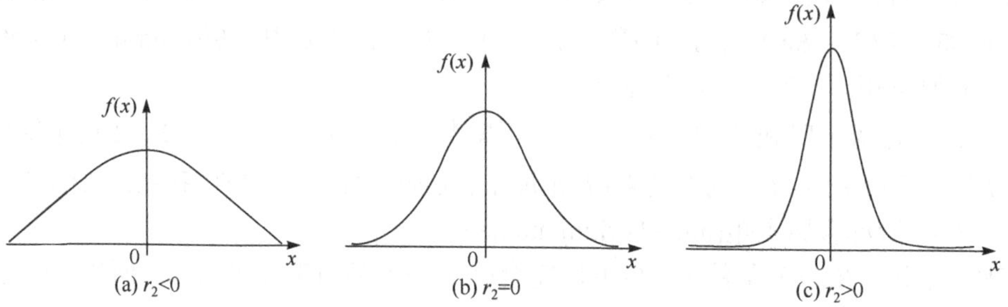

图 1.2.2 峰度示意图

5. 分位数

设X是连续型随机变量，密度函数为$f(x)$，给定概率p，若存在常数v_p，使得

$$F(v_p) = P\left\{X \leqslant v_p\right\} = \int_{-\infty}^{v_p} f(x)\mathrm{d}x = p \tag{1.2.21}$$

则称v_p为密度函数$f(x)$或随机变量X的(下侧)p分位数.

分位数v_p表示密度函数在v_p左边与坐标轴形成阴影部分的面积为p，如图 1.2.3 所示.

标准正态分布的分位数记为 u_p. 由对称性可知 $u_p=-u_{1-p}$, $u_{0.5}=0$.

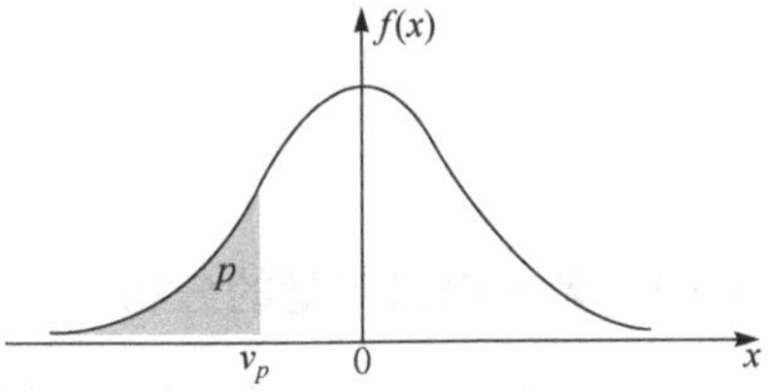

图 1.2.3　分位数示意图

例 1.2.4　某单位招聘 155 人, 按考试成绩由高到低依次录用, 共有 526 人报名. 假设考试成绩 $X\sim N(\mu,\sigma^2)$. 据统计 90 分以上的考生有 12 人, 60 分以下的有 83 人. 如果某考生的成绩为 78 分, 问此考生能否被录取?

解　根据题意, 由频率近似于概率有

$$P\{X>90\}=\frac{12}{526}\approx 0.0228 \tag{1.2.22}$$

$$P\{X<60\}=\frac{83}{526}\approx 0.1578 \tag{1.2.23}$$

可根据以上信息, 确定正态分布中的两个参数 μ,σ. 因

$$\begin{cases}\dfrac{90-\mu}{\sigma}\approx u_{1-0.0228}=2\\ \dfrac{60-\mu}{\sigma}\approx u_{0.1578}=-1\end{cases}$$

求解上述关于两个参数 μ,σ 的方程, 有 $\mu=70,\sigma=10$. 因为录取率为 $\dfrac{155}{526}\approx 0.2946$, 设录取分数限为 x_0, 则有如下关系:

$$P\{X\geqslant x_0\}=0.2946$$

则 $\dfrac{x_0-70}{10}=u_{1-0.2946}$, 经查表 $u_{1-0.2946}=u_{0.7054}=0.54$, 由此推出 $x_0=75.4$.

由于该考生的成绩为 78 分, 高于录取分数限, 所以该考生能被录取.

6. 常见分布的数学期望与方差

常见分布的数学期望和方差如表 1.2.1 所示.

表 1.2.1　常见分布的数学期望和方差

分布	数学期望	方差
0-1 两点分布	p	$p(1-p)$
二项分布 $B(n,p)$	np	$np(1-p)$
泊松分布 $P(\lambda)$	λ	λ
几何分布 $G(p)$	$\dfrac{1}{p}$	$\dfrac{1-p}{p^2}$
正态分布 $N(\mu,\sigma^2)$	μ	σ^2
均匀分布 $U[a,b]$	$\dfrac{a+b}{2}$	$\dfrac{(b-a)^2}{12}$
指数分布 $\Gamma(1,\lambda)$	$\dfrac{1}{\lambda}$	$\dfrac{1}{\lambda^2}$

1.3　多维随机向量

1.3.1　多维随机向量的分布

在实际问题中, 某些随机试验的结果需要同时用两个或两个以上的随机变量来描述, 因此客观上需要对多维随机向量及其分布进行研究.

如果 $X_1,X_2,\cdots,X_n$ 是定义在样本空间 Ω 上的 n 个随机变量, 则称 $\boldsymbol{X}=(X_1,X_2,\cdots,X_n)^{\mathrm{T}}$ 为 n 维随机向量(random vector). 对任意的 n 个实数 $x_1,x_2,\cdots,x_n$, 定义

$$F(x_1,x_2,\cdots,x_n)=P\{X_1\leqslant x_1,X_2\leqslant x_2,\cdots,X_n\leqslant x_n\}$$

为随机向量 $\boldsymbol{X}=(X_1,X_2,\cdots,X_n)^{\mathrm{T}}$ 的联合分布函数(joint distribution function), 简称为分布函数.

对离散型随机变量 $X_i(i=1,2,\cdots,n)$ 的所有可能取值 $a_{i,k_i}(k_i=1,2,\cdots)$, 称 $P\{X_1=a_{1,k_1},X_2=a_{2,k_2},\cdots,X_n=a_{n,k_n}\}$ 为 n 维随机向量 $\boldsymbol{X}$ 的联合分布律.

n 维离散型随机向量 $\boldsymbol{X}$ 的联合分布函数与联合分布律之间有如下关系:

$$F(x_1,x_2,\cdots,x_n)=\sum_{a_{1,k_1}\leqslant x_1}\sum_{a_{2,k_2}\leqslant x_2}\cdots\sum_{a_{n,k_n}\leqslant x_n}P\{X_1=a_{1,k_1},X_2=a_{2,k_2},\cdots,X_n=a_{n,k_n}\}$$

为方便起见, 将二维随机向量写为 (X,Y).

例 1.3.1　设一袋中有三个“0”号球与两个“1”号球, 从袋中有放回地取两次球, 一次取一球, 用 X,Y 分别表示第一、二次取出的球的标号. 求 (X,Y) 的联合分布律.

解　因为 (X,Y) 的可能取值为 $(0,0),(0,1),(1,0),(1,1)$, 且

$$P\{X=0,Y=0\}=\frac{9}{25},\qquad P\{X=0,Y=1\}=\frac{6}{25}$$

$$P\{X=1,Y=0\}=\frac{6}{25},\qquad P\{X=1,Y=1\}=\frac{4}{25}$$

则 (X,Y) 的联合分布律见表 1.3.1.

表 1.3.1　(X、Y)的联合分布律

X \ Y	0	1
0	$\frac{9}{25}$	$\frac{6}{25}$
1	$\frac{6}{25}$	$\frac{4}{25}$

若存在非负函数 $f(x_1,x_2,\cdots,x_n)$, 对任意实数 $x_1,x_2,\cdots,x_n$, 有

$$F(x_1,x_2,\cdots,x_n)=\int_{-\infty}^{x_n}\int_{-\infty}^{x_{n-1}}\cdots\int_{-\infty}^{x_1}f(t_1,t_2,\cdots,t_n)\mathrm{d}t_1\mathrm{d}t_2\cdots\mathrm{d}t_n$$

则称 $\boldsymbol{X}=(X_1,X_2,\cdots,X_n)^{\mathrm{T}}$ 为 n 维连续型随机向量, 称 $f(x_1,x_2,\cdots,x_n)$ 为 n 维随机向量 $\boldsymbol{X}$ 的联合密度函数.

例 1.3.2　设二维随机向量 (X,Y) 的联合密度函数为

$$f(x,y)=\begin{cases}Axy, & 0<x<1, 0<y<1\\ 0, & 其他\end{cases}$$

求: (1)常数 A；(2)概率 $P\{X+Y<1\}$.

解　(1) 因为

$$\int_{-\infty}^{+\infty}\int_{-\infty}^{+\infty}f(x,y)\mathrm{d}x\mathrm{d}y=\int_0^1\int_0^1 f(x,y)\mathrm{d}x\mathrm{d}y$$
$$=\int_0^1\mathrm{d}x\int_0^1 Axy\mathrm{d}y=A\int_0^1 x\mathrm{d}x\int_0^1 y\mathrm{d}y=\frac{A}{4}=1$$

所以 $A=4$.

(2) 如图 1.3.1 所示.

$$P\{X+Y<1\}=\iint\limits_{x+y<1}f(x,y)\mathrm{d}x\mathrm{d}y=\iint\limits_{(x,y)\in G}f(x,y)\mathrm{d}x\mathrm{d}y$$
$$=\int_0^1 2x\mathrm{d}x\int_0^{1-x}2y\mathrm{d}y=\int_0^1 2x(1-x)^2\mathrm{d}x=\frac{1}{6}$$

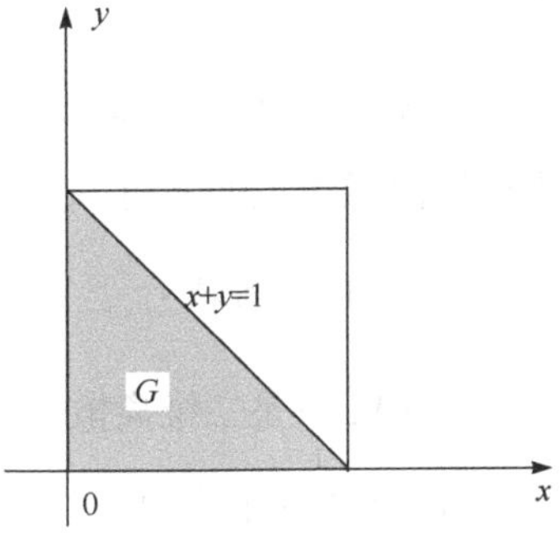

图 1.3.1　积分区域 G 的图形

1.3.2　边缘分布

多维随机向量中部分随机向量的分布称为边缘分布(marginal distribution). 二维随机向量 (X,Y) 的边缘分布与联合分布有如下关系, 对更高维的随机变量, 也有类似的结果.

1. 边缘分布函数

设二维随机向量 (X,Y) 的联合分布函数为 $F(x,y)$，边缘分布函数为 $F_X(x), F_Y(y)$，则有

$$F_X(x)=F(x,+\infty),\quad x\in\mathbf{R} \tag{1.3.1}$$
$$F_Y(y)=F(+\infty,y),\quad y\in\mathbf{R} \tag{1.3.2}$$

2. 边缘分布律

设二维离散型随机向量 (X,Y) 的联合分布律为 $P\{X=a_i,Y=b_j\}=p_{ij}, i,j=1,2,\cdots$，则边缘分布律为

$$P\{X=a_i\}=\sum_{j=1}^{+\infty}P\{X=a_i,Y=b_j\},\quad i=1,2,\cdots \tag{1.3.3}$$

$$P\{Y=b_j\}=\sum_{i=1}^{+\infty}P\{X=a_i,Y=b_j\},\quad j=1,2,\cdots \tag{1.3.4}$$

3. 边缘密度函数

设二维连续型随机向量 (X,Y) 的联合密度函数为 $f(x,y)$，边缘密度函数为 $f_X(x),\ f_Y(y)$，则有

$$f_X(x)=\int_{-\infty}^{+\infty} f(x,y)\mathrm{d}y \tag{1.3.5}$$

$$f_Y(y)=\int_{-\infty}^{+\infty} f(x,y)\mathrm{d}x \tag{1.3.6}$$

由此可见，当随机向量的联合分布确定了，其边缘分布也相应地确定.

1.3.3　条件分布

当有多个随机变量时，就存在变量之间的关系问题．条件分布(conditional distribution)是研究随机变量之间相依关系的一个重要工具.

1. 条件分布律

设(X,Y)是二维离散型随机向量，对固定的j，若$P\{Y=b_j\}>0$，则在$Y=b_j$条件下随机变量X的条件分布律为

$$P\{X=a_i|Y=b_j\}=\frac{P\{X=a_i,Y=b_j\}}{P\{Y=b_j\}},\quad i=1,2,\cdots \tag{1.3.7}$$

同理，对固定的i，若$P\{X=a_i\}>0$，则在$X=a_i$条件下随机变量Y的条件分布律为

$$P\{Y=b_j|X=a_i\}=\frac{P\{X=a_i,Y=b_j\}}{P\{X=a_i\}},\quad j=1,2,\cdots \tag{1.3.8}$$

2. 条件密度函数

设(X,Y)是二维连续型随机向量，在给定$Y=y$条件下，若$f_Y(y)>0$，则X的条件密度函数为

$$f_{X|Y}(x|y)=\frac{f(x,y)}{f_Y(y)},\quad -\infty<x<+\infty \tag{1.3.9}$$

在给定$X=x$条件下，若$f_X(y)>0$，则Y的条件密度函数为

$$f_{Y|X}(y|x)=\frac{f(x,y)}{f_X(x)},\quad -\infty<y<+\infty \tag{1.3.10}$$

例 1.3.3　在某白炽灯丝的焊接过程中，焊枪焊接瞬间电压$X\sim U[1,2]$(单位：千伏)，焊接瞬间电压对产品寿命Y有重要影响．已知在$X=x\ (1\leqslant x\leqslant 2)$的条件下，$Y\sim\Gamma(1,x)$．求白炽灯寿命$Y$的密度函数$f_Y(y)$.

解　由已知条件$X\sim U[1,2]$，当$X=x\ (1\leqslant x\leqslant 2)$给定时，$Y\sim\Gamma(1,x)$可得

$$f_X(x)=\begin{cases}1, & 1\leqslant x\leqslant 2\\ 0, & \text{其他}\end{cases}$$

$$f_{Y|X}(y|x)=\begin{cases}x\mathrm{e}^{-xy} & 1\leqslant x\leqslant 2,\ y>0\\ 0, & \text{其他}\end{cases}$$

则 (X,Y) 的联合密度函数为

$$f(x,y)=f_X(x)f_{Y|X}(y\mid x)=\begin{cases}x\mathrm{e}^{-xy}, & 1\leqslant x\leqslant 2, y>0\\ 0, & \text{其他}\end{cases}$$

从而可得 Y 的密度函数

$$\begin{aligned}f_Y(y)&=\int_{-\infty}^{+\infty}f(x,y)\mathrm{d}x\\&=\begin{cases}\displaystyle\int_1^2 f(x,y)\mathrm{d}x, & y>0\\ 0, & y\leqslant 0\end{cases}\\&=\begin{cases}\displaystyle\int_1^2 x\mathrm{e}^{-xy}\mathrm{d}x, & y>0\\ 0, & y\leqslant 0\end{cases}\\&=\begin{cases}-\left(\dfrac{2}{y}+\dfrac{1}{y^2}\right)\mathrm{e}^{-2y}+\left(\dfrac{1}{y^2}+\dfrac{1}{y}\right)\mathrm{e}^{-y}, & y>0\\ 0, & y\leqslant 0\end{cases}\end{aligned}$$

1.3.4　随机变量的独立性

在数理统计中，随机变量 $X_1,X_2,\cdots,X_n$ 之间相互独立是一个很重要的概念. 设 n 维随机向量 $(X_1,X_2,\cdots,X_n)$ 的联合分布函数为 $F(x_1,x_2,\cdots,x_n)$ ，$F_{X_i}(x_i)$ 为 X_i 的边缘分布函数，$i=1,2,\cdots,n$. 如果对任意 n 个实数 $x_1,x_2,\cdots,x_n$ ，有

$$F(x_1,x_2,\cdots,x_n)=F_{X_1}(x_1)\cdot F_{X_2}(x_2)\cdot\cdots\cdot F_{X_n}(x_n)$$

则称随机变量 $X_1,X_2,\cdots,X_n$ 相互独立.

n 个离散型随机变量 $X_1,X_2,\cdots,X_n$ 相互独立等价于对 $X_i,i=1,2,\cdots,n$ 的任意取值 x_i ，有

$$P\{X_1=x_1,X_2=x_2,\cdots,X_n=x_n\}=\prod_{i=1}^{n}P\{X_i=x_i\}$$

n 个连续型随机变量 $X_1,X_2,\cdots,X_n$ 相互独立等价于对任意的 $(x_1,x_2,\cdots,x_n)\in\mathbf{R}^n$ ，有

$$f(x_1,x_2,\cdots,x_n)=\prod_{i=1}^{n}f_{X_i}(x_i)$$

其中，$f_{X_i}(x_i)$ 为 $X_i(i=1,2,\cdots,n)$ 的边缘密度函数.

随机变量 $X_1,X_2,\cdots,X_n$ 之间的独立性具有如下性质.

性质 1.3.1　若随机变量 $X_1,X_2,\cdots,X_n$ 相互独立，则将 $X_1,X_2,\cdots,X_n$ 任意分为 $k\ (2\leqslant k\leqslant n)$ 组，则组与组之间的随机向量相互独立.

性质 1.3.2　若 $X_1, X_2, \cdots, X_m$ 与 $Y_1, Y_2, \cdots, Y_n$ 相互独立，$h(x_1, x_2, \cdots, x_m)$ 和 $g(y_1, y_2, \cdots, y_n)$ 是多维连续函数，则 $h(X_1, X_2, \cdots, X_m)$ 与 $g(Y_1, Y_2, \cdots, Y_n)$ 也相互独立.

例如, 若 $(X_1,X_2,\cdots,X_m)$ 与 $(Y_1,Y_2,\cdots,Y_n)$ 相互独立, 则 $\sum_{i=1}^{m}X_i^2$ 与 $\sum_{j=1}^{n}Y_j$ 相互独立.

例 1.3.4 设随机变量 X,Y 独立同分布于参数为 1 的指数分布 $\Gamma(1,1)$, 且 $U=X^2$, $V=2Y$, 求 (U,V) 的联合密度函数 $f(u,v)$.

解 首先分别求出随机变量 U 和 V 的密度函数.

$$f_U(u)=\begin{cases}\dfrac{1}{2\sqrt{u}}\left[f_X\left(-\sqrt{u}\right)+f_X\left(\sqrt{u}\right)\right], & u>0\\ 0, & \text{其他}\end{cases}$$

$$=\begin{cases}\dfrac{1}{2\sqrt{u}}\mathrm{e}^{-\sqrt{u}}, & u>0\\ 0, & \text{其他}\end{cases}$$

$$f_V(v)=\left|\left(\frac{v}{2}\right)'\right|\cdot f_Y\left(\frac{v}{2}\right)=\begin{cases}\dfrac{1}{2}\mathrm{e}^{-\frac{v}{2}}, & v>0\\ 0, & \text{其他}\end{cases}$$

因为随机变量 X 与 Y 相互独立, 根据性质 1.3.2 知, 随机变量 U 与 V 也相互独立, 故联合密度函数为

$$f(u,v)=f_U(u)\cdot f_V(v)=\begin{cases}\dfrac{1}{4\sqrt{u}}\mathrm{e}^{-\sqrt{u}-\frac{v}{2}}, & u>0,v>0\\ 0, & \text{其他}\end{cases}$$

1.3.5 多维随机向量函数的分布

已知 $X_1,X_2,\cdots,X_n$ 的联合分布, 如何计算随机变量函数 $Z=g(X_1,X_2,\cdots,X_n)$ 的分布呢? 在一定条件下, 有如下结论成立.

(1) 若 $X_1,X_2,\cdots,X_n$ 相互独立, 且 $X_i\sim B(k_i,p), i=1,2,\cdots,n$, 则 $\sum_{i=1}^{n}X_i\sim B\left(\sum_{i=1}^{n}k_i,p\right)$;

(2) 若 $X_1,X_2,\cdots,X_n$ 相互独立, 且 $X_i\sim P(\lambda), i=1,2,\cdots,n$, 则 $\sum_{i=1}^{n}X_i\sim P(n\lambda)$;

(3) 若 $X_1,X_2,\cdots,X_n$ 相互独立, 且 $X_i\sim N(\mu_i,\sigma_i^2), i=1,2,\cdots,n$, 则

$$\sum_{i=1}^{n}a_iX_i+b\sim N\left(\sum_{i=1}^{n}a_i\mu_i+b,\sum_{i=1}^{n}a_i^2\sigma_i^2\right)$$

(4) 若连续型随机变量 $X_1,X_2,\cdots,X_n$ 相互独立且同分布, 设 X_i 的分布函数和密度函数分别为 $F(x),f(x)$, $X_{(n)}=\max\{X_1,X_2,\cdots,X_n\}$, $X_{(1)}=\min\{X_1,X_2,\cdots,X_n\}$, 则 $X_{(n)}$和$X_{(1)}$ 的分布函数和密度函数分别为

$$F_{X_{(n)}}(z)=[F(z)]^n,\quad F_{X_{(1)}}(z)=1-[1-F(z)]^n$$

$$f_{X_{(n)}}(z)=n[F(z)]^{n-1}f(z),\quad f_{X_{(1)}}(z)=n[1-F(z)]^{n-1}f(z)$$

例 1.3.5 一段铁轨由 5 根标准钢轨连接而成, 每根钢轨长度为随机变量 $X_1,X_2,\cdots,X_5$,

且 $X_1,X_2,\cdots,X_5$ 独立同分布于正态分布 $N(\mu,\sigma^2)$．求这段铁轨总长度 Z 的密度函数 $f_Z(z)$．

解　由题意知，$Z=\sum_{i=1}^{5}X_i$．又因 $X_1,X_2,\cdots,X_5$ 相互独立，故有

$$Z=\sum_{i=1}^{5}X_i\sim N(5\mu,5\sigma^2)$$

$$f_Z(z)=\frac{1}{\sigma\sqrt{10\pi}}\mathrm{e}^{-\frac{(z-5\mu)^2}{10\sigma^2}},\quad z\in\mathbf{R}$$

1.3.6 数字特征

1. 随机向量函数的数学期望

设随机向量 (X,Y) 有联合分布律 $P\{X=a_i,Y=b_j\}$ $(i,j=1,2,\cdots)$，或联合密度函数 $f(x,y)$．$Z=g(X,Y)$，且 $\sum_{i=1}^{+\infty}\sum_{j=1}^{+\infty}g(a_i,b_j)P\{X=a_i,Y=b_j\}$ 与 $\int_{-\infty}^{+\infty}\int_{-\infty}^{+\infty}g(x,y)f(x,y)\mathrm{d}x\mathrm{d}y$ 都绝对收敛，则称 $\sum_{i=1}^{+\infty}\sum_{j=1}^{+\infty}g(a_i,b_j)P\{X=a_i,Y=b_j\}$ 或 $\int_{-\infty}^{+\infty}\int_{-\infty}^{+\infty}g(x,y)f(x,y)\mathrm{d}x\mathrm{d}y$ 为函数 $Z=g(X,Y)$ 的数学期望，并记为

$$E[g(X,Y)]=\begin{cases}\sum_{i=1}^{+\infty}\sum_{j=1}^{+\infty}g(a_i,b_j)P\{X=a_i,Y=b_j\}, & (X,Y)\text{为离散型}\\ \int_{-\infty}^{+\infty}\int_{-\infty}^{+\infty}g(x,y)f(x,y)\mathrm{d}x\mathrm{d}y, & (X,Y)\text{为连续型}\end{cases}\tag{1.3.11}$$

性质 1.3.3　设下列随机变量的数学期望、方差都存在，则有：

(1) 若 $a_1,a_2,\cdots,a_n$ 及 c 为常数，$X_1,X_2,\cdots,X_n$ 为 n 个随机变量，则

$$E\left(\sum_{i=1}^{n}a_iX_i+c\right)=\sum_{i=1}^{n}a_iEX_i+c$$

称此性质为均值的“线性性”；

(2) 若 $X_1,X_2,\cdots,X_n$ 相互独立，则 $E(X_1\cdot X_2\cdot\cdots\cdot X_n)=EX_1\cdot EX_2\cdot\cdots\cdot EX_n$；

(3) 若 $X_1,X_2,\cdots,X_n$ 相互独立，则 $D\left(\sum_{i=1}^{n}X_i\right)=\sum_{i=1}^{n}DX_i$．

2. 条件数学期望

设二维离散型随机向量 (X,Y) 的联合分布律为 $P\{X=a_i,Y=b_j\}$，$i,j=1,2,\cdots$．若

$\sum_{i=1}^{+\infty}a_iP\{X=a_i\mid Y=b_j\}$ 绝对收敛

则称 $\sum_{i=1}^{+\infty}a_iP\{X=a_i\mid Y=b_j\}$ 为 X 在 $Y=b_j$ 条件下的条件数学期望，并记为

$$E(X\mid Y=b_j)=\sum_{i=1}^{+\infty}a_iP\{X=a_i\mid Y=b_j\}\tag{1.3.12}$$

同理，若 $\sum_{j=1}^{+\infty}b_jP\{Y=b_j\mid X=a_i\}$ 绝对收敛，则称 $\sum_{j=1}^{+\infty}b_jP\{Y=b_j\mid X=a_i\}$ 为 Y 在 $X=a_i$ 条件下的

条件数学期望, 并记为

$$E(Y\mid X=a_i)=\sum_{j=1}^{+\infty}b_jP\{Y=b_j\mid X=a_i\} \tag{1.3.13}$$

设二维连续型随机向量 (X,Y) 的联合密度函数为 $f(x,y)$. 若 $\int_{-\infty}^{+\infty}x\cdot f_{X|Y}(x\mid y)\mathrm{d}x$ 绝对收敛, 则称 $\int_{-\infty}^{+\infty}x\cdot f_{X|Y}(x\mid y)\mathrm{d}x$ 为在 $Y=y$ 发生的条件下 X 的条件数学期望, 并记为

$$E(X\mid Y=y)=\int_{-\infty}^{+\infty}x\cdot f_{X|Y}(x\mid y)\mathrm{d}x \tag{1.3.14}$$

若 $\int_{-\infty}^{+\infty}y\cdot f_{Y|X}(y\mid x)\mathrm{d}y$ 绝对收敛, 则称 $\int_{-\infty}^{+\infty}y\cdot f_{Y|X}(y\mid x)\mathrm{d}y$ 为在 $X=x$ 发生的条件下 Y 的条件数学期望, 并记为

$$E(Y\mid X=x)=\int_{-\infty}^{+\infty}y\cdot f_{Y|X}(y\mid x)\mathrm{d}y \tag{1.3.15}$$

注: $E(X\mid Y=y)$ 是 y 的函数, 它依赖于随机变量 Y 的取值, 故简写为 $E(X\mid Y)$, 是 Y 的函数, 可以证明 $E(X\mid Y)$ 是随机变量.

性质 1.3.4　在下列数学期望都存在的条件下, 有

(1) 若 c 是常数, 则 $E(c\mid Y=y)=c$;

(2) 若 a,b 是常数, 则 $E\left[(aX_1+bX_2)\mid Y=y\right]=aE(X_1\mid Y=y)+bE(X_2\mid Y=y)$;

(3) $E\left[E(X\mid Y)\right]=EX$.

3. 协方差

随机变量的均值和方差反映的是一维随机变量自身的特征. 当有多个随机变量时, 随机变量之间就存在着某种关系. 例如, 人的身高与体重, 气象中的温度与湿度, 商品的广告费用与销量等. 协方差与相关系数是反映二维随机向量之间某种关系的数字特征.

设 (X,Y) 为二维随机向量, 如果 $E\left[(X-EX)(Y-EY)\right]$ 存在, 则称

$$\mathrm{Cov}(X,Y)=E\left[(X-EX)(Y-EY)\right] \tag{1.3.16}$$

为 X 与 Y 的协方差(covariance).

将(1.3.16)式展开, 易得

$$\mathrm{Cov}(X,Y)=E(XY)-EX\cdot EY \tag{1.3.17}$$

由于 X 与 Y 相互独立时, 有 $E(XY)=EX\cdot EY$, 所以, 当 $\mathrm{Cov}(X,Y)\neq 0$ 时, X 与 Y 之间的关系是“不相互独立”, 意味着 X 与 Y 之间存在着相互影响的关系.

性质 1.3.5　(1) 设 c 为常数, 则 $\mathrm{Cov}(c,X)=0$;

(2) $\mathrm{Cov}(X,X)=DX$;

(3) $\mathrm{Cov}(X,Y)=\mathrm{Cov}(Y,X)$;

(4) 设 a,b 为常数, 则 $\mathrm{Cov}(aX,bY)=ab\mathrm{Cov}(Y,X)$;

(5) $\mathrm{Cov}\left(\sum_{i=1}^{n}a_iX_i,Z\right)=\sum_{i=1}^{n}a_i\mathrm{Cov}(X_i,Z)$;

(6) 设 $a_i(i=1,2,\cdots,n)$ 为常数, 则

$$D\left(\sum_{i=1}^{n} a_i X_i\right)=\sum_{i=1}^{n} a_i^2 DX_i+\sum_{i=1}^{n}\sum_{\substack{j=1\\ j\neq i}}^{n} a_i a_j \mathrm{Cov}(X_i, X_j)$$

设随机向量 $\boldsymbol{X}=(X_1, X_2, \cdots, X_n)^{\mathrm{T}}$，若 $\sigma_{ij}=\mathrm{Cov}(X_i, X_j)(i, j=1,2,\cdots,n)$ 均存在，则称

$$\boldsymbol{\Sigma}=\begin{pmatrix} \sigma_{11} & \sigma_{12} & \cdots & \sigma_{1n} \\ \sigma_{21} & \sigma_{22} & \cdots & \sigma_{2n} \\ \vdots & \vdots & & \vdots \\ \sigma_{n1} & \sigma_{n2} & \cdots & \sigma_{nn} \end{pmatrix}_{n\times n} \tag{1.3.18}$$

为随机向量 $\boldsymbol{X}=(X_1, X_2, \cdots, X_n)^{\mathrm{T}}$ 的协方差矩阵.

显然，协方差矩阵 $\boldsymbol{\Sigma}$ 是一个 n 阶对称阵，主对角线元素 $\sigma_{ii}=DX_i$，$i=1,2,\cdots,n$. 还可以证明 $\boldsymbol{\Sigma}$ 是一个 n 阶对称非负定矩阵.

4. 相关系数

$\mathrm{Cov}(X, Y)$ 可能是一个有量纲的实数，为了消除量纲对协方差的影响，对 X 和 Y 分别进行标准化处理，即令

$$X^*=\frac{X-EX}{\sqrt{DX}}, \quad Y^*=\frac{Y-EY}{\sqrt{DY}}$$

其中 $DX\cdot DY\neq 0$. 这时，称标准化随机变量 X^* 与 Y^* 的协方差 $\mathrm{Cov}(X^*, Y^*)$ 为 X 与 Y 的相关系数(correlation coefficient)，记为

$$\rho(X, Y)=\mathrm{Cov}(X^*, Y^*) \tag{1.3.19}$$

易得

$$\rho(X, Y)=\frac{\mathrm{Cov}(X, Y)}{\sqrt{DX}\sqrt{DY}} \tag{1.3.20}$$

相关系数有如下性质.

性质 1.3.6　(1) $|\rho(X, Y)|\leqslant 1$；

(2) $\rho(X, Y)=\pm 1$ 的充要条件为 X 与 Y 以概率为 1 线性相关，即

$$P\left\{\frac{X-EX}{\sqrt{DX}}=\pm\frac{Y-EY}{\sqrt{DY}}\right\}=1$$

相关系数 $\rho(X, Y)$ 刻画了随机变量 X 与 Y 之间的线性相关程度. 当 $\rho(X, Y)=0$ 时，说明 X 与 Y 之间不存在线性相关关系；当 $|\rho(X, Y)|\neq 0$ 时，说明 X 与 Y 之间存在线性相关关系. $|\rho(X, Y)|$ 的值越大，说明 X 与 Y 的线性相关程度越大；$|\rho(X, Y)|$ 的值越小，说明 X 与 Y 的线性相关程度越小. 当 $|\rho(X, Y)|=1$ 时，说明 X 与 Y 之间是完全线性关系，即存在常数 a, b，满足 $P\{Y=aX+b\}=1$. 当 $\rho(X, Y)>0$，称 X 与 Y 是正线性相关，此时 X 与 Y 取值的变化方向相同；当 $\rho(X, Y)<0$，称 X 与 Y 是负线性相关，此时 X 与 Y 取值的变化方向相反. 由此可见，相关系数可以很好地反映两个随机变量之间的线性相关关系，在实际中相关系数应用非常广泛.

例 1.3.6　某企业集团有多种经营收益，记 X 表示其今年预期金融产品收益，Y 表示其今

年预期零售业产品收益. 由经验可知, $EX=5$, $DX=4$, $EY=4$, $DY=9$, 且 X 与 Y 有一定的相依性, 其中 $\rho(X,Y)=\frac{1}{2}$. 现企业计划利用两种收益的 50%, 即 $U=\frac{X+Y}{2}$ 用来增加员工收入; 将零售业产品收益的 $\frac{1}{4}$, 即 $V=\frac{Y}{4}$ 用于投放广告. 求 $\rho(U,V)$.

解 因为 $DX=4$, $DY=9$, 所以

$$\mathrm{Cov}(X,Y)=\rho(X,Y)\sqrt{DX}\sqrt{DY}=3$$

$$DU=\frac{1}{4}D(X+Y)=\frac{1}{4}\left[DX+DY+2\mathrm{Cov}(X,Y)\right]=\frac{19}{4}$$

$$DV=\frac{1}{16}DY=\frac{9}{16}$$

$$\mathrm{Cov}(U,V)=\mathrm{Cov}\left(\frac{X+Y}{2},\frac{Y}{4}\right)=\frac{1}{8}\mathrm{Cov}\left(X,Y\right)+\frac{1}{8}DY=\frac{3}{2}$$

所以

$$\rho(U,V)=\frac{\mathrm{Cov}(U,V)}{\sqrt{DU}\sqrt{DV}}=\frac{4}{\sqrt{19}}=\frac{4\sqrt{19}}{19}$$

设随机向量 $\boldsymbol{X}=(X_1,X_2,\cdots,X_n)^{\mathrm{T}}$ 各分量之间的相关系数为 $\rho_{ij}=\rho(X_i,X_j)$ $(i,j=1,2,\cdots,n)$, 则称

$$\boldsymbol{R}=\begin{pmatrix} 1 & \rho_{12} & \cdots & \rho_{1n} \\ \rho_{21} & 1 & \cdots & \rho_{2n} \\ \vdots & \vdots & \ddots & \vdots \\ \rho_{n1} & \sigma_{n2} & \cdots & 1 \end{pmatrix}_{n\times n} \tag{1.3.21}$$

为随机向量 $\boldsymbol{X}=(X_1,X_2,\cdots,X_n)^{\mathrm{T}}$ 的相关系数矩阵.

易得, $\boldsymbol{X}$ 的相关系数矩阵 $\boldsymbol{R}$ 与协方差矩阵 $\boldsymbol{\Sigma}$ 之间具有如下的关系:

$$\boldsymbol{R}=\boldsymbol{D}^{-1}\boldsymbol{\Sigma}\boldsymbol{D}^{-1} \tag{1.3.22}$$

其中 $\boldsymbol{D}=\mathrm{diag}\left(\sqrt{DX_1},\sqrt{DX_2},\cdots,\sqrt{DX_n}\right)$.

1.3.7 多元正态分布

在数理统计中, 一元正态分布是十分重要的一个分布, 应用非常广泛. 同样, 多元正态分布在多元统计分析中也起着十分重要的作用. 由于很多实际问题面对的是多项数量指标, 它们服从或近似服从多元正态分布. 另一方面, 对于多元正态分布, 在数学上易于处理, 且有相对较完整的统计推断方法和研究成果, 能有效地对实际问题提供理论上的支持.

若随机向量 $\boldsymbol{X}=(X_1,X_2,\cdots,X_n)^{\mathrm{T}}$ 具有如下密度函数:

$$f(x_1,x_2,\cdots,x_n)=\frac{1}{(2\pi)^{n/2}\,|\boldsymbol{\Sigma}|^{1/2}}\exp\left(-\frac{1}{2}(\boldsymbol{x}-\boldsymbol{\mu})^{\mathrm{T}}\boldsymbol{\Sigma}^{-1}(\boldsymbol{x}-\boldsymbol{\mu})\right) \tag{1.3.23}$$

其中 $\boldsymbol{x}=(x_1,x_2,\cdots,x_n)^{\mathrm{T}},\boldsymbol{\mu}=(EX_1,EX_2,\cdots,EX_n)^{\mathrm{T}}$, $|\boldsymbol{\Sigma}|$ 为随机向量 $\boldsymbol{X}$ 的协方差矩阵 $\boldsymbol{\Sigma}$ 的行列式, $\boldsymbol{\Sigma}^{-1}$ 为矩阵 $\boldsymbol{\Sigma}$ 的逆矩阵. 则称随机向量 $\boldsymbol{X}=(X_1,X_2,\cdots,X_n)^{\mathrm{T}}$ 服从多元正态分布, 记为

$\boldsymbol{X} \sim N_n(\boldsymbol{\mu},\boldsymbol{\Sigma})$ (在前后文不致引起混淆时可简记为 $N(\boldsymbol{\mu},\boldsymbol{\Sigma})$).

特别地，如果 $\boldsymbol{\mu}=(0,0,\cdots,0)^{\mathrm{T}}=\mathbf{0}$, $\boldsymbol{\Sigma}=\boldsymbol{I}_n$，即 $\boldsymbol{X} \sim N_n(\mathbf{0},\boldsymbol{I}_n)$，称随机向量 $\boldsymbol{X}$ 服从 n 维标准正态分布. $X_1,X_2,\cdots,X_n$ 独立同分布于 $N(0,1)$，等价于 $\boldsymbol{X} \sim N_n(\mathbf{0},\boldsymbol{I}_n)$，其密度函数为

$$f(x_1,x_2,\cdots,x_n)=\frac{1}{(2\pi)^{n/2}}\exp\left(-\frac{1}{2}\boldsymbol{x}^{\mathrm{T}}\boldsymbol{x}\right)=\frac{1}{(2\pi)^{n/2}}\exp\left(-\frac{1}{2}\sum_{i=1}^{n}x_i^2\right) \tag{1.3.24}$$

多元正态分布具有如下的基本性质.

性质 1.3.7 (1) 设 $\boldsymbol{X} \sim N_n(\boldsymbol{\mu},\boldsymbol{\Sigma})$，其中 $\boldsymbol{\mu}=(\mu_1,\mu_2,\cdots,\mu_n)$, $\boldsymbol{\Sigma}=(\sigma_{ij})_{n\times n}$，则边缘分布也为正态分布 $X_i \sim N(\mu_i,\sigma_{ii}), i=1,2,\cdots,n$；

(2) n 维随机向量 $X_1,X_2,\cdots,X_n$ 相互独立，且 $X_i \sim N(\mu_i,\sigma_i^2), i=1,2,\cdots,n$，则对任意实数 $a_1,a_2,\cdots,a_n$，均有

$$\sum_{i=1}^{n}a_iX_i \sim N\left(\sum_{i=1}^{n}a_i\mu_i, \sum_{i=1}^{n}a_i^2\sigma_i^2\right)$$

(3) 设 n 维随机向量 $X_1,X_2,\cdots,X_n$ 独立同分布于 $N(0,1)$，$\boldsymbol{T}$ 为 n 阶正交矩阵, 令 $\boldsymbol{Y}=\boldsymbol{TX}$，则

$$\boldsymbol{Y} \sim N_n(\mathbf{0},\boldsymbol{I}_n)$$

(4) 设 $\boldsymbol{X} \sim N_n(\mathbf{0},\sigma^2\boldsymbol{I}_n)$，则 $\boldsymbol{Y}=\dfrac{\boldsymbol{X}-\boldsymbol{\mu}}{\sigma} \sim N_n(\mathbf{0},\boldsymbol{I}_n)$；

(5) 设 $\boldsymbol{X} \sim N_n(\boldsymbol{\mu},\boldsymbol{\Sigma})$，$\boldsymbol{Y}=\boldsymbol{AX}+\boldsymbol{a}$，其中 $\boldsymbol{A}$ 为 $m\times n$ 常数矩阵，$\boldsymbol{a}$ 是 m 维常数列向量, 则

$$\boldsymbol{Y} \sim N_m(\boldsymbol{A\mu}+\boldsymbol{a}, \boldsymbol{A\Sigma A}^{\mathrm{T}})$$

称该性质为正态随机向量的线性不变性;

(6) 设 $\boldsymbol{X}=(X_1,X_2,\cdots,X_n)^{\mathrm{T}} \sim N_n(\boldsymbol{\mu},\boldsymbol{\Sigma})$，则 $X_1,X_2,\cdots,X_n$ 相互独立的充要条件是 $X_1,X_2,\cdots,X_n$ 两两不相关, 即 $\mathrm{Cov}(X_i,X_j)=0,\ i\neq j, i,j=1,2,\cdots,n$，或 $\boldsymbol{\Sigma}$ 为对角矩阵.

1.4　大数定律和中心极限定理

极限定理是概率论的基本理论之一, 阐述了在大量的观测或试验中随机现象的一些统计规律性, 这些规律性在理论研究和实际应用中起着十分重要的作用. 基本的极限定理分为两类: 一类称为大数定律(law of large numbers), 它反映的是随机变量序列 $\{X_n\}$ (描述大量的观测或试验结果)的算术平均 $\dfrac{1}{n}\sum_{i=1}^{n}X_i$ 的取值变化趋势; 另一类称为中心极限定理(central limit theorem), 刻画的是随机变量序列 $\{X_n\}$ 算术平均 $\dfrac{1}{n}\sum_{i=1}^{n}X_i$ 的极限分布.

1.4.1　大数定律

辛钦 (Khinchin) 大数定律　设 $\{X_i, i=1,2,\cdots\}$ 为独立同分布的随机变量序列，EX_i, DX_i $(i=1,2,\cdots)$ 都存在, 令 $EX_i=\mu, DX_i=\sigma^2 (i=1,2,\cdots)$，则对任意的实数 $\varepsilon>0$，

$$\lim_{n\to+\infty} P\{|\bar{X}_n-\mu|<\varepsilon\}=1 \tag{1.4.1}$$

即 $\bar{X}_n=\frac{1}{n}\sum_{i=1}^{n}X_i$ 依概率收敛于 μ.

如果某随机变量 X 的均值和方差都存在，且 $EX=\mu$. 令 $X_i(i=1,2,\cdots)$ 表示对 X 做的第 i 次独立观测试验的结果. 那么，$\{X_i,i=1,2,\cdots\}$ 是独立且与 X 同分布的随机变量序列. 由辛钦大数定律得：当试验次数 n 充分大时，由 n 次试验得到的 $\bar{X}_n=\frac{1}{n}\sum_{i=1}^{n}X_i$ 的观测值很可能与 X 的均值 EX 很接近，则此时 $\bar{X}_n=\frac{1}{n}\sum_{i=1}^{n}X_i$ 的值可以作为 EX 的近似值，即 $EX\approx\frac{1}{n}\sum_{i=1}^{n}X_i$. 也就是说，当试验次数足够多时，可以用试验数据 $\bar{x}_n=\frac{1}{n}\sum_{i=1}^{n}x_i$ 作为参数 EX 的估计值. 可见，大数定律提供了一种估计均值 EX 的方法.

如果参数 p 表示伯努利试验中事件 A 发生的概率 $P(A)$，$X_i(i=1,2,\cdots)$ 表示独立重复伯努利试验中第 i 次试验结果，即 $X_i=0$ 表示事件 A 不发生，$X_i=1$ 表示事件 A 发生. 则随机变量序列 $\{X_i,i=1,2,\cdots\}$ 中的每个随机变量都独立同分布于 0-1 两点分布 $B(1,p)$，$\bar{X}_n=\frac{1}{n}\sum_{i=1}^{n}X_i=f_n(A)$，即 n 重伯努利试验中事件 A 发生的频率. 由辛钦大数定律得

$$\lim_{n\to+\infty} P\{|f_n(A)-P(A)|<\varepsilon\}=1 \tag{1.4.2}$$

(1.4.2)式表示事件 A 的概率是其频率的极限.

“频率收敛于概率”是最早的大数定律，由尼古拉·伯努利在 1713 年提出.

大数定律不仅可以用于总体的均值估计，还可以用于其他参数的估计问题. 例如，估计定积分 $I=\int_0^1 e^{x^2}dx$. 设 $X\sim U[0,1]$，且密度函数为 $f_X(x)$，则 $I=\int_0^1 e^{x^2}dx=\int_0^1 e^{x^2}f_X(x)dx=E(e^{X^2})$. 令 $Y=e^{X^2}$，则 $I=EY$. 设 $X_1,X_2,\cdots,X_n$ 是独立同分布于均匀分布 $U[0,1]$，则 $Y_i=e^{X_i^2},i=1,2,\cdots$ 也是独立同分布的随机变量. 那么，由辛钦大数定律，当 n 充分大时，有 $I=EY\approx\bar{Y}_n=\frac{1}{n}\sum_{i=1}^{n}Y_i=\frac{1}{n}\sum_{i=1}^{n}e^{X_i^2}$. 此结果说明，只要能获取足够多的来自均匀分布 $U[0,1]$ 的独立观测数据 $\{x_i,i=1,2,\cdots,n\}$，就可以用 $\frac{1}{n}\sum_{i=1}^{n}e^{x_i^2}$ 估计积分 $\int_0^1 e^{x^2}dx$.

1.4.2　中心极限定理

林德伯格-莱维(Lindberg-Lévg)中心极限定理　设 $\{X_i,i=1,2,\cdots\}$ 为独立同分布的随机变量序列，$EX_i,DX_i(i=1,2,\cdots)$ 都存在，令 $EX_i=\mu,DX_i=\sigma^2(>0)\ (i=1,2,\cdots)$，则对任意的实数 x，有

$$\lim_{n\to+\infty} P\left\{\frac{\bar{X}_n-\mu}{\sigma/\sqrt{n}}\leqslant x\right\}=\Phi(x) \tag{1.4.3}$$

其中 $\bar{X}_n=\frac{1}{n}\sum_{i=1}^{n}X_i$，$\Phi(x)$ 为标准正态分布 $N(0,1)$ 的分布函数.

此定理表明：当 n 充分大时，$Y_n=\dfrac{\overline{X}_n-\mu}{\sigma/\sqrt{n}}$ 近似服从标准正态分布 $N(0,1)$，或 $\sum_{i=1}^{n}X_i$ 近似服从正态分布 $N(n\mu,n\sigma^2)$．也就是说，如果一个随机因素可以视为若干个独立同分布的随机因素叠加，则此随机因素近似服从正态分布．这为实际问题中随机变量的正态性假设提供了依据．

如果 $X_i\sim B(1,p)\,(i=1,2,\cdots)$，则 $EX_i=p, DX_i=p(1-p)\,(i=1,2,\cdots)$，从而(1.4.3)式变为

$$\lim_{n\to+\infty}P\left\{\frac{S_n-np}{\sqrt{np(1-p)}}\leqslant x\right\}=\Phi(x) \tag{1.4.4}$$

其中 $S_n=\sum_{i=1}^{n}X_i$．

值得注意的是：$S_n=\sum_{i=1}^{n}X_i$ 的精确分布是二项分布 $B(n,p)$．因此，该结论指出了正态分布是二项分布的极限分布，常称为"二项分布的正态近似"．

例 1.4.1　假设某航线有多个航班，经统计发现，乘客选乘某航班的概率为 0.2．现今天有 500 位乘客，每位乘客相互独立地选择自己的航班．若飞机成本入座率是 60%，问选用多少座位的飞机才能使该航班亏损的概率控制在 5%以内？

解　设 500 位乘客是否选择该航班用 $X_i, i=1,2,\cdots,500$ 表示，则 $X_i\sim B(1,0.2)$，选乘总人数 $X=\sum_{i=1}^{500}X_i$．由(1.4.4)式，有 $\dfrac{X-np}{\sqrt{npq}}\overset{\text{近似}}{\sim}N(0,1)$．设 m 表示航班的座位数．

又因 $np=500\times0.2=100$，$npq=500\times0.2\times0.8=80$，即 $\dfrac{X-100}{\sqrt{80}}\overset{\text{近似}}{\sim}N(0,1)$，所以

$$P\{0<X\leqslant 0.6m\}\leqslant 0.05$$

$$P\left\{\frac{0-100}{\sqrt{80}}\leqslant\frac{X-100}{\sqrt{80}}\leqslant\frac{0.6m-100}{\sqrt{80}}\right\}\leqslant 0.05$$

$$\Phi\left(\frac{m-100}{\sqrt{80}}\right)-\Phi(-11.18)\approx\Phi\left(\frac{0.6m-100}{\sqrt{80}}\right)\leqslant 0.05$$

查分位数表，得 $\dfrac{0.6m-100}{\sqrt{80}}\leqslant 1.64$，从而 $m\leqslant 191.1$．所以该航班应选用小于 191 座的飞机．

1.5　应用案例——高速公路上汽车服务站位置的确定问题

连接 A,B 两城市的高速公路有 100km，考虑到汽车在高速路上可能出现抛锚而需要进站维修，计划在高速路上修建 3 个汽车服务站．若汽车在高速路段出现抛锚的可能性是相同的，问如何确定这些汽车服务站的位置．

解　为了方便，我们把两地之间的距离设为单位 1，三个服务站距 A 市的距离分别为 a，b，c，其中 $0<a<b<c<1$．汽车抛锚的地点距 A 市的距离为 X，由题知 $X\sim U[0,1]$．$R(X)$ 为抛锚点到最近维修站的路程，根据题意有

$$R(X)=\begin{cases}a-X, & 0\leqslant X<a\\ X-a, & a\leqslant X<\dfrac{a+b}{2}\\ b-X, & \dfrac{a+b}{2}\leqslant X<b\\ X-b, & b\leqslant X<\dfrac{b+c}{2}\\ c-X, & \dfrac{b+c}{2}\leqslant X<c\\ X-c, & c\leqslant X<1\end{cases}$$

由连续型随机变量的函数期望公式有

$$\begin{aligned}E[R(X)]&=\int_{-\infty}^{+\infty}R(x)f(x)\mathrm{d}x=\int_0^1R(x)f(x)\mathrm{d}x\\&=\int_0^a(a-x)\mathrm{d}x+\int_a^{\frac{a+b}{2}}(x-a)\mathrm{d}x+\int_{\frac{a+b}{2}}^b(b-x)\mathrm{d}x\\&\quad+\int_b^{\frac{b+c}{2}}(x-b)\mathrm{d}x+\int_{\frac{b+c}{2}}^c(c-x)\mathrm{d}x+\int_c^1(x-c)\mathrm{d}x\\&=\frac{3a^2+2b^2+3c^2-2ab-2bc-4c+2}{4}\end{aligned}$$

可见最近维修站的平均路程是 a，b，c 的二次函数. 为求其最小值，对 $E[R(X)]$ 分别求参数 a,b,c 的偏导数，有

$$\begin{cases}\dfrac{\partial E}{\partial a}=\dfrac{6a-2b}{4}=0\\ \dfrac{\partial E}{\partial b}=\dfrac{-2a+4b-2c}{4}=0\\ \dfrac{\partial E}{\partial c}=\dfrac{-2b+6c-4}{4}=0\end{cases}$$

解得 $a=\dfrac{1}{6},b=\dfrac{1}{2},c=\dfrac{5}{6}$. 又根据前面两地之间的距离为单位 1 的假设，可以进一步得出，三个服务站距离 A 市的距离为 16.667km、50km 和 83.333km 时，抛锚车辆到最近服务站的行驶路程平均最短.

1.6 章节总结

本章主要介绍了概率论四个方面的内容.

(1) 事件及概率. 主要给出了概率公理化定义及其性质，以及应用广泛的几个重要的概率公式，如条件概率公式、乘法公式、全概率公式、贝叶斯公式、二项概率公式.

(2) 随机变量及其分布. 包括一维随机变量、多维随机向量的分布，以及诸多分布的性质. 还包括随机变量函数的分布和随机变量的独立性关系.

(3) 数字特征. 给出了常见数字特征的意义及其计算方法，以及数字特征的性质和常见

分布的数字特征.

(4) 大数定律和中心极限定理. 图 1.6.1 更直观地概括了本章的主要内容.

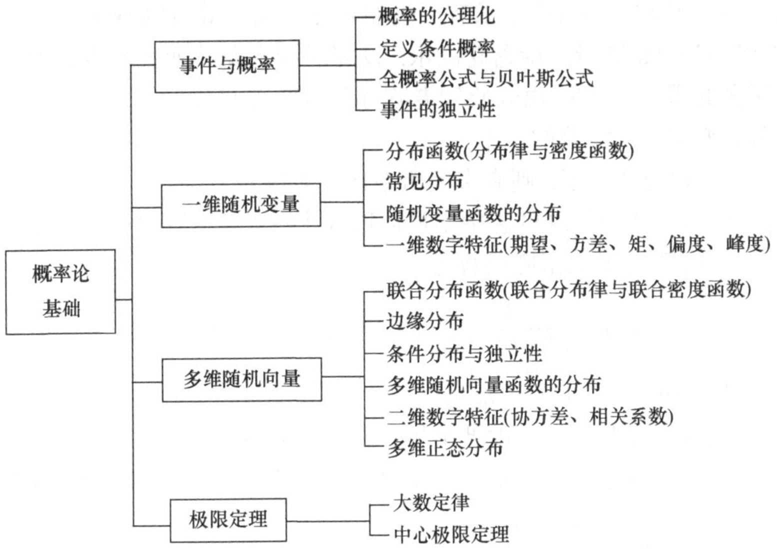

图 1.6.1　第 1 章内容结构图

1.7　应用分享——可靠性工程

可靠性是指产品(零部件、元器件、设备或系统等)在规定条件下和规定时间内, 完成其规定功能的能力. 可靠性问题的提出, 是由于大工业生产及第二次世界大战中研制和使用复杂的军事装备的需要. 随着经济的发展, 市场竞争的日益加剧, 人们不仅要求产品价廉物美, 而且十分重视产品的可靠性与安全性. 因此, 定量评定和改善产品可靠性是一个重要课题.

可靠性工程是对产品的功能失效及其发生概率进行统计、分析的一门边缘性学科, 主要内容是运用系统工程的观点和方法论从设计、生产和使用等角度研究产品的可靠性, 包括对产品进行可靠性设计、可靠性预计、可靠性试验、可靠性评估、可靠性检验、可靠性控制、可靠性维修及失效分析. 可靠性工程的基础理论之一是可靠性数学. 可靠性数学运用概率论与数理统计、运筹学的理论和方法对产品的可靠性作定量研究. 可靠性工程包含很多分支, 如系统可靠性工程、机械可靠性工程、软件可靠性工程、电子可靠性工程、工程结构可靠性等.

习题 1

A 组

1. 某人有 5 把钥匙, 其中有两把房门钥匙, 但是忘记了开房门的是哪两把, 只好随机试开. 问用下列两种方式试开, 此人在三次内能打开房门的概率是多少?

(1) 试开后的钥匙不放回;

(2) 试开后的钥匙放回.

2. 码头只能容纳一艘大船, 两艘大船可能在未来 24 小时内等可能到达, 如果它们需要卸货的时间分别为 3 小时与 4 小时, 求有一艘船要在码头外等待的概率.

3. 老李外出, 委托邻居老陈给盆花浇水. 设邻居浇水花儿死去的概率为 0.15, 而邻居忘记浇水, 花儿死去的概率为 0.8. 由经验知老陈办事 80%是可靠的.

(1) 求老李回来花儿还活着的概率;

(2) 老李回来发现花儿死了, 则有多大概率怀疑老陈没有浇水.

4. 从装有 3 个白球 2 个黑球的袋中不放回取 3 个球, 求取到黑球数 X 的分布函数.

5. 设连续型随机变量 X 的密度函数为

$$f(x)=\frac{C}{\lambda^2+(x-\alpha)^2},\quad -\infty<x<+\infty\ (\text{柯西分布})$$

其中 $\lambda(>0)$ 、α 为已知常数, 求未知常数 C.

6. 某种恒温液体的容器有一温度调节器, 调节器定在 d℃. 由于工作条件限制, 液体的温度 X(单位: ℃)是一个随机变量, 且 $X\sim N(d,0.5^2)$. 若要求保持液体的温度至少为 80℃的概率不低于 0.99, 问 d 至少设置为多少?

7. 设甲、乙两人独立地各进行两次射击, 他们每次的命中率分别为 0.4 和 0.5, 以 X 和 Y 分别表示甲、乙命中次数, 求(X, Y)的分布律.

8. 设(X, Y)是单位圆内的均匀分布, 即

$$f(x,y)=\begin{cases}\dfrac{1}{\pi}, & -1\leqslant x\leqslant 1,-\sqrt{1-x^2}\leqslant y\leqslant\sqrt{1-x^2}\\ 0, & \text{其他}\end{cases}$$

求 (X,Y) 关于 X,Y 的边缘密度函数.

9. 掷 n 颗骰子, 骰子的每一面出现是等可能的, 求出现点数之和的期望和方差.

10. 设随机变量 X,Y 相互独立, 且同分布于 $N(0,0.5)$, 求 $|X-Y|$ 的数学期望.

11. 设 $(X,Y)\sim N(0,1;1,4;0.5)$, 求 $E(2X^2-XY+3)$.

12. 对某一目标连续射击, 直至命中 n 次为止. 设每次射击独立且命中率为 p, 求总共消耗子弹数的数学期望.

13. 设 $X\sim N(\mu_1,\sigma^2),Y\sim N(\mu_2,\sigma^2)$ 且 X,Y 相互独立. 试求 $Z_1=\alpha X+\beta Y$ 和 $Z_2=\alpha X-\beta Y$ 的相关系数(其中 α,β 是不为零的常数).

14. 一家有 500 间客房的大旅馆, 每间客房装有一台 2kW 的空调机, 如果客房使用率为 80%, 并假设有人订房就会使用空调. 问需要多少电力才能有 99% 的把握保证有足够的电力让空调正常使用.

B 组

1. N 个顾客先后进入一个餐厅, 如果每位顾客到达后都会观察一下是否有朋友在用餐. 如果有, 他就会坐在朋友的桌上(假设餐桌足够大); 如果没有, 则会坐在一空桌上. 假设任二位顾客间是朋友的概率为 p. 求这 N 个顾客占用的餐桌数 X 的期望.

2. 已知随机变量 X 与 Y 相互独立，$X \sim \Gamma(1,\lambda)$，$P\{Y=-1\}=\dfrac{1}{4}, P\{Y=1\}=\dfrac{3}{4}$，试计算概率 $P\{X-Y \leqslant 1\}$.

3. 设随机变量 X 与 Y 相互独立，且 $X \sim B(1,0.6)$，$Y \sim f(y)$. 求随机变量 $Z=3X-Y$ 的概率密度函数 $f_Z(z)$.

4. 某品牌的电视机正常使用的时间(单位: 年) X 服从 $U(0,10)$ 分布. 已知每售出一台产品获利 4000 元, 若产品在保修时间 t 内损坏, 保修费用除去销售利润后还损失 1000 元. 一个销售季度内产品销售量 N 与保修时间 t 有关, 不妨设 $N \sim P(1000\,t)$，且 N 与 X 独立. 现公司计划延长其保修期 t 来提高销售利润, 问为使一个销售季度内公司的平均利润最大, 最佳保修期为多少?

5. 假设随机变量 $X_i, i=1,2,\cdots,n$ 独立同服从分布 $N(70,10^2)$. 试通过计算机程序产生随机观测数据 X_i，验证 $\bar{X}_n=\dfrac{1}{n}\sum\limits_{i=1}^{n}X_i \xrightarrow[n\to+\infty]{P} 70$ 是否成立.

6. 假设 $X_i, i=1,2,\cdots,n$ 表示第 i 次抛掷骰子所获得的点数，$\bar{X}=\dfrac{1}{n}\sum\limits_{i=1}^{n}X_i$ 表示其 n 次预测所获得的平均值. 若 $n=3$，请通过计算机程序产生随机观测数据, 重复观察 $\bar{X}$，考察其是否呈现频率正态分布. 对不同的 n 呢?

C 组

1. 一个西方的电视游戏节目, 给三扇门供嘉宾选择: 一扇门后是一辆汽车, 另两扇门后是山羊. 选到哪扇门, 哪扇门后的礼物就归你. 当你挑选了一扇门, 比如说是 1 号门, 而知道答案的主持人打开另一扇门, 比如说是 3 号门, 门后有一只山羊. 然后主持人问你,“你现在想改选 2 号门吗? ” 你该如何回答?

2. 一同学提出, 在直角三角形内均匀分布的二维随机变量 X 和 Y, 如果两直角分别平行于坐标轴, 则 X 和 Y 的相关系数必为 0.5. 请问这个说法对吗?

第 2 章　数理统计基础

数理统计是一门研究随机现象及其统计规律的数学学科，它以概率论为基础，研究如何有效地收集、整理和分析随机现象的观测数据，如何依据数据分析对随机现象的性质、特征等做出合理的推断或预测，进而为决策提供科学的依据.

数理统计起源于人口统计、社会调查等各种描述性统计活动. 早在 1763 年，托马斯·贝叶斯提出了贝叶斯方法，开创了数理统计的先河. 1809 年，高斯(C. F. Gauss)和勒让德(A.M. Legendre)各自独立地发现并研究了最小二乘法，并应用于观测数据的误差分析. 1889 年皮尔逊(K. Pearson)开始把数学与概率论应用于达尔文的进化论研究，并提出了参数的矩估计方法. 1912 年，费希尔(R. A. Fisher)又提出了参数的最大似然估计方法，从此开创了数理统计的时代. 第二次世界大战以后，数理统计的研究进入了纵深发展阶段. 尤其是近三十年来，随着数学理论和科学技术的不断发展，数理统计的内容也在不断地突破已有理论成果的标准假设，处理的数据由一维向高维甚至无穷维向量发展、静态数据向动态数据发展、参数估计向半参数估计和非参数估计发展、数据的规模由适当规模向小子样和海量甚至大数据发展、完全数据向非完全数据发展. 同时，数理统计在各个领域中的实际应用不仅加快了速度，而且越来越普遍. 统计方法与统计技术已经是现代社会、工程和经济研究运用的基本方法，学习和运用统计方法已成为时代对人们的要求. 另外，为了便于处理各种统计问题的计算，许多统计应用软件也应运而生，如 SAS、SPSS、R、S-Plus、MATLAB、STATISTICA、Minitab 等.

2.1　数据特征的描述

2.1.1　数据的分类

数据是进行统计推断的依据. 要进行统计推断，首先要认识数据. 区分数据的类型是十分重要的，因为不同类型的数据要用不同的统计方法来处理和分析. 数据的类型很多，按照所采用的计量尺度不同，可以将数据分为分类数据、顺序数据、数值型数据.

(1) 分类数据表示对事物进行分类的结果，数据代表类别，用文字表述，它由分类尺度计量形成. 例如，颜料按颜色分为红色、黄色、蓝色等；人口按性别分为男、女两类，这些均属于分类数据. 为便于数据处理，人们常用数字来表示各个类别，例如，可用数“0”和“1”分别表示“男性”和“女性”. 但要注意，这些数字只是一个代码(或标签)，没有大小关系，也不能进行运算.

(2) 顺序数据也是对事物进行分类的结果，但这些类别是有顺序的. 它是由顺序尺度计量形成的. 例如，顾客对商品的评价分为“满意”“一般”“不满意”，人的文化程度由低到高分为“小学”“中学”“大学”. 对顺序数据，也常用数字来表示其分类与顺序. 例如，可用 1, 2, 3 分别表示顾客对商品的评价为“满意”“一般”“不满意”. 这些数字只起着一个顺序作用, 类与类之间的差别是不能运算的.

分类数据和顺序数据说明的是事物的品质特征, 其结果均表现为类别, 所以, 也称为定性数据或品质数据.

(3) 数值型数据又称为定量数据或数量数据, 是使用自然数或度量衡单位对事物进行测量的结果, 其结果表示为具体数值. 例如, 产品的重量、长度; 人的身高、体重; 股票的开盘价、收盘价、市盈率等.

数据也可按照收集方法的不同, 分为观测数据和实验数据.

(1) 观测数据是指通过调查或观测而收集到的数据. 例如, 有关社会经济现象的统计数据几乎都是观测数据.

(2) 实验数据是指在实验中控制实验对象而收集到的数据. 自然科学领域的大多数数据都为实验数据.

数据还可按照被描述的对象与时间的关系, 分为截(横断)面数据和时间序列数据.

(1) 截面数据指在同一时间点上收集到的数据. 例如, 2014 年 9 月 26 日在深证股票交易市场中挑选 30 只股票, 它们的名称、上周开盘价、上周收盘价、本周开盘价、本周收盘价和市盈率等数据就是截面数据.

(2) 时间序列数据指在不同的时间点上收集到的数据. 例如, 为了分析深证指数的走势, 收集从 2014 年 9 月 1 日到 2014 年 9 月 26 日这段时间内某只股票在交易日里的数据, 如每日开盘价、每日收盘价、每日成交数等即为时间序列数据. 当数据同时具有时间序列和截面两个维度时, 可称为“时间序列-截面数据”, 简称为面板数据, 通常以表格的形式来表达.

2.1.2 数据描述方法

数据描述方法可以让人们更好地了解一组数据的分布特征和规律. 一般可从三个方面来描述数据的特征: 一是数据分布的集中趋势, 反映各数据向中心位置靠拢或聚集的程度; 二是数据分布的离散程度, 反映各数据远离中心位置的程度; 三是数据分布的偏度与峰度, 反映数据分布的形状.

1. 集中趋势

描述数据集中趋势的常见方法有: 平均数、众数、中位数、分位数.

定义 2.1.1 设 $x_1, x_2, \cdots, x_n$ 是一组观测数据, 则称

$$\bar{x} = \frac{1}{n}\sum_{i=1}^{n} x_i \tag{2.1.1}$$

为该组数据的平均数(mean value), 也称为均值.

平均数在统计学中具有重要的地位, 是衡量集中位置最主要的度量值, 主要用于数值型数据, 不适合分类数据和顺序数据.

有时候得到的数据可能是分组数据, 比如在调查工资收入时, 收入可能位于某个区间范围, 如 3000～4000 元. 当数据是分组数据时, 平均数的近似公式为

$$\tilde{x} = \frac{1}{n}\sum_{i=1}^{m} x_i v_i \tag{2.1.2}$$

其中，m 为分组的组数，x_i 是第 i 组数据的组中值，v_i 是第 i 组数据的频数，$\sum_{i=1}^{m} v_i = n$.

例 2.1.1　为了了解某公司员工的收入情况，对不同岗位 20 名员工进行了调查，得表 2.1.1 所示的工资收入数据.

表 2.1.1　工资收入数据　(单位：元)

7500	1250	2630	3760	4520	8460	2010	5500	6700	5150
3970	6500	4280	5600	3080	3500	4800	4000	4500	8050

则可计算得这 20 名员工的平均工资为

$$\bar{x} = \frac{1}{n}\sum_{i=1}^{n} x_i = 4788$$

如果得到的工资数据是表 2.1.2 所示的分组数据：

表 2.1.2　员工工资分组表　(单位：元)

序号	分组区间	组中值	频数(人数)
1	(1000, 3000]	2000	3
2	(3000, 5000]	4000	9
3	(5000, 7000]	6000	5
4	(7000, 9000]	8000	3
总计	—	—	20

则平均工资的近似值为

$$\tilde{x} = \frac{1}{20}\sum_{i=1}^{4} x_i v_i = 4800$$

由于 $\tilde{x}$ 是用组中值代替数据计算得到的，故分组均值 $\tilde{x}$ 与均值 $\bar{x}$ 有一定差异，但差异不会太大.

在调查某些敏感性问题如女性的年龄时，分组数据由于避免了泄露个人隐私，反而比一般数据更可靠.

定义 2.1.2　在观测数据 $x_1, x_2, \cdots, x_n$ 中，出现频数最多或频率最高的数据称为该组数据的众数(mode).

众数主要描述分类数据的集中位置，也可用于顺序数据和数值型数据集中位置的度量. 一般情况下，只有在数据量较大时众数才有意义.

例如，分析驾驶员肇事的内在因素，观察值取 4 个："驾驶错误""判断失误""察觉得晚"和"其他"，这是分类数据. 表 2.1.3 统计了 2000 例交通事故中内在因素的情况，其中，"察觉得晚"出现的次数最多，频率最大. 因而，众数是"察觉得晚"，说明交通事故由"察觉得晚"引起的比例最大.

表 2.1.3 2000 例交通事故中内在因素的数据统计与分析

内在因素	事故数	频率
察觉得晚	1098	54.9%
判断失误	745	37.25%
驾驶错误	141	7.05%
其他	16	0.8%
合计	2000	1

众数不受极端数据的影响，具有较强的稳定性．有时，频数最多的数可能不止一个，这时，就存在多个众数的情形．如果在数据中有两个众数，则称其为双众数数据．如果有 3 个或 3 个以上的众数，则称为多众数数据．在多众数的情况下，众数对于描述定性数据的平均大小已经没有多大意义了．

设 $x_1,x_2,\cdots,x_n$ 是一组观测数据，将该组数据按从小到大进行排序，记为 $x_{(1)}\leqslant x_{(2)}\cdots\leqslant x_{(n)}$，则称 $x_{(1)},x_{(2)},\cdots,x_{(n)}$ 为有序数据．显然，$x_{(1)}$ 为该组数据中的最小值，而 $x_{(n)}$ 则为最大值．

定义 2.1.3 称有序数据 $x_{(1)},x_{(2)},\cdots,x_{(n)}$ 中间位置的数为数据 $x_1,x_2,\cdots,x_n$ 的中位数(median)，记为 $m_{0.5}$，即

$$m_{0.5}=\begin{cases}x_{\left(\frac{n+1}{2}\right)}, & n\text{为奇数}\\ \dfrac{1}{2}\left(x_{\left(\frac{n}{2}\right)}+x_{\left(\frac{n}{2}+1\right)}\right), & n\text{为偶数}\end{cases}\tag{2.1.3}$$

中位数主要用于描述顺序数据的集中位置，也可用于度量数值型数据的集中位置，但不适用于分类数据．

中位数将数据组分为两部分，一部分数据比中位数大，另一部分比中位数小，每部分包含的数据个数相同．对于对称分布的数据，平均数与中位数比较接近；对于非对称分布的数据，平均数与中位数具有一定的差异．与众数类似，中位数也不受异常值的影响，具有稳健性，是数据分析中重要的数字特征．例如，某行业 2014 年就业人员平均工资增长了 5%，但是该行业内工资降低的人员比例却多达 65%，工资不变和增加的比例不到 35%，显然，就业人员平均工资的增长是由少数人员的工资增长拉动．相对平均数而言，工资的中位数则能更好地反映工资变化的真实情况．在本例中，平均工资增加额的中位数为负数，表明至少一半人员的平均工资是降低了．

定义 2.1.4 对有序数据 $x_{(1)}\leqslant x_{(2)}\leqslant\cdots\leqslant x_{(n)}$，给定常数 $p\ (0<p<1)$，称

$$m_p=\begin{cases}x_{([np]+1)}, & np\text{不是整数}\\ \dfrac{1}{2}(x_{(np)}+x_{(np+1)}), & np\text{是整数}\end{cases}\tag{2.1.4}$$

为数据 $x_1,x_2,\cdots,x_n$ 的 p 分位点或 p 分位数(percentile)．其中，$[np]$ 表示 np 的整数部分．

分位数是一种度量数据位置的方法．例如，在全国高考考试中，一位重庆考生得知自己的考试成绩为 570 分，这个分数能不能被重庆大学录取呢？他不能确定，因为成绩和试卷难度有很大关系．若同时还知道这个成绩在本省学生成绩中的分位数为 65%，这就表明他的考

试成绩比重庆市 65%的学生成绩高，据此，他可根据当年各大学的招录情况准确判断自己能否被重庆大学录取. 再比如，新生婴儿的身高、体重常用百分位数的形式进行衡量. 一个半岁男婴的身高为 65 厘米，仅有这个数字，则不能判断该男婴的身高究竟如何. 如果同时报告这个身高达到75%分位数，就可以认为大约有 75%的同龄男婴身高比他矮，25%的同龄男婴身高比他高.

易见，中位数是特殊的分位数，即为 0.5 分位数. 称 0.25 分位数为下四分位数，记为 m_{L}，0.75 分位数称为上四分位数，记为 m_{U}. 下四分位数、中位数、上四分位数把全部数据四等分，每一等份各占数据总量的 25%.

例 2.1.2　为了了解"高等数学"课程 2013～2014 学年第一学期的期末考试成绩，任课教师随机抽查了班上 30 名学生，其考试成绩经由小到大排序后如表 2.1.4 所示.

表 2.1.4　考试成绩

35	42	48	51	55	59	60	64	66	68	70	71	71	71	71
74	76	76	78	78	79	80	82	85	88	88	88	90	91	94

该30名学生的平均成绩为 $\bar{x}=\dfrac{1}{30}\sum\limits_{i=1}^{30}x_i=71.633$；众数为71，表明30名学生的考试成绩中，考试成绩为 71 分的同学最多. 中位数为 $m_{0.5}=\dfrac{1}{2}\left(x_{(15)}+x_{(16)}\right)=72.5$，表明有一半的成绩低于72.5，一半的成绩高于 72.5；0.25 分位数 $m_{\mathrm{L}}=64$，表明有 25%的成绩低于 64；0.75 分位数 $m_{\mathrm{U}}=82$，表明有 75%的成绩低于 82.

2. 离散程度

集中趋势的度量值是一组数据水平的一个概括和代表，但它不能反映对数据组的代表程度. 对数据的代表程度取决于该组数据的离散程度. 离散程度越大，集中趋势的测量值对数据组的代表性就越差，离散程度越小，其代表性就越好. 描述数值型数据离散程度的方法通常有极差、方差、标准差、变异系数.

定义 2.1.5　设一组数据为 $x_1,x_2,\cdots,x_n$，按由小到大顺序排列后的有序数据为 $x_{(1)},x_{(2)},\cdots,x_{(n)}$，称

$$R=x_{(n)}-x_{(1)} \tag{2.1.5}$$

为该组数据的极差(range).

极差又称为全距或范围误差，反映数据的变异范围和离散幅度，极差越大，离散程度越大. 反之，极差越小，反映数据的取值范围越小，数据越集中.

极差具有含义直观、计算简单、运用方便的特点，在数理统计中有着相当广泛的应用，但是极差容易受极端值的影响. 同时，极差只利用了一组数据两端的信息，未能反映出中间数据的分散情况，因而不能准确描述出数据的分散程度.

定义 2.1.6　对一组观测数据 $x_1,x_2,\cdots,x_n$，称

$$s^2=\frac{1}{n-1}\sum_{i=1}^{n}(x_i-\bar{x})^2 \tag{2.1.6}$$

为该数据组的方差(variance), 称 $s=\sqrt{\frac{1}{n-1}\sum_{i=1}^{n}(x_i-\overline{x})^2}$ 为标准差(standard deviation).

类似地, 当数据为分组数据时, 方差的近似公式为

$$\tilde{s}^2=\frac{1}{n-1}\sum_{i=1}^{m}v_i(x_i-\tilde{x})^2 \tag{2.1.7}$$

其中, $n=\sum_{i=1}^{m}v_i$, m 为分组的组数, x_i 是第 i 组数据的组中值, v_i 是第 i 组数据的频数, $\tilde{x}$ 是均值的近似值.

例 2.1.3　对例 2.1.1, 计算数据的方差和标准差, 以及分组数据的方差.

解

$$s^2=\frac{1}{19}\sum_{i=1}^{20}(x_i-4788)^2=3767943$$

$$s=\sqrt{3767943}=1941.119$$

分组后, 样本方差的近似值为

$$\tilde{s}^2=\frac{1}{19}\sum_{i=1}^{4}v_i(x_i-4800)^2=3536842.11$$

显然, 数据和分组数据的方差有一定的差异.

方差(标准差)是实际应用和理论研究中使用最广泛的离散程度描述方法, 它反映的是每个数据与其平均数相比平均偏离的程度. 因此, 它能较好地反映数据的整体离散程度. 当数据比较分散时, 方差就较大; 当数据分布比较集中时, 方差就较小. 标准差与数据的计量单位相同, 其实际意义要比方差更好. 因此, 在实际应用中, 更多地使用标准差.

极差、方差、标准差都是反映数据离散程度的绝对值, 其数值的大小一方面取决于数据本身水平的高低, 也就是说与数据的平均数的大小有关, 数据绝对值大的, 离散程度的度量值自然也就大, 绝对值小的离散程度的度量值自然小; 另一方面, 它们与数据的计量单位有关, 对采用不同计量单位的数据, 其离散程度的度量值也就不同. 因此, 对于平均数差别较大或计量单位不同的数据, 不能用上述离散程度度量值直接比较离散程度的大小. 为消除平均数水平和计量单位对离散程度度量值的影响, 则需要计算数据的变异系数.

定义 2.1.7　设 $x_1,x_2,\cdots,x_n$ 是一组观测数据, 称

$$\mathrm{CV}=\frac{s}{\overline{x}}\times 100\% \tag{2.1.8}$$

为该数据组的变异系数(coefficient of variation). 其中, s 为标准差, $\overline{x}$ 为平均值.

变异系数又称为“标准差率”, 主要用于比较不同数据的离散程度, 变异系数大的说明数据的离散程度大, 变异系数小的说明数据的离散程度小.

例 2.1.4　化学工程师公布了一种多成分气体黏性检测的新模型. 现备制 13 份氖、氩和氦按照不同比例、不同温度的混合气体, 分别用试验方法和新模型检测了每份混合气体的黏性(单位: $10^{-5}\,\mathrm{Pa\cdot s}$), 结果如表 2.1.5 和表 2.1.6 所示.

表 2.1.5　通过试验检测的黏性值

2.74	2.569	2.411	2.504	3.237	3.044	2.886	2.957	3.101	3.169
2.289	2.44	3.374							

表 2.1.6　通过新模型检测的黏性值

2.736	2.575	2.432	2.512	3.233	3.05	2.91	2.965	3.115	2.289
3.255	3.265	3.416							

试比较两组数据的离散程度.

解　对试验测量值进行计算:

$$\overline{x}=\frac{1}{13}\sum_{i=1}^{13}x_i=2.825, \quad s_x^2=\frac{1}{13-1}\sum_{i=1}^{13}(x_i-\overline{x})^2=0.127, \quad s_x=0.356$$

$$\mathrm{CV}_x=\frac{s_x}{\overline{x}}\times 100\%=0.126$$

对新模型测量值进行计算:

$$\overline{y}=\frac{1}{13}\sum_{i=1}^{13}y_i=2.904, \quad s_y^2=\frac{1}{13-1}\sum_{i=1}^{26}(y_i-\overline{y})^2=0.132, \quad s_y=0.363$$

$$\mathrm{CV}_y=\frac{s_y}{\overline{y}}\times 100\%=0.125$$

由上述计算结果可见，试验测量值的标准差小于新模型测量值的标准差，但是当以平均值来对标准差进行度量时，得到试验测量值的变异系数 0.126，大于新模型测量值的变异系数 0.125，表明试验测量数据的离散程度更大.

3. 偏度与峰度

集中趋势和离散程度是数据分布的两个重要特征，但要全面了解数据分布的特点，有时还需要知道数据分布的形状是否对称、偏斜的程度以及分布的扁平程度等，这就要考察数据组的偏度和峰度.

偏度(skewness)由统计学家皮尔逊于 1895 年首次提出，是用来度量数据分布对称性的指标.

定义 2.1.8　设一组数据为 $x_1,x_2,\cdots,x_n$，称

$$\mathrm{sk}=\frac{\frac{1}{n}\sum_{i=1}^{n}(x_i-\overline{x})^3}{\left[\frac{1}{n}\sum_{i=1}^{n}(x_i-\overline{x})^2\right]^{\frac{3}{2}}} \tag{2.1.9}$$

为数据组的偏度.

在数据组呈对称分布(正态分布)的状态下，其均值、中位数和众数重合，其他所有的数据完全以对称的方式分散在这三个数的左右. 如果数据分布不对称，则均值、中位数和众数必定分处不同的位置. 这时，若以均值为参照点，则要么位于均值左侧的数据较多，称之为右偏，此时偏度大于零；要么位于均值右侧的数据较多，称之为左偏，此时偏度小于零. 如图 2.1.1 所示.

图 2.1.1 中，当 sk 等于零时，数据是完全对称的，如图(a)所示；当 sk 大于零时，数据呈现出右偏趋势，如图(b)所示；当 sk 小于零时，数据呈现出左偏趋势，如图(c)所示.

峰度(kurtosis)由皮尔逊于 1905 年首次提出，是度量数据平峰或尖峰程度的指标.

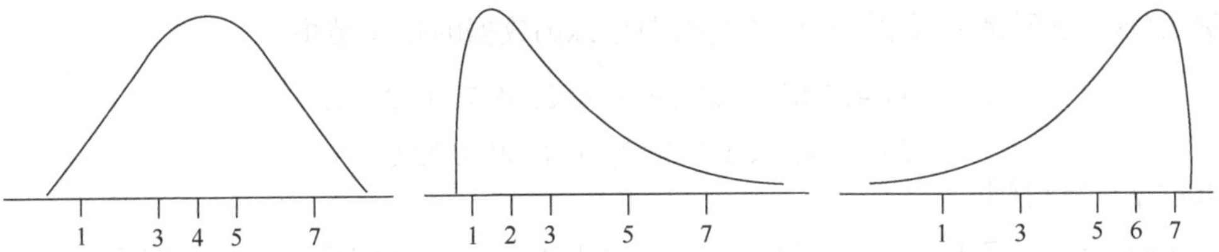

图 2.1.1　偏度 sk 示意图

定义 2.1.9　设一组数据为 $x_1, x_2, \cdots, x_n$，称

$$\mathrm{ku} = \frac{\frac{1}{n}\sum_{i=1}^{n}(x_i - \overline{x})^4}{\left[\frac{1}{n}\sum_{i=1}^{n}(x_i - \overline{x})^2\right]^2} - 3 \tag{2.1.10}$$

为数据组的峰度.

峰度通常是与标准正态分布比较而言的. 如果一组数据服从标准正态分布，则峰度等于零；若数据分布比正态分布更平，则峰度大于零. 峰度越大，说明该数据组中的极端值越多. 若数据分布比正态分布更尖，则峰度小于零. 如图 2.1.2 所示.

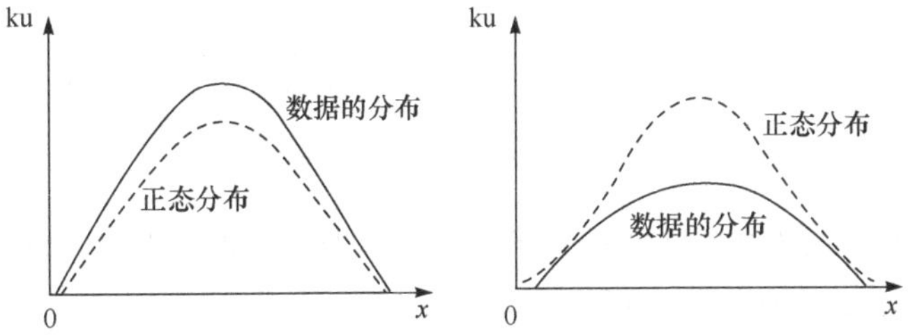

图 2.1.2　峰度示意图

峰度在实际问题中具有明确的含义. 比如在金融学领域中，若某金融资产预期收益率的峰度较大，则说明该项资产的预期收益率未来有相对较高的概率取极端值，表明该项资产未来发生剧烈波动的概率相对较高.

2.1.3　图形描述方法

将数据的特征用图形描述出来，便可以一目了然地从整体上掌握一组数据的分布情况. 用图形描述数据特征的常见方法有箱线图、茎叶图.

1. 箱线图

箱线图(box plot)又称为箱图、盒形图或盒子图.

设 $x_{(1)}, x_{(2)}, \cdots, x_{(n)}$ 是观测数据 $x_1, x_2, \cdots, x_n$ 按由小到大顺序排列的有序数据，计算如下五个值：最小值 $x_{\min} = x_{(1)}$，最大值 $x_{\max} = x_{(n)}$，中位数 $m_{0.5}$，下四分位数 m_{L} 和上四分位数 m_{U}. 称用 $x_{\min}$，m_{L}，$m_{0.5}$，m_{U}，$x_{\max}$ 描述一组数据的轮廓为五数概括，五数概括的图形称为箱线图. 下面举例说明.

例 2.1.5 下列是 16 位中学生的体重(单位: kg)数据的排序结果

$$47.4, 50.0, 53.5, 56.9, 57.2, 58.7, 62.2, 62.2,$$

$$63.5, 64.0, 64.0, 66.7, 66.9, 69.0, 72.0, 75.0$$

由该批数据计算得到

$$x_{\min} = 47.4, \quad m_{\mathrm{L}} = 57.05, \quad m_{0.5} = 62.85, \quad m_{\mathrm{U}} = 66.85, \quad m_{\max} = 75.0$$

箱线图由箱体和线段组成. 图 2.1.3 是例 2.1.5 中数据的箱线图, 画图步骤如下:

(1) 画一个箱体, 其两侧恰为下四分位数和上四分位数, 箱内有一条平行于两侧的竖线表示中位数, 这个箱体包含了数据中 50%的数据.

(2) 在箱体左右两侧各引出一条水平线, 其端点值分为两种情形: 如果没有数据值大于上四分位数加上 1.5 倍的箱体长度, 那么引出的水平线右端则以数据最大值为端点, 否则, 水平线右端以上四分位数加上 1.5 倍的箱子长度为端点. 同理, 引出的水平线左侧端点值类似. 通常, 将大于上四分位数加上 1.5 倍箱体长度或小于下四分位数减去 1.5 倍箱体长度的数据称为异常值(mild outlier), 将大于上四分位数加上 3 倍箱体长度或小于下四分位数减去 3 倍箱体长度的数据称为极端异常值(extreme outlier).

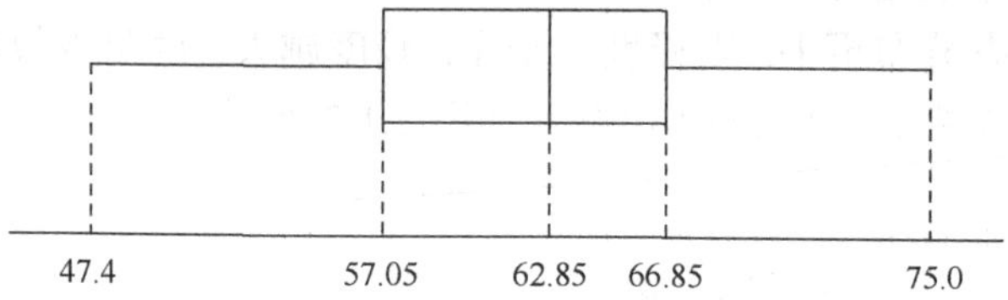

图 2.1.3 学生体重箱线图

箱线图也可对数据分布的形状进行大致的判断. 图 2.1.4 给出了三种常见的箱线图, 分别对应左偏分布、对称分布和右偏分布.

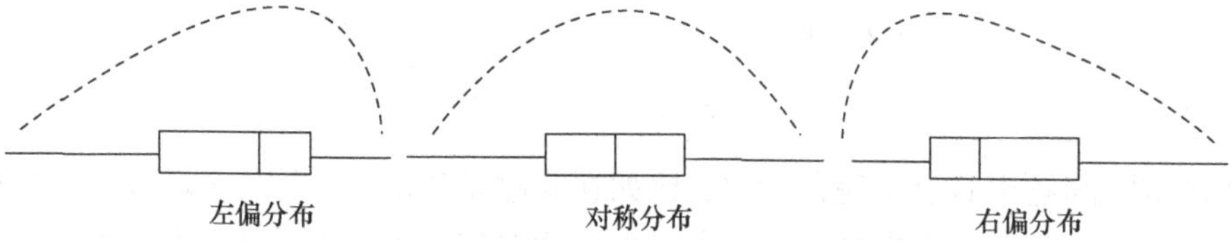

图 2.1.4 三种常见的箱线图及其对应的分布形状图

2. 茎叶图

茎叶图(stem plot)也称作枝叶图. 将数组中的数按位数进行比较, 将数的大小基本不变或变化不大的位作为一个主干(茎), 将变化大的位数作为分枝(叶), 列在主干的后面, 可以清楚地看到每个主干后面有几个数, 每个数具体是多少.

例 2.1.6 某工厂 24 名工人某日白天加工的零件个数如表 2.1.7 所示.

表 2.1.7 零件个数

42	36	25	33	35	36	28	16	34	35	41	56
37	36	34	45	24	33	36	9	60	57	17	39

由零件个数绘制的茎叶图如图 2.1.5 所示.

在图 2.1.5 中，将十位当作茎，个位当作叶，如零件数 24：对应的 2 是十位数，是茎，4 是个位数，是叶. 2 和 4 之间用竖线(主干)分隔为：2 | 4.

当同一个茎对应多个叶时，将所有的叶按从小到大的顺序放在竖线后面，如

24, 25, 28 可表示为：2 | 458

其他数据类似.

0	9
1	67
2	458
3	334455666679
4	125
5	67
6	0

图 2.1.5　零件个数的茎叶图

茎叶图将分组和统计次数分配一次完成，是探索性数据分析中对数据的初步形象描绘. 茎叶图保留了原始资料的具体数值，从而对数据的取值情况一目了然.

在进行两组数据的比较时，还可以绘制背靠背的茎叶图.

例 2.1.7　接例 2.1.6，已知这 24 名工人在夜间的产量如表 2.1.8 所示.

表 2.1.8　夜间产量

38	33	19	26	31	32	25	17	26	35	31	52
27	29	25	61	24	30	21	9	48	45	15	32

白天产量		夜间产量
9	0	9
67	1	579
458	2	14556679
334455666679	3	1122358
125	4	58
67	5	2
0	6	1

图 2.1.6　白天和夜间产量背靠背茎叶图

由例 2.1.6 中的数据和上述数据，可绘制 24 名工人在白天和夜间产量的背靠背茎叶图，如图 2.1.6 所示.

在图 2.1.6 中，茎在中间，由左边的叶和茎可表示零件在白天的产量，由右边的叶和茎可表示零件在夜间的产量. 从背靠背茎叶图可以看到，白天零件的产量在茎为 3 时比较多，而夜间零件的产量在茎为 2 时比较多，表明白天的产量要比夜间的产量高.

2.2　总体、个体、样本

2.2.1　总体与个体

在数理统计中，研究对象的全体称为总体(population)，组成总体的每个成员称为个体(individual). 例如，某商场为了估计明年“春节”假期内该商场的顾客的消费情况，对今年“春节”期间的顾客一次性消费水平进行了研究. 那么，今年“春节”期间来商场的所有顾客一次性消费金额构成的集合就是总体，每一位顾客一次性所消费的费用就代表个体. 如果不考虑消费金额指标的具体实际意义，总体就是一个数据集合. 这些数据可以是一个指标(或属性)的取值，即一维数据，也可以是多个指标(或属性)的取值，即多维数据. 在这样的数据集合中，有的数据重复出现的次数较多，有的重复出现的次数较少. 从概率的角度来看，重复次数较多的数据出现的可能性大，重复次数较少的数据出现的可能性小. 于是，可以用一个随机变量或随机向量及其分布来描述总体所对应的数据集合. 这个随机变量或随机向量的所有不同取值代表了总体中的不同数据，随机变量或随机向量的概率分布代表了总体中不同数据的分布情况或数据结构. 因此，在数理统计中，一个总体对应一个随机变量(或随机向量)及其分布，一般用随机变量 X (或随机向量 $\boldsymbol{X}$)等符号表示.

由此可见，对总体的研究就是对某个随机变量(或随机向量)及其分布的研究. 代表总体的随机变量或随机向量的分布称为总体分布. 用随机变量表示的总体称为一维总体，用随机向量表示的总体称为多维总体. 通常，我们讨论的是一维总体，对多维总体的研究较为复杂，但研究方式与一维总体有很多地方是类似的.

例 2.2.1　1972 年，联合国教科文组织向全世界发出了“走向阅读社会”的召唤，要求社会成员人人读书，使图书成为生活的必需品，读书成为每个人日常生活不可或缺的一部分. 为了了解 14 岁以上居民在过去一年内的读书情况，某机构于 2016 年在重庆市调查了如下三个问题.

(1) 读书居民占全市 14 岁以上居民的比例.

(2) 过去一年内读书居民的读书本数.

(3) 过去一年内读书居民的购书花费.

这三个问题涉及三个不同的总体. 问题(1)的总体是该市 14 岁以上的居民在过去一年内是否读过书的数据构成. 为了用随机变量及其分布表示这个总体，把重庆市 14 岁以上在过去一年内读过书的居民用 1 表示，没读过书的居民用 0 表示，则该总体就是由很多 1 和 0 组成的数据集合. 若记“1”在总体中所占比例为 p，则该总体可以由服从 0-1 两点分布的随机变量 X 表示，如图 2.2.1 所示.

1	1	0	0	0	0	1	0	0	1
0	1	1	1	0	0	0	0	0	1
0	1	1	0	0	0	1	1	1	1
1	0	0	1	1	1	0	0	0	1

0-1两点分布的总体

X	0	1
p	$1-p$	p

图 2.2.1　服从 0-1 两点分布的总体的示意图

问题(2)的研究对象是该市在过去一年内读过书的居民的读书本数. 总体是每位居民读过的书本数构成的集合. 记 p_k 表示总体中读了 k 本书的居民所占的比例，则该总体可用服从如下离散分布的随机变量 Y 表示.

$$P\{Y=k\}=p_k,\quad k=1,2,3,\cdots$$

问题(3)涉及的对象与问题(2)相同，但关心的是购书费用，因此，问题(3)的总体是每位读书居民的购书费用组成的集合. 当把购书费用视为连续型指标时，总体就可以用一个密度函数为 $f(z)$ 的连续型随机变量 Z 来表示. 这时，随机变量 Z 的分布不一定是对称的，可能是偏态分布，因为购书费用低的居民可能占多数，购书费高的居民占少数，购书费用特别高的是极少数. 因此，总体 Z 的分布是一个非对称分布，而且是一个右偏分布，如图 2.2.2 所示.

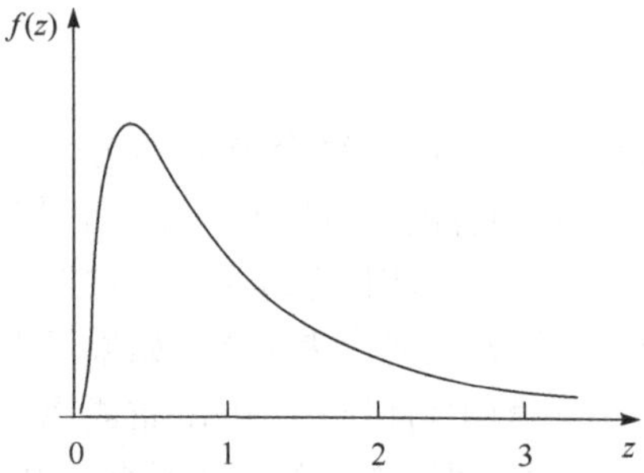

图 2.2.2　购书费用的分布图

数理统计研究的是有关总体的问题，如，例 2.2.1 中总体 X 分布中的参数 p 是多少？总体 Y 的分布律是什么？总体 Z 服从什么分布？研究方法是：先从总体中抽取部分个体，获得各个个体的观测数据，然后利用观测数据推断与总体相关的问题. 这些推断结果与观测数据和推断方法密切相关. 因此，数理统计的研究内容分成两部分：一部分称为试验设计，研究如何设计抽样试验，以获取所需数据；另一部分称为统计推断，研究如何利用观测数据对总体的特征或分布等进行推断. 本书主要介绍统计推断中的基本推断原理与方法.

2.2.2 样本

从总体中抽取的部分个体组成的集合称为样本(sample)，样本中所含的个体称为单个样本或样品，样本中样品个数称为样本量或样本容量(sample size). 由于在抽样前不知道哪个个体会被抽中，也不知道被抽中个体的试验结果或测量值，故从总体 X 中抽取的容量为 n 的样本可看成 n 维随机向量，用 $X_1,X_2,\cdots,X_n$ 表示. 在具体抽样后，抽中个体的试验结果或测量值称作样本 $X_1,X_2,\cdots,X_n$ 的观测值或样本值(sample value)，用 $x_1,x_2,\cdots,x_n$ 表示. 由所有可能的样本值组成的集合 $\Omega=\{(x_1,x_2,\cdots,x_n)^{\mathrm{T}}\mid x_1,x_2,\cdots,x_n$ 为样本 $X_1,X_2,\cdots,X_n$ 的观测值$\}$称为样本空间(sample space). 有时，为了方便，可将样本和样本值统称为样本，其具体含义可从上下文中识别.

例 2.2.2　为了了解 2014 年春节期间某商场顾客一次性消费金额的分布情况，随机抽取了 40 位顾客，其一次性消费账单票据的数据如表 2.2.1 所示.

表 2.2.1　顾客一次性消费金额　(单位：元)

158	822	765	145	138	167	256	284	253	298
106	3152	298	705	749	685	624	548	799	315
425	276	189	165	225	242	177	199	159	233
1686	805	325	998	154	188	348	259	198	168

设 X 表示 2014 年春节期间该商场任意一位顾客的一次性消费金额，显然，随机变量 X 就是例2.2.2的总体，要研究的问题是随机变量 X 的分布. 抽取样本容量为40的样本，可用随机变量 $X_1,X_2,\cdots,X_{40}$ 表示，表 2.2.1 中的数据是样本值 $x_1,x_2,\cdots,x_{40}$ 的具体取值情况. 统计推断研究的就是如何利用表 2.2.1 的样本数据推断总体 X 的分布.

样本来自总体，样本必含有总体信息. 例如，概率密度值大(机会大)的地方被抽取的样本就多，而概率密度值小(机会小)的地方被抽中的样本就少；分布越分散，样本也越分散；分布越集中，样本也相对越集中；分布越偏，样本也越偏，如图 2.2.3 所示.

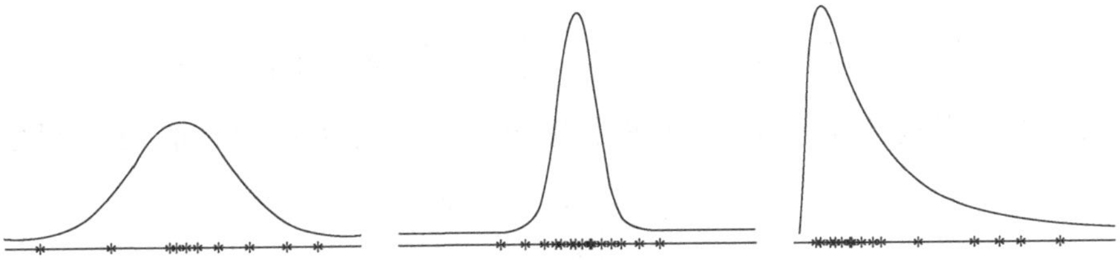

图 2.2.3　样本(用*表示)是总体的影子

为了使所抽取的样本能很好地反映总体，使得统计推断尽可能可靠，就需要对样本提出一定的要求. 在常规的统计推断方法中，要求抽取的样本满足如下两个条件:

(1) 独立性：样本 $X_1,X_2,\cdots,X_n$ 是一组相互独立的随机变量；

(2) 代表性：样本 $X_1,X_2,\cdots,X_n$ 中的每一个 $X_i(i=1,2,\cdots,n)$ 与总体 X 有相同的概率分布.

通常，称满足上述两个条件的样本为简单随机样本(simple random sample)，简称为样本. 如果没有特别的声明，本书提到的样本都是简单随机样本.

如何才能获得简单随机样本呢？下面通过例子介绍两种方法.

例 2.2.3　设有一本 400 页的教科书，为了对书中的印刷错误进行分析，需要从中随机抽取 10 页，对每页的印刷错误次数进行统计. 如何从这 400 页中抽取 10 页，使所得样本为简单随机样本呢?

方法一: 设计一个随机试验. 制作 400 张卡片, 对卡片按 1～400 编号, 并把它们放入一个不透明的袋中, 充分“混合”, 最后用有放回的抽样方式抽出 10 张卡片, 则每张卡片上的编号(如: 103, 56, 223, 78, 352, 4, 275, 336, 198, 216)组成一个简单随机样本. 特别地, 当总体容量趋于无穷大时, 若进行无放回抽样, 由于少数几次抽样对总体的影响可忽略不计, 故可近似把无放回抽样看成是独立抽样.

方法二: 可用软件, 如 Excel、R 等产生 10 个 1～400 内不同的随机整数(如: 87, 235, 108, 362, 378, 291, 110, 15, 28, 301), 则由这些页码组成的样本即为简单随机样本.

2.2.3 样本的分布

样本是从总体中抽样得到的, 故样本的统计规律性与总体的统计规律性之间有密切相关关系. 设 $X_1,X_2,\cdots,X_n$ 是来自总体 X 的样本, 则称 $X_1,X_2,\cdots,X_n$ 的联合分布为样本的分布.

若总体 X 的分布函数为 $F(x)$, 则样本 $X_1,X_2,\cdots,X_n$ 的联合分布函数为

$$\begin{aligned}F^*(x_1,x_2,\cdots,x_n)&=P\{X_1\leqslant x_1,X_2\leqslant x_2,\cdots,X_n\leqslant x_n\}\\&=\prod_{i=1}^n P\{X_i\leqslant x_i\}=\prod_{i=1}^n F_{X_i}(x_i)\\&=\prod_{i=1}^n F(x_i)\end{aligned}\tag{2.2.1}$$

若总体 X 是连续型随机变量, 且具有密度函数 $f(x)$, 则样本 $X_1,X_2,\cdots,X_n$ 的联合密度函数为

$$f^*(x_1,x_2,\cdots,x_n)=\prod_{i=1}^n f_{X_i}(x_i)=\prod_{i=1}^n f(x_i)\tag{2.2.2}$$

若总体 X 是离散型随机变量且具有分布律 $P\{X=a_j\}=p_j$, $j=1,2,\cdots$, 则样本 $X_1,X_2,\cdots,X_n$ 的联合分布律为

$$P\{X_1=x_1,X_2=x_2,\cdots,X_n=x_n\}=\prod_{i=1}^n P\{X_i=x_i\}=\prod_{i=1}^n P\{X=x_i\}\tag{2.2.3}$$

例 2.2.4 假设某高校大一新生每天使用电脑的时间 X 服从指数分布, 密度函数为

$$f(x)=\begin{cases}\lambda e^{-\lambda x}, & x>0\\0, & 其他\end{cases}$$

则来自总体 X 的样本 $X_1,X_2,\cdots,X_n$ 的联合密度函数为

$$\begin{aligned}f^*(x_1,x_2,\cdots,x_n)&=\begin{cases}\prod_{i=1}^n f(x_i), & x_i>0, i=1,2,\cdots,n\\0, & 其他\end{cases}\\&=\begin{cases}\prod_{i=1}^n \lambda e^{-\lambda x_i}, & x_i>0, i=1,2,\cdots,n\\0, & 其他\end{cases}\\&=\begin{cases}\lambda^n e^{-\lambda n\bar{x}}, & x_i>0, i=1,2,\cdots,n\\0, & 其他\end{cases}\end{aligned}$$

其中，$\bar{x}=\dfrac{1}{n}\sum_{i=1}^{n}x_i$.

例 2.2.5　设某公司生产的某型号电梯一年内发生故障的天数 X 服从二项分布 $B(365,p)$，其分布律为

$$P\{X=k\}=\mathrm{C}_{365}^{k}p^{k}(1-p)^{365-k},\quad k=0,1,\cdots,365$$

那么，来自总体 X 的样本 $X_1,X_2,\cdots,X_n$ 的联合分布律为

$$\begin{aligned}&P\{X_1=x_1,X_2=x_2,\cdots,X_n=x_n\}\\&=\prod_{i=1}^{n}P\{X=x_i\}\\&=\prod_{i=100}^{n}\mathrm{C}_{365}^{x_i}p^{x_i}(1-p)^{365-x_i},\quad x_i=0,1,\cdots,365,i=1,2,\cdots,n\end{aligned}$$

2.3　统　计　量

尽管样本包含了总体的信息，但这些信息却隐藏在样本中，要利用样本推断总体的性质和特征，就需要对样本信息进行整理和加工. 加工样本信息最常见的方法是构造样本的函数，即统计量.

定义 2.3.1　若 $X_1,X_2,\cdots,X_n$ 是来自总体 X 的样本，若 $h(x_1,x_2,\cdots,x_n)$ 是不含未知参数的连续函数，则称随机变量 $h(X_1,X_2,\cdots,X_n)$ 为统计量(statistic).

例如，$X_1+X_2+X_3$，$X_1^2-X_2+X_3$ 都是统计量. 而对参数 c，若 c 已知，则 $\dfrac{1}{n}\sum_{i=1}^{n}(X_i-c)^2$ 是统计量；若 c 未知，则 $\dfrac{1}{n}\sum_{i=1}^{n}(X_i-c)^2$ 不是统计量.

显然，有了样本值 $x_1,x_2,\cdots,x_n$ 后，立即可计算统计量 $h(X_1,X_2,\cdots,X_n)$ 的样本值 $h(x_1,x_2,\cdots,x_n)$，进一步可根据统计量的性质合理有效地对总体进行推断.

根据不同的研究问题，可以构造各种各样的统计量. 下面介绍的是一些常见的统计量.

2.3.1　样本均值与样本方差

定义 2.3.2　设 $X_1,X_2,\cdots,X_n$ 是来自总体 X 的样本，称

$$\bar{X}=\frac{1}{n}\sum_{i=1}^{n}X_i \tag{2.3.1}$$

为样本均值(sample mean).

若 $x_1,x_2,\cdots,x_n$ 是样本 $X_1,X_2,\cdots,X_n$ 的样本值，则称 $\bar{x}=\dfrac{1}{n}\sum_{i=1}^{n}x_i$ 为样本均值 $\bar{X}$ 的样本值.

样本均值是一种较为简单的样本函数，由于能消除很多随机干扰，因而被广泛使用. 例如，某市在以往公交车多级票价的基础上，利用样本均值作为公交车的单一票价：2 元/人次. 几年来，乘客与公交公司都认为“公平”. 又如，在确定降血压药物的疗效时，考虑到患高血压的人群中个体间的抗药能力、高血压轻重等差异，故不能以一两个人服药后的降压多少而

定. 由于样本均值可以抵消掉大部分偏差, 出现较为稳定的值, 且参与平均的个体越多, 平均数的稳定性就越好. 故降血压药物的疗效通常以平均疗效来核定.

样本均值有如下性质.

性质 2.3.1 $\sum_{i=1}^{n}(X_i - \bar{X}) = 0$, 即样本与样本均值的偏差之和为 0.

这个结果易于证明, 略.

性质 2.3.2 若总体 X 的期望和方差存在, 则 $E\bar{X} = EX$, $D\bar{X} = \frac{DX}{n}$.

证明 因

$$E\bar{X} = E\left(\frac{1}{n}\sum_{i=1}^{n}X_i\right) = \frac{1}{n}\sum_{i=1}^{n}E(X_i) = EX$$

$$D\bar{X} = D\left(\frac{1}{n}\sum_{i=1}^{n}X_i\right) = \frac{1}{n^2}\sum_{i=1}^{n}D(X_i) = \frac{1}{n^2}\times n \times DX = \frac{DX}{n}$$

性质 2.3.3 当样本容量 $n \to +\infty$ 时, 有 $\bar{X} \xrightarrow{P} EX$, 即随着样本容量 n 的逐渐增大, 样本均值 $\bar{X}$ 依概率收敛于总体期望 EX .

证明 由第 1 章的辛钦大数定律可证.

性质 2.3.3 指出, 当样本容量 n 的取值大到一定程度后, 样本均值 $\bar{X}$ 的所有取值中大多数值与总体均值 EX 很接近, 也就是说, 样本容量 n 足够大时, 可以用样本均值的样本值 $\bar{x}$ 估计参数 EX . 由此便得到估计总体参数 EX 的一种方法. 在第 3 章矩估计方法中将看到性质 2.3.3 在参数估计中更深入、广泛的应用.

定义 2.3.3 设 $X_1, X_2, \cdots, X_n$ 是来自总体 X 的样本, 称

$$S^2 = \frac{1}{n-1}\sum_{i=1}^{n}(X_i - \bar{X})^2 \tag{2.3.2}$$

为样本方差(sample variance). 称 $S = \sqrt{\frac{1}{n-1}\sum_{i=1}^{n}(X_i - \bar{X})^2}$ 为样本标准差(sample standard deviation).

样本方差是度量样本离散程度大小的统计量, 使用广泛. 因样本标准差具有与样本均值相同的度量单位, 故样本标准差比样本方差更具有实际意义.

根据性质 2.3.1, 在 $\bar{X}$ 确定后, n 个偏差 $X_1 - \bar{X}, X_2 - \bar{X}, \cdots, X_n - \bar{X}$ 中只有 $n-1$ 个偏差可以自由取值, 而第 n 个则不能自由取值. 因此, $n-1$ 称为偏差平方和 $\sum_{i=1}^{n}(X_i - \bar{X})^2$ 的自由度. 可见, 样本方差是偏差平方和关于自由度的平均而不是求和项数的平均, 这个特点使得在参数估计中用样本方差估计总体方差时, 具有无偏的优点.

将(2.3.2)式中平方项展开, 易得样本方差的另一个常用计算公式:

$$S^2 = \frac{1}{n-1}\left(\sum_{i=1}^{n}X_i^2 - n\bar{X}^2\right) \tag{2.3.3}$$

若 $x_1, x_2, \cdots, x_n$ 是样本 $X_1, X_2, \cdots, X_n$ 的样本值, 则称 $s^2 = \frac{1}{n-1}\sum_{i=1}^{n}(x_i - \bar{x})^2$ 为样本方差 S^2 的样本值.

样本方差 S^2 有如下性质.

性质 2.3.4　若总体 X 的期望和方差存在，则 $ES^2 = DX$.

证明　由(2.3.3)式和性质 2.3.2 得

$$
\begin{aligned}
ES^2 &= E\left[\frac{1}{n-1}\left(\sum_{i=1}^{n} X_i^2 - n\bar{X}^2\right)\right] \\
&= \frac{1}{n-1}\sum_{i=1}^{n} EX_i^2 - \frac{n}{n-1}E\bar{X}^2 \\
&= \frac{n}{n-1}\left[EX^2 - E\bar{X}^2\right] \\
&= \frac{n}{n-1}\left[DX + (EX)^2 - D\bar{X} - (E\bar{X})^2\right] \\
&= \frac{n}{n-1}\left[DX + (EX)^2 - \frac{DX}{n} - (EX)^2\right] = DX
\end{aligned}
$$

例 2.3.1　设 $X_1, X_2, \cdots, X_n$ 是来自总体 $X \sim B(m,p)$ 的样本. 求 $E\bar{X}$ ，$D\bar{X}$ ，ES^2 .

解　因 $EX = mp$，$DX = mp(1-p)$ ，故

$$
E\bar{X} = EX = mp,\quad D\bar{X} = \frac{DX}{n} = \frac{mp(1-p)}{n},\quad ES^2 = DX = mp(1-p)
$$

2.3.2　样本 k 阶矩

常见的统计量除了样本均值和样本方差外，还有样本的 k 阶矩.

定义 2.3.4　设 $X_1, X_2, \cdots, X_n$ 是来自总体 X 的样本，称

$$
M_k = \frac{1}{n}\sum_{i=1}^{n} X_i^k \quad (k = 1,2,\cdots) \tag{2.3.4}
$$

为样本的 k 阶原点矩(sample origin moment of order k)，称

$$
M_k^* = \frac{1}{n}\sum_{i=1}^{n}(X_i - \bar{X})^k \quad (k = 2,3,\cdots) \tag{2.3.5}
$$

为样本的 k 阶中心矩(sample central moment of order k).

若 $x_1, x_2, \cdots, x_n$ 是样本 $X_1, X_2, \cdots, X_n$ 的样本值，则称 $m_k = \frac{1}{n}\sum_{i=1}^{n} x_i^k$ 和 $m_k^* = \frac{1}{n}\sum_{i=1}^{n}(x_i - \bar{x})^k$ 分别为 k 阶原点矩和 k 阶中心矩的样本值.

显然，$\bar{X}$ ，S^2 ，M_k 和 M_k^* 之间有如下关系:

(1) $\bar{X} = M_1$;

(2) $S^2 = \frac{n}{n-1}M_2^*$;

(3) $M_2^* = \frac{1}{n}\sum_{i=1}^{n} X_i^2 - \bar{X}^2$.

在参数估计中，人们常用样本的 k 阶原点矩来估计总体的 k 阶原点矩，用样本的 k 阶中心矩来估计总体的 k 阶中心矩.

2.3.3　顺序统计量、极差、样本分位数

顺序统计量也是一种常见的统计量，在质量管理、系统可靠性等方面有着广泛应用.

定义 2.3.5 设 $X_1,X_2,\cdots,X_n$ 是来自总体 X 的样本，对给定的一组样本观测值 $x_1,x_2,\cdots,x_n$，将其按从小到大的顺序排列为 $x_{(1)},x_{(2)},\cdots,x_{(n)}$（$x_{(1)}\leqslant x_{(2)}\leqslant\cdots\leqslant x_{(n)}$）. 当样本 $X_1,X_2,\cdots,X_n$ 的观测值随机变化时，$x_{(k)}(k=1,2,\cdots,n)$ 的取值也随之变化，且具有随机性. 因此，$x_{(k)}$ $(k=1,2,\cdots,n)$ 的全部取值就对应一个随机变量，记为 $X_{(k)}$（$k=1,2,\cdots,n$）. 称 $X_{(1)},X_{(2)},\cdots,X_{(n)}$ 为样本 $X_1,X_2,\cdots,X_n$ 的顺序统计量. 特别地，称

$$X_{(1)}=\min\{X_1,X_2,\cdots,X_n\} \tag{2.3.6}$$

为最小顺序统计量(smallest order statistic),

$$X_{(n)}=\max\{X_1,X_2,\cdots,X_n\} \tag{2.3.7}$$

称为最大顺序统计量(largest order statistic).

可以验证，顺序统计量 $X_{(1)},X_{(2)},\cdots,X_{(n)}$ 既不相互独立，也不同分布.

例 2.3.2 设总体 X 的分布律为

X	-1	1
P	0.5	0.5

现从中随机抽取容量为 2 的样本 X_1,X_2，显然，其所有可能的取值情况有 $2^2=4$ 种，如表 2.3.1 所示，相应的顺序统计量的观测值如表 2.3.1 中右侧所示.

表 2.3.1　样本取值及对应的顺序统计量

抽样(第 i 种情况)	x_1	x_2	$x_{(1)}$	$x_{(2)}$
1	-1	-1	-1	-1
2	-1	1	-1	1
3	1	-1	-1	1
4	1	1	1	1

因抽样的每一种情况概率相同，都为 1/4，故 $X_{(1)}$，$X_{(2)}$ 的分布律分别为

$X_{(1)}$	-1	1
p	0.75	0.25

$X_{(2)}$	-1	1
p	0.25	0.75

由此可见，$X_{(1)}$，$X_{(2)}$ 具有不同的分布律. 又因 $X_{(1)}$ 与 $X_{(2)}$ 的联合分布律为

$X_{(1)}$ \ $X_{(2)}$	-1	1
-1	0.25	0.5
1	0	0.25

由于 $P\{X_{(1)}=1,X_{(2)}=-1\}=0$，但 $P\{X_{(1)}=1\}\cdot P\{X_{(2)}=-1\}=0.0625$，故 $X_{(1)}$ 与 $X_{(2)}$ 不相互独立.

设总体 X 的分布函数为 $F(x)$，密度函数为 $f(x)$，则利用随机变量函数变换公式，可得最小顺序统计量 $X_{(1)}$ 的密度函数为

$$f_{(1)}(x)=n[1-F(x)]^{n-1}f(x) \tag{2.3.8}$$

最大顺序统计量 $X_{(n)}$ 的密度函数为

$$f_{(n)}(x)=n\left[F(x)\right]^{n-1}f(x) \tag{2.3.9}$$

如果 $X\sim\Gamma(1,\lambda)$，由于 $F(x)=\begin{cases}1-\mathrm{e}^{-\lambda x}, & x>0\\ 0, & x\leqslant 0\end{cases}$，$f(x)=\begin{cases}\lambda\mathrm{e}^{-\lambda x}, & x>0\\ 0, & x\leqslant 0\end{cases}$，所以可计算得

$$f_{(1)}(x)=n\left[1-F(x)\right]^{n-1}f(x)=\begin{cases}\lambda n\mathrm{e}^{-\lambda nx}, & x>0\\ 0, & x\leqslant 0\end{cases}$$

$$f_{(n)}(x)=n\left[F(x)\right]^{n-1}f(x)=\begin{cases}\lambda n\mathrm{e}^{-\lambda x}(1-\mathrm{e}^{-\lambda x})^{n-1}, & x>0\\ 0, & x\leqslant 0\end{cases}$$

定义 2.3.6　称最大顺序统计量 $X_{(n)}$ 与最小顺序统计量 $X_{(1)}$ 的差为样本极差(sample range)，记为 R_n，即

$$R_n=X_{(n)}-X_{(1)} \tag{2.3.10}$$

样本极差常用来刻画样本数据的离散程度，反映的是样本数据的变化范围和离散幅度．在计算上 R_n 比 S^2 容易，更适于现场使用，但理论研究较为困难，特别是对分布特征的研究有较大的难度．

定义 2.3.7　设 $X_1,X_2,\cdots,X_n$ 是来自总体 X 的样本，$X_{(1)},X_{(2)},\cdots,X_{(n)}$ 是顺序统计量，称

$$X_{0.5}=\begin{cases}X_{\left(\frac{n+1}{2}\right)}, & n\text{ 为奇数}\\ \dfrac{1}{2}\left(X_{\left(\frac{n}{2}\right)}+X_{\left(\frac{n}{2}+1\right)}\right), & n\text{ 为偶数}\end{cases} \tag{2.3.11}$$

为样本中位数(sample median)．称

$$X_p=\begin{cases}X_{([np]+1)}, & np\text{ 不是整数}\\ \dfrac{1}{2}\left(X_{([np])}+X_{([np]+1)}\right), & np\text{ 是整数}\end{cases} \tag{2.3.12}$$

为样本 p 分位数．

样本分位数是占据了一定位置的顺序统计量，并且具有与总体分位数相对应的样本特征，它是可以反映一定比例的数据的集中位置的统计数据的数字特征，同时它还是总体分位数的一个自然估计量．许多财务收益问题常利用分位数函数建立模型将其转化为时间序列数据，因此分位数函数被广泛地应用于金融领域中的各种问题．例如，最优投资组合分配问题，风险管理问题等．

一般情况下，要给出样本 p 分位数的精确分布不是一件容易的事，但当样本容量 $n\to+\infty$ 时，样本 p 分位数的渐近分布为正态分布．

2.3.4　经验分布函数与直方图

本节介绍如何依据样本信息认识总体的分布．

1. 经验分布函数

假设 $F(x)$ 为总体 X 的分布函数，$x_1,x_2,\cdots,x_n$ 是来自总体 X 的样本值．将 $x_1,x_2,\cdots,x_n$ 按由小到大的顺序排列，记为 $x_{(1)}\leqslant x_{(2)}\leqslant\cdots\leqslant x_{(n)}$．令

$$F_n(x)=\begin{cases}0, & x<x_{(1)} \\ \dfrac{k}{n}, & x_{(k)} \leqslant x<x_{(k+1)}, \ x_{(k)} \neq x_{(k+1)}, k=1,2,\cdots,n-1 \\ 1, & x \geqslant x_{(n)}\end{cases} \tag{2.3.13}$$

易验证 $F_n(x)$是 x 的单调不减函数, 且满足:

(1) $0 \leqslant F_n(x) \leqslant 1, x \in \mathbf{R}$;

(2) $F_n(+\infty)=1, F_n(-\infty)=0$;

(3) 单调不减性: 若 $x_1<x_2$, 则 $F_n(x_1) \leqslant F_n(x_2)$;

(4) $F_n(x)$ 是右连续函数, 即 $F_n(x+0)=F_n(x), \quad x \in \mathbf{R}$.

即 $F_n(x)$ 满足随机变量分布函数的充要条件, 称 $F_n(x)$ 为该组样本的经验分布函数(empirical distribution function).

例 2.3.3 某交通监控中心对所辖路段的十字路口进行随机调查, 发现该十字路口连续七天每天发生交通事故的次数依次为

$$4, 2, 3, 3, 2, 0, 1$$

试求每天发生交通事故次数的经验分布函数.

解 将样本值(4, 2, 3, 3, 2, 0, 1)进行排序得

$$x_{(1)}=0, \quad x_{(2)}=1, \quad x_{(3)}=x_{(4)}=2, \quad x_{(5)}=x_{(6)}=3, \quad x_{(7)}=4$$

故经验分布函数为

$$F_7(x)=\begin{cases}0, & x<0 \\ \dfrac{1}{7}, & 0 \leqslant x<1 \\ \dfrac{2}{7}, & 1 \leqslant x<2 \\ \dfrac{4}{7}, & 2 \leqslant x<3 \\ \dfrac{6}{7}, & 3 \leqslant x<4 \\ 1, & x \geqslant 4\end{cases}$$

其图形如图 2.3.1 所示.

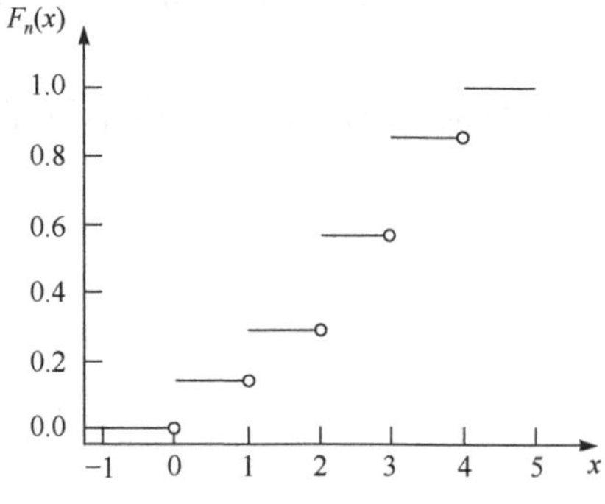

图 2.3.1 例 2.3.3 的经验分布函数图形

从经验分布函数的计算式(2.3.13)可见, 对固定实数 x, 当样本值 $x_1,x_2,\cdots,x_n$ 变化时, 由此计算得到的 $F_n(x)$ 也随之而变. 因此, 经验分布函数值 $F_n(x)$ 是样本 $X_1,X_2,\cdots,X_n$ 的函数, $F_n(x)$ 是一个统计量.

定理 2.3.1 设总体 X 的分布函数为 $F(x)$, $X_1, X_2,\cdots,X_n$ 是来自总体 X 的样本, $x_1,x_2,\cdots,x_n$ 是样本值, 其经验分布函数为 $F_n(x)$, 则对任意的 $\varepsilon>0$, 有

$$P\{\lim_{n\to\infty} \sup_{-\infty<x<+\infty} |F_n(x)-F(x)|<\varepsilon\}=1 \tag{2.3.14}$$

该定理表明, 当样本容量足够大时, 经验分布函数

与总体分布函数很接近. 对此定理的结论, 可以用随机模拟方法进行验证. 图 2.3.2 中的光滑曲线是某正态总体的理论分布函数 $F(x)$ 的图形, 而经验分布函数 $F_{100}(x)$ 的图形是基于该正态总体产生的 100 个随机数画出的. 从图形可以看出, 经验分布函数 $F_{100}(x)$ 的曲线非常接近总体分布函数 $F(x)$ 的曲线. 因此, 可以通过经验分布函数来认识总体分布函数.

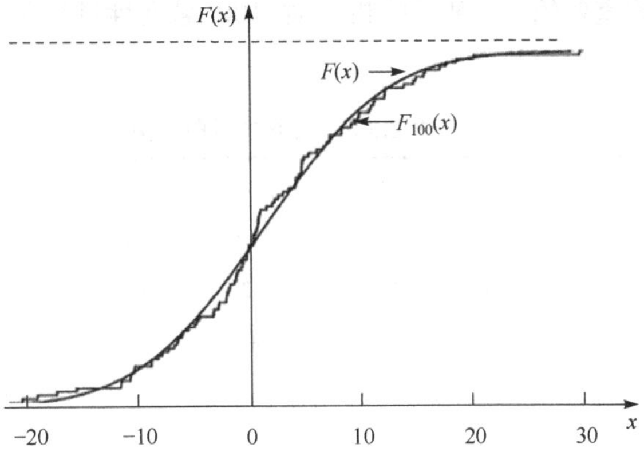

图 2.3.2 某正态总体的理论分布函数与经验分布函数图形

2. 直方图

直方图(histogram)是用样本数据来拟合总体密度函数的一种方法. 设总体 X 的密度函数为 $f(x)$, $x_1,x_2,\cdots,x_n$ 是来自 X 的样本值. 直方图方法的基本思想是: 将 $y=f(x)$ 的图形分割成若干小的曲线段, 对每段曲线用水平线段逼近, 而水平线段的高度取为该区间段上密度函数值的一个估计值. 估计密度函数值的方法如下: 设 $[a,b]$ 是包含所有样本值 $x_1,x_2,\cdots,x_n$ 的一个区间, 将 $[a,b]$ 分为若干个小区间, 记为 $(t_i,t_{i+1}], i=1,2,\cdots,m$. 对每个小区间 $(t_i,t_{i+1}]$, 由于 $P\{t_i<X\leqslant t_{i+1}\}=\int_{t_i}^{t_{i+1}}f(x)\mathrm{d}x\approx(t_{i+1}-t_i)\cdot f(\xi_i)$, 其中 $\xi_i\in(t_i,t_{i+1}]$, 且概率 $P\{t_i<X\leqslant t_{i+1}\}\approx g_i$, 其中 g_i 为事件 $\{t_i<X\leqslant t_{i+1}\}$ 的频率, 所以, 有 $g_i\approx(t_{i+1}-t_i)\cdot f(\xi_i)$, 则 $f(\xi_i)\approx\dfrac{g_i}{t_{i+1}-t_i}$. 因此, 每个小区间 $(t_i,t_{i+1}]\ (i=1,2,\cdots,m)$ 上水平线段的高度取为 $h_i=\dfrac{g_i}{t_{i+1}-t_i}$. 构造直方图的步骤如下:

(1) 确定区间 $[a,b]$, 其中 a 的取值略小于样本值 $x_1,x_2,\cdots,x_n$ 的最小值, b 的取值略大于样本值 $x_1,x_2,\cdots,x_n$ 的最大值.

(2) 确定区间的组数与组距. 将区间 $[a,b]$ 分成 m 个小区间: $(t_i,t_{i+1}], i=1,2,\cdots,m$, 且 m 既不能太小, 也不能太大, 一般取 $m\approx1.87(n-1)^{0.4}$. 当区间是等分时, 则组距等于 $\dfrac{b-a}{m}$, 故有

$$t_{i+1}=t_i+\frac{b-a}{m},\quad i=1,2,\cdots,m,\quad t_1=a.$$

(3) 计算各个小区间上的频率. 记样本值落入区间 $(t_i,t_{i+1}]$ 内的频数为 v_i, 则对应的频率 g_i 为 $g_i=\dfrac{v_i}{n}$.

(4) 画直方图. 在平面坐标系 xOy 上, 以 x 轴上第 i 个小区间 $(t_i,t_{i+1}]$ 为底, 以 $h_i=\dfrac{g_i}{t_{i+1}-t_i}$ 为

高作长方形，这样一列竖着的长方形所构成的图形即为直方图. 其中第 i 个长方形的面积为 g_i，所有长方形的面积之和为 1，沿每个长方形上方中间点所画的折线即是总体密度函数 $f(x)$ 的拟合曲线.

例 2.3.4　在临床医学上，由于血清蛋白质是各种蛋白的复杂混合物，其含量的变化是医生进行肝脏疾病诊断的重要依据. 某医疗机构对 100 名女性进行了血清总蛋白含量的测定，数据如表 2.3.2 所示.

表 2.3.2　血清总蛋白含量　(单位: g/L)

69.7	64.3	72	73.5	75.8	75	69.7	74.3	73.5	73.5
81.2	76.5	68.8	75.8	70.4	75.8	81.2	75	70.4	68
67.3	74.3	76.5	70.4	76.5	72	67.3	72	75	74.3
80.6	74.7	73.5	73.5	65	78.4	80.6	75.4	72.7	72.7
67.3	70.4	72.7	67.2	77.2	76.5	67.3	68.3	67.3	72.7
72.7	73.5	75	75.8	73.5	73.5	72.7	81.6	70.3	74.3
84.3	76.5	70.4	73.5	72.7	78.2	84.3	75	76.5	70.4
80.5	78	68.8	74.3	70.4	78.6	80.5	69.7	71.2	73.5
72	78.4	75	78.5	72	75.6	72	74.3	71.2	72
74.3	74.3	78.5	75	75.8	73.5	74.3	71.2	69.7	68

试由这些数据绘制总体密度函数的直方图.

解　由于 $x_{(1)}=64.3$，$x_{(100)}=84.3$. 取 $a=64$，$b=85$，$m=10$，取各个小区间长度相等且为 $\frac{b-a}{m}=2.1$，各个小区间及其频数、频率和直方图纵坐标值如表 2.3.3 所示，所画直方图如图 2.3.3 所示.

表 2.3.3　频数、频率、纵坐标数据

区间	频数 v_i	频率 g_i	纵坐标值 h_i
[64,66.1]	3	0.03	0.014
(66.1,68.2]	6	0.06	0.029
(68.2,70.3]	8	0.08	0.038
(70.3,72.4]	18	0.18	0.086
(72.4,74.5]	26	0.26	0.124
(74.5,76.6]	22	0.22	0.105
(76.6,78.7]	10	0.1	0.048
(78.7,80.8]	4	0.04	0.019
(80.8,82.9]	2	0.02	0.010
(82.9,85]	1	0.01	0.005

由直方图可见，100 名女性血清总蛋白含量数据具有正态分布的趋势. 因此，在后续的统计推断中，可进一步假定该组样本所属总体为正态分布的总体，为深入进行统计推断打下基础.

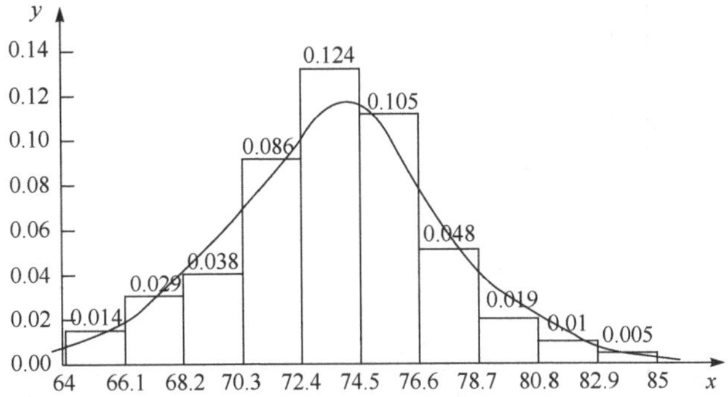

图 2.3.3　血清总蛋白含量的直方图与密度函数的折线图

2.4　三大抽样分布

统计量的分布称为抽样分布. 在数理统计中，抽样分布是进行统计推断的重要依据. 因而，研究抽样分布是十分必要的. 有很多统计推断是基于正态分布的假设，故以标准正态分布为基石而构造的三个著名抽样分布，即 χ^2 分布(卡方分布)、t 分布和 F 分布，在实际中有广泛的应用. 这是因为这三个抽样分布，不仅有明确的背景，而且其密度函数有显式表达式.

2.4.1　χ^2 分布

对样本方差 S^2 的分布研究是 χ^2 分布产生的一个重要背景，其应用范围较广. 在参数统计推断中，χ^2 分布可用于单个正态总体方差的区间估计和假设检验. 在非参数统计推断中，单个总体拟合优度的检验、两个总体独立性的检验中检验统计量皆服从 χ^2 分布. χ^2 分布也是构造 t 分布和 F 分布的重要基础.

定义 2.4.1　设随机变量 $X_1, X_2, \cdots, X_n$ 相互独立，且 $X_i \sim N(0,1), i=1,2,\cdots,n$. 令 $\chi^2 = \sum_{i=1}^{n} X_i^2$，则称随机变量 χ^2 的分布为参数是 n 的 χ^2 分布，记为 $\chi^2 \sim \chi^2(n)$，参数 n 称为 χ^2 分布的自由度 (degree of freedom).

可以证明，自由度为 n 的 χ^2 分布的密度函数为

$$f(x)=\begin{cases}\dfrac{1}{2^{\frac{n}{2}}\Gamma\left(\dfrac{n}{2}\right)}x^{\frac{n}{2}-1}\mathrm{e}^{-\frac{x}{2}}, & x>0\\ 0, & \text{其他}\end{cases} \tag{2.4.1}$$

其中，$\Gamma(x)=\int_0^{+\infty} t^{x-1}\mathrm{e}^{-t}\mathrm{d}t$ 是伽马函数，且有 $\Gamma(x+1)=x\Gamma(x)$，$\Gamma(n)=(n-1)!$，$\Gamma(0.5)=\sqrt{\pi}$.

显然，随机变量 χ^2 是一个非负的连续型随机变量. 当自由度分别为 1, 5, 8 时，χ^2 的密度函数曲线如图 2.4.1 所示.

由图 2.4.1 可见，χ^2 分布的密度函数曲线是右偏的，且随着自由度增大，曲线的峰值变小，

右偏趋势变弱.

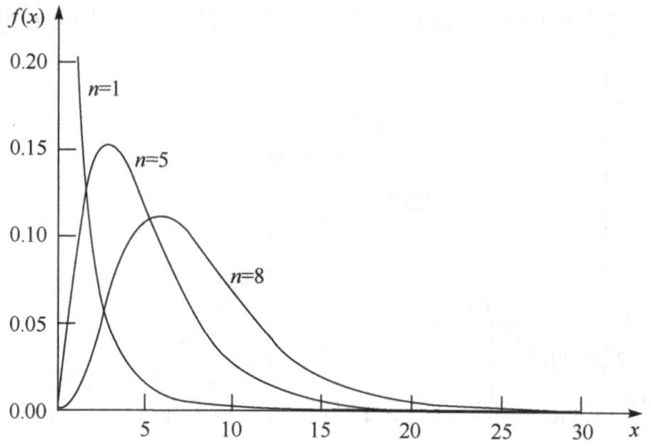

图 2.4.1　χ^2 分布的密度函数图形

由 χ^2 分布的定义, 易得:

(1) 当 $X \sim N(0, 1)$时, 有 $X^2 \sim \chi^2(1)$;

(2) 当 $X_1, X_2, \cdots, X_n$ 为 n 个相互独立且都服从正态分布 $N(\mu, \sigma^2)$ 的随机变量时, 有

$$\chi^2 = \sum_{i=1}^{n}\left(\frac{X_i - \mu}{\sigma}\right)^2 = \frac{1}{\sigma^2}\sum_{i=1}^{n}(X_i - \mu)^2 \sim \chi^2(n)$$

(3) 若 $X \sim \chi^2(2)$, 则 X 服从参数为 1/2 的指数分布, 即 $X \sim \Gamma(1, 1/2)$.

χ^2 分布具有如下性质.

性质 2.4.1　(1) 设 $\chi^2 \sim \chi^2(n)$, 则 $E\chi^2 = n$, $D\chi^2 = 2n$.

(2) 线性可加性: 设 $\chi_1^2 \sim \chi^2(n_1)$, $\chi_2^2 \sim \chi^2(n_2)$, 且相互独立, 则

$$\chi_1^2 + \chi_2^2 \sim \chi^2(n_1 + n_2)$$

对(1), 因为 $EX_i = 0,\ DX_i = 1,\ i = 1, 2, \cdots, n$, 所以

$$E\chi^2 = \sum_{i=1}^{n} EX_i^2 = \sum_{i=1}^{n} DX_i = n$$

由于

$$D\chi^2 = \sum_{i=1}^{n} DX_i^2 = \sum_{i=1}^{n}\left[EX_i^4 - (EX_i^2)^2\right] = \sum_{i=1}^{n}\left[EX_i^4 - (DX_i)^2\right]$$

$$EX_i^4 = \frac{1}{\sqrt{2\pi}}\int_{-\infty}^{+\infty} x^4 e^{-\frac{x^2}{2}} dx$$

$$= -x^3\frac{1}{\sqrt{2\pi}}e^{-\frac{x^2}{2}}\Bigg|_{-\infty}^{+\infty} + 3\int_{-\infty}^{+\infty} x^2\frac{1}{\sqrt{2\pi}}e^{-\frac{x^2}{2}}dx = 3EX_i^2 = 3$$

所以

$$D\chi^2 = \sum_{i=1}^{n} 2 = 2n$$

对(2), 由 χ^2 分布的定义直接可证.

对给定的概率 p ($0 < p < 1$), 记自由度为 n 的 χ^2 分布的 p 分位数为 $\chi_p^2(n)$, 即

$P\left\{\chi^2 \leqslant \chi_p^2(n)\right\} = p$，如图 2.4.2 所示.

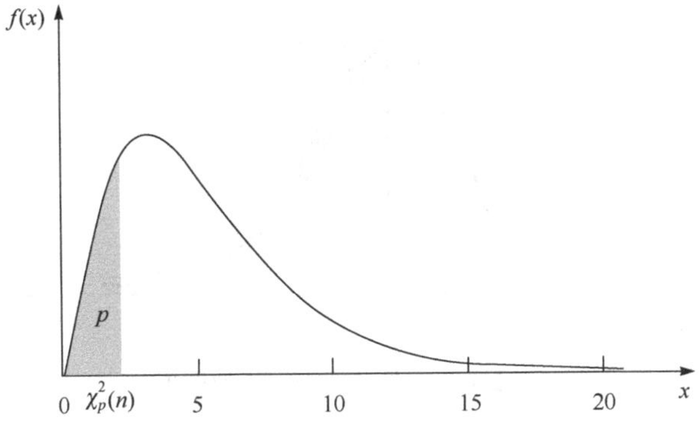

图 2.4.2　χ^2 分布的 p 分位数示意图

特别地，当自由度 n 充分大(如 $n>45$)时，费希尔证明了

$$\chi_p^2(n) \approx \frac{1}{2}(u_p + \sqrt{2n-1})^2 \tag{2.4.2}$$

其中，u_p 是标准正态分布 $N(0,1)$ 的 p 分位数.

比如，$\chi_{0.95}^2(50) = 67.5048$，利用(2.4.2)式，得

$$\chi_{0.95}^2(50) \approx \frac{1}{2}(u_{0.95} + \sqrt{2\times 50-1})^2 \approx 67.279$$

2.4.2　t 分布

***t* 分布**(t distribution)是统计学中的一类重要分布，由英国统计学家哥塞特(W.S.Gosset)在研究小样本数据的统计分析问题时提出．该成果由哥塞特以笔名 Student 发表在杂志 *Biometrics* 上，具有划时代的意义，开创了研究小样本统计推断的新纪元.

定义 2.4.2　设 $X \sim N(0,1)$，$Y \sim \chi^2(n)$，且 X 与 Y 相互独立，则称随机变量

$$T = \frac{X}{\sqrt{Y/n}} \tag{2.4.3}$$

服从自由度为 n 的 t 分布，记为 $T \sim t(n)$.

可以证明, T 的密度函数为

$$f(x) = \frac{\Gamma\left(\frac{n+1}{2}\right)}{\sqrt{n\pi}\Gamma\left(\frac{n}{2}\right)}\left(1+\frac{x^2}{n}\right)^{-\frac{n+1}{2}}, \quad x \in \mathbf{R} \tag{2.4.4}$$

当自由度 n 取 2, 5, 30 时，t 分布的密度函数曲线如图 2.4.3 所示.

由图 2.4.3 可见，t 分布的密度函数 $f(x)$ 是变量 x 的偶函数，且密度曲线关于 $x=0$ 对称.

t 分布具有如下性质.

性质 2.4.2　(1) 当 $n=1$ 时，T 的密度函数为 $f(x) = \frac{1}{\pi}\frac{1}{1+x^2}, x \in \mathbf{R}$，即 T 服从参数为 0 的柯西分布.

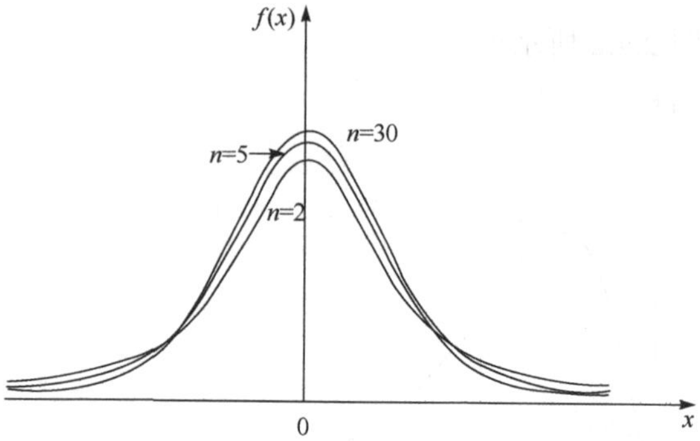

图 2.4.3　t 分布的密度函数图形

(2) 当 $n\geqslant 2$ 时，期望 $ET=0$；当 $n\geqslant 3$ 时，方差 $DT=\dfrac{n}{n-2}$.

(3) 当 n 充分大 $(n>45)$ 时，T 的密度函数 $f(x)\to\dfrac{1}{\sqrt{2\pi}}e^{-\frac{x^2}{2}}$，$x\in\mathbf{R}$，即 T 近似服从标准正态分布.

对给定的概率 p ($0<p<1$)，记自由度为 n 的 t 分布的 p 分位数为 $t_p(n)$，即 $P\{T\leqslant t_p(n)\}=p$，如图 2.4.4 所示.

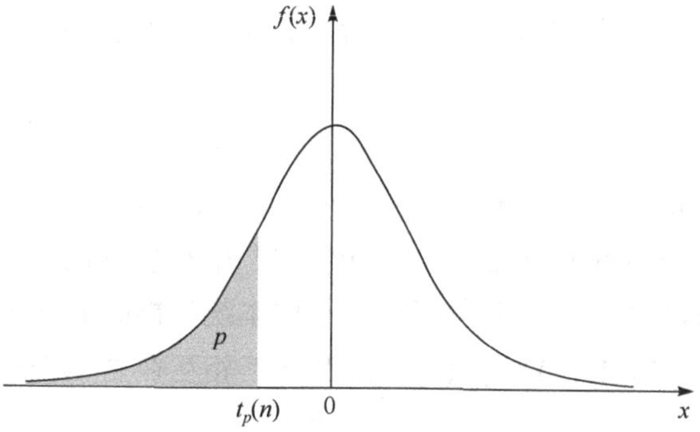

图 2.4.4　t 分布的 p 分位数示意图

t 分布的 p 分位数具有如下性质.

性质 2.4.3　(1) $t_{0.5}(n)=0$. (2) $t_p(n)=-t_{1-p}(n)$，$0<p<1$. (3) 当自由度 n 充分大($n>45$)时，有 $t_p(n)\approx u_p$.

比如，$t_{0.05}(50)\approx u_{0.05}=-1.645$，其精确值 $t_{0.05}(50)=-1.676$.

例 2.4.1　设 $X_1,X_2,\cdots,X_5$ 是来自总体 $X\sim N(0,2^2)$ 的样本. 令

$$Y=c\frac{X_1-X_2+3X_3}{\sqrt{X_4^2+X_5^2}}$$

求参数 c，使得 Y 服从 t 分布，并求其自由度.

解　因为 $X_1-X_2+3X_3\sim N(0,44)$，所以 $\dfrac{X_1-X_2+3X_3}{\sqrt{44}}\sim N(0,1)$. 又因为 $\dfrac{X_4^2+X_5^2}{2^2}\sim\chi^2(2)$，

且 $\dfrac{X_1-X_2+3X_3}{\sqrt{44}}$ 与 $\dfrac{X_4^2+X_5^2}{2^2}$ 相互独立，所以，由 t 分布的定义，得

$$\frac{\dfrac{X_1-X_2+3X_3}{\sqrt{44}}}{\sqrt{\dfrac{\dfrac{X_4^2+X_5^2}{2^2}}{2}}}=\sqrt{\frac{2}{11}}\times\frac{X_1-X_2+3X_3}{\sqrt{X_3^2+X_4^2}}\sim t(2)$$

故，当参数 $c=\sqrt{\dfrac{2}{11}}$ 时，$Y=c\dfrac{X_1-X_2+3X_3}{\sqrt{X_4^2+X_5^2}}\sim t(2)$，且自由度为 2.

特别地，当参数 $c=-\sqrt{\dfrac{2}{11}}$ 时，可以验证 Y 仍然服从 t 分布，即 $Y\sim t(2)$. 这是因为 $-(X_1-X_2+3X_3)\sim N(0,44)$，故 $-\dfrac{X_1-X_2+3X_3}{\sqrt{44}}\sim N(0,1)$.

2.4.3　*F* 分布

F 分布是研究来自两个正态总体的样本方差之比的分布而产生的，在统计推断中具有重要作用. 两个正态总体方差相等的假设检验、方差分析中总体均值是否相等的检验以及回归分析中回归模型显著性的检验等，都需要构造服从 F 分布的检验统计量.

定义 2.4.3　设 $X\sim\chi^2(n)$，$Y\sim\chi^2(m)$，且 X 与 Y 相互独立. 则称随机变量

$$F=\frac{X/n}{Y/m} \tag{2.4.5}$$

服从参数是 n 和 m 的 F 分布(F　distribution)，记为 $F\sim F(n,m)$. 其中，n 和 m 称为 F 分布的第一自由度和第二自由度.

可以证明：第一自由度为 n，第二自由度为 m 的 F 分布的密度函数为

$$f(x)=\begin{cases}\dfrac{\Gamma\left(\dfrac{n+m}{2}\right)}{\Gamma\left(\dfrac{n}{2}\right)\Gamma\left(\dfrac{m}{2}\right)}\left(\dfrac{n}{m}\right)^{\frac{n}{2}}x^{\frac{n}{2}-1}\left(1+\dfrac{nx}{m}\right)^{-\frac{n+m}{2}}, & x>0\\ 0, & x\leqslant 0\end{cases} \tag{2.4.6}$$

F 分布的密度函数图形如图 2.4.5 所示.

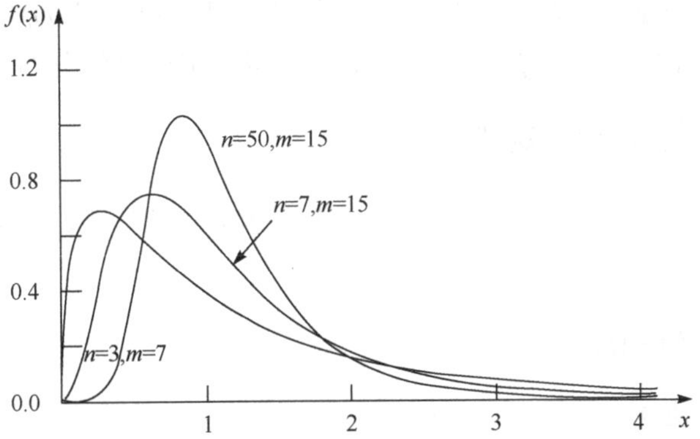

图 2.4.5　F 分布的密度函数图形

易证，F 分布具有如下性质.

性质 2.4.4　(1) 若 $F \sim F(n,m)$，则 $\frac{1}{F} \sim F(m,n)$. (2) 若 $T \sim t(n)$，则 $T^2 \sim F(1,n)$.

对给定的常数 $p\,(0<p<1)$，记第一自由度为 n 以及第二自由度为 m 的 F 分布的 p 分位数为 $F_p(n,m)$，即 $P\{F \leqslant F_p(n,m)\} = p$.

一般地,

$$F_{1-p}(n,m) = \frac{1}{F_p(m,n)} \tag{2.4.7}$$

例如，$F_{0.95}(6,3) = 8.9406$，　$F_{0.05}(3,6) = \frac{1}{F_{0.95}(6,3)} = \frac{1}{8.941} \approx 0.112$.

例 2.4.2　设 $X_1, X_2, \cdots, X_7$ 是来自正态总体 $X \sim N(0,2^2)$ 的样本. 令

$$Y = \frac{3}{4}\left[\frac{(X_1 - X_2)^2 + (X_3 + X_4)^2}{X_5^2 + X_6^2 + X_7^2}\right]$$

试判断统计量 Y 的分布.

解　因为 $X_1 - X_2 \sim N(0,8)$，$X_3 + X_4 \sim N(0,8)$，$\frac{X_i}{2} \sim N(0,1)$，$i = 5,6,7$. 所以 $\frac{X_1 - X_2}{2\sqrt{2}} \sim N(0,1)$，$\frac{X_3 + X_4}{2\sqrt{2}} \sim N(0,1)$，$Y_1 = \frac{1}{4}(X_5^2 + X_6^2 + X_7^2) \sim \chi^2(3)$. 又因为 $\frac{X_1 - X_2}{2\sqrt{2}}$ 与 $\frac{X_3 + X_4}{2\sqrt{2}}$ 相互独立，所以

$$Y_2 = \frac{(X_1 - X_2)^2}{8} + \frac{(X_3 + X_4)^2}{8} \sim \chi^2(2)$$

且有 Y_1 和 Y_2 相互独立. 根据 F 分布的定义，得

$$Y = \frac{Y_2/2}{Y_1/3} = \frac{3}{4}\left[\frac{(X_1 - X_2)^2 + (X_3 + X_4)^2}{X_5^2 + X_6^2 + X_7^2}\right] \sim F(2,3)$$

2.5　抽样分布定理

对总体 X 的均值 EX 和方差 DX 的推断问题是数理统计的基本问题. 一般，依据样本均值 $\bar{X}$ 的分布能推断总体 EX，依据样本方差 S^2 的分布能推断总体 DX. 为此，下面将给出单个总体和两个总体下有关样本均值、样本方差及其相关统计量的分布.

2.5.1　关于单个总体的抽样分布定理

定理 2.5.1　设 $X_1, X_2, \cdots, X_n$ 是来自正态总体 $N(\mu, \sigma^2)$ 的样本，样本均值为 $\bar{X}$，样本方差为 S^2. 则

(1) $\frac{(n-1)S^2}{\sigma^2} \sim \chi^2(n-1)$;

(2) $\bar{X}$ 与 S^2 相互独立.

证明　略.

从定理 2.5.1 可见，样本容量 n 固定时，$\dfrac{(n-1)S^2}{\sigma^2}$ 的分布是自由度为 n–1 的 χ^2 分布．因此，可以利用来自正态总体的样本方差 S^2 的信息和自由度为 n–1 的 χ^2 分布去分析正态总体方差 σ^2 的情况．

定理 2.5.2　设 $X_1,X_2,\cdots,X_n$ 是来自正态总体 $N(\mu,\sigma^2)$ 的样本，样本均值为 $\bar{X}$，样本方差是 S^2．则

(1) $\bar{X}\sim N\left(\mu,\dfrac{\sigma^2}{n}\right)$ 或 $\dfrac{\bar{X}-\mu}{\sigma}\sqrt{n}\sim N(0,1)$；

(2) $\dfrac{\bar{X}-\mu}{S}\sqrt{n}\sim t(n-1)$．

证明　(1) 因为 $\bar{X}=\dfrac{1}{n}\sum\limits_{i=1}^{n}X_i$，由正态分布的线性可加性可知 $\bar{X}\sim N\left(E\bar{X},D\bar{X}\right)$，且 $E\bar{X}=\mu$，$D\bar{X}=\dfrac{\sigma^2}{n}$．所以

$$\bar{X}\sim N\left(\mu,\frac{\sigma^2}{n}\right)\quad \text{或}\quad \frac{\bar{X}-\mu}{\sigma}\sqrt{n}\sim N(0,1)$$

(2) 由定理 2.5.1 和结论(1)，根据 t 分布的定义，易得

$$\frac{\dfrac{\bar{X}-\mu}{\sigma}\sqrt{n}}{\sqrt{\dfrac{(n-1)S^2}{\sigma^2(n-1)}}}=\frac{\bar{X}-\mu}{S}\sqrt{n}\sim t(n-1)$$

该定理指出，在样本容量 n 固定时，统计量 $\dfrac{\bar{X}-\mu}{\sigma}\sqrt{n}$，$\dfrac{\bar{X}-\mu}{S}\sqrt{n}$ 的分布完全已知.因此，当总体方差 σ^2 已知时，可利用来自正态总体的样本均值 $\bar{X}$ 和标准正态分布去推断总体均值 μ；当总体方差 σ^2 未知时，可利用来自正态总体的样本均值 $\bar{X}$ 和样本方差 S^2 的信息以及自由度为 n–1 的 t 分布推断总体的均值 μ．定理 2.5.2 提供了利用样本信息推断正态总体均值的途径.

对非正态总体，根据中心极限定理，在大样本情形下可得到类似于定理 2.5.2 的结论.

定理 2.5.3　若总体 X 是非正态总体，均值 $EX=\mu$，方差 $DX=\sigma^2$，$X_1,X_2,\cdots,X_n$ 是来自 X 的样本，$\bar{X}$ 是样本均值，S^2 是样本方差. 则存在正整数 N，满足

(1) $\bar{X}\overset{\text{近似}}{\sim}N\left(\mu,\dfrac{\sigma^2}{n}\right)$，$n>N$ 或 $\dfrac{\bar{X}-\mu}{\sigma}\sqrt{n}\overset{\text{近似}}{\sim}N(0,1)$，$n>N$；

(2) $\dfrac{\bar{X}-\mu}{S}\sqrt{n}\overset{\text{近似}}{\sim}N(0,1)$，$n>N$．

定理 2.5.3 表明，对非正态总体，在样本容量 n 足够大时，可利用样本均值 $\bar{X}$、标准正态分布、总体方差 σ^2 或样本方差 S^2 推断总体均值 μ．

若定理 2.5.3 的总体 $X\sim B(1,p)$，则当样本容量 n 足够大时，有

$$\frac{\bar{X}-p}{\sqrt{p(1-p)}}\sqrt{n}\overset{\text{近似}}{\sim}N(0,1)\tag{2.5.1}$$

$$\frac{\bar{X}-p}{\sqrt{\bar{X}(1-\bar{X})}}\sqrt{n-1}\overset{\text{近似}}{\sim}N(0,1) \tag{2.5.2}$$

因此, 在样本容量 n 足够大时, 可利用来自 0-1 两点分布的样本均值 $\bar{X}$ 和标准正态分布的信息推断参数 p 的情况. 当总体 X 的分布是其他的非正态分布时, 也可得到类似的结果.

2.5.2 关于两个总体的抽样分布定理

由定理 2.5.1～定理 2.5.3, 易得到下面的定理.

定理 2.5.4 设 $X_1,X_2,\cdots,X_{n_X}$ 与 $Y_1,Y_2,\cdots,Y_{n_Y}$ 分别是来自总体 $N(\mu_X,\sigma_X^2)$ 与 $N(\mu_Y,\sigma_Y^2)$ 的样本, 且两组样本相互独立, 相应的样本均值和样本方差分别为: $\bar{X}=\frac{1}{n_X}\sum_{i=1}^{n_X}X_i$, $\bar{Y}=\frac{1}{n_Y}\sum_{j=1}^{n_Y}Y_j$, $S_X^2=\frac{1}{n_X-1}\sum_{i=1}^{n_X}(X_i-\bar{X})^2$, $S_Y^2=\frac{1}{n_Y-1}\sum_{j=1}^{n_Y}(Y_j-\bar{Y})^2$. 则

(1) $\dfrac{(\bar{X}-\bar{Y})-(\mu_X-\mu_Y)}{\sqrt{\dfrac{\sigma_X^2}{n_X}+\dfrac{\sigma_Y^2}{n_Y}}}\sim N(0,1)$;

(2) 当 $\sigma_X^2=\sigma_Y^2=\sigma^2$ 时, 有

$$\frac{(\bar{X}-\bar{Y})-(\mu_X-\mu_Y)}{\sigma\sqrt{\dfrac{1}{n_X}+\dfrac{1}{n_Y}}}\sim N(0,1) \tag{2.5.3}$$

$$\frac{(\bar{X}-\bar{Y})-(\mu_X-\mu_Y)}{S_w\sqrt{\dfrac{1}{n_X}+\dfrac{1}{n_Y}}}\sim t(n_X+n_Y-2) \tag{2.5.4}$$

其中 $S_w^2=\dfrac{(n_X-1)S_X^2+(n_Y-1)S_Y^2}{n_X+n_Y-2}$, $S_w=\sqrt{S_w^2}$.

证明 (1) 由正态分布的线性可加性和定理 2.5.2 易得

$$\bar{X}-\bar{Y}\sim N\left(\mu_X-\mu_Y,\frac{\sigma_X^2}{n_X}+\frac{\sigma_Y^2}{n_Y}\right)$$

对上式进行标准化, 得到

$$\frac{(\bar{X}-\bar{Y})-(\mu_X-\mu_Y)}{\sqrt{\dfrac{\sigma_X^2}{n_X}+\dfrac{\sigma_Y^2}{n_Y}}}\sim N(0,1) \tag{2.5.5}$$

(2) 当 $\sigma_X^2=\sigma_Y^2=\sigma^2$ 时, (2.5.5)式变为

$$U=\frac{(\bar{X}-\bar{Y})-(\mu_X-\mu_Y)}{\sigma\sqrt{\dfrac{1}{n_X}+\dfrac{1}{n_Y}}}\sim N(0,1) \tag{2.5.6}$$

由 χ^2 分布的线性可加性和定理 2.5.1, 易得

$$V=\frac{(n_X-1)S_X^2}{\sigma^2}+\frac{(n_Y-1)S_Y^2}{\sigma^2}\sim\chi^2(n_X+n_Y-2)$$

又因总体的样本均值与样本方差是独立的，相互独立总体之间的样本函数也是独立的，即 $\bar{X}$，$\bar{Y}$，S_X^2，S_Y^2 之间相互独立，则可知 U 与 V 相互独立，由 t 分布的定义，可得

$$\frac{U}{\sqrt{\dfrac{V}{n_X+n_Y-2}}}=\frac{(\bar{X}-\bar{Y})-(\mu_X-\mu_Y)}{S_w\sqrt{\dfrac{1}{n_X}+\dfrac{1}{n_Y}}}\sim t(n_X+n_Y-2)$$

从定理 2.5.4 不难看出，利用来自两个正态总体的样本均值之差 $\bar{X}-\bar{Y}$、总体方差和标准正态分布可讨论两个正态总体均值之差 $\mu_X-\mu_Y$ 的问题. 当总体方差 σ_X^2，σ_Y^2 未知时，可利用 $\bar{X}-\bar{Y}$、样本方差 S_X^2 与 S_Y^2 以及 t 分布 $t(n_X+n_Y-2)$ 讨论 $\mu_X-\mu_Y$ 的问题.

定理 2.5.5　设 $X_1,X_2,\cdots,X_{n_X}$ 与 $Y_1,Y_2,\cdots,Y_{n_Y}$ 分别是来自总体 $N(\mu_X,\sigma_X^2)$ 与 $N(\mu_Y,\sigma_Y^2)$ 的样本，且两组样本相互独立，相应的样本均值和样本方差分别为：$\bar{X}=\frac{1}{n_X}\sum_{i=1}^{n_X}X_i$，$\bar{Y}=\frac{1}{n_Y}\sum_{j=1}^{n_Y}Y_j$，$S_X^2=\frac{1}{n_X-1}\sum_{i=1}^{n_X}(X_i-\bar{X})^2$，$S_Y^2=\frac{1}{n_Y-1}\sum_{j=1}^{n_Y}(Y_j-\bar{Y})^2$. 则

$$\frac{S_X^2/S_Y^2}{\sigma_X^2/\sigma_Y^2}\sim F(n_X-1,n_Y-1) \tag{2.5.7}$$

证明　由定理 2.5.1 知，$\frac{(n_X-1)S_X^2}{\sigma_X^2}\sim\chi^2(n_X-1)$，$\frac{(n_Y-1)S_Y^2}{\sigma_Y^2}\sim\chi^2(n_Y-1)$. 由定理条件知 S_X^2 和 S_Y^2 相互独立，则由 F 分布的定义可得

$$\frac{(n_X-1)S_X^2}{(n_X-1)\sigma_X^2}\Big/\frac{(n_Y-1)S_Y^2}{(n_Y-1)\sigma_Y^2}=\frac{S_X^2/S_Y^2}{\sigma_X^2/\sigma_Y^2}\sim F(n_X-1,n_Y-1)$$

定理2.5.5显示，可利用分别来自两个正态总体的样本方差之比 S_X^2/S_Y^2 和 F 分布 $F(n_X-1,n_Y-1)$ 推断正态总体方差之比 σ_X^2/σ_Y^2.

当从两个非正态总体抽取两组相互独立的样本 $X_1,X_2,\cdots,X_{n_X}$ 与 $Y_1,Y_2,\cdots,Y_{n_Y}$ 时，类似地可得如下定理.

定理 2.5.6　设 $X_1,X_2,\cdots,X_{n_X}$ 与 $Y_1,Y_2,\cdots,Y_{n_Y}$ 分别是来自非正态总体 X 与 Y 的样本，且两组样本相互独立，相应的样本均值和样本方差分别为：$\bar{X}=\frac{1}{n_X}\sum_{i=1}^{n_X}X_i$，$\bar{Y}=\frac{1}{n_Y}\sum_{j=1}^{n_Y}Y_j$，$S_X^2=\frac{1}{n_X-1}\sum_{i=1}^{n_X}(X_i-\bar{X})^2$，$S_Y^2=\frac{1}{n_Y-1}\sum_{j=1}^{n_Y}(Y_j-\bar{Y})^2$. 则当样本容量 n_X，n_Y 都足够大时，有

$$\frac{(\bar{X}-\bar{Y})-(\mu_X-\mu_Y)}{\sqrt{\dfrac{S_X^2}{n_X}+\dfrac{S_Y^2}{n_Y}}}\overset{\text{近似}}{\sim}N(0,1) \tag{2.5.8}$$

证明　略.

该定理适用于当两组样本分别来自两个非正态总体，当样本容量足够大时，对两总体的均值差进行认识，比如讨论非正态总体均值差的区间估计等.

2.6　随机模拟

样本是进行统计推断的依据，但在研究实际问题时，人们并不总是有所需要的样本数据．解决这个问题的一种方法就是运用计算机模拟随机试验产生样本数据，即随机模拟方法或称为蒙特卡罗方法．这个方法简单实用，适用面广泛，是当今科学与技术各个领域的有力研究工具．本节对随机模拟的基本方法做简要介绍，需要深入了解的读者可查阅相关的文献．

2.6.1　随机数的产生

如何用计算机产生已知分布的样本数据，即随机数呢？一种基本的方法是通过生成均匀分布$U[0,1]$的随机数，然后进行对应变换得到，其基本原理来自下列定理 2.6.1 和定理 2.6.2.

定理 2.6.1　设随机变量X的分布函数$F(x)$是严格单调递增的连续函数，则$X=F^{-1}(U)$，$U\sim U[0,1]$.

证明　令$U=F(X)$，则$U=F(X)\in[0,1]$，且U的分布函数为

$$\begin{aligned}F_U(u)&=P\{U\leqslant u\}\\&=\begin{cases}0, & u<0\\ P\{F(X)\leqslant u\}, & 0\leqslant u<1\\ 1, & u\geqslant 1\end{cases}\\&=\begin{cases}0, & u<0\\ P\{X\leqslant F^{-1}(u)\}, & 0\leqslant u<1\\ 1, & u\geqslant 1\end{cases}\\&=\begin{cases}0, & u<0\\ F[F^{-1}(u)], & 0\leqslant u<1\\ 1, & u\geqslant 1\end{cases}\\&=\begin{cases}0, & u<0\\ u, & 0\leqslant u<1\\ 1, & u\geqslant 1\end{cases}\end{aligned}$$

所以$U\sim U[0,1]$.由$U=F(X)$得，$X=F^{-1}(U)$.

定理 2.6.1 指出，只要能获得均匀分布$U[0,1]$的随机数，通过计算式$X=F^{-1}(U)$就能得到来自分布函数$F(x)$的随机数，这为许多连续型分布的随机数的产生提供了理论保证．在定理 2.6.1 中，要求分布函数$F(x)$是严格单调递增的连续函数，事实上，这不是必备条件，下面的例子说明了这一点.

例 2.6.1　设X服从指数分布$\Gamma(1,0.5)$，试利用均匀分布$U[0,1]$的随机数，产生来自指数分布$\Gamma(1,0.5)$的随机数.

解　因$X\sim\Gamma(1,0.5)$，故其分布函数为$F(x)=\begin{cases}1-\mathrm{e}^{-0.5x}, & x>0\\ 0, & \text{其他}\end{cases}$．显然，$y=F(x)$在整个取

值范围内不是严格单调递增的连续函数，但在 $x>0$ 的范围内是严格单调递增的，且函数值填满整个 $(0,1)$ 区间．令 $U=F(X)=1-\mathrm{e}^{-0.5X}, X>0$，则有 $U\in[0,1]$，且其分布函数为

$$
\begin{aligned}
F_U(u) &= P\{U\leqslant u\}\\
&=\begin{cases}0, & u<0\\ P\{F(X)\leqslant u\}, & 0\leqslant u<1\\ 1, & u\geqslant 1\end{cases}\\
&=\begin{cases}0, & u<0\\ P\{1-\mathrm{e}^{-0.5X}\leqslant u\}, & 0\leqslant u<1\\ 1, & u\geqslant 1\end{cases}\\
&=\begin{cases}0, & u<0\\ F(-2\ln(1-u)), & 0\leqslant u<1\\ 1, & u\geqslant 1\end{cases}\\
&=\begin{cases}0, & u<0\\ u, & 0\leqslant u<1\\ 1, & u\geqslant 1\end{cases}
\end{aligned}
$$

故 $U\sim U[0,1]$.

由 $U=1-\mathrm{e}^{-0.5X}$，$X>0$，可得

$$X=-2\ln(1-U) \tag{2.6.1}$$

根据(2.6.1)式，若 $U_i, i=1,2,\cdots,n$ 是来自均匀分布 $U[0,1]$ 的随机数，则 $X_i=-2\ln(1-U_i)$ $(i=1,2,\cdots,n)$ 是来自指数分布 $\Gamma(1,0.5)$ 的随机数.

由于 $U\sim U[0,1]$ 时，可推导出 $(1-U)\sim U[0,1]$．因此，指数分布 $\Gamma(1,0.5)$ 的随机数也可以由式子 $X=-2\ln U$ 产生.

表 2.6.1 中"u"列是利用统计软件 R 中配备的均匀分布随机数生成器产生的随机数，"x"列是利用变换 $x=-2\ln(1-u)$ 得到的参数为 $\lambda=0.5$ 的指数分布的随机数.

表 2.6.1 均匀分布 $U[0,1]$ 与指数分布 $\Gamma(1,0.5)$ 的随机数

序号	u	x	序号	u	x	序号	u	x
1	0.9108	4.8335	11	0.2316	0.5268	21	0.0067	0.0134
2	0.1802	0.3975	12	0.0508	0.1043	22	0.9581	6.3450
3	0.0299	0.0607	13	0.6461	2.0775	23	0.8870	4.3613
4	0.9814	7.9743	14	0.8717	4.1073	24	0.4366	1.1474
5	0.7359	2.6630	15	0.7501	2.7735	25	0.2260	0.5124
6	0.1082	0.2289	16	0.1436	0.3100	26	0.9223	5.1095
7	0.1457	0.3150	17	0.1562	0.3396	27	0.1708	0.3747
8	0.8851	4.3271	18	0.1711	0.3754	28	0.5696	1.6861
9	0.0956	0.2010	19	0.8487	3.7769	29	0.2744	0.6415
10	0.1162	0.2470	20	0.1725	0.3787	30	0.5548	1.6183

续表

序号	u	x	序号	u	x	序号	u	x
31	0.2328	0.5300	38	0.2173	0.4901	45	0.6461	2.0772
32	0.0157	0.0316	39	0.6405	2.0461	46	0.6641	2.1820
33	0.8237	3.4710	40	0.7567	2.8267	47	0.8804	4.2464
34	0.9012	4.6295	41	0.0209	0.0422	48	0.5239	1.4842
35	0.7191	2.5392	42	0.7688	2.9288	49	0.3001	0.7136
36	0.8557	3.8715	43	0.9182	5.0079	50	0.4689	1.2657
37	0.9910	9.4206	44	0.1403	0.3023			

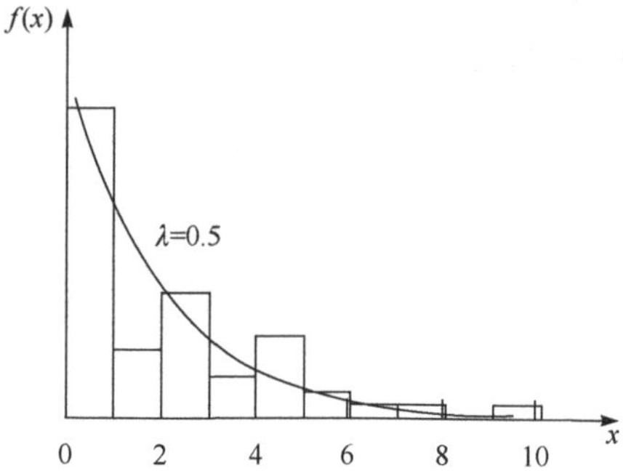

图2.6.1　来自指数分布的随机数确定的直方图与$\Gamma(1,0.5)$密度函数图

图 2.6.1 是利用表 2.6.1 中数据$x_i, i=1,2,\cdots,50$所画的直方图，光滑曲线是指数分布$\Gamma(1,0.5)$的密度函数曲线.

显然，由均匀分布随机数变换得到的指数分布随机数的直方图与对应指数分布密度函数曲线整体上保持一致，表明通过上述方法产生的随机确实服从指数分布.

对离散型分布，易证，有定理 2.6.2.

定理 2.6.2　若离散型随机变量X的取值为$a_1<a_2<\cdots<a_k$，分布函数为$F(x)$，$U\sim U[0,1]$. 令$a_0=-\infty, F(a_0)=0$，则

$$P\{F(a_{i-1})<U\leqslant F(a_i)\}=F(a_i)-F(a_{i-1})=P\{X=a_i\},\quad i=1,2,\cdots,k.$$

根据定理 2.6.2, 可得到离散型分布的随机数的产生方法:

(1) 产生$[0,1]$区间上的均匀分布的随机数u;

(2) 若$F(a_{i-1})<u\leqslant F(a_i),\ i=1,2,\cdots,k$，则令$x=a_i$.

例 2.6.2　试利用定理 2.6.2 产生来自$X\sim B(3,0.5)$的容量为 36 的随机数.

解　首先，计算X的分布函数值. 计算结果如表 2.6.2 所示.

表 2.6.2　X的分布函数值

k	0	1	2	3
$F(k)$	0.125	0.500	0.875	1

其次，产生来自$U[0,1]$的随机数u，再由定理 2.6.2 得到如下变化规则:

$$x=\begin{cases}0, & 0<u\leqslant 0.125\\ 1, & 0.125<u\leqslant 0.500\\ 2, & 0.500<u\leqslant 0.875\\ 3, & 0.875<u\leqslant 1\end{cases}\tag{2.6.2}$$

表 2.6.3 给出了由 R 软件产生的均匀分布$U[0,1]$的 36 个随机数$u_1,u_2,\cdots,u_{36}$，同时，也列

出了由(2.6.2)式计算得到 $B(3,0.5)$ 分布的随机数为 $x_1,x_2,\cdots,x_{36}$.

表 2.6.3　均匀分布 $U[0,1]$ 与二项分布 $B(3,0.5)$ 的随机数

序号	u	x	序号	u	x	序号	u	x
1	0.3318	1	13	0.2221	1	25	0.9518	3
2	0.9651	3	14	0.1098	0	26	0.2069	1
3	0.3933	1	15	0.4427	1	27	0.0584	0
4	0.7506	2	16	0.4429	1	28	0.2034	1
5	0.5675	2	17	0.2006	1	29	0.7783	2
6	0.1471	1	18	0.5887	2	30	0.8329	2
7	0.4315	1	19	0.6502	2	31	0.6731	2
8	0.7729	2	20	0.0557	0	32	0.7235	2
9	0.1943	1	21	0.2854	1	33	0.6866	2
10	0.6700	2	22	0.6025	2	34	0.1425	1
11	0.5903	2	23	0.9074	3	35	0.5176	2
12	0.4829	1	24	0.9663	3	36	0.2459	1

对表 2.6.3 中随机数 $x_1,x_2,\cdots,x_{36}$ 进行统计分析，得到对应的频数和频率，计算结果见表 2.6.4.

表 2.6.4　二项分布随机数的频数、频率和理论概率

样本值	频数	频率	概率
0	3	0.0833	0.125
1	15	0.4167	0.375
2	14	0.3889	0.375
3	4	0.1111	0.125

可以验证，当随机模拟中随机数的个数充分多时，随机变量 X 的随机数取值的频率与相应的概率将相差很小.

2.6.2　自助法

例 2.6.3　为提高某化学生产过程的得率，试图采用一种新的催化剂. 慎重起见，对新的催化剂进行了 8 次试验，得到的得率如下:

$$100.83,\quad 95.34,\quad 97.64,\quad 94.79,\quad 100.81,\quad 93.82,\quad 94.48,\quad 87.54$$

试分析新催化剂下得率的样本均值(样本容量为 8)的分布.

解　设新催化剂下任何一次试验的得率为 X，8 次试验的得率为 $X_1,X_2,\cdots,X_8$，上述 8 次试验值为 $x_1,x_2,\cdots,x_8$. 根据题意，要研究的问题是分析样本均值 $\bar{X}=\frac{1}{8}\sum_{j=1}^{8}X_j$ 的分布. 在该问题中，样本容量为 8，容量太小，不足以用中心极限定理判别 $\bar{X}$ 的分布近似服从正态分布. 从试验数据来看，$\bar{X}$ 仅有一个样本值 $\bar{x}=\frac{1}{8}\sum_{j=1}^{8}x_j$，也不能对 $\bar{X}$ 的分布作出任何推断. 那么如何

推断 $\overline{X}$ 的分布呢?

自助法(bootstrap method, bootstrapping), 也称为自助抽样法, 它为此类问题提供一种方法. 其基本思想是: 如果有若干组容量为 8, 且来自 X 的样本值 $x_{1i},x_{2i},\cdots,x_{8i},i=1,2,\cdots,K$, 便可得到随机变量 $\overline{X}$ 的若干个样本值: $\overline{x}_i=\frac{1}{8}\sum_{j=1}^{8}x_{ji},i=1,2,\cdots,K$, 此时, 就可以利用 $\overline{x}_i,i=1,2,\cdots,K$ 生成直方图、经验分布函数等方法来估计 $\overline{X}$ 的分布. 此问题中, X 的分布未知, 仅有一组来自 X 的样本值 $x_1,x_2,\cdots,x_8$, 那又如何产生来自 X 的 K 组样本值 $x_{1i},x_{2i},\cdots,x_{8i}$ 呢? 在自助法中, 首先利用样本值 $x_1,x_2,\cdots,x_8$ 确定的经验分布函数 $F_8(x)$ 作为总体 X 分布函数的估计, 再利用随机模拟法产生来自 $F_8(x)$ 的随机数 $x_{1i},x_{2i},\cdots,x_{8i},i=1,2,\cdots,K$. 表 2.6.5 列出了 100 组来自经验分布函数的部分随机数以及 $\overline{X}$ 对应的值.

表 2.6.5　来自经验分布的部分随机数及样本均值的样本值

序号	x_1	x_2	x_3	x_4	x_5	x_6	x_7	x_8	$\overline{x}$
1	100.83	100.81	93.82	94.79	93.82	100.81	100.83	87.54	96.656
2	87.54	95.34	94.79	95.34	93.82	100.83	94.79	94.79	94.655
3	87.54	87.54	93.82	97.64	94.48	95.34	97.64	94.48	93.560
4	87.54	87.54	87.54	93.82	95.34	95.34	100.81	100.83	93.595
5	100.83	97.64	100.81	94.48	95.34	100.83	100.81	95.34	98.260
6	100.81	94.79	93.82	97.64	94.48	100.81	93.82	93.82	96.249
7	97.64	87.54	100.83	100.81	94.79	93.82	95.34	100.83	96.450
8	93.82	97.64	100.81	100.83	100.81	87.54	97.64	87.54	95.829
…	…	…	…	…	…	…	…	…	…
100	97.64	87.54	100.83	97.64	97.64	100.81	97.64	94.48	96.778

图 2.6.2 给出了由这 100 组模拟数据得到的 $\overline{X}$ 的直方图.

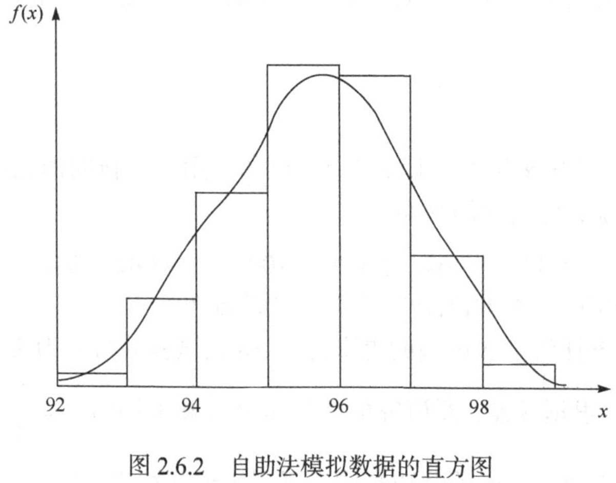

图 2.6.2　自助法模拟数据的直方图

由图 2.6.2 所示的直方图推断, $\overline{X}$ 近似服从正态分布.

自助法很重要的一点是可以不用总体 X 分布的信息, 只需要一组来自 X 的样本值就可

以模拟来自 X 的若干随机数. 有了这些随机数, 便可以去分析总体 X 的任何统计量的特征、规律等问题.

自助法由美国统计学家 Bradley Efron 于 1979 年在 *Annals of Statistics* 杂志上提出. 在例 2.6.3 中, 自助法是在总体分布完全不知道的情况使用的, 这样的自助法称为非参数自助法(nonparametric bootstrap). 当总体分布类型已知, 但有参数未知时, 例如, 总体 X 服从正态分布 $N(\mu,\sigma^2)$, 参数 μ, σ^2 未知, 可以事先用来自 X 的样本数据 $x_1,x_2,\cdots,x_n$ 估计未知参数 μ, σ^2, 取 μ 的估计值为 $\hat{\mu}=\overline{x}=\frac{1}{n}\sum_{i=1}^{n}x_i$ 、σ^2 的估计值为 $\hat{\sigma}^2=\frac{1}{n-1}\sum_{i=1}^{n}(x_i-\overline{x})^2$, 然后, 用随机模拟方法产生来自 $N(\hat{\mu},\hat{\sigma}^2)$ 的随机数 $x_{1i},x_{2i},\cdots,x_{ni},i=1,2,\cdots,K$, 再利用这些随机数研究相关的问题, 这样的自助法称为参数自助法(parametric bootstrap).

2.7　应用案例——医保欺诈数据的描述性分析

医疗保险是政府为解决公民或劳动者因为疾病和非因公负伤, 丧失劳动能力后的治疗费用及服务, 给予物质帮助的一种社会保险制度. 我国的医疗保险分为社会医疗保险和商业医疗保险. 商业医疗保险是投保人根据合同约定向保险公司支付保险费, 当被保险人死亡、伤残、疾病或者达到合同约定的年龄、期限时, 保险公司承担给付保险金责任的保险合同. 社会医疗保险是国家通过立法的形式对社会成员强制征缴社会医疗保险基金, 用以对其中患有疾病、伤残者给予基本医疗保障的一种社会经济保障制度.

随着我国医疗保险事业的迅速发展, 医保的覆盖面不断扩大, 包括了城镇职工基本医疗保险、城镇居民基本医疗保险、新型农村合作医疗保险等. 一方面, 越来越多有需求的人从医疗保险得到了帮助; 另一方面, 现在也出现了越来越多的医疗保险欺诈行为. 医疗保险欺诈行为是指违反医疗保险管理法规和政策, 采用虚构事实、隐瞒真相以及其他方法, 向医保基金管理机构骗取医保基金或医保待遇的行为. 这一行为具有两个基本特征: 一是主观表现为直接故意, 并且以非法占有医保基金或非法获得医保待遇为目的; 二是实施手段主要是通过虚构事实和隐瞒真相, 即故意虚构未曾发生的保险事故, 或者对发生的保险事故编造虚假的原因或者夸大损失程度, 以达到骗取医疗保险基金或医疗保险待遇的目的.

骗保人进行医保欺诈时通常使用的手段, 一是拿着别人的医保卡配药, 二是在不同的医院和医生处重复配药. 在判断是否存在医保欺诈时, 单张处方费用是否异常具有很重要的参考价值. 下表给出了某医院在 2014 年随机抽查的 160 个病人单张处方的费用数据.

表 2.7.1　单张处方的费用数据　(单位: 元)

51.3	1.89	4.16	3.91	4.16	128.72	5.08	3.91	3.67	1.17
22.98	40	86.96	4.16	128.72	4.16	42.44	4.16	4.16	3.81
23.03	71.82	2.52	80.58	4.16	12.98	4.16	96	80.58	2.67
38.68	4.16	54.86	5.08	38.68	22.06	14.91	2.67	3.91	85.29
29.56	53.72	52.2	42.44	1.21	3.34	21.2	85.29	1.79	5.08
1.79	26.86	3.67	4.16	22.98	32.43	22.98	19.98	54.86	3.67
1.79	1.05	4.16	52.7	7.15	22.5	10.58	40	26.1	4.16

续表

40	4.16	80.58	3.67	32.45	20.7	142.6	3.91	12.17	3.48
1.53	128.72	3.91	23.17	39.36	12.3	6.97	4.16	14.88	85.29
2.67	14.91	2.52	85.29	5.08	56.86	19.27	31.83	9.92	39.36
3.67	4.16	3.67	2.67	31.83	115.2	20.7	10.16	21.2	2.52
5.08	19.27	2.35	2.52	19.51	42.07	10.84	15.67	22.98	15.67
71.3	14.14	3.81	19.98	4.16	77.16	3.67	15.3	2.35	4.16
3.91	5.08	3.67	19.27	14.91	11.33	2.52	20.74	1.87	86.96
3.88	22.5	86.96	46.26	4.16	39.36	88.14	19.34	26.3	20.7
3.67	22	4.16	2.67	80.58	3.48	66.44	11.33	22.96	4.16

试根据上述数据讨论如下问题:

(1) 该数据的总体、样本;

(2) 计算数据的平均数、中位数、上四分位数、下四分位数、0.95 分位数和众数;

(3) 计算数据的极差、方差和变异系数;

(4) 计算数据的偏度和峰度;

(5) 绘制数据的箱线图和茎叶图;

(6) 绘制数据的经验分布函数曲线和直方图.

解 (1) 本问题讨论的是医保病人单张处方的费用问题, 故数据对应的总体是单张处方的费用, 记为 X . 样本即是从总体 X 抽取的 160 张处方的费用, 记为: $X_1,X_2,\cdots,X_{160}$, 表 2.7.1 中的数据即是容量为 160 的样本值 $x_1,x_2,\cdots,x_{160}$.

(2) 利用公式(2.1.1)、(2.1.3)和(2.1.4)计算该组数据的平均数、中位数、上四分位数、下四分位数、0.95 分位数, 分别为: 平均数 $\overline{x}=25.79$ (元); 中位数 $m_{0.5}=14.51$ (元); 下四分位数 $m_{\mathrm{L}}=3.91$ (元); 上四分位数 $m_{\mathrm{U}}=38.68$ (元); 0.95 分位数 $m_{0.95}=86.96$ (元); 由定义 2.1.2 可得, 众数 4.16(元).

由上述数据可知, 每张处方的平均费用为 25.79 元, 有 25%的处方单张费用不超过 3.91 元, 有 25%的处方单张费用至少是 38.68 元, 特别地, 有 5%的处方单张费用超过了 86.96 元. 这就表明, 绝大部分的处方的费用都在 87 元以下, 因此, 若出现单张费用高于或远远高于 87 元, 则应对该张处方进行具体分析、重点考察, 分析该处方到底是因为病人病情还是因为病人买了许多不该买的药, 从而判断该病人是否有医保欺诈的可能. 众数为 4.16 元, 远小于平均数 25.79 元, 可以认为该次抽取数据中有少量处方的费用较高, 数据呈现出严重的不对称性, 这将通过偏度进一步验证.

(3) 利用公式(2.1.5)、(2.1.6)和(2.1.8)计算数据的极差、方差、标准差和变异系数, 可得: 极差 $R=141.55$ (元); 方差 $s^2=971.67$ (元 ^{2}); 标准差 $s=31.17$ (元); 变异系数 $\mathrm{CV}=120.86\%$.

通过对上述离散程度的计算可见, 数据的极差和标准差都取值较大, 但这两个指标的绝对值大小并不能很好地反映数据差异的大小, 故还应通过变异系数进一步认识. 变异系数为 120.86%, 表明数据间确实有较大差异, 下面将通过峰度进一步验证.

(4) 利用公式(2.1.9)和(2.1.10)计算数据的偏度和峰度得: 偏度 $\mathrm{sk}=1.711$; 峰度 $\mathrm{ku}=2.447$.

显然，偏度远大于零，即数据是非对称性的且呈现较强的右偏趋势；峰度远大于零，表明数据分布比较分散. 再结合数据的右偏趋势，可得到数据的极端值是数据中取值较大那一部分. 从而可知，单张处方费用较大是一种极端情况，可对这些处方进行深入调查考量.

(5) 绘制数据的箱线图和茎叶图. 利用统计软件 R 软件，绘制数据的箱线图和茎叶图，如图 2.7.1 和图 2.7.2 所示.

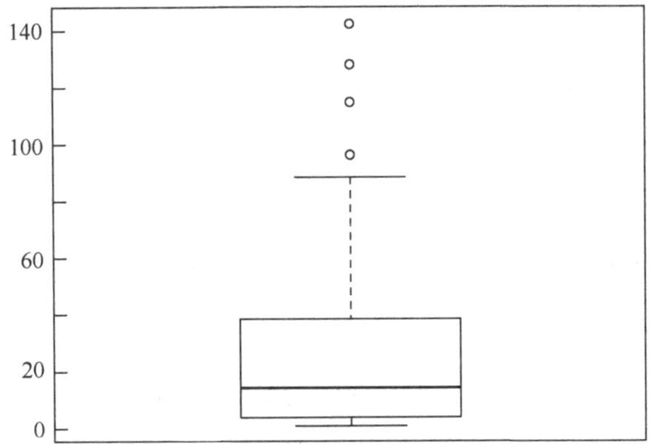

图 2.7.1　医保数据的箱线图

```
 0 | 1112222222222333333333333333344444444444444444444444444444444444444444444444555555
 1 | 001111223455555669999
 2 | 00011111122333333333667
 3 | 0222299999
 4 | 0002226
 5 | 1234557
 6 | 6
 7 | 127
 8 | 111155557778
 9 | 6
10 |
11 | 5
12 | 999
13 |
14 | 3
```

图 2.7.2　医保数据的茎叶图

由箱线图 2.7.1 可直观发现，50%的处方费用在 20 元以下，整个图形表现出有 4 个值比较异常，应对它们进行进一步的研究.

图 2.7.2 给出了医保数据的茎叶图. 针对复杂数据，在绘制茎叶图时有适当调整. 比如，该图中的茎为 0, 1, …, 14，其中，0 表示数据的十位数为 0, 1 表示数据的十位数为 1, …, 14 表示数据的十位数为 14. 同时，在绘制叶，如 0 | 11122…，所代表的数据为原始数据的 1.05, 1.17, 1.21, 1.53, 1.79, …，即对这些数据进行舍入处理，变为: 1, 1, 1, 2, 2, …，故最终变为: 01, 01, 01, 02, 02，此时十位数皆为 0，其余数据类似. 从茎叶图，可以很容易得到取值较大的数为 143, 129, 129, 129, 115, 96，这些数对应的原始数据分别为: 142.60, 128.72, 128.72, 128.72, 115.20, 96，这 6 个数由四个不同值构成，故在箱线图中呈现出 4 个点，将成为医保欺诈的重点考察对象. 从茎叶图也能直观发现数据不对称、有强烈的右偏趋势.

(6) 利用统计软件 R 软件，绘制样本数据的经验分布函数曲线和直方图，如图 2.7.3 和图 2.7.4 所示.

由图 2.7.4 所呈现的医保数据直方图，可大致推断医保数据对应的总体一定程度上是服从指数分布的. 在此基础上，进一步利用第 4 章非参数检验的方法对总体分布进行检验，然后再利用第 3 章的参数估计方法对总体中的参数进行估计，从而实现对总体分布较好的认识.

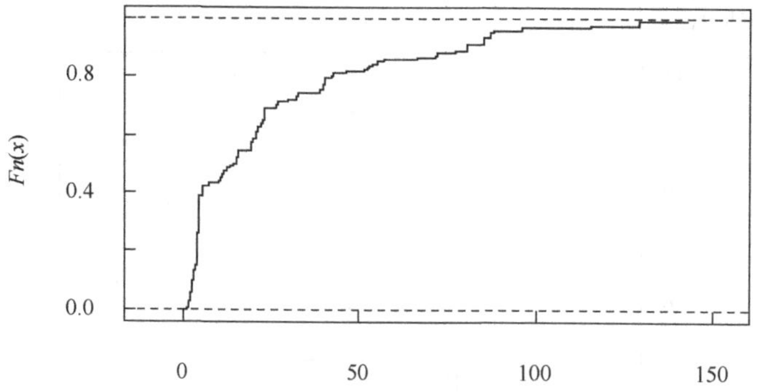

图 2.7.3　医保数据的经验分布函数曲线

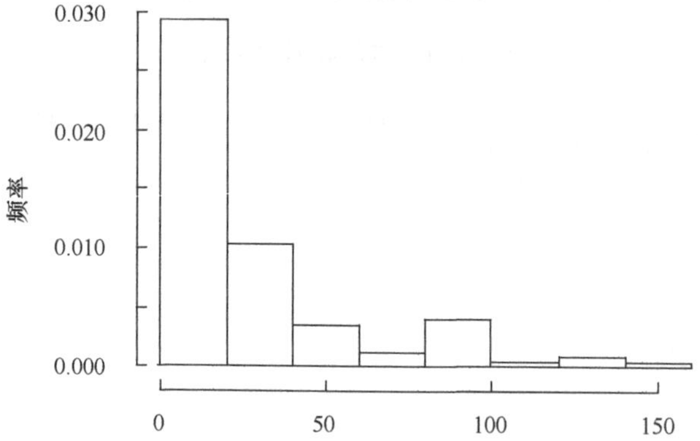

图 2.7.4　医保数据的直方图

2.8　章节总结

概率论是数理统计的理论基础，数理统计是概率论的一种应用. 数理统计采用了归纳推理的方法，利用对总体的若干次观测得到的样本来推断总体的随机规律性. 数理统计是一种提取和挖掘隐藏于数据背后的总体结构和科学规律的有效工具. 统计推断结果与样本数据和推断方法密切相关. 不同的抽样试验可能得到不同的样本，不同的推断方法要求的样本可能不同. 本书所介绍的推断方法要求样本是简单随机样本，即具有同分布性和独立性. 样本是进行统计推断的依据，总体的信息隐藏在样本数据中，因此，要进行统计推断必须对样本数据的特征进行分析，对样本信息进行加工、处理，从样本中提炼出有关总体的信息. 本章围绕上述问题主要介绍了数理统计的基本概念和基本理论，包括数据特征的描述方法、常用统计量及其分布、常见抽样分布以及样本数据的随机模拟方法. 本章基本内容结构如图 2.8.1 所示.

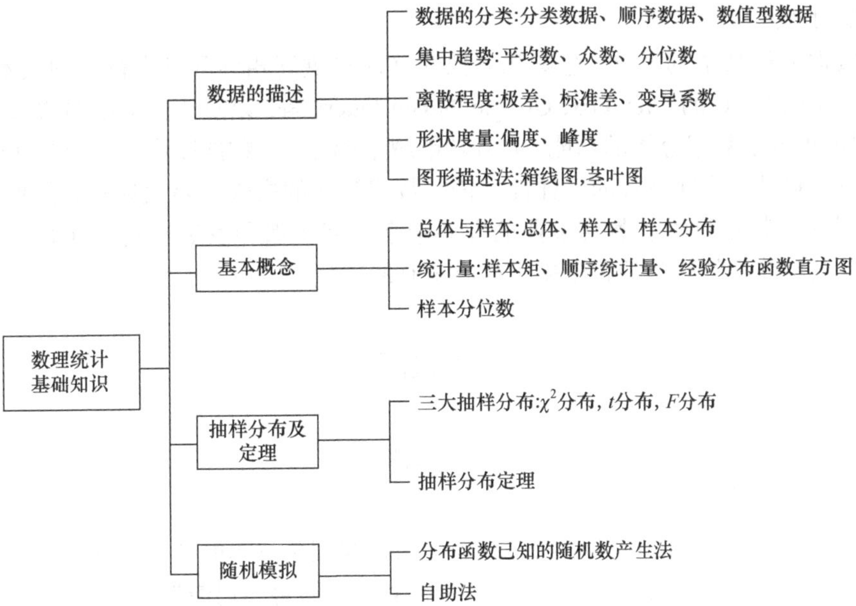

图 2.8.1　第 2 章基本内容结构图

2.9　应用分享——大数据分析

当今社会，由于信息技术、计算机和网络技术等高新技术的迅速发展，已进入大数据时代，数据正成为各个国家、政府、企业等机构重要的战略资源．大数据，也称为大尺度数据、大规模数据，是指大量、高速、多变的信息，具有四个基本特征：数据体量巨大、价值密度低、来源广泛和特征多样、增长速度快，大数据分析的核心问题是如何在种类繁多、数量庞大的数据中快速获得有价值的信息．利用大数据分析，可以帮助政府实现市场经济调控、公共卫生安全防范、灾难预警、社会舆论监督；可以帮助城市预防犯罪，实现智慧交通，提升紧急应急能力；可以帮助医疗机构建立患者的疾病风险跟踪机制，帮助医药企业提升药品的临床使用效果，帮助艾滋病研究机构为患者提供定制的药物；可以帮助航空公司节省运营成本，帮助电信企业实现售后服务质量提升，帮助保险企业识别欺诈骗保行为，帮助快递公司监测分析运输车辆的故障险情以提前预警维修，帮助电力公司有效识别预警即将发生故障的设备；可以帮助企业提升营销的针对性，降低物流和库存的成本，减少投资的风险，以及帮助企业提升广告投放精准度等等．

大数据分析是在数据密集型环境下，对数据科学地重新思考和进行新的模式探索的产物．严格来说，大数据更像是一种策略而非技术，其核心理念就是以一种比以往有效得多的方式来管理海量数据并从中提取有用信息．大数据分析是大数据理念与方法的核心，是指对数据的类型、增长快速、内容真实性进行分析，从中找出可以帮助决策的隐藏模式和未知的相关关系以及其他有用信息的过程．在这一过程中，有两大技术问题非常关键：一个是文本的分析学，另一个就是机器学习．因此，大数据分析可认为是根据数据生成机制，对数据进行广泛的采集与存储，并对数据进行格式化清洗，以大数据分析模型为依据，在集成化大数据分析平台的支撑下，运用云计算技术调度计算分析资源，最终挖掘出大数据背后的模式或规律的数据分析过程.

随着数据分析技术的发展，全球几大独立软件提供商相继开发出自己的技术解决方案，如微软的 Azure, EMC 的 ClickFox, Google 的 Big Query 等，以及比较常用的微软的办公软件 Excel 系列也集成了数据分析的功能，并且功能越来越强大. 数据爆炸主要给数据科学分析带来以下三方面挑战：数据格式的多样性、传统数据算法的失效、超大规模的数据可视化. 大数据的发展在给数据科学和教育事业的发展带来发展机遇和发展空间的同时，也给数据分析、数据存储等前沿的科学项目带来了前所未有的挑战.

习题 2

A 组

1. 在人们购买新车时，除了根据汽车的出厂日期判断汽车的新旧程度，还可根据汽车的行驶里程来甄别汽车出厂后的行驶情况. 表 1 是某汽车销售公司最近出售 60 辆新车时各车的行驶里程.

表 1　60 辆新车行驶里程表　(单位: km)

10.5	6.7	7.5	7.6	8.2	8.6	9.1	9.5	10.0	10.4
8.2	7.6	7.0	6.5	8.2	9.9	11.6	13.3	11.6	7.6
7.5	7.6	8.2	7.6	7.0	6.5	5.9	5.3	4.8	4.2
8.6	9.1	9.5	10.0	10.4	6.7	7.5	8.3	9.1	9.9
7.7	8.6	7.5	7.6	8.2	6.5	5.9	5.3	4.8	8.3
7.6	6.5	5.9	5.3	7.6	7.5	7.6	8.2	7.6	7.0

试计算上述数据的众数、中位数、0.8 分位数、变异系数，并绘制数据的箱线图、茎叶图.

2. 工业工程师通常会定期进行“工作量”分析，以确定生产一个单位产品所需要的时间. 表 2 记录了 2014 年国庆节放假前后各 33 天工人执行某项任务每天所需的总工时数.

表 2　总工时表　(单位: h)

放假前	128	119	95	97	124	128	142	98	108	120	128
	113	109	124	132	97	138	133	136	120	112	113
	146	128	103	135	114	109	100	111	131	113	146
放假后	116	118	138	85	105	117	108	119	95	105	116
	108	119	95	97	124	128	112	98	86	120	108
	115	115	98	101	111	89	113	115	108	122	115

试计算放假前和放假后数据的极差、方差、标准差、偏度以及峰度，绘制背靠背茎叶图，并分析图中所包含的信息.

3. 某制药厂生产了一种降血压药物，其不合格品率 p 未知，每 n 件产品包装为一盒. 为了检查药物的质量，现随机抽取 m 盒，检测其中不合格品的件数. 问在该次检查中，总体是什么，样本是什么，总体的分布是什么？

4. 某高校现有相距 23.5 公里远的 A，B 两个校区，为了分析教师从 A 校区到 B 校区乘坐校车所花的时间，现从 2013 到 2014 学年第一学期中随机地抽取 14 趟校车进行检测，得到运行时间(单位: min)为

$$67.0, 71.0, 55.0, 62.5, 80.2, 58.7, 64.5, 77, 89.5, 59.7, 70.5, 61.2, 66.5, 65.8$$

试计算这组数据的均值、方差和标准差，峰度、偏度、下四分位数、中位数.

5. 当样本容量 $n=10$ 时，给出在总体 X 为下列情形下的样本分布.

(1) $X \sim P(\lambda)$; (2) $X \sim G(p)$; (3) $X \sim U[a,b]$.

6. 某医院对 10 个病人的血压(收缩压, mmHg)进行了检测，得血压数据如下:

$$118, 120, 122, 108, 146, 162, 131, 118, 120, 124$$

试由这批数据构造经验分布函数，并画出经验分布函数图.

7. 为了掌握某关键路段在上班高峰期的汽车通行能力，现从该路段的雷达监测数据中随机抽取 50 个汽车行驶的速度数据，具体如表 3 所示.

表 3　50 个汽车行驶速度数据表　(单位: km/h)

24	23	21	23	48	18	26	38	16	23
21	23	25	30	31	52	29	45	41	43
27	27	28	29	28	29	25	28	37	24
18	29	35	25	26	34	25	27	22	36
32	33	32	22	23	27	24	43	38	28

试根据上述数据绘制汽车行驶速度的直方图.

8. 设有两组样本分别为 $X_1, X_2, \cdots, X_n$ 和 $Y_1, Y_2, \cdots, Y_n$，且具有如下关系:

$$Y_i = b(X_i - a), \quad i = 1,2,\cdots,n$$

其中，a，b 均为常数. 试求样本均值 $\overline{X}$ 和 $\overline{Y}$ 之间的关系，以及样本方差 S_X^2 和 S_Y^2 之间的关系.

9. $PM_{2.5}$ 在地球大气中含量很少，但它对空气质量和能见度等有着重要影响，现已成为重要的衡量空气污染程度的指标. 三个检测员在华北、华东、华南检测了不同数量空气质量监测子站的 $PM_{2.5}$ 数据. 抽检的数量 n_i、样本均值 $\overline{x}_i$ 与样本标准差 s_i 如表 4 所示.

表 4　三地空气质量数据

地区	样本容量 n_i	样本均值 $\overline{x}_i$	样本标准差 s_i
华北	25	65.78	9.489
华东	32	62.97	12.363
华南	27	58.52	11.552

试求合并样本后的样本均值和样本标准差.

提示：设 $x_1, x_2, \cdots, x_{n_1}$ 和 $y_1, y_2, \cdots, y_{n_2}$ 是从总体 X 中先后两次抽取的样本，其对应的样本均值和样本方差分别为：$\overline{x}$ 和 $\overline{y}$，以及 s_x^2 和 s_y^2. 将两次抽取的样本进行合并，得到样本容量为 $n+m$ 的样本，其样本均值和样本方差记为 $\overline{z}$ 和 s_z^2，则有

$$\bar{z}=\frac{n_1\bar{x}+n_2\bar{y}}{n_1+n_2},\quad s_z^2=\frac{(n_1-1)s_x^2+(n_2-1)s_y^2}{n_1+n_2-1}+\frac{n_1n_2(\bar{x}-\bar{y})^2}{(n_1+n_2)(n_1+n_2+1)}.$$

10. 设 X_1,X_2,X_3 是来自总体 $X\sim\Gamma(1,0.02)$ 的样本，求：

(1) 样本 X_1,X_2,X_3 的联合密度函数；

(2) 最小顺序统计量 $X_{(1)}$ 和最大顺序统计量 $X_{(3)}$ 的密度函数；

(3) $P\{X_{(1)}\leqslant 0.6\}$；

(4) $P\{X_{(3)}\leqslant 10\}$.

11. 设 $X_1,X_2,\cdots,X_{10}$ 是来自总体X的样本，$\bar{X}$ 和 S^2 分别是样本均值和样本方差.求在总体 X 服从下列分布时的 $E\bar{X}$，$D\bar{X}$，ES^2，EM_2^*.

(1) $B(5,0.2)$；(2) $P(5)$；(3) $\Gamma(0.2)$.

12. 从总体 $X\sim N(10,36)$ 中抽取容量为 36 的样本 $X_1,X_2,\cdots,X_{36}$，试求样本均值落在 9 到 11 之间的概率.

13. 设 $X_1,X_2,\cdots,X_{10}$ 是来自总体 $X\sim N(0,3^2)$ 的样本，试确定常数 c，使得

$$P\left\{\sum_{i=1}^{10}X_i^2>c\right\}=0.99.$$

14. 设 $X_1,X_2,\cdots,X_5$ 是来自总体 $X\sim N(0,4)$ 的样本.

(1) 试确定非零常数 a_1,a_2,a_3，使得 $a_1(X_1-X_2)^2+a_2X_3^2+a_3(X_4+X_5)^2\sim\chi^2(m_1)$，并讨论自由度 m_1 的取值.

(2) 试确定常数 b，使得 $b\dfrac{X_1-X_2}{\sqrt{X_3^2+X_4^2+X_5^2}}\sim t(m_2)$，并确定自由度 m_2 的取值.

(3) 试确定非零常数 c_1,c_2，使得 $\dfrac{c_1(X_1+X_2)^2+c_2X_3^2}{(X_4-X_5)^2}\sim F(m_3,m_4)$，并确定自由度 m_3,m_4 的取值.

15. 有一超市在售的某种商品每天的销售量 X (单位: kg) $\sim N(\mu,\sigma^2)$. 现从中随机抽取 16 天的销售量，构成样本 $X_1,X_2,\cdots,X_{16}$，其样本均值、样本方差分别为 $\bar{X}$，S^2. 求:

(1) $P\left\{\bar{X}<\mu+0.25\sigma\right\}$；

(2) $P\left\{\left|S^2-\sigma^2\right|<0.25\sigma^2\right\}$；

(3) $P\left\{4\left|\bar{X}-\mu\right|>2.131S\right\}$.

16. 设 $X_1,X_2,\cdots,X_n$ 是来自总体 $X\sim N(\mu,\sigma^2)$ 的样本，$\bar{X},S^2$ 分别是样本均值和样本方差. 求:

(1) 若 $\sigma=3$，则当样本容量 n 应取多大时，有 $E\left|\bar{X}-\mu\right|\leqslant 0.5$；

(2) 当样本容量 n=16 时，试确定常数 c，使得 $P\left\{\left|\bar{X}-\mu\right|>S\cdot c\right\}=0.1$；

(3) 当 n=32 时，求统计量 $\dfrac{1}{2\sigma^2}\sum\limits_{i=1}^{16}(X_{16+i}+X_i-2\bar{X})^2$ 的分布.

17. 随着我国经济的飞速发展，工业越来越成为国民经济的支柱，其中尤以钢铁工业最为重要，在我国的日常生活中扮演着重要的角色. 而我国虽然有着较为丰富的钢铁资源，但

是铁矿石的品质却不高，对于进口的依赖度仍然很高．通常，铁矿石中全铁含量比例是衡量铁矿石等级的重要指标．设甲、乙两地区铁矿石中全铁含量的比例皆服从 $N(\mu,\sigma^2)$，现从中分别抽取容量为 9 和 16 的两独立样本 $X_1,X_2,\cdots,X_9$ 与 $Y_1,Y_2,\cdots,Y_{16}$，其样本均值分别为 $\bar{X}$ 和 $\bar{Y}$，样本方差分别为 S_X^2 和 S_Y^2．求：

(1) 两个样本均值之差的绝对值小于 0.2σ 的概率；

(2) S_X^2 小于 $4.9515S_Y^2$ 的概率．

B 组

1. 利用均匀分布和中心极限定理，产生 1000 个服从标准正态分布的随机数以及正态分布 $N(2,4)$ 的随机数，并绘制经验分布函数图和直方图．

2. 利用随机模拟的方法，产生来自正态分布 $N(3,3^2)$ 的随机数，绘制随机数的直方图和经验分布函数图，分析样本方差的分布，验证定理 2.5.1．

3. 根据定理 2.5.2 产生 t 分布的随机数，并通过绘制直方图和经验分布函数图来验证该定理．

4. 根据定理 2.5.5，讨论如何生产 F 分布的随机数，并对生产的随机数，绘制其直方图和经验分布函数图，对图形作进一步说明．

5. 设总体 $X\sim N(\mu,\sigma^2)$，现抽取容量为 n 的样本 $X_1,X_2,\cdots,X_n$，统计量 $W=\dfrac{X_{(n)}-\bar{X}}{S}$，其中，$\bar{X}$ 为样本均值，S 为样本标准差，$X_{(n)}$ 为最大顺序统计量．试在下列情况下通过随机模拟的方式，求在模拟次数为 15000 次，样本容量为 20 时 W 的 $p=0.90$ 的分位数，并写出模拟计算的步骤．

(1) 当 $\mu=2,\ \sigma^2=9$ 时；(2) 当 $\mu,\ \sigma^2$ 未知时．

6. 请查阅资料，了解数据可视化，并指出什么是数据可视化？描述数据可视化在你专业领域里的应用情况或应用前景．

7. 结合你的专业背景研讨问题——结合你的专业收集某个问题的数据，并使用统计软件计算、描述数据特征．

C 组

1. 试选择一个常用分布，利用随机模拟的方法产生样本数据，并绘制由样本数据生成的直方图、经验分布函数图，以及该分布的理论分布函数图、分布律或密度函数图，并说明理论分布与经验分布、分布律或密度函数图形与直方图的逼近关系．

2. 若 Y_1 和 Y_2 是独立同分布于 $U[0,1]$，由 Y_1 和 Y_2 产生的函数变换

$$X_1=\cos(2\pi Y_1)\sqrt{-2\ln Y_2},\quad X_2=\sin(2\pi Y_1)\sqrt{-2\ln Y_2}$$

试通过上述变换产生服从 X_1 和 X_2 的 100 个随机数，并画出各自的经验分布函数图和直方图，讨论随机变量 X_1 和 X_2 理论上的大致分布．

3. 在保险实务分析中，保险标的的分布是多种多样的，现有的理论分布往往不能准确地

刻画实际损失. 为此, 从业人员往往需要对实际损失分布进行拟合. 设保险公司在某一保险会计年度内, 承保标的同质的小汽车发生碰撞损失的额度记录如表 5 所示.

表 5　损失额度表　(单位: 元)

2700	1750	1995	5500	3150	1500	1650	1800	3990	4800
3970	2210	2600	3200	100	1100	2700	2980	200	4200
4750	3300	4950	2300	1400	5200	3580	1520	150	2560
3900	2050	200	3800	2100	550	2800	3500	2100	2500

(1) 指出该问题的总体以及来自总体的样本、样本值和样本容量;

(2) 求出顺序统计量、样本均值、样本方差、中位数、极差的样本值, 并解释其意义;

(3) 绘制总体的直方图;

(4) 给出经验分布函数, 并绘制经验分布函数图;

(5) 根据经验分布函数或直方图估计碰撞损失费用在 3000 元以上的概率;

(6) 根据经验分布函数或直方图估计发生概率至少是 90%的最低碰撞损失费用.

第 3 章　参数估计

参数估计(parameter estimation)是一类基本的统计推断方法，研究如何利用样本数据合理估计总体的未知参数的问题. 本章主要介绍常见的参数估计方法及其应用.

3.1　引例——超市购物等待付款的排队时间问题

例 3.1.1　某超市每天上午 10:30～12:30 是购物的高峰期. 过去的统计资料显示，高峰时期顾客等待付款时的排队时间(单位：min)服从标准差为 1.8 的正态分布. 表 3.1.1 中的数据是该超市某天在高峰期随机调查的 24 位顾客的排队时间. 试根据表 3.1.1 中的数据:

(1) 估计当天高峰期顾客的平均排队时间;

(2) 估计当天高峰期 90%的顾客至少需要等待多少时间才能付款;

(3) 估计当天高峰期顾客平均排队时间的一个区间范围.

表 3.1.1　高峰期 24 位顾客等待付款的排队时间　　(单位: min)

6.4	6.5	5.4	8.3	9.3	5.6	7.8	7.8
6.8	9.9	8.2	6.7	8.5	9.2	10.6	6.3
8.3	5.1	3.3	4.3	3.6	4.6	8.8	4.6

显然，例 3.1.1 讨论的总体是某天高峰时期所有顾客等待付款时的排队时间，假设用 X (单位：min)表示，则 $X \sim N(\mu, 1.8^2)$，其中参数 μ 是高峰期顾客的平均排队时间. 设 $X_1, X_2, \cdots, X_n$ 是来自总体 X 的样本，那么，表 3.1.1 中的数据是样本容量 $n = 24$ 的样本值，用 $x_1, x_2, \cdots, x_n$ 表示. 设高峰期 90%的顾客至少需要等待 a min 才能付款，则 $P\{X \geqslant a\} = 0.9$. 这样，例 3.1.1 的问题就是：依据来自总体 $X \sim N(\mu, 1.8^2)$ 的样本值 $x_1, x_2, \cdots, x_n$ 估计未知参数 μ, a，称这类问题为参数估计问题. 参数的估计形式有两种：一种称为点估计(point estimation)，即利用样本数据估计未知参数的值是多少，如例 3.1.1 中的问题(1)和(2)；另一种称为区间估计(interval estimation)，即估计未知参数所在的一个区间范围，如例 3.1.1 中的问题(3).

3.2　点　估　计

设 X 为总体，$\theta_1, \theta_2, \cdots, \theta_k$ 是与总体相关的未知参数，$X_1, X_2, \cdots, X_n$ 是来自总体的样本，$x_1, x_2, \cdots, x_n$ 为相应的样本值. 点估计的任务是：对未知参数 $\theta_i (i = 1, 2, \cdots, k)$，确定一个恰当的统计量 $g_i(X_1, X_2, \cdots, X_n)(i = 1, 2, \cdots, k)$，使其样本值 $g_i(x_1, x_2, \cdots, x_n)$ 有理由作为参数 $\theta_i (i = 1, 2, \cdots, k)$ 的估计值. 这时，统计量 $g_i(X_1, X_2, \cdots, X_n)$ $(i = 1, 2, \cdots, k)$ 称为参数 $\theta_i (i = 1, 2, \cdots, k)$ 的点估计量(point estimator)，样本值 $g_i(x_1, x_2, \cdots, x_n)(i = 1, 2, \cdots, k)$ 称为参数 $\theta_i (i = 1, 2, \cdots, k)$ 的点估计值. 在不产生混淆的情况下将参数 $\theta_i (i = 1, 2, \cdots, k)$ 的点估计量和点估计值统称为点估计，并均记为

$\hat{\theta}_i\ (i=1,2,\cdots,k)$. 确定点估计的方法称为点估计法, 常见的点估计法有矩估计法(estimation method of moments)、最大似然估计法(maximum likelihood estimation method)、贝叶斯估计法(Bayes estimation method)、最小二乘估计法(least square estimation method)等, 本节重点介绍矩估计法和最大似然估计法.

3.2.1 矩估计法

由概率论中的辛钦大数定律知, 当总体 X 的 l 阶原点矩 EX^l 存在时, 可用样本的 l 阶原点矩估计参数 EX^l, 即

$$\hat{E}X^l = M_l = \frac{1}{n}\sum_{i=1}^{n} X_i^l \tag{3.2.1}$$

若 $l=1,2$, 则总体 X 的期望 EX 和二阶原点矩 EX^2 的点估计量为

$$\hat{E}X = \bar{X}, \quad \hat{E}X^2 = \frac{1}{n}\sum_{i=1}^{n} X_i^2 \tag{3.2.2}$$

对总体 X 的中心矩, 例如, X 的二阶中心矩 $DX=E(X-EX)^2$, 由于 DX 可以用总体的原点矩表示为 $DX=EX^2-(EX)^2$, 根据(3.2.2)式, 可得到 DX 的点估计量

$$\hat{D}X = \hat{E}X^2 - (\hat{E}X)^2 = \frac{1}{n}\sum_{i=1}^{n} X_i^2 - \bar{X}^2 = M_2^* \tag{3.2.3}$$

即, 总体 X 的二阶中心矩可以用样本的二阶中心矩估计. 更一般的情形是, 总体的 l 阶中心矩 $E(X-EX)^l$ 可用样本的 l 阶中心矩估计, 即

$$\hat{E}(X-EX)^l = M_l^* = \frac{1}{n}\sum_{i=1}^{n}(X_i - \bar{X})^l \tag{3.2.4}$$

但在实际问题中, 要估计的未知参数不一定是总体矩, 这时, 又如何估计参数呢? 如果需要估计的未知参数 θ 是总体矩的函数, 例如, 总体 $X \sim P(\lambda)$, 参数 λ 未知, 需要估计的参数是 $\theta = P\{X=2\}$. 由于 $\theta = \dfrac{\lambda^2 \mathrm{e}^{-\lambda}}{2}$, $\lambda = EX$, 所以, $\theta = \dfrac{(EX)^2 \mathrm{e}^{-EX}}{2}$. 这时, 同样可以用样本矩替代总体矩的方式得到参数 θ 的点估计量, 即 $\hat{\theta} = \dfrac{(\hat{E}X)^2 \mathrm{e}^{-\hat{E}X}}{2} = \dfrac{(\bar{X})^2 \mathrm{e}^{-\bar{X}}}{2}$. 将这种用样本矩替代相应的总体矩、样本矩的函数替代相应的总体矩的函数的“替代”方法, 称为矩估计法, 简称为矩法, 所得到的点估计量称为矩估计量(moment estimator), 矩估计量的样本值称为矩估计值.

因此, 总体 X 的偏度 $r_1 = E\left(\dfrac{X-EX}{\sqrt{DX}}\right)^3 = \dfrac{E(X-EX)^3}{(DX)^{3/2}}$ 的矩估计量为 $\hat{r}_1 = \dfrac{M_3^*}{\left(M_2^*\right)^{3/2}}$, 总体 X 的峰度 $r_2 = E\left(\dfrac{X-EX}{\sqrt{DX}}\right)^4 = \dfrac{E(X-EX)^4}{(DX)^2}$ 的矩估计量为 $\hat{r}_2 = \dfrac{M_4^*}{\left(M_2^*\right)^2}$. 如果 $(X_i, Y_i)\ (i=1,2,\cdots,n)$ 是来自二维总体 (X,Y) 的样本, 则总体 (X,Y) 的二阶混合原点矩 $E(XY)$ 的矩估计量为 $\hat{E}(XY) = \dfrac{1}{n}\sum\limits_{i=1}^{n} X_i Y_i$.

在例 3.1.1 中, $\mu = EX$, $P\{X \geqslant a\} = P\left\{\dfrac{X-\mu}{1.8} \geqslant \dfrac{a-\mu}{1.8}\right\} = 0.9$, 从而, $a = \mu + 1.8u_{0.1} =$

$EX-1.8u_{0.9}$. 因此, 参数 μ 和 a 的矩估计量分别为

$$\hat{\mu}=\hat{E}X=\overline{X}, \quad \hat{a}=\hat{E}X-1.8u_{0.9}=\overline{X}-1.8u_{0.9} \tag{3.2.5}$$

由表 3.1.1 中的样本数据, 计算得到 $\overline{x}=6.9125$, 查表得 $u_{0.9}\approx 1.28$, 代入(3.2.5)式, 得到参数 μ 和 a 的矩估计值分别为

$$\hat{\mu}=\overline{x}=6.9125, \quad \hat{a}\approx\overline{x}-1.8\times 1.28=4.6085$$

即表明: 在高峰期顾客等待付款的平均排队时间约为 6.9min, 90%的顾客至少要等待 4.6 min 才能付款.

从上述矩估计法的思想方法中不难发现, 如果要求 k 个未知参数 $\theta_1,\theta_2,\cdots,\theta_k$ 的矩估计量, 关键是找到用总体矩表示未知参数 $\theta_1,\theta_2,\cdots,\theta_k$ 的函数表达式. 为了更好地掌握矩估计法, 下面对其一般计算步骤进行了总结.

第一步　建立总体矩与未知参数 $\theta_1,\theta_2,\cdots,\theta_k$ 的关系式. 这一步, 常常通过计算总体矩来完成. 比如, 计算

$$EX^l=\mu_l(\theta_1,\theta_2,\cdots,\theta_k), \quad l=1,2,\cdots,k \tag{3.2.6}$$

第二步　由总体矩与未知参数 $\theta_1,\theta_2,\cdots,\theta_k$ 的关系式, 找到用总体矩表示参数 $\theta_1,\theta_2,\cdots,\theta_k$ 的函数表达式. 例如, 求解(3.2.6)式, 得到

$$\theta_i=\theta_i(EX,EX^2,\cdots,EX^k), \ i=1,2,\cdots,k \tag{3.2.7}$$

第三步　将参数 $\theta_1,\theta_2,\cdots,\theta_k$ 的函数表达式中的总体矩用相应的样本矩替代, 所得的统计量便为未知参数 $\theta_1,\theta_2,\cdots,\theta_k$ 的矩估计量. 例如, 将(3.2.7)式中总体的 l 阶原点矩 $EX^l(l=1,2,\cdots,k)$ 用样本的 l 阶原点矩 $M_l=\frac{1}{n}\sum_{i=1}^{n}X_i^l(l=1,2,\cdots,k)$ 替代, 得到参数 $\theta_1,\theta_2,\cdots,\theta_k$ 的矩估计量

$$\hat{\theta}_i=\theta_i(M_1,M_2,\cdots,M_k), \quad i=1,2,\cdots,k \tag{3.2.8}$$

例 3.2.1　假设某加油站每天汽油的销售量 X (单位: t)服从均匀分布 $U[a,b]$ (a,b 为未知参数), $X_1,X_2,\cdots,X_n$ 是来自 X 的样本.

(1) 求参数 a,b 的矩估计量.

(2) 对该加油站, 随机抽查了 12 天的汽油销售量(单位: t), 其结果如表 3.2.1 所示.

表 3.2.1　汽油销售量

19.472	21.152	16.081	20.639	21.658	21.826
18.251	13.874	14.756	19.017	16.521	21.645

试用矩估计法估计该加油站汽油的最小销售量和最大销售量.

解　(1) 显然, 加油站每天的汽油销售量 X 是总体. 按矩估计法的计算步骤:

第一步　建立总体矩 EX,DX 与未知参数 a,b 的关系式. 因为 $X\sim U[a,b]$, 所以

$$\begin{cases} EX=\dfrac{a+b}{2} \\ DX=\dfrac{(b-a)^2}{12} \end{cases} \tag{3.2.9}$$

第二步　求解(3.2.9)式, 得到用 EX, DX 表示未知参数 a, b 的函数表达式:

$$\begin{cases} a = EX - \sqrt{3DX} \\ b = EX + \sqrt{3DX} \end{cases} \tag{3.2.10}$$

第三步　用样本矩替代(3.2.10)式中的总体矩, 得到未知参数 a, b 的矩估计量:

$$\begin{cases} \hat{a} = \hat{E}X - \sqrt{3\hat{D}X} = \bar{X} - \sqrt{3M_2^*} \\ \hat{b} = \hat{E}X + \sqrt{3\hat{D}X} = \bar{X} + \sqrt{3M_2^*} \end{cases} \tag{3.2.11}$$

(2) 由表 3.2.1 中数据得, n=12, $\bar{x} = 18.741$, $m_2^* = 7.358$, 代入(3.2.11)式, 得到参数 a, b 的矩估计值

$$\begin{cases} \hat{a} = 18.741 - \sqrt{3 \times 7.358} \approx 14.043 \\ \hat{b} = 18.741 + \sqrt{3 \times 7.358} \approx 23.439 \end{cases}$$

由计算结果知, 加油站汽油的最小销售量估计为 14.043 t, 最大销售量估计为 23.439 t.

例 3.2.2　如果 1 小时内到达某计算机服务器的信息数量 X (单位: 条)服从参数是 λ 的泊松分布. 随机抽取了该服务器 18 个小时到达的信息数量数据(单位: 条/h), 如表 3.2.2 所示.

表 3.2.2　信息数量数据

11	10	9	11	12	9	13	8	10
11	14	12	7	10	11	8	10	11

(1) 求参数 λ 的矩估计量.

(2) 试用矩估计法估计 1 小时内至少有 2 条信息到达该计算机服务器的概率.

解　(1) 易知, 总体是 1 小时内到达服务器的信息数量 X. 由于总体 $X \sim P(\lambda)$, 所以, $EX = \lambda$. 设 $X_1, X_2, \cdots, X_n$ 是来自 X 的样本, 则参数 λ 的矩估计量为

$$\hat{\lambda}_1 = \hat{E}X = \bar{X} \tag{3.2.12}$$

(2) 因为 1 小时内至少有 2 条信息到达服务器的概率为

$$\begin{aligned} p = P\{X \geqslant 2\} &= 1 - P\{X = 0\} - P\{X = 1\} \\ &= 1 - \mathrm{e}^{-\lambda}(1 + \lambda) = 1 - \mathrm{e}^{-EX}(1 + EX) \end{aligned} \tag{3.2.13}$$

所以, 参数 p 的矩估计量为

$$\hat{p}_1 = 1 - \mathrm{e}^{-\hat{E}X}(1 + \hat{E}X) = 1 - \mathrm{e}^{-\bar{X}}(1 + \bar{X}) \tag{3.2.14}$$

由表 3.2.2 中数据计算得: $\bar{x} = 10.39$, 代入(3.2.14)式, 得到参数 p 的矩估计值

$$\hat{p}_1 = 1 - \mathrm{e}^{-10.39}(1 + 10.39) \approx 0.9997$$

矩估计法的计算结果显示, 1 小时内到达服务器的平均信息数约为 10 条, 1 小时内至少有 2 条信息到达服务器的概率约为 99.97%.

注意到, 例 3.2.2 中, $DX = \lambda$, 因此, 参数 λ, p 的矩估计量也可以是 $\hat{\lambda}_2 = \hat{D}X = M_2^*$, $\hat{p}_2 = 1 - \mathrm{e}^{-\hat{D}X}(1 + \hat{D}X) = 1 - \mathrm{e}^{-M_2^*}(1 + M_2^*)$. 这说明, 同一参数的矩估计量可能不止一个.

例 3.2.3　设 $X_1, X_2, \cdots, X_n$ 是来自均匀分布 $U[0,1]$ 的样本. 令 $I = \int_0^1 \frac{\mathrm{e}^{x^2}}{1 + x^2} \mathrm{d}x$. 试利用均匀分

布 $U[0,1]$ 的样本和矩估计法求 I 的点估计量.

解　设随机变量 X 服从 $U[0,1]$，则由其密度函数

$$f(x)=\begin{cases}1, & 0\leqslant x\leqslant 1\\ 0, & \text{其他}\end{cases}$$

可得

$$I=\int_0^1 \frac{e^{x^2} f(x)}{1+x^2}dx = E\left(\frac{e^{X^2}}{1+X^2}\right)$$

令 $Y=\dfrac{e^{X^2}}{1+X^2}$，$Y_i=\dfrac{e^{X_i^2}}{1+X_i^2}$，$i=1,2,\cdots,n$，则 $I=EY$，$Y_1,Y_2,\cdots,Y_n$ 是来自 Y 的样本，从而 $I=EY$ 的矩估计量为

$$\hat{I}=\hat{E}Y=\frac{1}{n}\sum_{i=1}^n Y_i=\frac{1}{n}\sum_{i=1}^n \frac{e^{X_i^2}}{1+X_i^2}$$

此例说明，我们可以用数理统计的方法去解决确定性数学中的一些未知常数的计算问题.

矩估计法使用方便，估计思想简单、合理，估计总体矩时不需要总体分布的信息. 但使用矩估计方法时，要求总体矩存在. 而实际中有些总体的矩是不存在的，这时就不能使用矩估计法估计参数. 下面介绍的最大似然估计法不要求总体矩存在，并且能利用总体分布的信息来估计未知参数.

3.2.2　最大似然估计法

为了说明最大似然估计法的基本原理，我们不妨先看下面的例子.

例 3.2.4　小王、小李是两名篮球爱好者，他们一次投篮的命中率分别为 0.9 和 0.2. 如果现在知道他们中的某人连续 3 次投篮都投中了，你估计这个投篮人是谁?

一般情况下，我们会认为这个投篮的人是小王. 因为投篮人的命中率 p 要么是 0.9 要么是 0.2，当 $p=0.9$ 时，3 次投篮都投中的概率为 $0.9^3=0.729$. 而当 $p=0.2$ 时，3 次都投中的概率为 $0.2^3=0.008$，这个概率值比 0.729 小. 所以，估计 p 为 0.9，投篮人估计是小王，小王是最可能连续 3 次投篮都投中的人.

事实上，上述参数 p 的估计方法就是最大似然估计法，0.9 就是参数 p 的最大似然估计值，它是 p 的全部可能取值的集合 $\{0.9,0.2\}$(称为参数空间)中让“3 次投篮都投中”的事件(抽样试验结果)出现的概率达到最大的值. 如果用 $L(p)$ 表示“3 次投篮都投中”的事件的概率，则 $\hat{p}=0.9$ 就是极值问题 $\max\limits_{p\in\{0.9,0.2\}} L(p)$ 的解. 将这个估计方法从具体问题中提炼出来，便得到最大似然估计法的基本思想：未知参数的最大似然估计值为参数空间(未知参数的取值范围)中使抽样试验结果出现的概率达到最大的值. 由此，可以得到如下所示的最大似然估计法的基本计算步骤.

设总体 X 的概率分布(即 X 的分布律或密度函数)已知，$\theta_1,\theta_2,\cdots,\theta_k$ 是与总体 X 有关的未知参数，Θ 为参数空间，$X_1,X_2,\cdots,X_n$ 是来自 X 的样本，$x_1,x_2,\cdots,x_n$ 是样本值.

第一步　对给定的样本值 $x_1,x_2,\cdots,x_n$，求似然函数

$$L(\theta_1,\theta_2,\cdots,\theta_k;x_1,x_2,\cdots,x_n)=\begin{cases}\prod_{i=1}^{n}P\{X=x_i\}, & \text{总体}X\text{是离散型}\\ \prod_{i=1}^{n}f(x_i), & \text{总体}X\text{是连续型，且密度函数为}f(x)\end{cases}\tag{3.2.15}$$

对给定的样本值 $x_1,x_2,\cdots,x_n$，当总体 X 是离散型时，似然函数表示抽样试验结果出现的概率 $P\{X_1=x_1,X_2=x_2,\cdots,X_n=x_n\}$；当总体 X 是连续型时，似然函数为样本 $X_1,X_2,\cdots,X_n$ 的联合密度函数在样本值 $x_1,x_2,\cdots,x_n$ 取得的函数值 $f(x_1,x_2,\cdots,x_n)$. 由于在总体 X 是连续型的情形下，联合密度函数值 $f(x_1,x_2,\cdots,x_n)$ 与抽样试验结果发生的概率正相关，即 $f(x_1,x_2,\cdots,x_n)$ 的值越大(越小)，抽样试验结果发生的概率越大(越小). 所以，联合密度函数值 $f(x_1,x_2,\cdots,x_n)$ 的变化方向代表了抽样试验结果发生概率的变化方向. 因此，似然函数 $L(\theta_1,\theta_2,\cdots,\theta_k;x_1,x_2,\cdots,x_n)$ 的值越大，说明 $X_1,X_2,\cdots,X_n$ 取得观测值 $x_1,x_2,\cdots,x_n$ 的概率越大，从而，$\theta_1,\theta_2,\cdots,\theta_k$ 为其真值的可能性也越大.

第二步　求未知参数 $\theta_1,\theta_2,\cdots,\theta_k$ 的最大似然估计值 $\hat{\theta}_l=\theta_l(x_1,x_2,\cdots,x_n)$，$l=1,2,\cdots,k$. 即下列极值问题的解

$$\max_{(\theta_1,\theta_2,\cdots,\theta_k)\in\Theta}L(\theta_1,\theta_2,\cdots,\theta_k;x_1,x_2,\cdots,x_n)\tag{3.2.16}$$

将最大似然估计值 $\hat{\theta}_l=\theta_l(x_1,x_2,\cdots,x_n)$ ($l=1,2,\cdots,k$) 表达式中的 $x_1,x_2,\cdots,x_n$ 换成样本 $X_1,X_2,\cdots,X_n$，得到的统计量 $\theta_l(X_1,X_2,\cdots,X_n)$ ($l=1,2,\cdots,k$) 称为参数 θ_l 的最大似然估计量.

为了求解(3.2.16)式，常常将它转化为下列等价问题

$$\max_{(\theta_1,\theta_2,\cdots,\theta_k)\in\Theta}\ln L(\theta_1,\theta_2,\cdots,\theta_k;x_1,x_2,\cdots,x_n)\tag{3.2.17}$$

根据微积分的极值理论知识，(3.2.17)式的解在一定条件下是下列方程(组)(称为对数似然方程(组))的解.

$$\frac{\partial\ln L(\theta_1,\theta_2,\cdots,\theta_k;x_1,x_2,\cdots,x_n)}{\partial\theta_l}=0,\quad l=1,2,\cdots,k\tag{3.2.18}$$

所以，参数的最大似然估计常常通过对数似然方程(组)(3.2.18)式来求解. 但当这个方法失效时，就需要选用其他的方法求解(3.2.17)式或(3.2.16)式.

例 3.2.5　求例 3.1.1 中参数 μ 的最大似然估计值和最大似然估计量.

解　因为总体 $X\sim N(\mu,1.8^2)$，所以，对来自总体 X 的样本值 $x_1,x_2,\cdots,x_n$，似然函数

$$L(\mu;x_1,x_2,\cdots,x_n)=\prod_{i=1}^{n}\frac{1}{1.8\sqrt{2\pi}}\mathrm{e}^{-\frac{(x_i-\mu)^2}{2\times1.8^2}}=(2\pi)^{-\frac{n}{2}}\times1.8^{-n}\times\mathrm{e}^{-\frac{1}{6.48}\sum_{i=1}^{n}(x_i-\mu)^2}$$

$$\ln L(\mu;x_1,x_2,\cdots,x_n)=-\frac{n}{2}\ln(2\pi)-n\ln1.8-\frac{1}{6.48}\sum_{i=1}^{n}(x_i-\mu)^2$$

对数似然方程为

$$\frac{\mathrm{d}\ln L(\mu;x_1,x_2,\cdots,x_n)}{\mathrm{d}\mu}=\frac{1}{3.24}\sum_{i=1}^{n}(x_i-\mu)=0\tag{3.2.19}$$

求解(3.2.19)式，得到解为 $\hat{\mu}=\bar{x}$. 又因为

$$\frac{\mathrm{d}^2\ln L(\mu;x_1,x_2,\cdots,x_n)}{\mathrm{d}\mu^2}=-\frac{n}{3.24}<0,$$

所以，参数 μ 的最大似然估计值为 $\hat{\mu}=\bar{x}=6.9125$，最大似然估计量为 $\hat{\mu}=\bar{X}$.

例 3.2.6 根据遗传学原理，某个群体中基因 AA,Aa,aa 的分布律是

$$p_{AA}=(1-\theta)^2,\quad p_{Aa}=2\theta(1-\theta),\quad p_{aa}=\theta^2,\quad 0<\theta<1$$

如果对该群体做了 n 次重复独立试验，观测到 AA, Aa, aa 发生的次数分别为 n_1,n_2,n_3 . 试求参数 θ 的最大似然估计值.

解 由于总体是一个离散型随机变量，所以似然函数为 n 次重复独立试验中 AA, Aa, aa 发生的次数分别为 n_1,n_2,n_3 的概率，即

$$L(\theta;x_1,x_2,\cdots,x_n)=\left(p_{AA}\right)^{n_1}\left(p_{Aa}\right)^{n_2}\left(p_{aa}\right)^{n_3}$$

$$=\left((1-\theta)^2\right)^{n_1}\left(2\theta\ (1-\theta)\right)^{n_2}\left(\theta^2\right)^{n_3}=2^{n_2}\theta^{n_2+2n_3}(1-\theta)^{2n_1+n_2}$$

$$\ln L(\theta;x_1,x_2,\cdots,x_n)=n_2\ln 2+(n_2+2n_3)\ln\theta+(2n_1+n_2)\ln(1-\theta)$$

$$\frac{\mathrm{d}\ln L(\theta;x_1,x_2,\cdots,x_n)}{\mathrm{d}\theta}=\frac{n_2+2n_3}{\theta}-\frac{2n_1+n_2}{1-\theta}$$

令 $\dfrac{\mathrm{d}\ln L(\theta;x_1,x_2,\cdots,x_n)}{\mathrm{d}\theta}=0$，得其解为 $\hat{\theta}=\dfrac{n_2+2n_3}{2n}$. 又由于

$$\frac{\mathrm{d}^2\ln L(\theta;x_1,x_2,\cdots,x_n)}{\mathrm{d}\theta^2}=-\frac{n_2+2n_3}{\theta^2}-\frac{2n_1+n_2}{(1-\theta)^2}<0$$

所以，$\hat{\theta}=\dfrac{n_2+2n_3}{2n}$ 使似然函数 $\ln L(\theta;x_1,x_2,\cdots,x_n)$ 达到最大值，从而为参数 θ 的最大似然估计值.

例 3.2.7 假设总体 X 的分布律 $P\{X=x\}=f(x;\theta)(\theta\in\{1,2,3\})$，如表 3.2.3 所示.

表 3.2.3 总体 X 的分布律

x	$f(x;1)$	$f(x;2)$	$f(x;3)$
0	1/3	1/5	1/4
1	1/6	1/5	1/8
2	1/6	1/5	1/8
3	1/6	1/5	1/4
4	1/6	1/5	1/4

若 0, 4, 3, 1, 4, 3 是来自总体 X 的样本值，试求参数 θ 的最大似然估计值.

解 设 $X_1,X_2,\cdots,X_6$ 是来自总体 X 的样本，则似然函数在样本值 0, 4, 3, 1, 4, 3 处的函数值为

$$L(\theta)=P\left\{X_1=0,X_2=4,X_3=3,X_4=1,X_5=4,X_6=3\right\}$$

$$=P\{X=0\}P\{X=1\}\left(P\{X=3\}\right)^2\left(P\{X=4\}\right)^2$$

$$=\begin{cases}\dfrac{1}{23328}, & \theta=1\\ \dfrac{1}{15625}, & \theta=2\\ \dfrac{1}{8192}, & \theta=3\end{cases}$$

易见，在参数空间 $\Theta=\{1,2,3\}$ 中 $\theta=3$ 时 $L(\theta)$ 取得最大值. 所以，参数 θ 的最大似然估计值为 $\hat{\theta}=3$.

例 3.2.8　求例 3.2.1 中参数 a,b 的最大似然估计值和最大似然估计量.

解　设 $x_1,x_2,\cdots,x_n$ 是来自总体 $X\sim U[a,b]$ 的样本值，所以 $a\leqslant x_i\leqslant b, i=1,2,\cdots,n$.

由总体的密度函数

$$f(x;a,b)=\begin{cases}\dfrac{1}{b-a}, & x\in[a,b]\\ 0, & x\notin[a,b]\end{cases}$$

得到似然函数

$$\begin{aligned}L(a,b;x_1,x_2,\cdots,x_n)&=\prod_{i=1}^{n}f(x_i;a,b)\\&=\frac{1}{(b-a)^n},\quad a\leqslant x_i\leqslant b, i=1,2,\cdots,n\end{aligned}\tag{3.2.20}$$

由于对数似然方程组

$$\begin{cases}\dfrac{\partial\ln L(a,b;x_1,x_2,\cdots,x_n)}{\partial a}=\dfrac{n}{b-a}=0\\ \dfrac{\partial\ln L(a,b;x_1,x_2,\cdots,x_n)}{\partial b}=-\dfrac{n}{b-a}=0\end{cases}$$

关于 a,b 无解. 因此，不能由对数似然方程组确定参数 a,b 的最大似然估计值.

注意到(3.2.20)式，对给定的样本值 $x_1,x_2,\cdots,x_n$，参数 a,b 满足：$a\leqslant x_{(1)}\leqslant x_{(n)}\leqslant b$. 所以，当 $a=x_{(1)},b=x_{(n)}$ 时，似然函数 $L(a,b;x_1,x_2,\cdots,x_n)=\dfrac{1}{(b-a)^n}$ 取得最大值. 因而，参数 a, b 的最大似然估计值分别为 $\hat{a}=x_{(1)}=13.874$，$\hat{b}=x_{(n)}=21.826$，参数 a, b 的最大似然估计量分别为 $\hat{a}=X_{(1)}$，$\hat{b}=X_{(n)}$.

例 3.2.9　设总体 X 服从柯西分布，其密度函数为

$$f(x;\mu)=\frac{1}{\pi\left[1+(x-\mu)^2\right]},\quad x\in(-\infty,+\infty)$$

密度函数曲线如图 3.2.1 所示. 求参数 μ 的最大似然估计值.

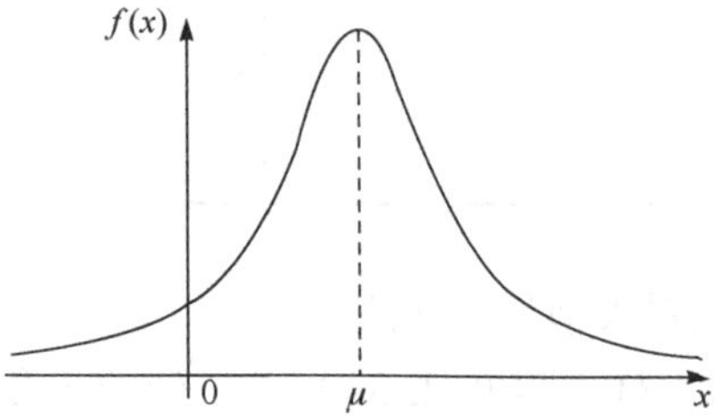

图 3.2.1　柯西分布密度函数的曲线图形

解　从图3.2.1可见，如果柯西分布的均值 EX 存在，则参数 $\mu=EX$. 但可以验证，柯西分布的 EX 是不存在的. 所以，参数 μ 没有矩估计量.

设样本 $X_1,X_2,\cdots,X_n$ 来自总体 X，$x_1,x_2,\cdots,x_n$ 是样本值. 则似然函数

$$L(\mu;x_1,x_2,\cdots,x_n)=\prod_{i=1}^{n}\frac{1}{\pi\left[1+(x_i-\mu)^2\right]}=\frac{1}{\pi^n}\times\frac{1}{\prod_{i=1}^{n}\left[1+(x_i-\mu)^2\right]}$$

$$\ln L(\mu;x_1,x_2,\cdots,x_n)=-n\ln\pi-\sum_{i=1}^{n}\ln\left[1+(x_i-\mu)^2\right]$$

对数似然方程为

$$\frac{\mathrm{d}\ln L(\mu;x_1,x_2,\cdots,x_n)}{\mathrm{d}\mu}=\sum_{i=1}^{n}\frac{2(x_i-\mu)}{1+(x_i-\mu)^2}=0 \tag{3.2.21}$$

通过(3.2.21)式不能求得参数 μ 的解析式，因此不能得到 μ 的最大似然估计量，但可以用数值求解方法，即通过迭代方式求得 μ 的最大似然估计值的近似值.

该例说明，矩估计法、最大似然估计法在实际应用中都有一定的局限性，对不适用于这两种方法的一些问题可以考虑通过其他的途径找到一个合理的估计方法. 就例 3.2.9 而言，参数 μ 也是柯西分布的中位数，因此，可以选择样本中位数 $X_{0.5}$ 作为 μ 的估计量，即 μ 的点估计量可选择为 $\hat{\mu}=X_{0.5}$.

注意到，例 3.1.1 中参数 $a=\mu-1.8u_{0.9}$ 是参数 μ 的函数，在例 3.2.5 中已经得到 μ 的最大似然估计量 $\hat{\mu}=\bar{X}$，那么，可否认为由函数 $a=\mu-1.8u_{0.9}$ 得到的统计量 $\hat{a}=\bar{X}-1.8u_{0.9}$ 是 a 的最大似然估计量呢？下面的定理 3.2.1 对此猜测从理论上给予了支持.

定理 3.2.1 若 $\hat{\theta}$ 是参数 θ 的最大似然估计量，$g(\theta)$ 为连续函数，则 $g(\hat{\theta})$ 也是 $g(\theta)$ 的最大似然估计量.

证明 略. 感兴趣的读者可查阅相关文献.

定理 3.2.1 陈述的最大似然估计量的性质称为“不变性”. 在例 3.1.1 中，如果要估计的参数是 $p=P\{X\leqslant 2\}$. 由于 $p=P\{X\leqslant 2\}=\Phi\left(\frac{2-\mu}{1.8}\right)$，根据最大似然估计量的“不变性”，$\hat{p}=\Phi\left(\frac{2-\hat{\mu}}{1.8}\right)=\Phi\left(\frac{2-\bar{X}}{1.8}\right)$ 为 p 的最大似然估计量，p 的最大似然估计值为 $\hat{p}=\Phi\left(\frac{2-\bar{x}}{1.8}\right)=\Phi\left(\frac{2-6.9125}{1.8}\right)\approx 0.0032$，即大约有 0.32%的顾客排队时间不超过 2 分钟. 对多个未知参数的情形，最大似然估量仍然具有“不变性”，即若 $\hat{\theta}_1,\hat{\theta}_2,\cdots,\hat{\theta}_k$ 是未知参数 $\theta_1,\theta_2,\cdots,\theta_k$ 的最大似然估计量，$g(\theta_1,\theta_2,\cdots,\theta_k)$ 是连续函数，则 $g(\hat{\theta}_1,\hat{\theta}_2,\cdots,\hat{\theta}_k)$ 也是 $g(\theta_1,\theta_2,\cdots,\theta_k)$ 的最大似然估计量.

3.2.3 贝叶斯估计法

例 3.2.10 如果某企业某天生产的一种产品的次品率为 θ，从中有放回地抽取 n 件，结果抽到 m 件次品. 问如何依据抽样结果估计参数 θ 的值？

解 设 X 表示任意抽取一件产品的结果，且 $X=\begin{cases}1, & \text{取到次品}\\ 0, & \text{未取到次品}\end{cases}$，则 X 为总体，$X\sim B(1,\theta)$. 设 $X_1,X_2,\cdots,X_n$ 表示有放回地抽取 n 件产品的结果，则 $X_1,X_2,\cdots,X_n$ 是来自总体 X 的样本，样本值用 $x_1,x_2,\cdots,x_n$ 表示，已知 $\sum_{i=1}^{n}x_i=m$.

显然，θ 的矩估计值为

$$\hat{\theta}=\bar{x}=\frac{m}{n} \tag{3.2.22}$$

似然函数为

$$L(\theta;x_1,x_2,\cdots,x_n)=\theta^m(1-\theta)^{n-m}$$

$$\frac{\mathrm{d}\ln L(\theta;x_1,x_2,\cdots,x_n)}{\mathrm{d}\theta}=\frac{m}{\theta}-\frac{n-m}{1-\theta}$$

由方程$\frac{\mathrm{d}\ln L(\theta;x_1,x_2,\cdots,x_n)}{\mathrm{d}\theta}=0$，可得$\theta$的最大似然估计值为$\hat{\theta}=\overline{x}=\frac{m}{n}$. 因此，(3.2.22)式既是$\theta$的矩估计值，也是$\theta$的最大似然估计值.

根据(3.2.22)式，当$m=n=1$，或$m=n=200$时，都有$\hat{\theta}=1$. 这个结果显然不合理. 因为，通常情况下，如果抽取200件产品件件都抽到次品，则意味着这批产品的次品率比较高；抽取1件产品结果是次品，则不能很好地说明产品的次品率偏高，所以，两种情形下的次品率不能认为是相同的. 当$n=1, m=0$，或$n=200, m=0$时，也存在类似的问题.

在矩估计法和最大似然估计法中，需要估计的参数θ都被视为常数. 实际上，由于受到各种因素的影响，从一段时间来看每天生产的产品次品率θ是不完全相同的，是变化的. 对此，贝叶斯估计法的观点是：一段时间里每天的次品率不是一个常数，它可以用一个随机变量θ表示，某天产品的次品率θ_0是随机变量θ的一个取值. 尽管由过去的生产经验总结出的关于θ的变化规律有助于参数θ_0的估计，但抽样信息却为估计参数θ_0提供了最新信息. 利用抽样信息修正随机变量θ过去的变化规律，可以更好地认识θ的随机规律性，进而，在θ新的随机规律的基础上对参数θ_0的估计将会更加合理和客观.

在贝叶斯估计法中，由过去的生产经验总结得到的随机变量θ的变化规律记为$\pi(\theta)$，称为θ的先验分布. 从某天生产的产品中抽取的产品信息(n件产品中有m件次品)$x_1,x_2,\cdots,x_n$，是随机变量θ=θ_0时来自总体X的样本信息. 利用样本信息修正先验分布$\pi(\theta)$，所得到的新的概率分布记为$\pi(\theta|x_1,x_2,\cdots,x_n)$，称为后验分布. 有了$\theta$的后验分布$\pi(\theta|x_1,x_2,\cdots,x_n)$，选择适当的参数估计方法对$\theta_0$进行估计，这样的估计称为贝叶斯估计.

假设例3.2.10的次品率θ的先验分布为$U(0,1)$，那么，先验分布的密度函数

$$\pi(\theta)=\begin{cases}1, & 0<\theta<1\\ 0, & \text{其他}\end{cases}$$

次品率为θ时，总体$X\sim B(1,\theta)$，从总体中抽取n件产品恰好有m件次品的概率为

$$P\left\{X_1=x_1,X_2=x_2,\cdots,X_n=x_n\middle|\theta\right\}=\theta^m(1-\theta)^{n-m}$$

利用样本信息$x_1,x_2,\cdots,x_n$修正$\pi(\theta)$，计算θ的后验分布的密度函数$\pi(\theta|x_1,x_2,\cdots,x_n)$. 由贝叶斯公式得

$$\pi(\theta|x_1,x_2,\cdots,x_n)=\frac{\pi(\theta)\cdot P\left\{X_1=x_1,X_2=x_2,\cdots,X_n=x_n\middle|\theta\right\}}{\int_0^1\pi(\theta)\cdot P\left\{X_1=x_1,X_2=x_2,\cdots,X_n=x_n\middle|\theta\right\}\mathrm{d}\theta}$$

$$=\frac{\theta^m(1-\theta)^{n-m}}{\int_0^1\theta^m(1-\theta)^{n-m}\mathrm{d}\theta},\quad 0<\theta<1 \tag{3.2.23}$$

由此可以计算得到后验分布的均值为$\frac{m+1}{n+2}$. 如果用后验分布$\pi(\theta|x_1,x_2,\cdots,x_n)$的均值估计$\theta_0$，则$\theta_0$的贝叶斯估计值为

$$\hat{\theta}_0=\frac{m+1}{n+2} \tag{3.2.24}$$

当 $n=m=1$ 时，$\hat{\theta}_0=\frac{2}{3}\approx 0.667$；当 $n=m=200$ 时，$\hat{\theta}_0=\frac{201}{202}\approx 0.995$；当 $n=1,m=0$ 时，$\hat{\theta}_0=\frac{1}{3}\approx 0.333$；当 $n=200,m=0$ 时，有 $\hat{\theta}_0=\frac{1}{202}\approx 0.005$. 显然，这些估计值比矩估计值和最大似然估计值 $\hat{\theta}=\frac{m}{n}$ 更为合理.

由例 3.2.10 可见，贝叶斯估计法具有以下特点.

(1) 将需要估计的参数视为随机变量.

(2) 使用了三种信息：总体信息、样本信息、先验信息.

总体信息指关于总体分布的信息. 例 3.2.10 中总体分布为 0-1 两点分布. 在统计推断中总体信息非常重要，但在实际中常常是未知的，为了获取这种信息往往耗资巨大. 例如，人寿保险的保险费与人的寿命分布密切相关，而确定人的寿命分布却是一项耗资费时的工程.

样本信息，也称为“新鲜”信息，为当前研究的统计问题提供了最新的信息. 在例 3.2.10 中，“有放回地抽取 n 件，结果抽到 m 件次品”就是样本信息.

先验信息是在抽取样本信息之前有关未知参数变化规律的认识，一般来源于经验或历史资料，如医生的行医经验. 在例 3.2.10 中，先验信息是 $U(0,1)$.

基于总体信息、样本信息的统计称为经典统计，矩估计法、最大似然估计法都属于经典统计. 基于总体信息、样本信息、先验信息的统计称为贝叶斯统计. 贝叶斯统计在重视使用总体信息和样本信息的同时，还注意先验信息的收集、加工，形成先验分布，并加入到统计推断中，以提高统计推断的质量.

(3) 用样本信息修正先验分布，获得后验分布；再利用后验分布进行统计推断.

后验分布比先验分布更客观、更深入地描述了未知参数的随机规律性，更有利于对未知参数的估计. 在获得后验分布后，可以选择各种各样的方法确定未知参数的估计值.

从例 3.2.10 中还可以看出，要具体实施贝叶斯估计法，还有许多问题需要解决，例如：如何确定先验分布？如何计算后验分布？如何依据后验分布估计参数？有关这方面的研究，请读者查阅相关资料，在此，我们不做深入讨论.

贝叶斯估计法是贝叶斯统计(Bayes statistics)解决参数估计问题的一种方法. 贝叶斯统计方法起源于英国学者贝叶斯 1763 年发表的论文——《论有关机遇问题的求解》，该论文提出了著名的贝叶斯公式和一种归纳推理的理论. 之后，一些统计学者将其发展成为了一种系统的统计推断方法. 贝叶斯统计的形成是在 20 世纪 30 年代，到五六十年代已发展为一个有影响的统计学派. 随着高速计算机的发展和贝叶斯统计软件的开发，贝叶斯统计以及基于贝叶斯统计的贝叶斯技术已广泛应用于实际领域，例如，大数据分析、机器学习方法、微型芯片制造、药物发现、基因管控、新生物医学技术等领域.

3.3　点估计的评价

一个参数可能有多个点估计量，如总体方差 DX，点估计量可以是样本方差 S^2 也可以是样本二阶中心矩 M_2^* 或极差 $R_{(n)}$ 等，这些估计量中哪个最好呢？估计量的优劣性与评价准则密切相关，不同的评价准则得到的评价结果可能不同. 那么，用什么样的准则来评价估计量呢？

一般来讲，估计量 $\hat{\theta}$ 的值与参数 θ 越接近越好，即差异 $\hat{\theta}-\theta$ 越接近 0 越好. 由于 $\hat{\theta}-\theta$ 是一个随机变量，其取值有大有小、有正有负，所以，一般选择 $\mathrm{MSE}(\hat{\theta})=E(\hat{\theta}-\theta)^2$ (称为均方误差(mean square error))或 $E|\hat{\theta}-\theta|$ 等来评估 $\hat{\theta}$ 与 θ 的差异性大小. 由于 $\mathrm{MSE}(\hat{\theta})$ 易于数学上的分析，且有如下的形式

$$\mathrm{MSE}(\hat{\theta})=(E\hat{\theta}-\theta)^2+D\hat{\theta} \tag{3.3.1}$$

所以，$\mathrm{MSE}(\hat{\theta})$ 成为了一种最常用的评价准则.

(3.3.1)式表明，$\mathrm{MSE}(\hat{\theta})$ 由两部分组成，$(E\hat{\theta}-\theta)^2$ 度量了估计量 $\hat{\theta}$ 的偏依度或估计的准确性，$D\hat{\theta}$ 度量了估计量的变异性或估计的精确性. 在均方误差 $\mathrm{MSE}(\hat{\theta})$ 准则下最优的估计量是在偏依度和变异性两项上综合最小. 然而，遗憾的是这样的最优估计并不存在. 于是，人们转而在偏依度最小的估计中寻找变异性最小的估计.

3.3.1　无偏性

定义 3.3.1　设 X 为总体，θ 是未知参数，Θ 是参数空间，$\hat{\theta}_n=\theta(X_1,X_2,\cdots,X_n)$ 是 θ 的一个估计量. 如果对任意 $\theta\in\Theta$，有 $E(\hat{\theta}_n-\theta)=0$，则称 $\hat{\theta}_n$ 是 θ 的无偏估计量(unbiased estimator)，$\hat{\theta}_n$ 具有无偏性. 如果对任意 $\theta\in\Theta$，有 $\lim\limits_{n\to+\infty}E(\hat{\theta}_n-\theta)=0$，则称 $\hat{\theta}_n$ 是 θ 的渐近无偏估计量(asymptotic unbiased estimator)，$\hat{\theta}_n$ 具有渐近无偏性.

在实际工程中，常将 $E(\hat{\theta}_n-\theta)$ 称为用 $\hat{\theta}_n$ 估计 θ 时的系统误差. $E(\hat{\theta}_n-\theta)=0$ 等价于 $E\hat{\theta}_n-\theta=0$ 或 $E\hat{\theta}_n=\theta$. 因此，无偏估计量是系统误差为 0 的估计量，或者偏依度为 0 的估计量.

由于 $EM_k=\dfrac{1}{n}\sum\limits_{i=1}^{n}EX_i^k=EX^k, k=1,2,\cdots$，$ES^2=DX$，$E(M_2^*-DX)=-\dfrac{DX}{n}\xrightarrow{n\to+\infty}0$，所以，样本的 k 阶原点矩 $M_k=\dfrac{1}{n}\sum\limits_{i=1}^{n}X_i^k$ 是总体 k 阶原点矩 EX^k 的无偏估计量，样本方差 S^2 是总体方差 DX 的无偏估计量，样本二阶中心矩 M_2^* 是总体方差 DX 的渐近无偏估计量.

例 3.3.1　设总体 $X\sim U[0,\theta]$，θ 是未知参数.

(1) 求参数 θ 的矩估计量 $\hat{\theta}_1$ 和最大似然估计量 $\hat{\theta}_2$.

(2) 分析 $\hat{\theta}_1,\hat{\theta}_2$ 是否是参数 θ 的无偏估计量.

解　(1) 设 $X_1,X_2,\cdots,X_n$ 是来自 X 的样本，$x_1,x_2,\cdots,x_n$ 是样本值. 因为 $EX=\dfrac{\theta}{2}$，从而，$\theta=2EX$. 所以，参数 θ 的矩估计量为 $\hat{\theta}_1=2\hat{E}X=2\bar{X}$.

对给定的样本值 $x_1,x_2,\cdots,x_n$，似然函数

$$L(\theta;x_1,x_2,\cdots,x_n)=\prod_{i=1}^{n}f(x_i;\theta)=\frac{1}{\theta^n},\quad 0\leqslant x_i\leqslant\theta, i=1,2,\cdots,n$$

显然，$0\leqslant x_{(1)}\leqslant x_{(n)}\leqslant\theta$，且当 θ 取 $x_{(n)}$ 时，似然函数 $L(\theta;x_1,x_2,\cdots,x_n)=\dfrac{1}{\theta^n}$ 取得在 $\theta\geqslant x_{(n)}$ 范围

内的最大值，所以 θ 的最大似然估计值为 $x_{(n)}$，最大似然估计量 $\hat{\theta}_2 = X_{(n)}$.

(2) 因为 $E\hat{\theta}_1 = 2E\bar{X} = 2EX = \theta$，所以矩估计量 $\hat{\theta}_1$ 是参数 θ 的无偏估计量.

由于 $\hat{\theta}_2 = X_{(n)}$ 的密度函数是

$$f_{(n)}(x) = \begin{cases} \dfrac{n}{\theta^n} x^{n-1}, & x \in [0, \theta] \\ 0, & x \overline{\in} [0, \theta] \end{cases}$$

于是

$$E\hat{\theta}_2 = EX_{(n)} = \int_0^\theta x \cdot \frac{n}{\theta^n} x^{n-1} \mathrm{d}x = \frac{n\theta}{n+1} \xrightarrow{n \to +\infty} \theta$$

所以 $\hat{\theta}_2$ 不是 θ 的无偏估计量，而是 θ 的渐近无偏估计量.

对 $\hat{\theta}_2$ 进行适当修正，也可以得到 θ 的一个无偏估计量，例如，令 $\hat{\theta}_3 = \dfrac{n+1}{n}\hat{\theta}_2$，则 $\hat{\theta}_3$ 是 θ 的无偏估计量.

例 3.3.1 说明，参数的无偏估计量可能不止一个. 那么，在多个无偏估计量中哪个估计量又最好呢?

设 $X_1, X_2, \cdots, X_{20}$ 是来自总体 $X \sim N(0,1)$ 的样本，令：$\hat{\theta}_1 = \dfrac{1}{3}\sum_{i=1}^{3} X_i, \hat{\theta}_2 = \dfrac{1}{8}\sum_{i=1}^{8} X_i$，$\hat{\theta}_3 = \dfrac{1}{20}\sum_{i=1}^{20} X_i$，显然，$\hat{\theta}_1, \hat{\theta}_2, \hat{\theta}_3$ 都是总体均值 EX 的无偏估计量. 图 3.3.1 是 $\hat{\theta}_1, \hat{\theta}_2, \hat{\theta}_3$ 的密度函数曲线. 从图 3.3.1 可见，$\hat{\theta}_1, \hat{\theta}_2, \hat{\theta}_3$ 取值的中心位置都是 $EX = 0$，但它们取值偏离 EX 的程度不一样，$\hat{\theta}_2$ 的取值比 $\hat{\theta}_1$ 的值更集中在 EX 附近，而 $\hat{\theta}_3$ 的取值又比 $\hat{\theta}_2$ 更容易接近 EX，$\hat{\theta}_3$ 是最可能得到离 EX 更近的估计. 也就是说，三个无偏估计量 $\hat{\theta}_1, \hat{\theta}_2, \hat{\theta}_3$ 中，方差最小的估计量 $\hat{\theta}_3$ 是 EX 最好的估计. 所以，对多个无偏估计量，可以根据方差的大小来选取最好的估计量.

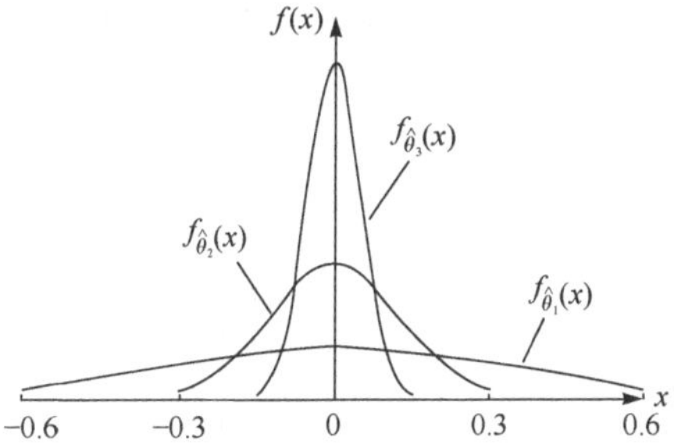

图 3.3.1　无偏估计量 $\hat{\theta}_1, \hat{\theta}_2, \hat{\theta}_3$ 的密度函数图形

3.3.2　有效性

定义 3.3.2　设 $\hat{\theta}_1, \hat{\theta}_2$ 是参数 θ 的无偏估计量，且满足：对 $\forall \theta \in \Theta$，有 $D\hat{\theta}_1 < D\hat{\theta}_2$，则称 $\hat{\theta}_1$ 比 $\hat{\theta}_2$ 有效. 若 $\hat{\theta}^*$ 是参数 θ 的无偏估计量，且对 θ 的任意一个无偏估计量 $\hat{\theta}$，有

$$D\hat{\theta}^* \leqslant D\hat{\theta}，对一切 n 和任意 \theta \in \Theta$$

则称 $\hat{\theta}^*$ 为 θ 的一致最小方差无偏估计量(uniformly minimum variance unbiased estimator)，简称 UMVU 估计量.

例 3.3.2　比较例 3.3.1 中 θ 的无偏估计量 $\hat{\theta}_1 = 2\bar{X}$ 与 $\hat{\theta}_3 = \dfrac{n+1}{n} X_{(n)}$ 的有效性.

解　因为 $D\hat{\theta}_1 = D(2\bar{X}) = 4D\bar{X} = \dfrac{\theta^2}{3n}$.

$$D\hat{\theta}_3 = E(\hat{\theta}_3^2) - (E\hat{\theta}_3)^2 = \left(\frac{n+1}{n}\right)^2 E(X_{(n)}^2) - \theta^2$$
$$= \frac{(n+1)^2}{n^2}\int_0^\theta x^2 \frac{nx^{n-1}}{\theta^n}\mathrm{d}x - \theta^2 = \frac{\theta^2}{n(n+2)}$$

当 $n>1$ 时，有 $D\hat{\theta}_3 < D\hat{\theta}_1$，所以，$\hat{\theta}_3$ 比 $\hat{\theta}_1$ 有效.

图 3.3.2、图 3.3.3 分别是 $\hat{\theta}_1,\hat{\theta}_3$ 的直方图，其数据来自随机模拟，X 的分布为 $U[0,4]$，样本容量 $n=10$，随机抽样试验次数为 22. 从直方图可见，$\hat{\theta}_3$ 的取值比 $\hat{\theta}_1$ 的更集中，说明估计量 $\hat{\theta}_3$ 比 $\hat{\theta}_1$ 更有效.

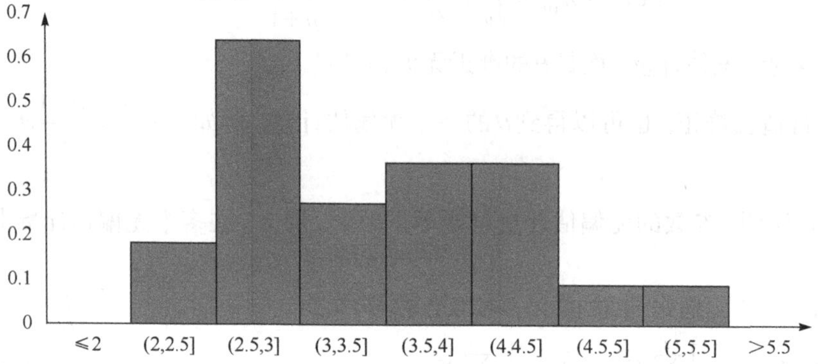

图 3.3.2　$\hat{\theta}_1$ 的直方图

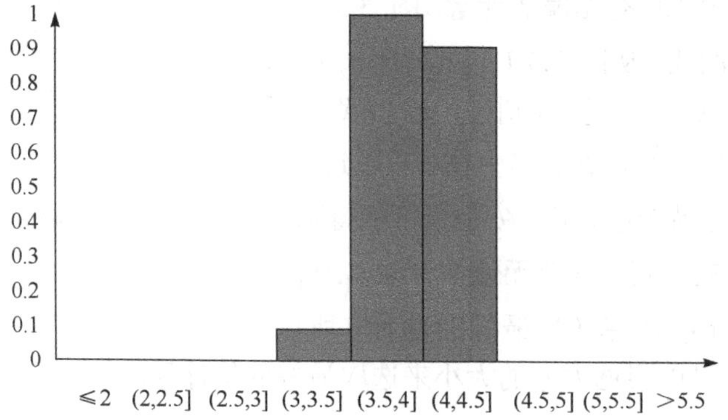

图 3.3.3　$\hat{\theta}_3$ 的直方图

由于对任意的实数 α，有

$$E\left[\alpha\hat{\theta}_1 + (1-\alpha)\hat{\theta}_3\right] = \alpha E\hat{\theta}_1 + (1-\alpha)E\hat{\theta}_3 = \theta,$$

所以，$\hat{\theta} = \alpha\hat{\theta}_1 + (1-\alpha)\hat{\theta}_3$ 也是 θ 的无偏估计量，这说明参数 θ 有无穷多个无偏估计量. 在所有无偏估计量中，一致最小方差无偏估计量是最有效的. 然而，求解一致最小方差无偏估计量不是一件容易的事情，对其讨论需要更多的概率论知识. 因此，本书在此不再继续深入探讨，若想了解这方面的内容，请读者查阅相关文献.

3.3.3　相合性

样本容量 n 越大，意味着样本包含总体的信息越多，作为一个好的估计量，应该是当 n 越来越大时其样本值接近参数真值的可能性也越来越大. 于是，有下列相合性的评价准则.

定义 3.3.3 设$\hat{\theta}_n=\hat{\theta}(X_1,X_2,\cdots,X_n)$是未知参数$\theta$的估计量. 如果当样本容量$n\to+\infty$时, $\hat{\theta}_n$依概率收敛于θ, 即$\hat{\theta}_n\xrightarrow[n\to+\infty]{P}\theta$, 则称$\hat{\theta}_n$为$\theta$的相合估计量(consistent estimator)或一致估计量, 称$\hat{\theta}_n$具有相合性.

对估计量的相合性, 由于涉及随机变量的极限性质, 用上述定义验证有一定的难度, 往往是利用下面的定理来判断.

定理 3.3.1 设$\hat{\theta}_n=\hat{\theta}(X_1,X_2,\cdots,X_n)$是未知参数$\theta$的一个点估计量, 如果$\lim\limits_{n\to+\infty}E\hat{\theta}_n=\theta$, 且$\lim\limits_{n\to+\infty}D\hat{\theta}_n=0$, 则$\hat{\theta}_n$是$\theta$的相合估计量.

因为$E\overline{X}=EX, D\overline{X}=\dfrac{DX}{n}\xrightarrow{n\to+\infty}0$, 所以$\overline{X}$是$EX$的相合估计量.

例 3.3.3 设$X_1,X_2,\cdots,X_n$是来自总体$N(\mu,\sigma^2)$的样本, 试说明$M_2^*=\dfrac{1}{n}\sum\limits_{i=1}^{n}(X_i-\overline{X})^2$是$\sigma^2$的相合估计量.

解 因为$\dfrac{nM_2^*}{\sigma^2}\sim\chi^2(n-1)$, 所以$E\left(\dfrac{nM_2^*}{\sigma^2}\right)=n-1$, $D\left(\dfrac{nM_2^*}{\sigma^2}\right)=2(n-1)$. 从而

$$EM_2^*=\frac{n-1}{n}\sigma^2\xrightarrow{n\to+\infty}\sigma^2,\quad DM_2^*=\frac{2(n-1)}{n^2}\sigma^4\xrightarrow{n\to+\infty}0$$

故EM_2^*是σ^2的相合估计量.

前面例子中许多估计量都具有相合性. 在通常情况下, 最大似然估计量具有相合性. 还可以证明:

(1) 样本$k(k>1)$阶原点矩M_k是总体k阶原点矩EX^k的相合估计量; 样本$k(k>1)$阶中心矩M_k^*是总体k阶中心矩$E(X-EX)^k$的相合估计量.

(2) 设$g(x)$是连续函数, 如果$\hat{\theta}_n$是θ的相合估计量, 则$g(\hat{\theta}_n)$是$g(\theta)$的相合估计量.

这些性质将为我们提供更多的寻找相合估计量的途径.

在实际中, 可能会遇到不具有无偏性的估计量$\hat{\theta}$, 即有偏估计量. 在均方误差$\mathrm{MSE}(\hat{\theta})$的评价准则下, 无偏估计不一定比有偏估计好. 例如, 对均匀分布$U[0,\theta]$, 我们知道$\hat{\theta}_1=2\overline{X}$是参数$\theta$的无偏估计量, 易验证$\hat{\theta}_2=\dfrac{6n}{3n+1}\overline{X}$是$\theta$的有偏估计量, 但有$\mathrm{MSE}(\hat{\theta}_2)=\dfrac{\theta^2}{3n+1}<\dfrac{\theta^2}{3n}=\mathrm{MSE}(\hat{\theta}_1)$. 所以, 在均方误差准则下$\hat{\theta}_2$比$\hat{\theta}_1$有效. 点估计量的评价准则除了无偏性、有效性、相合性、均方误差外, 也可以从其他角度提出更多的准则, 比如, 运用统计决策理论中“损失和风险” 的观点, 选用估计误差带来的“损失和风险”来评价估计量的优劣性, 损失与风险越小估计量的估计效果越好, 损失与风险越大, 估计效果越差.

3.4 区间估计

点估计值是未知参数真值的一个近似值, 因而, 点估计值是有误差的. 但误差是多少、是大还是小, 这些信息都不能从点估计值自身反映出来. 区间估计是未知参数的另一种估计形式, 它可以通过计算置信区间(confidence interval)来给出参数估计的精度信息.

3.4.1　置信区间定义

区间估计是依据来自总体 X 的样本 $X_1, X_2, \cdots, X_n$，确定两个统计量 $\hat{\theta}_L, \hat{\theta}_U$，使得它们形成的随机区间 $(\hat{\theta}_L, \hat{\theta}_U)$ 包含参数 θ 的概率 $P\{\hat{\theta}_L < \theta < \hat{\theta}_U\}$ 尽可能大. 一个好的估计区间 $(\hat{\theta}_L, \hat{\theta}_U)$ 不仅包含 θ 的概率很大，而且区间范围还要小. 但这样的区间是很难找到的. 因为，一般情况下，要使 $P\{\hat{\theta}_L < \theta < \hat{\theta}_U\}$ 变大，$(\hat{\theta}_L, \hat{\theta}_U)$ 的范围就需要变大；区间 $(\hat{\theta}_L, \hat{\theta}_U)$ 的范围变小，$P\{\hat{\theta}_L < \theta < \hat{\theta}_U\}$ 就会变小. 为了协调区间范围大小与 $P\{\hat{\theta}_L < \theta < \hat{\theta}_U\}$ 大小之间的关系，20 世纪 30 年代统计学家奈曼(J. Neyman)提出了现今最流行的一种区间估计原则，即先保证对 $P\{\hat{\theta}_L < \theta < \hat{\theta}_U\}$ 大小的要求，然后再在此条件下寻找范围尽可能小的区间. 为此，有下列置信区间的定义.

定义 3.4.1　设总体 X 的分布函数为 $F(x, \theta)$, θ 为未知参数，Θ 是 θ 的参数空间，$X_1, X_2, \cdots, X_n$ 是总体 X 的样本．对于给定值 $\alpha(0<\alpha<1)$，如果存在两个统计量 $\hat{\theta}_L = \theta_L(X_1, X_2, \cdots, X_n)$ 和 $\hat{\theta}_U = \theta_U(X_1, X_2, \cdots, X_n)$，对任意 $\theta \in \Theta$，有

$$P\{\hat{\theta}_L < \theta < \hat{\theta}_U\} \geqslant 1-\alpha \tag{3.4.1}$$

则称随机区间 $(\hat{\theta}_L, \hat{\theta}_U)$ 为参数 θ 的置信度是 $1-\alpha$ 的(双侧)置信区间，或简称 $(\hat{\theta}_L, \hat{\theta}_U)$ 是 θ 的 $1-\alpha$ 置信区间，$\hat{\theta}_L$ 和 $\hat{\theta}_U$ 分别称为 θ 的置信下限和置信上限.

注意，定义 3.4.1 中的区间也可以是闭区间或半开半闭区间，选择用哪种形式可根据实际情况或研究的问题来确定. (3.4.1)式使用了不等式，主要是考虑了离散型总体的场合，当总体为连续型时, (3.4.1)式常取等式.

定义 3.4.1 中置信区间是有界的. 在实际问题中，有时人们感兴趣的可能是未知参数的一个下限或一个上限.比如，估计某种产品的平均使用寿命的最低水平，这时估计区间为无界区间. 因此，有无界置信区间的概念. 不过，无界置信区间的讨论与有界置信区间的讨论类似，所以，我们在此仅讨论有界置信区间.

例 3.1.1 中的问题(3)就是一个区间估计问题，要估计的是正态总体 $N(\mu, 1.8^2)$ 中的参数 μ. 我们知道，$\hat{\mu} = \bar{X}$ 是 μ 的无偏估计量，其随机规律性是 $\bar{X} \sim N(\mu, \sigma_{\bar{X}}^2)$ $\left(\sigma_{\bar{X}}^2 = \dfrac{\sigma^2}{n}, \sigma = 1.8\right)$ 或 $\dfrac{\bar{X}-\mu}{\sigma_{\bar{X}}} \sim N(0,1)$. 所以，对给定的 $\alpha(0<\alpha<1)$ 有

$$P\left\{\left|\frac{\bar{X}-\mu}{\sigma_{\bar{X}}}\right| < u_{1-\frac{\alpha}{2}}\right\} = P\left\{\mu - u_{1-\frac{\alpha}{2}}\sigma_{\bar{X}} < \bar{X} < \mu + u_{1-\frac{\alpha}{2}}\sigma_{\bar{X}}\right\} = 1-\alpha \tag{3.4.2}$$

图 3.4.1 描述了 $\bar{X}$ 的正态分布曲线. 从图中可见，$\bar{X}$ 的所有取值分为两部分，一部分在对称区间 $\left(\mu - u_{1-\frac{\alpha}{2}}\sigma_{\bar{X}}, \mu + u_{1-\frac{\alpha}{2}}\sigma_{\bar{X}}\right)$ 内，另一部分在这个区间外. 图 3.4.1(a)显示，当 $\bar{X}$ 在对称区间 $\left(\mu - u_{1-\frac{\alpha}{2}}\sigma_{\bar{X}}, \mu + u_{1-\frac{\alpha}{2}}\sigma_{\bar{X}}\right)$ 内取值时，以 $\bar{X}$ 为中心且半径为 $u_{1-\frac{\alpha}{2}}\sigma_{\bar{X}}$ 的对称区间 $\left(\bar{X} - u_{1-\frac{\alpha}{2}}\sigma_{\bar{X}}, \bar{X} + u_{1-\frac{\alpha}{2}}\sigma_{\bar{X}}\right)$ 是包含参数 μ 的；图 3.4.1(b)显示，当 $\bar{X}$ 在对称区间 $\left(\mu - u_{1-\frac{\alpha}{2}}\sigma_{\bar{X}}, \mu + u_{1-\frac{\alpha}{2}}\sigma_{\bar{X}}\right)$ 外取值时，以 $\bar{X}$ 为中心且半径为 $u_{1-\frac{\alpha}{2}}\sigma_{\bar{X}}$ 的对称区间 $\left(\bar{X} - u_{1-\frac{\alpha}{2}}\sigma_{\bar{X}}, \bar{X} + u_{1-\frac{\alpha}{2}}\sigma_{\bar{X}}\right)$ 是不包含参数 μ 的.

由(3.4.2)式可知，$\bar{X}$ 的全部取值中有 $[100(1-\alpha)]\%$ 的值在区间 $\left(\mu-u_{1-\frac{\alpha}{2}}\sigma_{\bar{X}},\ \mu+u_{1-\frac{\alpha}{2}}\sigma_{\bar{X}}\right)$ 内，有 $(100\alpha)\%$ 的值在这个区间外．因此，由 $\left(\bar{X}-u_{1-\frac{\alpha}{2}}\sigma_{\bar{X}},\ \bar{X}+u_{1-\frac{\alpha}{2}}\sigma_{\bar{X}}\right)$ 计算得到的所有区间中有 $[100(1-\alpha)]\%$ 的区间包含参数 μ，有 $(100\alpha)\%$ 的区间不包含参数 μ．即有

$$1-\alpha=P\left\{\bar{X}-u_{1-\frac{\alpha}{2}}\sigma_{\bar{X}}<\mu<\bar{X}+u_{1-\frac{\alpha}{2}}\sigma_{\bar{X}}\right\} \tag{3.4.3}$$

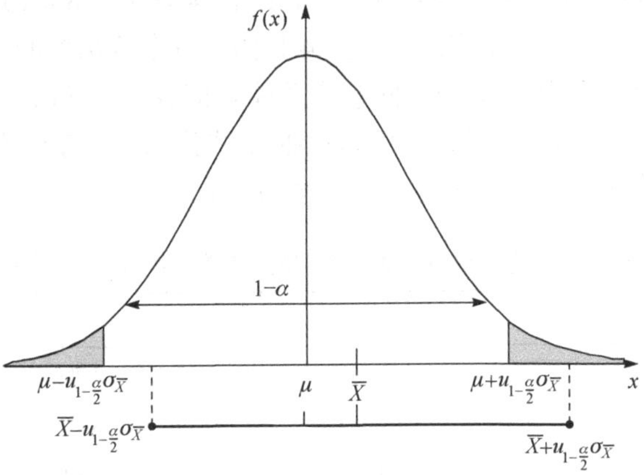

(a) $\bar{X}$ 取值情况分析图

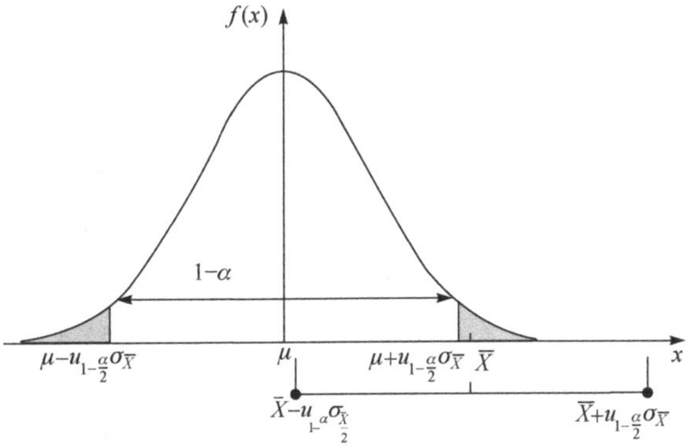

(b) $\bar{X}$ 取值情况分析图

图 3.4.1

那么，由某次随机抽样结果 $\bar{x}$ 计算得到的区间 $\left(\bar{x}-u_{1-\frac{\alpha}{2}}\sigma_{\bar{X}},\ \bar{x}+u_{1-\frac{\alpha}{2}}\sigma_{\bar{X}}\right)$，尽管是一个确定的区间，不具有随机性，但有 $[100(1-\alpha)]\%$ 的把握性认为参数 μ 在该区间范围．这就是由(3.4.3)式确定的参数 μ 的置信区间

$$\left(\bar{X}-u_{1-\frac{\alpha}{2}}\sigma_{\bar{X}},\ \bar{X}+u_{1-\frac{\alpha}{2}}\sigma_{\bar{X}}\right) \tag{3.4.4}$$

的含义．

在例 3.1.1 中，$\sigma=1.8$，若取 $\alpha=0.05$，则 $u_{1-\frac{\alpha}{2}}=u_{0.975}=1.96$，(3.4.4)式变为

$$\left(\bar{X}-\frac{3.528}{n},\ \bar{X}+\frac{3.528}{n}\right) \tag{3.4.5}$$

将样本信息 $n=24$，$\bar{x}=6.9$ 代入(3.4.5)式，得到平均等待时间 μ 的置信度是 0.95 的置信区间 $(6.753,\ 7.047)$．这个结果的意义是：如果进行100次抽样，按(3.4.5)式就可以得到100个区间，

在这100个区间中平均有95个区间包含参数μ，有5个区间不包含参数μ．尽管参数μ是未知的，我们不能确定μ是否在这个确定性的区间(6.753, 7.047)内，但由于按(3.4.5)式计算出来的绝大部分区间都包含参数μ，所以，我们有95%的把握性可以认为μ在区间(6.753, 7.047)内，即顾客的平均等待时间为6.753～7.047 min.

表3.4.1和图3.4.2通过随机模拟的方法对置信区间的意义给出了更为直观的说明．表3.4.1中列出了19个来自总体$N(4,3^2)$的样本均值$\bar{X}$(样本容量为8)的随机数，以及总体均值的置信度是0.95的置信区间．图3.4.2描述了表3.4.1中的19个置信区间以及与参数$\mu=4$的关系．从表或图中可见，19个区间中有16个区间包含总体均值$\mu=4$，有3个区间不包含，说明大部分的置信区间包含参数$\mu=4$．如果进行大量的抽样试验，那么得到的所有的置信区间中，将大约有95%的区间包含$\mu=4$，5%的区间不包含$\mu=4$．

表3.4.1　正态总体$N(4,3^2)$的均值的置信区间(置信度为0.95)

样本序号	样本均值	置信下限	置信上限	$\mu=4$是否在置信区间内
1	3.625	1.546	5.704	是
2	6.465	4.387	8.544	不是
3	6.304	4.226	8.383	不是
4	5.463	3.384	7.542	是
5	4.099	2.020	6.178	是
6	3.199	1.120	5.278	是
7	4.911	2.833	6.990	是
8	1.409	−0.670	3.488	不是
9	3.600	1.522	5.679	是
10	3.644	1.565	5.723	是
11	5.499	3.420	7.578	是
12	2.877	0.798	4.956	是
13	4.570	2.491	6.649	是
14	4.417	2.338	6.496	是
15	4.265	2.186	6.343	是
16	3.161	1.082	5.240	是
17	3.697	1.619	5.776	是
18	4.144	2.065	6.222	是
19	5.293	3.214	7.372	是

图3.4.3显示，参数μ的置信区间可以很多，例如，因为

$$P\left\{u_{\frac{\alpha}{4}}<\frac{\bar{X}-\mu}{\sigma_{\bar{X}}}<u_{1-\frac{3\alpha}{4}}\right\}=1-\alpha \tag{3.4.6}$$

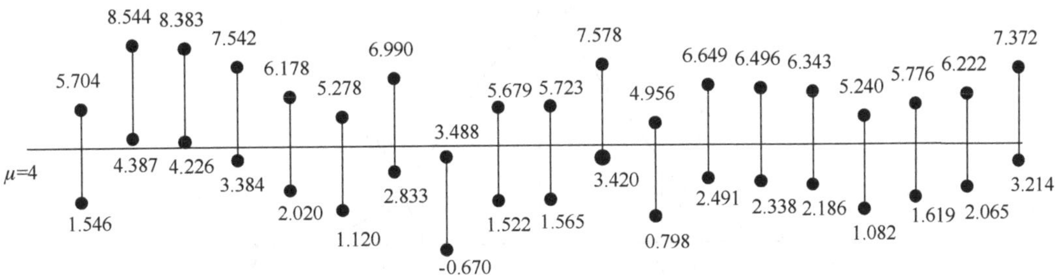

图 3.4.2　正态总体 $N(4, 3^2)$均值的置信区间(置信度为 0.95)

所以

$$P\left\{\bar{X}-u_{1-\frac{3\alpha}{4}}\sigma_{\bar{X}}<\mu<\bar{X}-u_{\frac{\alpha}{4}}\sigma_{\bar{X}}\right\}=1-\alpha$$

按置信区间的定义，区间

$$\left(\bar{X}-u_{1-\frac{3\alpha}{4}}\sigma_{\bar{X}},\ \bar{X}-u_{\frac{\alpha}{4}}\sigma_{\bar{X}}\right) \tag{3.4.7}$$

也是参数 μ 的置信度是 $1-\alpha$ 的置信区间. 但注意到，(3.4.4)式的区间长度 $2u_{1-\frac{\alpha}{2}}\sigma_{\bar{X}}$ 比(3.4.7)式的区间长度 $(u_{1-\frac{3\alpha}{4}}-u_{\frac{\alpha}{4}})\sigma_{\bar{X}}$ 更短，所以，参数 μ 的置信区间计算公式选择为(3.4.4)式更好.

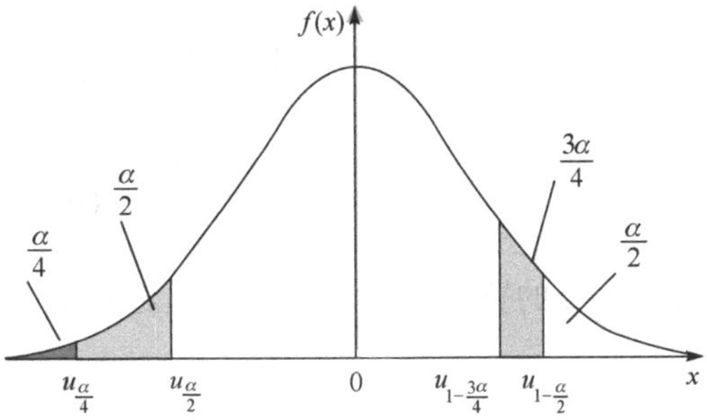

图 3.4.3　标准正态分布的分位数示意图

(3.4.4)式显示，置信度越大置信区间范围越大，置信区间对参数的估计精度越低；置信区间对参数的估计精度越高，置信区间范围就越小，同时，置信度变小. 在实际应用中，最常用的置信度是 0.95，该置信度对很多应用来说达到了置信度与精度的最佳比例.

3.4.2　正态总体参数的置信区间

1. 单个正态总体情形

设总体 $X\sim N(\mu,\sigma^2)$，$X_1,X_2,\cdots,X_n$是来自总体 X 的样本，置信度是$1-\alpha$.

1) 参数μ的置信区间

由(3.4.4)式知，当σ^2已知时，参数 μ 的置信度为$1-\alpha$ 的置信区间为

$$\left(\bar{X}-u_{1-\frac{\alpha}{2}}\frac{\sigma}{\sqrt{n}},\ \bar{X}+u_{1-\frac{\alpha}{2}}\frac{\sigma}{\sqrt{n}}\right) \tag{3.4.8}$$

常简记为

$$\bar{X}\pm u_{1-\frac{\alpha}{2}}\frac{\sigma}{\sqrt{n}} \tag{3.4.9}$$

当σ^2未知时，根据抽样分布定理，有 $T=\dfrac{\bar{X}-\mu}{S/\sqrt{n}}\sim t(n-1)$. 由图 3.4.4 可知

$$P\left\{|T|<t_{1-\frac{\alpha}{2}}(n-1)\right\}=1-\alpha$$

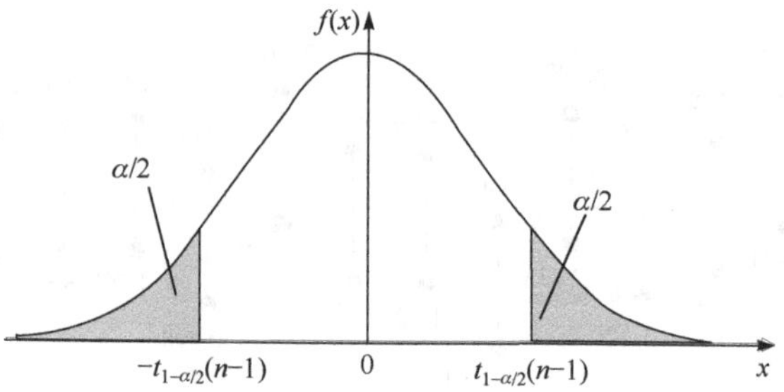

图 3.4.4　t 分布的分位数示意图

因此

$$P\left\{\left|\frac{\bar{X}-\mu}{S}\sqrt{n}\right|<t_{1-\frac{\alpha}{2}}(n-1)\right\}$$

$$=P\left\{\bar{X}-\frac{S}{\sqrt{n}}t_{1-\frac{\alpha}{2}}(n-1)<\mu<\bar{X}+\frac{S}{\sqrt{n}}t_{1-\frac{\alpha}{2}}(n-1)\right\}=1-\alpha$$

于是，μ 的置信度为 $1-\alpha$ 的置信区间是

$$\bar{X}\pm t_{1-\alpha/2}(n-1)\frac{S}{\sqrt{n}} \tag{3.4.10}$$

例 3.4.1　苯是一种碳氢化合物，也是一种致癌物质. 一生产商生产瓶装饮用水，每瓶装1升水. 该厂商声称他们生产的饮用水中苯含量符合质量标准，即一升水中苯的平均含量不超过10 μg. 为了评估该生产商的饮用水质量，随机抽取了15瓶测试苯的含量，其结果是每瓶饮用水中苯含量的平均值是10.7 μg，标准差是0.8 μg. 如果每瓶水中苯含量服从正态分布.

(1) 根据抽样结果计算一瓶水中苯的平均含量的置信区间(置信度为0.9)，并由此推断该生产商生产的饮用水是否符合质量标准.

(2) 若已知每瓶水中苯含量的标准差是0.6 μg，生产商生产的这种瓶装饮用水中90%的产品苯含量至少是 a μg，求参数 a 的置信度是0.95的置信区间.

解　设 X 表示一瓶水中苯的含量(单位: μg)，则 X 是总体，且 $X\sim N(\mu,\sigma^2)$，μ,σ^2 未知.

(1) 取 $\alpha=0.1$，选择(3.4.10)式计算参数 μ 的置信区间.

因为样本容量 $n=15$，$\bar{x}=10.7, s=0.8$，$t_{1-\frac{\alpha}{2}}(14)=t_{0.95}(14)=1.7613$，所以

$$\frac{s}{\sqrt{n}}t_{1-\frac{\alpha}{2}}(n-1)=\frac{0.8}{\sqrt{15}}\times 1.7613\approx 0.364$$

$$\bar{x}-\frac{s}{\sqrt{n}}t_{1-\frac{\alpha}{2}}(n-1)\approx 10.7-0.364=10.336$$

$$\bar{x}+\frac{s}{\sqrt{n}}t_{1-\frac{\alpha}{2}}(n-1)\approx 10.7+0.364=11.064$$

参数 μ 的置信度是0.90的置信区间为(10.336,11.064)，该区间的值都超过了质量标准10，故，有90%的把握可以认为该生产商生产的饮用水不否符合质量标准.

(2) 因为 $\sigma=0.6$，$u_{0.90}=1.28$，且 $P\{X\geqslant a\}=P\left\{\frac{X-\mu}{\sigma}\geqslant\frac{a-\mu}{\sigma}\right\}=0.9$，所以

$$a=\mu+\sigma u_{0.1}=\mu-0.6u_{0.90}=\mu-0.6\times 1.28=\mu-0.768$$

取 $\alpha=0.05$．由(3.4.8)式得($u_{1-\frac{\alpha}{2}}=u_{0.975}=1.96$)

$$P\left\{\bar{X}-u_{1-\frac{\alpha}{2}}\frac{\sigma}{\sqrt{n}}<\mu<\bar{X}+u_{1-\frac{\alpha}{2}}\frac{\sigma}{\sqrt{n}}\right\}=P\left\{\bar{X}-\frac{1.176}{\sqrt{n}}<\mu<\bar{X}+\frac{1.176}{\sqrt{n}}\right\}=0.95$$

从而

$$P\left\{\bar{X}-\frac{1.176}{\sqrt{n}}-0.768<\mu-0.768<\bar{X}+\frac{1.176}{\sqrt{n}}-0.768\right\}$$
$$=P\left\{\bar{X}-\frac{1.176}{\sqrt{n}}-0.768<a<\bar{X}+\frac{1.176}{\sqrt{n}}-0.768\right\}=0.95$$

因而，参数 a 的置信度是 0.95 的置信区间为

$$\left(\bar{X}-\frac{1.176}{\sqrt{n}}-0.768,\ \bar{X}+\frac{1.176}{\sqrt{n}}-0.768\right) \tag{3.4.11}$$

将抽样信息 $n=15$, $\bar{x}=10.7$ 代入(3.4.11)式，得到 a 的置信度是 0.95 的置信区间为 $(9.628,11.164)$，也就是说，如果 $\sigma=0.6$，那么，有 95%的把握性可以认为该生产商生产全部瓶装饮用水中有 90%的瓶装水中苯含量至少为 9.628~11.164μg.

2) 参数 σ^2 的置信区间

由于参数 σ^2 的点估计量 $\hat{\sigma}^2=S^2$ 的函数 $\dfrac{(n-1)S^2}{\sigma^2}\sim\chi^2(n-1)$，从图 3.4.5 可见

$$P\left\{\chi^2_{\frac{\alpha}{2}}(n-1)<\frac{(n-1)S^2}{\sigma^2}<\chi^2_{1-\frac{\alpha}{2}}(n-1)\right\}=1-\alpha \tag{3.4.12}$$

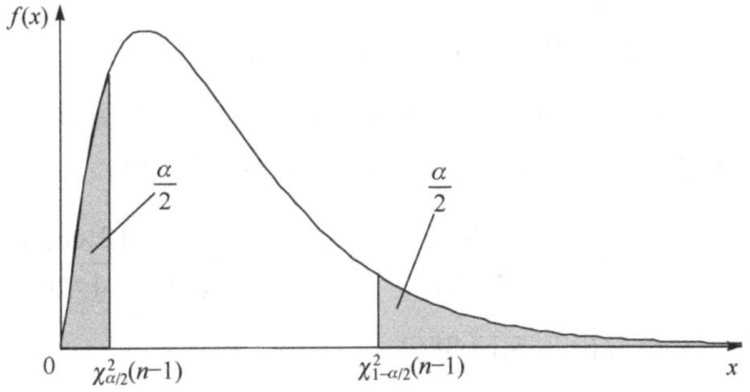

图 3.4.5 χ^2 分布的分位数示意图

将(3.4.12)式中的不等式变形，得到

$$P\left\{\frac{(n-1)S^2}{\chi^2_{1-\frac{\alpha}{2}}(n-1)}<\sigma^2<\frac{(n-1)S^2}{\chi^2_{\frac{\alpha}{2}}(n-1)}\right\}=1-\alpha \tag{3.4.13}$$

因此，μ 未知时参数 σ^2 的置信度是 $1-\alpha$ 的置信区间为

$$\left(\frac{(n-1)S^2}{\chi^2_{1-\frac{\alpha}{2}}(n-1)},\ \frac{(n-1)S^2}{\chi^2_{\frac{\alpha}{2}}(n-1)}\right) \tag{3.4.14}$$

根据(3.4.13)式，还可得到

$$P\left\{\sqrt{\frac{(n-1)S^2}{\chi^2_{1-\frac{\alpha}{2}}(n-1)}}<\sigma<\sqrt{\frac{(n-1)S^2}{\chi^2_{\frac{\alpha}{2}}(n-1)}}\right\}=1-\alpha$$

即 μ 未知时参数 σ 的置信度是 $1-\alpha$ 的置信区间为

$$\left(\sqrt{\frac{(n-1)S^2}{\chi^2_{1-\frac{\alpha}{2}}(n-1)}},\ \sqrt{\frac{(n-1)S^2}{\chi^2_{\frac{\alpha}{2}}(n-1)}}\right) \tag{3.4.15}$$

如果参数 μ 已知，这时，σ^2 的点估计量选择为 $\tilde{S}^2=\frac{1}{n}\sum_{i=1}^{n}(X_i-\mu)^2$．根据 $\frac{n\tilde{S}^2}{\sigma^2}\sim\chi^2(n)$，得到

$$P\left\{\chi^2_{\frac{\alpha}{2}}(n)<\frac{n\tilde{S}^2}{\sigma^2}<\chi^2_{1-\frac{\alpha}{2}}(n)\right\}=P\left\{\frac{n\tilde{S}^2}{\chi^2_{1-\frac{\alpha}{2}}(n)}<\sigma^2<\frac{n\tilde{S}^2}{\chi^2_{\frac{\alpha}{2}}(n)}\right\}=1-\alpha$$

因此，μ 已知时参数 σ^2 的置信度是 $1-\alpha$ 的置信区间

$$\left(\frac{n\tilde{S}^2}{\chi^2_{1-\frac{\alpha}{2}}(n)},\ \frac{n\tilde{S}^2}{\chi^2_{\frac{\alpha}{2}}(n)}\right) \tag{3.4.16}$$

例 3.4.2 在电路中被电阻 R 消耗的功率 P 可以表示为 $P=I^2R$，其中 I 是电流. 假设 R=80Ω, 电流 I(单位: A)是一个随机变量, 且服从 $N(10,\sigma^2)$， 下列数据

8.31, 5.89, 7.42, 5.28, 5.63, 11.42, 11.74, 10.35, 11.55, 10.33, 11.32, 11.25

是来自 I 的一组样本值. 试求:

(1) 参数 σ^2 的置信度是 0.95 的置信区间.

(2) 电路的平均功率 EP 的置信度是 0.95 的置信区间.

解 (1) 因为正态分布中参数 $\mu=10$，所以选择(3.4.16)式计算 σ^2 的置信区间.

由于 $n=12,\alpha=0.05$，$\chi^2_{\frac{\alpha}{2}}(12)=\chi^2_{0.025}(12)=4.4038$, $\chi^2_{1-\frac{\alpha}{2}}(12)=\chi^2_{0.975}(12)=23.3367$，$\tilde{s}^2=\frac{1}{12}\sum_{i=1}^{12}(x_i-10)^2=6.564$，$\frac{n\tilde{s}^2}{\chi^2_{1-\frac{\alpha}{2}}(n)}=\frac{12\times6.564}{23.3367}=3.375$，$\frac{n\tilde{s}^2}{\chi^2_{\frac{\alpha}{2}}(n)}=\frac{12\times6.564}{4.4038}=17.886$. 所以，$\sigma^2$ 的置信度是 0.95 的置信区间为 $(3.375,17.886)$.

(2) 由(3.4.16)式知

$$P\left\{\frac{n\tilde{S}^2}{\chi^2_{1-\frac{\alpha}{2}}(n)}<\sigma^2<\frac{n\tilde{S}^2}{\chi^2_{\frac{\alpha}{2}}(n)}\right\}=1-\alpha$$

又因为 $EP=R\cdot EI^2=R[DI+(EI)^2]=R(\sigma^2+100)$， 所以

$$P\left\{R\left(\frac{n\tilde{S}^2}{\chi^2_{1-\frac{\alpha}{2}}(n)}+100\right)<R(\sigma^2+100)<R\left(\frac{n\tilde{S}^2}{\chi^2_{\frac{\alpha}{2}}(n)}+100\right)\right\}$$

$$=P\left\{R\left(\frac{n\tilde{S}^2}{\chi^2_{1-\frac{\alpha}{2}}(n)}+100\right)<EP<R\left(\frac{n\tilde{S}^2}{\chi^2_{\frac{\alpha}{2}}(n)}+100\right)\right\}=1-\alpha$$

由此可得, 参数 EP 的置信度是 $1-\alpha$ 的置信区间为

$$\left(R\left(\frac{n\tilde{S}^2}{\chi^2_{1-\frac{\alpha}{2}}(n)}+100\right),\ R\left(\frac{n\tilde{S}^2}{\chi^2_{\frac{\alpha}{2}}(n)}+100\right)\right) \tag{3.4.17}$$

将 $\dfrac{n\tilde{s}^2}{\chi^2_{1-\frac{\alpha}{2}}(n)}=3.375$，$\dfrac{n\tilde{s}^2}{\chi^2_{\frac{\alpha}{2}}(n)}=17.886$，$R=80$ 代入(3.4.17)式，得到平均功率 EP 的置信度是 0.95 的置信区间为 $(8270.00,\ 9430.88)$.

2. 两个正态总体情形

例 3.4.3 有 A,B 两种类型的铝制加强杆，它们都可以用于某种商用飞机机翼的制造. 过去加强杆的生产过程和检验程序的经验显示，这两种加强杆的抗拉强度都服从正态分布. 为了比较它们的抗拉强度，分别从两种加强杆中随机抽取了部分加强杆进行抗拉强度(单位: kg/mm²)的测量，其结果如表 3.4.2 所示.

表 3.4.2 部分加强杆的抗拉强度

A 型杆	87.58	88.31	86.59	88.03	88.77	89.07	87.21	85.70		
B 型杆	74.09	72.27	72.37	74.02	72.27	75.10	75.66	73.68	76.16	73.44

问置信度是 0.95 时，A,B 两种加强杆的平均抗拉强度之差的置信区间是多少？两种加强杆的抗拉强度的方差之比的置信区间是多少？

如果用随机变量 X,Y 分别表示 A,B 两种加强杆的抗拉强度(单位: kg/mm²)，则有 $X\sim N(\mu_X,\sigma_X^2)$，$Y\sim N(\mu_Y,\sigma_Y^2)$. 要解决的问题是: 如何依据来自两个正态总体的样本计算参数 $\mu_X-\mu_Y$ 和 $\dfrac{\sigma_X^2}{\sigma_Y^2}$ 的置信度是 0.95 的置信区间. 这样的问题称为两个正态总体参数的区间估计问题. 对参数 $\mu_X-\mu_Y$ 和 $\dfrac{\sigma_X^2}{\sigma_Y^2}$ 的置信区间，讨论方法类似于单个正态总体的情形.

设 $X_1,X_2,\cdots,X_{n_X}$ 和 $Y_1,Y_2,\cdots,Y_{n_Y}$ 分别是来自正态总体 X 和 Y 的样本，且这两个样本之间相互独立. 记

$$\bar{X}=\frac{1}{n_X}\sum_{i=1}^{n_X}X_i,\quad \bar{Y}=\frac{1}{n_Y}\sum_{i=1}^{n_Y}Y_i,\quad S_X^2=\frac{1}{n_X}\sum_{i=1}^{n_X}(X_i-\bar{X})^2,\quad S_Y^2=\frac{1}{n_Y}\sum_{i=1}^{n_Y}(Y_i-\bar{Y})^2$$

1) 参数 $\mu_X-\mu_Y$ 的置信区间

(1) 已知 σ_X^2,σ_Y^2.

由于 $\bar{X}\sim N\left(\mu_X,\dfrac{\sigma_X^2}{n_X}\right)$、$\bar{Y}\sim N\left(\mu_Y,\dfrac{\sigma_Y^2}{n_Y}\right)$，且 $\bar{X}$，$\bar{Y}$ 相互独立，所以

$$U=\frac{(\bar{X}-\bar{Y})-(\mu_X-\mu_Y)}{\sqrt{\dfrac{\sigma_X^2}{n_X}+\dfrac{\sigma_Y^2}{n_Y}}}\sim N(0,1) \tag{3.4.18}$$

从而

$$P\left\{|U|<u_{1-\frac{\alpha}{2}}\right\}$$

$$=P\left\{\left(\bar{X}-\bar{Y}\right)-u_{1-\frac{\alpha}{2}}\sqrt{\frac{\sigma_X^2}{n_X}+\frac{\sigma_Y^2}{n_Y}}<\mu_X-\mu_Y<\left(\bar{X}-\bar{Y}\right)+u_{1-\frac{\alpha}{2}}\sqrt{\frac{\sigma_X^2}{n_X}+\frac{\sigma_Y^2}{n_Y}}\right\}=1-\alpha \tag{3.4.19}$$

于是，$\mu_X-\mu_Y$ 的置信度是 $1-\alpha$ 的置信区间为

$$\left(\bar{X}-\bar{Y}\right)\pm u_{1-\frac{\alpha}{2}}\sqrt{\frac{\sigma_X^2}{n_X}+\frac{\sigma_Y^2}{n_Y}} \tag{3.4.20}$$

在例 3.4.3 中，$n_X=8,\ n_Y=10$，$\bar{x}=87.66,\ \bar{y}=73.91$，$\alpha=0.05$．如果 $\sigma_X^2=1,\sigma_Y^2=1.5^2$，则

$$u_{1-\frac{\alpha}{2}}\sqrt{\frac{\sigma_X^2}{n_X}+\frac{\sigma_Y^2}{n_Y}}=1.96\times\sqrt{\frac{1}{8}+\frac{1.5^2}{10}}=1.16$$

$$(\bar{x}-\bar{y})\pm u_{1-\frac{\alpha}{2}}\sqrt{\frac{\sigma_X^2}{n_X}+\frac{\sigma_Y^2}{n_Y}}=13.75\pm1.16$$

故，当 $\sigma_X^2=1,\sigma_Y^2=1.5^2$ 时，有 95%的把握认为 A,B 两种加强杆的平均抗拉强度之差在区间 (12.59,14.91) 内.

(2) σ_X^2,σ_Y^2 未知，样本容量 n_X,n_Y 较大.

根据中心极限定理，当样本容量 n_X,n_Y 足够大时，用样本方差 S_X^2,S_Y^2 分别代替(3.4.18)式中的 σ_X^2,σ_Y^2 后，有

$$\frac{(\bar{X}-\bar{Y})-(\mu_X-\mu_Y)}{\sqrt{\dfrac{S_X^2}{n_X}+\dfrac{S_Y^2}{n_Y}}}\overset{\text{近似}}{\sim}N(0,1)$$

从而，得到参数 $\mu_X-\mu_Y$ 的置信度为 $1-\alpha$ 的近似置信区间为

$$\left(\bar{X}-\bar{Y}\right)\pm u_{1-\frac{\alpha}{2}}\sqrt{\frac{S_X^2}{n_X}+\frac{S_Y^2}{n_Y}} \tag{3.4.21}$$

例 3.4.4　为了分析标准水泥和掺铅水泥这两种水泥中含钙的比重，随机抽取了 83 个标准水泥样本和 65 个掺铅水泥样本，得到标准水泥的平均含钙比重为 90.0，标准差是 5.0，掺铅水泥的平均含钙比重为 87.0，标准差是 4.0. 假设两种水泥的含钙比重均服从正态分布. 试对两种水泥的含钙比重的均值之差求置信度是 0.95 的置信区间.

解　设 X,Y 分别表示标准水泥和掺铅水泥中含钙的比重，则 $X\sim N(\mu_X,\sigma_X^2)$，$Y\sim N(\mu_Y,\sigma_Y^2)$，且 $n_X=83,\ n_Y=65,\ \bar{x}=90.0,\ \bar{y}=87.0,\ s_X=5.0,\ s_Y=4.0$，$\alpha=0.05$．

由于参数 σ_X^2,σ_Y^2 未知，样本容量 n_X,n_Y 较大，因此，选择计算公式(3.4.21)式，有

$$(\bar{x}-\bar{y})\pm u_{1-\frac{\alpha}{2}}\sqrt{\frac{s_X^2}{n_X}+\frac{s_Y^2}{n_Y}}=(90.0-87.0)\pm1.96\times\sqrt{\frac{5^2}{83}+\frac{4^2}{65}}=3\pm1.45$$

所以，$\mu_X-\mu_Y$ 的置信度为 0.95 的近似置信区间是(1.55, 4.45).

(3) σ_X^2,σ_Y^2 未知，但 $\sigma_X^2=\sigma_Y^2=\sigma^2$．

由第 2 章的抽样分布定理知

$$T=\frac{(\bar{X}-\bar{Y})-(\mu_X-\mu_Y)}{S_w\sqrt{\frac{1}{n_X}+\frac{1}{n_Y}}}\sim t(n_X+n_Y-2)$$

其中 $S_w^2=\frac{(n_X-1)S_X^2+(n_Y-1)S_Y^2}{n_X+n_Y-2}$. 那么

$$P\left\{|T|<t_{1-\frac{\alpha}{2}}(n_X+n_Y-2)\right\}=P\left\{\left|\frac{(\bar{X}-\bar{Y})-(\mu_X-\mu_Y)}{S_w\sqrt{\frac{1}{n_X}+\frac{1}{n_Y}}}\right|<t_{1-\frac{\alpha}{2}}(n_X+n_Y-2)\right\}$$
$$=1-\alpha$$

求解不等式 $\left|\frac{(\bar{X}-\bar{Y})-(\mu_X-\mu_Y)}{S_w\sqrt{\frac{1}{n_X}+\frac{1}{n_Y}}}\right|<t_{1-\frac{\alpha}{2}}(n_X+n_Y-2)$，得到 $\mu_X-\mu_Y$ 的置信度是 $1-\alpha$ 的置信区间为

$$\left(\bar{X}-\bar{Y}\right)\pm t_{1-\frac{\alpha}{2}}(n_X+n_Y-2)S_w\sqrt{\frac{1}{n_X}+\frac{1}{n_Y}} \tag{3.4.22}$$

(4) σ_X^2,σ_Y^2 未知，没有足够的理由假设 $\sigma_X^2=\sigma_Y^2$，样本容量 n_X,n_Y 较小.

这时，确定 $\mu_X-\mu_Y$ 的置信区间问题就是历史上著名的贝伦斯-费希尔(Behrens-Fisher)问题. 下面是计算 $\mu_X-\mu_Y$ 的近似置信区间的一个方法.

令

$$T^*=\frac{(\bar{X}-\bar{Y})-(\mu_X-\mu_Y)}{\sqrt{\frac{S_X^2}{n_X}+\frac{S_Y^2}{n_Y}}},$$

可以证明 $T^*\overset{\text{近似}}{\sim}t(v)$，其中 v 取不超过

$$\frac{\left(\frac{S_X^2}{n_X}+\frac{S_Y^2}{n_Y}\right)^2}{\frac{S_X^4}{n_X^2(n_X-1)}+\frac{S_Y^4}{n_Y^2(n_Y-1)}}$$

的最大正整数. 由 T^* 的近似分布，易得 $\mu_X-\mu_Y$ 的置信度为 $1-\alpha$ 的近似置信区间，为

$$\left(\bar{X}-\bar{Y}\right)\pm t_{1-\frac{\alpha}{2}}(v)\sqrt{\frac{S_X^2}{n_X}+\frac{S_Y^2}{n_Y}} \tag{3.4.23}$$

对例 3.4.3，如果没有充分理由假设未知参数 σ_X^2,σ_Y^2 相等，则选用(3.4.23)式计算参数 $\mu_X-\mu_Y$ 的近似置信区间. 由样本数据计算得：$s_X^2\approx1.282$，$s_Y^2\approx1.958$，

$$\frac{s_X^2}{n_X}+\frac{s_Y^2}{n_Y}=\frac{1.282}{8}+\frac{1.958}{10}=0.356, \quad \frac{\left(\frac{s_X^2}{n_X}+\frac{s_Y^2}{n_Y}\right)^2}{\frac{s_X^4}{n_X^2(n_X-1)}+\frac{s_Y^4}{n_Y^2(n_Y-1)}}=\frac{0.356^2}{\frac{1.282^2}{8^2\times 7}+\frac{1.958^2}{10^2\times 9}}=15.985,$$

所以，自由度 v 为 15，$t_{1-\frac{\alpha}{2}}(v)=t_{0.975}(15)=2.1314$，$t_{1-\frac{\alpha}{2}}(v)\sqrt{\frac{s_X^2}{n_X}+\frac{s_Y^2}{n_Y}}\approx 1.272$，参数 $\mu_X-\mu_Y$ 的置信度是 0.95 的近似置信区间为 13.75 ± 1.272，即 $(12.478, 15.022)$.

(5) 基于成对样本的 $\mu_X-\mu_Y$ 的置信区间.

在前面置信区间的计算方法讨论中，要求样本 $X_1,X_2,\cdots,X_{n_X}$ 与 $Y_1,Y_2,\cdots,Y_{n_Y}$ 相互独立，这样的抽样试验称为双样本试验. 但在进行比较性试验时，有时会选择配对试验，即对两个总体成对收集样本数据，用这种方式得到的样本称为成对样本或配对样本. 这时，研讨的问题可以描述为：设 $(X_i,Y_i), i=1,2,\cdots,n(n_X=n_Y=n)$ 是成对样本，其中 $X_1,X_2,\cdots,X_n$ 来自总体 $X\sim N(\mu_X,\sigma_X^2)$，$Y_1,Y_2,\cdots,Y_n$ 来自总体 $Y\sim N(\mu_Y,\sigma_Y^2)$. 为了研究参数 $\mu_X-\mu_Y$ 的置信区间，令 $Z_i=X_i-Y_i, i=1,2,\cdots,n$, 则 $Z_i\sim N(\mu_X-\mu_Y,\sigma_X^2+\sigma_Y^2), i=1,2,\cdots,n$, 因此，随机变量组 $Z_i=X_i-Y_i, i=1,2,\cdots,n$ 可视为是来自均值、方差都未知的总体 $N(\mu_X-\mu_Y,\sigma_X^2+\sigma_Y^2)$ 的样本. 那么，根据单个正态总体均值的置信区间的计算公式(3.4.10)式，便可得到 $\mu_X-\mu_Y$ 的置信度为 $1-\alpha$ 的置信区间

$$\bar{Z}\pm t_{1-\frac{\alpha}{2}}(n-1)\frac{S_Z}{\sqrt{n}} \tag{3.4.24}$$

其中 $\bar{Z}=\bar{X}-\bar{Y}$，$S_Z^2=\frac{1}{n-1}\sum_{i=1}^{n}(Z_i-\bar{Z})^2=S_X^2+S_Y^2-2S_{X,Y}^2$, $S_{X,Y}^2=\frac{1}{n-1}\sum_{i=1}^{n}(X_i-\bar{X})(Y_i-\bar{Y})$.

例 3.4.5　某轮胎制造商想比较用新型材料与用传统材料制造的轮胎的磨损情况. 考虑到不同的汽车对轮胎磨损量影响的差异，选用了配对实验. 从每种轮胎中各随机选取了一个安装在一辆前轮驱动汽车的前轮上，总共安装了 10 辆汽车. 让每辆车行驶 64000km, 然后卸下轮胎，测量每个轮胎的磨损深度(单位: mm). 测量结果如表 3.4.3 所示.

表 3.4.3　轮胎的磨损深度

新材料	5.71	4.61	6.03	4.35	5.00	4.70	3.80	4.21	4.70	5.03
传统材料	5.52	4.26	6.24	4.19	4.62	4.27	3.46	4.04	4.60	4.72
差值	0.19	0.35	−0.21	0.16	0.38	0.43	0.34	0.17	0.10	0.31

假设轮胎的磨损深度服从正态分布，若置信度是 0.95, 试求两种材料制造的轮胎磨损深度的均值之差的置信区间.

图 3.4.6 最右边的列显示了 20 个磨损数据的分布情况. 可见，两个样本数据中，有很大一部分数据交叠在一起，难以判断两种材料制造的轮胎的磨损程度是否不同. 但如果对数据做成对分析，就可以清晰地看到采用新材料的轮胎普遍比采用传统材料的轮胎磨损严重. 因为不同的汽车造成的磨损量有很大的不同，重型汽车和启停频繁的汽车会造成比其他汽车更多的磨损，图 3.4.6 最右边列出的数据集既包含了汽车的差异性，也包含了轮胎的差异性. 然而，

当成对地考虑数据，分析每一对数据的差值时，汽车的差异性就消失了，因为每对轮胎都来自同一辆汽车.

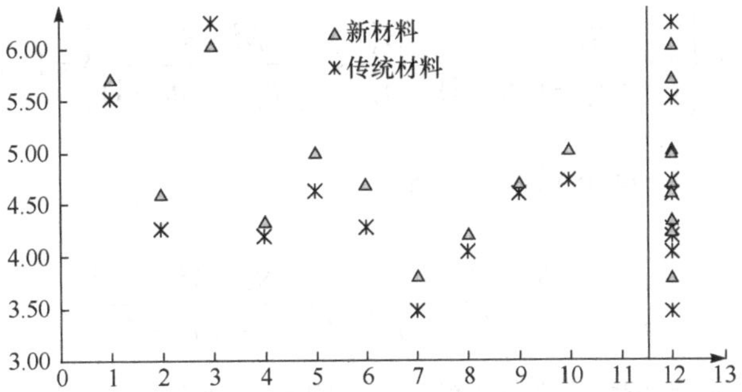

图 3.4.6　10 对轮胎磨损深度数据的离散图

设 X 表示采用新材料的轮胎的磨损深度，Y 表示采用传统材料的轮胎的磨损深度，取 $\alpha=0.05$，则 n=10，$\overline{z}=0.222$，$s_Z\approx 0.1872$，$t_{1-\frac{\alpha}{2}}(n-1)=t_{0.975}(9)=2.2622$，$t_{1-\frac{\alpha}{2}}(n-1)\dfrac{s_Z}{\sqrt{n}}\approx 2.2622\times\dfrac{0.1872}{\sqrt{10}}\approx 0.134$，将这些计算结果代入(3.4.24)式，得到置信度为 0.95 时，新材料制造的轮胎与传统材料制造的轮胎磨损深度的均值之差的置信区间为 0.222 ± 0.134，即(0.088, 0.356).

2) 参数 $\dfrac{\sigma_X^2}{\sigma_Y^2}$ 的置信区间

(1) μ_X,μ_Y 已知.

因为 $\tilde{S}_X^2=\dfrac{1}{n_X}\sum\limits_{i=1}^{n_X}(X_i-\mu_X)^2,\tilde{S}_Y^2=\dfrac{1}{n_Y}\sum\limits_{i=1}^{n_Y}(Y_i-\mu_Y)^2$ 分别为参数 σ_X^2,σ_Y^2 的无偏估计量，且 $\tilde{F}=\dfrac{\tilde{S}_X^2/\sigma_X^2}{\tilde{S}_Y^2/\sigma_Y^2}\sim F(n_X,n_Y)$. 所以，对给定的置信度 1−$\alpha$，有

$$P\left\{F_{\frac{\alpha}{2}}(n_X,n_Y)<\frac{\tilde{S}_X^2/\sigma_X^2}{\tilde{S}_Y^2/\sigma_Y^2}<F_{1-\frac{\alpha}{2}}(n_X,n_Y)\right\}$$
$$=P\left\{\frac{\tilde{S}_X^2/\tilde{S}_Y^2}{F_{1-\frac{\alpha}{2}}(n_X,n_Y)}<\frac{\sigma_X^2}{\sigma_Y^2}<\frac{\tilde{S}_X^2/\tilde{S}_Y^2}{F_{\frac{\alpha}{2}}(n_X,n_Y)}\right\}=1-\alpha$$

因此，参数 $\dfrac{\sigma_X^2}{\sigma_Y^2}$ 的置信度为 1−α的置信区间为

$$\left(\frac{\tilde{S}_X^2/\tilde{S}_Y^2}{F_{1-\frac{\alpha}{2}}(n_X,n_Y)},\ \frac{\tilde{S}_X^2/\tilde{S}_Y^2}{F_{\frac{\alpha}{2}}(n_X,n_Y)}\right) \tag{3.4.25}$$

(2) μ_X,μ_Y 未知.

由于 S_X^2,S_Y^2 分别为参数 σ_X^2,σ_Y^2 的无偏估计量，且 $F=\dfrac{S_X^2/\sigma_X^2}{S_Y^2/\sigma_Y^2}\sim F(n_X-1,n_Y-1)$，

$$P\left\{F_{\frac{\alpha}{2}}(n_X-1,n_Y-1)<\frac{S_X^2/\sigma_X^2}{S_Y^2/\sigma_Y^2}<F_{1-\frac{\alpha}{2}}(n_X-1,n_Y-1)\right\}$$

$$=P\left\{\frac{S_X^2/S_Y^2}{F_{1-\frac{\alpha}{2}}(n_X-1,n_Y-1)}<\frac{\sigma_X^2}{\sigma_Y^2}<\frac{S_X^2/S_Y^2}{F_{\frac{\alpha}{2}}(n_X-1,n_Y-1)}\right\}=1-\alpha$$

故，参数 $\frac{\sigma_X^2}{\sigma_Y^2}$ 的置信度是 $1-\alpha$ 的置信区间为

$$\left(\frac{S_X^2/S_Y^2}{F_{1-\frac{\alpha}{2}}(n_X-1,n_Y-1)},\ \frac{S_X^2/S_Y^2}{F_{\frac{\alpha}{2}}(n_X-1,n_Y-1)}\right) \tag{3.4.26}$$

例 3.4.6　研究两种制造焊料的合金的熔点，用每一种合金溶解了 10 个样品，各个样品的熔点(单位: °F)数据如表 3.4.4 所示.

表 3.4.4　各个样品的熔点

合金 1	412.63	409.19	412.06	413.55	414.14	410.42	407.40	408.28	410.87	409.45
合金 2	429.26	431.31	429.70	431.74	427.37	434.74	430.48	428.93	430.44	431.90

假设合金熔点服从正态分布，求置信度是 0.90 时两种合金熔点的方差之比的置信区间.

解　由数据得，$n_X=n_Y=10$，$s_X^2=5.125$, $s_Y^2=4.055$, $s_X^2/s_Y^2=1.264$. 取 $\alpha=0.1$，查表，有 $F_{1-\frac{\alpha}{2}}(9,9)=F_{0.95}(9,9)=3.1789$, $F_{\frac{\alpha}{2}}(9,9)=F_{0.05}(9,9)=\frac{1}{F_{0.95}(9,9)}=0.315$. 所以，方差比 $\frac{\sigma_X^2}{\sigma_Y^2}$ 的置信度为 0.90 的置信区间为

$$\left(\frac{s_X^2/s_Y^2}{F_{0.95}(9,9)},\frac{s_X^2/s_Y^2}{F_{0.05}(9,9)}\right)=\left(\frac{1.264}{3.1789},\frac{1.264}{0.315}\right)=(0.398,\ 4.013)$$

由于置信区间包含 1，所以不能确定在置信度 0.90 时两种合金的熔点的标准差是不同的.

表 3.4.5、表 3.4.6 给出了正态总体参数的置信区间计算公式.

表 3.4.5　单个正态总体参数的置信区间

未知参数	条件	置信区间
总体均值 $\mu=EX$	σ^2 已知	$\bar{X}\pm u_{1-\frac{\alpha}{2}}\frac{\sigma}{\sqrt{n}}$
	σ^2 未知	$\bar{X}\pm t_{1-\frac{\alpha}{2}}(n-1)\frac{S}{\sqrt{n}}$
总体方差 $\sigma^2=DX$	μ已知	$\left(\frac{n\tilde{S}^2}{\chi^2_{1-\frac{\alpha}{2}}(n)},\frac{n\tilde{S}^2}{\chi^2_{\frac{\alpha}{2}}(n)}\right)$
	μ未知	$\left(\frac{(n-1)S^2}{\chi^2_{1-\frac{\alpha}{2}}(n-1)},\frac{(n-1)S^2}{\chi^2_{\frac{\alpha}{2}}(n-1)}\right)$

表 3.4.6　两个正态总体参数的置信区间

未知参数	条件	置信区间
	σ_X^2, σ_Y^2 已知	$\left(\bar{X}-\bar{Y}\right) \pm u_{1-\frac{\alpha}{2}} \sqrt{\dfrac{\sigma_X^2}{n_X}+\dfrac{\sigma_Y^2}{n_Y}}$
	σ_X^2, σ_Y^2 未知，n_X, n_Y 足够大	$\left(\bar{X}-\bar{Y}\right) \pm u_{1-\frac{\alpha}{2}} \sqrt{\dfrac{S_X^2}{n_X}+\dfrac{S_Y^2}{n_Y}}$
	σ_X^2, σ_Y^2 未知，但 $\sigma_X^2, = \sigma_Y^2$	$\left(\bar{X}-\bar{Y}\right) \pm t_{1-\frac{\alpha}{2}}(n_X+n_Y-2) S_w \sqrt{\dfrac{1}{n_X}+\dfrac{1}{n_Y}}$
总体均值之差 $\mu_X-\mu_Y$	σ_X^2, σ_Y^2 未知，无充足理由认为，$\sigma_X^2=\sigma_Y^2$，n_X, n_Y 较小	$\left(\bar{X}-\bar{Y}\right) \pm t_{1-\frac{\alpha}{2}}(v) \sqrt{\dfrac{S_X^2}{n_X}+\dfrac{S_Y^2}{n_Y}}$ 其中，v 是不超过 $\dfrac{\left(\dfrac{S_X^2}{n_X}+\dfrac{S_Y^2}{n_Y}\right)^2}{\dfrac{S_X^4}{n_X^2(n_X-1)}+\dfrac{S_Y^4}{n_Y^2(n_Y-1)}}$ 的最大正整数
	成对样本数据，σ_X^2, σ_Y^2 未知	$\left(\bar{X}-\bar{Y}\right) \pm t_{1-\frac{\alpha}{2}}(n-1) \dfrac{S_Z}{\sqrt{n}}$ 其中 $S_Z^2=S_X^2+S_Y^2-2S_{X,Y}^2$ $S_{X,Y}^2=\dfrac{1}{n-1}\sum\limits_{i=1}^{n}(X_i-\bar{X})(Y_i-\bar{Y})$
总体方差之比 $\dfrac{\sigma_X^2}{\sigma_Y^2}$	μ_X, μ_Y 已知	$\left(\dfrac{\tilde{S}_X^2 / \tilde{S}_Y^2}{F_{1-\frac{\alpha}{2}}(n_X, n_Y)}, \dfrac{\tilde{S}_X^2 / \tilde{S}_Y^2}{F_{\frac{\alpha}{2}}(n_X, n_Y)}\right)$
	μ_X, μ_Y 未知	$\left(\dfrac{S_X^2 / S_Y^2}{F_{1-\frac{\alpha}{2}}(n_X-1, n_Y-1)}, \dfrac{S_X^2 / S_Y^2}{F_{\frac{\alpha}{2}}(n_X-1, n_Y-1)}\right)$

3.4.3　非正态总体参数的置信区间

从前面的讨论可知，置信区间的确定要用到抽样分布. 对非正态总体来讲，确定一个统计量的分布有时候是很难的. 不过，在大样本的情形下，可以借助中心极限定理讨论非正态总体的某些参数的置信区间.

1. 单个总体情形

设样本 $X_1, X_2, \cdots, X_n$ (n 充分大)是来自非正态总体 X，令 $EX=\mu$，$DX=\sigma^2$. 根据中心极限定理，当 n 足够大时，有

$$\frac{\bar{X}-\mu}{\sigma / \sqrt{n}} \overset{\text{近似}}{\sim} N(0,1) \tag{3.4.27}$$

或

$$\frac{\bar{X}-\mu}{S / \sqrt{n}} \overset{\text{近似}}{\sim} N(0,1) \tag{3.4.28}$$

因此，在 σ^2 已知的条件下，总体均值 μ 的置信度是 $1-\alpha$ 时的近似置信区间为

$$\bar{X} \pm u_{1-\frac{\alpha}{2}} \frac{\sigma}{\sqrt{n}} \tag{3.4.29}$$

当σ^2未知时，参数μ的置信度为$1-\alpha$的近似置信区间为

$$\bar{X} \pm u_{1-\frac{\alpha}{2}} \frac{S}{\sqrt{n}} \tag{3.4.30}$$

若总体$X \sim B(1, p)$，则$\mu = p$，$\sigma^2 = p(1-p)$. 如果选择(3.4.29)式，得到参数 p 的近似置信区间为$\bar{X} \pm u_{1-\frac{\alpha}{2}}\sqrt{\frac{p(1-p)}{n}}$. 但这式子包含了未知参数 p，因此，无法计算置信区间. 传统的方法是用p的点估计$\hat{p} = \bar{X}$替代p，得到p的近似置信区间为

$$\bar{X} \pm u_{1-\frac{\alpha}{2}}\sqrt{\frac{\bar{X}(1-\bar{X})}{n}} \tag{3.4.31}$$

例 3.4.7　大气污染浓度比如一氧化碳(CO)等可以用分光光度计测量. 在一次校准测验中，测量了实验室里的 55 个气体样品，已知这些样品中一氧化碳的浓度为 70ppm (1ppm=1mg/kg=1mg/L). 当测量值与真实值差别在 5ppm 以内时，被认为是满意的测量值. 在这 55 个测量值中有 41 个是满意的. 求满意测量值所占比例的置信区间(置信度是 0.95).

解　设满意测量值所占比例为 p. 样本信息为：$n = 55, \bar{x} = \frac{41}{55} \approx 0.7455$. 取$\alpha = 0.05$，所以，$u_{1-\frac{\alpha}{2}} = u_{0.975} = 1.96$，

$$u_{1-\frac{\alpha}{2}}\sqrt{\frac{\bar{x}(1-\bar{x})}{n}} = 1.96 \times \sqrt{\frac{0.7455 \times 0.2545}{55}} = 0.1151$$

由(3.4.31)式计算得到p的置信度为0.95的近似置信区间为0.7455 ± 0.1151，或(0.6304, 0.8606)，即有 95%的把握性可以认为用测量仪得到的满意值的比例为 63.04%～86.06%.

(3.4.31)式计算简单、方便，被广泛地使用. 但有研究表明，对中等大小的样本或小样本，(3.4.31)式计算出的置信区间较难达到它的置信度，也就是说由(3.4.31)式算出的置信度为 $1-\alpha$ 的置信区间覆盖参数真实值的次数常小于总数的$[100(1-\alpha)]\%$. 但可以通过修改n和$\hat{p} = \bar{X}$的值来改进(3.4.31)式. 特别地，让 n 修改为 n+4，$\hat{p} = \bar{X}$ 修改为 $\tilde{p} = \frac{n\bar{X}+2}{n+4}$，即总的抽样试验次数增加 4 次，概率为$p$的事件出现次数增加 2 次. 由此给出的参数$p$的置信度为$1-\alpha$的近似置信区间为

$$\tilde{p} \pm u_{1-\frac{\alpha}{2}}\sqrt{\frac{\tilde{p}(1-\tilde{p})}{n+4}} \tag{3.4.32}$$

如果(3.4.32)式的下限小于 0，就用 0 代替它；如果(3.4.32)式的上限大于 1，就用 1 代替它. 按这个方法给出的置信区间称为阿格莱斯蒂-库尔(Agresti-Coull)区间(以艾伦 · 阿格莱斯蒂(Alan Agresti)和布伦特 · 库尔(Brent Coull)的姓氏命名，因为他们最早给出这种区间). 当样本容量非常大时，(3.4.31)式与(3.4.32)式给出的计算结果是很相似的. 所以，一般推荐使用(3.4.32)式. 关于(3.4.32)式的进一步说明，可查阅相关资料.

2. 两个总体情形

设$X_1, X_2, \cdots, X_{n_X}$和$Y_1, Y_2, \cdots, Y_{n_Y}$是分别来自总体$X$和$Y$的样本，且相互独立. 样本容量$n_X$、

n_Y 充分大. $EX=\mu_X$, $DX=\sigma_X^2$; $EY=\mu_Y$, $DY=\sigma_Y^2$. 由于 $U=\dfrac{(\bar{X}-\bar{Y})-(\mu_X-\mu_Y)}{\sqrt{\dfrac{\sigma_X^2}{n_X}+\dfrac{\sigma_Y^2}{n_Y}}}\overset{\text{近似}}{\sim}N(0,1)$，由此得到 σ_X^2, σ_Y^2 已知时参数 $\mu_X-\mu_Y$ 的置信度为 $1-\alpha$ 的近似置信区间:

$$\left(\bar{X}-\bar{Y}\right)\pm u_{1-\frac{\alpha}{2}}\sqrt{\frac{\sigma_X^2}{n_X}+\frac{\sigma_Y^2}{n_Y}} \tag{3.4.33}$$

当 σ_X^2,σ_Y^2 未知时, 用样本方差 S_X^2, S_Y^2 分别代替 σ_X^2,σ_Y^2，这时, 参数 $\mu_X-\mu_Y$ 的近似置信区间为

$$\left(\bar{X}-\bar{Y}\right)\pm u_{1-\frac{\alpha}{2}}\sqrt{\frac{S_X^2}{n_X}+\frac{S_Y^2}{n_Y}} \tag{3.4.34}$$

若总体 $X\sim B(1,p_X)$ 和 $Y\sim B(1,p_Y)$, 则 $\mu_X=p_X$, $\sigma_X^2=p_X(1-p_X)$，$\mu_Y=p_Y$，$\sigma_Y^2=p_Y(1-p_Y)$. 若选择(3.4.33)式, 则参数 p_X-p_Y 的置信度为 $1-\alpha$ 的近似置信区间为

$$\left(\bar{X}-\bar{Y}\right)\pm u_{1-\frac{\alpha}{2}}\sqrt{\frac{p_X(1-p_X)}{n_X}+\frac{p_Y(1-p_Y)}{n_Y}} \tag{3.4.35}$$

对(3.4.35)式中的未知参数 p_X,p_Y，传统的方法是用 $\hat{p}_X=\bar{X},\hat{p}_Y=\bar{Y}$ 分别替代, 这时参数 p_X-p_Y 的近似置信区间为

$$\left(\bar{X}-\bar{Y}\right)\pm u_{1-\frac{\alpha}{2}}\sqrt{\frac{\bar{X}(1-\bar{X})}{n_X}+\frac{\bar{Y}(1-\bar{Y})}{n_Y}} \tag{3.4.36}$$

与单个总体的情形类似, 对于中等或小样本, (3.4.36)式计算出的置信区间难以达到它的置信度. 如果适当修正样本容量 n_X，n_Y 和估计量 $\hat{p}_X=\bar{X},\hat{p}_Y=\bar{Y}$，则可改进(3.4.36)式, 即样本容量 n_X，n_Y 分别修改为 $\tilde{n}_X=n_X+2$，$\tilde{n}_Y=n_Y+2$，$\hat{p}_X=\bar{X},\hat{p}_Y=\bar{Y}$ 分别修改为 $\tilde{p}_X=\dfrac{n_X\bar{X}+1}{\tilde{n}_X}$，$\tilde{p}_Y=\dfrac{n_Y\bar{Y}+1}{\tilde{n}_Y}$，这时, 参数 p_X-p_Y 的置信度为 $1-\alpha$ 的近似置信区间为

$$\left(\tilde{p}_X-\tilde{p}_Y\right)\pm u_{1-\frac{\alpha}{2}}\sqrt{\frac{\tilde{p}_X(1-\tilde{p}_X)}{\tilde{n}_X}+\frac{\tilde{p}_Y(1-\tilde{p}_Y)}{\tilde{n}_Y}} \tag{3.4.37}$$

若置信区间下限小于−1, 则用−1 代替; 若置信区间上限大于 1, 则用 1 代替. 大样本情形下, (3.4.36)式与改进计算公式(3.4.37)给出的计算结果相似.

例 3.4.8 重复交易次数是顾客满意度的一个很好的度量. 某电脑供应商在年终对所有账户进行抽查, 抽出的 120 个账户中有 56 个订购次数两次以上. 而从去年的账户中抽出的 80 个账户, 有 30 个订购了两次以上. 取置信度为 0.95, 求这两年中每年订购两次以上的顾客的比例之差的置信区间.

解 设今年与去年订购两次以上的顾客的比例分别为 p_X,p_Y.

因为 $n_X=120$，$n_Y=80$，$\alpha=0.05$，$\bar{x}=\dfrac{56}{120}=0.467$, $\bar{y}=\dfrac{30}{80}=0.375$，所以, $u_{1-\frac{\alpha}{2}}=u_{0.975}=1.96$，$\bar{x}-\bar{y}=0.467-0.375=0.092$.

$$\sqrt{\frac{\bar{x}(1-\bar{x})}{n_X}+\frac{\bar{y}(1-\bar{y})}{n_Y}}=\sqrt{\frac{0.467\times(1-0.467)}{120}+\frac{0.375\times(1-0.375)}{80}}=0.071$$

由(3.4.36)式得，参数 $p_X - p_Y$ 的置信度为 0.95 的近似置信区间为 $0.092 \pm 1.96 \times 0.071 = 0.092 \pm 0.1392$，即(−0.0472, 0.2312).

如果采用(3.4.37)式，因为

$$\tilde{p}_X = \frac{56+1}{122} = 0.4672, \quad \tilde{p}_Y = \frac{30+1}{82} = 0.378, \quad \tilde{p}_X - \tilde{p}_Y = 0.4672 - 0.378 = 0.0892,$$

$$\sqrt{\frac{\tilde{p}_X(1-\tilde{p}_X)}{\tilde{n}_X} + \frac{\tilde{p}_Y(1-\tilde{p}_Y)}{\tilde{n}_Y}} = \sqrt{\frac{0.4672 \times (1-0.4672)}{122} + \frac{0.378 \times (1-0.378)}{82}} = 0.070.$$

那么，参数 $p_X - p_Y$ 的置信度为 0.95 的近似置信区间为

$$0.0892 \pm 1.96 \times 0.07 = 0.0892 \pm 0.1372$$

即(−0.048, 0.2264). 两个公式计算的结果相似.

3.4.4 样本容量的确定

一般来讲，样本容量越大，参数的估计精度越高. 但大量的抽样试验需要的试验经费高、实施时间长、投入的人力多，可能导致统计方法的应用受到限制. 所以，在实际中为了达到一定的精度，人们常常会关心样本容量的确定问题.

确定样本容量方法很多，不同情况使用不同的方法. 在对正态总体 $N(\mu, \sigma^2)$ 的参数 μ 进行区间估计时，若要求估计量 $\hat{\mu} = \bar{X}$ 与真值 μ 的估计误差不超过 δ，即 $|\hat{\mu} - \mu| \leqslant \delta$，当总体方差 σ^2 已知时，样本容量 n 应满足 $u_{1-\frac{\alpha}{2}} \dfrac{\sigma}{\sqrt{n}} \leqslant \delta$，从而

$$n \geqslant \left(\frac{\sigma u_{1-\alpha/2}}{\delta} \right)^2 \tag{3.4.38}$$

由(3.4.38)式可见，若要样本容量 n 取值较小，则需增大允许误差 δ 或降低置信度或总体方差小. 表 3.4.7、表 3.4.8 分别给出了，总体方差为 2 和 1 时部分置信度与允许误差参数 δ 不同组合下的最小样本容量 n.

表 3.4.7　正态总体方差是 2 时，置信度与 δ 不同组合下的最小样本容量

置信度 \ δ	0.005	0.01	0.015	0.02	0.03	0.05	0.1	0.2	0.3
0.80	131390	32848	14599	8212	3650	1314	329	83	37
0.85	165781	41446	18421	10362	4606	1658	415	104	47
0.90	216444	54111	24050	13528	6013	2165	542	136	61
0.95	307317	76830	34147	19208	8537	3074	769	193	86
0.99	530792	132698	58977	33175	14745	5308	1327	332	148

表 3.4.8　正态总体方差是 1 时，置信度与 δ 不同组合下的最小样本容量

置信度 \ δ	0.005	0.01	0.015	0.02	0.03	0.05	0.1	0.2	0.3
0.80	65695	16424	7300	4106	1825	657	165	42	19
0.85	82891	20723	9211	5181	2303	829	208	52	24
0.90	108222	27056	12025	6764	3007	1083	271	68	31
0.95	153659	38415	17074	9604	4269	1537	385	97	43
0.99	265396	66349	29489	16588	7373	2654	664	166	74

从表 3.4.7、表 3.4.8 中可见，总体方差σ^2、置信度 $1-\alpha$ 和δ都显著地影响样本容量. 在应用中需要根据实际条件适当调节它们之间的关系，以确定实际可行的样本容量.

对总体 $X \sim B(1, p)$，根据(3.4.32)式，若要求置信度为 $1-\alpha$ 时 $\tilde{p}=\dfrac{n\overline{x}+2}{n+4}$ 与 p 之间的绝对误差不超过δ，则样本容量应满足

$$u_{1-\frac{\alpha}{2}}\sqrt{\frac{\tilde{p}(1-\tilde{p})}{n+4}} \leqslant \delta \tag{3.4.39}$$

因为 $0\leqslant \tilde{p} \leqslant 1$，$0\leqslant \tilde{p}(1-\tilde{p})\leqslant 1/4$，所以 $u_{1-\frac{\alpha}{2}}\sqrt{\dfrac{\tilde{p}(1-\tilde{p})}{n+4}} \leqslant u_{1-\frac{\alpha}{2}}\dfrac{1}{2\sqrt{n+4}}$. 为了确定一个满足(3.4.39)式的样本容量，令 $u_{1-\frac{\alpha}{2}}\dfrac{1}{2\sqrt{n+4}}\leqslant \delta$，则

$$n \geqslant \left(\frac{u_{1-\frac{\alpha}{2}}}{2\delta}\right)^2 - 4 \tag{3.4.40}$$

例 3.4.9 某企业生产了一批汽车发动机轴承，一位工程师想了解表面粗糙程度符不符合规格的轴承比例. 为保证结果有 0.99 的置信度，比例的估计误差不超过 0.04，问应该选取多大的样本容量？

解 由于δ=0.04，$\alpha=0.01$，$u_{1-\frac{\alpha}{2}}=u_{0.995}=2.576$，所以

$$n \geqslant \left(\frac{2.576}{2\times 0.04}\right)^2 - 4 = 1032.84$$

计算结果表明，至少要抽取 1033 个轴承，才能保证以 0.99 的置信度使得不符合规格的轴承估计比例与真实值的误差不超过 0.04.

当认为这个样本容量偏大，会造成抽样经费、人力物力和时间等困难时，又如何减少样本容量呢？表 3.4.9 分析了部分置信度与允许误差的不同组合下的样本容量.

表 3.4.9　置信度与 δ 不同组合下的样本容量

置信度 \ δ	0.02	0.03	0.04	0.05	0.06	0.07	0.08	0.09
0.80	1023	453	253	161	111	80	61	47
0.85	1292	572	320	204	140	102	77	60
0.90	1687	748	419	267	184	135	102	80
0.95	2397	1064	597	381	263	192	147	115
0.98	3379	1500	842	538	372	273	208	164
0.99	4143	1840	1033	660	457	335	256	201

从表 3.4.9 可见，适当调整置信度和参数δ可以减小样本容量. 例如，置信度若还是 0.99，δ从 0.04 变为 0.06，样本容量将从 1033 变为 457，减少了近 56% 的量. 若将置信度降到 0.95，参数δ取 0.05，则样本容量变为 381. 如果样本容量还是过大，抽样经费只够支持 100～200 次抽样试验，也可以从上表中找到适当的抽样方案，如置信度是 0.95，δ为 0.07，样本容量是 192，或置信度是 0.90，δ为 0.06，样本容量是 184.

3.5 应用案例——电路的参数估计问题

有 A, B 两种类型的电阻器，A 类型电阻器的电阻(单位：Ω)服从正态分布 $N(30,2.1^2)$，B 类型电阻器的电阻(单位：Ω)服从正态分布 $N(130,12^2)$．某同学拟从 A, B 两种类型的电阻器中各自随机独立地选取一个电阻器组成一个并联电路. 试用随机模拟方法研讨下列问题:

(1) 估计并联电路的电阻的均值及其置信度是 0.95 的置信区间;

(2) 若要求并联电路的电阻在区间 (23, 26) 内，那么，符合要求的并联电路的比例 p 估计是多少？ p 的置信度是 0.90 的置信区间是多少？

(3) 一半的并联电路的电阻至少是多少？

解　(一) 用数理统计的语言描述问题.

设 X 表示 A 类电阻器的电阻(单位：Ω)，Y 表示 B 类电阻器的电阻(单位：Ω)，则 $X \sim N(30,2.1^2)$，$Y \sim N(130,12^2)$，并联电路的电阻

$$R = \frac{XY}{X+Y} \tag{3.5.1}$$

R 是随机变量，其随机分布未知. 要解决的问题是：用随机模拟方法研究

(1) R 的均值 ER 及其置信度是 0.95 的置信区间;

(2) 概率 $P\{23 < R < 26\} = p$ 及其置信度是 0.90 的置信区间;

(3) 参数 $v_{0.5}$，其中 $P\{R > v_{0.5}\} = 0.5$．

(二) 用随机模拟方法产生样本数据.

为了估计参数 ER，需要有来自分布是未知的 R 的样本 $R_1, R_2, \cdots, R_n$．由于 $R = \dfrac{XY}{X+Y}$，$X \sim N(30,2.1^2)$，$Y \sim N(130,12^2)$，且 X 与 Y 相互独立. 因此，可以用随机模拟方法产生来自 X 和 Y 的相互独立的样本 $X_1, X_2, \cdots, X_n$ 和 $Y_1, Y_2, \cdots, Y_n$，然后，令 $R_i = \dfrac{X_i Y_i}{X_i + Y_i}, i = 1, 2, \cdots, n$，则得 R 的随机模拟样本 $R_1, R_2, \cdots, R_n$．

取样本容量 $n = 1000$，用随机模拟方法分别产生来自 $X \sim N(30,2.1^2)$ 和 $Y \sim N(130,12^2)$ 的样本. 由于篇幅的限制，表 3.5.1 仅给出了 X, Y, R 的前 75 个随机模拟数据和最后 3 个随机模拟数据.

表 3.5.1　电阻器及并联电路的电阻的随机模拟数据　　(单位：Ω)

序号	X	Y	R	序号	X	Y	R	序号	X	Y	R
1	31.22	123.47	24.92	9	28.20	146.58	23.65	17	32.82	121.74	25.85
2	32.76	128.93	26.12	10	30.92	121.49	24.64	18	30.92	121.89	24.66
3	29.15	143.17	24.22	11	29.42	132.41	24.07	19	29.95	117.60	23.87
4	32.17	132.11	25.87	12	33.69	126.48	26.60	20	31.43	112.27	24.55
5	33.73	124.13	26.52	13	26.41	137.57	22.16	21	28.31	143.11	23.64
6	34.34	123.09	26.85	14	32.83	117.26	25.65	22	29.12	113.28	23.16
7	30.44	149.07	25.28	15	34.86	137.85	27.82	23	28.75	126.61	23.43
8	27.27	122.01	22.29	16	27.52	125.16	22.56	24	30.13	140.26	24.80

续表

序号	X	Y	R	序号	X	Y	R	序号	X	Y	R
25	26.03	125.90	21.57	44	29.23	129.44	23.85	63	28.45	122.65	23.09
26	32.86	123.93	25.97	45	29.10	138.13	24.03	64	29.30	157.64	24.71
27	27.43	149.31	23.18	46	30.30	126.61	24.45	65	29.41	117.68	23.53
28	29.21	115.74	23.33	47	30.79	130.99	24.93	66	27.28	127.74	22.48
29	29.81	127.65	24.17	48	33.36	121.27	26.17	67	33.35	134.57	26.73
30	26.94	123.13	22.10	49	28.96	124.16	23.48	68	27.97	126.02	22.89
31	30.27	118.87	24.13	50	26.32	123.16	21.69	69	30.88	155.39	25.76
32	29.08	117.75	23.32	51	26.73	153.29	22.76	70	31.96	128.89	25.61
33	29.79	129.70	24.23	52	31.99	145.11	26.21	71	30.04	133.17	24.51
34	31.83	128.97	25.53	53	27.86	122.40	22.69	72	27.49	124.35	22.51
35	30.78	137.11	25.13	54	29.72	149.16	24.79	73	28.86	133.36	23.72
36	31.37	129.31	25.25	55	31.51	129.84	25.36	74	28.99	126.58	23.59
37	29.43	145.27	24.47	56	30.95	137.26	25.25	75	29.52	137.12	24.29
38	31.72	123.80	25.25	57	30.03	144.44	24.86	⋮	⋮	⋮	⋮
39	29.82	128.09	24.19	58	29.60	141.58	24.48	998	26.78	106.81	21.41
40	30.35	128.23	24.54	59	30.80	122.16	24.60	999	30.28	149.02	25.17
41	28.24	125.88	23.07	60	32.18	114.41	25.11	1000	33.60	128.93	26.65
42	27.50	140.03	22.98	61	30.90	104.22	23.84				
43	30.22	124.41	24.31	62	29.17	115.24	23.28				

(三) 利用随机模拟样本对参数进行估计.

(1) 估计参数 ER，DR，ER 的置信区间.

参数 ER，DR 的点估计量分别选择为 $\hat{E}R=\overline{R}$，$\hat{D}R=S_R^2$. 由于 R 的分布未知，所以，选用大样本情形下非正态总体均值的置信区间计算公式(3.4.30).

根据表 3.5.1 中 R 的模拟数据计算得，$\overline{R}=\dfrac{1}{n}\sum\limits_{i=1}^{n}R_i$ 的样本值 $\overline{r}=24.28$，$S_R^2=\dfrac{1}{n-1}\sum\limits_{i=1}^{n}(R_i-\overline{R})^2$ 的样本值 $s_R^2=1.83$，$S_R=\sqrt{\dfrac{1}{n-1}\sum\limits_{i=1}^{n}(R_i-\overline{R})^2}$ 的样本值 $s_R=1.35$. 取 $\alpha=0.05$，则 $u_{1-\frac{\alpha}{2}}=u_{0.975}=1.96$，$u_{1-\frac{\alpha}{2}}\dfrac{s_R}{\sqrt{n}}=1.96\times\dfrac{1.35}{\sqrt{1000}}=0.08$. 所以，$R$ 的均值 ER 的估计值为 24.28Ω，置信度是 0.95 的近似置信区间为 24.28 ± 0.08，即有 95% 的把握可以认为并联电路的平均电阻在区间 $(24.20, 24.36)$ 内.

(2) 令

$$Z=\begin{cases}1, & 23<R<26\\ 0, & R\leqslant 23\text{或}R\geqslant 26\end{cases} \tag{3.5.2}$$

则 $Z\sim B(1,p)$，参数 p 的矩估计量或最大似然估计量均为 $\hat{p}=\overline{Z}=\dfrac{1}{n}\sum\limits_{i=1}^{n}Z_i$，其中 $Z_1,Z_2,\cdots,Z_n$ 是来自 Z 的样本.

将表 3.5.1 中 R 的数据按从小到大顺序排列，得知在 $(23,26)$ 之内的值有 713 个，所以 $\sum\limits_{i=1}^{1000}z_i=713$，$\hat{p}=\overline{z}=\dfrac{713}{1000}=0.713$.

选用(3.4.32)式求参数 p 的置信区间. 因为 $\tilde{p}=\dfrac{n\overline{Z}+2}{n+4}$ 的样本值为 $\dfrac{713+2}{1000+4}=0.71$. 取 $\alpha=0.1$, 则 $u_{1-\frac{\alpha}{2}}=u_{0.95}=1.65$, $u_{1-\frac{\alpha}{2}}\sqrt{\dfrac{\tilde{p}(1-\tilde{p})}{n+4}}=1.65\times\sqrt{\dfrac{0.71\times0.29}{1000+4}}=0.02$. 根据(3.4.32)式, 参数 p 的置信度为 0.90 的近似置信区间为 0.71 ± 0.02, 即 (0.51, 0.91).因此, 有 90% 的把握可以认为有 51%～91% 的并联电路符合要求.

(3) 用来自 R 的样本中位数估计参数 $v_{0.5}$.

将表 3.5.1 中 R 的模拟数据按从小到大顺序排列, 得到 $r_{(500)}=r_{(501)}=24.27$, 则 $v_{0.5}$ 的估计值为 $\dfrac{r_{(500)}+r_{(501)}}{2}=24.27$, 即说明一半的并联电路的电阻至少是 24.27Ω.

3.6 章节总结

本章围绕总体的未知参数讨论了 3 个问题. 设 $X_1,X_2,\cdots,X_n$ 是来自总体 X 的样本, θ 是与总体有关的未知参数(也可以是由多个未知参数构成的向量), Θ 是参数空间, $\Theta\neq\varnothing$. 要解决的问题是: ①点估计, 即确定一个统计量 $\hat{\theta}=\theta(X_1,X_2,\cdots,X_n)$, 使得统计量的样本值 $\hat{\theta}=\theta(x_1,x_2,\cdots,x_n)$ 有理由成为未知参数 θ 的估计值; ②点估计的评价, 一个参数可能有多个点估计量, 如何评价这些估计量的优劣性? ③区间估计, 如何确定一个随机区间使其包含未知参数 θ 的概率是事先给定的 $1-\alpha$? 本章通过应用案例介绍了如何利用随机模拟的方法估计参数. 图 3.6.1 概括了本章的基本内容.

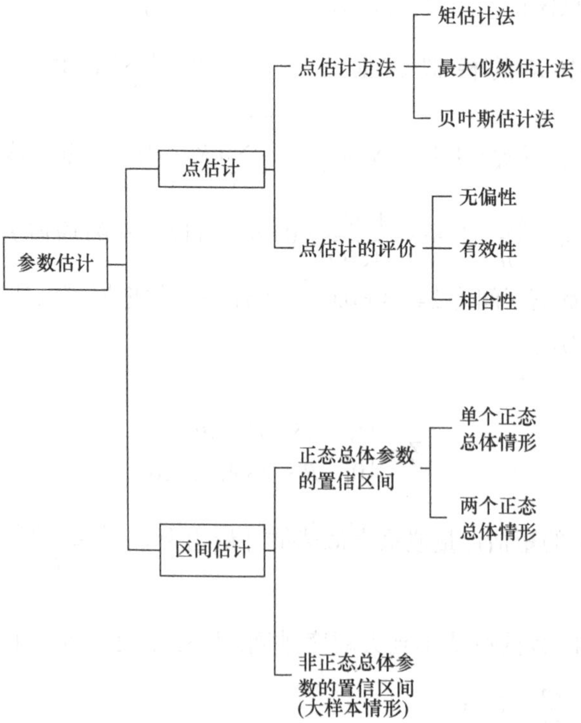

图 3.6.1　第 3 章基本内容结构图

3.7 应用分享——统计机器翻译

机器翻译是应用语言学中的一门新兴的实验性学科，研究如何利用电子计算机按一定程序自动进行自然语言之间的翻译问题. 机器翻译有三类方法：基于规则的机器翻译，基于模版的机器翻译和统计机器翻译(statistical machine translation, SMT). 统计机器翻译又称为数据驱动(data-driven)的机器翻译，其任务是为语言的产生构造某种合理的统计模型，在此统计模型基础上，定义要估计的模型参数，并设计参数估计算法.

最早提出可行的统计机器翻译模型的是 IBM 研究院的研究人员，他们在《统计机器翻译的数学理论：参数估计》中提出了由简至繁的五种词到词的统计模型，分别被称为 IBM Model 1 到 IBM Model 5. 这五种模型均为噪声信道模型，其中所提出的参数估计算法均基于最大似然估计. 然而，由于当时计算条件的限制和平行语料库的缺乏，真正开展统计机器翻译方法研究的人并不多，统计机器翻译方法的有效性还受到人们普遍的怀疑. 但是，进入 21 世纪以来，人们日益发现在学习、生活和工作中不同语言之间的交流越来越频繁. 无论是口语还是书面形式的交流，无不对机器翻译提出了更加迫切的要求. 另一方面，计算能力也获得了突飞猛进的发展，互联网的发展和普及，以及双语国家、联合国的多语存档，为统计机器翻译方法研究奠定了必要的基础，越来越多的研究人员开始投入到统计机器翻译的研究中，并取得了成功，统计方法也就逐渐成为国际上机器翻译研究的主流方法之一.

习题 3

A 组

1. 求下列未知参数的矩估计量和最大似然估计量.

(1) 总体 $X \sim B(m,p)$，参数 m 已知，参数 p 未知.

(2) 总体 X 的分布律为 $P\{X=k\}=\dfrac{1}{N}, k=1,2,\cdots,N$，参数 N 未知.

(3) 总体 X 的分布律为：$P\{X=-1\}=p_1, P\{X=0\}=p_2, P\{X=1\}=1-p_1-p_2$. 参数 p_1,p_2 未知. 对 X 进行 n 次独立的重复观测，事件 $\{X=-1\},\{X=0\}$ 和 $\{X=1\}$ 出现的次数为 n_1, n_2 和 n_3.

(4) 总体 $X \sim N(6,\sigma^2)$，参数 σ^2 未知.

(5) 总体 X 的密度函数为

$$f(x;\theta)=\begin{cases}(1+\theta)x^{\theta}, & 0<x<1 \\ 0, & \text{其他}\end{cases}$$

参数 θ 未知.

2. 为评估某河流水源地的水质安全，在该河流水源地的某水泵区域一次性采样 15 升，将其均分为 15 份(1 升/份)，测得 1 升水中大肠杆菌群的数量为: 2, 1, 4, 1, 1, 1, 1, 1, 3, 2, 1, 3, 2, 2, 3. 若 1 升水中大肠杆菌群的数量服从泊松分布. 试分别用矩估计法和最大似然法估计 1 升水中大肠杆菌的平均个数.

3. 设某元件连续无故障工作时间服从 $\Gamma(1,\lambda)$，从该种元件中随机抽取 1000 个，得到下列元件连续无故障工作时间的分组数据(表 1). 如果各组都取组中值, 试求参数 λ 的矩估计值和最大似然估计值.

表 1　分组数据表

样本值的范围	(0,10]	(10, 20]	(20, 30]	(30, 40]	(40, 50]	(50, 60]	(60, 70]
频数	365	245	150	100	70	45	25

4. 设 $X_1, X_2, \cdots, X_n$ 是来自总体 $X \sim N(\mu, \sigma^2)$ 的样本.

(1) 求常数 k, 使 $\hat{\sigma}^2 = \frac{1}{k}\sum_{i=1}^{n-1}(X_{i+1}-X_i)^2$ 为 σ^2 的无偏估计量;

(2) 求常数 k, 使 $\hat{\sigma} = \frac{1}{k}\sum_{i=1}^{n}|X_i - \bar{X}|$ 为 σ 的无偏估计量.

5. 设 $\bar{X}, S^2, M_2$ 分别是样本容量为 n 且来自总体 X 的样本均值、样本方差和样本二阶原点矩, $\hat{\theta}_1 = \bar{X}^2$, $\hat{\theta}_2 = M_2 - S^2$ 是参数 $(EX)^2$ 的点估计量. 试分析这两个估计量的无偏性.

6. 假设 $X_1, X_2, \cdots, X_{2n}$ 是来自 X 的样本, $EX=\mu$, $DX=\sigma^2$. $\hat{\mu}_1 = \frac{1}{2n}\sum_{i=1}^{2n}X_i$, $\hat{\mu}_2 = \frac{1}{n}\sum_{i=1}^{n}X_i$ 为参数 μ 的两个点估计量.

(1) 试分析这两个估计量哪个更有效, 为什么?

(2) 如果总体 $X \sim U(0,1)$, 试用随机模拟的方法验证(1)中你得出的结果.

7. 设总体 $X \sim N(\mu, \sigma^2)$, 样本为 $X_1, X_2, \cdots, X_n$, S^2 是样本方差, $S_1^2 = \frac{n-1}{n}S^2$, $S_2^2 = \frac{n-1}{n+1}S^2$. 比较估计量 S^2, S_1^2, S_2^2 中哪一个是无偏估计? 哪个对 σ^2 的均方误差最小?

8. 如果一位工程师选择置信度为 0.95, 计算得到某台冲压机加工的钢杆的平均直径(单位: cm)的置信区间为(14.52, 14.99), 可否说"钢杆的平均直径为 14.52～14.99cm 的概率是 95%"? 为什么?

9. 飞机起飞系统是由一种固体推进物提供动力的. 推进物的燃烧速度是主要的产品性质. 假设固体推进物的燃烧速度(单位: cm/s)服从标准差是 2cm/s 的正态分布. 某工程师对固体推进物选取了样本容量为 36 的一个样本, 得到平均燃烧速度为 52.1cm/s.

(1) 试用样本数据计算推进物的平均燃烧速度置信度为 0.95 的置信区间.

(2) 有人用抽样数据计算得推进物的平均燃烧速度为 51.6～52.6, 问置信度是多少?

(3) 若置信度取为 0.99, 要使固体推进物平均燃烧速度的置信区间的估计误差不超过 0.6, 样本容量至少是多少?

10. 从一批寿命服从正态分布的电池中随机抽取了 25 个电池, 测得其平均寿命为 150 小时, 标准差为 25 小时.

(1) 计算电池平均寿命的置信度为 0.90 的置信区间.

(2) 有人计算得到电池的平均寿命为 139～161 小时, 问置信度是多少?

11. 轮胎厂的一名工程师为了调查用新型橡胶复合物制造的轮胎使用寿命, 他随机选择了 10 个轮胎, 在路上驾驶试验里检测了它们的使用寿命, 得到样本均值是 62390km, 样本标准差是 3200km. 假设轮胎使用寿命服从正态分布:

(1) 求置信度是 0.90 时轮胎的平均使用寿命的置信区间;

(2) 求置信度为 0.95 时轮胎使用寿命的标准差的置信区间.

12. 检验两种配方的氧化发动机燃料, 以研究它们的行车辛烷值. 现有容量分别为 45 和 52 的两个样本用于检验, 观测到平均行车辛烷值分别为 88.85 和 92.54, 样本标准差分别为 20.56 和 13.33. 假设行车辛烷值服从正态分布, 求两种配方的行车辛烷值均值之差的置信度为 0.95 的置信区间.

13. 一位遗传学研究生在研究某种类型的基因变异在不同年龄层次的人群中发生的频数时, 发现年龄为 20～29 的 10 个人, 1μg 的 DNA 平均有 47.2 条变异序列, 标准差是 15.1, 年龄为 60～69 的 12 个人, 1μg 的 DNA 平均变异序列是 109.5 条, 标准差是 31.2. 试计算置信度是 0.99 时二十多岁的人与六十多岁的人的 DNA 变异序列的平均条数之差的置信区间. (假设一个人的 1μg DNA 中变异序列条数近似服从正态分布)

14. 某自动机床加工同类型的套筒, 假设套筒直径服从正态分布. 现从两个班次的产品中各抽查了 5 个套筒, 测定它们的直径数据如表 2 所示.

表 2　直径数据

A 班	2.060	2.066	2.063	2.068	2.067
B 班	2.059	2.058	2.057	2.063	2.060

试求两个班所加工套筒的平均直径之差置信度为 0.90 的置信区间.

15. 某企业生产一种用于喷射涡轮发电机的叶轮, 其中一道工序就是磨光一个特殊叶面. 有两种不同的研磨过程可以使用, 两种过程都能以相同的粗糙程度生产零件, 生产工程师将选择能让叶面粗糙程度可变性较小的过程. 从第一个过程生产的产品中随机抽取了 9 个零件, 样本标准差为 12.95μm, 从第二个过程生产的产品中随机抽取了 12 个零件, 样本标准差为 11.94μm. 假设两种过程生产的产品的叶面粗糙程度服从正态分布, 取置信度为 0.90, 试求这两种过程产出的产品的叶面粗糙程度的方差之比的置信区间.

16. 一协会计划进行一次调查, 以确定该地区公司对员工的健康情况的关注程度, 其中一个问题是公司是否为员工开设锻炼课程.

(1) 为保证结果有 0.99 的置信度, 总体比例的估计误差不超过 0.02, 问该协会应该选取多大的样本估计总体比例?

(2) 若置信度还是 0.99, 误差从 0.02 变为 0.04, 样本容量将减少多少?

(3) 如果调研经费只够支持 400～600 家公司的调查, 请给出一个适当的置信度、估计误差和样本容量.

17. 低海拔行驶的 340 辆汽车组成的随机样本中, 有 46 辆的微粒污染物排放量超过 10g/gal, 在高海拔行驶的 85 辆汽车组成的随机样本中, 有 21 辆的微粒污染物排放量超过 10g/gal. 求高海拔与低海拔微粒污染物排放量超过 10g/gal 的车辆比例之差的置信度是 0.99 的置信区间.

B 组

1. 求下列未知参数的矩估计量和最大似然估计量.

(1) Y是总体，$Y_1,Y_2,\cdots,Y_n$是来自 Y 的样本，参数 $p_0=P\{Y\leqslant 3\}$ 未知.

(2) $X_1,X_2,\cdots,X_n$是来自总体 $X\sim\Gamma(1,\lambda)$ 的样本，$P\{X>a\}=0.05$. 参数 λ,a 未知.

2. 假设某发动机进气阀的间隙 X(单位：μm)服从 $N(\mu,\sigma^2)$，表 3 中的数据是来自 X 的样本值.

表 3　X的样本值表

25.80	33.15	15.94	30.31	37.74	40.69	22.11	7.02	11.41
24.36	17.24	37.57	2.90	33.47	43.15	8.21	33.41	

(1) 求参数 $p=P\{180<X<200\}$ 的矩估计值和最大似然估计值;

(2) 若一台发动机有 6 个进气阀，试用矩估计法和最大似然法求其中恰好有 2 个进气阀的间隙为 180～200μm 的概率.

3. 某航空公司的一趟航班为乘客提供了 100 个座位，随机调查了 30 名买了票的乘客，其中有 27 名乘客会乘坐这趟航班. 如果该航班共售出了 105 张票，试用矩估计法和最大似然估计法求该航班的乘客都有座位的概率.

4. 一个检测空气污染水平的装置能检测出空气中的一氧化碳的数量. 已知某地的一氧化碳数量 X (单位：ppm)服从 $N(\mu,4.26)$，用检测装置对该地进行了 10 次检测，得到的检测数据如表 4 所示.

表 4　检测数据表

5.09	7.59	3.41	6.65	4.02	2.67	9.02	3.85	9.07	3.22

(1) 求参数 μ 的置信度是 0.90 的置信区间.

(2) 如果有一个警报器，当空气中一氧化碳数量超过 10ppm 就会报警. 求报警概率的置信区间(置信度为 0.90).

5. 放射性同位素示踪法在生物化学和分子生物学、医学、水利学、工农业以及畜牧业环境污染、地质年代测定等方面有着广泛的应用. 假设用放射性同位素示踪法研究某一地层年代时的测定数据 X (单位：百万年)服从 $N(\mu,\sigma^2)$，对该地层抽取了 19 个样本，测定的年代数据如表 5 所示.

表 5　年代数据表

249	254	243	268	253	269	287	241	273	306
303	280	260	256	278	344	304	283	310	

(1) 求参数 σ 的置信度是 0.95 的置信区间;

(2) 令 $P\{|X-\mu|<a\}=0.90$，求参数 a 的置信度是 0.95 的置信区间.

6. 为了估计某台光谱仪测量材料中金属含量的测量误差，特设置了 2 个金属块，这 2 个金属块的成分、金属含量、均匀性都没有差别. 设每个试块的测量值都服从方差为σ^2 的正态分布. 现对每个试块都重复测量 6 次，计算得其样本标准差分别为 $s_1=0.09$, $s_2=0.11$. 试利用这些样本信息求参数σ^2的置信度为 0.95 的置信区间.

7. 由元件 A, B, C 构成的系统如图所示. 假设元件 A, B, C 正常运行时间 X, Y, Z(单位: 年)分别服从参数为 0.5, 0.2 和 0.3 的指数分布.

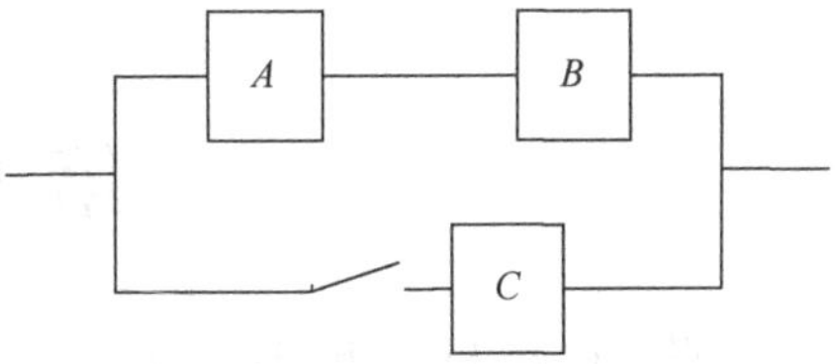

(1) 试用随机模拟的方法对 X, Y, Z 分别产生容量为 1000 的随机数;

(2) 试用模拟样本估计系统正常运行的平均时间;

(3) 试用模拟样本估计系统正常运行 5 年以上的概率;

(4) 如果元件 B 可以用正常运行时间服从参数是 0.25 的元件替代, 试用随机模拟方法分析元件 B 被替换后系统正常运行的平均时间会更长吗? 如果考虑的是系统 1 年内失效的概率最小, 元件 B 是否需要被替代?

8. 人的血型由 O, A, B 三种基因决定, 子女的血型由父母各出一个基因构成, O+O 为 O 型, A+A 或 A+O 为 A 型, B+B 或 B+O 为 B 型, A+B 为 AB 型. 设一群人中携带 A, B, O 三种基因的概率分别为 θ_1, θ_2, θ_3, 从该群人中随机检测 n 个人, 得到的 O, A, B, AB 四种血型的人数分别是 n_1, n_2, n_3, n_4. 试讨论参数 θ_1, θ_2, θ_3 的最大似然估计.

9. 请查阅资料, 了解什么是非参数估计, 并指出常见的非参数估计问题及解决方法有哪些?

10. 结合你的专业背景研讨问题——结合你的专业提出一个参数估计问题, 并用所学的参数估计方法解决.

C 组

1. 总体 (X,Y) 的联合分布律如表 6 所示.

表 6 联合分布律表

Y \ X	0	1
0	p_{00}	p_{01}
1	p_{10}	p_{11}

参数 $p_{ij}, i, j = 0,1$ 未知, 讨论如何求未知参数的矩估计值和最大似然估计值.

2. 对例 3.4.1, 如果从厂商生产的饮用水中任意取出一瓶水, 试估计置信度为 0.95 时这瓶水的苯含量的置信区间.

第 4 章 假 设 检 验

假设检验(hypothesis testing)是统计推断的一个重要内容，它是利用样本数据对总体的某种假设进行判断. 假设检验广泛应用于社会生活、工程实践、经济管理和科学研究等领域，如判断新药疗效是否有显著提高、新工艺对环境的污染是否明显、生产流水线的生产状况是否正常、两地区居民的收入是否有明显差异，等等. 本章主要介绍假设检验的基本原理、基本方法及其应用.

4.1 引例——变速器中间轴间隔环的厚度问题

例 4.1.1 某企业生产一种变速器中间轴间隔环. 正常情况下，间隔环的厚度服从均值为 39cm、标准差为 0.011cm 的正态分布. 为了保证生产质量，该企业对每批产品都要进行抽样检查. 现从一批产品中随机抽取了 9 个间隔环，测得其厚度(单位：cm)分别为 38.616, 38.866, 39.040, 38.583, 39.240, 38.985, 38.772, 38.909, 38.314. 问:

(1) 这批间隔环的平均厚度是否为 39cm?

(2) 这批间隔环的厚度是否服从正态分布?

此例中，总体是该批间隔环的厚度值构成的集合，假设用随机变量 X 表示，并记 $EX=\mu$，$DX=\sigma^2$. 如果 $X_1,X_2,\cdots,X_n$ 表示来自总体 X 的样本，$x_1,x_2,\cdots,x_n$ 为样本值，则例 4.1.1 讨论的问题为，在给定样本值 $x_1,x_2,\cdots,x_n$ 的条件下判断:

(1) 总体 X 的参数 μ 是否为 39;

(2) 总体 X 是否服从 $N(\mu,\sigma^2)$.

这是两个假设检验问题，“$X\sim N(\mu,\sigma^2)$”“$X\nsim N(\mu,\sigma^2)$”“$\mu=39$”“$\mu\neq 39$”，即关于总体 X 的规律性或特征等的陈述，称为“假设”，依据样本值 $x_1,x_2,\cdots,x_n$ 对 “假设” 做出判断，称为“假设检验”. 假设检验问题可分为参数假设检验(parameter hypothesis testing)问题和非参数假设检验(non-parametrical hypothesis testing)问题. “假设” 是关于总体未知参数的检验问题称为参数假设检验问题，如例 4.1.1 中的问题(1). “假设”是关于总体分布规律等的检验问题称为非参数假设检验问题，如例 4.1.1 中的问题(2). 假设检验方法多种多样，但检验的基本原理是相同的，下面将通过例子说明假设检验的基本原理.

4.2 假设检验的基本原理

4.2.1 假设检验的推断方法

以例 4.1.1 的问题(1)为例. 该问题关心的是总体 X 的参数 μ，需要检验的假设是“$\mu=39$”与“$\mu\neq 39$”. 一般，将假设“$\mu=39$”记为 H_0: μ=39，称为原假设(null hypothesis)或零假设，将

“$\mu \neq 39$”记为 $H_1:\mu \neq 39$，称为备择假设(alternative hypothesis)，也称为对立假设. 这时，假设检验问题表示为

$$H_0:\mu=39,\quad H_1:\mu \neq 39 \tag{4.2.1}$$

由于 μ 是未知的，故考虑用 μ 的点估计量 $\bar{X}$ 的样本值 $\bar{x}$ 来推断 μ 的真实情况. $\bar{X}$ 是一个随机变量，有很多可能的取值，其取值的均值 $E\bar{X}=EX=\mu$，方差 $D\bar{X}=\dfrac{\sigma^2}{n}$，即说明 $\bar{X}$ 的全部取值中大部分的值分布在参数 μ 的附近，多数情况下 $|\bar{x}-\mu|$ 不会太大. 因此，当 $\bar{x}$ 与 39 的绝对差异值 $|\bar{x}-39|$ 很小时，没有太多的理由怀疑 $H_0:\mu=39$ 的真实性，但当 $|\bar{x}-39|$ 很大时，就会怀疑 $H_0:\mu=39$ 的真实性而相信假设 $H_1:\mu \neq 39$，并且，$\bar{x}$ 与 39 的差异性超过某个程度(不妨假设为 $c\,(>0)$)的条件概率

$$P\left\{\left|\bar{X}-39\right|>c \,\middle|\, H_0\text{成立}\right\}=P\left\{\left|\bar{X}-39\right|>c \,\middle|\, \mu=39\right\} \tag{4.2.2}$$

越小，$H_0:\mu=39$ 的真实性程度越小，而 $H_1:\mu \neq 39$ 的真实性程度越大. 所以，当 $|\bar{x}-39|>c$，且对应的概率 $P\left\{\left|\bar{X}-39\right|>c \,\middle|\, \mu=39\right\}$ 非常小，即在 $H_0:\mu=39$ 成立条件下事件 $\left\{\left|\bar{X}-39\right|>c\right\}$ 是一个小概率事件时，有足够的理由否定假设 $H_0:\mu=39$ 而接受 $H_1:\mu \neq 39$；当 $|\bar{x}-39| \leqslant c$ 时，由于没有充分的理由否定 $H_0:\mu=39$ 的真实性，所以，不能拒绝假设 $H_0:\mu=39$. 对问题(4.2.1)式的这种推断方法就是假设检验的推断方法. 实际上，假设检验的推断方法使用了小概率原理，即“小概率事件在一次随机试验中几乎不会发生”. 如果撇开例 4.1.1 的具体情况，仅看推断过程，对原假设 H_0 与备择假设 H_1 的推断方法便是：如果抽样试验发生的随机事件在原假设 H_0 成立条件下是小概率事件，则判断 H_0 不成立而 H_1 成立，一般说法为：拒绝 H_0 接受 H_1；如果抽样试验发生的随机事件在原假设 H_0 成立条件下不是小概率事件，则不能否定 H_0，一般说法是：不拒绝 H_0. 事实上，在日常生活和工作中我们经常使用这个推断方法，它是建立在小概率原理基础上的一种反证法，有人称之为概率反证法.

根据例 4.1.1 中的样本数据，计算得到 $\bar{x}=38.814$，如何按照上述推断方法对问题(4.2.1)作出具体的判断呢？这时，需要度量前面提到的“小概率”和确定参数 c. 事实上，对“小概率”没有一个严格的度量标准，一般是根据实际情况事先人为地选定一个较小的概率值，记为 α，并且认为概率不超过 α 的事件是小概率事件，这样的 α 称为显著水平(level of significance).当显著水平 α 取定时，参数 c 应满足

$$P\left\{\left|\bar{X}-39\right|>c \,\middle|\, H_0\text{成立}\right\}=P\left\{\left|\bar{X}-39\right|>c \,\middle|\, \mu=39\right\} \leqslant \alpha \tag{4.2.3}$$

如果假设总体 $X \sim N(\mu, 0.011^2)$，则在 $H_0:\mu=39$ 成立的条件下，有 $U=\dfrac{\bar{X}-39}{0.011/\sqrt{n}} \sim N(0,1)$，从而

$$P\left\{\left|\bar{X}-39\right|>c \,\middle|\, \mu=39\right\}=P\left\{|U|>\frac{c}{0.011/\sqrt{n}} \,\middle|\, \mu=39\right\}$$

令 $P\left\{|U|>\dfrac{c}{0.011/\sqrt{n}} \,\middle|\, \mu=39\right\}=\alpha$，得 $\dfrac{c}{0.011/\sqrt{n}}=u_{1-\frac{\alpha}{2}}$. 于是，(4.2.3)式中的参数 $c=\dfrac{0.011}{\sqrt{n}}u_{1-\frac{\alpha}{2}}$.

因此，在给定显著水平 α 时，问题(4.2.1)的检验方法为：当 $\bar{X}$ 的样本值 $\bar{x}$ 满足

$$|\bar{x}-39|>\frac{0.011}{\sqrt{n}}u_{1-\frac{\alpha}{2}} \tag{4.2.4}$$

时，拒绝$H_0:\mu=39$接受$H_1:\mu\neq 39$；当

$$|\bar{x}-39|\leqslant\frac{0.011}{\sqrt{n}}u_{1-\frac{\alpha}{2}} \tag{4.2.5}$$

时，不拒绝$H_0:\mu=39$.

若取$\alpha=0.05$，则$u_{1-\frac{\alpha}{2}}=u_{0.975}=1.96$，代入(4.2.4)式，得到

$$|\bar{x}-39|>\frac{0.02156}{\sqrt{n}} \tag{4.2.6}$$

此式表示：在显著水平是 0.05 时，如果样本容量为n的样本均值$\bar{x}$与 39 的绝对差异值$|\bar{x}-39|$超过了正数$\frac{0.02156}{\sqrt{n}}$，则拒绝$H_0:\mu=39$接受$H_1:\mu\neq 39$；如果差异值$|\bar{x}-39|$未超过$\frac{0.02156}{\sqrt{n}}$，则不拒绝$H_0:\mu=39$. 对抽样结果：$n=9$，$\bar{x}=38.814$，有$|\bar{x}-39|=0.186>\frac{0.02156}{\sqrt{9}}\approx 0.007$，所以，对问题(4.2.1)的检验结果是拒绝$H_0:\mu=39$接受$H_1:\mu\neq 39$，即所得到的 9 个样本数据在显著水平为 0.05 时充分支持备择假设$H_1:\mu\neq 39$，判断间隔环的平均厚度不为 39cm.

令

$$\chi_0=\left\{(x_1,x_2,\cdots,x_n)\middle||\bar{x}-39|>\frac{0.011}{\sqrt{n}}u_{1-\frac{\alpha}{2}}\right\} \tag{4.2.7}$$

$$\bar{\chi}_0=\left\{(x_1,x_2,\cdots,x_n)\middle||\bar{x}-39|\leqslant\frac{0.011}{\sqrt{n}}u_{1-\frac{\alpha}{2}}\right\} \tag{4.2.8}$$

因此，问题(4.2.1)的判断方法也可以表述为：当$(x_1,x_2,\cdots,x_n)\in\chi_0$时，拒绝原假设$H_0$接受备择假设$H_1$；当$(x_1,x_2,\cdots,x_n)\in\bar{\chi}_0$时，不拒绝原假设$H_0$. χ_0称为(原假设H_0的)拒绝域(rejection region)，$\bar{\chi}_0$称为(原假设H_0的)接受域(acceptance region)，$\bar{X}$称为检验统计量. 由此可见，对假设检验问题，要比较方便地进行检验，需要确定一个类似于$\bar{X}$的检验统计量和相应的拒绝域χ_0.

4.2.2　假设检验的基本步骤

为了帮助假设检验的初学者正确使用检验方法，在此将假设检验的基本步骤总结如下，当熟悉了检验方法后有些步骤可以省去.

第一步　根据研讨的问题，提出假设.

通常情况下，“假设”包含两个关于总体的陈述：一个称为原假设，记为H_0，另一个称为备择假设，记为H_1. 原假设与备择假设的内容是互斥的，不能同时成立. 对假设检验问题，如果假设检验结果是拒绝原假设，则等同于接受备择假设.

对参数假设检验问题，原假设与备择假设可以用参数空间Θ内的一个非空集合描述. 如，例 4.1.1 的问题(1)，μ的参数空间$\Theta=\{\mu|\mu>0\}$，记$\Theta_0=\{\mu|\mu=39\}$，$\Theta_1=\{\mu|\mu\neq 39,\mu>0\}$，则原假设可以表示为$H_0:\mu\in\Theta_0$. 由于$\Theta_0$是单元素集合，所以$H_0:\mu\in\Theta_0$又称为简单假设. 备

择假设表示为 $H_1:\mu\in\Theta_1$，Θ_1 是多元素集合，所以 $H_1:\mu\in\Theta_1$ 又称为复杂假设. 一般来说，参数空间中任意两个不相交的非空子集都可组成一个参数假设.

在参数假设检验中，备择假设 H_1 的内容可以是关于未知参数的一种没有特定方向的变化，也可以是关于未知参数在某一特定方向的变化. 例如，H_0:μ=39，H_1:$\mu\neq 39$，H_1 只关心未知参数 μ 与 39 存在的差异性，不关心这个差异是正向的还是负向的；而 H_0:μ=39，H_1:$\mu>39$ 中的 H_1 关心的是参数 μ 与 39 的正向差异性. 备择假设内容没有特定方向性的假设检验称为双侧检验或双尾检验(two-tailed test)，备择假设内容具有特定方向性的假设检验称为单侧检验或单尾检验(one-tailed test).

第二步 选择检验统计量.

假设检验是通过计算某个统计量 $W=W(X_1,X_2,\cdots,X_n)$ 的样本值来完成的，这样的统计量称为检验统计量. 如，统计量 $\bar{X}$ 就是问题(4.2.1)的一个检验统计量，通过计算 $\bar{X}$ 的样本值 $\bar{x}$ 可以判断是否拒绝原假设 $H_0:\mu=39$. 如果将不等式(4.2.4)式变形，并令 $u=\dfrac{\bar{x}-39}{0.011}\sqrt{n}$，便得到拒绝域的另一种表达式形式：$\mathscr{X}_0=\left\{(x_1,x_2,\cdots,x_n)\middle||u|>u_{1-\frac{\alpha}{2}}\right\}$. 这时，$u$ 对应的统计量 $U=\dfrac{\bar{X}-39}{0.011}\sqrt{n}$ 也是问题(4.2.1)式的一个检验统计量. 可见，检验统计量是不唯一的.

注意到，有时为了方便，常用检验统计量的样本值直接描述拒绝域和接受域. 例如，问题(4.2.1)的拒绝域也可表示为

$$\mathscr{X}_0=\left\{\bar{x}\middle||\bar{x}-39|>\frac{0.011}{\sqrt{n}}u_{1-\frac{\alpha}{2}}\right\}\xlongequal{\text{简记}}\left\{|\bar{x}-39|>\frac{0.011}{\sqrt{n}}u_{1-\frac{\alpha}{2}}\right\} \tag{4.2.9}$$

或

$$\mathscr{X}_0=\left\{u\middle||u|>u_{1-\frac{\alpha}{2}}\right\}\xlongequal{\text{简记}}\left\{|u|>u_{1-\frac{\alpha}{2}}\right\} \tag{4.2.10}$$

检验统计量 W 的确定有时是很困难的，为了确定原假设 H_0 的拒绝域常常要求在一定的条件下检验统计量 W 的精确分布或极限分布是已知的，或者检验统计量 W 的分位数是可以计算的. 如，当例 4.1.1 的总体 $X\sim N(\mu,0.011^2)$ 时，在 H_0:μ=39 成立条件下检验统计量 $U=\dfrac{\bar{X}-39}{0.011}\sqrt{n}\sim N(0,1)$，从而，拒绝域中的参数 c 可选择为 $\dfrac{0.011}{\sqrt{n}}u_{1-\frac{\alpha}{2}}$.

第三步 给出显著水平 α，确定拒绝域 $\mathscr{X}_0$.

显著水平 α 的取值具有主观性，通常取为 0.1, 0.05, 0.01. 在应用问题中，如果 α 取 0.1 时是拒绝原假设，则称假设检验较显著；取 0.05 时是拒绝原假设，则称假设检验显著；取 0.01 时是拒绝原假设，则称假设检验高度显著.

为了确定拒绝域，一般是先给出拒绝域的形式，然后利用假设检验的推断方法再把拒绝域完全确定下来. 当检验统计量 $W=W(X_1,X_2,\cdots,X_n)$ 的样本值 $w=W(x_1,x_2,\cdots,x_n)\in\chi_0$ 时，检验结果是拒绝 H_0 接受 H_1，说明这时的样本信息与假设 H_1 是一致的，样本信息反映了备择假设 H_1. 因此，可以根据备择假设 H_1 来设计拒绝域的形式. 如，对问题(4.2.1)，若 $H_1:\mu\neq 39$ 成立，则说明 $\bar{x}$ 与 39 之间的差异值 $|\bar{x}-39|$ 较大，所以，$H_0:\mu=39$ 的拒绝域形式为

$\mathscr{X}_0=\{|\bar{x}-39|>c\}$，其中 c 为某个正数. 当显著水平为 α 时，参数 c 的确定方法为

$$P\{\bar{X}\in\mathscr{X}_0 \mid H_0\text{成立}\}=P\{|\bar{X}-39|>c \mid \mu=39\}\leqslant\alpha \tag{4.2.11}$$

类似地，对假设：H_0: $\mu=\mu_0$，H_1:$\mu>\mu_0$，拒绝域的形式为 $\mathscr{X}_0=\{\bar{x}_0-\mu>c\}$ (其中 $c>0$)；对假设：H_0:$\mu\geqslant\mu_0$，H_1:$\mu<\mu_0$，拒绝域的形式为 $\mathscr{X}_0=\{\bar{x}-\mu_0<c\}$ (其中 $c<0$). 拒绝域中未知参数 c 的确定原则均为：

$$P\{W(X_1,X_2,\cdots,X_n)\in\mathscr{X}_0 \mid H_0\text{成立}\}\leqslant\alpha \tag{4.2.12}$$

第四步　判断.

根据样本值 $x_1,x_2,\cdots,x_n$，计算检验统计量的样本值 $w=W(x_1,x_2,\cdots,x_n)$，并进行判断：

若 $w\in\mathscr{X}_0$，则拒绝 H_0 接受 H_1，说明样本信息支持假设 H_1，拒绝假设 H_0 接受 H_1 的理由是充分的.

若 $w\in\bar{\mathscr{X}}_0$，则不拒绝 H_0，为方便起见，一般说成接受 H_0. 这时，说明样本信息不支持拒绝 H_0.

为了更好地理解和使用假设检验方法，下面给出几点说明.

1. 在假设检验的推断中，原假设 H_0 是受保护的

从假设检验的推断方法可以看见，只有当抽样试验发生了 H_0 成立下的小概率事件时，检验结果才是拒绝 H_0 接受 H_1. 这说明检验做出拒绝 H_0 接受 H_1 的决定是谨慎的、有力的、理由充分的，假设检验是不轻易否定原假设 H_0 的，H_0 是受保护的，并且受保护的程度与显著水平 α 有关，α 越小，小概率事件就越难发生，H_0 就越难被否定. 另一方面，假设检验对原假设 H_0 的肯定相对来说是缺乏说服力的，当抽样试验结果与原假设 H_0 没有明显的矛盾时，就接受原假设 H_0，但这并不意味着抽样试验结果充分证明了原假设 H_0 成立.

2. 原假设与备择假设的确定问题

如何确定原假设与备择假设不是一个数学问题，没有严格的标准，主要看怎么利用假设检验的推断方法来研究所关心的问题. 通常，有以下四种做法.

(1) 由于在假设检验方法中，原假设是受到保护的，是不能轻易被拒绝的，而接受备择假设是慎重的，要有充足的依据. 所以，使用假设检验方法时，一般把需要有充分的理由才能否定的"假设"作为原假设，把不能轻易接受的"假设"作为备择假设. 例如，对一个有良好信誉、产品质量水平高的企业的产品检验，常常将原假设设为产品合格加以保护，以免因抽样的随机性而轻易否定该企业的产品质量. 又如，对新药疗效的判断，如果认为"新药实际无效而判断为有效"所造成的后果是十分严重的，判断"新药有效"要慎重，则备择假设选择为：新药有效，原假设为：新药无效.

(2) 在实际问题中，"假设"的提出是有一定的理由的，但这个理由通常不是很充足的，因此，希望通过收集证据对"假设"进行检验. 通常，"原假设"是研究者想收集证据予以反对的假设，备则假设是研究者想通过收集证据予以支持的"假设"，假设检验的目的主要是想收集证据来拒绝原假设支持备则假设.

(3) 选择较简单的假设为原假设. 以例 4.1.1 问题(1)为例，原假设选择为 $H_0:X\sim N(\mu,\sigma^2)$，备择假设为 $H_1:X\nsim N(\mu,\sigma^2)$. 备择假设 $H_1:X\nsim N(\mu,\sigma^2)$ 比原假设更复杂，

包含了更多的分布.

(4) 能从假设检验结果中得出有用的结论.

例 4.2.1　规格要求某种水管的平均断裂强度应大于 350kg/10cm. 一工程技术员拟对某厂家生产的水管断裂强度进行假设检验，以确定是否使用该厂家的水管. 随机选取了一根 100cm 长的水管，测量水管的断裂强度，然后进行假设检验. 工程技术员的决策原则是：若检验结果是水管的平均断裂强度 $\mu > 350$，则使用该厂家的水管，否则，不使用这个厂家的水管.

若假设为 $H_0{:}\mu \leqslant 350$，$H_1{:}\mu > 350$. 当检验结果是拒绝 H_0 时，说明样本数据充分支持水管断裂强度符合规格要求，这时，工程技术员会选用该厂家的水管. 当检验结果是接受 H_0 时，说明样本数据不能充分支持 $H_1{:}\mu > 350$，这时，技术人员不会选用这种水管. 实际情况有可能是 $\mu \leqslant 350$，所以，技术员是否选用这种水管取决于是否拒绝 $H_0{:}\mu \leqslant 350$. 这时进行的假设检验是有意义的，原假设与备择假设选择是正确的.

如果假设是 $H_0{:}\mu \geqslant 350$，$H_1{:}\mu < 350$. 则拒绝 H_0 时得到的结论是：$\mu < 350$，技术人员将不选用这种类型的水管；当接受 H_0 时，实际情况是：$\mu \geqslant 350$，或 $\mu < 350$，所以，技术人员也将不选用该类型的水管. 因此，不论是拒绝 H_0 还是接受 H_0，技术人员都不会选用该厂家的水管. 所以，进行这样的假设检验是没有意义的，即原假设与备择假设选择是不正确的.

4.2.3　假设检验的两类错误

由于“假设”的真实性是未知的，因此，假设检验做出的判断可能与事实不符合，出现判断错误，如表 4.2.1 所示. 把做出拒绝 H_0 的判断可能犯的错误(即 H_0 成立时检验结果却是拒绝 H_0)称为第Ⅰ类错误(typeⅠerror)或弃真错误；把做出接受 H_0 的判断可能犯的错误(即 H_0 不成立时但检验结果却是接受 H_0)称为第Ⅱ类错误(typeⅡerror)或纳伪错误. 因此

$$P\{\text{犯第I类错误}\}=P\{\text{拒绝}H_0\,|H_0\text{成立}\}=P\{W\in\chi_0\,|H_0\text{成立}\} \tag{4.2.13}$$

$$P\{\text{犯第II类错误}\}=P\{\text{接受}H_0\,|H_0\text{不成立}\}=P\{W\in\overline{\chi}_0\,|H_1\text{ 成立}\}\xlongequal{\text{记为}}\beta \tag{4.2.14}$$

对问题(4.2.1)，在总体 $X \sim N(\mu, 0.011^2)$ 的假设下，显著水平为 α 时，拒绝域

$$\mathscr{X}_0=\left\{|\overline{x}-39|>\frac{0.011}{\sqrt{n}}u_{1-\frac{\alpha}{2}}\right\}$$

表 4.2.1　假设检验的两类错误

检验结果 \ 真实情况	H_0 成立	H_0 不成立 (H_1 成立)
拒绝 H_0	犯第Ⅰ类错误(弃真错误)	推断正确
接受 H_0	推断正确	犯第Ⅱ类错误(纳伪错误)

由(4.2.13)式得，此检验方法犯第Ⅰ类错误的概率为

$$P\{\text{拒绝}H_0|H_0\text{成立}\}=P\left\{\left|\overline{X}-39\right|>\frac{0.011}{\sqrt{n}}u_{1-\frac{\alpha}{2}}\ \middle|\ \mu=39\right\}$$
$$=P\left\{\left|\frac{\overline{X}-39}{0.011/\sqrt{n}}\right|>u_{1-\frac{\alpha}{2}}\ \middle|\ \mu=39\right\}=\alpha$$

恰好是显著水平α．α越小，犯第Ⅰ类错误的概率越小．因此，通过显著水平α的大小可以控制检验方法犯第Ⅰ类错误的概率.

由(4.2.14)式得，检验方法犯第Ⅱ类错误的概率

$$\beta=P\{\text{接受}H_0|H_0\text{不成立}\}=P\left\{\left|\overline{X}-39\right|\leqslant\frac{0.011}{\sqrt{n}}u_{1-\frac{\alpha}{2}}\ \middle|\ \mu\neq39\right\}$$
$$=P\left\{\frac{(39-\mu)}{0.011/\sqrt{n}}-u_{1-\frac{\alpha}{2}}\leqslant\frac{\overline{X}-\mu}{0.011/\sqrt{n}}\leqslant\frac{(39-\mu)}{0.011/\sqrt{n}}+u_{1-\frac{\alpha}{2}}\ \middle|\ \mu\neq39\right\}$$
$$=\Phi\left(\frac{(39-\mu)}{0.011/\sqrt{n}}+u_{1-\frac{\alpha}{2}}\right)-\Phi\left(\frac{(39-\mu)}{0.011/\sqrt{n}}-u_{1-\frac{\alpha}{2}}\right)\tag{4.2.15}$$

(4.2.15)式显示，β是总体均值μ、样本容量 n、显著水平α的函数．如果$\mu=39.006$，n=9，$\alpha=0.05$ ($u_{1-\frac{\alpha}{2}}=u_{0.975}=1.96$)，则由(4.2.15)式得

$$\beta=\Phi\left(\frac{(39-39.006)}{0.011/\sqrt{9}}+1.96\right)-\Phi\left(\frac{(39-39.006)}{0.011/\sqrt{9}}-1.96\right)\approx0.627$$

计算结果显示，当总体均值μ的实际值是 39.006 时，若检验方法犯第Ⅰ类错误的概率控制为5%，则样本容量为 9 时检验方法犯第Ⅱ类错误的概率大约为 62.7%．可见，当用显著水平α的取值将检验方法犯第Ⅰ类错误的概率控制到很小时，检验方法犯第Ⅱ类错误的概率可能很大.

表 4.2.2 根据(4.2.15)式给出了 n, μ, α 取不同值时对应的β的值．从表 4.2.2 中可以看出：当 n, μ 固定不变时，犯第Ⅰ类错误的概率α变小，犯第Ⅱ类错误的概率β就会增大；如果μ, α固定不变，样本容量增大犯第Ⅱ类错误的概率β就会减小；如果 n, α 固定不变，则μ与 39 的差异性越大犯第Ⅱ类错误的概率β越小，反之，犯第Ⅱ类错误的概率β越大.

表 4.2.2　n，μ，α 不同取值下犯第Ⅱ类错误的概率 β

样本容量 n	总体均值μ	显著水平α	β
9	39.006	0.05	0.627
9	39.006	0.01	0.826
13	39.006	0.05	0.497
43	39.006	0.05	0.053
9	39.001	0.05	0.941
13	39.001	0.05	0.938
43	39.001	0.05	0.908
9	39.015	0.05	0.017

图 4.2.1、图 4.2.2 从概率的几何意义角度直观反映了犯两类错误的概率之间的关系. 两图中的曲线是 $\bar{X}\left(\bar{X}\sim N\left(\mu,\dfrac{0.011^2}{n}\right)\right)$ 的正态分布密度函数曲线. 在样本容量 n 固定时, 正态分布的密度函数曲线的形状不变, 仅仅是位置不一样. 从图 4.2.1 中可以看到, 当 α 减小时, β 增大; 当 α 增大时, β 减小, α 与 β 大小变化方向是相反的. 图 4.2.2 显示, 总体均值 μ 离 39 越远犯第Ⅱ类错误的概率 β 越小, μ 离 39 越近犯第Ⅱ类错误的概率 β 越大.

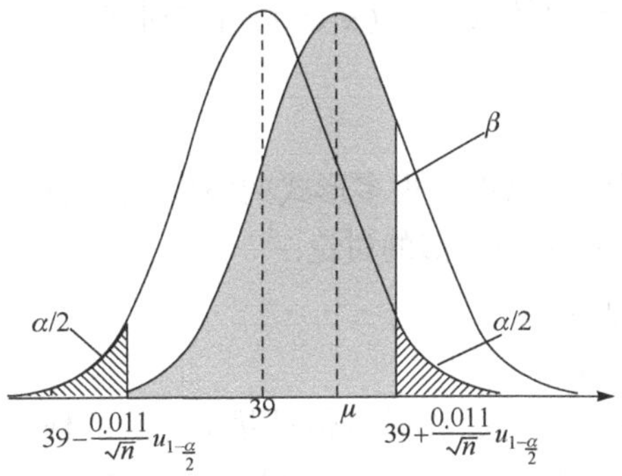

图 4.2.1　犯两类错误的概率的几何意义示意图

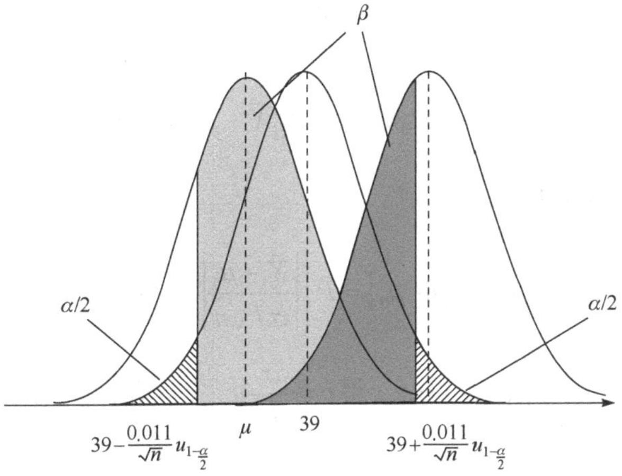

图 4.2.2　总体均值 μ 与犯第Ⅱ类错误的概率 β 的关系示意图

事实上, 由(4.2.15)式可知, 在样本容量 n,μ 给定的情况下, β 是 α 的递减函数, α 减小 β 会增大, α 增大 β 会减小, 犯两类错误的概率的大小变化方向相反. 在给定较小的 α 时, 增大样本容量 n 可以让 β 变小. 但在实际中, 样本容量太大将增加抽样试验成本, 甚至使试验无法完成. 一般的做法是先控制犯第Ⅰ类错误的概率 α, 然后确定 β 的值. 如果 β 太大, 则适当增大样本容量 n 使 β 减小; 如果实际问题不需要 β 太小, 则可考虑减小样本容量 n 以节省人力、物力与时间.

注意到, 前面介绍的检验方法是通过事先选取显著水平 α 来控制检验方法犯第Ⅰ类错误概率的, 这样的检验方法称为显著性检验法.

4.3　单个总体的参数假设检验

这节将讨论单个正态总体或非正态总体参数的假设检验方法.

4.3.1　正态总体的参数检验

设样本 $X_1, X_2, \cdots, X_n$ 来自总体 $X \sim N(\mu, \sigma^2)$，显著水平为 α.

1. 总体均值 μ 的检验

对均值 μ，根据实际问题可以提出很多形式的假设，在此仅讨论下列两种形式(其中 μ_0 是已知常数)，对其他形式的假设可做类似的讨论.

(1) $H_0: \mu = \mu_0, H_1: \mu \neq \mu_0$;

(2) $H_0: \mu \geqslant \mu_0, H_1: \mu < \mu_0$.

如前面所述，对参数 μ 的假设，选择点估计量 $\hat{\mu} = \bar{X}$ 的样本值 $\bar{x}$ 来进行推断. 由于形式(1)的备择假设为 $H_1: \mu \neq \mu_0$，所以，当 $\bar{x}$ 与 μ_0 的差异性足够大时就可以推断原假设 $H_0: \mu=\mu_0$ 不成立而备择假设 $H_1: \mu \neq \mu_0$ 成立. 因此，拒绝域形式表示为

$$\mathscr{X}_0 = \{|\bar{X} - \mu_0| > c\} \tag{4.3.1}$$

且临界值 $c(>0)$满足

$$P\{|\bar{X} - \mu_0| > c | H_0\text{成立}\} = P\{|\bar{X} - \mu_0| > c | \mu=\mu_0\} \leqslant \alpha \tag{4.3.2}$$

由于 $\dfrac{\bar{X} - \mu}{\sigma / \sqrt{n}} \sim N(0,1)$，且

$$P\{|\bar{X} - \mu_0| > c | \mu=\mu_0\} = P\left\{\left|\frac{\bar{X} - \mu_0}{\sigma / \sqrt{n}}\right| > \frac{c}{\sigma / \sqrt{n}} \middle| \mu=\mu_0\right\}$$

所以，令 $P\left\{\left|\dfrac{\bar{X} - \mu_0}{\sigma / \sqrt{n}}\right| > \dfrac{c}{\sigma / \sqrt{n}} \middle| \mu=\mu_0\right\} = \alpha$，得 $c = \dfrac{\sigma}{\sqrt{n}} u_{1-\frac{\alpha}{2}}$. 于是，假设(1)的检验统计量为 $\hat{\mu} = \bar{X}$，拒绝域

$$\mathscr{X}_0 = \left\{|\bar{X} - \mu_0| > \frac{\sigma}{\sqrt{n}} u_{1-\frac{\alpha}{2}}\right\} \tag{4.3.3}$$

将(4.3.3)式变形，则可得到检验统计量为

$$U = \frac{\bar{X} - \mu_0}{\sigma / \sqrt{n}} \tag{4.3.4}$$

时的拒绝域

$$\mathscr{X}_0 = \left\{|u| > u_{1-\frac{\alpha}{2}}\right\} \tag{4.3.5}$$

这个检验方法称为 U 检验法，其拒绝域的示意图形如图 4.3.1 所示.

(4.3.3)式和(4.3.5)式表示，对给定的显著水平 α，在总体方差 σ^2 已知条件下，当 μ 的点估

计值 $\hat{\mu}=\bar{x}$ 与 μ_0 的差异值 $|\bar{x}-\mu_0|$ 超过了临界值 $\frac{\sigma}{\sqrt{n}}u_{1-\frac{\alpha}{2}}$，或差异值 $|\bar{x}-\mu_0|$ 与点估计量 $\hat{\mu}=\bar{X}$ 的标准差 $\frac{\sigma}{\sqrt{n}}$ 的比值超过了 $u_{1-\frac{\alpha}{2}}$，则有充足的理由认为备择假设 $H_1:\mu\neq\mu_0$ 成立而原假设 $H_0:\mu=\mu_0$ 不成立.

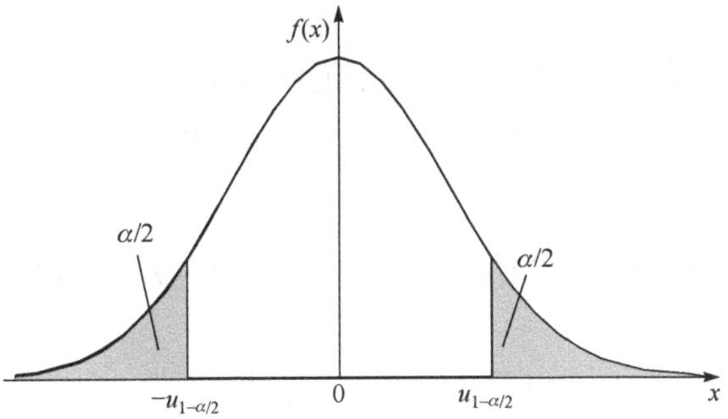

图 4.3.1 U 检验法的拒绝域图形

当 σ^2 未知时，因为 $\frac{\bar{X}-\mu}{S/\sqrt{n}}\sim t(n-1)$，且

$$P\left\{|\bar{X}-\mu_0|>c\,\middle|\,\mu=\mu_0\right\}=P\left\{\left|\frac{\bar{X}-\mu_0}{S/\sqrt{n}}\right|>\frac{c}{S/\sqrt{n}}\,\middle|\,\mu=\mu_0\right\}$$

令 $P\left\{\left|\frac{\bar{X}-\mu_0}{S/\sqrt{n}}\right|>\frac{c}{S/\sqrt{n}}\,\middle|\,\mu=\mu_0\right\}=\alpha$，得到 $c=t_{1-\frac{\alpha}{2}}(n-1)\frac{S}{\sqrt{n}}$. 这时，假设(1)的检验统计量为 $\hat{\mu}=\bar{X}$ 时的拒绝域

$$\mathscr{X}_0=\left\{|\bar{X}-\mu_0|>\frac{s}{\sqrt{n}}t_{1-\frac{\alpha}{2}}(n-1)\right\} \tag{4.3.6}$$

将(4.3.6)式变形，得到检验统计量为

$$T=\frac{\bar{X}-\mu_0}{S/\sqrt{n}} \tag{4.3.7}$$

时的拒绝域

$$\mathscr{X}_0=\left\{|t|>t_{1-\frac{\alpha}{2}}(n-1)\right\} \tag{4.3.8}$$

此检验方法称为 t 检验法，其拒绝域的示意图如图 4.3.2 所示.

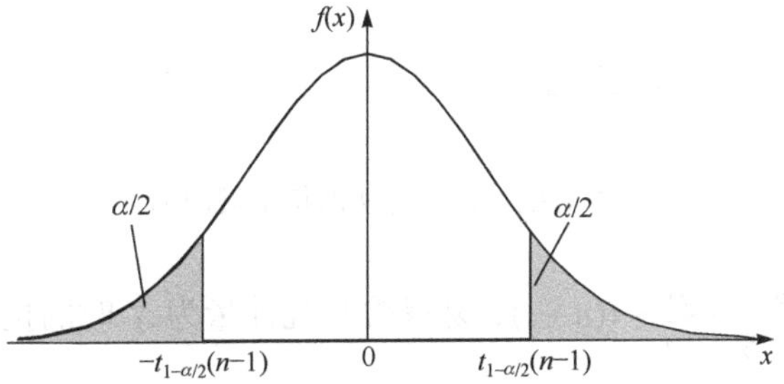

图 4.3.2 t 检验法的拒绝域图形

从(4.3.6)式和(4.3.8)式可知，在总体方差σ^2未知条件下，如果$\hat{\mu}=\bar{x}$与μ_0的差异值$|\bar{x}-\mu_0|$超过了临界值$\dfrac{s}{\sqrt{n}}t_{1-\frac{\alpha}{2}}(n-1)$，或者差异值$|\bar{x}-\mu_0|$与点估计量$\hat{\mu}=\bar{X}$的标准差$\sqrt{D\bar{X}}=\dfrac{\sigma}{\sqrt{n}}$的估计值$\dfrac{s}{\sqrt{n}}$之比超过了$t_{1-\frac{\alpha}{2}}(n-1)$，则有充足的理由拒绝原假设$H_0:\mu=\mu_0$接受$H_1:\mu\neq\mu_0$.

对形式(2)，根据备择假设$H_1:\mu<\mu_0$，将拒绝域形式设为

$$\mathscr{X}_0=\left\{\bar{X}-\mu_0<c\right\}(c<0) \tag{4.3.9}$$

且

$$P\left\{\bar{X}-\mu_0<c\middle|H_0\text{成立}\right\}=P\left\{\bar{X}-\mu_0<c\middle|\mu\geqslant\mu_0\right\}\leqslant\alpha \tag{4.3.10}$$

因为

$$\begin{aligned}&P\left\{\bar{X}-\mu_0<c\middle|\mu\geqslant\mu_0\right\}\\ \leqslant\ &P\left\{\bar{X}-\mu<c\middle|\mu\geqslant\mu_0\right\}\\ =\ &P\left\{\frac{\bar{X}-\mu}{\sigma/\sqrt{n}}<\frac{c}{\sigma/\sqrt{n}}\middle|\ \mu\geqslant\mu_0\right\}\end{aligned}$$

且$P\left\{\dfrac{\bar{X}-\mu}{\sigma/\sqrt{n}}<\dfrac{c}{\sigma/\sqrt{n}}\middle|\ \mu\geqslant\mu_0\right\}=\alpha$时有$c=\dfrac{\sigma}{\sqrt{n}}u_\alpha$. 所以，$\sigma^2$已知时，对假设(2)，检验统计量为$\bar{X}$的拒绝域

$$\mathscr{X}_0=\left\{\bar{X}-\mu_0<\frac{\sigma}{\sqrt{n}}u_\alpha\right\} \tag{4.3.11}$$

检验统计量为(4.3.4)式时的拒绝域

$$\mathscr{X}_0=\left\{u<u_\alpha\right\} \tag{4.3.12}$$

其图形如图 4.3.3 所示.

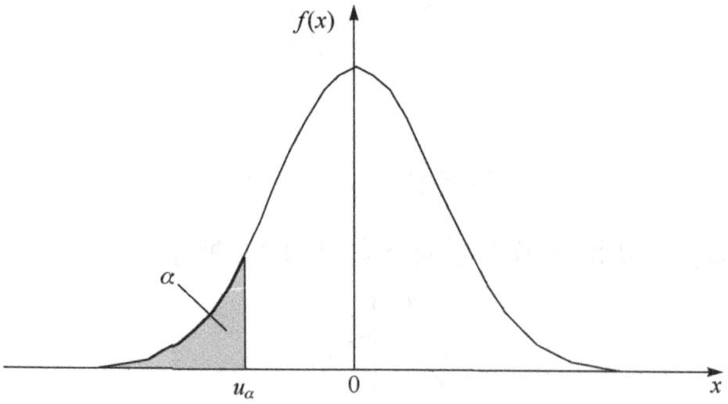

图 4.3.3　U检验法的拒绝域图形

如果σ^2未知，利用$\dfrac{\bar{X}-\mu}{S/\sqrt{n}}\sim t(n-1)$，易得检验统计量为$\bar{X}$时的拒绝域

$$\mathscr{X}_0=\left\{\bar{x}-\mu_0<\frac{s}{\sqrt{n}}t_\alpha(n-1)\right\} \tag{4.3.13}$$

检验统计量为(4.3.7)式时的拒绝域

$$\mathscr{X}_0 = \{t < t_\alpha(n-1)\} \tag{4.3.14}$$

其拒绝域的图形如图 4.3.4 所示.

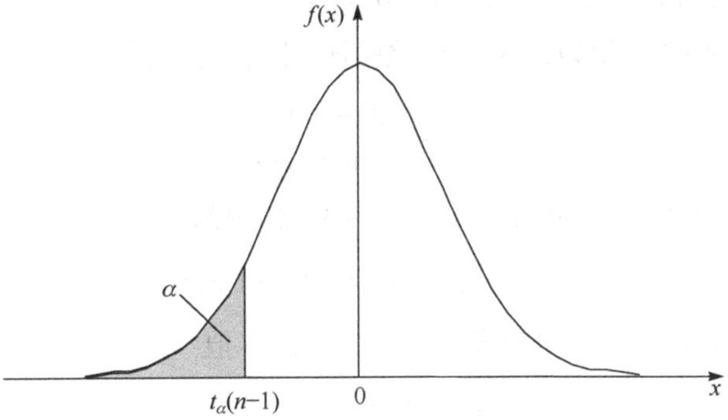

图 4.3.4　t 检验法的拒绝域图形

表 4.3.1 给出了对正态总体均值的不同假设形式的检验方法.

表 4.3.1　单个正态总体均值的假设检验方法

H_0	H_1	条件	检验法	检验统计量	H_0 的拒绝域 $\mathscr{X}_0$
$\mu=\mu_0$	$\mu\neq\mu_0$	σ^2 已知	U 检验法	$U=\dfrac{\bar{X}-\mu_0}{\sigma/\sqrt{n}}$	$\{\lvert u\rvert > u_{1-\frac{\alpha}{2}}\}$
		σ^2 未知	t 检验法	$T=\dfrac{\bar{X}-\mu_0}{S/\sqrt{n}}$	$\{\lvert t\rvert > t_{1-\frac{\alpha}{2}}(n-1)\}$
$\mu=\mu_0$ (或$\mu\leqslant\mu_0$)	$\mu>\mu_0$	σ^2 已知	U 检验法	$U=\dfrac{\bar{X}-\mu_0}{\sigma/\sqrt{n}}$	$\{u > u_{1-\alpha}\}$
		σ^2 未知	t 检验法	$T=\dfrac{\bar{X}-\mu_0}{S/\sqrt{n}}$	$\{t > t_{1-\alpha}(n-1)\}$
$\mu=\mu_0$ (或$\mu\geqslant\mu_0$)	$\mu<\mu_0$	σ^2 已知	U 检验法	$U=\dfrac{\bar{X}-\mu_0}{\sigma/\sqrt{n}}$	$\{u < u_\alpha\}$
		σ^2 未知	t 检验法	$T=\dfrac{\bar{X}-\mu_0}{S/\sqrt{n}}$	$\{t < t_\alpha(n-1)\}$

例 4.3.1　采用臭氧给水消毒有可能产生溴酸盐，食用过量的溴酸盐会对人体健康造成危害. 因此，饮用水水质标准规定每升水中溴酸盐含量不得超过 0.01mg. 为了评估一批饮用水的质量，随机抽取了容量为 10 升的样本，检测出每升水中溴酸盐的平均含量为 0.011mg. 假定一升水中溴酸盐的含量(单位: mg)服从 $N(\mu, 0.0092^2)$.

(1) 显著水平取 0.05 时，能认为这批饮用水的水质不符合标准吗？

(2) 如果水样是来自一升水中溴酸盐的平均含量为 0.015mg 的总体，(1)中的假设检验方法可能犯什么类型的错误？犯错的概率是多少？如果要求(1)中检验方法犯这类错误的概率不超过 0.1，样本容量至少是多少？

解 设受检查的饮用水一升水中的溴酸盐含量(单位：mg)为 X，则 X 为总体，且 $X\sim N(\mu,0.0092^2)$，抽样得到的样本信息是：样本容量 n=10，样本均值 $\bar{x}=0.011$.

(1) 要检验的假设为 $H_0:\mu\leqslant 0.01,\quad H_1:\mu>0.01$.

由于已知 $\sigma^2=0.0092^2$，所以，选择 U 检验法，检验统计量为

$$U=\frac{\bar{X}-0.01}{0.0092/\sqrt{n}} \tag{4.3.15}$$

显著水平 α=0.05 时，查附表 1，得 $u_{1-\alpha}=u_{0.95}\approx 1.65$. 拒绝域

$$\mathscr{X}_0=\{u>u_{1-\alpha}\}=\{u>1.65\}$$

将 $n=10$，$\bar{x}=0.011$ 代入(4.3.15)式，得到 U 的样本值

$$u=\frac{0.011-0.01}{0.0092/\sqrt{10}}\approx 0.3437\in\bar{\mathscr{X}}_0$$

所以，检验结果是不拒绝原假设，即在显著水平 0.05 下，抽样数据不充分支持备择假设，因而，不能根据抽样结果认为这批饮用水的溴酸盐含量超过了水质标准.

(2) 当总体 X 的均值 $\mu=0.015$，即 $H_1:\mu>0.01$ 成立时，(1)中的检验方法可能犯第Ⅱ类错误.

由于 $\dfrac{\bar{X}-\mu}{0.0092/\sqrt{n}}\sim N(0,1)$，所以，$n=10$ 时，(1)中的检验法犯第Ⅱ类错误的概率

$$\begin{aligned}\beta&=P\{\text{接受}H_0\,|\,H_0\text{不成立}\}=P\{U\in\bar{\chi}_0\,|\,H_1\text{成立}\}\\&=P\left\{\frac{\bar{X}-0.01}{0.0092/\sqrt{10}}\leqslant 1.65\,\middle|\,\mu=0.015\right\}\\&=P\left\{\frac{\bar{X}-\mu}{0.0092/\sqrt{10}}\leqslant 1.65+\frac{0.01-\mu}{0.0092/\sqrt{10}}\,\middle|\,\mu=0.015\right\}\\&=\varPhi\left(1.65+\frac{0.01-0.015}{0.0092/\sqrt{10}}\right)\approx\varPhi(-0.0686)\approx 0.473\end{aligned}$$

计算结果说明，当样本容量是 10 时，(1)中检验方法犯第Ⅱ类错误的概率大约是 47.3%.

若要求 μ=0.015 时(1)中检验方法犯第Ⅱ类错误的概率不超过 γ，即

$$P\left\{\frac{\bar{X}-0.01}{0.0092/\sqrt{n}}\leqslant 1.65\,\middle|\,\mu=0.015\right\}\leqslant\gamma$$

根据

$$\begin{aligned}&P\left\{\frac{\bar{X}-0.01}{0.0092/\sqrt{n}}\leqslant 1.65\,\middle|\,\mu=0.015\right\}\\&=P\left\{\frac{\bar{X}-\mu}{0.0092/\sqrt{n}}\leqslant 1.65+\frac{0.01-\mu}{0.0092/\sqrt{n}}\,\middle|\,\mu=0.015\right\}\\&=\varPhi\left(1.65+\frac{0.01-0.015}{0.0092/\sqrt{n}}\right)\end{aligned}$$

得到

$$1.65+\frac{0.01-0.015}{0.0092/\sqrt{n}}\leqslant u_{\gamma}$$

$$n\geqslant\left(\frac{1.65-u_{\gamma}}{0.5434}\right)^2 \tag{4.3.16}$$

表 4.3.2 按(4.3.16)式给出了γ的不同取值对应的样本容量 n. 从表 4.3.2 中可见, 概率γ越小, 要求抽取的样本容量 n 越大.

表 4.3.2 γ 值与对应的样本容量 n

γ	0.47	0.30	0.18	0.13	0.11	0.09	0.06	0.05
样本容量 n	11	17	23	27	29	31	35	37

当$\gamma=0.1$时, 由附表 1 得到分位数$u_{0.1}\approx-1.28$, 代入(4.3.16)式, 有

$$n\geqslant\left(\frac{1.65+1.28}{0.5434}\right)^2\approx 29.0734$$

即, 样本容量至少是 30 时检验方法犯第Ⅱ类错误的概率不超过 0.1.

例 4.3.2 某企业以前生产的某种电子元件的平均使用寿命是 3 万小时. 现在开发了一种新的电子元件, 从中随机抽取了 13 只, 测得平均使用寿命为 3.009 万小时, 标准差是 0.014 万小时. 假设电子元件的使用寿命(单位: 万小时)服从正态分布. 与以前的电子元件比较, 当显著水平$\alpha=0.05$时, 能认为新的电子元件的使用寿命更长吗?

解 由题意知, 总体为新的电子元件的使用寿命, 记为X(单位: 万小时), 且$X\sim N(\mu,\sigma^2)$. 样本信息是: n=13, $\bar{x}=3.009$, $s=0.014$. 要检验的假设为

$$H_0:\mu\leqslant 3,\quad H_1:\mu>3$$

根据表4.3.1可得, 在σ^2未知, 显著水平$\alpha=0.05$的条件下, 检验统计量是$\bar{X}$时的拒绝域

$$\mathscr{X}_0=\left\{\bar{x}-3>\frac{s}{\sqrt{n}}t_{0.95}(n-1)\right\}$$

当 n=13 时, 查附表 2 得$t_{0.95}(n-1)=t_{0.95}(12)=1.7823$. 因为$\frac{s}{\sqrt{n}}t_{0.95}(n-1)=\frac{0.014}{\sqrt{13}}\times1.7823$ $=0.0069<\bar{x}-3=0.009$, 所以, 有充足理由接受备择假设$H_1:\mu>3$, 也就是说, 在显著水平$\alpha=0.05$下, 能认为新的电子元件的使用寿命更长.

2.总体方差σ^2的检验

在此讨论总体均值μ未知时参数σ^2的双尾假设检验问题

$$H_0:\sigma^2=\sigma_0^2,\ H_1:\sigma^2\neq\sigma_0^2(\sigma_0^2\text{是已知常数}) \tag{4.3.17}$$

其他形式的检验方法见表 4.3.3.

(4.3.17)式等价于

$$H_0: \frac{\sigma^2}{\sigma_0^2} = 1, \quad H_1: \frac{\sigma^2}{\sigma_0^2} \neq 1 \tag{4.3.18}$$

由于总体均值μ未知，所以选择统计量S^2估计未知参数σ^2，用S^2的样本值s^2与σ_0^2作比较.根据$H_1: \frac{\sigma^2}{\sigma_0^2} \neq 1$，设(4.3.18)式的拒绝域形式为

$$\mathscr{X}_0 = \left\{ \frac{s^2}{\sigma_0^2} < d_1 \text{或} \frac{s^2}{\sigma_0^2} > d_2 \right\} (0 < d_1 < d_2) \tag{4.3.19}$$

且满足

$$P\left\{ \frac{S^2}{\sigma_0^2} < d_1 \text{或} \frac{S^2}{\sigma_0^2} > d_2 \,\middle|\, H_0 \text{成立} \right\} \leqslant \alpha \tag{4.3.20}$$

由于$\frac{(n-1)S^2}{\sigma^2} \sim \chi^2(n-1)$，且

$$\begin{aligned} & P\left\{ \frac{S^2}{\sigma_0^2} < d_1 \text{或} \frac{S^2}{\sigma_0^2} > d_2 \,\middle|\, H_0 \text{成立} \right\} \\ & = P\left\{ \frac{(n-1)S^2}{\sigma_0^2} < (n-1)d_1 \,\middle|\, \frac{\sigma^2}{\sigma_0^2} = 1 \right\} + P\left\{ \frac{(n-1)S^2}{\sigma_0^2} > (n-1)d_2 \,\middle|\, \frac{\sigma^2}{\sigma_0^2} = 1 \right\} \end{aligned}$$

令

$$P\left\{ \frac{(n-1)S^2}{\sigma_0^2} < (n-1)d_1 \,\middle|\, \frac{\sigma^2}{\sigma_0^2} = 1 \right\} = P\left\{ \frac{(n-1)S^2}{\sigma_0^2} > (n-1)d_2 \,\middle|\, \frac{\sigma^2}{\sigma_0^2} = 1 \right\} = \frac{\alpha}{2}$$

得到

$$d_1 = \frac{\chi_{\frac{\alpha}{2}}^2(n-1)}{n-1}, \quad d_2 = \frac{\chi_{1-\frac{\alpha}{2}}^2(n-1)}{n-1}$$

代入(4.3.19)式，拒绝域

$$\mathscr{X}_0 = \left\{ \frac{s^2}{\sigma_0^2} < \frac{\chi_{\frac{\alpha}{2}}^2(n-1)}{n-1} \right\} \cup \left\{ \frac{s^2}{\sigma_0^2} > \frac{\chi_{1-\frac{\alpha}{2}}^2(n-1)}{n-1} \right\} \tag{4.3.21}$$

(4.3.21)式说明，在显著水平α下，当比值$\frac{s^2}{\sigma_0^2}$小于临界值$\frac{\chi_{\frac{\alpha}{2}}^2(n-1)}{n-1}$或大于临界值$\frac{\chi_{1-\frac{\alpha}{2}}^2(n-1)}{n-1}$时，有足够的理由判断总体的方差$\sigma^2$不是$\sigma_0^2$.

将(4.3.21)式的不等式变形，得到检验统计量为

$$\chi^2 = \frac{(n-1)S^2}{\sigma_0^2} \tag{4.3.22}$$

时的拒绝域

$$\mathscr{X}_0 = \left\{ \chi^2 < \chi_{\frac{\alpha}{2}}^2(n-1) \right\} \cup \left\{ \chi^2 > \chi_{1-\frac{\alpha}{2}}^2(n-1) \right\} \tag{4.3.23}$$

此检验方法称为χ^2检验法，其拒绝域的示意图形如图 4.3.5 所示.

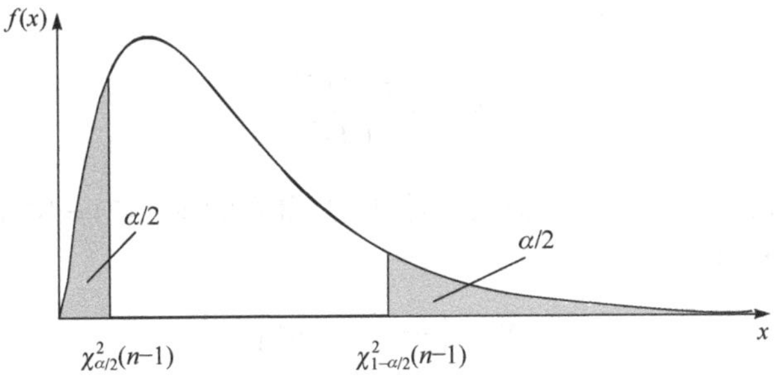

图 4.3.5 χ^2检验法的拒绝域图形

表 4.3.3 单个正态总体方差的假设检验方法(总体均值μ未知)

H_0	H_1	检验法	检验统计量	H_0的拒绝域 $\mathscr{X}_0$
$\sigma^2=\sigma_0^2$	$\sigma^2\neq\sigma_0^2$	χ^2 检验法	$\chi^2=\dfrac{(n-1)S^2}{\sigma_0^2}$	$\{\chi^2<\chi^2_{\alpha/2}(n-1)\}\cup\{\chi^2>\chi^2_{1-\alpha/2}(n-1)\}$
$\sigma^2=\sigma_0^2$ $(\sigma^2\leqslant\sigma_0^2)$	$\sigma^2>\sigma_0^2$	χ^2 检验法	$\chi^2=\dfrac{(n-1)S^2}{\sigma_0^2}$	$\{\chi^2>\chi^2_{1-\alpha}(n-1)\}$
$\sigma^2=\sigma_0^2$ $(\sigma^2\geqslant\sigma_0^2)$	$\sigma^2<\sigma_0^2$	χ^2 检验法	$\chi^2=\dfrac{(n-1)S^2}{\sigma_0^2}$	$\{\chi^2<\chi^2_{\alpha}(n-1)\}$

例 4.3.3 对自动生产流水线，需要实时监控流水线上产品的质量. 如果发现产品质量不符合标准，就要立即停机检修设备. 根据行业标准，某质量指标值的方差应控制在0.048^2内. 现测得 8 件产品的质量指标值的方差$s^2=0.074^2$. 假设产品质量指标值服从正态分布.

(1) 在显著水平$\alpha=0.05$时，由样本信息能判断流水线上的产品质量不符合行业标准吗?

(2) 若产品质量指标值的方差实际上是0.04^2，那么，(1) 中的检验方法可能犯什么错误? 试通过计算，观察样本容量增加时检验方法犯错的概率的变化趋势.

(3) 若产品质量指标值的方差实际上是0.08^2，那么，(1)中的检验方法又可能犯什么错误? 试通过计算，观察样本容量增加时检验方法犯错的概率的变化趋势.

(4) 若另一次抽样结果是: 样本容量为 10，样本方差为0.042^2，那么，由两次抽样信息能判断流水线上的产品质量不符合标准吗?

解 设X表示生产流水线上的产品质量指标的值，则X为总体，且$X\sim N(\mu,\sigma^2)$，参数μ,σ^2未知.

(1) 要检验的假设是

$$H_0:\sigma^2\leqslant 0.048^2,\quad H_1:\sigma^2>0.048^2 \tag{4.3.24}$$

根据表 4.3.3，选择χ^2检验法. 显著水平$\alpha=0.05$时，拒绝域为

$$\mathscr{X}_0=\{\chi^2>\chi^2_{0.95}(n-1)\}$$

检验统计量为

$$\chi^2=\frac{(n-1)S^2}{0.048^2}.$$

将样本信息 $n=8$, $s^2=0.074^2$, 以及查附表 3 得到的 $\chi^2_{0.95}(7)=14.0671$, 代入检验统计量和拒绝域的表示式, 得到

$$\mathscr{X}_0=\left\{\chi^2>14.0671\right\}$$

$$\chi^2=\frac{7\times 0.074^2}{0.048^2}\approx 16.637\in\mathscr{X}_0$$

所以, 拒绝原假设接受备择假设, 即, 在显著水平 $\alpha=0.05$ 时, 由样本信息可以判断产品质量不符合行业标准, 生产流水线需要立刻停机检修设备.

(2) 当总体方差 $\sigma^2=0.04^2$, 即 $H_0:\sigma^2\leqslant 0.048^2$ 时, (1)中的检验方法可能犯第 I 类错误, 犯错的概率为

$$\alpha_1=P\left\{\text{拒绝}H_0\middle|H_0\text{成立}\right\}=P\left\{\frac{(n-1)S^2}{0.048^2}>\chi^2_{0.95}(n-1)\middle|\ \sigma^2=0.04^2\leqslant 0.048^2\right\}$$

$$=P\left\{\frac{(n-1)S^2}{\sigma^2}>\frac{0.048^2}{\sigma^2}\chi^2_{0.95}(n-1)\middle|\ \sigma^2=0.04^2\leqslant 0.048^2\right\}$$

$$\chi^2_{1-\alpha_1}(n-1)=\frac{0.048^2}{0.04^2}\chi^2_{0.95}(n-1) \tag{4.3.25}$$

根据(4.3.25)式, 表 4.3.4 列出了不同样本容量下 α_1 的值. 从表 4.3.4 中可见, 样本容量 n 增加时, (1)中的检验方法犯第 I 类错误的概率 α_1 减小, 并且这些概率都不超过显著水平 0.05.

表 4.3.4 不同样本容量下(1)中检验方法犯第 I 类错误的概率

样本容量 n	4	6	8	16	25	30
α_1	0.0104	0.0070	0.0050	0.0018	0.0007	0.0004

实际上, 对假设:

$$H_0:\sigma^2\leqslant\sigma_0^2,\quad H_1:\sigma^2>\sigma_0^2 \tag{4.3.26}$$

其检验方法在显著水平是 α 时犯第 I 类错误的概率 α_1 满足:

$$\chi^2_{1-\alpha_1}(n-1)=\frac{\sigma_0^2}{\sigma^2}\chi^2_{1-\alpha}(n-1),\quad \sigma^2\leqslant\sigma_0^2$$

可见, α_1 的大小与显著水平 α 、样本容量 n 和 $\dfrac{\sigma_0^2}{\sigma^2}$ 有关. 由于 $\sigma^2\leqslant\sigma_0^2$, 所以, $\chi^2_{1-\alpha_1}(n-1)\geqslant\chi^2_{1-\alpha}(n-1)$, 从而 $\alpha_1\leqslant\alpha$.

(3) 当总体方差 $\sigma^2=0.08^2$ 时, 即 $H_1:\sigma^2>0.048^2$, (1)中的检验方法可能犯第 II 类错误, 犯错的概率

$$\beta = P\{接受H_0 | H_0不成立\}$$
$$=P\left\{\frac{(n-1)S^2}{0.048^2} \leqslant \chi^2_{0.95}(n-1) \middle| \ \sigma^2 = 0.08^2 > 0.048^2\right\}$$
$$=P\left\{\frac{(n-1)S^2}{\sigma^2} \leqslant \frac{0.048^2}{\sigma^2}\chi^2_{0.95}(n-1) \middle| \ \sigma^2 = 0.08^2 > 0.048^2\right\}$$

$$\chi^2_\beta(n-1) = \frac{0.048^2}{0.08^2}\chi^2_{0.95}(n-1) \tag{4.3.27}$$

表4.3.5按(4.3.7)式列出了不同样本容量n对应的β. 显然, 增加样本容量n可以减小犯第Ⅱ类错误的概率β.

表 4.3.5 不同样本容量下(1)中检验方法犯第Ⅱ类错误的概率

样本容量 n	4	6	8	16	25	30
β	0.5787	0.4485	0.3479	0.1224	0.0357	0.0176

对(4.3.26)式, 同样可得到犯第Ⅱ类错误的概率β与显著水平α的关系式:

$$\chi^2_\beta(n-1) = \frac{\sigma_0^2}{\sigma^2}\chi^2_{1-\alpha}(n-1), \quad \sigma^2 > \sigma_0^2 \tag{4.3.28}$$

显然, β是显著水平α、样本容量n和$\dfrac{\sigma_0^2}{\sigma^2}$的函数. 在样本容量$n$, $\dfrac{\sigma_0^2}{\sigma^2}$不变的情况下, 显著水平$\alpha$越小, 犯第Ⅱ类错误的概率$\beta$越大, 所以, 显著水平$\alpha$不能取得过小.

(4) 为了讨论问题方便, 记两次抽样的样本容量和样本均值分别为: $n=8, s_1^2=0.074^2$, $m=10, s_2^2=0.042^2$. 选择参数σ^2的点估计量$S^2=\dfrac{(n-1)S_1^2+(m-1)S_2^2}{m+n-2}$对假设(4.3.24)式进行检验. 此时, 拒绝域形式设为

$$\mathscr{X}_0 = \left\{\frac{s^2}{0.048^2} > c\right\} \quad (c>0)$$

且, 满足

$$P\left\{\frac{S^2}{0.048^2} > c \middle| \ H_0成立\right\} \leqslant \alpha \tag{4.3.29}$$

因为$\dfrac{(n-1)S_1^2}{\sigma^2} \sim \chi^2(n-1)$, $\dfrac{(m-1)S_2^2}{\sigma^2} \sim \chi^2(m-1)$, 且相互独立, 所以

$$\frac{(n-1)S_1^2}{\sigma^2} + \frac{(m-1)S_2^2}{\sigma^2} = \frac{(m+n-2)S^2}{\sigma^2} \sim \chi^2(m+n-2)$$

于是

$$P\left\{\frac{S^2}{0.048^2} > c \middle| \ H_0成立\right\} \leqslant P\left\{\frac{S^2}{\sigma^2} > c \middle| \ \sigma^2 \leqslant 0.048^2\right\}$$
$$\leqslant P\left\{\frac{(m+n-2)S^2}{\sigma^2} > (m+n-2)c \middle| \ \sigma^2 \leqslant 0.048^2\right\}$$

令 $P\left\{\frac{(m+n-2)S^2}{\sigma^2} > (m+n-2)c \,\middle|\, \sigma^2 \leqslant 0.048^2\right\} = \alpha$，得 $c = \frac{\chi^2_{1-\alpha}(m+n-2)}{m+n-2}$. 故(4.3.24)式的拒绝域

$$\mathscr{X}_0 = \left\{\frac{s^2}{0.048^2} > \frac{\chi^2_{1-\alpha}(m+n-2)}{m+n-2}\right\}$$

或者

$$\mathscr{X}_0 = \left\{\chi^2 > \chi^2_{1-\alpha}(m+n-2)\right\} \tag{4.3.30}$$

其中 χ^2 是检验统计量

$$\chi^2 = \frac{(m+n-2)S^2}{0.048^2} = \frac{(n-1)S_1^2 + (m-1)S_2^2}{0.048^2} \tag{4.3.31}$$

的样本值.

将样本信息和显著水平 $\alpha = 0.05$ 代入(4.3.30)式和(4.3.31)式，得 $\chi^2_{1-\alpha}(m+n-2) = \chi^2_{0.95}(16) = 26.2962$，$\mathscr{X}_0 = \left\{\chi^2 > 26.2962\right\}$，检验统计量的样本值

$$\frac{(m+n-2)s^2}{0.048^2} = \frac{7\times 0.074^2 + 9\times 0.042^2}{0.048^2} \approx 23.5278 \in \overline{\mathscr{X}}_0$$

所以，在显著性水平 $\alpha = 0.05$ 时，接受原假设 $H_0: \sigma^2 \leqslant 0.048^2$，由两次抽样数据不能判断流水线上的产品质量不符合行业标准.

4.3.2 假设检验与置信区间的关系

例 4.3.4 某机器加工的B型钢管的长度服从标准差为 2.4cm 的正态分布. 现从一批新生产的B型钢管中随机选取了 25 根，测得样本标准差为 2.7cm.

(1) 在显著水平为0.05时，检验新生产的钢管长度的变异性与标准差2.4cm比较是否有显著变化.

(2) 分析(1)中的参数假设检验方法与参数的置信区间之间的关系.

解 设 X 表示新生产的一批B型钢管的长度(单位：cm)，则 X 为总体. 由题意知 $X \sim N(\mu, \sigma^2)$，参数 μ, σ^2 未知，来自 X 的样本标准差 $s = 2.7$，样本容量 n=25.

(1) 要检验的假设是

$$H_0: \sigma = 2.4, \quad H_1: \sigma \neq 2.4 \tag{4.3.32}$$

显然，使用 χ^2 检验法，检验统计量 $\chi^2 = \frac{(n-1)S^2}{2.4^2}$. 在显著水平 $\alpha = 0.05$ 下，查附表 3 得，得 $\chi^2_{1-\frac{\alpha}{2}}(24) = \chi^2_{0.975}(24) = 39.3641$，$\chi^2_{\frac{\alpha}{2}}(24) = \chi^2_{0.025}(24) = 12.4012$，拒绝域

$$\mathscr{X}_0 = \left\{\chi^2 < 12.4012\right\} \cup \left\{\chi^2 > 39.3641\right\}$$

由于检验统计量 χ^2 的样本值为

$$\chi^2 = \frac{24\times 2.7^2}{2.4^2} = 30.375 \notin \mathscr{X}_0$$

所以，不接受备则假设，即在显著水平 $\alpha = 0.05$ 下，不能认为B型钢管长度的变异性与标准差

2.4cm 有显著变化的结论.

(2) 对假设(4.3.32)或

$$H_0:\sigma^2=2.4^2,\quad H_1:\sigma^2\neq 2.4^2 \tag{4.3.33}$$

其检验方法可以描述为: 当检验统计量 $\chi^2=\dfrac{(n-1)S^2}{2.4^2}$ 的样本值落在接受域

$$\bar{\mathscr{X}}_0=\left\{\chi^2_{\frac{\alpha}{2}}(n-1)\leqslant\chi^2\leqslant\chi^2_{1-\frac{\alpha}{2}}(n-1)\right\}$$

时接受原假设 H_0；当检验统计量的值在接受域之外时拒绝 H_0. 也就是, 若

$$\chi^2_{\frac{\alpha}{2}}(n-1)\leqslant\frac{(n-1)s^2}{2.4^2}\leqslant\chi^2_{1-\frac{\alpha}{2}}(n-1)$$

或

$$\frac{(n-1)s^2}{\chi^2_{1-\frac{\alpha}{2}}(n-1)}\leqslant 2.4^2\leqslant\frac{(n-1)s^2}{\chi^2_{\frac{\alpha}{2}}(n-1)} \tag{4.3.34}$$

检验结果是接受原假设 H_0，否则拒绝 H_0.

注意到, (4.3.34)式确定的区间

$$\left[\frac{(n-1)s^2}{\chi^2_{1-\frac{\alpha}{2}}(n-1)},\ \frac{(n-1)s^2}{\chi^2_{\frac{\alpha}{2}}(n-1)}\right] \tag{4.3.35}$$

恰好是总体方差 σ^2 的置信度为 $1-\alpha$ 的置信闭区间. 由此可见, 对参数 σ^2 的假设(4.3.33)式, 也可以通过计算置信区间来检验, 检验的方法是: 对给定的显著水平 α，首先根据样本信息计算出参数 σ^2 置信度为 $1-\alpha$ 的置信闭区间(4.3.35)式, 然后, 再进行判断: 若常数 2.4^2 落在该置信闭区间内, 则接受原假设 H_0；若常数 2.4^2 落在置信闭区间外, 则拒绝 H_0 接受 H_1. 例 4.3.4 中, $\alpha=0.05$，那么, 方差 σ^2 的置信度为 0.95 的置信闭区间是

$$\left[\frac{24\times2.7^2}{\chi^2_{0.975}(24)},\ \frac{24\times2.7^2}{\chi^2_{0.025}(24)}\right]=[4.445,\ 14.108]$$

因为 $2.4^2=5.76\in[4.445,\ 14.108]$，所以, 接受原假设 $H_0:\sigma^2=2.4^2$. 此结果与(1)中假设检验方法判断的结果一致. 对其他参数的检验问题, 读者可做类似的分析.

参数的置信闭区间正好是参数双侧假设检验的接受域, 从这个意义上讲, 置信区间包含了对总体参数来说可信的所有数值.

4.3.3 *p* 值检验法

拒绝域受显著水平 α 的影响, 不同的 α 对应不同的拒绝域. 因此, 用拒绝域进行假设检验时, 如果显著水平 α 变化了, 则需要针对变化后的 α 再计算相应的拒绝域, 这给检验方法的实际应用带来不便. 为此, 统计学家提出了“p 值”的概念, 并用它来代替拒绝域对假设做出判断.

以例 4.3.2 为例. 假设 $H_0:\mu\leqslant3$, $H_1:\mu>3$ 的检验方法为 t 检验法, 检验统计量

$T=\frac{\bar{X}-3}{S}\sqrt{n}$ 的样本值 $t=\frac{3.009-3}{0.014}\times\sqrt{13}\approx 2.3179$，显著水平为 α 时的拒绝域是

$$\mathscr{X}_0=\{t>t_{1-\alpha}(12)\} \tag{4.3.36}$$

α 分别取 0.1, 0.05, 0.01 时，分位数 $t_{1-\alpha}(12)$ 的值为 1.3562, 1.7823, 2.6810. 图 4.3.6 给出了相应的拒绝域. 从图 4.3.6 中可见，当 α 由 0.1 变为 0.05 时，检验统计量 T 的样本值 $t=2.3179$ 都在相应的拒绝域 χ_0 内，检验结果都是拒绝原假设 $H_0:\mu\leqslant 3$，接受备择假设 $H_1:\mu>3$. 但当 α 取得适当小时，样本值 $t=2.3179$ 就不再在拒绝域内，如 $\alpha=0.01$，这时，$t=2.3179$ 在接受域 $\{t\leqslant t_{0.99}(12)\}=\{t\leqslant 2.6810\}$ 内. 由此可见，对不同的显著水平，需要事先计算出不同的分位数 $t_{1-\alpha}(12)$ 才能与检验统计量 T 的样本值 2.3179 进行比较和做出判断. 然而，样本值 $t=2.3179$ 与临界值 $t_{1-\alpha}(12)$ 的大小比较，等价于样本值 $t=2.3179$ 的尾部概率值 $p(t_{1-p}(12)=2.3179)$ 与临界值 $t_{1-\alpha}(12)$ 的尾部概率 α 的比较. 因为 $t=t_{1-p}(12)\geqslant t_{1-\alpha}(12)\Leftrightarrow p\leqslant\alpha$，所以，假设检验的判断准则可以变为：当 $p\leqslant\alpha$ 时，则拒绝原假设，接受备择假设；当 $p>\alpha$ 时，接受原假设. 对例 4.3.2 而言，$t=2.3179=t_{1-p}(12)=t_{0.981}(12)$，所以 $p=0.019$. 因此，当显著水平 $\alpha=0.01$ 时，有 $p=0.019>\alpha$，检验结果是接受原假设，而 $\alpha=0.05$ 或 0.1 时，$p=0.019<\alpha$，则检验结果是拒绝原假设. 显然，用 p 值的判断方法更方便，只需要事先根据样本信息计算出 p 值，就可以针对不同的显著水平 α 做出相应的判断. 这种检验方法称为 p 值判断法. 对其他的假设检验问题，p 值判断法仍然适用，读者可以思考相应问题的 p 值如何计算.

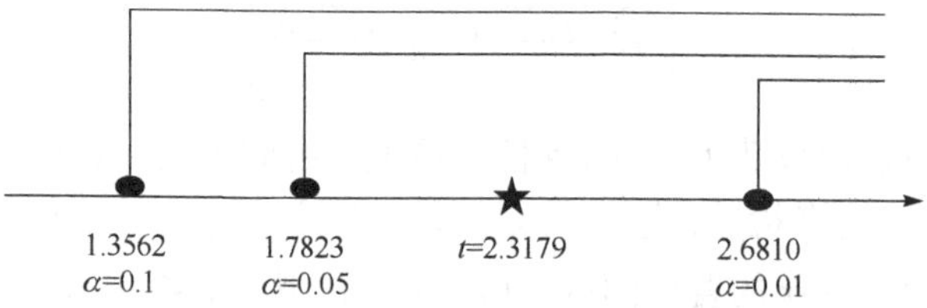

图 4.3.6　不同的显著水平对应的拒绝域图形

p 值判断法回避了拒绝域的构造过程，简化了判断过程，很多统计软件都有这个功能. 事实上，针对当前样本数据，p 值是拒绝原假设的最小显著水平.

4.3.4　统计显著性与实际显著性

在假设检验中，当检验统计量的值落在拒绝域，或抽样结果具有较小的 p 值时，就说这个检验结果具有"统计显著性". 但在实际中，有时统计显著性的结果并没有任何实际意义. 如例 4.3.2，对显著水平 $\alpha=0.05$，检验统计量 $T=\frac{\bar{X}-3}{S}\sqrt{n}$ 的样本值 $t\approx 2.3179\in\mathscr{X}_0$，或者 $p=0.019<\alpha$，所以拒绝 H_0 接受 $H_1:\mu>3$，在显著水平 0.05 下，假设"$\mu>3$"具有统计显著性. 从这个结果中能得到什么实际结论呢？根据假设检验结果，确信新的电子元件更好，平均使用寿命超过了 3 万小时. 那么，是否值得去生产这种产品呢？有可能不值得，因为以前的电子元件和新电子元件的使用寿命的差异，虽然具有很高的统计显著性，但从数量上看二者间的差异只有 90 个小时，这点差异对提高某些电子元件的使用寿命可能不会产生多大的影响.

一个具有统计显著性的结论可能没有很大的实际意义，为什么会出现这样的情况呢？当某个差异与其标准差比较相差很大的时候，这个差异就具有统计显著性，例 4.3.2 中，0.009 万小时的差异之所以具有统计显著性，是因为它的标准差 $\frac{s}{\sqrt{n}}=0.0039$ 万小时．所以，当标准差非常小时，甚至是一个小差异都可能具有统计显著性．p 值不能度量实际意义，它度量的是认为参数的真实值的确不同于原假设给定的值的可信度．如果 p 值小，那么可能相信参数的真实值真的不同于原假设给定的值，但这不一定就意味着其差异大到了具有实际意义的程度．

4.3.5　非正态总体的参数检验

前面讨论的是正态总体的参数检验问题，但在实际中，还有很多总体不服从正态分布或分布类型完全未知．本节将讨论总体分布不是正态分布或未知的参数检验问题，即非正态总体的参数假设检验．

例 4.3.5　无尘室的超细微粒空气过滤器可用来保持生产区的恒定气流．按要求，生产区的平均气流速度应为 40cm/s．现对某供应商提供的过滤器产生的气流进行检测，得到容量为 60 的样本，其平均气流速度是 39.6cm/s，标准差为 7cm/s．问，能否认为该过滤器产生的气流没有达到要求？

设 X 表示供应商提供的过滤器产生的气流速度(单位：cm/s)，则 X 为总体，但其概率分布未知．样本容量 $n=60$，样本均值 $\bar{x}=39.6$，样本标准差 $s=7$．记 $EX=\mu$，$DX=\sigma^2$．需要检验的假设是

$$H_0:\mu=\mu_0,\ H_1:\mu\neq\mu_0\quad(\mu_0=40)\tag{4.3.37}$$

中心极限定理指出，当样本容量 n 足够大时

$$\frac{\bar{X}-\mu}{\sigma/\sqrt{n}}\overset{\text{近似}}{\sim}N(0,1)\tag{4.3.38}$$

或

$$\frac{\bar{X}-\mu}{S/\sqrt{n}}\overset{\text{近似}}{\sim}N(0,1)\tag{4.3.39}$$

设(4.3.37)式的拒绝域为 $\mathscr{X}_0=\left\{\left|\bar{X}-\mu_0\right|>c\right\}$，且满足

$$P\left\{\left|\bar{X}-\mu_0\right|>c\middle|H_0\text{成立}\right\}\leqslant\alpha$$

若 $DX=\sigma^2$ 未知，则由(4.3.39)式，有

$$P\left\{\left|\bar{X}-\mu_0\right|>c\middle|H_0\text{成立}\right\}=P\left\{\left|\frac{\bar{X}-\mu_0}{S/\sqrt{n}}\right|>\frac{c}{S/\sqrt{n}}\middle|\mu=\mu_0\right\}$$

令 $P\left\{\left|\frac{\bar{X}-\mu}{S/\sqrt{n}}\right|>\frac{c}{S/\sqrt{n}}\middle|\mu=\mu_0\right\}=\alpha$，得 $c=\frac{S}{\sqrt{n}}u_{1-\frac{\alpha}{2}}$．于是，(4.3.37)式的检验统计量为

$$U=\frac{\bar{X}-\mu_0}{S/\sqrt{n}}\tag{4.3.40}$$

拒绝域

$$\mathscr{X}_0 = \left\{ |u| > u_{1-\frac{\alpha}{2}} \right\} \tag{4.3.41}$$

此检验法仍然称为 U 检验法.

同理可知, 当 $DX = \sigma^2$ 已知时, 检验统计量可选择为

$$U = \frac{\bar{X} - \mu_0}{\sigma / \sqrt{n}} \tag{4.3.42}$$

拒绝域仍为(4.3.41)式. 此方法也称为 U 检验法.

对例 4.3.5, 若取 $\alpha = 0.05$, 则拒绝域 $\mathscr{X}_0 = \{|u| > u_{0.975}\} = \{|u| > 1.96\}$, 将样本信息代入(4.3.40)式, 得到检验统计量 U 的样本值 $u = \dfrac{39.6 - 40}{7/\sqrt{60}} \approx -0.443 \notin \mathscr{X}_0$, 所以, 不接受备择假设, 没有充足的理由认为过滤器产生的气流速度没有达到要求.

下面是大样本情形下两个常见的非正态总体的参数的检验方法.

1. 总体 $X \sim B(1, p)$

假设

$$H_0: p = p_0,\ H_1: p > p_0 \quad (p_0\text{为常数}) \tag{4.3.43}$$

由于 $p = EX$, 所以, 选择用点估计量 $\hat{p} = \bar{X}$ 的样本值与 p_0 比较来推断假设. 设拒绝域

$$\mathscr{X}_0 = \{\bar{x} - p_0 > c\} \tag{4.3.44}$$

因为 $\mu = EX = p$, $\sigma^2 = DX = p(1-p)$, 所以, (4.3.38)式变为

$$\frac{\bar{X} - p}{\sqrt{p(1-p)}} \sqrt{n} \overset{\text{近似}}{\sim} N(0,1)$$

又因为

$$P\{\bar{X} - p_0 > c \mid H_0\text{成立}\} = P\left\{ \frac{\bar{X} - p_0}{\sqrt{\dfrac{p_0(1-p_0)}{n}}} > \frac{c}{\sqrt{\dfrac{p_0(1-p_0)}{n}}} \middle| p = p_0 \right\}$$

令

$$P\left\{ \frac{\bar{X} - p_0}{\sqrt{\dfrac{p_0(1-p_0)}{n}}} > \frac{c}{\sqrt{\dfrac{p_0(1-p_0)}{n}}} \middle| p = p_0 \right\} = \alpha,$$

得 $c = u_{1-\alpha}\sqrt{\dfrac{p_0(1-p_0)}{n}}$, 代入(4.3.44)式, 得到检验统计量为

$$U = \frac{\bar{X} - p_0}{\sqrt{\dfrac{p_0(1-p_0)}{n}}} \tag{4.3.45}$$

时的拒绝域

$$\mathscr{X}_0=\{u>u_{1-\alpha}\} \tag{4.3.46}$$

用同样的方法，也可得到参数 p 其他形式的假设的检验方法，具体方法见表 4.3.6.

表 4.3.6 总体分布 $B(1,p)$ 的参数 p 的假设检验方法

H_0	H_1	检验法	检验统计量	H_0 的拒绝域 $\mathscr{X}_0$
$p=p_0$,	$p\neq p_0$	U 检验法	$U=\dfrac{\bar{X}-p_0}{\sqrt{\dfrac{p_0(1-p_0)}{n}}}$	$\{\lvert u\rvert>u_{1-\frac{\alpha}{2}}\}$
$p\leqslant p_0(p=p_0)$	$p>p_0$	U 检验法	$U=\dfrac{\bar{X}-p_0}{\sqrt{\dfrac{p_0(1-p_0)}{n}}}$	$\{u>u_{1-\alpha}\}$
$p\geqslant p_0(p=p_0)$	$p<p_0$	U 检验法	$U=\dfrac{\bar{X}-p_0}{\sqrt{\dfrac{p_0(1-p_0)}{n}}}$	$\{u<u_\alpha\}$

如果选用(4.3.39)式，则在大样本情形下有

$$U=\frac{\bar{X}-p_0}{S/\sqrt{n}}=\frac{\bar{X}-p_0}{\sqrt{\dfrac{\bar{X}(1-\bar{X})}{n-1}}}\overset{\text{近似}}{\sim}N(0,1) \tag{4.3.47}$$

易得检验统计量是

$$U=\frac{\bar{X}-p_0}{\sqrt{\dfrac{\bar{X}(1-\bar{X})}{n-1}}} \tag{4.3.48}$$

的检验方法，具体结果与表 4.3.4 中的相同，只是检验统计量换为(4.3.48)式.

例 4.3.6 越来越多的工业机器人应用到一些单调无变化的生产线. 为了检验一个焊接机器人是否可以替代生产线上的一位焊接工人，生产商做了一个试验. 发现焊接机器人完成一系列焊接工作需要花费 35s. 机器人的工作时间是固定的，而焊接工人的工作时间存在一定偏差. 表 4.3.7 是 36 名焊接工人完成相同工作所花费的时间(单位: s).

表 4.3.7 焊接工人花费的时间

27.6	39.6	24.6	36.9	40.5	35.7	28.0	49.7	55.5
36.5	42.6	48.3	36.0	42.5	34.9	39.7	45.9	44.6
58.3	34.6	33.0	37.9	39.3	38.4	44.4	36.9	37.2
30.6	32.8	69.8	42.6	57.2	38.1	62.8	41.9	33.5

问显著水平取 0.05 时，可以认为不到 27%的焊接工人的工作时间少于 35s 吗?

解 设焊接工人的工作时间低于机器人的工作时间 35s 的比例为 p，则要检验的假设为

$$H_0: p\geqslant 0.27,\ H_1: p<0.27$$

当显著水平 α 取 0.05 时，由表 4.3.6 得，拒绝域 $\mathscr{X}_0=\{u<-1.65\}$. 根据样本数据，36 位焊接工人中工作时间少于 35s 的有 9 位. 那么，$n=36$，$\bar{x}=\dfrac{9}{36}=0.25$，代入检验统计量表达式(4.3.45)式，

得到样本值$u=\dfrac{0.25-0.27}{\sqrt{\dfrac{0.27\times 0.73}{36}}}=-0.2703\notin \mathscr{X}_0$. 因此，检验结果是接受原假设，也就是说，没有充分的理由认为有低于27%的焊接工人的工作时间少于机器人的工作时间.

2. 总体 $X\sim\Gamma(1,\lambda)$

考虑假设

$$H_0:\lambda\leqslant\lambda_0,\ H_1:\lambda>\lambda_0 \tag{4.3.49}$$

因为$\mu=EX=1/\lambda$，$\sigma^2=DX=1/\lambda^2$，所以(4.3.49)式等价于

$$H_0:\lambda_0(EX)\geqslant 1,\ H_1:\lambda_0(EX)<1 \tag{4.3.50}$$

且大样本情形下(4.3.38)式变为

$$\frac{\bar{X}-\dfrac{1}{\lambda}}{\dfrac{1}{\lambda\sqrt{n}}}=\sqrt{n}\left(\lambda\bar{X}-1\right)\overset{\text{近似}}{\sim}N(0,1) \tag{4.3.51}$$

设(4.3.50)式的拒绝域形式为

$$\mathscr{X}_0=\left\{\lambda_0\bar{x}<c\right\}$$

且

$$P\left\{\lambda_0\bar{X}<c\middle|H_0\text{成立}\right\}\leqslant\alpha$$

由于

$$P\left\{\lambda_0\bar{X}<c\middle|H_0\text{成立}\right\}\leqslant P\left\{\sqrt{n}\left(\lambda\bar{X}-1\right)<\sqrt{n}(c-1)\middle|\lambda\leqslant\lambda_0\right\}$$

令$P\left\{\sqrt{n}\left(\lambda\bar{X}-1\right)<\sqrt{n}(c-1)\middle|\lambda\leqslant\lambda_0\right\}=\alpha$，根据(4.3.51)式，得到$c=\dfrac{u_\alpha}{\sqrt{n}}+1$. 所以，拒绝域$\mathscr{X}_0=\left\{\lambda_0\bar{x}<\dfrac{u_\alpha}{\sqrt{n}}+1\right\}$，或

$$\mathscr{X}_0=\left\{u<u_\alpha\right\} \tag{4.3.52}$$

其中u是检验统计量

$$U=\sqrt{n}\left(\lambda_0\bar{X}-1\right) \tag{4.3.53}$$

的样本值.

例 4.3.7 假设在某超市的一结账柜台处相邻两名顾客结账的间隔时间(单位: min)服从指数分布. 过去的资料显示，结账的平均间隔时间是1.2min. 表4.3.8是最近这一柜台的40个结账间隔时间数据，其平均间隔时间约为0.8495min. 问能否认为最近在这个柜台结账的平均间隔时间比过去减少了？

表 4.3.8　间隔时间数据　　(单位: min)

0.33	0.10	1.07	0.16	0.04	0.02	0.54	2.33	1.63	0.40
0.33	0.10	1.07	0.16	0.04	0.02	0.54	2.33	1.63	0.40
1.56	1.09	1.29	0.64	3.53	0.09	2.20	1.04	0.77	2.62
0.59	1.10	0.78	0.21	0.44	0.30	0.93	0.23	0.76	0.57

解 设在柜台结账的间隔时间为 X (单位: min), 由题意知, $X \sim \Gamma(1,\lambda)$, n=40, $\overline{x}=0.8495$. 需要检验的假设为

$$H_0:\lambda \leqslant \frac{1}{1.2}, H_1:\lambda > \frac{1}{1.2}$$

若取 $\alpha=0.05$, 由(4.3.52)式知, 拒绝域

$$\mathscr{X}_0=\{u<u_{0.05}\}=\{u<-1.65\}$$

计算检验统计量(4.3.53)式的样本值

$$u=\sqrt{40}\times\left(\frac{0.8495}{1.2}-1\right)\approx -1.8452\in\mathscr{X}_0$$

所以, 拒绝原假设接受备择假设. 在显著水平为 0.05 时, 可以认为在柜台结账的平均间隔时间比过去的 1.2 分钟更少了.

4.4 两个总体的参数假设检验

例 4.4.1 某研究文献指出, DNA 分子中是否包含某特定的核苷酸序列, 可以通过对添加了这种特定核苷酸序列消化酶的 DNA 分子数量的重新统计来确定. 如果加入酶后的 DNA 分子数量的均值小于原来 DNA 分子数量的均值, 那么可以认为原来的 DNA 分子中的确包含这种特定的核苷酸序列. 假设准备了 6 份相同的没有消化酶的试验样本, 统计得到 DNA 分子的数量分别为 33, 37, 28, 36, 40, 31. 再假设准备了 5 份相同的加入了消化酶的试验样本, 统计得到 DNA 分子的数量分别为 25, 30, 27, 23, 28. 能由此判断加了消化酶后的 DNA 分子数量的均值要小一些吗?

设 X 表示没有加消化酶的 DNA 分子数量, Y 表示加入了消化酶的 DNA 分子数量, 令 $EX=\mu_X$, $DX=\sigma_X^2$, $EY=\mu_Y$, $DY=\sigma_Y^2$, 则 X , Y 为总体, 要检验的假设为

$$H_0:\mu_X \leqslant \mu_Y,\ H_1:\mu_X>\mu_Y$$

这种涉及两个总体的参数检验问题称为两个总体的参数假设检验问题. 本节重点讨论两个正态总体的均值之差和方差之比的假设检验, 同时介绍非正态总体中两个比例之差的参数检验方法.

4.4.1 两个正态总体的参数检验

1. 关于 $\mu_X-\mu_Y$ 的检验

设样本 $X_1,X_2,\cdots,X_{n_X}$ 来自总体 $X\sim N(\mu_X,\sigma_X^2)$, 样本 $Y_1,Y_2,\cdots,Y_{n_Y}$ 来自总体 $Y\sim N(\mu_Y,\sigma_Y^2)$, 且 $X_1,X_2,\cdots,X_{n_X}$ 与 $Y_1,Y_2,\cdots,Y_{n_Y}$ 相互独立, 相应的样本均值分别为 $\overline{X},\overline{Y}$, 样本方差分别为 S_X^2,S_Y^2, α 为显著水平.

与前面的讨论方法相同, 用参数 $\mu=\mu_X-\mu_Y$ 的点估计量 $\overline{X}-\overline{Y}$ 的样本值推断参数 $\mu=\mu_X-\mu_Y$ 的真实情况. 若考虑的是双尾假设检验问题

$$H_0:\mu_X-\mu_Y=0,\ H_1:\mu_X-\mu_Y\neq 0 \tag{4.4.1}$$

则拒绝域形式为

$$\chi_0=\{|\overline{x}-\overline{y}|>c\} \tag{4.4.2}$$

且满足

$$P\left\{\left|\bar{X}-\bar{Y}\right|>c \,\middle|\, H_0\text{成立}\right\} \leqslant \alpha \tag{4.4.3}$$

为了确定临界值 c，需要讨论两个总体的方差的状态.

(1) σ_X^2，σ_Y^2已知.

由抽样分布定理得，在 $H_0:\mu_X-\mu_Y=0$ 成立条件下，有 $U=\dfrac{\bar{X}-\bar{Y}}{\sqrt{\dfrac{\sigma_X^2}{n_X}+\dfrac{\sigma_Y^2}{n_Y}}}\sim N(0,1)$. 于是有

$$P\left\{\left|\bar{X}-\bar{Y}\right|>c \,\middle|\, H_0\text{成立}\right\}=P\left\{|U|>\frac{c}{\sqrt{\dfrac{\sigma_X^2}{n_X}+\dfrac{\sigma_Y^2}{n_Y}}} \,\middle|\, \mu_X-\mu_Y=0\right\}\leqslant \alpha$$

令

$$P\left\{|U|>\frac{c}{\sqrt{\dfrac{\sigma_X^2}{n_X}+\dfrac{\sigma_Y^2}{n_Y}}} \,\middle|\, \mu_X-\mu_Y=0\right\}=\alpha,$$

得到满足(4.4.3)式的临界值 c 的一个取值，即 $c=u_{1-\frac{\alpha}{2}}\sqrt{\dfrac{\sigma_X^2}{n_X}+\dfrac{\sigma_Y^2}{n_Y}}$. 那么，假设(4.4.1)式的检验统计量为 $\bar{X}-\bar{Y}$，拒绝域是

$$\mathscr{X}_0=\left\{|\bar{x}-\bar{y}|>u_{1-\frac{\alpha}{2}}\sqrt{\frac{\sigma_X^2}{n_X}+\frac{\sigma_Y^2}{n_Y}}\right\} \tag{4.4.4}$$

显然，检验统计量也可以选择为

$$U=\frac{\bar{X}-\bar{Y}}{\sqrt{\dfrac{\sigma_X^2}{n_X}+\dfrac{\sigma_Y^2}{n_Y}}} \tag{4.4.5}$$

这时，拒绝域为

$$\mathscr{X}_0=\left\{|u|>u_{1-\frac{\alpha}{2}}\right\} \tag{4.4.6}$$

该检验方法称为双样本 U(或 Z)检验法.

注意到，假设(4.4.1)式中 $\mu_X-\mu_Y$ 的比较值是 0，但在实际中这个比较值也可能是其他值. 对这种假设，用同样的方法可得到相应的检验统计量和拒绝域. 下面举例说明.

例 4.4.2　为了比较两种汽车用的燃料的辛烷值，其测量数据如表 4.4.1 所示.

表 4.4.1　测量数据

燃料 A	78	79	83	86	76	79	79	77	82	80		
燃料 B	70	72	75	75	71	71	68	69	70	72	72	72

燃料的辛烷值越高，燃料质量越好. 由于燃料 B 比燃料 A 的价格便宜，所以，如果燃料 A 的平均辛烷值与燃料 B 的平均值的差异不超过 5，则使用燃料 B，否则，选择使用燃料 A. 假设燃料 A,B 的辛烷值分别服从方差为 8.99 和 4.45 的正态分布，问应采用哪种燃料(显著水平 $\alpha=0.05$)?

解　设 A,B 两种燃料的辛烷值分别为 X,Y，则 $X\sim N(\mu_X,8.99)$，$Y\sim N(\mu_Y,4.45)$. 样本信息是 $n_X=10, n_Y=12$，$\bar{x}=79.9, \bar{y}=71.42$.要检验的假设为

$$H_0:\mu_X-\mu_Y\leqslant 5,\ H_1:\mu_X-\mu_Y>5 \tag{4.4.7}$$

根据备择假设，设 $\mathscr{X}_0=\{(\bar{x}-\bar{y})-5>c\}$，且满足

$$P\left\{(\bar{X}-\bar{Y})-5>c\,\middle|\,H_0\text{成立}\right\}\leqslant\alpha$$

因为

$$\frac{(\bar{X}-\bar{Y})-(\mu_X-\mu_Y)}{\sqrt{\dfrac{\sigma_X^2}{n_X}+\dfrac{\sigma_Y^2}{n_Y}}}\sim N(0,1),$$

所以

$$\begin{aligned}&P\left\{(\bar{X}-\bar{Y})-5>c\,\middle|\,H_0\text{成立}\right\}\\ \leqslant\ &P\left\{(\bar{X}-\bar{Y})-(\mu_X-\mu_Y)>c\,\middle|\,\mu_X-\mu_Y\leqslant 5\right\}\\ \leqslant\ &P\left\{\frac{(\bar{X}-\bar{Y})-(\mu_X-\mu_Y)}{\sqrt{\dfrac{\sigma_X^2}{n_X}+\dfrac{\sigma_Y^2}{n_Y}}}>\frac{c}{\sqrt{\dfrac{\sigma_X^2}{n_X}+\dfrac{\sigma_Y^2}{n_Y}}}\,\middle|\,\mu_X-\mu_Y\leqslant 5\right\}\end{aligned}$$

令

$$P\left\{\frac{(\bar{X}-\bar{Y})-(\mu_X-\mu_Y)}{\sqrt{\dfrac{\sigma_X^2}{n_X}+\dfrac{\sigma_Y^2}{n_Y}}}>\frac{c}{\sqrt{\dfrac{\sigma_X^2}{n_X}+\dfrac{\sigma_Y^2}{n_Y}}}\,\middle|\,\mu_X-\mu_Y\leqslant 5\right\}=\alpha,$$

得 $c=u_{1-\alpha}\sqrt{\dfrac{\sigma_X^2}{n_X}+\dfrac{\sigma_Y^2}{n_Y}}$. 由此得到假设(4.4.7)式的检验统计量

$$U=\frac{(\bar{X}-\bar{Y})-5}{\sqrt{\dfrac{\sigma_X^2}{n_X}+\dfrac{\sigma_Y^2}{n_Y}}} \tag{4.4.8}$$

和拒绝域

$$\mathscr{X}_0=\{u>u_{1-\alpha}\} \tag{4.4.9}$$

取 $\alpha=0.05$，则 $u_{1-\alpha}=u_{0.95}=1.65$，拒绝域 $\mathscr{X}_0=\{u>1.65\}$，计算检验统计量(4.4.8)式的样本值 $u=\dfrac{(79.9-71.42)-5}{\sqrt{\dfrac{8.99}{10}+\dfrac{4.45}{12}}}\approx 3.0882\in\mathscr{X}_0$，故拒绝 H_0 接受 $H_1:\mu_X-\mu_Y>5$，可以认为燃料 A 的平均辛烷值与燃料 B 的平均值的差异超过了 5，因此，选择使用燃料 A.

表 4.4.2 是 Excel 数据分析中的工具——“z 检验: 双样本均值分析”在显著水平 $\alpha=0.05$ 时的计算结果.

表 4.4.2　例 4.4.2 的 Excel 计算结果

z 检验: 双样本均值分析		
	变量 1	变量 2
平均	79.9	71.42
已知协方差	8.99	4.45
观测值	10	12
假设平均差	5	
z	3.09	
P(Z<=z)单尾	0.001	
z 单尾临界	1.65	
P(Z<=z)双尾	0.002	
z 双尾临界	1.96	

表中“z 3.09”表示检验统计量 U 的样本值是 3.09; “P(Z<=z)单尾 0.001”表示检验统计量 U 的样本值 3.09 对应的标准正态分布的右尾概率是 0.001, 即 $u_{1-0.001}=3.09$.因此, 样本值 3.09 的 p 值为 0.001, 比显著水平 0.05 小, 所以拒绝原假设; “z 单尾临界 1.65”表示显著水平 $\alpha=0.05$ 时, $u_{1-\alpha}=1.65$. 由于(4.4.7)式是右尾检验, 因此, $u_{1-\alpha}=1.65$ 是显著水平为 0.05 时拒绝域的临界值, 而检验统计量的样本值是 3.09, 大于 1.65, 所以拒绝原假设; “P(Z<=z)双尾 0.002”表示 $u_{1-\frac{0.002}{2}}=3.09$, 即 0.002 是进行双尾检验时的 p 值; “z 双尾临界 1.96”表示显著水平 $\alpha=0.05$ 进行双尾检验时拒绝域的临界值为 1.96.

从例 4.4.2 可见, 如果假设检验问题中与 $\mu=\mu_X-\mu_Y$ 的比较值为 Δ, 则在总体方差已知时, 检验统计量都可选为

$$U=\frac{(\bar{X}-\bar{Y})-\Delta}{\sqrt{\dfrac{\sigma_X^2}{n_X}+\dfrac{\sigma_Y^2}{n_Y}}} \tag{4.4.10}$$

而拒绝域与 $\Delta=0$ 的情形相同.

(2) σ_X^2, σ_Y^2 未知.

(i) $\sigma_X^2=\sigma_Y^2=\sigma^2$

由第 2 章的抽样分布定理知, 在 $H_0:\mu_X-\mu_Y=0$ 成立的条件下, 有

$$\frac{\bar{X}-\bar{Y}}{S_w\sqrt{\dfrac{1}{n_X}+\dfrac{1}{n_Y}}}\sim t(n_X+n_Y-2),$$

其中

$$S_w^2=\frac{(n_X-1)S_X^2+(n_Y-1)S_Y^2}{n_X+n_Y-2}.$$

因此,

$$P\left\{\left|\bar{X}-\bar{Y}\right|>c\left|H_0\text{成立}\right.\right\}=P\left\{\left|\frac{\bar{X}-\bar{Y}}{S_w\sqrt{\frac{1}{n_X}+\frac{1}{n_Y}}}\right|>\frac{c}{S_w\sqrt{\frac{1}{n_X}+\frac{1}{n_Y}}}\middle|\mu_X-\mu_Y=0\right\}$$

令 $P\left\{\left|\frac{\bar{X}-\bar{Y}}{S_w\sqrt{\frac{1}{n_X}+\frac{1}{n_Y}}}\right|>\frac{c}{S_w\sqrt{\frac{1}{n_X}+\frac{1}{n_Y}}}\middle|\ \mu_X-\mu_Y=0\right\}=\alpha$，得 $c=t_{1-\frac{\alpha}{2}}(n_X+n_Y-2)\cdot S_w\cdot\sqrt{\frac{1}{n_X}+\frac{1}{n_Y}}$，拒绝域

$$\mathscr{X}_0=\left\{\left|\bar{x}-\bar{y}\right|>t_{1-\frac{\alpha}{2}}(n_X+n_Y-2)\cdot S_w\cdot\sqrt{\frac{1}{n_X}+\frac{1}{n_Y}}\right\} \tag{4.4.11}$$

将(4.4.11)式中的不等式变形，得到检验统计量为

$$T=\frac{\bar{X}-\bar{Y}}{S_w\sqrt{\frac{1}{n_X}+\frac{1}{n_Y}}} \tag{4.4.12}$$

的拒绝域

$$\mathscr{X}_0=\left\{\left|t\right|>t_{1-\frac{\alpha}{2}}(n_X+n_Y-2)\right\} \tag{4.4.13}$$

此检验方法称为双样本 t 检验或等方差 t 检验.

（ii）$\sigma_X^2\neq\sigma_Y^2$

这时，用无偏估计量 S_X^2，S_Y^2 分别替代(4.4.5)式中的 σ_X^2，σ_Y^2，得到统计量

$$T^*=\frac{\bar{X}-\bar{Y}}{\sqrt{\frac{S_X^2}{n_X}+\frac{S_Y^2}{n_Y}}} \tag{4.4.14}$$

当样本容量 n_X,n_Y 较小时，在 $H_0:\mu_X-\mu_Y=0$ 成立的条件下有 $T^*\overset{\text{近似}}{\sim}t(v)$ (参见置信区间对应内容)，其中自由度 v 是不超过

$$\frac{\left(\frac{S_X^2}{n_X}+\frac{S_Y^2}{n_Y}\right)^2}{\frac{(S_X^2/n_X)^2}{n_X-1}+\frac{(S_Y^2/n_Y)^2}{n_Y-1}} \tag{4.4.15}$$

的最大正整数. 这时，可选择 T^* 为检验统计量，拒绝域为

$$\mathscr{X}_0=\left\{\left|t^*\right|>t_{1-\frac{\alpha}{2}}(v)\right\} \tag{4.4.16}$$

该方法称为 t 化检验法或异方差 t 检验.

如果样本容量 n_X,n_Y 足够大，由中心极限定理得 $T^*\overset{\text{近似}}{\sim}N(0,1)$，这时，检验统计量仍为 T^*，拒绝域为

$$\mathscr{X}_0=\left\{\left|t^*\right|>u_{1-\frac{\alpha}{2}}\right\} \tag{4.4.17}$$

例 4.4.3　假设例 4.4.1 中 $X \sim N(\mu_X, \sigma_X^2)$，$Y \sim N(\mu_Y, \sigma_Y^2)$，取显著水平 $\alpha = 0.05$，检验假设 $H_0: \mu_X \leqslant \mu_Y$，$H_1: \mu_X > \mu_Y$.

解　由样本数据得：$n_X = 6$，$n_Y = 5$，$\bar{x} = 34.2$，$\bar{y} = 26.6$，$s_X^2 = 19.0$，$s_Y^2 = 7.3$.

因为 σ_X^2，σ_Y^2 未知，且不能判断 $\sigma_X^2 = \sigma_Y^2$ 是否成立，所以选择异方差 t 检验法. 根据(4.4.15)式，计算 t 分布的自由度

$$v \approx \left(\frac{19.0}{6} + \frac{7.3}{5}\right)^2 \Bigg/ \left(\frac{19.0^2}{6^2 \times 5} + \frac{7.3^2}{5^2 \times 4}\right) \approx 8.4$$

那么，拒绝域

$$\mathscr{X}_0 = \{t^* > t_{0.95}(8)\} = \{t^* > 1.8595\}$$

检验统计量(4.4.14)式的样本值

$$t^* = \frac{34.2 - 26.6}{\sqrt{\dfrac{19}{6} + \dfrac{7.3}{5}}} \approx 3.5 \in \chi_0$$

所以，拒绝原假设接受备择假设，当显著水平为 0.05 时，可以判断加入了消化酶后的 DNA 分子数量的均值要小一些.

用 Excel 数据分析中的工具——“t 检验：双样本异方差假设”完成上述计算过程，计算结果如表 4.4.3 所示.

表 4.4.3　例 4.4.3 的 Excel 计算结果

t 检验：双样本异方差假设		
	变量 1	变量 2
平均	34.2	26.6
方差	19	7.3
观测值	6	5
假设平均差	0	
df	8	
t Stat	3.5	
$P(T<=t)$单尾	0.0039	
t 单尾临界	1.8595	
$P(T<=t)$双尾	0.0078	
t 双尾临界	2.3060	

表 4.4.3 中“df 8”表示检验统计量 T^* 的自由度是 8.“t Stat 3.5 ”表示检验统计量 T^* 的样本值是 3.5，“$P(T<=t)$单尾 0.0039”表示 T^* 的样本值 3.5 对应的右尾概率，即 p=0.0039，它比显著水平 0.05 小，所以，拒绝原假设.“t 单尾临界 1.8595”表示显著水平是 0.05 时 $t_{1-\alpha}(8) = 1.8595$，因为样本值是 3.5，大于 1.8595，所以，拒绝原假设.“$P(T<=t)$双尾 0.0078”表示样本值为 3.5 时

对应的双尾概率 p, 即 $t_{1-\frac{p}{2}}(8)=1.8595$. "$t$ 双尾临界 2.3060"表示显著水平是 0.05 时 $t_{1-\frac{\alpha}{2}}(8)=2.3060$.

(iii) 成对数据的情形

设 $(X_i,Y_i), i=1,2,\cdots, n$ 是成对数据, 且 $X_1,X_2,\cdots,X_n$ 是总体 $X\sim N(\mu_X,\sigma_X^2)$ 的样本, $Y_1,Y_2,\cdots,Y_n$ 是总体 $Y\sim N(\mu_Y,\sigma_Y^2)$ 的样本, $X_1,X_2,\cdots,X_n$ 与 $Y_1,Y_2,\cdots,Y_n$ 相互独立. 令 $Z_i=X_i-Y_i, i=1,2,\cdots,n$, 则 $Z_i\sim N(\mu_X-\mu_Y,\sigma_X^2+\sigma_Y^2), i=1,2,\cdots,n$, 这时, 假设检验问题(4.4.1)式变为单个正态总体方差未知时对均值的检验, 检验统计量是

$$T=\frac{\bar{Z}}{S/\sqrt{n}}=\frac{\bar{X}-\bar{Y}}{S/\sqrt{n}} \tag{4.4.18}$$

拒绝域为

$$\mathscr{X}_0=\{|t|>t_{1-\frac{\alpha}{2}}(n-1)\} \tag{4.4.19}$$

其中

$$S_Z^2=\frac{1}{n-1}\sum_{i=1}^{n}(Z_i-\bar{Z})^2=S_X^2+S_Y^2-2S_{X,Y}^2 \tag{4.4.20}$$

$$S_{X,Y}^2=\frac{1}{n-1}\sum_{i=1}^{n}(X_i-\bar{X})(Y_i-\bar{Y}) \tag{4.4.21}$$

该方法称为配对 t 检验法.

例 4.4.4 机动车排放的颗粒物质(PM)是人们非常关注的一个环境问题. 从行驶的车辆中随机抽出了 10 辆汽车, 在高速行驶以及停停走走这两种情形下, 对每升汽油排放的颗粒物质的重量(单位: mg)分别进行了测量, 并计算了这两种情形下排放物的差值, 得到的结果如表 4.4.4 所示.

表 4.4.4　汽油排放的颗粒物质重量的测量值

走走停停排放量 x_i	218	234	182	450	205	408	350	17	242	644
高速行驶排放量 y_i	354	214	597	262	196	195	399	149	24	178
$z_i=x_i-y_i$	−136	20	−415	188	9	213	−49	−132	218	466

假设每升汽油排放的颗粒物质的重量(单位: mg)服从正态分布, 那么, 在显著水平 $\alpha=0.05$ 下能认为高速行驶时的平均排放水平要低于走走停停时的平均排放水平吗?

解　设走走停停时的排放量和高速行驶时的排放量分别为 X 和 Y, 由题意得 $X\sim N(\mu_X,\sigma_X^2)$, $Y\sim N(\mu_Y,\sigma_Y^2)$. 要检验的假设为

$$H_0:\mu_X-\mu_Y=0,\quad H_1:\mu_X-\mu_Y>0$$

由于减法运算($z_i=x_i-y_i(i=1,2,\cdots,n)$)能消除其他因素对排放量的影响仅剩下行驶方式的作用, 所以基于 $z_i, i=1,2,\cdots,10$ 对测定方法做出的判断应更为合理. 因此, 选择配对 t 检验法. 已知 $n=10$, $\bar{z}=38.2$, $s_Z^2\approx 60203.067$. 在显著水平 $\alpha=0.05$ 下, 拒绝域为

$$\mathscr{X}_0=\{t>t_{0.95}(9)\}=\{t>1.8331\}$$

检验统计量(4.4.18)式的样本值 $t=\dfrac{38.2}{\sqrt{60203.067}/\sqrt{10}}=0.492\notin\mathscr{X}_0$, 所以不能接受备择假设.

若用 Excel 数据分析中的工具——“t 检验：成对双样本均值分析”完成上述计算，则显著水平是 0.05 时的计算结果如表 4.4.5 所示.

表 4.4.5　例 4.4.4 的 Excel 计算结果

t 检验：成对双样本均值分析		
	变量 1	变量 2
平均	295	256.8
方差	30248	25200.6
观测值	10	10
泊松相关系数	−0.086	
假设平均差	0	
df	9	
t Stat	0.492	
$P(T<=t)$单尾	0.3171	
t 单尾临界	1.8331	
$P(T<=t)$双尾	0.6343	
t 双尾临界	2.2622	

表 4.4.5 中“t Stat 0.492”显示，检验统计量 T 的样本值是 0.492，由“$P(T<=t)$单尾 0.3171”知，样本值 0.492 对应的 p 值为 0.3171，比显著水平 0.05 大，所以，接受原假设．“t 单尾临界 1.8331”显示，显著水平为 0.05 时，右尾检验的临界值为 1.8331，比检验统计量 T 的样本 0.492 大，所以，接受原假设．因此，在显著水平 $\alpha=0.05$ 下不能认为高速行驶时的平均排放水平低于走走停停时的平均排放水平.

表 4.4.6 汇总了两个正态总体均值之差的检验方法.

表 4.4.6　两个正态总体均值之差的假设检验方法

统计假设	条件	检验统计量	拒绝域
$H_0:\mu_X-\mu_Y=\Delta$ $H_1:\mu_X-\mu_Y\neq\Delta$	σ_X^2,σ_Y^2 已知	(双样本 U 检验法) $U=\dfrac{(\bar{X}-\bar{Y})-\Delta}{\sqrt{\dfrac{\sigma_X^2}{n_X}+\dfrac{\sigma_Y^2}{n_Y}}}$	$\left\{\lvert u\rvert>u_{1-\frac{\alpha}{2}}\right\}$
	σ_X^2,σ_Y^2 未知 但 $\sigma_X^2=\sigma_Y^2$	(等方差 t 检验法) $T=\dfrac{(\bar{X}-\bar{Y})-\Delta}{S_w\sqrt{\dfrac{1}{n_X}+\dfrac{1}{n_Y}}}$	$\left\{\lvert t\rvert>t_{1-\frac{\alpha}{2}}(n_X+n_Y-2)\right\}$
	σ_X^2,σ_Y^2 未知 n_X,n_Y 较小	(异方差 t 检验法) $T^*=\dfrac{(\bar{X}-\bar{Y})-\Delta}{\sqrt{\dfrac{S_X^2}{n_X}+\dfrac{S_Y^2}{n_Y}}}$	$\left\{\lvert t^*\rvert>t_{1-\frac{\alpha}{2}}(v)\right\}$
	σ_X^2,σ_Y^2 未知 $n_X=n_Y=n$ 配对数据	(配对 t 检验法) $T=\dfrac{\bar{Z}-\Delta}{S_Z}\sqrt{n}$	$\left\{\lvert t\rvert>t_{1-\frac{\alpha}{2}}(n-1)\right\}$

续表

统计假设	条件	检验统计量	拒绝域
$H_0:\mu_X-\mu_Y=\Delta$ $\mu_X-\mu_Y\leqslant\Delta$ $H_1:\mu_X-\mu_Y>\Delta$	σ_X^2,σ_Y^2 已知	(双样本 U 检验法) $U=\dfrac{(\bar{X}-\bar{Y})-\Delta}{\sqrt{\dfrac{\sigma_X^2}{n_X}+\dfrac{\sigma_Y^2}{n_Y}}}$	$\{u>u_{1-\alpha}\}$
	σ_X^2,σ_Y^2 未知 但 $\sigma_X^2=\sigma_Y^2$	(等方差 t 检验法) $T=\dfrac{(\bar{X}-\bar{Y})-\Delta}{S_w\sqrt{\dfrac{1}{n_X}+\dfrac{1}{n_Y}}}$	$\{t>t_{1-\alpha}(n_X+n_Y-2)\}$
	σ_X^2,σ_Y^2 未知 n_X,n_Y 较小	(异方差 t 检验法) $T^*=\dfrac{(\bar{X}-\bar{Y})-\Delta}{\sqrt{\dfrac{S_X^2}{n_X}+\dfrac{S_Y^2}{n_Y}}}$	$\{t^*>t_{1-\alpha}(v)\}$
	σ_X^2,σ_Y^2 未知 $n_X=n_Y=n$ 配对数据	(配对 t 检验法) $T=\dfrac{\bar{Z}-\Delta}{S_Z}\sqrt{n}$	$\{t>t_{1-\alpha}(n-1)\}$
$H_0:\mu_X-\mu_Y=\Delta$ $\mu_X-\mu_Y\geqslant\Delta$ $H_1:\mu_X-\mu_Y<\Delta$	σ_X^2,σ_Y^2 已知	(双样本 U 检验法) $U=\dfrac{(\bar{X}-\bar{Y})-\Delta}{\sqrt{\dfrac{\sigma_X^2}{n_X}+\dfrac{\sigma_Y^2}{n_Y}}}$	$\{u<u_\alpha\}$
	σ_X^2,σ_Y^2 未知 但 $\sigma_X^2=\sigma_Y^2$	(等方差 t 检验法) $T=\dfrac{(\bar{X}-\bar{Y})-\Delta}{S_w\sqrt{\dfrac{1}{n_X}+\dfrac{1}{n_Y}}}$	$\{t<t_\alpha(n_X+n_Y-2)\}$
	σ_X^2,σ_Y^2 未知 n_X,n_Y 较小	(异方差 t 检验法) $T^*=\dfrac{(\bar{X}-\bar{Y})-\Delta}{\sqrt{\dfrac{S_X^2}{n_X}+\dfrac{S_Y^2}{n_Y}}}$	$\{t^*<t_\alpha(v)\}$
	σ_X^2,σ_Y^2 未知 $n_X=n_Y=n$ 配对数据	(配对 t 检验法) $T=\dfrac{\bar{Z}-\Delta}{S_Z}\sqrt{n}$	$\{t<t_\alpha(n-1)\}$

注：表中 Δ 是一个已知的实数，$S_w^2=\dfrac{(n_X-1)S_X^2+(n_Y-1)S_Y^2}{n_X+n_Y-2}$；$v$ 是不超过 $\dfrac{\left(\dfrac{S_X^2}{n_X}+\dfrac{S_Y^2}{n_Y}\right)^2}{\dfrac{(S_X^2/n_X)^2}{n_X-1}+\dfrac{(S_Y^2/n_Y)^2}{n_Y-1}}$ 的最大正整数；$\bar{Z}=\bar{X}-\bar{Y}$，$S_Z^2=S_X^2+S_Y^2-2S_{X,Y}^2$，$S_{X,Y}^2=\dfrac{1}{n-1}\sum\limits_{i=1}^{n}(X_i-\bar{X})(Y_i-\bar{Y})$．

2. 关于 $\dfrac{\sigma_X^2}{\sigma_Y^2}$ 的检验

考虑假设

$$H_0:\frac{\sigma_X^2}{\sigma_Y^2}=1,\quad H_1:\frac{\sigma_X^2}{\sigma_Y^2}\neq 1 \tag{4.4.22}$$

若 μ_X,μ_Y 未知，选择参数 $\dfrac{\sigma_X^2}{\sigma_Y^2}$ 的点估计量 $\dfrac{S_X^2}{S_Y^2}$ 的样本值推断(4.4.22)式. 拒绝域的形式设为

$$\mathscr{X}_0=\left\{\frac{s_X^2}{s_Y^2}<c_1\text{或}\frac{s_X^2}{s_Y^2}>c_2\right\},\quad 0<c_1<c_2$$

且

$$P\left\{\frac{S_X^2}{S_Y^2}<c_1\text{或}\frac{S_X^2}{S_Y^2}>c_2\,\middle|\,H_0\text{成立}\right\}\leqslant\alpha \tag{4.4.23}$$

因为在 $H_0:\dfrac{\sigma_X^2}{\sigma_Y^2}=1$ 成立的条件下，有 $F=\dfrac{S_X^2}{S_Y^2}\sim F(n_X-1,n_Y-1)$，从而有

$$P\left\{\frac{S_X^2}{S_Y^2}<c_1\text{或}\frac{S_X^2}{S_Y^2}>c_2\,\middle|\,H_0\text{成立}\right\}=P\left\{F<c_1\,\middle|\,\frac{\sigma_X^2}{\sigma_Y^2}=1\right\}+P\left\{F>c_2\,\middle|\,\frac{\sigma_X^2}{\sigma_Y^2}=1\right\}$$

令

$$P\left\{F<c_1\,\middle|\,\frac{\sigma_X^2}{\sigma_Y^2}=1\right\}=P\left\{F>c_2\,\middle|\,\frac{\sigma_X^2}{\sigma_Y^2}=1\right\}=\frac{\alpha}{2},$$

得到 $c_1=F_{\frac{\alpha}{2}}(n_X-1,n_Y-1)$，$c_2=F_{1-\frac{\alpha}{2}}(n_X-1,n_Y-1)$. 于是, (4.4.22)式的检验统计量为

$$F=\frac{S_X^2}{S_Y^2} \tag{4.4.24}$$

的拒绝域

$$\mathscr{X}_0=\left\{\frac{s_X^2}{s_Y^2}>F_{1-\frac{\alpha}{2}}(n_X-1,n_Y-1)\right\}\cup\left\{\frac{s_X^2}{s_Y^2}<F_{\frac{\alpha}{2}}(n_X-1,n_Y-1)\right\} \tag{4.4.25}$$

该检验方法称为 F 检验法.

类似地，可得到 μ_X,μ_Y 已知时，检验统计量为

$$\tilde{F}=\frac{\tilde{S}_X^2}{\tilde{S}_Y^2} \tag{4.4.26}$$

的拒绝域

$$\mathscr{X}_0=\left\{\frac{\tilde{s}_X^2}{\tilde{s}_Y^2}>F_{1-\frac{\alpha}{2}}(n_X,n_Y)\right\}\cup\left\{\frac{\tilde{s}_X^2}{\tilde{s}_Y^2}<F_{\frac{\alpha}{2}}(n_X,n_Y)\right\} \tag{4.4.27}$$

其中 $\tilde{S}_X^2=\dfrac{1}{n_X}\sum\limits_{i=1}^{n_X}(X_i-\mu_X)^2$，$\tilde{S}_Y^2=\dfrac{1}{n_Y}\sum\limits_{i=1}^{n_Y}(Y_i-\mu_Y)^2$.

表 4.4.7 汇总了两个正态总体方差之比的假设检验方法.

表 4.4.7　两个正态总体方差之比的假设检验方法

统计假设	条件	检验统计量	拒绝域
$H_0:\dfrac{\sigma_X^2}{\sigma_Y^2}=1$，$H_1:\dfrac{\sigma_X^2}{\sigma_Y^2}\neq 1$	μ_X,μ_Y 已知	(F 检验法) $\tilde{F}=\dfrac{\tilde{S}_X^2}{\tilde{S}_Y^2}$	$\left\{\tilde{f}<F_{\frac{\alpha}{2}}(n_X,n_Y)\right\}\cup\left\{\tilde{f}>F_{1-\frac{\alpha}{2}}(n_X,n_Y)\right\}$
	μ_X,μ_Y 未知	(F 检验法) $F=\dfrac{S_X^2}{S_Y^2}$	$\left\{f<F_{\frac{\alpha}{2}}(n_X-1,n_Y-1)\right\}\cup\left\{f>F_{1-\frac{\alpha}{2}}(n_X-1,n_Y-1)\right\}$

续表

统计假设	条件	检验统计量	拒绝域
$H_0:\dfrac{\sigma_X^2}{\sigma_Y^2}=1$ $\left(\dfrac{\sigma_X^2}{\sigma_Y^2}\leqslant 1\right)$ $H_1:\dfrac{\sigma_X^2}{\sigma_Y^2}>1$	μ_X,μ_Y 已知	(F 检验法) $\tilde{F}=\dfrac{\tilde{S}_X^2}{\tilde{S}_Y^2}$	$\left\{\tilde{f}>F_{1-\alpha}(n_X,n_Y)\right\}$
	μ_X,μ_Y 未知	(F 检验法) $F=\dfrac{S_X^2}{S_Y^2}$	$\left\{f>F_{1-\alpha}(n_X-1,n_Y-1)\right\}$
$H_0:\dfrac{\sigma_X^2}{\sigma_Y^2}=1$ $\left(\dfrac{\sigma_X^2}{\sigma_Y^2}\geqslant 1\right)$ $H_1:\dfrac{\sigma_X^2}{\sigma_Y^2}<1$	μ_X,μ_Y 已知	(F 检验法) $\tilde{F}=\dfrac{\tilde{S}_X^2}{\tilde{S}_Y^2}$	$\left\{\tilde{f}<F_{\alpha}(n_X,n_Y)\right\}$
	μ_X,μ_Y 未知	(F 检验法) $F=\dfrac{S_X^2}{S_Y^2}$	$\left\{f<F_{\alpha}(n_X-1,n_Y-1)\right\}$

例 4.4.5　某研究报告描述了用分光计测量某块特定硅片的碳含量(单位: ppm)的试验. 在连续两天的时间里, 每天的测量结果如表 4.4.8 所示. 如果碳含量测试值服从正态分布, 在显著水平 0.05 下, 判断两天的碳含量的测试值是否有显著差异.

表 4.4.8　碳含量测试值

第一天	2.1174	2.1394	2.0878	2.1309	2.1532	2.1621	
第二天	1.9793	2.0319	2.024	1.9986	1.9601	1.9763	1.9925

解　设第一天、第二天的碳含量测试值(单位: ppm)分别为 X，Y. 由题意知: $X\sim N(\mu_X,{\sigma_X}^2)$，$Y\sim N(\mu_Y,{\sigma_Y}^2)$，且 $n_X=6$, $n_Y=7$，$\bar{x}\approx 2.1318$，$\bar{y}\approx 1.9947$，$s_X^2\approx 0.00072$，$s_Y^2\approx 0.00067$. 需要检验的假设是

$$H_0:\mu_X=\mu_Y,\ H_1:\mu_X\neq\mu_Y$$

为了确定选择哪种 t 检验方法, 可事先对两个正态总体的方差是否相同进行检验.

(1) 检验假设: $H_0:\sigma_X^2=\sigma_Y^2$, $H_1:\sigma_X^2\neq\sigma_Y^2$

由于均值 μ_X,μ_Y 未知, 所以, 检验统计量选择为(4.4.23)式, 其样本值

$$f=\frac{s_X^2}{s_Y^2}=\frac{0.00072}{0.00067}=1.075$$

当 $\alpha=0.05$ 时,

$$F_{1-\frac{\alpha}{2}}(n_X-1,n_Y-1)=F_{0.975}(5,6)=5.9876$$

$$F_{1-\frac{\alpha}{2}}(n_Y-1,n_X-1)=F_{0.975}(6,5)=6.9777$$

$$F_{\frac{\alpha}{2}}(n_X-1,n_Y-1)=F_{0.025}(5,6)=\frac{1}{F_{0.975}(6,5)}=\frac{1}{6.9777}=0.1433$$

拒绝域

$$\mathscr{X}_0=\left\{\frac{s_X^2}{s_Y^2}<0.1433\right\}\cup\left\{\frac{s_X^2}{s_Y^2}>5.9876\right\}$$

由于检验统计量的样本值 $f\approx 1.075\notin\mathscr{X}_0$, 所以, 接受原假设, 即在显著水平 0.05 下, 没有充足理由认为 σ_X^2,σ_Y^2 有显著差异.

若用 Excel 数据分析中的工具——“F 检验 双样本方差分析”完成上述计算，则计算结果见表 4.4.9.

表 4.4.9　例 4.4.5(1)的 Excel 计算结果

F 检验双样本方差分析		
	变量 1	变量 2
平均	2.1318	1.99467
方差	0.000716	0.000673
观测值	6	7
df	5	6
F	1.06402	
$P(F<=f)$单尾	0.46184	
F 单尾临界	4.38737	

表 4.4.9 显示，检验统计量(4.4.24)式的样本值为 1.06402(此结果与手工计算的 1.075 有误差，是由于样本方差的计算误差引起的)，单尾概率约为 0.46，因此双尾检验的 p 值为 0.92，显然，大于显著水平 0.05，检验结果为接受原假设 $H_0:\sigma_X^2=\sigma_Y^2$.

(2) 检验假设：$H_0:\mu_X=\mu_Y$，$H_1:\mu_X\neq\mu_Y$

选择双样本 t 检验法. 当 $\alpha=0.05$ 时，查表 $t_{1-\frac{\alpha}{2}}(n_X+n_Y-2)=t_{0.975}(11)=2.2010$，拒绝域

$$\mathscr{X}_0=\{|t|>2.2010\}$$

$s_w=\sqrt{\dfrac{5\times0.00072+6\times0.00067}{11}}=0.0263$，检验统计量 $T=\dfrac{\bar{X}-\bar{Y}}{S_w\sqrt{\dfrac{1}{n_X}+\dfrac{1}{n_Y}}}$ 的样本值为

$t=\dfrac{2.1318-1.9947}{0.0263\times\sqrt{\dfrac{1}{6}+\dfrac{1}{7}}}=9.3699\in\mathscr{X}_0$，所以拒绝 H_0，在显著水平 0.05 下可以认为两天的碳含量的测试值有显著差异.

用 Excel 数据分析中的工具——“t 检验：双样本等方差假设”完成上述计算，则计算结果见表 4.4.10.

表 4.4.10　例 4.4.5(2)的 Excel 计算结果

t 检验：双样本等方差假设		
	变量 1	变量 2
平均	2.1318	1.994671
方差	0.000716	0.000673
观测值	6	7
合并方差	0.000692	
假设平均差	0	

续表

	变量 1	变量 2
df	11	
t Stat	9.368988	
P(*T*<=*t*)单尾	7.06E–07	
t 单尾临界	1.795885	
P(*T*<=*t*)双尾	1.41E–06	
t 双尾临界	2.200985	

表 4.4.9 显示，检验统计量 T 的样本值为 9.36898(此结果与手工计算的 9.3699 有误差，是由于样本方差的计算误差引起的)，p 值为 1.41E–06，显然，小于显著水平 0.05，检验结果为拒绝原假设 H_0 .

4.4.2　两个非正态总体的参数检验

对两个非正态总体，在大样本情形下，也可以利用中心极限定理讨论它们均值之差及相关参数的检验问题. 设 X，Y 是两个非正态总体，令 $\mu_X = EX$，$\mu_Y = EY$，$\sigma_X^2 = DX$，$\sigma_Y^2 = DY$. $X_1, X_2, \cdots, X_{n_X}$ 和 $Y_1, Y_2, \cdots, Y_{n_Y}$ 是分别来自总体 X，Y 的样本，且相互独立，$\bar{X}, \bar{Y}$ 是样本均值，S_X^2, S_Y^2 是样本方差，α 为显著水平.

由中心极限定理得，样本容量 n_X，n_Y 足够大时，有

$$\frac{(\bar{X}-\bar{Y})-(\mu_X-\mu_Y)}{\sqrt{\dfrac{\sigma_X^2}{n_X}+\dfrac{\sigma_Y^2}{n_Y}}} \overset{\text{近似}}{\sim} N(0,1) \tag{4.4.28}$$

因此，当 σ_X^2，σ_Y^2 已知时，对假设

$$H_0: \mu_X - \mu_Y = 0, H_1: \mu_X - \mu_Y \neq 0 \tag{4.4.29}$$

检验统计量选择为

$$U = \frac{\bar{X}-\bar{Y}}{\sqrt{\dfrac{\sigma_X^2}{n_X}+\dfrac{\sigma_Y^2}{n_Y}}} \tag{4.4.30}$$

拒绝域

$$\mathscr{X}_0 = \left\{ |u| > u_{1-\frac{\alpha}{2}} \right\} \tag{4.4.31}$$

如果(4.4.29)式是单尾假设检验，那么，检验统计量不变，仍选择为(4.4.30)式，而拒绝域则要根据备择假设确定. 备择假设是：$H_1: \mu_X - \mu_Y > 0$ 时，拒绝域 $\mathscr{X}_0 = \{u > u_{1-\alpha}\}$；备择假设是 $H_1: \mu_X - \mu_Y < 0$ 时，拒绝域 $\mathscr{X}_0 = \{u < u_\alpha\}$.

当 σ_X^2，σ_Y^2 未知时，用 S_X^2, S_Y^2 分别替代(4.4.28)式中的 σ_X^2，σ_Y^2，得到假设(4.4.29)式的检验统计量

$$U=\frac{\bar{X}-\bar{Y}}{\sqrt{\dfrac{S_X^2}{n_X}+\dfrac{S_Y^2}{n_Y}}} \tag{4.4.32}$$

拒绝域仍为(4.4.31)式.

如果总体 $X\sim B(1,p_X)$ 和 $Y\sim B(1,p_Y)$，则有 $\mu_X=p_X$，$\mu_Y=p_Y$，那么，假设(4.4.29)式变为

$$H_0:p_X-p_Y=0,\ H_1:p_X-p_Y\neq 0 \tag{4.4.33}$$

检验统计量(4.4.32)式变为

$$U=\frac{\bar{X}-\bar{Y}}{\sqrt{\dfrac{\bar{X}(1-\bar{X})}{n_X-1}+\dfrac{\bar{Y}(1-\bar{Y})}{n_Y-1}}} \tag{4.4.34}$$

拒绝域还是(4.4.31)式.

关于 p_X-p_Y 的单尾检验，检验统计量不变，仍为(4.4.34)式，而拒绝域的情况是：$H_1:p_X-p_Y>0$ 时，拒绝域 $\mathscr{X}_0=\{u>u_{1-\alpha}\}$；$H_1:p_X-p_Y<0$ 时，拒绝域 $\mathscr{X}_0=\{u<u_\alpha\}$.

例 4.4.6 从拥有某种类型信用卡的人群中随机选取了100人进行调查，其中有52人知道使用这种信用卡可以从他们经常搭乘的某特定航线中赚取飞行里程. 在对这种优惠活动进行了一次广告宣传之后，又随机调查了 150 名这种类型信用卡的拥有者，其中有 89 人知道优惠活动. 由此可以认为广告宣传之后，优惠活动的知名度有了显著提高吗?

解 设广告宣传之前信用卡拥有者中知道优惠活动的人所占的比例为 p_X，广告宣传之后知道优惠活动的人所占的比例为 p_Y. 已知 $n_X=100,\bar{x}=\dfrac{52}{100}=0.52$，$n_Y=150,\bar{y}=\dfrac{89}{150}\approx 0.59$. 要检验的假设是:

$$H_0:p_X\geqslant p_Y,\ H_1:p_X<p_Y$$

当显著水平取 0.05 时，拒绝域 $\mathscr{X}_0=\{u<u_{0.05}\}=\{u<-1.65\}$. 由于检验统计量(4.4.34)式的样本值是

$$u\approx\frac{0.52-0.59}{\sqrt{\dfrac{0.52\times 0.48}{99}+\dfrac{0.59\times 0.41}{149}}}\approx -1.0873\notin\mathscr{X}_0$$

所以，接受原假设. 在显著水平 0.05 下，不能认为广告宣传之后信用卡的优惠活动的知名度有了显著提高.

4.5 非参数假设检验

4.5.1 正态概率纸检验法

判断总体是否服从正态分布的检验称为正态性检验. 正态性的检验方法有很多，不过，许多研究者普遍认为夏皮洛-威尔克(Shapiro-Wilk)检验法(又称为 W 检验法)、达戈斯梯纳(D'Agostion)检验法(也称为 D 检验法)和爱泼斯-普利(Epps-Pully)检验法(称为 EP 检验法)是正态性检验功效较好的方法. 而正态概率纸检验法则是一种从定性角度来判断正态性的方法，它使用简单、直观、快速，在此，对该方法做简要介绍.

正态概率纸检验法是利用正态分布的性质来进行推断的. 若 (x,y) 是正态分布 $N(\mu,\sigma^2)$ 的分布函数曲线 $y=F(x)$ 上的一个点，则有 $y=F(x)=\Phi\left(\dfrac{x-\mu}{\sigma}\right)$，从而，$\dfrac{x-\mu}{\sigma}=u_y$，或 $x=\mu+\sigma u_y$. 即说明，正态分布函数曲线上的任意一个点 (x,y)，对应的 (x,u_y) 一定在 XOU 直角坐标系中直线 $x=\mu+\sigma u$ 上. 例如，对正态分布 $N(1,4)$，取 $x_1=0,x_2=1,x_3=2.5$，则对应的分布函数值为 $y_1=0.3075,y_2=0.5$， $y_3=0.7734$，相应的分位数是：$u_{y_1}=-0.5,u_{y_2}=0,u_{y_3}=0.75$，由此得到三个点 $(0,-0.5),(1,0),(2.5,0.75)$. 可以验证，这三个点均在 XOU 直角坐标中的直线 $x=1+2u$ 上，如图 4.5.1 所示. 为了更容易地在 XOU 直角坐标系中画出点 (x,u_y)，在纵轴坐标轴的刻度 u 旁边标注出与 u 值对应的分布函数值 $y=F(u)$，比如，在 $u_{y_1}=-0.5$, $u_{y_2}=0$, $u_{y_3}=0.75$ 的旁边对应标注出 $y_1=0.3075,y_2=0.5$， $y_3=0.7734$. 这样就可以直接根据点坐标 (x,y) 在 XOU 直角坐标中找到点 (x,u_y)，按这种方式设计的坐标图纸称为正态概率纸. 由此可见，设 $(x_i,y_i),i=1,2,\cdots,n$ 是总体 X 的分布函数 $F(x)$ 曲线上的 n 个点，当在正态概率纸上这 n 个点都在一条直线上时，则可以判断 $(x_i,y_i),i=1,2,\cdots,n$ 是某正态分布函数曲线上的点，总体 X 服从正态分布；否则，不能认为点 $(x_i,y_i),i=1,2,\cdots,n$ 在一条正态分布函数曲线上.

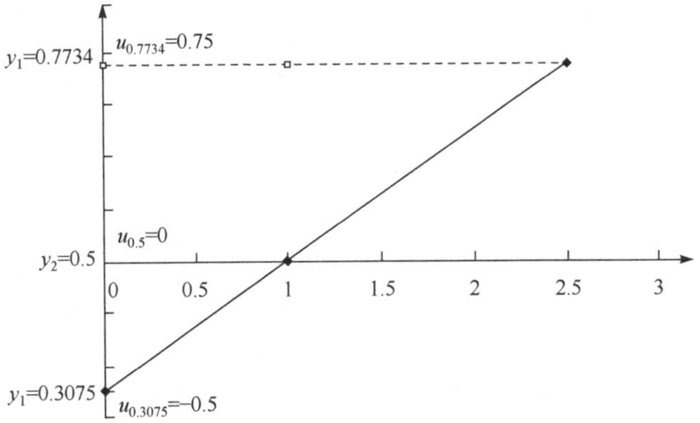

图 4.5.1 正态分布函数自变量取值与函数值、分位数之间的关系示意图

正态概率纸检验法的计算步骤如下.

(1) 将来自总体 X 的样本值 $x_1,x_2,\cdots,x_n$ 按由小到大顺序排序为 $x_{(1)},x_{(2)},\cdots,x_{(n)}$.

(2) 计算总体 X 的分布函数曲线 $y=F(x)$ 上的 n 个点 $(x_{(i)},F(x_{(i)})),i=1,2,\cdots,n.$

由于 $F(x)$ 未知的，所以，用经验分布函数 $F_n(x)$ 替代 $F(x)$，计算 $\hat{F}(x_{(i)})=F_n(x_{(i)})=\dfrac{i}{n}$ 和点 $(x_{(i)},\hat{F}(x_{(i)})),i=1,2,\cdots,n.$

有研究发现，用修正频率 $\dfrac{i-(3/8)}{n+(1/4)}$ 或 $\dfrac{i}{n+1}$ 估计 $F(x_{(i)})$ 更加合理. 因此，取 $\hat{F}(x_{(i)})=\dfrac{i-(3/8)}{n+(1/4)}$ 或 $\hat{F}(x_{(i)})=\dfrac{i}{n+1},i=1,2,\cdots,n.$

(3) 在正态概率纸上描出点 $(x_{(i)},\hat{F}(x_{(i)})),i=1,2,\cdots,n.$

(4) 判断：若在正态概率纸上 n 个点 $(x_{(i)},\hat{F}(x_{(i)}))(i=1,2,\cdots,n)$ 在一条直线附近，则可以认

为总体 X 服从正态分布；否则，不能认为总体 X 服从正态分布.

例 4.5.1　检验例 4.1.1 中的问题(2)，即判断样本数据 38.616, 38.866, 39.040, 38.583, 39.240, 38.985, 38.772, 38.909, 38.314 是否来自正态分布？

解　检验步骤如下.

(1) 将样本值按由小到大顺序排序，并计算 $\hat{F}(x_{(i)})=\dfrac{i-(3/8)}{n+(1/4)}$，$i=1,2,\cdots,9$. 计算结果见表 4.5.1.

表 4.5.1　计算结果

$x_{(i)}$	38.314	38.583	38.616	38.772	38.866	38.909	38.985	39.040	39.240
$\hat{F}(x_{(i)})$	0.068	0.176	0.284	0.392	0.500	0.608	0.716	0.824	0.932

(2) 在正态概率纸上画出点 $(x_{(i)},\hat{F}(x_{(i)})), i=1,2,\cdots,9$，如图 4.5.2 所示.

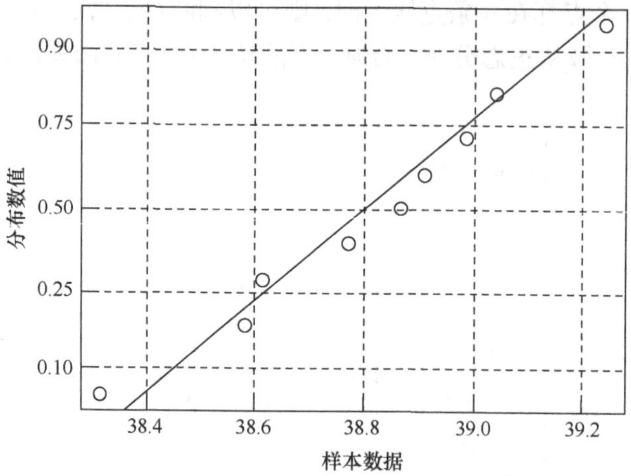

图 4.5.2　正态概率纸上样本数据的散点图

(3) 由图 4.5.2 可见，9 个点 $(x_{(i)},\hat{F}(x_{(i)})), i=1,2,\cdots,9$ 均在在一条直线附近，所以，可以认为总体服从正态分布. 概率纸上拟合直线的方程为 $F=\dfrac{x}{s_x}-\dfrac{\overline{x}}{s_x}$，其中 $\overline{x}$ 是样本均值，s_x 是样本标准差.

当从正态概率纸上确认总体是非正态分布时，还可将原始数据进行适当的变换，将变换后的数据再次描绘在正态概率纸上. 此时，若变换后的点在正态概率纸上的一条直线附近，则可认为变换后的数据来自正态分布. 如果数据的变换是通过对数变换，那么可以认为原始数据来自对数正态分布. 这样的变换称为正态性变换，常见的正态性变换有三个：$y=\ln x, y=1/x, y=\sqrt{x}$.

4.5.2　总体分布的检验——χ^2 拟合优度检验法

1. 检验问题

检验总体 X 的分布是否是某个特殊分布，如总体 X 是否服从正态分布，或是否服从泊松分布，或 X 的密度函数是否为 $f(x)=\begin{cases}2x, & 0<x<1\\ 0, & \text{其他}\end{cases}$，称这样的问题为总体分布的检验问题. 这类检验问题更一般的描述是：设总体 X 的分布函数 $F(x)$ 未知，$X_1,X_2,\cdots,X_n$ 是来自 X 的样本，样本值为 $x_1,x_2,\cdots,x_n$. $F_0(x)$(称为理论分布)或者是一个完全确定的分布函数，或者是一个分布类型确定但含有 r 个未知参数的分布函数. 要检验的假设是

$$H_0: X\text{服从}F_0(x),\quad H_1: X\text{不服从}F_0(x) \tag{4.5.1}$$

2. χ^2 拟合优度检验法

χ^2 拟合优度检验法由著名的英国统计学家皮尔逊提出. 该方法用途广泛，不仅适用于一维总体分布的检验，也适用于多维总体分布的检验和两个随机变量之间的独立性检验.

1) 离散型总体分布的检验

设总体 X 的全部不同的取值为 $a_1,a_2,\cdots,a_m$，对 X 进行 n 次观测，事件 $A_i=\{X=a_i\}, i=1,2,\cdots,m$ 出现的频数记为 $v_i, i=1,2,\cdots,m\left(\sum\limits_{i=1}^{m}v_i=n\right)$，要检验的假设是

$$H_0: P\{X=a_i\}=p_i,\quad i=1,2,\cdots,m \tag{4.5.2}$$

其中，理论分布律 $p_i, i=1,2,\cdots,m$ 是已知，且 $\sum\limits_{i=1}^{m}p_i=1, p_i\geqslant 0, i=1,2,\cdots,m.$ 由于原假设不成立时，不能确定总体 X 的分布，所以备择假设就是总体 X 不服从原假设，只是其形式在假设中经常省略.

χ^2 拟合优度检验法的基本思想是：设法确定一个能刻画总体 X 的分布与原假设中的理论分布之间的拟合程度的量，即“拟合度”，其值越小表示总体 X 的分布对理论分布拟合效果越好. 这样，当“拟合度”大过一定界限时，就可以认为原假设 H_0 不成立. 由于在 H_0 成立的条件下，事件 $A_i=\{X=a_i\}$ 的频率 $\dfrac{v_i}{n}(i=1,2,\cdots,m)$ 与概率 $P\{A_i|H_0\text{成立}\}=p_i$ 的偏差 $\left(\dfrac{v_i}{n}-p_i\right)$ 不大. 为此，皮尔逊根据最小二乘法的思想，通过权系数 $\lambda_i=\dfrac{n}{p_i}$ 对 $\left(\dfrac{v_i}{n}-p_i\right)^2$ 进行加权平均，提出了检验统计量

$$\chi^2=\sum_{i=1}^{m}\lambda_i\left(\frac{v_i}{n}-p_i\right)^2=\sum_{i=1}^{m}\frac{(v_i-np_i)^2}{np_i} \tag{4.5.3}$$

(称之为皮尔逊统计量)，并证明了：在 H_0 成立的条件下，当 $n\to+\infty$ 时 χ^2 的极限分布是 $\chi^2(m-1)$. 因此，对给定的显著水平 α，H_0 的拒绝域为

$$\mathscr{X}_0=\{\chi^2>\chi^2_{1-\alpha}(m-1)\} \tag{4.5.4}$$

该方法称为拟合优度检验法，也称为皮尔逊拟合优度检验法或 χ^2 拟合优度检验法.

注意(4.5.3)式，也可以表示为

$$\chi^2=\sum_{i=1}^{m}\frac{v_i^2}{np_i}-n \tag{4.5.5}$$

例 4.5.2 在股票投资中有一种流行说法：盈利、持平和亏损的比为 1∶2∶7. 2003 年 2 月

8 日某报发表了一个调查数据, 在 1200 位被调查的股民中盈利者有 220 人, 持平者 240 人, 亏损者 740 人. 问在显著水平为 0.05 时, 调查数据是否与“流行说法”一致?

解 设随机变量 X 表示股民的类型: $X=1$ 表示股民盈利, $X=2$ 表示股民持平, $X=3$ 表示股民亏损. 样本信息为样本容量 $n=1200$, $\{X=1\}$ 的频数 $v_1=220$, $\{X=2\}$ 的频数 $v_2=240$, $\{X=3\}$ 的频数 $v_3=740$. 要检验的假设为

$$H_0: P\{X=1\}=0.1, P\{X=2\}=0.2, P\{X=3\}=0.7$$

选择 χ^2 拟合优度检验法.显著水平 $\alpha=0.05$, $m=3$, 拒绝域

$$\mathscr{X}_0=\left\{\chi^2>\chi^2_{1-\alpha}(m-1)\right\}=\left\{\chi^2>\chi^2_{0.95}(2)\right\}=\left\{\chi^2>5.9915\right\}$$

检验统计量(4.5.3)式的样本值为

$$\chi^2=\frac{(220-1200\times 0.1)^2}{1200\times 0.1}+\frac{(240-1200\times 0.2)^2}{1200\times 0.2}+\frac{(740-1200\times 0.7)^2}{1200\times 0.7}$$
$$=95.238\in\mathscr{X}_0$$

检验结果是拒绝原假设接受备择假设, 在显著水平为 0.05 时, 调查数据与“流行说法”不一致.

若理论分布律 $p_i(i=1,2,\cdots,m)$ 中含有 r 个未知参数 $\theta_1,\theta_2,\cdots,\theta_r$, 即 $p_i=p_i(\theta_1,\theta_2,\cdots,\theta_r)$ $(i=1,2,\cdots,m)$, 则先求得在 H_0 成立的条件下未知参数 $\theta_1,\theta_2,\cdots,\theta_r$ 的最大似然估计值 $\hat{\theta}_1,\hat{\theta}_2,\cdots,\hat{\theta}_r$, 并计算 $\hat{p}_i=p_i(\hat{\theta}_1,\hat{\theta}_2,\cdots,\hat{\theta}_r)$ $(i=1,2,\cdots,m)$. 1924 年英国统计学家费希尔证明: 在 H_0 成立的条件下, 当 $n\to+\infty$ 时, $\hat{\chi}^2=\sum\limits_{i=1}^{m}\frac{(v_i-n\hat{p}_i)^2}{n\hat{p}_i}$ 的极限分布是 $\chi^2(m-1-r)$. 因此, 检验统计量选择

$$\hat{\chi}^2=\sum_{i=1}^{m}\frac{(v_i-n\hat{p}_i)^2}{n\hat{p}_i}=\sum_{i=1}^{m}\frac{v_i^2}{n\hat{p}_i}-n \tag{4.5.6}$$

拒绝域

$$\mathscr{X}_0=\{\hat{\chi}^2>\chi^2_{1-\alpha}(m-r-1)\} \tag{4.5.7}$$

例 4.5.3 根据遗传学原理, 某个群体中基因 AA, Aa, aa 的分布律为

基因类型	AA	Aa	aa
p	$(1-\theta)^2$	$2\theta(1-\theta)$	θ^2

$(0<\theta<1)$. 现有某地区的 1132 份血型检验结果, 其中基因 AA,Aa,aa 的份数分别为 376, 550, 206. 问在显著水平取 0.05 时, 这些数据与遗传学的原理一致吗?

解 设被调研地区的基因分布律为 $p_{\mathrm{AA}}, p_{\mathrm{Aa}}, p_{\mathrm{aa}}$. 根据题意, 要检验的假设为

$$H_0: p_{\mathrm{AA}}=(1-\theta)^2, p_{\mathrm{Aa}}=2\theta(1-\theta), p_{\mathrm{aa}}=\theta^2,\quad 0<\theta<1$$

由例 3.2.6 知, 当 H_0 成立时, 未知参数 θ 的最大似然估计值为

$$\hat{\theta}=\frac{550+2\times 206}{2\times 1132}\approx 0.425$$

因而, H_0 成立下

$$\hat{p}_{AA}=(1-\hat{\theta})^2=0.331,\quad \hat{p}_{Aa}=2\hat{\theta}(1-\hat{\theta})=0.489,\quad \hat{p}_{aa}=\hat{\theta}^2=0.180$$

检验统计量(4.5.6)式的样本值为

$$\hat{\chi}^2=\frac{(376-1132\times0.331)^2}{1132\times0.331}+\frac{(550-1132\times0.489)^2}{1132\times0.489}+\frac{(206-1132\times0.180)^2}{1132\times0.180}$$
$$\approx 0.052$$

取 $\alpha=0.05$, m=3, r=1, 有 $\chi^2_{1-\alpha}(m-r-1)=\chi^2_{0.95}(1)\approx3.8415>\hat{\chi}^2\approx0.052$. 所以, 在显著水平 0.05 下, 可以认为数据与遗传学原理是一致的.

2) 连续型总体分布的检验

设 X 为连续型总体, $X_1,X_2,\cdots,X_n$ 是来自 X 的样本, 样本值为 $x_1,x_2,\cdots,x_n$. 要检验的假设是

$$H_0:X\text{服从连续型分布}F_0(x) \tag{4.5.8}$$

解决这个问题的思路是先将总体 X 的取值分类, 把连续型总体的检验问题转化为离散型总体的检验问题, 再使用 χ^2 拟合优度检验法. 具体做法是:

(1) 将 X 的取值划分为 m 个区间, 即选择 m–1 个实数 $a_1,a_2,\cdots,a_{m-1}$, 满足

$$-\infty<a_1<a_2<\cdots<a_{m-1}<+\infty$$

记 $A_1=(-\infty,a_1],A_2=(a_1,a_2],\cdots,A_m=(a_{m-1},+\infty)$. 且记

$$p_i=P\{X\in A_i\big|X\sim F_0(x)\},\quad i=1,2,\cdots,m$$

(2) 将检验问题(4.5.8)式转化为

$$H_0:P\{X\in A_i\}=p_i,\quad i=1,2,\cdots,m \tag{4.5.9}$$

(3) 用 χ^2 拟合优度检验法检验(4.5.9)式.

例 4.5.4　表 4.5.2 是某银行储蓄所某天营业期间顾客到达一柜台的相邻时间间隔(单位: min)数据. 试在显著水平 0.05 下检验这些数据是否来自正态分布?

表 4.5.2　时间间隔

6.62	13.68	11.55	4.46	3.03	3.80	6.77	14.25	7.34
7.75	3.22	11.01	1.05	4.93	6.99	10.36	14.44	7.19
5.85	8.48	7.26	9.28	9.95	11.50	11.83	1.19	9.42
10.98	8.21	5.96	10.79	6.13	15.19	12.87	10.44	7.20
4.89	10.78	4.16	9.52	5.73	7.99	6.01	5.85	4.96

解　设顾客到达柜台的时间间隔为 X, 要检验的假设为

$$H_0:\ X\sim N(\mu,\sigma^2)$$

将总体 X 的所有取值分为 5 个区间: $A_1=(0,4]$, $A_2=(4,7]$, $A_3=(7,10]$, $A_4=(10,13]$, $A_5=(13,+\infty)$, 并统计频数, 分别为 5, 14, 12, 10, 4.

首先, 求 H_0 成立条件下 $N(\mu,\sigma^2)$ 中两个参数 μ,σ^2 的最大似然估计值.

由于: $\bar{x}\approx8.019$, $\sqrt{m_2^*}\approx3.435$. 因此, 参数 μ,σ^2 的最大似然估计值分别为 $\hat{\mu}=\bar{x}\approx8.019$, $\hat{\sigma}=\sqrt{m_2^*}\approx3.435$.

其次, 计算

$$\hat{p}_i = P\{X \in A_i | X \sim N(8.019, 3.435^2)\}, \quad i = 1,2,3,4,5$$

具体为

$$\hat{p}_1 = P\{X \leqslant 4 | X \sim N(8.019, 3.435^2)\} = \Phi\left(\frac{4-8.019}{3.435}\right) = 0.121$$

$$\hat{p}_2 = P\{4 < X \leqslant 7 | X \sim N(8.019, 3.435^2)\}$$
$$= \Phi\left(\frac{7-8.019}{3.435}\right) - \Phi\left(\frac{4-8.019}{3.435}\right) = 0.262$$

$$\hat{p}_3 = P\{7 < X \leqslant 10 | X \sim N(8.019, 3.435^2)\}$$
$$= \Phi\left(\frac{10-8.019}{3.435}\right) - \Phi\left(\frac{7-8.019}{3.435}\right) = 0.335$$

$$\hat{p}_4 = P\{10 < X \leqslant 13 | X \sim N(8.019, 3.435^2)\}$$
$$= \Phi\left(\frac{13-8.019}{3.435}\right) - \Phi\left(\frac{10-8.019}{3.435}\right) = 0.208$$

$$\hat{p}_5 = P\{X > 13 | X \sim N(8.019, 3.435^2)\} = 1 - \sum_{i=1}^{4} \hat{p}_i = 0.074$$

检验统计量(4.5.6)式的样本值计算过程见表 4.5.3，对最后一列求和，得到 $\hat{\chi}^2$ 的样本值为 1.256. 在显著水平 0.05 下，拒绝域的临界值为 $\chi^2_{1-\alpha}(5-2-1) = \chi^2_{0.95}(2) = 5.9915$. 由于 $\hat{\chi}^2 = 1.256 < 5.9915$. 所以，在显著水平 0.05 下，可以认为数据来自一个正态分布.

表 4.5.3　检验统计量 $\hat{\chi}^2$ 的样本值计算表

事件	频数	$\hat{p}_i$	$n\hat{p}_i$	$(v_i - n\hat{p}_i)^2$	$(v_i - n\hat{p}_i)^2 / np_i$
A_1	5	0.121	5.445	0.198	0.036
A_2	14	0.262	11.790	4.884	0.414
A_3	12	0.335	15.075	9.456	0.627
A_4	10	0.208	9.360	0.410	0.044
A_5	4	0.074	3.330	0.449	0.135

4.5.3　独立性检验

例 4.5.5　为了研究造成死亡的结核病类型与性别的关系，取得表 4.5.4 所示的资料. 问据此数据可以认为结核病类型与性别有关吗?

表 4.5.4　结核病类型与性别数据

	其他类型结核病	呼吸系统结核病	合计
女性	252	1319	1571
男性	270	3534	3804
合计	522	4853	5375

设随机变量 X 表示性别，$X=1$ 表示男性，$X=0$ 表示女性，参数 p 为男性所占的比例，则 $X \sim B(1, p)$；令 Y 表示患病类型，$Y=1$ 表示患呼吸系统结核病，$Y=0$ 表示患其他类型的结核病，

参数 q 表示患呼吸系统结核病的人所占的比例，则 $Y \sim B(1,q)$．那么，结核病类型与性别是否有关的问题可视为随机变量 X 与 Y 是否相互独立的问题.

由于 X 与 Y 相互独立的充分必要条件是

$$P\{X=i,Y=j\}=P\{X=i\}\cdot P\{Y=j\},\quad i,j=0,1$$

所以，X 与 Y 是否相互独立等价于 (X,Y) 的联合分布律是否为由参数 p,q 确定的下列分布:

$$P\{X=0,Y=0\}=(1-p)(1-q),\quad P\{X=0,Y=1\}=(1-p)q$$

$$P\{X=1,Y=0\}=p(1-q),\quad P\{X=1,Y=1\}=pq$$

于是，检验 X 与 Y 的独立性问题转化为检验总体 (X,Y) 的分布问题．这时，可选用 χ^2 检验法.

对例 4.5.5，设对总体 (X,Y) 做 n 次独立观测，事件 $\{X=i,Y=j\}$，$i=0,1;j=0,1$ 出现的频数如表 4.5.5(称为 2×2 列联表)所示.

表 4.5.5　2×2 列联表

X \ Y	0	1	
0	n_{00}	n_{01}	$n_{0\cdot}$
1	n_{10}	n_{11}	$n_{1\cdot}$
	$n_{\cdot0}$	$n_{\cdot1}$	n

要检验的假设为

$$H_0: P\{X=0,Y=0\}\overset{\text{记为}}{=\!=}p_{00}=(1-p)(1-q)$$

$$P\{X=0,Y=1\}\overset{\text{记为}}{=\!=}p_{01}=(1-p)q$$

$$P\{X=1,Y=0\}\overset{\text{记为}}{=\!=}p_{10}=p(1-q)$$

$$P\{X=1,Y=1\}\overset{\text{记为}}{=\!=}p_{11}=pq$$

其中，参数 $p,q(0<p,q<1)$ 未知.

应用 χ^2 拟合优度检验法时，首先要求出在原假设 H_0 成立的条件下参数 p,q 的最大似然估计值．由于似然函数

$$\begin{aligned}L(p,q)&=\left(P\{X=0,Y=0\}\right)^{n_{00}}\left(P\{X=0,Y=1\}\right)^{n_{01}}\left(P\{X=1,Y=0\}\right)^{n_{10}}\left(P\{X=1,Y=1\}\right)^{n_{11}}\\&=\left(1-p\right)^{n_{00}+n_{01}}\left(1-q\right)^{n_{00}+n_{10}}q^{n_{01}+n_{11}}p^{n_{10}+n_{11}}\\&=\left(1-p\right)^{n_{0\cdot}}\left(1-q\right)^{n_{\cdot0}}q^{n_{\cdot1}}p^{n_{1\cdot}}\end{aligned}$$

$$\ln L(p,q)=n_{0\cdot}\ln\left(1-p\right)+n_{\cdot0}\ln\left(1-q\right)+n_{\cdot1}\ln q+n_{1\cdot}\ln p$$

对数似然方程组为

$$\begin{cases}\dfrac{\partial\ln L(p,q)}{\partial p}=\dfrac{n_{1\cdot}}{p}-\dfrac{n_{0\cdot}}{1-p}=0\\[2mm]\dfrac{\partial\ln L(p,q)}{\partial q}=\dfrac{n_{\cdot1}}{q}-\dfrac{n_{\cdot0}}{1-q}=0\end{cases}$$

解方程组，得到 p,q 的最大似然估计值

$$\hat{p}=\frac{n_{1\cdot}}{n},\quad \hat{q}=\frac{n_{\cdot 1}}{n} \tag{4.5.10}$$

于是, 在原假设H_0成立下, 事件$\{X=i,Y=j\}, i=0,1; j=0,1$的概率估计值为

$$\begin{aligned} &\hat{p}_{00}=(1-\hat{p})(1-\hat{q})=\frac{n_{0\cdot}n_{\cdot 0}}{n^2},\quad \hat{p}_{01}=(1-\hat{p})\hat{q}=\frac{n_{0\cdot}n_{\cdot 1}}{n^2},\\ &\hat{p}_{10}=\hat{p}(1-\hat{q})=\frac{n_{1\cdot}n_{\cdot 0}}{n^2},\quad \hat{p}_{11}=\hat{p}\hat{q}=\frac{n_{1\cdot}n_{\cdot 1}}{n^2} \end{aligned} \tag{4.5.11}$$

这时, 检验统计量(4.5.6)式的样本值为

$$\hat{\chi}^2=\sum_{j=0}^{1}\sum_{i=0}^{1}\frac{(n_{ij}-n\hat{p}_{ij})^2}{n\hat{p}_{ij}}=\frac{n(n_{00}n_{11}-n_{01}n_{10})^2}{n_{0\cdot}n_{1\cdot}n_{\cdot 0}n_{\cdot 1}} \tag{4.5.12}$$

拒绝域

$$\mathscr{X}_0=\{\hat{\chi}^2>\chi^2_{1-\alpha}(4-2-1)\}=\{\hat{\chi}^2>\chi^2_{1-\alpha}(1)\} \tag{4.5.13}$$

将例 4.5.5 是数据代入(4.5.12)式, 取$\alpha=0.05$, 得到拒绝域

$$\mathscr{X}_0=\{\hat{\chi}^2>\chi^2_{0.95}(1)\}=\{\hat{\chi}^2>3.8415\}$$

检验统计量(4.5.11)式的样本值为

$$\hat{\chi}^2=\frac{5375\times(252\times 3534-1319\times 270)^2}{522\times 4853\times 1571\times 3804}\approx 101.4088\in\mathscr{X}_0$$

所以, 拒绝H_0接受H_1. 当$\alpha=0.05$时, 可以认为X与Y不相互独立, 即结核病类型与性别有关系.

对更一般的离散型随机变量(取有限个值的情形)的独立性检验问题, 有如下类似的检验方法.

设总体是(X,Y), X的所有可能的不同取值为$a_1,a_2,\cdots,a_r$, Y的所有可能的不同取值为$b_1,b_2,\cdots,b_s$, 对(X,Y)做n次独立观测, 事件$\{X=a_i,Y=b_j\}$出现的频数是$n_{ij}(i=1,2,\cdots,r; j=1,2,\cdots,s)$, 用$r\times s$列联表 4.5.6 表示, 其中

$$n_{i\cdot}=\sum_{k=1}^{s}n_{ik}\ (i=1,2,\cdots,r),\quad n_{\cdot j}=\sum_{k=1}^{r}n_{kj}\ (j=1,2,\cdots,s)$$

表 4.5.6　$r\times s$ 列联表

X \ Y	b_1	b_2	$\cdots$	b_s	$n_{i\cdot}$
a_1	n_{11}	n_{12}	$\cdots$	n_{1s}	$n_{1\cdot}$
a_2	n_{21}	n_{22}	$\cdots$	n_{2s}	$n_{2\cdot}$
$\vdots$	$\vdots$	$\vdots$		$\vdots$	$\vdots$
a_r	n_{r1}	n_{r2}	$\cdots$	n_{rs}	$n_{r\cdot}$
$n_{\cdot j}$	$n_{\cdot 1}$	$n_{\cdot 2}$	$\cdots$	$n_{\cdot s}$	n

检验假设: H_0: X与Y相互独立

检验统计量为

$$\hat{\chi}^2=\sum_{j=1}^{s}\sum_{i=1}^{r}\frac{(n_{ij}-n\hat{p}_{ij})^2}{n\hat{p}_{ij}} \tag{4.5.14}$$

其中 $\hat{p}_{ij}=\hat{p}_{i\cdot}\hat{p}_{\cdot j}=\dfrac{n_{i\cdot}n_{\cdot j}}{n^2}, i=1,2,\cdots,r; j=1,2,\cdots,s$. 拒绝域

$$\chi_0=\left\{\chi^2>\chi^2_{1-\alpha}\left[(r-1)(s-1)\right]\right\} \tag{4.5.15}$$

如果 X,Y 都是连续型随机变量, 也可以用 χ^2 检验法来判断 X 与 Y 的独立性, 只是需要事先对随机变量的取值进行分类. 方法如下:

设来自连续型总体 (X,Y) 的样本值为 (x_i,y_i), $i=1,2,\cdots,n$.

(1) 将 X 的取值范围分为 r 个互不相交的子区间, 将 Y 的取值范围分为 s 个互不相交的子区间, 这样形成 rs 个互不相交的矩形.

(2) 统计样本 $(x_i,y_i)(i=1,2,\cdots,n)$ 落入各个矩形的频数 $n_{ij}\left(i=1,2,\cdots,r;\ j=1,2,\cdots,s\right)$, 并计算边缘频数 $n_{i\cdot}\left(i=1,2,\cdots,r\right)$ 和 $n_{\cdot j}\left(j=1,2,\cdots,s\right)$.

(3) 选择检验统计量(4.5.14)式.

(4) 依据(4.5.15)式计算显著水平 α 下的拒绝域.

(5) 计算 χ^2 的样本值, 并判断是否拒绝 H_0.

4.5.4　两总体分布比较的假设检验

例 4.5.6　对 14 份工业污水测定氟离子浓度(单位: mg/L), 每份水样同时采用电极法和分光光度法测定, 测定结果见表 4.5.7. 问: 在显著水平 0.05 下, 这两种方法的测定结果有无显著差异?

表 4.5.7　测定结果

电极法 x	18.50	18.34	14.47	17.49	11.20	16.98	13.45	12.32	13.79	15.25	12.80	10.82	19.59	19.11
分光光度法 y	18.59	15.67	12.46	12.90	18.22	12.11	10.55	14.82	15.97	14.65	14.65	15.32	19.32	15.65
符号$(x-y)$	−	+	+	+	-	+	+	−	−	+	−	−	+	+

设 X, Y 分别表示电极法、分光光度法对 1 份水样氟离子的测定结果, 则表中的数据是分别来自总体 X, Y 的样本 $X_1,X_2,\cdots,X_{n_X}$ 和 $Y_1,Y_2,\cdots,Y_{n_Y}$ 的样本值. 需要检验的假设为

$$H_0: X\text{与}Y\text{的分布相同} \tag{4.5.16}$$

这是一个比较两个总体分布是否相同的假设检验问题. 在许多科学试验或社会经济调查中, 常常遇见这类问题. 例如, 两种工艺效果的比较, 两种药物疗效的比较等. 对这类问题, 在此介绍两个常用的非参数检验方法: 符号检验法与秩和检验法.

1. 符号检验法

符号检验法要求数据是配对样本 (x_i,y_i), $i=1,2,\cdots,n$ ($n=n_X=n_Y$), 且 $x_i\neq y_i$, $i=1,2,\cdots,n$. 若出现 $x_i=y_i$, 则需要从样本中剔除, 样本容量相应减少. 令 n_+ 表示配对样本中 $x_i>y_i$ 的个数, n_- 表示 $x_i<y_i$ 的个数. 符号检验法的检验统计量是

$$S=\min\{n_+,n_-\} \tag{4.5.17}$$

拒绝域

$$\mathscr{X}_0 = \{s < s_\alpha(n)\} \tag{4.5.18}$$

其中，$s_\alpha(n)$是符号检验的α分位数，附表 5 给出了$s_\alpha(n)$的部分值.

就例 4.5.6 而言，由于$n=14$，$\alpha=0.05$，所以拒绝域为

$$\mathscr{X}_0 = \{s < s_{0.05}(14)\} = \{s < 2\}$$

从表 4.5.7 中可见，n_+=8，n_-=6，检验统计量(4.5.17)式的样本值为$s=\min\{n_+,n_-\}=6 \notin x_0$，故不拒绝$H_0$，即在显著水平$\alpha=0.05$下，由样本数据不能判断两种方法的测定结果有显著差异.

2. 秩和检验法

秩和检验也是一种检验两个总体分布是否相同或两个独立样本是否来自同一总体的方法. 它与符号检验最主要的差别在于符号检验只考虑样本值之差的符号，而秩和检验既要考虑样本值之差的符号，又要考虑样本值的相对顺序. 在利用样本信息方面比符号检验更充分，效力更强，是一种有效且又方便的检验方法. 另外，秩和检验法不要求配对样本.

1) 秩的概念

将样本值$x_1,x_2,\cdots,x_n$按由小到大顺序排成一行，得到

$$x_{(1)}, x_{(2)}, \cdots, x_{(n)}$$

如果$x_i = x_{(k)}$，则称k是x_i的秩$(i=1,2,\cdots,n)$，记为$R(x_i)$. 事实上，x_i的秩就是样本值$x_1,x_2,\cdots,x_n$按从小到大排列后所占的位次. 若几个样本值相同，则秩为它们在排列顺序中位置数的平均值. 如样本值 5, 3, 2, 5, 3, 3 的排列顺序为

2, 3, 3, 3, 5, 5

则 2 的秩是 1, 3 的秩是$(2+3+4)/3=3$, 5 的秩为$(5+6)/2=5.5$.

2) 秩和检验法

设$n_X \leqslant n_Y$，将$X_1,X_2,\cdots,X_{n_X}$在$X_1,X_2,\cdots,X_{n_X}$与$Y_1,Y_2,\cdots,Y_{n_Y}$的混合样本中的秩相加，记为T，则有

$$\frac{1}{2}n_X(n_X+1) \leqslant T \leqslant \frac{1}{2}n_X(n_X+2n_Y+1)$$

在H_0成立的条件下，$X_1,X_2,\cdots,X_{n_X}$与$Y_1,Y_2,\cdots,Y_{n_Y}$是来自同一总体，这时$X_1,X_2,\cdots,X_{n_X}$应随机分散在$Y_1,Y_2,\cdots,Y_{n_Y}$中，因而T不应太大，也不应太小. 于是，拒绝域形式可设计为

$$\mathscr{X}_0 = \{t < t_1\} \cup \{t > t_2\}, \quad t_1 < t_2 \tag{4.5.19}$$

且

$$P\{T < t_1 \text{或} T > t_2 \mid H_0\text{成立}\} \leqslant \alpha$$

由于

$$P\{T < t_1 \text{或} T > t_2 \mid H_0\text{成立}\} = P\{T < t_1 \mid H_0\text{成立}\} + P\{T > t_2 \mid H_0\text{成立}\}$$

令

$$P\{T < t_1 \mid H_0\text{成立}\} = P\{T > t_2 \mid H_0\text{成立}\} = \frac{\alpha}{2}$$

得到$t_1 = t_{\frac{\alpha}{2}}(n_X, n_Y)$，$t_2 = t_{1-\frac{\alpha}{2}}(n_X, n_Y)$，此临界值可以在附表 6 中查找.

一般秩和检验分位数表只列出了$n_X, n_Y \leqslant 10$时的临界值，由于当$n_X, n_Y > 10$时，在H_0成立的条件下 T 近似服从

$$N\left(\frac{n_X(n_X+n_Y+1)}{2}, \frac{n_X n_Y(n_X+n_Y+1)}{12}\right)$$

从而

$$U^* = \frac{T - \dfrac{n_X(n_X+n_Y+1)}{2}}{\sqrt{\dfrac{n_X n_Y(n_X+n_Y+1)}{12}}} \tag{4.5.20}$$

近似服从$N(0,1)$. 因此，当$n_X, n_Y > 10$时，检验统计量选择(4.5.20)式，拒绝域

$$\mathscr{X}_0 = \left\{\left|u^*\right| > u_{1-\frac{\alpha}{2}}\right\} \tag{4.5.21}$$

例 4.5.7　先测量了 5 根同类型电线的电阻，再测量了 7 根另一种类型电线的电阻，测量结果如表 4.5.8 所示(单位: MΩ).

表 4.5.8　测量结果

X	39.4	24.6	30.9	38.1	31.4	—	—
Y	40.6	22.1	34.9	32.6	35.1	32.1	28.8

试判断两种类型电线的电阻有无显著差异.

解　设X，Y分别表示第一种类型和第二种类型电线的电阻值，则要检验的假设是

$$H_0: X与Y的分布相同 \tag{4.5.22}$$

选择秩和检验法. 取$\alpha = 0.05$，则$t_1 = t_{\frac{\alpha}{2}}(n_X, n_Y) = t_{0.025}(5,7) = 20$，$t_2 = t_{1-\frac{\alpha}{2}}(n_X, n_Y) = t_{0.975}(5,7) = 45$，拒绝域

$$\mathscr{X}_0 = \{t < t_1\} \cup \{t > t_2\} = \{t < 20\} \cup \{t > 45\}$$

将两组样本数据按从小到大排序，计算得到第一组样本值的秩为

$$R(24.6) = 2,\quad R(30.9) = 4,\quad R(31.4) = 5, R(38.1) = 10,\quad R(39.4) = 11$$

那么，检验统计量 T 的样本值为

$$t = 2 + 4+5+10+11=32 \notin \chi_0$$

所以，在显著水平 0.05 下，没有充足的理由认为两种类型电线的电阻有显著差异.

4.6　应用案例——汽车发生碰撞产生的损失问题

在保险实务中，保险产品品种繁多，同一品种的保险标的所处的环境千差万别，经历的风险复杂多变，因此，保险标的分布也是多种多样的. 为了便于进行风险理论分析和精算技术的应用，常常需要对实际损失分布用最接近的、具有良好分布规律的典型分布进行拟合. 表 4.6.1 是 2011 年 64 辆同质小汽车发生碰撞的损失额度数据.

表 4.6.1　2011 年 64 辆同质小汽车发生碰撞产生的损失额度　(单位: 元)

4474	2782	7621	2104	1634	1658	793	3007
7483	5486	4046	875	4044	1294	7728	2612
2244	3862	2936	1003	2457	3203	1267	3891
6136	4712	4798	5778	10195	2306	2292	6161
10323	2467	1699	1460	901	2206	2801	4029
12684	5282	2221	2720	7651	3294	1074	2262
3455	2810	1965	4937	15067	3876	3266	1780
1202	3349	3116	4085	1306	9150	2196	2361

(1) 试用直方图和正态概率纸检验法分析 2011 年小汽车发生碰撞的损失额度的分布.

(2) 用 χ^2 拟合优度检验法对(1)中的推断结果进行检验.

(3) 表 4.6.2 是 2012 年 72 辆小汽车(与 2011 年的汽车类型相同)因碰撞产生的损失额度数据. 试分析, 2011 年与 2012 年这两年该类小汽车发生碰撞的损失额度的分布是否相同.

表 4.6.2　2012 年 72 辆同质小汽车发生碰撞产生的损失额度　(单位: 元)

7377	4068	4841	8140	6668	5431	3779	3892
12338	8709	7911	6735	4051	6391	4619	4035
3699	4632	2801	4958	16808	15085	1771	1982
10116	5522	3661	4307	1485	3469	5385	15024
17019	2733	3239	6414	12615	1442	3621	2500
20912	2134	5137	10157	24842	1654	4586	6579
5696	5281	1308	6642	2154	9527	9046	9433
1981	3802	12742	3729	12565	2407	6367	4982
2694	3637	2090	2934	6671	4484	7768	2131

解　(1) 设2011年小汽车发生碰撞的损失额度为 X. 首先, 根据表4.6.1中的数据画出 X 的密度函数直方图, 分析 X 的分布特征.

把表 4.6.1 中的数据整理后按等距离分组, 以 2500 为组距分组, 得到 X 的密度函数的直方图, 如图 4.6.1 所示.

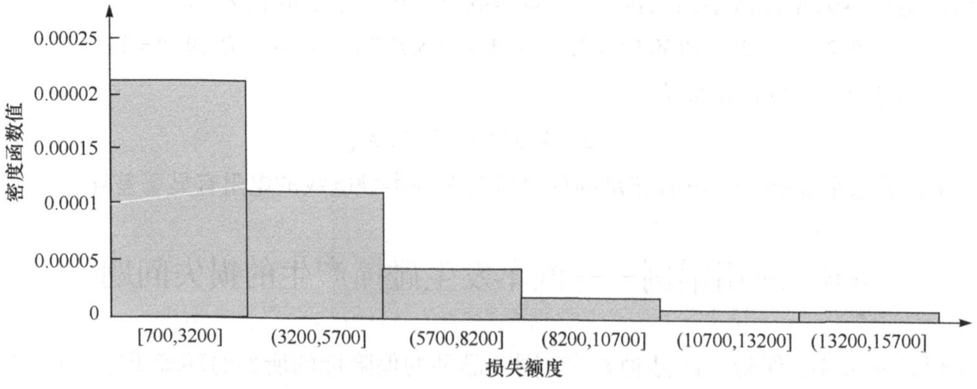

图 4.6.1　2011 年损失额度的密度函数直方图

由图可见, 直方图不具有对称性, 明显有右偏的特征. 因此, 损失额度 X 的分布不具有正态性.

为了用正态概率纸检验法，将表 4.6.1 中的数据按由小到大顺序排序为：$x_{(1)},x_{(2)},\cdots,x_{(64)}$，并计算 X 的分布函数值 $F_X(x_{(i)}),i=1,2,\cdots,64$ 的估计值 $\hat{F}_X(x_{(i)})=\dfrac{i-(3/8)}{n+(1/4)}$. 表4.6.3列出了前20组数据和后4组数据. 在正态概率纸上描出点 $(x_{(i)},\hat{F}_X(x_{(i)})),i=1,2,\cdots,64$，如图4.6.2所示. 显然，各点不在一条直线附近，说明损失额度 X 不服从正态分布.

表 4.6.3　$\hat{F}_X(x_{(i)}),i=1,2,\cdots,64$ 的值

序号 i	损失额度 $x_{(i)}$	$\hat{F}_X(x_{(i)})$	序号 i	损失额度 $x_{(i)}$	$\hat{F}_X(x_{(i)})$	序号 i	损失额度 $x_{(i)}$	$\hat{F}_X(x_{(i)})$	序号 i	损失额度 $x_{(i)}$	$\hat{F}_X(x_{(i)})$
1	793	0.0097	8	1294	0.1187	15	1965	0.2276	61	10195	0.9436
2	875	0.0253	9	1306	0.1342	16	2104	0.2432	62	10323	0.9591
3	901	0.0409	10	1460	0.1498	17	2196	0.2588	63	12684	0.9747
4	1003	0.0564	11	1634	0.1654	18	2206	0.2743	64	15067	0.9903
5	1074	0.0720	12	1658	0.1809	19	2221	0.2899			
6	1202	0.0875	13	1699	0.1965	20	2244	0.3054			
7	1267	0.1031	14	1780	0.2121	⋮	⋮	⋮			

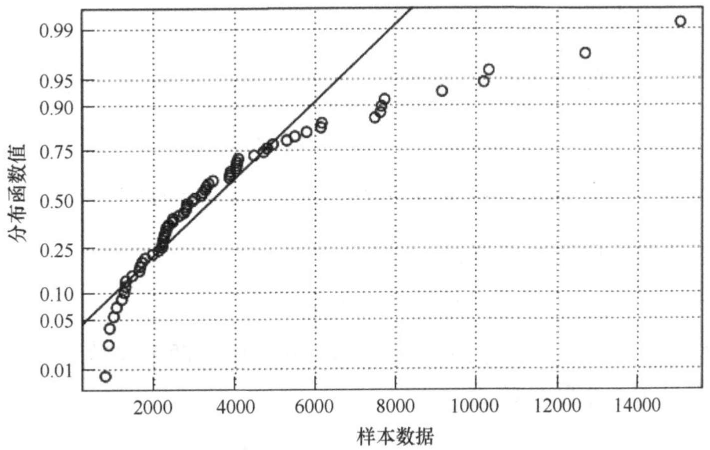

图 4.6.2　损失额度 X 的样本数据在正态概率纸上的图形

在非寿险精算中，损失分布一般选用双参数分布模型较适宜，常用的备选分布有对数正态分布、伽马分布、韦布尔(Weibull)分布、帕累托(Pareto)分布、双峰分布等. 下面，将损失额度的数据经过适当的变换，对变换后的数据再用正态概率纸法分析其正态性，由此来推断 X 的概率分布.

将 $x_{(1)},x_{(2)},\cdots,x_{(n)}$ 进行对数变换，计算 $w_{(i)}=\ln x_{(i)},i=1,2,\cdots,64$，结果如表 4.6.4 所示.

表 4.6.4　$w_{(i)},i=1,2,\cdots,64$ 的值

6.676	7.175	7.695	7.807	8.009	8.263	8.476	8.939
6.774	7.286	7.699	7.811	8.044	8.266	8.505	8.943

续表

6.803	7.399	7.706	7.868	8.072	8.301	8.572	8.953
6.911	7.413	7.716	7.908	8.091	8.305	8.610	9.121
6.980	7.438	7.724	7.931	8.100	8.306	8.662	9.230
7.091	7.484	7.737	7.938	8.116	8.315	8.722	9.242
7.145	7.583	7.743	7.941	8.147	8.406	8.726	9.448
7.166	7.652	7.767	7.985	8.259	8.458	8.920	9.620

注意到 $\hat{F}_X(w_{(i)})=\hat{F}_X(x_{(i)})=\dfrac{i-(3/8)}{n+(1/4)}, i=1,2,\cdots,64$，将点 $(w_{(i)},\hat{F}_X(w_{(i)})), i=1,2,\cdots,64$ 在正态概率纸上描出，如图 4.6.3 所示. 这时，散点图在一条直线周围，因此，说明 $\ln X$ 服从正态分布，从而 X 服从对数正态分布，即 $X\sim \mathrm{LN}(\mu_X,\sigma_X^2)$.

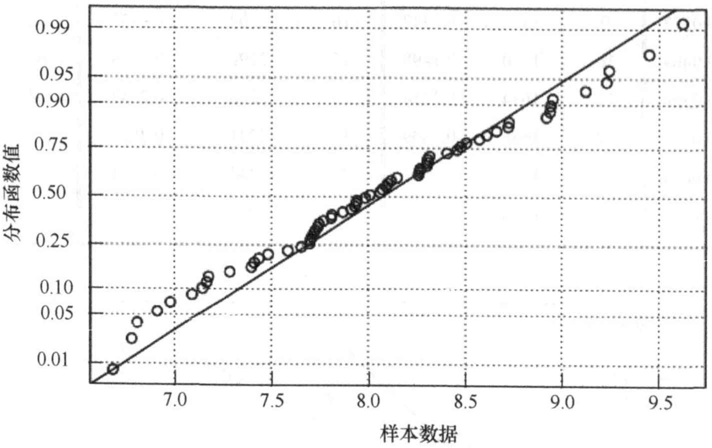

图 4.6.3　$\ln X$ 的样本数据在正态概率纸上的图形

(2) 用 χ^2 拟合优度检验法检验假设.

$$H_0: X\sim \mathrm{LN}(\mu_X,\sigma_X^2) \tag{4.6.1}$$

首先，用最大似然法估计对数正态分布 $\mathrm{LN}(\mu_X,\sigma_X^2)$ 中的两个参数 μ_X,σ_X^2.

因为对数正态分布的密度函数为

$$f(x;\mu_X,\sigma_X^2)=\begin{cases}\dfrac{1}{x\sigma_X\sqrt{2\pi}}\mathrm{e}^{-\frac{(\ln x-\mu_X)^2}{2\sigma_X^2}}, & x>0\\ 0, & x\leqslant 0\end{cases} \tag{4.6.2}$$

其中，$-\infty<\mu_X<+\infty$，　$\sigma_X>0$. 因此，似然函数

$$L(\mu_X,\sigma_X^2)=\prod_{i=1}^{n}f(x_i;\mu_X,\sigma_X^2)=\prod_{i=1}^{n}\frac{1}{\sigma_X x_i\sqrt{2\pi}}\mathrm{e}^{-\frac{(\ln x_i-\mu_X)^2}{2\sigma_X^2}}$$

$$=(2\pi)^{-\frac{n}{2}}\left(\sigma_X^2\right)^{-\frac{n}{2}}\frac{\mathrm{e}^{-\frac{1}{2\sigma_X^2}\sum_{i=1}^{n}(\ln x_i-\mu_X)^2}}{\prod_{i=1}^{n}x_i},\quad x_i>0, i=1,2,\cdots,n$$

对数似然函数为

$$\ln L(\mu_X,\sigma_X^2)=-\frac{n}{2}\ln(2\pi)-\frac{n}{2}\ln\sigma_X^2-\frac{1}{2\sigma_X^2}\sum_{i=1}^{n}(\ln x_i-\mu_X)^2-\sum_{i=1}^{n}\ln x_i$$

对数似然方程组如下

$$\begin{cases}\dfrac{\partial}{\partial\mu_X}\ln L(\mu_X,\sigma_X^2)=\dfrac{1}{\sigma_X^2}\sum\limits_{i=1}^{n}(\ln x_i-\mu_X)=0\\ \dfrac{\partial}{\partial\sigma_X^2}\ln L(\mu_X,\sigma_X^2)=-\dfrac{n}{2\sigma_X^2}+\dfrac{1}{2\sigma_X^4}\sum\limits_{i=1}^{n}(\ln x_i-\mu_X)^2=0\end{cases}$$

解方程组，得到参数 μ_X,σ_X^2 的最大似然估计量

$$\begin{cases}\hat{\mu}_{X,L}=\dfrac{1}{n}\sum\limits_{i=1}^{n}\ln X_i\\ \hat{\sigma}_{X,L}^2=\dfrac{1}{n}\sum\limits_{i=1}^{n}(\ln X_i-\hat{\mu}_{X,L})^2\end{cases}\tag{4.6.3}$$

将表4.6.1中的数据代入(4.6.3)式，得到两个参数的最大似然估计值 $\hat{\mu}_{X,L}\approx 8.033,\ \hat{\sigma}_{X,L}^2\approx 0.4507$，$\hat{\sigma}_{X,L}\approx 0.671$.

其次，将 X 的取值分为 9 个区间：$A_1=(-\infty,1300]$，$A_2=(1300,1900]$，$A_3=(1900,2500]$，$A_4=(2500,3100]$，$A_5=(3100,3700]$，$A_6=(3700,4300]$，$A_7=(4300,5500]$，$A_8=(5500,7900]$，$A_9=(7900,+\infty)$. 在 $H_0:X\sim \mathrm{LN}(\hat{\mu}_{X,L},\hat{\sigma}_{X,L}^2)$ 成立的条件下各组对应的概率计算如下：因为

$$\begin{aligned}F(1300)&=P\{X\leqslant 1300|X\sim \mathrm{LN}(8.033,0.671^2)\}\\&=P\{\ln X\leqslant \ln 1300|X\sim \mathrm{LN}(8.033,0.671^2)\}\\&=\varPhi\left(\frac{\ln 1300-8.033}{0.671}\right)\approx 0.099\end{aligned}$$

类似地，有

$$F(1900)=P\{X\leqslant 1900|X\sim \mathrm{LN}(8.033,0.671^2)\}=\varPhi\left(\frac{\ln 1900-8.033}{0.671}\right)\approx 0.236$$

$$F(2500)=P\{X\leqslant 2500|X\sim \mathrm{LN}(8.033,0.671^2)\}=\varPhi\left(\frac{\ln 2500-8.033}{0.671}\right)\approx 0.378$$

$$F(3100)=P\{X\leqslant 3100|X\sim \mathrm{LN}(8.033,0.671^2)\}=\varPhi\left(\frac{\ln 3100-8.033}{0.671}\right)\approx 0.504$$

$$F(3700)=P\{X\leqslant 3700|X\sim \mathrm{LN}(8.033,0.671^2)\}=\varPhi\left(\frac{\ln 3700-8.033}{0.671}\right)\approx 0.608$$

$$F(4300)=P\{X\leqslant 4300|X\sim \mathrm{LN}(8.033,0.671^2)\}=\varPhi\left(\frac{\ln 4300-8.033}{0.671}\right)\approx 0.690$$

$$F(5500)=P\{X\leqslant 5500|X\sim \mathrm{LN}(8.033,0.671^2)\}=\varPhi\left(\frac{\ln 5500-8.033}{0.671}\right)\approx 0.806$$

$$F(7900)=P\{X\leqslant 7900|X\sim \mathrm{LN}(8.033,0.671^2)\}=\varPhi\left(\frac{\ln 7900-8.033}{0.671}\right)\approx 0.920$$

所以

$$\hat{p}_1 = P\{X \in A_1 | X \sim \mathrm{LN}(8.033, 0.671^2)\} = F(1300) = 0.099$$

$$\hat{p}_2 = P\{X \in A_2 | X \sim \mathrm{LN}(8.033, 0.671^2)\} = F(1900) - F(1300) = 0.137$$

$$\hat{p}_3 = P\{X \in A_3 | X \sim \mathrm{LN}(8.033, 0.671^2)\} = F(2500) - F(1900) = 0.142$$

$$\hat{p}_4 = P\{X \in A_4 | X \sim \mathrm{LN}(8.033, 0.671^2)\} = F(3100) - F(2500) = 0.126$$

$$\hat{p}_5 = P\{X \in A_5 | X \sim \mathrm{LN}(8.033, 0.671^2)\} = F(3700) - F(3100) = 0.104$$

$$\hat{p}_6 = P\{X \in A_6 | X \sim \mathrm{LN}(8.033, 0.671^2)\} = F(4300) - F(3700) = 0.082$$

$$\hat{p}_7 = P\{X \in A_7 | X \sim \mathrm{LN}(8.033, 0.671^2)\} = F(5500) - F(4300) = 0.116$$

$$\hat{p}_8 = P\{X \in A_8 | X \sim \mathrm{LN}(8.033, 0.671^2)\} = F(7900) - F(5500) = 0.114$$

$$\hat{p}_9 = P\{X \in A_9 | X \sim \mathrm{LN}(8.033, 0.671^2)\} = 1 - \sum_{i=1}^{8} p_i = 0.080$$

最后，用 χ^2 拟合优检验法检验(4.6.1)式.

因为分布 $\mathrm{LN}(\mu_X, \sigma_X^2)$ 中有两个未知参数，所以 χ^2 分布的自由度为 $9-2-1=6$. 取显著水平为 0.05，查表得 $\chi^2_{0.95}(6) = 12.5916$，拒绝域 $\mathscr{X}_0 = \{\hat{\chi}^2 > \chi^2_{0.95}(6)\} = \{\hat{\chi}^2 > 12.5916\}$.

为了计算检验统计量 $\hat{\chi}^2 = \sum_{i=1}^{9} \frac{(v_i - n\hat{p}_i)^2}{n\hat{p}_i}$ 的样本值，表 4.6.5 给出了 $\frac{(v_i - n\hat{p}_i)^2}{n\hat{p}_i}$ 的计算结果. 对表中最后一列求和，得到检验统计量的样本值为 $\hat{\chi}^2 = 3.322 \notin \mathscr{X}_0$，不拒绝 H_0，故没有足够的理由否定 $H_0 : X \sim \mathrm{LN}(\mu_X, \sigma_X^2)$，因此，认为总体 X 服从对数正态分布.

表 4.6.5 各项值的计算结果 $\hat{\chi}^2 = \sum_{i=1}^{9} \frac{(v_i - n\hat{p}_i)^2}{n\hat{p}_i}$

A_i	频数 v_i	概率 p_i	np_i	$\frac{(v_i - n\hat{p}_i)^2}{n\hat{p}_i}$
A_1	8	0.099	6.336	0.437
A_2	6	0.137	8.768	0.874
A_3	12	0.142	9.088	0.933
A_4	7	0.126	8.064	0.140
A_5	6	0.104	6.656	0.065
A_6	7	0.082	5.248	0.585
A_7	6	0.116	7.424	0.273
A_8	7	0.114	7.296	0.012
A_9	5	0.080	5.120	0.003

(3) 检验 2011 年与 2012 年这两年的损失额度分布是否相同，较简单的方法是用秩和检验，它不需要总体分布信息. 但由前面的分析结果已经知道 2011 年的损失额度服从对数正态分布，如果 2012 年的损失额度也服从对数正态分布，那么，检验问题可转化为总体参数的检验问题.

设 2012 年度小汽车发生碰撞的损失额度为 Y . Y 的密度函数直方图如图 4.6.4 所示，该图也是呈现非对称、右偏的特征，因此，不服从正态分布.

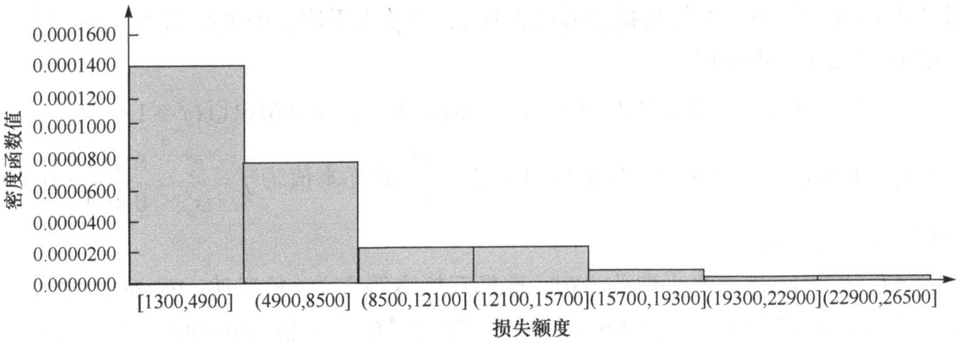

图 4.6.4　2012 年损失额度的密度函数直方图

同样, 用正态概率纸法检验 $\ln Y$ 的正态性. 表 4.6.2 中的数据取对数后在正态概率纸上的图形如图 4.6.5 所示, 散点图在一条直线附近, 因此, 判断 2012 年的损失额度 $Y \sim \mathrm{LN}(\mu_Y, \sigma_Y^2)$.

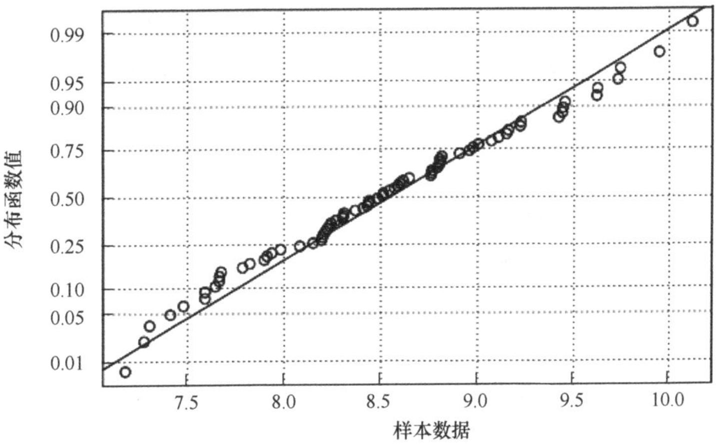

图 4.6.5　$\ln Y$ 的样本数据在正态概率纸上的图形

下面检验两个假设:

$$H_0: \sigma_X^2 = \sigma_Y^2,\ H_1: \sigma_X^2 \neq \sigma_Y^2 \tag{4.6.4}$$

$$H_0: \mu_X = \mu_Y,\ H_1: \mu_X \neq \mu_Y \tag{4.6.5}$$

将 Y 的数据 $y_i, i=1,2,\cdots,72$ 取自然对数, 得 $v_i = \ln y_i, i=1,2,\cdots,72$ 的值, 结果见表 4.6.6.

表 4.6.6　$v_i = \ln y_i, i=1, 2, \cdots, 72$ **的值**

8.906	8.311	8.485	9.005	8.805	8.600	8.237	8.267
9.420	9.072	8.976	8.815	8.307	8.763	8.438	8.303
8.216	8.441	7.938	8.509	9.730	9.621	7.479	7.592
9.222	8.616	8.205	8.368	7.303	8.152	8.591	9.617
9.742	7.913	8.083	8.766	9.443	7.274	8.195	7.824
9.948	7.666	8.544	9.226	10.120	7.411	8.431	8.792
8.648	8.572	7.176	8.801	7.675	9.162	9.110	9.152
7.591	8.243	9.453	8.224	9.439	7.786	8.759	8.514
7.899	8.199	7.645	7.984	8.806	8.408	8.958	7.644

用表 4.6.4 和表 4.6.6 中的数据检验(4.6.4)式. 显著水平取 0.05 时, 有 $F_{0.975}(63,71)=1.617$, $F_{0.025}(63,71)=0.616$, 拒绝域

$$\mathscr{X}_0=\{f<F_{0.025}(63,71)\}\cup\{f>F_{0.975}(63,71)\}=\{f<0.616\}\cup\{f>1.617\}$$

由于 $s_w^2\approx 0.458$, $s_v^2\approx 0.460$, 检验统计量 $F=\dfrac{S_w^2}{S_v^2}$ 的样本值为 $f=\dfrac{s_w^2}{s_v^2}=\dfrac{0.458}{0.460}\approx 0.996\notin\mathscr{X}_0$, 所以, 接受 $H_0:\sigma_X^2=\sigma_Y^2$.

检验(4.6.5)式时, 显著水平取为 0.05, 选择双样本等方差 t 检验法. Excel 的数据分析工具的计算结果如表 4.6.7 所示. 从表 4.6.7 中可见, 对双尾检验, p 值为 0.0005, 远远小于显著水平 0.05, 所以, 拒绝原假设接受备择假设, 可以认为两个参数 μ_X,μ_Y 有显著差异.

表 4.6.7　*t* 检验法的 Excel 计算结果

t 检验: 双样本等方差假设		
	变量 1	变量 2
平均	8.03278	8.5216
方差	0.45792	0.4600
观测值	64	72
合并方差	0.45902	
假设平均差	0.00000	
d*f*	134	
t Stat	-4.19978	
P(*T*<=*t*)单尾	0.00002	
t 单尾临界	1.65630	
P(*T*<=*t*)双尾	0.00005	
t 双尾临界	1.97783	

综上所述, 不能认为 2011 年与 2012 年这两年小汽车发生碰撞的损失额度的分布相同.

4.7　章节总结

本章介绍了假设检验的基本原理、基本检验步骤、假设检验的两类错误、参数假设检验和非参数假设检验. 由于是根据一次随机抽样的结果去推断实际情况, 因此, 检验方法得到的结果都可能出错. 当检验结果是拒绝原假设时, 可能犯第 I 类(弃真)错误; 当检验结果是接受原假设时, 可能犯第 II 类(纳伪)错误. 在样本容量固定的情况下, 犯一类错误的概率减小, 则犯另一类错误的概率就会增大; 当样本容量增大时, 可以减小犯两类错误的概率. 在实际应用中, 需要注意犯两类错误的概率与样本容量的协调关系. 图 4.7.1 更具体地概括了本章的基本内容.

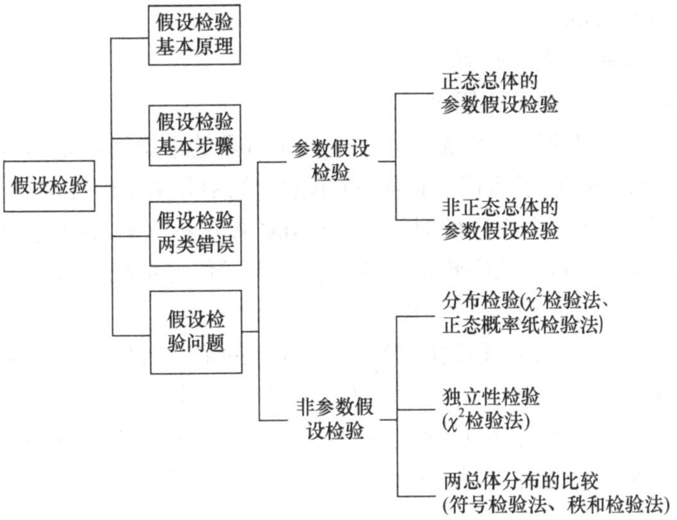

图 4.7.1　第 4 章基本内容结构图

4.8　应用分享——脑功能成像数据分析

脑功能研究是当今以至未来医学、生物学的热点之一. 脑功能成像就是给大脑照相，目的是试图将不同的心理过程定位于大脑的不同部位，并绘制一张标明哪些区域负责哪些加工过程的“脑功能解剖图”. 这对了解人类大脑的工作机制、认知过程、情绪过程、诊断精神疾病等都有重要意义.

统计参数图(statistical parametric mapping, SPM)是专门为脑功能成像数据进行统计分析而设计的一个通用软件包，由英国 Hammersmith 医院的弗理斯顿(Friston)等学者于 20 世纪 90 年代初开发，目前，已成为国际上应用最普遍，也是最权威的脑功能成像处理分析软件. 弗理斯顿在专著《统计参数图:脑功能成像分析(导读版)》中，不仅阐述了脑信号分析的概念和过程，还介绍了各种脑成像数据分析的背景和方法，其中包含大量的统计方法，如方差分析、贝叶斯推断等. 从该专著中，可以感受到统计学在现代医学研究前沿中的深入应用.

习题 4

A 组

1. 甲醇吸收至体内后可引起脑水肿、视神经萎缩，甚至导致双目失明. 因此，在化妆品中甲醇是限用物质，要求其浓度要低于 2000 mg/kg. 为了检验某品牌的香水中甲醇浓度是否符合要求，拟抽取 30 份样品进行检验. 若每份香水中甲醇浓度(单位: mg/kg)服从正态分布.

(1) 请指出样本均值的分布.

(2) 给出原假设和备择假设，并给出显著水平是 0.05 时的检验方法.

2. 请指出下列情况下假设检验可能犯的错误.

(1) 如果原假设是真的.

(2) 如果原假设是假的.

(3) 如果检验结果是拒绝了原假设.

(4) 如果检验结果是接受了原假设.

3. 某计算机公司使用的传统系统试通一个程序所需的平均时间是 45s. 现有一个新系统, 对随机选择的 10 个程序进行了运行, 试通的时间(单位: s)分别是: 43, 47, 37, 46, 50, 52, 41, 32, 34, 42. 假设一个系统试通一个程序的时间(单位: s)服从方差为 42 的正态分布.

(1) 显著水平 $\alpha = 0.05$ 时, 试检验新系统是否减少了传统系统试通一个程序的时间.

(2) 试用 p 值检验法检验(1)中的假设.

4. 氟可以坚固骨骼和牙齿, 预防龋齿. 但高浓度的氟对人体的危害很大. 我国牙膏的行业标准规定: 可溶氟或游离氟的含量要大于等于牙膏总质量的 0.04%, 并小于等于 0.15%. 现抽取品牌 B 的牙膏 20 支, 测量每只牙膏含氟量(单位: %), 得到其平均值为 0.0836, 样本标准差为 0.0463. 假定牙膏中含氟量(单位: %)服从正态分布, 显著水平取 0.05, 试回答下列问题:

(1) 这批牙膏含氟量是否高于行业标准的下限?

(2) 如果规定含氟量的方差低于 0.01, 那么, 这批牙膏的含氟量是否符合规定?

(3) 试用 p 值检验法检验(2)中的假设.

(4) 试用置信区间和 p 值检验法检验: $H_0: \mu = 0.008, H_1: \mu \neq 0.08$.

5. 质量检验员将对用于测量静脉内液体的流量计做假设检验, 以确定平均流动速度是否与流动速度的设定值200ml/h不同. 根据以往的资料, 假设流动速度服从标准差为 12ml/h 的正态分布.

(1) 给出要检验的假设以及检验方法.

(2) 如果真实的均值为 210ml/h, 对显著水平 0.05 和样本容量 15, 25, 40, 求(1)中的检验方法犯第Ⅱ类错误的概率, 由此观察随着样本量的增加, 犯第Ⅱ类错误的概率的变化趋势.

6. 某厂生产的某种电池寿命(单位: h)长期以来服从标准差为 70h 的正态分布. 现有一批这种电池, 从中随机抽取了一个容量为 26 的样本, 测得寿命的样本标准差为 75h.

(1) 在显著水平 $\alpha = 0.05$ 下, 判断这批电池的寿命的波动性与 70h 比较是否有显著差异?

(2) 试用 p 值检验法检验(1)中的假设.

(3) 如果电池寿命的标准差实际为 65h, 计算样本容量分别是 10, 26, 60, 70 时, (1)中的检验方法犯错的概率, 并由此分析样本容量对检验方法犯错的概率的影响.

7. 某电信公司为它的有线电视订购者提供一个月的新娱乐频道免费接通服务, 然后随机选取了 500 名电视观众组成一个样本, 并问他们是否愿意每月额外支付 10 元继续接通这个电视频道, 其中只有 27 名观众回答愿意支付. 由此, 公司能否认为有线电视订购者中有超过 5% 的人愿意支付这个频道费用?

8. 对用于乘务员逃离系统的两种固体燃料推进剂的燃烧率进行研究. 已知两种推进剂的燃烧率(单位: cm/s)服从正态分布, 且有相同的标准差, 即 $\sigma_X = \sigma_Y = 3$. 样本容量 $n_X = n_Y = 20$ 的两个样本用于检验, 样本均值为 $\overline{x} = 18.02$ 和 $\overline{y} = 20.37$.

(1) 在显著水平 $\alpha = 0.05$ 下, 检验两种推进剂的平均燃烧率是否相同.

(2) 用 p 值检验法检验(1)中的假设.

(3) 在显著水平 $\alpha = 0.05$ 下, 检验两种推进剂的平均燃烧率之差 $\mu_Y - \mu_X$ 是否为 3.

(4) 如果真实的平均燃烧率差异 $\mu_Y - \mu_X = 2.4$, 试求 $n_X = n_Y = 20$ 时(1)中检验方法犯第Ⅱ

类错误的概率.

9. 某消费团体收集了两种汽车电池 A 和 B 的使用寿命数据(单位: 月), 对数据的统计结果是 $n_A = 10$ 和 $n_B = 13$, $\bar{x}_A = 36.51, \bar{x}_B = 34.21, s_A = 1.43, s_B = 0.93$. . 假定电池 A 和 B 的数据分别来自两个正态分布, 且 $\sigma_A = \sigma_B$.

(1) 显著性水平取 0.01 时, 数据支持电池 A 的平均寿命高于电池 B 的论断吗?

(2) 用 p 值检验法检验(1)中的假设.

10. 一位遗传学者正在研究某种类型的基因变异在不同年龄层次的人群中发生的频数. 年龄为 20～29 岁的 10 人, 1μg DNA 平均有 47.2 条变异序列, 标准差是 51.1. 年龄为 60～69 岁的 12 人, 1μg DNA 平均有 109.5 条变异序列, 标准差是 31.2. 假设 1μg DNA 中变异序列条数服从正态分布. 在显著水平 0.05 下, 能认为 60 多岁的人的平均变异条数大于 20 多岁人的平均变异条数吗?

11. 利用 7 个基准程序样本对 A, B 两个微处理器进行测试, 以确定这两个微处理器的运行速度是否有差异. 测得 A, B 微处理器运行 7 个基准程序时所花费的时间(单位: s), 如表 1 所示.

表 1　花费时间表

微处理器 A	23.8	40.3	20.0	19.9	28.4	19.0	21.8
微处理器 B	27.0	23.9	29.2	27.3	24.7	27.8	26.6

试判断 A, B 微处理器的运行速度有无显著差异?

12. 有两种生产涂料的方法可用来增加产量. 根据一个由 100 天产量组成的随机样本, 得到第一种方法的日产量的样本均值是 625 吨, 标准差是 40 吨. 在另一个由 64 天产量组成的随机样本中, 得到第二种方法的日产量的样本均值是 640 吨, 标准差是 50 吨. 假设这两个样本是相互独立的. 能认为第二种方法的平均日产量高于第一种方法的平均日产量吗?

13. 工业公司经常采用 "风险转移" 的方法, 比如在合同中添加保险或赔偿条款, 以此作为风险管理的一种技巧. 现对 70 家石油公司进行了调查, 结果有 21 家公司采用了"风险转移"方法, 而对 85 家建筑公司的调查, 结果是有 29 家公司使用了"风险转移 "方法. 由此, 能认为石油行业中使用 "风险转移" 方法的公司比建筑行业中使用"风险转移"方法的公司少吗?

14. 进行一项研究以确定医疗补助计划中索款额的准确性. 在 1500 份由医师出具的索款单中, 有 1210 份与医疗记录信息相符合, 而在 1300 份由院方出具的索款单中, 相应的数目是 1109 份.

(1) 两种资料的准确度存在差异吗? 显著水平取 0.05.

(2) 假设进行另一个研究. 在 400 份由医师出具的索款单中, 323 份是准确的, 而在 400 份由院方出具的索款单中, 342 份是准确的. 问该研究数据的准确度是否具有统计上的显著差异? 显著水平仍然为 0.05.

(3) 注意到第一个研究和第二个研究关于准确度的估计几乎相同, 然而, (1)和(2)的假设检验的结果却不同, 这是为什么?

(4) 分别建立(1)和(2)的两比例差异的一个置信度为 0.95 的置信区间, 解释为什么两个研究关于准确度的估计几乎相等的, 但置信区间的长度是不同的.

15. 对两种汽车品牌A和品牌B进行一项节能研究. 每种牌子选择一辆车, 每辆车分别耗10箱油后的百公里耗油量如表2所示.

表2　耗油量表

(单位: L)

A		B	
10.43	11.24	9.80	7.97
10.11	10.89	12.51	10.07
8.32	7.57	12.89	8.20
7.58	10.88	6.10	7.30
9.63	8.77	8.82	13.02

(1) 试检验两种汽车品牌A和B是否服从正态分布.

(2) 数据支持B品牌汽车的百公里耗油量的变差大于A品牌的吗?

16. 假设每小时进入一家银行的顾客数服从$P(\lambda)$. 现对该银行进行观察, 得到49个小时内平均每小时进入银行的顾客人数是4.6人. 问在显著水平0.05下可否认为1小时进入这家银行的顾客数平均为5人?

17. 某十字路口早上8点钟左右是交通高峰期. 表3是某天该路口8点后1分钟内车辆到达的时刻数据. 设相邻两辆车到达路口的时间间隔(单位: s)$X\sim\Gamma(1, \lambda)$, 试在显著水平0.1下, 检验λ是否为0.5.

表3　到达时刻数据

2.7″	5.5″	7.5″	11.4″	14.1″	14.4″	14.8″	15.6″	16.7″	19.6″	20.7″
23.3″	24.5″	24.7″	27.6″	29.9″	31.1″	31.8″	33.7″	36.5″	37.4″	42.2″
44.1″	44.3″	46.6″	46.9″	47.7″	50.2″	50.3″	50.6″	50.9″	52.5″	55.4″
58.4″	58.6″									

18. 某种动物按体格分为A, B, C三类, 依据某种遗传模型, A, B, C三类的比率之比为$p^2:2p(1-p):(1-p)^2$. 现抽查了109只这种动物, 其中A, B, C三类体格的动物分别有10, 53, 46只. 问在显著水平0.05下, 数据与模型相符吗?

19. 表4为某药治疗感冒效果的列联表.

表4　列联表

疗效＼年龄	儿童	成年	老年	$n_{i\cdot}$
一般	58	38	32	128
较差	28	44	45	117
显著	23	18	14	55
$n_{\cdot j}$	109	100	91	300

试问该药疗效是否与年龄有关($\alpha=0.05$)?

20. 道路和高速公路的交通拥堵使得人们上班和下班都很困难. 有人提出了“弹性上班

制”的建议，它允许员工自己决定上班时间(只要他能完成一个完整的班次即可)，这样，员工就可以避开交通高峰期选择上、下班时间. 一家公司的总经理想比较一下早上 8: 00 离开家上班的员工与选择弹性上班制员工在路上花费的时间. 选择了 13 名员工作为样本，让他们记录下某个周一早上 8: 00 上班花在路上的时间和下个周一选用“弹性上班制”上班花在路上的时间. 这些数据经整理如表 5 所示. 试在显著水平 0.05 下，能否得出两种上班制在路上所花时间是不同的结论?

表 5　花费时间表　(单位: min)

员工编号	1	2	3	4	5	6	7	8	9	10	11	12	13
弹性上班制在路上所花时间	23	21	26	30	29	26	27	29	37	30	29	23	33
早上 8: 00 上班在路上所花时间	26	27	41	43	41	38	34	30	25	41	53	23	32

B 组

1. 设 $X_1, X_2, \cdots X_n$ 为来自总体 $X \sim N(\mu, 4)$ 的样本，假设: $H_0: \mu = 1, H_1: \mu = 2.5$ 的拒绝域为 $\chi_0 = \{\bar{x} > 2\}$.

(1) 当 n=9 时，求假设检验方法犯第 I 类错误的概率α和犯第 II 类错误的概率β;

(2) 证明: 当 $n \to +\infty$ 时，$\alpha \to 0$，$\beta \to 0$.

2. 设总体为 $N(\mu, 4)$，要检验的假设是 $H_0: \mu = 15, H_1: \mu < 15$.

(1) 取显著水平$\alpha = 0.05$，试写出检验统计量和拒绝域.

(2) 若 $\mu = 13$，要使(1)中的检验方法犯第 II 类错误的概率不超过 0.05，试求所需的样本容量 n.

3. 设 $X_1, X_2, \cdots, X_{17}$ 为来自总体 $X \sim N(0, \sigma^2)$ 样本，假设 $H_0: \sigma^2 = 9, H_1: \sigma^2 = 2.905$ 的拒绝域为 $\chi_0 = \{\tilde{s}^2 < 4.93\}$，其中 $\tilde{s}^2 = \frac{1}{17}\sum_{i=1}^{17} x_i^2$. 求检验方法犯第 I 类错误的概率$\alpha$和犯第 II 类错的概率$\beta$.

4. 已知某厂生产的一种电子元件的寿命 X 服从标准差为 3600 小时的正态分布，且 $P\{X \leqslant a\} = 0.05$. 现从一批这种电子元件中任意抽取 36 只进行测试，其平均寿命为 $\bar{x} = 15800$ 小时. 取显著水平为 0.01，试检验 $H_0: a \geqslant 10140, H_1: a < 10140$.

5. 对 A 组 10 题，能认为每 1μg DNA 中 60 多岁人的平均变异条数比 20 多岁人的平均变异条数多了 25 条?

6. 某企业生产一种电器材料，为了检验原来使用的材料与一种新研制的材料的疲劳寿命有无显著差异，各取若干样品做疲劳寿命实验，所得数据如表 6 所示.

表 6　疲劳寿命实验数据　(单位: h)

原材料	40	110	150	65	90	210	270	—	—	—
新材料	60	150	220	310	380	350	250	450	110	175

一般认为，原材料疲劳寿命 U 的对数 $X=\ln U$ 与新材料疲劳寿命 V 的对数 $Y=\ln V$ 有相同的方差，且都服从正态分布. 在显著水平 0.1 下，可以认为原材料与新材料的疲劳寿命有显著的差异吗？

7. 试用自助法估计 A 组第 3 题的检验方法犯第 II 类错误的概率.

8. 请查阅资料，学习夏皮洛-威尔克(Shapiro-Wilk)检验(又称为 W 检验)、达戈斯梯纳(D'Agostion)检验(也称为 D 检验)、爱泼斯-普利(Epps-Pully)检验(称为 EP 检验)法.

9. 结合你的专业背景研讨问题——结合你的专业提出一个假设检验问题，并用所学的假设检验方法解决.

C 组

1. 一药厂生产一种新的止痛片，厂方希望验证服用新药片后至药片开始起作用的时间间隔较原有止痛片的至少缩短一半，因此厂方提出检验假设 $H_0: \mu_1 = 2\mu_2, H_1: \mu_1 > 2\mu_2$. 此处 μ_1, μ_2 分别是服用原有止痛片和服用新止痛片后至药片开始起作用的时间间隔的总体的均值. 设两总体均为正态分布且方差 σ_1^2, σ_2^2 已知，$X_1, X_2, \cdots, X_n$ 和 $Y_1, Y_2, \cdots, Y_m$ 分别是来自两个总体的相互独立样本. 试分析上述假设检验的检验统计量和拒绝域.

第5章 回归分析

回归分析(regression analysis)是研究随机变量之间相关关系的一种统计方法，是数理统计的一个重要组成部分，在实际中有着非常广泛的应用. 本章主要介绍线性回归模型、参数的最小二乘估计方法、模型检验、变量选择以及预测等内容，并结合案例说明回归分析在实际中的应用.

5.1 引例——成品钢材需求量的预测问题

例 5.1.1 随着国民经济的稳步增长，国内成品钢材的需求量呈现增长趋势. 那么，这个增长趋势具体是怎样的呢？是线性、指数还是其他增长方式？不同时期的国民经济发展水平可能使得成品钢材的需求量有所不同，不妨分析国内生产总值与成品钢材需求量之间的相关关系. 根据 2013 年中国统计年鉴, 1990～2012 年的国内生产总值 X (单位：万亿元)与成品钢材需求量 Y (单位：亿吨)的统计数据如表 5.1.1 所示，相应的散点图见图 5.1.1.

表 5.1.1 1990～2012 年国内生产总值与成品钢材需求量的统计数据

年份	1990	1991	1992	1993	1994	1995	1996	1997
编号 i	1	2	3	4	5	6	7	8
x_i	1.8668	2.1781	2.6923	3.5334	4.8198	6.0794	7.1177	7.8973
y_i	0.5153	0.5638	0.6697	0.7716	0.8428	0.8980	0.9338	0.9979
年份	1998	1999	2000	2001	2002	2003	2004	2005
编号 i	9	10	11	12	13	14	15	16
x_i	8.4402	8.9677	9.9215	10.9655	12.0333	13.5823	15.9878	18.4937
y_i	1.0738	1.2110	1.3146	1.6068	1.9252	2.4108	3.1976	3.7771
年份	2006	2007	2008	2009	2010	2011	2012	
编号 i	17	18	19	20	21	22	23	
x_i	21.6314	26.5810	31.4045	34.0903	40.1513	47.3104	51.8942	
y_i	4.6893	5.6561	6.0460	6.9405	8.0277	8.8620	9.5578	

图 5.1.1 显示，数据点 (x_i, y_i), $i=1,2,\cdots,23$ 落在一条直线附近，因此，从整体趋势看，国内生产总值变量 X 与钢材需求量 Y 之间存在明显的线性相关关系，数学上可以建立线性函数关系. 但变量 Y 的值不能由变量 X 的取值完全确定. 因为，钢材需求量 Y 的变化不仅与国民经济密切相关，还受生铁产量、原煤产量、发电量等诸多随机因素的影响，每个 y_i, $i=1,2,\cdots,23$ 与直线的偏差看成受 X 因素之外的其他随机因素的影响结果. 于是，X,Y 之间的数量关系可以

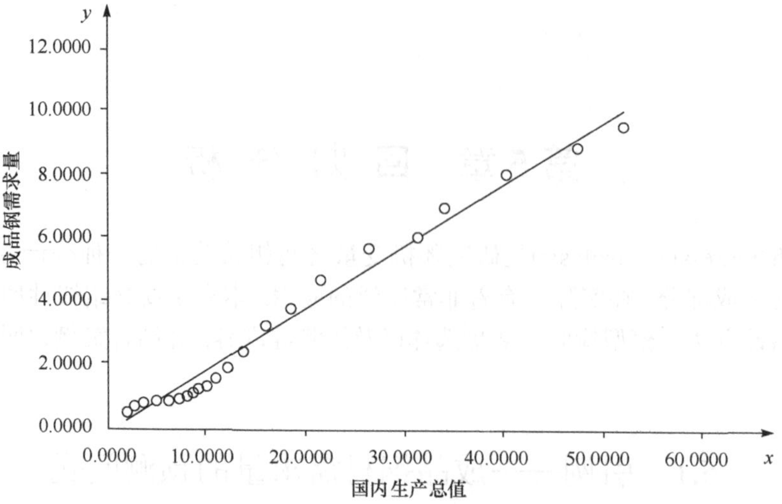

图 5.1.1　国内生产总值 X 与成品钢材需求量 Y 的散点图

理解为：Y 的取值主要由国内生产总值 $X=x$ 的线性函数 $y=\beta_0+\beta_1 x$ 确定，但在其他随机因素 ε 的干扰下，致使 Y 的取值在 $y=\beta_0+\beta_1 x$ 附近波动. 因此，X,Y 之间的数量关系表示为

$$Y=\beta_0+\beta_1 x+\varepsilon,\quad E\varepsilon=0,\quad DY=D\varepsilon=\sigma^2 \tag{5.1.1}$$

(5.1.1)式称为一元线性回归模型，变量 X 称为自变量或解释变量，变量 Y 称为因变量或响应变量. $y=\beta_0+\beta_1 x$ 称为一元线性回归函数. 由于 $y=\beta_0+\beta_1 x=E(Y|X=x)$，所以，一元线性回归函数 $y=\beta_0+\beta_1 x$ 描述了因变量 Y 随着自变量 X 变化的平均变化趋势.

对一元线性回归模型(5.1.1)式，常常假设 ε 服从正态分布，即 $\varepsilon\sim N(0,\sigma^2)$. 这时，(5.1.1)式表示为

$$Y=\beta_0+\beta_1 x+\varepsilon,\quad \varepsilon\sim N(0,\sigma^2) \tag{5.1.2}$$

或

$$Y\sim N(\beta_0+\beta_1 x,\sigma^2) \tag{5.1.3}$$

观测数据 (x_i,y_i)，$i=1,2,\cdots,23$ 满足模型(5.1.2)式. 因此，有

$$y_i=\beta_0+\beta_1 x_i+\varepsilon_i,\quad i=1,2,\cdots,23 \tag{5.1.4}$$

其中，$\varepsilon_1,\varepsilon_2,\cdots,\varepsilon_{23}$ 是来自 $N(0,\sigma^2)$ 的观测数据.

如果模型(5.1.2)通过检验，则当国内生产总值 X 达到 52 万亿元时，就可以用(5.1.2)式预测钢材需求量 Y 的一个值或它的取值范围，这就是所谓的预测问题. 如果回归模型(5.1.2)没有通过检验，则表明该模型不能很好地反映数据 (x_i,y_i)，$i=1,2,\cdots,23$ 中所隐含的 X 与 Y 的相关关系，需要考虑建立其他模型. 譬如，若 X 与 Y 的观测数据 (x_i,y_i)，$i=1,2,\cdots,23$ 呈指数增长趋势，则可以考虑下列一元指数回归模型

$$Y=a\mathrm{e}^{bx}+\varepsilon,\quad \varepsilon\sim N(0,\sigma^2) \tag{5.1.5}$$

由此可见，自变量 X 与因变量 Y 之间的相关关系一般可表示为

$$Y=E(Y\mid X=x)+\varepsilon=f(x)+\varepsilon,\quad E\varepsilon=0,\quad DY=D\varepsilon=\sigma^2 \tag{5.1.6}$$

(5.1.6)式称为一元回归模型.

$$y=E(Y\mid X=x)=f(x) \tag{5.1.7}$$

称为一元回归函数. 当回归函数 $y = f(x)$ 是线性函数时, (5.1.6)式称为一元线性回归模型；当回归函数 $y = f(x)$ 是非线性函数时, (5.1.6)式称为一元非线性回归模型. 如果除了考虑国内生产总值 X_1 以外, 还要考虑生铁产量 X_2 、原煤产量 X_3 、发电量 X_4 这三个因素, 它们共同对成品钢材需求量 Y 产生一定的影响作用, 则可建立多元回归模型

$$Y = E(Y \mid X_1 = x_1, X_2 = x_2, X_3 = x_3, X_4 = x_4) + \varepsilon, \quad \varepsilon \sim N(0, \sigma^2) \tag{5.1.8}$$

令

$$y = f(x_1, x_2, x_3, x_4) = E(Y \mid X_1 = x_1, X_2 = x_2, X_3 = x_3, X_4 = x_4)$$

当回归函数 $y = f(x_1, x_2, x_3, x_4)$ 是关于自变量 x_1, x_2, x_3, x_4 的线性函数时, 模型(5.1.8)称为多元线性回归模型；当回归函数 $y = f(x_1, x_2, x_3, x_4)$ 是关于自变量 x_1, x_2, x_3, x_4 的非线性函数时, 模型(5.1.8)称为多元非线性回归模型.

一般情形下, 回归分析的内容有：

(1) 选择与确定回归函数 $f(x)$ 或 $f(x_1, x_2, \cdots, x_m)$. 如果回归函数 $y = f(\cdot)$ 的数学形式已知, 则需要根据自变量、因变量的观测数据估计函数 $f(\cdot)$ 中的未知参数；

(2) 对回归模型进行检验, 确认已选择的回归模型是否适合研讨的问题；

(3) 如果是多元回归模型, 需要对自变量进行筛选；

(4) 运用回归模型对因变量 Y 进行预测.

由于回归分析所用方法在相当大的程度上取决于回归函数形式的假定. 对已知 $y = f(\cdot)$ 的数学模型形式, 只是其中含有若干个未知参数的情形称为参数回归(parametric regression)；对 $y = f(\cdot)$ 的数学模型形式无特殊假定的回归分析称为非参数回归(nonparametric regression). 参数回归的研究与应用最为广泛.

从经典回归分析到近代回归分析, 其研究内容已非常丰富, 参数回归除以上基本内容以外, 还有回归变量的选择、参数估计方法的改进(如岭回归、主成分回归、偏最小二乘法等)、回归诊断、含有定性变量的回归等, 有关这些内容的深入了解, 读者可参阅相关文献. 近年来, 新的统计研究方法不断出现, 如自助法、刀切法、贝叶斯估计等, 对回归分析的研究和发展都有促进作用.

5.2 一元线性回归分析

一元线性回归分析是描述两个变量之间相关关系的最简单的回归分析. 可以通过一元线性回归模型的建立过程, 了解到回归分析方法的基本思想以及它在实际问题中的应用.

5.2.1 回归系数的最小二乘估计

一元线性回归模型(5.1.2)中的参数 β_0, β_1 称为回归系数. 为了估计回归系数 β_0, β_1, 一般采用最小二乘估计(least square estimation, LSE, 常简称 LS)法.

最小二乘估计法的基本思想是：对给定的数据 (x_i, y_i), $i = 1, 2, \cdots, n$, 让总的误差平方和

$$Q(\beta_0, \beta_1) = \sum_{i=1}^{n} (y_i - \beta_0 - \beta_1 x_i)^2$$

达到最小的 β_0, β_1 的取值作为回归参数 β_0, β_1 的估计值.

显然，由极值原理知，$\min\limits_{\beta_0,\beta_1} Q(\beta_0,\beta_1)$ 的解 β_0,β_1 应满足如下方程组

$$\begin{cases} \dfrac{\partial}{\partial \beta_0} Q(\beta_0,\beta_1) = -2\sum\limits_{i=1}^{n}(y_i-\beta_0-\beta_1 x_i)=0 \\ \dfrac{\partial}{\partial \beta_1} Q(\beta_0,\beta_1) = -2\sum\limits_{i=1}^{n}x_i(y_i-\beta_0-\beta_1 x_i)=0 \end{cases} \tag{5.2.1}$$

对方程组(5.2.1)进行整理，得到

$$\begin{cases} n\beta_0+\beta_1\sum\limits_{i=1}^{n}x_i=\sum\limits_{i=1}^{n}y_i \\ \beta_0\sum\limits_{i=1}^{n}x_i+\beta_1\sum\limits_{i=1}^{n}x_i^2=\sum\limits_{i=1}^{n}x_i y_i \end{cases} \tag{5.2.2}$$

称(5.2.2)式为正则方程组. 求解(5.2.2)式，便得到关于 β_0,β_1 的解，并记为 $\hat{\beta}_0,\hat{\beta}_1$：

$$\begin{cases} \hat{\beta}_1=\dfrac{\sum\limits_{i=1}^{n}(x_i-\overline{x})(y_i-\overline{y})}{\sum\limits_{i=1}^{n}(x_i-\overline{x})^2} \\ \hat{\beta}_0=\overline{y}-\hat{\beta}_1\overline{x} \end{cases} \tag{5.2.3}$$

其中，$\overline{x}=\dfrac{1}{n}\sum\limits_{i=1}^{n}x_i$，$\overline{y}=\dfrac{1}{n}\sum\limits_{i=1}^{n}y_i$.

为便于书写和记忆，特别地，记

$$l_{xy}=\sum_{i=1}^{n}(x_i-\overline{x})(y_i-\overline{y}),\qquad l_{xx}=\sum_{i=1}^{n}(x_i-\overline{x})^2,\qquad l_{yy}=\sum_{i=1}^{n}(y_i-\overline{y})^2 \tag{5.2.4}$$

则(5.2.3)式可以简单表示为

$$\begin{cases} \hat{\beta}_1=\dfrac{l_{xy}}{l_{xx}} \\ \hat{\beta}_0=\overline{y}-\hat{\beta}_1\overline{x} \end{cases} \tag{5.2.5}$$

并记

$$\hat{y}=\hat{\beta}_0+\hat{\beta}_1 x \tag{5.2.6}$$

称(5.2.5)式确定的 $\hat{\beta}_0,\hat{\beta}_1$ 为参数 β_0,β_1 的最小二乘估计值，称(5.2.6)式为经验线性回归方程. 称

$$\hat{y}_i=\hat{\beta}_0+\hat{\beta}_1 x_i,\quad i=1,2,\cdots,n$$

为观测值 y_i 的估计(或拟合)值. 称 $e_i=y_i-\hat{y}_i\ (i=1,2,\cdots,n)$ 为残差，称

$$S_E^2=\sum_{i=1}^{n}e_i^2=\sum_{i=1}^{n}(y_i-\hat{y}_i)^2 \tag{5.2.7}$$

为残差平方和.

由此可见，当获得 (X,Y) 的若干观测数据 (x_i,y_i)，$i=1,2,\cdots,n$ 时，只要 $l_{xx}\neq 0$，便可用(5.2.5)式计算出回归系数 β_0,β_1 的最小二乘估计值、经验线性回归方程、观测值的估计值以及残差平方和.

5.2.2　最小二乘估计的性质

为了便于回归模型(5.1.2)式的检验和应用，需要讨论用最小二乘估计方法得到的 $\hat{\beta}_0,\hat{\beta}_1$ 以及 $\hat{y}$, S_E^2 的性质.

在(5.2.5)～(5.2.7)式中， y_i， $i=1,2,\cdots,n$ 是 X 取 x_i 时对应的随机变量 Y_i 的观测值，当用 Y_i 代替 y_i 时，(5.2.5)式就是回归系数 β_0,β_1 的最小二乘估计量，(5.2.6)式就是 $y=\beta_0+\beta_1 x$ 的估计量，(5.2.7)式中的 S_{E}^2 也是随机变量. 在研究这些变量的随机性时，为方便起见，常常保持(5.2.5)～(5.2.7)式的符号，只是记住 y_i 是随机变量，满足

$$\begin{cases} y_i=\beta_0+\beta_1 x_i+\varepsilon_i,\ \varepsilon_i\sim N(0,\ \sigma^2),\ i=1,2,\cdots,n \\ y_1,y_2,\cdots,y_n\text{相互独立} \end{cases} \tag{5.2.8}$$

上面的约定对于后面讨论估计量的性质很重要.

性质 5.2.1　如果样本数据 (x_i,y_i)， $i=1,2,\cdots,n$ 满足一元线性回归模型(5.2.8)式，则

(1) $\hat{\beta}_1\sim N\left(\beta_1,\dfrac{\sigma^2}{l_{xx}}\right)$.

(2) $\hat{\beta}_0\sim N\left(\beta_0,\left(\dfrac{1}{n}+\dfrac{\overline{x}^2}{l_{xx}}\right)\sigma^2\right)$.

(3) $\hat{y}=\hat{\beta}_0+\hat{\beta}_1 x\sim N\left(\beta_0+\beta_1 x,\ \left(\dfrac{1}{n}+\dfrac{(x-\overline{x})^2}{l_{xx}}\right)\sigma^2\right)$.

证明　首先注意关于 l_{xy} 的以下几种表示形式

$$\begin{aligned} l_{xy}&=\sum_{i=1}^n(x_i-\overline{x})y_i=\sum_{i=1}^n(y_i-\overline{y})x_i \\ &=\sum_{i=1}^n x_i y_i-n\overline{x}\cdot\overline{y} \end{aligned} \tag{5.2.9}$$

在一元线性回归模型(5.2.8)式的假定下， $y_1,y_2,\cdots,y_n$ 是一组相互独立且服从正态分布的随机变量，而 $\hat{\beta}_1=\dfrac{1}{l_{xx}}\sum\limits_{i=1}^n(x_i-\overline{x})y_i$， $\hat{\beta}_0=\dfrac{1}{n}\sum\limits_{i=1}^n y_i-\dfrac{1}{l_{xx}}\sum\limits_{i=1}^n\overline{x}(x_i-\overline{x})y_i$， $\hat{y}=\hat{\beta}_0+\hat{\beta}_1 x$ 均是 $y_1,y_2,\cdots,y_n$ 的线性函数. 所以有

$$\hat{\beta}_1\sim N(E\hat{\beta}_1,D\hat{\beta}_1),\quad \hat{\beta}_0\sim N(E\hat{\beta}_0,D\hat{\beta}_0),\quad \hat{y}\sim N(E\hat{y},D\hat{y}).$$

因为

$$\begin{aligned} E\hat{\beta}_1&=\frac{1}{l_{xx}}\sum_{i=1}^n(x_i-\overline{x})Ey_i \\ &=\frac{1}{l_{xx}}\sum_{i=1}^n(x_i-\overline{x})(\beta_0+\beta_1 x_i)=\frac{\beta_1}{l_{xx}}\sum_{i=1}^n(x_i-\overline{x})x_i=\beta_1 \end{aligned}$$

$$D\hat{\beta}_1=\frac{1}{l_{xx}^2}\sum_{i=1}^n(x_i-\overline{x})^2 Dy_i=\frac{1}{l_{xx}^2}\sum_{i=1}^n(x_i-\overline{x})^2\sigma^2=\frac{\sigma^2}{l_{xx}}$$

所以，$\hat{\beta}_1 \sim N\left(\beta_1, \dfrac{\sigma^2}{l_{xx}}\right)$，结论(1)成立.

同理,

$$
\begin{aligned}
E\hat{\beta}_0 &= E\overline{y} - \overline{x}E\hat{\beta}_1 \\
&= \frac{1}{n}\sum_{i=1}^{n} Ey_i - \beta_1\overline{x} = \frac{1}{n}\sum_{i=1}^{n}(\beta_0 + \beta_1 x_i) - \beta_1\overline{x} = \beta_0 \\
D\hat{\beta}_0 &= D\overline{y} + \overline{x}^2 D\hat{\beta}_1 - 2\overline{x}\operatorname{Cov}(\overline{y}, \hat{\beta}_1) \\
&= \frac{1}{n}\sigma^2 + \overline{x}^2\frac{\sigma^2}{l_{xx}} = \left(\frac{1}{n} + \frac{\overline{x}^2}{l_{xx}}\right)\sigma^2
\end{aligned}
$$

值得注意的是

$$
\begin{aligned}
\operatorname{Cov}(\overline{y}, \hat{\beta}_1) &= \operatorname{Cov}\left(\overline{y}, \frac{1}{l_{xx}}\sum_{i=1}^{n}(x_i - \overline{x})y_i\right) = \frac{1}{l_{xx}}\sum_{i=1}^{n}(x_i - \overline{x})\operatorname{Cov}(\overline{y}, y_i) \\
&= \frac{1}{l_{xx}}\sum_{i=1}^{n}(x_i - \overline{x})\frac{\sigma^2}{n} = 0
\end{aligned}
$$

所以，$\hat{\beta}_0 \sim N\left(\beta_0, \left(\dfrac{1}{n} + \dfrac{\overline{x}^2}{l_{xx}}\right)\sigma^2\right)$，结论(2)成立.

又因为 $E\hat{y} = E\hat{\beta}_0 + xE\hat{\beta}_1 = \beta_0 + \beta_1 x$，

$$
\begin{aligned}
D\hat{y} &= D\hat{\beta}_0 + x^2 D\hat{\beta}_1 + 2x\operatorname{Cov}\left(\hat{\beta}_0, \hat{\beta}_1\right) \\
&= \left(\frac{1}{n} + \frac{\overline{x}^2}{l_{xx}}\right)\sigma^2 + x^2\frac{\sigma^2}{l_{xx}} + 2x\operatorname{Cov}\left(\overline{y}, \hat{\beta}_1\right) - 2x\overline{x}\operatorname{Cov}\left(\hat{\beta}_1, \hat{\beta}_1\right) \\
&= \left(\frac{1}{n} + \frac{\overline{x}^2}{l_{xx}} + \frac{x^2}{l_{xx}}\right)\sigma^2 - 2x\overline{x}\frac{\sigma^2}{l_{xx}} = \left(\frac{1}{n} + \frac{(x - \overline{x})^2}{l_{xx}}\right)\sigma^2
\end{aligned}
$$

所以，$\hat{y} = \hat{\beta}_0 + \hat{\beta}_1 x \sim N\left(\beta_0 + \beta_1 x, \left(\dfrac{1}{n} + \dfrac{(x - \overline{x})^2}{l_{xx}}\right)\sigma^2\right)$，结论(3)成立.

记 $S_{\mathrm{T}}^2 = \sum\limits_{i=1}^{n}(y_i - \overline{y})^2$，称它为总离差平方和，反映了观测值 y_i，$i = 1, 2, \cdots, n$ 的总离差. 记 $S_{\mathrm{R}}^2 = \sum\limits_{i=1}^{n}(\hat{y}_i - \overline{y})^2$，称它为回归平方和，反映了 $\hat{y}_i$, $i = 1, 2, \cdots, n$ 的总离差，即回归直线引起的总离差. 残差平方和 $S_{\mathrm{E}}^2 = \sum\limits_{i=1}^{n}(y_i - \hat{y}_i)^2$ 反映了随机因素引起的偏差. 这三个离差平方和有如下关系.

性质 5.2.2　平方和分解公式

$$
S_{\mathrm{T}}^2 = S_{\mathrm{R}}^2 + S_{\mathrm{E}}^2 \tag{5.2.10}
$$

证明　因为

$$
S_{\mathrm{T}}^2 = \sum_{i=1}^{n}\left[(y_i - \hat{y}_i) + (\hat{y}_i - \overline{y})\right]^2 = S_{\mathrm{E}}^2 + S_{\mathrm{R}}^2 + 2\sum_{i=1}^{n}(y_i - \hat{y}_i)(\hat{y}_i - \overline{y})
$$

而

$$\sum_{i=1}^{n}(y_i-\hat{y}_i)(\hat{y}_i-\overline{y})=\sum_{i=1}^{n}\left[\left((y_i-\overline{y})-\hat{\beta}_1(x_i-\overline{x})\right)\hat{\beta}_1(x_i-\overline{x})\right]$$
$$=\hat{\beta}_1 l_{xy}-\hat{\beta}_1^2 l_{xx}=0$$

所以 $S_{\mathrm{T}}^2=S_{\mathrm{R}}^2+S_{\mathrm{E}}^2$ 成立.

性质 5.2.3 对于一元线性回归模型(5.2.8), 则

(1) $\hat{\beta}_0,\hat{\beta}_1$ 分别与 S_{E}^2 相互独立;

(2) 当 H_0: $\beta_1=0$ 成立时, S_{E}^2 与 S_{R}^2 相互独立;

(3) 当 H_0: $\beta_1=0$ 成立时, $\dfrac{S_{\mathrm{E}}^2}{\sigma^2}\sim\chi^2(n-2)$;

(4) 当 H_0: $\beta_1=0$ 成立时, 有 $\dfrac{S_{\mathrm{R}}^2}{\sigma^2}\sim\chi^2(1)$.

证明 略.

根据性质 5.2.3(3), 有 $E\left(\dfrac{S_{\mathrm{E}}^2}{\sigma^2}\right)=n-2$, 从而 $ES_{\mathrm{E}}^2=(n-2)\sigma^2$.

令

$$\hat{\sigma}^2=\frac{S_{\mathrm{E}}^2}{n-2} \tag{5.2.11}$$

因此, $\hat{\sigma}^2$ 是关于参数 σ^2 的无偏估计量.

5.2.3 回归方程的检验

由(5.2.5)式知, 当给定一组数据 (x_i,y_i), $i=1,2,\cdots,n$, 且 $l_{xx}\neq 0$ 时, 就能得到一条经验回归直线 $\hat{y}=\hat{\beta}_0+\hat{\beta}_1 x$. 然而, 如果 EY 不随 X 的变化呈现线性变化规律, 那么寻求经验回归直线就失去了实际意义. 因此, 使用经验回归直线进行预测前需要检验 EY 与 X 之间是否有线性关系. 从一元线性回归模型可见, 若 $\beta_1\neq 0$, 说明 EY 是 X 取值的线性函数; 若 $\beta_1=0$, 表明无论 X 如何变化 EY 都不会随之呈线性变化的. 因此, 要检验的问题是

$$H_0:\ \beta_1=0,\ H_1:\ \beta_1\neq 0$$

1. *t* 检验法

根据性质 5.2.1 (1) 知

$$\frac{(\hat{\beta}_1-\beta_1)\sqrt{l_{xx}}}{\sigma}\sim N(0,1)$$

又由性质 5.2.3 (3), 易得

$$\frac{(\hat{\beta}_1-\beta_1)\sqrt{l_{xx}}}{\hat{\sigma}}\sim t(n-2) \tag{5.2.12}$$

在 $H_0:\beta_1=0$ 的假设下, (5.2.12)式变形为

$$\frac{\hat{\beta}_1\sqrt{l_{xx}}}{\hat{\sigma}} \sim t(n-2) \tag{5.2.13}$$

令$T=\dfrac{\hat{\beta}_1\sqrt{l_{xx}}}{\hat{\sigma}}$作为检验统计量，选择拒绝域形式为

$$\chi_0=\{|t|>c\} \tag{5.2.14}$$

且满足

$$P\{|T|>c|H_0:\beta_1=0\}=\alpha \tag{5.2.15}$$

由此可确定$c=t_{1-\frac{\alpha}{2}}(n-2)$，代入 (5.2.14) 式中，则拒绝域为

$$\mathscr{X}_0=\left\{|t|>t_{1-\frac{\alpha}{2}}(n-2)\right\} \tag{5.2.16}$$

这个检验方法称为 t 检验法.

2. *F* 检验法

由于在 H_0: $\beta_1=0$ 时，$T^2=F\sim F(1,n-2)$. 且 $F_{1-\alpha}(1,n-2)=\left(t_{1-\frac{\alpha}{2}}(n-2)\right)^2$，故由(5.2.16)式得

$$\mathscr{X}_0=\left\{t^2>\left(t_{1-\frac{\alpha}{2}}(n-2)\right)^2\right\}=\{f>F_{1-\alpha}(1,n-2)\} \tag{5.2.17}$$

其中f是检验统计量$F=T^2$的样本值，这时的检验方法称为 F 检验法.

注意到

$$S_{\mathrm{R}}^2=\sum_{i=1}^n(\hat{y}_i-\bar{y})^2=\sum_{i=1}^n(\hat{\beta}_0+\hat{\beta}_1x_i-\bar{y})^2=\sum_{i=1}^n(\bar{y}-\hat{\beta}_1\bar{x}+\hat{\beta}_1x_i-\bar{y})^2=\hat{\beta}_1^2l_{xx}$$

$$F=T^2=\frac{\hat{\beta}_1{}^2l_{xx}}{\hat{\sigma}^2}=\frac{S_{\mathrm{R}}^2}{S_{\mathrm{E}}^2/(n-2)}$$

其样本值f可以通过l_{yy},l_{xx},l_{xy}以及下列关系依次计算：

(1) $\hat{\beta}_1=\dfrac{l_{xy}}{l_{xx}}$；

(2) $S_{\mathrm{R}}^2=\hat{\beta}_1^2l_{xx}$；

(3) $S_{\mathrm{T}}^2=l_{yy}$；

(4) $S_{\mathrm{E}}^2=S_{\mathrm{T}}^2-S_{\mathrm{R}}^2$；

(5) $f=\dfrac{S_{\mathrm{R}}^2}{S_{\mathrm{E}}^2/(n-2)}$.

F 检验法的检验过程也可以通过表 5.2.1 的计算来完成.

表 5.2.1 一元线性回归方差分析表

方差来源	自由度	平方和	均方	f 值	p 值
回归	1	S_R^2	$\bar{S}_R^2 = S_R^2/1$	$\bar{S}_R^2/\bar{S}_E^2$	$P\{F>f\}$
残差	$n-2$	S_E^2	$\bar{S}_E^2 = S_E^2/(n-2)$		
总和	$n-1$	S_T^2			

当 $p = P\{F > f\} \leqslant \alpha$ 时, 则拒绝 $H_0:\beta_1 = 0$; 否则, 不拒绝 $H_0:\beta_1 = 0$.

3. r 检验法

根据平方和分解公式(5.2.10), 令

$$R^2 = \frac{S_R^2}{S_T^2} \tag{5.2.18}$$

显然, R 的样本值 r 有 $0 \leqslant |r| \leqslant 1$. 当 $|r|$ 接近 1 时, S_R^2 接近 S_T^2, 表明 Y 与 X 的线性相关关系显著; 当 $|r|$ 接近 0 时, S_R^2 接近 0, 表明 Y 与 X 的线性相关关系不显著. 因此, 可用 R 统计量来检验 Y 与 X 之间是否有显著的线性相关关系, 其拒绝域的形式为

$$\mathscr{X}_0 = \{\, |r| > c \,\}$$

由于

$$R^2 = \frac{S_R^2}{S_T^2} = \frac{l_{xy}^2}{l_{xx}l_{yy}} = \frac{\left[\sum\limits_{i=1}^{n}(y_i-\bar{y})(x_i-\bar{x})\right]^2}{\sum\limits_{i=1}^{n}(y_i-\bar{y})^2\sum\limits_{i=1}^{n}(x_i-\bar{x})^2} = \left[\hat{\rho}(X,Y)\right]^2$$

即 R 为 Y 与 X 的相关系数 $\rho(X,Y)$ 的矩估计——样本相关系数, 所以, 临界值 c 可用样本相关系数的分布确定. 这时, 拒绝域为

$$\mathscr{X}_0 = \{|r| > r_\alpha(n-2)\} \tag{5.2.19}$$

其中, $r_\alpha(n-2)$ 是样本相关系数的分布的分位数, 可从附录中相关系数检验临界值表获取.

事实上, 以上三种检验方法存在一定的关系, 对一元线性回归模型的三种检验结果是等价的. 因为 t 检验法与 F 检验法的检验统计量之间有关系 $T^2 = F$, r 检验法与 t 检验法的检验统计量之间有关系 $R^2 = \dfrac{T^2}{T^2+n-2}$. 因此, 对一元线性回归模型只需要做其中一种检验即可. 值得注意的是, 对多元线性回归模型的检验仍然有上述三种检验法, 但这三种检验法所考虑的问题已有所不同.

5.2.4 预测与控制

预测与控制是回归分析的重要应用范畴.

1. 预测

预测分为点预测和区间预测.

1) 点预测

点预测是指对给定的 $X=x_0$，预测对应的随机变量 Y_0 或 $E(Y_0|X=x_0)=y_0=\beta_0+\beta_1x_0$ 的值. 实际上, 可以看成点估计问题. 因为 $E\hat{y}_0=y_0$，即 $\hat{y}_0$ 是 y_0 的无偏估计量, 所以可用 $\hat{y}_0$ 作为 Y_0 或 $E(Y_0|X=x_0)=y_0$ 的点预测值.

2) 区间预测

区间预测指在一定的置信度下预测 Y_0 或 $E(Y_0|X=x_0)=y_0$ 的取值范围.

定理 5.2.1 在一元线性回归模型 $Y=\beta_0+\beta_1x+\varepsilon,\quad \varepsilon\sim N(0,\sigma^2)$ 下, 有

(1) 关于 $y_0=\beta_0+\beta_1x_0$ 的置信度为 $1-\alpha$ 的预测区间是

$$\hat{y}_0\pm\delta_1(x_0) \tag{5.2.20}$$

其中

$$\hat{y}_0=\hat{\beta}_0+\hat{\beta}_1x_0,\quad \delta_1(x_0)=\hat{\sigma}\cdot s_1(x_0)\,t_{1-\alpha/2}(n-2),\quad s_1(x_0)=\sqrt{\frac{1}{n}+\frac{(x_0-\overline{x})^2}{l_{xx}}} \tag{5.2.21}$$

(2) 关于 Y_0 的置信度为 $1-\alpha$ 的预测区间是

$$\hat{y}_0\pm\delta_2(x_0) \tag{5.2.22}$$

其中

$$\hat{y}_0=\hat{\beta}_0+\hat{\beta}_1x_0,\quad \delta_2(x_0)=\hat{\sigma}\cdot s_2(x_0)t_{1-\alpha/2}(n-2),\quad s_2(x_0)=\sqrt{1+\frac{1}{n}+\frac{(x_0-\overline{x})^2}{l_{xx}}} \tag{5.2.23}$$

证明 略.

预测区间的几何意义如图 5.2.1 所示.

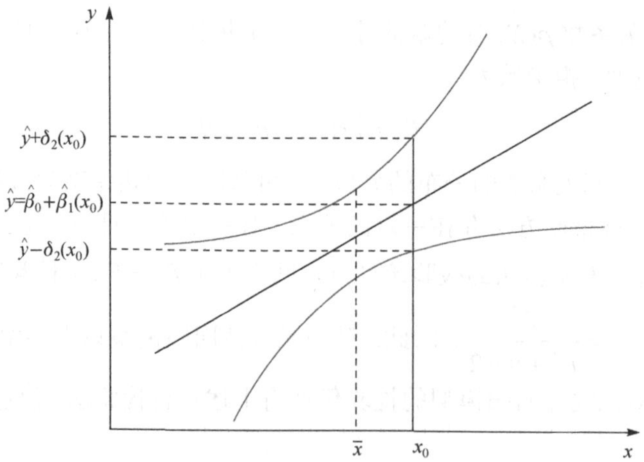

图 5.2.1 预测区间的示意图

由图 5.2.1 可见, 在一定的置信度下, x_0 越接近 $\overline{x}$，预测精度越高, 反之, x_0 偏离 $\overline{x}$ 越远, 预测精度越低, 样本回归直线的预测能力下降, 预测区间形状随 x_0 的变化呈喇叭形. $x_0\in[x_{(1)},x_{(n)}]$

时的预测过程称为内推预测，$x_0 \notin [x_{(1)}, x_{(n)}]$ 的预测称为外推预测，这时的预测结果可能变得很差，原因是所构造的模型仅仅反映样本的状况，对总体只是一种近似描述，当所要预测的特定值 x_0 远离样本时，根据原样本拟合的回归直线的预测结果可信度必然下降. 所以利用样本回归直线进行预测时，一般局限于原来观测数据的变动范围，不得随意外推，尤其是远距离的外推，除非有充分的依据证明样本回归模型仍然具有代表性.

当样本容量 n 很大，且 x_0 在 $\overline{x}$ 附近时，有 $t_{1-\frac{\alpha}{2}}(n-2) \approx u_{1-\frac{\alpha}{2}}$，$s_2(x) = \sqrt{1+\dfrac{1}{n}+\dfrac{(x-\overline{x})^2}{l_{xx}}} \approx 1$，此时 Y_0 的预测区间为 $(\hat{y}_0 - \hat{\sigma}\, u_{1-\frac{\alpha}{2}},\ \ \hat{y}_0 + \hat{\sigma}\, u_{1-\frac{\alpha}{2}})$. 在实际问题中，这种情形的预测区间经常使用.

2. 控制

实际上，控制问题是预测的反问题，预测与控制有着密切的关系. 在许多实际问题中，人们要求 Y 在一定的范围内取值. 例如，在研究近年来的经济增长率时，希望经济增长率能保持在 8%～12%；在控制通货膨胀时，人们希望全国零售物价指数增长在 7%以内等. 问题是如何控制影响经济增长或通货膨胀的最主要因素 x 呢？在统计中，就是讨论如何控制 x 取值范围能以 $1-\alpha$ 的概率保证对应的响应变量 Y 控制在指定的区间 (y_1, y_2) 内，即

$$P\left\{y_1 \leqslant Y \leqslant y_2 \,\middle|\, Y = \beta_0 + \beta_1 x + \varepsilon,\ x_1 < x < x_2\right\} \geqslant 1-\alpha$$

通常用近似的预测区间来确定 x 的取值区间 (x_1, x_2). 如果样本容量 n 很大，且 x_0 在 $\overline{x}$ 附近区间，$\hat{\beta}_1 > 0$ 时，对应的 Y 在 $\left(\hat{y}_0 - \hat{\sigma}\, u_{1-\frac{\alpha}{2}},\ \ \hat{y}_0 + \hat{\sigma}\, u_{1-\frac{\alpha}{2}}\right)$ 中. α 取 0.05，则 $u_{1-\frac{\alpha}{2}} \approx 1.96$，此时 Y 的预测区间近似为 $\left(\hat{y} - 1.96\hat{\sigma},\ \ \hat{y} + 1.96\hat{\sigma}\right)$，问题简化为

$$\begin{cases} y_1 = \hat{\beta}_0 + \hat{\beta}_1 x_1 - 1.96\hat{\sigma} \\ y_2 = \hat{\beta}_0 + \hat{\beta}_1 x_2 + 1.96\hat{\sigma} \end{cases}$$

从中解出

$$\begin{cases} x_1 = \dfrac{1}{\hat{\beta}_1}(y_1 - \hat{\beta}_0 + 1.96\hat{\sigma}) \\ x_2 = \dfrac{1}{\hat{\beta}_1}(y_2 - \hat{\beta}_0 - 1.96\hat{\sigma}) \end{cases}$$

由此得到 x 的取值区间 (x_1, x_2).

以例 5.1.1 为例，试根据 1990～2012 年的统计数据表 5.1.1，解决以下问题：

(1) 建立成品钢材需求量 Y 与国内生产总值 X 的经验线性回归方程；

(2) 检验回归方程($\alpha = 0.05$)；

(3) 当国内生产总值 $x_0 = 52$ 万亿元时，预测成品钢材需求量 Y 的一个值及其置信度为 0.95 的预测区间.

解 (1) 建立回归方程，需要以下计算

$$\overline{x} = \frac{1}{23}\sum_{i=1}^{23} x_i = 16.8539,\quad \overline{y} = \frac{1}{23}\sum_{i=1}^{23} y_i = 3.1517$$

$$l_{xy}=\sum_{i=1}^{n}x_iy_i-n\overline{x}\cdot\overline{y}=952.3503$$

$$l_{xx}=\sum_{i=1}^{n}x_i^{\ 2}-n\overline{x}^2=4831.4431$$

$$l_{yy}=\sum_{i=1}^{n}y_i^{\ 2}-n\overline{y}^2=190.5224$$

由(5.2.5)式，计算回归系数β_0,β_1的最小二乘估计值

$$\hat{\beta}_1=\frac{l_{xy}}{l_{xx}}=0.1971$$

$$\hat{\beta}_0=\overline{y}-\hat{\beta}_1\overline{x}=3.1517-0.1971\times16.8539=-0.1705$$

则成品钢材需求量Y与国内生产总值X的经验线性回归方程为

$$\hat{y}=\hat{\beta}_0+\hat{\beta}_1x=-0.1705+0.1971x$$

该式表明，当国内生产总值增加一个单位，则将增加 0.1971 个单位的成品钢材需求量.

(2) 回归方程检验.

需要检验的假设为$H_0:\beta_1=0,\ H_1:\beta_1\neq0$. 假定显著水平$\alpha=0.05$，用$t$检验法，拒绝域为

$$\mathscr{X}_0=\{|t|>t_{0.975}(21)\}=\{|t|>2.0796\}$$

检验统计量为

$$T=\frac{\hat{\beta}_1\sqrt{l_{xx}}}{\hat{\sigma}}$$

其中$\hat{\sigma}=\sqrt{\dfrac{S_{\mathrm{E}}^2}{n-2}}\approx0.3651$，则$T$的样本值$t=\dfrac{\hat{\beta}_1\sqrt{1_{xx}}}{\hat{\sigma}}=37.524\in\mathscr{X}_0$，所以，拒绝$H_0$，可以认为国民生产总值与成品钢材的需求量之间存在显著的线性关系.

采用F检验法，检验统计量$F=\dfrac{S_{\mathrm{R}}^2}{S_{\mathrm{E}}^2/(n-2)}$，拒绝域为$\mathscr{X}_0=\{f>F_{0.95}(1,21)\}=\{f>4.32\}$.

计算F的样本值$f=\dfrac{S_{\mathrm{R}}^2}{S_{\mathrm{E}}^2/(n-2)}=1408.018\in\mathscr{X}_0$，故拒绝$H_0$.

用r检验法，由于相关系数R的样本值

$$r=\frac{l_{xy}}{\sqrt{l_{yy}l_{xx}}}=0.993>r_\alpha(n-2)=r_{0.05}(21)\approx0.427$$

所以拒绝H_0.

(3) 预测.

当国内生产总值$x_0=52$万亿元时，成品钢材需求量Y的预测值为

$$\hat{y}_0=\hat{\beta}_0+\hat{\beta}_1x_0=-0.1705+0.1971\times52=10.0795$$

由于$s_2(\mathscr{X}_0)=\sqrt{1+\dfrac{1}{23}+\dfrac{(52-16.8539)^2}{4831.4431}}\approx1.1398$，当$\alpha=0.05$时，$\delta_2(\mathscr{X}_0)=\hat{\sigma}\cdot s_2(\mathscr{X}_0)t_{1-\frac{\alpha}{2}}(n-2)=$ 0.8656. 所以，成品钢材需求量Y的置信度为 0.95 的预测区间为

$$(\hat{y}_0-\delta_2(\mathscr{X}_0),\ \ \hat{y}_0+\delta_2(\mathscr{X}_0))\approx(9.2139,10.9452)$$

另一方面，可以直接使用 Excel 软件中的“数据→数据分析→回归”工具计算，其结果如表 5.2.2～表 5.2.4 所示.

表 5.2.2 回归系数的最小二乘估计及相关信息表

	回归系数	标准误差	t 值	p 值	下限	上限
截距	−0.1705	0.1168	−1.4598	0.1591	−0.4133	0.0724
x_1	0.1971	0.0053	37.5236	0.0000	0.1862	0.2080

表 5.2.3 方差分析表

方差来源	自由度	平方和	均方	f 值	p 值
回归分析	1	187.7226	187.7226	1408.0192	0.0000
残差	21	2.7998	0.1333		
总计	22	190.5224			

表 5.2.4 回归统计表

R^2	0.9853
修正的 R^2	0.9846
标准误差	0.3651
观测值	23

由表 5.2.2 中可以得到最小二乘估计 $\hat{\beta}_0 = -0.1705$，$\hat{\beta}_1 = 0.1971$ 和 t 检验法中的 t 值为 37.5236. 表 5.2.3 给出了用于回归方程检验的方差分析表，其中有用信息为 $f = 1408.0192$，$\hat{\sigma}^2 = 0.1333$，$\hat{\sigma} \approx 0.3651$. 表 5.2.4 中显示了相关系数值 $r = 0.9926$，$n = 23$ 等信息.

注：上述计算结果与软件计算的结果有细微的出入，是在计算中由舍入误差产生的.

5.3 多元线性回归分析

上一节介绍了响应变量 Y 只与一个解释变量 X 有关的线性回归问题. 而实际问题中，影响变量 Y 的因素往往不止一个，例如，成品钢材的需求量主要受经济发展水平、收入水平、产业发展、人民生活水平的提高、能源转换技术等因素的影响. 因此，这就需要采用多元回归分析来加以解决. 本节将重点介绍多元线性回归模型及假设、参数的最小二乘估计、回归方程检验、解释变量的选择和预测等问题，并引入矩阵方法和软件计算进行回归分析研究. 多元线性回归的参数估计计算量比一元线性回归的要大得多，手工计算已不太现实，建议用计算机软件完成计算和分析.

下面引出一个实例，通过该例导出多元线性回归模型和回归分析方法以及步骤.

例 5.3.1 将中国成品钢材的需求量设为响应变量Y，把国内生产总值X_1、原油产量X_2、生铁产量X_3、原煤产量X_4、发电量X_5设为解释变量，建立响应变量Y与解释变量组$X_1,X_2,\cdots,X_5$之间的线性回归模型来研究影响成品钢材需求量的原因并作预测. 1990～2012年的有关数据如表 5.3.1 所示(数据来源于 2013 年中国统计年鉴).

表 5.3.1　1990～2012 年成品钢材需求量Y与解释变量$X_1,X_2,\cdots,X_5$的统计数据

年份	国内生产总值x_1/万亿元	原油x_2/亿吨	生铁x_3/亿吨	发电量x_4/万亿千瓦时	原煤产量x_5/亿吨标准煤	钢材y/亿吨
1990	1.8668	1.3831	0.6238	0.6212	7.5212	0.5153
1991	2.1781	1.4099	0.6765	0.6775	7.8979	0.5638
1992	2.6923	1.4210	0.7589	0.7539	8.2642	0.6697
1993	3.5334	1.4524	0.8739	0.8395	8.6647	0.7716
1994	4.8198	1.4608	0.9741	0.9281	9.2053	0.8428
1995	6.0794	1.5005	1.0529	1.0070	9.7857	0.8980
1996	7.1177	1.5733	1.0723	1.0813	9.9366	0.9338
1997	7.8973	1.6074	1.1511	1.1356	9.7039	0.9979
1998	8.4402	1.6100	1.1864	1.1670	9.6554	1.0738
1999	8.9677	1.6000	1.2539	1.2393	9.9242	1.2110
2000	9.9215	1.6300	1.3101	1.3556	10.0707	1.3146
2001	10.9655	1.6396	1.5554	1.4808	10.2727	1.6068
2002	12.0333	1.6700	1.7085	1.6540	10.8413	1.9252
2003	13.5823	1.6960	2.1367	1.9106	12.8287	2.4108
2004	15.9878	1.7587	2.6831	2.2033	14.8352	3.1976
2005	18.4937	1.8135	3.4375	2.5003	16.7086	3.7771
2006	21.6314	1.8477	4.1245	2.8657	18.3919	4.6893
2007	26.5810	1.8632	4.7652	3.2816	19.9441	5.6561
2008	31.4045	1.9043	4.7824	3.4958	20.4888	6.0460
2009	34.0903	1.8949	5.5283	3.7147	21.5879	6.9405
2010	40.1513	2.0241	5.9733	4.2072	22.0959	8.0277
2011	47.3104	2.0288	6.4051	4.7130	23.8033	8.8620
2012	51.8942	2.0748	6.6354	4.9876	24.0914	9.5578

(1) 建立响应变量Y与解释变量$X_1,X_2,\cdots,X_5$的线性回归模型；

(2) 检验回归方程($\alpha=0.05$)；

(3) 解释变量$X_1,X_2,\cdots,X_5$是否都是影响Y的主要因素($\alpha=0.05$)？试寻求最佳的线性回归方程.

(4) 利用最佳的线性回归方程对成品钢材的需求量Y进行预测.

一般的回归分析需要完成(1)～(4)项工作，即模型的建立、模型的检验、变量的选择、回归预测. 这是常规的回归分析内容，也是回归分析的基本步骤.

5.3.1 多元线性回归模型

1. 模型的描述

以例 5.3.1 为例, 假设响应变量 Y 和 5 个解释变量 $X_1, X_2, \cdots, X_5$ 线性相关, 且回归函数为

$$E(Y \mid X_1 = x_1, X_2 = x_2, \cdots, X_5 = x_5) = \beta_0 + \beta_1 x_1 + \cdots + \beta_5 x_5$$

其中 $\beta_0, \beta_1, \cdots, \beta_5$ 是回归系数.

又假设 Y 的随机性受控于随机误差 ε, 且 $E\varepsilon = 0$, $D\varepsilon = \sigma^2$, $Y = \beta_0 + \beta_1 x_1 + \cdots + \beta_5 x_5 + \varepsilon$. 通常还假定 ε 具有正态性.

假设 $(x_{i1}, x_{i2}, \cdots, x_{i5}, y_i)$, $i = 1, 2, \cdots, n$ 表示样本, 一般的多元线性回归模型表示如下

$$\begin{cases} y_i = \beta_0 + \beta_1 x_{i1} + \cdots + \beta_5 x_{i5} + \varepsilon_i, \quad i = 1, 2, \cdots, n \\ \varepsilon_1, \varepsilon_2, \cdots, \varepsilon_n \text{独立同分布于} N\left(0, \sigma^2\right) \end{cases} \tag{5.3.1}$$

为便于理论分析和计算机的运算, 将模型(5.3.1)表示为如下的矩阵形式

$$\boldsymbol{Y} = \boldsymbol{X\beta} + \boldsymbol{\varepsilon}, \quad \boldsymbol{\varepsilon} \sim N_n(\boldsymbol{0}, \sigma^2 \boldsymbol{I}_n) \tag{5.3.2}$$

其中

$$\boldsymbol{Y} = (y_1, y_2, \cdots, y_n)^{\mathrm{T}}, \quad \boldsymbol{X} = \begin{pmatrix} 1 & x_{11} & x_{12} & \cdots & x_{15} \\ 1 & x_{21} & x_{22} & \cdots & x_{25} \\ \vdots & \vdots & \vdots & & \vdots \\ 1 & x_{n1} & x_{n2} & \cdots & x_{n5} \end{pmatrix}_{n \times 6}, \quad \boldsymbol{\beta} = (\beta_0, \beta_1, \cdots, \beta_5)^{\mathrm{T}},$$

$\boldsymbol{\varepsilon} = (\varepsilon_1, \varepsilon_2, \cdots, \varepsilon_n)^{\mathrm{T}}$, $\boldsymbol{I}_n$ 表示 n 阶单位矩阵, $\mathrm{Cov}(\boldsymbol{\varepsilon}) = \sigma^2 \boldsymbol{I}_n$ 表示 $\boldsymbol{\varepsilon} = (\varepsilon_1, \varepsilon_2, \cdots, \varepsilon_n)^{\mathrm{T}}$ 的协方差矩阵.

如果考虑的是 m 个解释变量 $X_1, X_2, \cdots, X_m$, 相应的多元线性回归模型形式仍为 $\boldsymbol{Y} = \boldsymbol{X\beta} + \boldsymbol{\varepsilon}$, 只是矩阵 $\boldsymbol{X}$ 变为 n 行 m+1 列矩阵.

显然, 一元线性回归模型是多元线性回归模型 $m = 1$ 的特殊情形.

2. 模型的假设

为便于对模型进行参数估计、方程检验、变量选择等, 有必要对模型作如下一些基本假定.

(1) 解释变量 $X_1, X_2, \cdots, X_m$ 是可控制的非随机变量. 矩阵 $\boldsymbol{X}$ 称为设计矩阵或结构矩阵, 并且 $\mathrm{rank}(\boldsymbol{X}) = m + 1 \leqslant n$, 表明设计矩阵 $\boldsymbol{X}$ 列满秩, 列与列之间不线性相关.

(2) 进行模型检验和模型应用时往往需要假设 $\varepsilon_i (i = 1, 2, \cdots, n)$ 独立同分布于均值为零方差为 σ^2 的正态分布, 即

$$\varepsilon_i \sim N(0, \sigma^2), \quad i = 1, 2, \cdots, n \tag{5.3.3}$$

此条件等价于 $\boldsymbol{\varepsilon} \sim N_n(\boldsymbol{0}, \sigma^2 \boldsymbol{I}_n)$, 该条件还隐含着随机误差项 ε_i 的同方差性.

(3) 随机误差项具有零均值和同方差的性质, 即 $E\varepsilon_i = 0$, $D\varepsilon_i = \sigma^2$, $i = 1, 2, \cdots, n$, 并且 $\varepsilon_1, \varepsilon_2, \cdots, \varepsilon_n$ 相互独立, 由此得到 $\mathrm{Cov}(\varepsilon_i, \varepsilon_j) = 0$, $i \neq j$, 在此假设下, 称模型(5.3.1)为同方差线性模型.

于是, 满足上述条件的多元线性回归模型(5.3.1)还等价于

$$\boldsymbol{Y} = \boldsymbol{X\beta} + \boldsymbol{\varepsilon} \sim N_n(\boldsymbol{X\beta}, \sigma^2 \boldsymbol{I}_n) \tag{5.3.4}$$

5.3.2 模型参数的最小二乘估计

需要确定多元线性回归模型(5.3.1)的参数 $\beta_0,\beta_1,\cdots,\beta_5$ 和 σ^2 的估计值. 类似于一元线性回归模型, 采用最小二乘估计方法. 基本思想是: 选择使回归模型的误差平方和 $Q(\beta_0,\beta_1,\cdots,\beta_5)=\sum_{i=1}^{n}\varepsilon_i^2=\sum_{i=1}^{n}(y_i-(\beta_0+\beta_1x_{i1}+\cdots+\beta_5x_{i5}))^2$ 达到最小的 $\beta_0,\beta_1,\cdots,\beta_5$ 作为回归系数的估计值, 即

$$\min_{\beta_0,\beta_1,\cdots,\beta_5} Q(\beta_0,\beta_1,\cdots,\beta_5) \tag{5.3.5}$$

由极值原理, 问题(5.3.5)等价于求解如下方程组

$$\frac{\partial Q(\beta_0,\beta_1,\cdots,\beta_5)}{\partial \beta_j}=0,\quad j=0,1,\cdots,5 \tag{5.3.6}$$

将(5.3.6)式转换为

$$\sum_{i=1}^{n}(\beta_0+\beta_1x_{i1}+\cdots+\beta_5x_{i5})x_{ij}=\sum_{i=1}^{n}x_{ij}y_i,\quad j=0,1,\cdots,5 \tag{5.3.7}$$

称(5.3.7)式为正则方程组, 它等价于如下的矩阵表达式

$$\boldsymbol{X}^{\mathrm{T}}\boldsymbol{X}\boldsymbol{\beta}=\boldsymbol{X}^{\mathrm{T}}\boldsymbol{Y} \tag{5.3.8}$$

其中矩阵和向量 $\boldsymbol{X},\boldsymbol{Y},\boldsymbol{\beta}$ 的表达如模型(5.3.2).

假设 $\hat{\boldsymbol{\beta}}=(\hat{\beta}_0,\hat{\beta}_1,\cdots,\hat{\beta}_5)^{\mathrm{T}}$ 表示方程组(5.3.7)的解, 称它为参数 $\boldsymbol{\beta}$ 的最小二乘估计. 又假定 $\mathrm{rank}(\boldsymbol{X}^{\mathrm{T}}\boldsymbol{X})=6$, 则方程组(5.3.8)的解为

$$\hat{\boldsymbol{\beta}}=(\boldsymbol{X}^{\mathrm{T}}\boldsymbol{X})^{-1}\boldsymbol{X}^{\mathrm{T}}\boldsymbol{Y} \tag{5.3.9}$$

称 $\hat{y}=\hat{\beta}_0+\hat{\beta}_1x_1+\cdots+\hat{\beta}_5x_5$ 为经验线性回归方程. 称 $e_i=y_i-(\hat{\beta}_0+\hat{\beta}_1x_{i1}+\cdots+\hat{\beta}_5x_{i5})$($i=1,2,\cdots,n$) 为残差, 称 $S_{\mathrm{E}}^2=Q(\hat{\boldsymbol{\beta}})=\sum_{i=1}^{n}e_i^2$ 为残差平方和.

对于 m 个解释变量, 由于 $E(S_{\mathrm{E}}^2)=(n-m-1)\sigma^2$, 因此, 定义参数 σ^2 的估计量为 $\hat{\sigma}^2=\dfrac{S_{\mathrm{E}}^2}{n-m-1}$.

下面利用MATLAB软件, 对例5.3.1的统计数据, 用(5.3.9)式计算参数 $\boldsymbol{\beta}$ 的最小二乘估计 $\hat{\boldsymbol{\beta}}=(\beta_0,\beta_1,\cdots,\beta_5)^{\mathrm{T}}$ 和经验线性回归方程 $\hat{y}=\hat{\beta}_0+\hat{\beta}_1x_1+\cdots+\hat{\beta}_5x_5$. 首先将数据表5.3.1保存为形如“.xlsx”“.txt”的数据格式, 然后将它导入到MATLAB软件中(使用MATLAB中的import wizard 工具), 借助MATLAB软件中强大的矩阵运算功能, 计算如下的 $\hat{\boldsymbol{\beta}}$ 和 $\hat{\sigma}^2$:

$$(\boldsymbol{X}^{\mathrm{T}}\boldsymbol{X})^{-1}=\begin{pmatrix} 47.5039 & -0.7107 & -34.7688 & -2.5232 & 20.1428 & -0.8688 \\ -0.7107 & 0.0455 & 0.4481 & 0.0261 & -0.8780 & 0.0685 \\ -34.7688 & 0.4481 & 31.8176 & 6.3541 & -16.2474 & -0.6923 \\ -2.5232 & 0.0261 & 6.3541 & 4.0106 & -3.9542 & -0.8004 \\ 20.1428 & -0.8780 & -16.2474 & -3.9542 & 21.4253 & -0.8729 \\ -0.8688 & 0.0685 & -0.6923 & -0.8004 & -0.8729 & 0.3495 \end{pmatrix}$$

$\boldsymbol{X}^{\mathrm{T}}\boldsymbol{Y}=(72.5\quad 2174.1\quad 135.4\quad 324.5\quad 239.0\quad 1361.9)^{\mathrm{T}}$,

$$\hat{\boldsymbol{\beta}} = (\boldsymbol{X}^{\mathrm{T}}\boldsymbol{X})^{-1}\boldsymbol{X}^{\mathrm{T}}\boldsymbol{Y} = (3.6203\ \ 0.0446\ -2.6493\ \ 0.9233\ \ 1.1197\ -0.1095\ )^{\mathrm{T}}$$

由此得到经验线性回归方程

$$\hat{y} = 3.6203 + 0.0446x_1 - 2.6493x_2 + 0.9233x_3 + 1.1197x_4 - 0.1095x_5 \tag{5.3.10}$$

$$\boldsymbol{e} = \boldsymbol{Y} - \boldsymbol{X}\hat{\boldsymbol{\beta}}\ \text{(残差向量)},\quad S_{\mathrm{E}}^2 = \boldsymbol{e}^{\mathrm{T}}\boldsymbol{e} = 0.1380,\quad \hat{\sigma}^2 = \frac{S_{\mathrm{E}}^2}{17} = 0.0081$$

注意：可以直接利用 MATLAB 中的命令[b,bint,r,rint,stats]=regress(y,X)进行计算，请同学们自行练习.

5.3.3 回归方程的检验

由于事先不能断定响应变量Y与给定的解释变量$X_1, X_2, \cdots, X_m$之间存在着线性相关关系，就不能直接使用经验线性回归方程$\hat{y} = \hat{\beta}_0 + \hat{\beta}_1 x_1 + \cdots + \hat{\beta}_m x_m$作预测. 因此，需要对回归方程进行显著性检验. 欲检验的问题是$H_0: \beta_1 = \beta_2 = \cdots = \beta_m = 0$，$H_1: \beta_1, \beta_2, \cdots, \beta_m$至少一个不为零.

检验H_0需要用到如下分解公式和检验原理.

性质 5.3.1 (分解公式) $S_{\mathrm{T}}^2 = S_{\mathrm{R}}^2 + S_{\mathrm{E}}^2$. 其中$S_{\mathrm{T}}^2 = \sum_{i=1}^n (y_i - \overline{y})^2$，$S_{\mathrm{R}}^2 = \sum_{i=1}^n (\hat{y}_i - \overline{y})^2$，$S_{\mathrm{E}}^2 = \sum_{i=1}^n (y_i - \hat{y}_i)^2$ 分别表示总离差平方和、回归平方和和残差平方和.

证明 类似于一元线性回归模型的性质 5.2.2 的证明.

关键需要证明

$$\sum_{i=1}^n (y_i - \hat{y}_i)(\hat{y}_i - \overline{y}) = \sum_{i=1}^n (y_i - \hat{y}_i)\hat{y}_i = 0$$

设$\hat{\boldsymbol{\beta}} = (\hat{\beta}_0, \hat{\beta}_1, \cdots, \hat{\beta}_{\mathrm{m}})^{\mathrm{T}}$，$\hat{\boldsymbol{Y}} = (\hat{y}_1, \hat{y}_2, \cdots, \hat{y}_n)^{\mathrm{T}}$. 因为

$$\begin{aligned}\sum_{i=1}^n (y_i - \hat{y}_i)\hat{y}_i &= \hat{\boldsymbol{Y}}^{\mathrm{T}}(\boldsymbol{Y} - \hat{\boldsymbol{Y}}) = \hat{\boldsymbol{Y}}^{\mathrm{T}}\boldsymbol{Y} - \boldsymbol{Y}^{\mathrm{T}}\boldsymbol{H}^{\mathrm{T}}\boldsymbol{H}\boldsymbol{Y} \\ &= \hat{\boldsymbol{Y}}^{\mathrm{T}}\boldsymbol{Y} - \boldsymbol{Y}^{\mathrm{T}}\boldsymbol{H}^{\mathrm{T}}\boldsymbol{Y} = \hat{\boldsymbol{Y}}^{\mathrm{T}}\boldsymbol{Y} - \hat{\boldsymbol{Y}}^{\mathrm{T}}\boldsymbol{Y} = \boldsymbol{0}\end{aligned}$$

其中

$$\boldsymbol{H} = \boldsymbol{X}(\boldsymbol{X}^{\mathrm{T}}\boldsymbol{X})^{-1}\boldsymbol{X}^{\mathrm{T}},\qquad \hat{\boldsymbol{Y}} = \boldsymbol{X}\hat{\boldsymbol{\beta}} = \boldsymbol{X}(\boldsymbol{X}^{\mathrm{T}}\boldsymbol{X})^{-1}\boldsymbol{X}^{\mathrm{T}}\boldsymbol{Y} = \boldsymbol{H}\boldsymbol{Y},\qquad \boldsymbol{H}^2 = \boldsymbol{H},\qquad \boldsymbol{H}^{\mathrm{T}} = \boldsymbol{H}$$

所以，分解公式$S_{\mathrm{T}}^2 = S_{\mathrm{R}}^2 + S_{\mathrm{E}}^2$成立.

性质 5.3.2 在模型(5.3.1)的假设下，有

(1) 在$H_0: \beta_1 = \beta_2 = \cdots = \beta_{\mathrm{m}} = 0$下，$S_{\mathrm{R}}^2$与$S_{\mathrm{E}}^2$相互独立.

(2) $\dfrac{S_{\mathrm{E}}^2}{\sigma^2} \sim \chi^2(n-m-1)$.

(3) 若$\beta_1 = \beta_2 = \cdots = \beta_{\mathrm{m}} = 0$成立，则$\dfrac{S_{\mathrm{T}}^2}{\sigma^2} \sim \chi^2(n-1)$，$\dfrac{S_{\mathrm{R}}^2}{\sigma^2} \sim \chi^2(m)$.

证明 略.

根据以上两个性质，在H_0成立时，构造检验统计量为

$$F=\frac{S_{\mathrm{R}}^2/m}{S_{\mathrm{E}}^2/(n-m-1)}=\frac{\overline{S}_{\mathrm{R}}^2}{\overline{S}_{\mathrm{E}}^2}\sim F(m,n-m-1) \tag{5.3.11}$$

拒绝域

$$\mathscr{X}_0=\{f>F_{1-\alpha}(m,\ n-m-1)\}$$

此方法称为 F 检验法. 与一元线性回归方程检验类似, 具体检验过程如方差分析表 5.3.2 所示.

表 5.3.2　多元线性回归方差分析表

方差来源	自由度	平方和	均方	f 值	p 值
回归	m	S_{R}^2	$\overline{S}_{\mathrm{R}}^2=S_{\mathrm{R}}^2/m$	$\overline{S}_{\mathrm{R}}^2/\overline{S}_{\mathrm{E}}^2$	$P\{F>f\}$
残差	$n-m-1$	S_{E}^2	$\overline{S}_{\mathrm{E}}^2=S_{\mathrm{E}}^2/(n-m-1)$		
总和	$n-1$	S_{T}^2			

另外, 还可利用回归平方和 S_{R}^2 在总离差平方和 S_{T}^2 中所占比例大小衡量 $X_1,X_2,\cdots,X_m$ 的线性函数对 Y 的影响程度. 称

$$R=\sqrt{\frac{S_{\mathrm{R}}^2}{S_{\mathrm{T}}^2}}=\sqrt{\frac{\sum_{i=1}^{n}(\hat{y}_i-\overline{y})^2}{\sum_{i=1}^{n}(y_i-\overline{y})^2}} \tag{5.3.12}$$

为多元相关系数, 或复相关系数, 称 $R^2=\frac{S_{\mathrm{R}}^2}{S_{\mathrm{T}}^2}=1-\frac{S_{\mathrm{E}}^2}{S_{\mathrm{T}}^2}$ 为样本决定系数. 它们的取值都在区间[0, 1]内. R^2 越接近 1, 表明线性回归部分对 Y 的影响大; R^2 越接近 0, 表明线性回归部分对 Y 的影响小. 一般地, 当 $|R|>0.8$ 时, 建立的线性回归方程是有效的. 与 F 检验相比, R^2 可以更清楚地反映 Y 受线性回归函数部分的影响大小. 所以, 选择 R 为检验统计量, H_0 的拒绝域为

$$\mathscr{X}_0=\{r>r_\alpha(n-m-1)\} \tag{5.3.13}$$

针对例 5.3.1, 在 Excel 软件平台上, 利用"数据→数据分析→回归"工具, 可计算得到如下的多元线性回归方差分析表 5.3.3.

表 5.3.3　例 5.3.1 的多元线性回归方差分析表

方差来源	自由度	平方和	均方	f 值	p 值
回归	5	190.3844	38.0769	4689.3354	0.0000
残差	17	0.1380	0.0081		
总计	22	190.5224			

表 5.3.3 中, 由于 F 值 $f=4689.3354>F_{0.95}(5,17)=2.81$, 显然 $f\in\mathscr{X}_0$, 表明拒绝 H_0, 说明模型通过检验, 得到的经验回归方程(5.3.10)可以用于预测.

注意：利用表 5.3.3 中的数据，还可以计算 R^2 的值 $r^2 \approx \dfrac{190.3844}{190.5224} \approx 0.9993$，非常接近 1，同样表明线性回归拟合效果很好，模型可以用于预测.

5.3.4 变量的选择

对一个实际问题，在建立多元线性回归方程时，如何从众多的解释变量 $X_i(i=1,2,\cdots,m)$ 中选择出主要变量呢？罗列出所有影响响应变量 Y 的解释变量固然很好，但是，当解释变量个数很多时，参数估计的计算量将会相当大. 并且，过多的解释变量容易导致变量之间的多重相关性和信息重叠. 因此，需要从众多的解释变量中筛选出主要的解释变量. 同时，还要注意到，如果遗漏了某些重要解释变量，建立的回归方程效果肯定不好. 由此产生了回归解释变量的选择问题.

解释变量选择常见的有以下几个准则.

1) 修正的决定系数达到最大

决定系数 R^2；修正的决定系数 $R_{\mathrm{a}}^2 = 1-\dfrac{n-1}{n-p-1}(1-R^2)$，其中 p 表示选出来的变量个数.

2) 信息量 AIC 达到最小

$\mathrm{AIC} = -2\ln L(\hat{\theta}_L, y) + 2p$，其中，模型的似然函数为 $L(\theta, y)$，随机样本 $\boldsymbol{y} = (y_1, y_2, \cdots, y_n)^{\mathrm{T}}$，$\theta$ 的维数为 p，$\hat{\theta}_{\mathrm{L}}$ 表示参数 θ 的最大似然估计.

3) C_p 统计量达到最小

$$C_p = (n-m-1)\frac{(S_{\mathrm{E}}^2)_p}{(S_{\mathrm{E}}^2)_m} - n + 2p \tag{5.3.14}$$

其中 p 表示选出来的变量个数，m 表示全部变量的个数.

除此之外，还有一些准则，在此不一一列举了.

例如，Y 表示某种消费品的销售额，x_1, x_2, x_3 分别表示居民可支配收入、该消费品的价格指数和其他消费品的平均价格指数. 统计数据如表 5.3.4 所示.

表 5.3.4 Y 与 x_1, x_2, x_3 的统计数据表

序号	x_1/ 元	x_2/ %	x_3/ %	y/ 百万元
1	81.2	85	87	7.8
2	82.9	92	94	8.4
3	83.2	91.5	95	8.7
4	85.9	92.9	95.5	9
5	88	93	96	9.6
6	99.9	96	97	10.3
7	102	95	97.5	10.6
8	105.3	95.6	97	10.9
9	117.7	98.9	98	11.3
10	126.4	101.5	101.2	12.3
11	131.2	102	102.5	13.5
12	148	105	104	14.2

续表

序号	x_1/ 元	x_2/ %	x_3/ %	y/ 百万元
13	153	106	105.9	14.9
14	161	109	109.5	15.9
15	170	112	111	18.5
16	174	112.5	112	19.5
17	185	113	112.3	19.9
18	189	114	113	20.5

这里，$n=18$，$m=3$，所有解释变量子集有 $2^m-1=7$ 个. 用 SPSS 软件计算这 7 个回归子集及统计量准则，得到表 5.3.5 所示.

表 5.3.5　选择变量的三个准则的计算值

自变量子集	R_a^2	AIC	C_p
x_1	0.9711	40.06	4.134
x_2	0.9539	48.48	16.151
x_3	0.9477	50.74	20.452
x_1, x_2	0.9714	40.76	4.734
x_1, x_3	0.9755	37.93	2.005
x_2, x_3	0.9519	50.09	17.461
x_1, x_2, x_3	0.9771	37.52	2

由表可知，全方程(三个变量 x_1,x_2,x_3 的方程)是“最优”方程，x_1,x_3 的方程是“次优”的方程，其回归方程为

$$\hat{y}=-10.1489+0.1008x_1-0.3104x_2+0.411x_3$$

$$\hat{y}=-14.049+0.0764x_1+0.117x_3$$

由于解释变量较少时，全方程是“最优”方程，这种情况是常见的. 但当涉及的解释变量的数目较多时($m\geqslant 5$)，很少见到全方程是最优的.

另外，变量选择的一个重要环节是对每个解释变量 $X_i(i=1,2,\cdots,m)$ 进行显著性检验，如果某个解释变量 X_i 对 Y 的作用不显著，那么在回归方程中，它的系数 β_i 就近似为零. 因此提出假设

$$H_{0i}:\beta_i=0,\quad H_{1i}:\beta_i\neq 0,\quad i=1,2,\cdots,m \tag{5.3.15}$$

欲检验问题(5.3.15)，需要用到如下性质 5.3.3.

性质 5.3.3　在模型(5.3.1)的假设下，则 $\hat{\boldsymbol{\beta}}=(\boldsymbol{X}^{\mathrm{T}}\boldsymbol{X})^{-1}\boldsymbol{XY}\sim N_{m+1}(\boldsymbol{\beta},\sigma^2(\boldsymbol{X}^{\mathrm{T}}\boldsymbol{X})^{-1})$.

证明　略.

假设 c_{ii}，$i=1,2,\cdots,m$ 表示矩阵 $\boldsymbol{C}=(\boldsymbol{X}^{\mathrm{T}}\boldsymbol{X})^{-1}=(c_{ij})_{(m+1)\times(m+1)}$ 中对角线上的元素. 则由性质 5.3.3 知 $\hat{\beta}_i \sim N(\beta_i, c_{ii}\sigma^2)$，即在 H_{0i} 成立下，$\dfrac{\hat{\beta}_i}{\sigma\sqrt{c_{ii}}} \sim N(0,1)$. 为此，检验问题(5.3.15)，可以使用如下 t 检验法.

检验统计量为 $T_i=\dfrac{\hat{\beta}_i}{\hat{\sigma}\sqrt{c_{ii}}}$，拒绝域为 $\mathscr{X}_0=\left\{|t_i|>t_{1-\alpha/2}(n-m-1)\right\}$.

也可以使用 F 检验法.

检验统计量为 $F_i=\dfrac{\hat{\beta}_i^2}{\hat{\sigma}^2 c_{ii}}$，拒绝域为 $\mathscr{X}_0=\{f_i>F_{1-\alpha}(1,n-m-1)\}$，其中 $\hat{\sigma}^2=\dfrac{S_E^2}{n-m-1}$.

实际上，这两种检验法是等价的.

变量的选择常常使用逐步回归法，其基本思想是：将解释变量一个一个地引入方程中，每当引入一个新的解释变量，都要对已选入的解释变量逐个进行 F 检验或 t 检验，当原有的解释变量由于新解释变量的引入而变得不再显著时，要将其剔除. 这个过程反复进行，直至既无显著解释变量引入又无不显著的解释变量从回归方程中剔除为止.

例如，对经验线性回归模型 $\hat{y}=\hat{\beta}_0+\hat{\beta}_1x_1+\cdots+\hat{\beta}_mx_m$，如果假设(5.3.15)的检验结果是接受 H_{0i}，即 $\beta_i=0$，则应将 x_i 从 $\hat{y}=\hat{\beta}_0+\hat{\beta}_1x_1+\cdots+\hat{\beta}_mx_m$ 中剔除，重新用最小二乘法估计回归系数，建立新的回归方程

$$\hat{y}=\hat{\beta}_0^*+\hat{\beta}_1^*x_1+\cdots+\hat{\beta}_{i-1}^*x_{i-1}+\hat{\beta}_{i+1}^*x_{i+1}+\cdots+\hat{\beta}_m^*x_m$$

这时新回归方程的系数与原来回归方程的系数有如下关系

$$\hat{\beta}_j^*=\hat{\beta}_j-\frac{c_{ij}}{c_{ii}}\hat{\beta}_i,\quad j\neq i,\ j=0,1,\cdots,m \tag{5.3.16}$$

注意：在剔除不显著解释变量时，考虑到解释变量之间的交互作用对响应变量 Y 的影响，每次只剔除一个解释变量，如果有几个解释变量检验都不显著，则先剔除其中 t_i 值最小的那个解释变量. 当剔除 X_i 建立新的回归方程后，还必须对剩余的 $m-1$ 个解释变量 $X_1,X_2,\cdots,X_{i-1},X_{i+1},\cdots,X_m$ 再用上述方法检验它们的显著性. 如果不显著，则还需逐个剔除直至保留下的解释变量对 Y 都有显著的作用为止.

在逐步回归中需要注意的是引入解释变量和剔除解释变量的显著水平 α 是不同的，通常要求引入解释变量的显著水平小于剔除解释变量的显著水平，否则可能产生死循环.

对例 5.3.1 的数据，用 SPSS 软件计算，按步骤"分析→回归→线性→方法→逐步"，得到如下的计算结果(表 5.3.6 和表 5.3.7).

表 5.3.6　输入/移去的变量 [a]

方程	输入的变量	移去的变量	方法
1	x_4		步进(准则：F-to-enter 的概率≤0.050, F-to-remove 的概率≥0.100)
2	x_2		步进(准则：F-to-enter 的概率≤0.050, F-to-remove 的概率≥0.100)
3	x_3		步进(准则：F-to-enter 的概率≤0.050, F-to-remove 的概率≥0.100)
4	x_1		步进(准则：F-to-enter 的概率≤0.050, F-to-remove 的概率≥0.100)

a. 响应变量：y.

表 5.3.7　回归系数

方程		非标准化系数		t 值	p 值	系数 β 的 95.0% 置信区间	
		系数 β	标准误差			下限	上限
1	(常量)	−1.300	0.102	−12.704	0.000	−1.513	−1.087
	x_4	2.141	0.041	51.743	0.000	2.055	2.227
2	(常量)	4.836	0.814	5.937	0.000	3.137	6.535
	x_4	2.803	0.090	31.056	0.000	2.614	2.991
	x_2	−4.445	0.589	−7.549	0.000	−5.673	−3.217
3	(常量)	4.464	0.767	5.819	0.000	2.858	6.069
	x_4	2.304	0.244	9.446	0.000	1.793	2.814
	x_2	−4.071	0.567	−7.177	0.000	−5.259	−2.884
	x_3	0.295	0.136	2.174	0.043	0.011	0.578
4	(常量)	3.350	0.659	5.083	0.000	1.965	4.734
	x_4	0.847	0.429	1.973	0.064	−.055	1.749
	x_2	−2.868	0.540	−5.310	0.000	−4.002	−1.733
	x_3	0.672	0.144	4.655	0.000	0.369	0.976
	x_1	0.066	0.018	3.772	0.001	0.029	0.103

第一步　分别引入解释变量 x_1,x_2,x_3,x_4，引入解释变量的显著水平为 0.05，剔除解释变量的水平为 0.1. 在表 5.3.8 中，由于自变量 x_4 的修正决定系数 $R_a^2=0.999$ 大于 x_1,x_2,x_3 的 R_a^2 值，因此第一个回归方程为 $\hat{y}=-1.3+2.141x_4$.

表 5.3.8　模型汇总[e]

方程	R	R^2	调整 R^2	标准估计的误差
1	0.996[a]	0.992	0.992	0.2657211
2	0.999[b]	0.998	0.998	0.1387737
3	0.999[c]	0.998	0.998	0.1274127
4	1.000[d]	0.999	0.999	0.0978315

a. 解释变量: x_4.

b. 解释变量: x_4, x_2.

c. 解释变量: x_4, x_2, x_3.

d. 解释变量: x_4, x_2, x_3, x_1.

e. 响应变量: y.

第二步　在 0.05 水平下引入变量 x_2 于方程 1 中，得到回归方程 2：$\hat{y}=4.836+2.803x_4-4.445x_2$，结合表 5.3.9, 该方程通过检验.

表 5.3.9　Anova[e]

方程	方差来源	平方和	自由度	均方	f 值	p 值
1	回归	189.040	1	189.040	2677.325	0.000[a]
	残差	1.483	21	0.071		
	总计	190.522	22			

续表

方程	方差来源	平方和	自由度	均方	f值	p值
2	回归	190.137	2	95.069	4936.545	0.000[b]
	残差	0.385	20	0.019		
	总计	190.522	22			
3	回归	190.214	3	63.405	3905.671	0.000[c]
	残差	0.308	19	0.016		
	总计	190.522	22			
4	回归	190.350	4	47.588	4972.060	0.000[d]
	残差	0.172	18	0.010		
	总计	190.522	22			

a. 解释变量: x_4.

b. 解释变量: x_4, x_2.

c. 解释变量: x_4, x_2, x_3.

d. 解释变量: x_4, x_2, x_3, x_1.

e. 响应变量: y.

第三步 在 0.05 水平下引入变量 x_3，得到回归方程 3：$\hat{y}=4.464+2.304x_4-4.071x_2+0.295x_3$,并通过方程检验；

第四步 在 0.05 水平下引入变量 x_1，得到回归方程 4：$\hat{y}=3.35+0.847x_4-2.868x_2+0.672x_3+0.066x_1$，并通过方程检验. 它的残差平方和为 0.172, 在四个方程中它是最小的. 根据选择变量的准则 3, 按公式(5.3.14)计算 C_p 统计值，它们分别是 161.688, 28.428, 20.942, 6.188, 显然回归方程 4 的 C_p 统计值最小，因此，最优回归方程 $\hat{y}=3.35+0.847x_4-2.868x_2+0.672x_3+0.066x_1$.

值得注意的是，如果设定剔除解释变量的水平为 0.06, 那么回归方程 4 的 $t_4=1.973<t_{0.975}(16)=2.12$，并且它的 p 值为 0.064>0.06, 这时将增加一个步骤，从回归方程 4 中继续剔除变量 x_4，得到最优回归方程 5：

$$\hat{y}=2.5579+0.0972x_1-2.076x_2+0.934x_3 \tag{5.3.17}$$

5.3.5 预测

多元线性回归方程经常用于预测问题. 与一元线性回归的情形类似，预测分为点预测和区间预测.

1. 点预测

由(5.3.1)式知，当给定点 $\boldsymbol{x}_0=(1,x_{01},x_{02},\cdots,x_{05})^{\mathrm{T}}$ 时，对应的随机变量 $Y_0=y_0+\varepsilon_0$，其中，$\varepsilon_0\sim N(0,\sigma^2)$，$y_0=E(Y_0\,|\,\boldsymbol{x}=\boldsymbol{x_0})=\boldsymbol{x}_0^{\mathrm{T}}\boldsymbol{\beta}$，$Y_0$，$y_0$ 的预测值都选择为点估计值 $\hat{y}_0=\boldsymbol{x}_0^{\mathrm{T}}\hat{\boldsymbol{\beta}}$. 注意，可选择一般或最佳回归方程进行预测，而如果选择一般的多元线性回归方程进行预测，当变量个数 m 较大时，其计算量比较大.

2. 区间预测

区间预测需要用到如下的预备理论知识.

性质 5.3.4 记 $\boldsymbol{x}_0^{\mathrm{T}}=(1,x_{01},x_{02},\cdots,x_{0m})$，则 $\hat{y}_0=\boldsymbol{x}_0^{\mathrm{T}}\hat{\boldsymbol{\beta}}\sim N(\boldsymbol{x}_0^{\mathrm{T}}\boldsymbol{\beta},\sigma^2(\boldsymbol{x}_0^{\mathrm{T}}(\boldsymbol{X}^{\mathrm{T}}\boldsymbol{X})^{-1}\boldsymbol{x}_0))$，其中 $\boldsymbol{x}_0^{\mathrm{T}}(\boldsymbol{X}^{\mathrm{T}}\boldsymbol{X})^{-1}\boldsymbol{x}_0$ 是关于 $\boldsymbol{x}_0$ 的二次型，假定它是正定的.

性质 5.3.5 在一般的多元线性回归模型的假定下，则 $Y_0-\hat{y}_0\sim N\left(0,\sigma^2[1+(\boldsymbol{x}_0^{\mathrm{T}}(\boldsymbol{X}^{\mathrm{T}}\boldsymbol{X})^{-1}\boldsymbol{x}_0)]\right)$.

根据性质 5.3.5，不妨令 $s(\boldsymbol{x}_0)=\sqrt{1+(\boldsymbol{x}_0^{\mathrm{T}}(\boldsymbol{X}^{\mathrm{T}}\boldsymbol{X})^{-1}\boldsymbol{x}_0)}$，由此得到 $\dfrac{Y_0-\hat{y}_0}{\sigma\cdot s(\boldsymbol{x}_0)}\sim N(0,\ 1)$. 对未知参数 σ，用 $\hat{\sigma}$ 替代，得到 $\dfrac{Y_0-\hat{y}_0}{\hat{\sigma}\cdot s(\boldsymbol{x}_0)}\sim t(n-m-1)$. 于是，关于 Y_0 的置信度为 $1-\alpha$ 的预测区间为

$$(\hat{y}_0-\delta(\boldsymbol{x}_0),\ \hat{y}_0-\delta(\boldsymbol{x}_0)) \tag{5.3.18}$$

其中 $\delta(\boldsymbol{x}_0)=\hat{\sigma}\cdot s(\boldsymbol{x}_0)\cdot t_{1-\alpha/2}(n-m-1)$.

对例 5.3.1，利用最佳回归方程(5.3.17)，求国内生产总值 X_1、原油产量 X_2、生铁产量 X_3 分别为 52(万亿元)、2.1(亿吨)、6.7(亿吨)时的成品钢材的需求量的预测值以及预测区间(假设置信度为 0.95).

令 $\boldsymbol{x}_0^{\mathrm{T}}=(1,52,2.1,6.7)$，则点估计值 $\hat{y}_0=\boldsymbol{x}_0^{\mathrm{T}}\hat{\boldsymbol{\beta}}=9.5105$.

$$(\boldsymbol{X}^{\mathrm{T}}\boldsymbol{X})^{-1}=\begin{pmatrix}28.5594 & 0.1198 & -19.7018 & 1.0450\\ 0.1198 & 0.0061 & -0.0764 & -0.0355\\ -19.7018 & -0.0764 & 13.6553 & -0.7905\\ 1.0450 & -0.0355 & -0.7905 & 0.3370\end{pmatrix}$$

计算

$$s(\boldsymbol{x}_0)=\sqrt{1+(\boldsymbol{x}_0^{\mathrm{T}}(\boldsymbol{X}^{\mathrm{T}}\boldsymbol{X})^{-1}\boldsymbol{x}_0)}=1.213$$

$$\hat{\sigma}=\sqrt{\frac{S_{\mathrm{E}}^2}{19}}=0.1049,\quad t_{0.975}(19)=2.093$$

$$\delta(\boldsymbol{x}_0)=\hat{\sigma}\cdot s(\boldsymbol{x}_0)\cdot t_{0.975}(19)\approx 0.2663$$

因此，成品钢材的需求量的置信度为 0.95 的预测区间为(9.2442, 9.7768).

5.4 违背基本假设的线性回归分析

在建立实际问题的线性回归模型时，有时存在着与基本假设相违背的情况. 一种是常说的异方差性，即 $D\varepsilon_i\neq D\varepsilon_j\ (i\neq j)$. 另一种是自相关性，即 $\mathrm{Cov}(\varepsilon_i,\varepsilon_j)\neq 0,\ i\neq j$. 本节将结合实例介绍异方差性、自相关性给建模带来的影响、如何诊断以及解决的方法.

5.4.1 异方差性

一些实际问题的错综复杂，经常会出现随着解释变量的观测值的变化对响应变量产生不同的影响，导致随机误差项具有不同的方差. 例如，在研究城镇居民收入与消费水平的关系

时，即使某些用户的收入相同，消费观念和习惯的差异，也会产生不同的消费水平，而且差异比较大. 一般情况下，低收入家庭的购买力差异性较小，他们大都购买生活必需品，但高收入家庭购买行为差异性就很大，导致消费模型的随机误差项 ε_i 具有不同的方差.

当一个回归问题存在异方差性时，普通的最小二乘估计不再具有最小方差的优良性，这将给回归方程的应用效果带来一定的影响. 主要存在以下问题：

(1) 参数估计值虽是无偏的，但不具有最小方差性；

(2) 参数的显著性检验失效；

(3) 经验回归方程的应用效果极不理想.

如何诊断线性回归模型的异方差性呢？又如何解决此类问题呢？下面将结合实例来阐述这些问题的解决方法.

1. 判断异方差性的方法

1) 残差图分析法

残差图分析法是一种直观、方便的分析方法. 它以残差 $e_i(i=1,2,\cdots,n)$ 为纵坐标，以观测时间或序号为横坐标画散点图，或者以 x_i 或 $\hat{y}_i(i=1,2,\cdots,n)$ 为横坐标也可以. 如果该散点图中的残差 $e_i(i=1,2,\cdots,n)$ 随 i 或 x_i 的值或 $\hat{y}_i$ 的值变化而变化，具有明显的规律，则由此诊断模型的随机误差项 ε_i 的方差具有异方差性，也称为非齐性.

2) 等级相关系数检验法

等级相关系数检验法是一种应用广泛的方法. 主要分三个步骤：

(1) 按普通最小二乘法求出 ε_i 的估计值 $e_i(i=1,2,\cdots,n)$；

(2) 把 x_i 和 $|e_i|(i=1,2,\cdots,n)$ 按递增或递减的次序排列分等级，计算等级相关系数

$$R_s=1-\frac{6}{n(n^2-1)}\sum_{i=1}^{n}d_i^2 \tag{5.4.1}$$

其中 d_i 表示为对应于 x_i 和 $|e_i|$ 的等级(秩)之差.

(3) 进行等级相关系数的显著性检验. 在 $n>8$ 的情况下，构造 T 统计量

$$T=\frac{\sqrt{n-2}R_s}{\sqrt{1-R_s^2}}\sim t(n-2) \tag{5.4.2}$$

如果 T 的值 $t>t_{1-\alpha/2}(n-2)$ 时，说明 x_i 与 $|e_i|$ 之间存在系统关系，异方差的问题存在，否则，不存在异方差.

例 5.4.1 为研究用户的每月用电量 X 与用电高峰每小时用电量 Y 之间的关系，抽样调查了 53 户家庭，获得如下数据(表 5.4.1).

表 5.4.1 用户每月用电量 X 与用电高峰每小时用电量 Y 的数据

用户	x_i/(kW · h)	y_i/kW	用户	x_i/(kW · h)	y_i/kW
1	679	0.79	5	582	2.7
2	292	0.44	6	1156	3.64
3	1012	0.56	7	997	4.73
4	493	0.79	8	2189	9.5

续表

用户	x_i /(kW · h)	y_i /kW	用户	x_i /(kW · h)	y_i /kW
9	1097	5.34	32	1777	4.99
10	2078	6.85	33	370	0.59
11	1818	5.84	34	2316	8.19
12	1700	5.21	35	1130	4.79
13	747	3.25	36	463	0.51
14	2030	4.43	37	770	1.74
15	1643	3.16	38	724	4.1
16	414	0.5	39	808	3.94
17	354	0.17	40	790	0.96
18	1276	1.88	41	783	3.29
19	745	0.77	42	406	0.44
20	435	1.39	43	1243	3.24
21	540	0.56	44	658	2.14
22	874	1.56	45	1746	5.71
23	1543	5.28	46	468	0.64
24	1029	0.64	47	1114	1.9
25	710	4.00	48	413	0.51
26	1434	0.31	49	1787	8.33
27	837	4.20	50	3560	14.94
28	1748	4.88	51	1495	5.11
29	1381	3.48	52	2221	3.85
30	1428	7.58	53	1526	3.93
31	1255	2.63			

利用表 5.4.1 中的数据，分析线性回归模型中是否存在异方差性？如何消除模型的异方差性？

首先判断模型的异方差性. 借助 Excel 软件的回归工具，计算一元线性回归模型的回归参数、残差 e_i，得到回归方程为 $\hat{y}=-0.8313+0.0037x$，决定系数为 0.8394，残差平方和为 126.8697，并且通过模型检验. 根据残差 e_i，画出关于自变量 x 的残差图如图 5.4.1 所示.

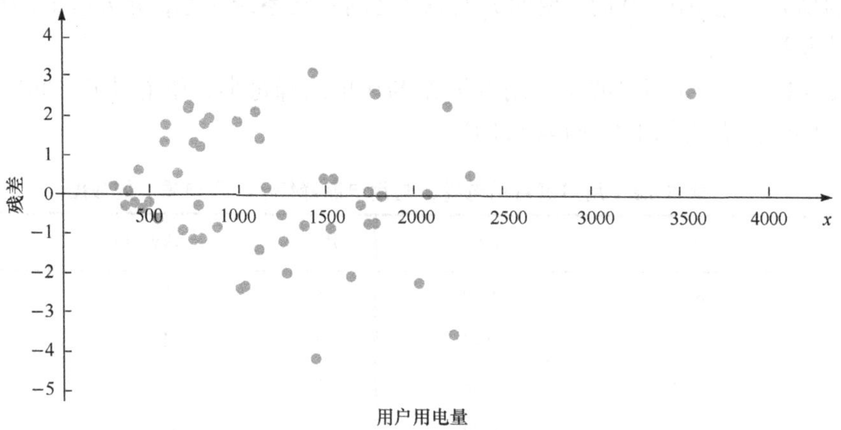

图 5.4.1　关于解释变量 x 的残差图

由图 5.4.1 看出，误差 e_i 随 x_i 的增加而增加，由此判断线性回归模型的随机误差项具有异方差性.

进一步地，采用等级相关系数检验法. 首先按 x_i 的递增次序排序，它的等级就是自然顺序 $1 \leqslant i \leqslant 53$，计算普通最小二乘估计和残差 e_i，然后按 $|e_i|$ 的递增次序排序，对应于 $|e_i|$ 的秩记为 k_i，计算 $d_i = i - k_i$，将它代入公式(5.4.1)和(5.4.2)，计算得到 $r_s = 0.3175$，$t = 2.3914$. 因为 $t > t_{0.975}(51) \approx u_{0.975} = 1.96$，所以，判断线性回归模型 $\hat{y} = -0.8313 + 0.0037x$ 的随机误差项具有异方差性.

2. 消除异方差性的方法

消除异方差性的方法通常有加权最小二乘法、Box-Cox 变换法、方差稳定变换法等. 这里仅介绍加权最小二乘法，它是一种最常用的消除异方差性的方法.

加权最小二乘法的思想是在误差平方和 $Q(\beta_0, \beta_1) = \sum\limits_{i=1}^{n}(y_i - (\beta_0 + \beta_1 x_i))^2$ 中引入一个适当的权值 w_i，使之变为 $Q_w(\beta_0, \beta_1) = \sum\limits_{i=1}^{n} w_i(y_i - (\beta_0 + \beta_1 x_i))^2$，以达到调整各项在平方和中的作用. 欲确定参数 β_0, β_1，使得 $Q_w(\beta_0, \beta_1)$ 达到最小，即 $\min\limits_{\beta_0, \beta_1} Q_w(\beta_0, \beta_1)$.

可以证明加权最小二乘估计为

$$\begin{cases} \hat{\beta}_{1w} = \dfrac{\sum\limits_{i=1}^{n} w_i(x_i - \overline{x})(y_i - \overline{y})}{\sum\limits_{i=1}^{n} w_i(x_i - \overline{x})^2} \\ \hat{\beta}_{0w} = \overline{y}_w - \hat{\beta}_{1w}\overline{x}_w \end{cases} \tag{5.4.3}$$

其中，

$$\overline{x}_w = \frac{\sum\limits_{i=1}^{n} w_i x_i}{\sum\limits_{i=1}^{n} w_i}, \quad \overline{y}_w = \frac{\sum\limits_{i=1}^{n} w_i y_i}{\sum\limits_{i=1}^{n} w_i}.$$

一般地，应考虑取权值 $w_i = \dfrac{1}{\sigma_i^2}$，其中 σ_i^2 是第 i 个观测值误差项的方差. 误差项方差较大的观测值接受较小的权值，而误差项方差较小的观测值接受较大的权值. 但是，在实际问题中，σ_i^2 却是未知的，应该对它进行估计. 考虑到异方差性的特征是方差 σ_i^2 随自变量 x_i 的增大而增大，那么设置一个待定参数 m，使得 σ_i^2 与 x_i^m 成正比例关系，不妨令 $\sigma_i^2 = kx_i^m$，其中 k 是比例系数. 这时，权值选取为 $w_i = \dfrac{1}{kx_i^m}$. 由于比例系数 k 在参数估计中可以消去，因此直接使用权值函数

$$w_i = \frac{1}{x_i^m} \tag{5.4.4}$$

利用 SPSS 软件可以确定(5.4.4)式中的幂指数 m 的最优取值，以满足 $\min\limits_{\beta_0, \beta_1} Q_w(\beta_0, \beta_1)$.

以例 5.4.1 为例，在 SPSS 软件中，导入数据 (x_i, y_i)，$i=1,2,\cdots,53$，按步骤“分析→回归→权重估计”，弹出对话框，依次选取“因变量 y →自变量 x →权值变量 x”，默认的幂指数 $m=-2$，-1.5，-1，$-0.5,0,1.5,2$. 默认值也可以修改. 这里，选取默认的幂指数，得到 $m=1.5$，使得对数似然函数值达最大，最大值为−91.589. 决定系数为 0.812. 对应的加权最小二乘估计以及方差分析表如表 5.4.2 和表 5.4.3 所示.

表 5.4.2　加权最小二乘估计及其他统计值

	未标准化系数		标准化系数		t 值	Sig.
	B	标准误	无常数项	标准误		
常数项	−0.683	0.298			−2.296	0.026
自变量 x 项	0.004	0.000	0.812	0.082	9.930	0.000

注：(1) 标准化系数是将原始数据进行了标准化处理，然后再进行回归分析，所以，常数项为零.

(2) 标准误表示样本标准差除根号 n，即 $s/\sqrt{n}$.

表 5.4.3　方差分析表

方差来源	平方和	自由度	均方	f 值	p 值
回归	0.006	1	0.006	98.599	0.000
残差	0.003	51	0.000		
总计	0.009	52			

由表 5.4.2 知，加权最小二乘估计 β_0, β_1 分别为−0.683,0.004，回归方程为 $\hat{y}_w=-0.683+0.004x$，与普通最小二乘估计法得到的回归方程 $\hat{y}=-0.8313+0.0037x$ 进行比较，它们具有一定的差异. 结合表 5.4.3，差异尤为突出的是残差平方和，普通最小二乘估计法得到的残差平方和 $S_{\mathrm{E}}^2=126.8697$，加权最小二乘估计法得到的残差平方和 $S_{w\mathrm{E}}^2=0.003$，这说明加权最小二乘估计的效果好于普通最小二乘估计的效果.

对于多元线性回归模型 $y_i=\beta_0+\beta_1x_1+\cdots+\beta_mx_m+\varepsilon_i$，$i=1,2,\cdots,n$，加权最小二乘估计 $\hat{\beta}_0,\hat{\beta}_1,\cdots,\hat{\beta}_m$，应该使得 $Q_w(\beta_0,\beta_1,\cdots,\beta_m)=\sum\limits_{i=1}^{n}w_i(y_i-(\beta_0+\beta_1x_1+\cdots+\beta_mx_m))^2$ 达到最小，类似地可以证明加权最小二乘估计的矩阵表达

$$\hat{\boldsymbol{\beta}}_w=(\boldsymbol{X}^{\mathrm{T}}\boldsymbol{W}\boldsymbol{X})^{-1}\boldsymbol{X}^{\mathrm{T}}\boldsymbol{W}\boldsymbol{Y} \tag{5.4.5}$$

其中，$\boldsymbol{X},\boldsymbol{Y}$ 与(5.3.2)式的矩阵表达相同，而

$$\boldsymbol{W}=\begin{pmatrix} w_1 & & & \\ & w_2 & & \\ & & \ddots & \\ & & & w_n \end{pmatrix} \tag{5.4.6}$$

权值 w_i 又如何选取呢？

由于多元线性回归模型有多个自变量，通常取权函数 w_i 为某个自变量 $x_j\,(j=1,2,\cdots,m)$ 的

幂函数，即 $w_i = \dfrac{1}{x_{ij}^m}(i=1,2,\cdots,n)$. 选哪个自变量呢？只需要计算每个自变量与普通残差的等级相关系数，选取等级相关系数最大的自变量即可.

5.4.2 自相关性

在线性回归模型中，通常都假定 $\mathrm{Cov}(\varepsilon_i,\varepsilon_j)=0,\quad i\neq j$. 如果 $\mathrm{Cov}(\varepsilon_i,\varepsilon_j)\neq 0,\ i\neq j$，则称随机误差项存在着自相关现象. 本小节将结合实例介绍自相关性给建模带来的影响、如何诊断以及解决的方法.

在实际问题中，通常遇到的响应变量和解释变量都与时间有关，采样都是按不同时间点获取的，称随时间变化的变量为时间序列. 在建立回归模型的过程中，产生自相关现象的原因主要有四个.

(1) 遗漏关键变量时会产生时间序列的自相关性. 因为随机误差项 ε_i 中包含了遗漏变量的信息.

(2) 一些经济指标(变量)往往具有滞后性，它们会给时间序列带来自相关性. 如物价指数、基建投资、国民收入、消费等都有一定的滞后性.

(3) 采用错误的回归函数形式也可能引起自相关性. 例如，某实际问题选择正确的回归函数是 $y=\beta_0\exp(\beta_1 x+\varepsilon)$，而研究者却选择 $y=\beta_0+\beta_1 x+\tilde{\varepsilon}$ 形式，这时，随机误差项 $\tilde{\varepsilon}$ 也表现为自相关性.

(4) 数据的加工整理也会导致自相关性.

当线性回归模型的随机误差项产生自相关性，如果仍然使用普通最小二乘法去估计未知参数，将会带来如下问题：

(1) 参数的估计值不再具有最小方差线性无偏性；

(2) 均方误差可能严重低估误差项的方差；

(3) 常用的 F 检验和 t 检验失效；

(4) 最小二乘估计对抽样波动非常敏感；

(5) 模型解释性以及预测效果较差.

1. 判断模型的自相关性

1) 图示检验法

图示检验法是一种直观的诊断方法. 根据线性回归模型，按普通的最小二乘法估计参数，求解残差 $e_i(i=1,2,\cdots,n)$，绘制 $(e_i,e_{i-1})(i=2,3,\cdots,n)$ 散点图，或者绘制 $(i,e_i)(i=1,2,\cdots,n)$ 散点图. 针对 (e_i,e_{i-1}) 散点图，如果绝大多数的点落在直角坐标系下的第Ⅰ、Ⅲ象限内，表明随机误差项 ε_i 存在正相关性；同理，如果绝大多数的点落在直角坐标系下的第Ⅱ、Ⅳ象限内，表明随机误差项 ε_i 存在负相关性. 对于绘制的 (i,e_i) 散点图，如果 e_i 随 i 的逐次变化有规律的变化，呈现锯齿形(序列 e_i 正负交错变化)或循环形(序列 e_i 几个正几个负的值交错变化)的变化，就可断定 ε_i 存在自相关性. 呈锯齿形判定为负相关，呈循环形判定为正相关性.

例 5.4.2 为研究某软件分公司的销售额 Y (单位：万元)与总公司的销售额 X (单位：万元)之间的关系，调查了 20 个月，获得如下数据(表 5.4.4).

表 5.4.4　某软件总公司与分公司的销售额数据

序号 i	总公司月销售额 x_i	分公司的月销售额 y_i	序号 i	总公司月销售额 x_i	分公司的月销售额 y_i
1	127.3	20.96	11	148.3	24.54
2	130.0	21.40	12	146.4	24.28
3	132.7	21.96	13	150.2	25.00
4	129.4	21.52	14	153.1	25.64
5	135.0	22.39	15	157.3	26.46
6	137.1	22.76	16	160.7	26.98
7	141.1	23.48	17	164.2	27.52
8	142.8	23.66	18	165.6	27.78
9	145.5	24.10	19	168.7	28.24
10	145.3	24.01	20	172.0	28.78

试分析该数据是否存在自相关性?

首先，根据线性回归模型的普通最小二乘法，估计参数 $\hat{\beta}_0=-1.4348$，$\hat{\beta}_1=0.1762$，回归方程 $\hat{y}=-1.4348+0.1762x$，决定系数 0.9992，残差平方和 0.1709，模型通过检验. 根据计算得的残差 e_i 绘制如下的散点图(图 5.4.2 和图 5.4.3).

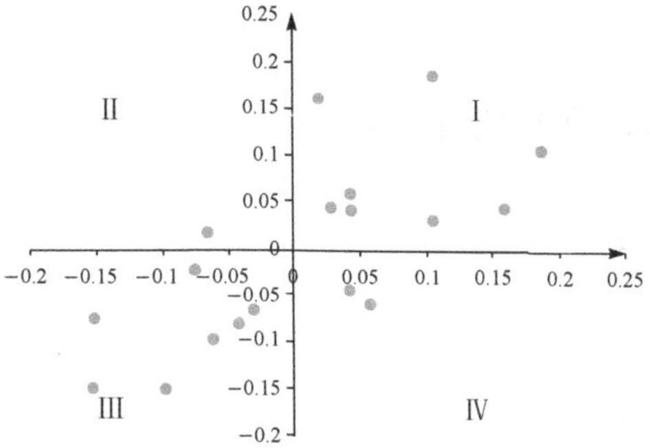

图 5.4.2　(e_i,e_{i-1}) 散点图

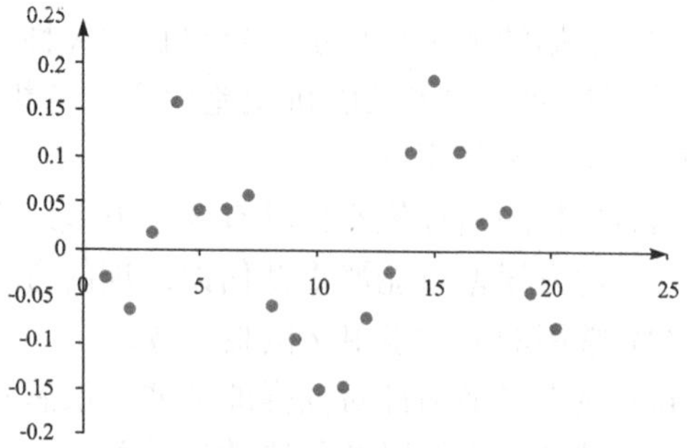

图 5.4.3　(i,e_i) 散点图

由图 5.4.2 可知，绝大多数的点都位于第Ⅰ、Ⅲ象限内，表明数据存在着正的序列相关. 图 5.4.3 表明 e_i 随 i 的逐次变化并不频繁地改变符号，而是几个正的 e_i 后面紧跟着几个负的，即呈现循环形的变化，说明数据存在着正的相关关系.

2) D.W 检验

首先定义误差序列 $\varepsilon_1,\varepsilon_2,\cdots,\varepsilon_n$ 的自相关系数

$$\rho=\frac{\sum_{i=2}^{n}\varepsilon_i\varepsilon_{i-1}}{\sqrt{\sum_{i=2}^{n}\varepsilon_i^2\sum_{i=2}^{n}\varepsilon_{i-1}^2}} \tag{5.4.7}$$

自相关系数具有性质：① $|\rho|\leqslant 1$；② 当 $\rho\to 1$ 时，序列呈正相关，当 $\rho\to -1$ 时，序列呈负相关. 由于 e_i 可以估计 ε_i，故参数 ρ 的估计是

$$\hat{\rho} = \frac{\sum_{i=2}^{n} e_i e_{i-1}}{\sqrt{\sum_{i=2}^{n} e_i^2 \sum_{i=2}^{n} e_{i-1}^2}} \tag{5.4.8}$$

一般地，$\sum_{i=2}^{n} e_i^2 \approx \sum_{i=2}^{n} e_{i-1}^2$，因此，(5.4.8)式可以简化为

$$\hat{\rho} \approx \frac{\sum_{i=2}^{n} e_i e_{i-1}}{\sum_{i=2}^{n} e_i^2} \tag{5.4.9}$$

$\hat{\rho}$ 作为自相关系数 ρ 的估计值与样本容量有关，需要做显著性检验才能确定自相关性的存在，通常采用 D.W 检验代替对 $\hat{\rho}$ 的检验.

D.W 检验是 J.Durbin 和 G.S.Watson 于 1951 年提出的一种适用于小样本的检验方法. 随机扰动项 ε_i 的自回归形式为

$$\varepsilon_i = \rho\varepsilon_{i-1} + u_i \tag{5.4.10}$$

要检验的假设：$H_0: \rho = 0$，构造 D.W 检验统计量

$$\text{D.W} = \frac{\sum_{i=2}^{n} (e_i - e_{i-1})^2}{\sum_{i=2}^{n} e_i^2} \tag{5.4.11}$$

或者

$$\text{D.W} \approx 2(1-\hat{\rho}) \tag{5.4.12}$$

可以推导 D.W 取值范围为[0,4]，根据样本容量 n 和解释变量的数目 m (这里包括常数项)，查 D.W 分布表，获得临界值 $d_{\text{L}}, d_{\text{U}}$，依据如下准则决定模型的自相关状态.

需要注意的是，D.W 检验尽管有着广泛的应用，但也有明显的缺点和局限性. 第一，该检验有不能确定的区域，如表 5.4.5 中的第二和第四段区域；第二，要求样本容量 $n > 15$；第三，该方法仅适合序列的一阶序列相关，不适合高阶序列相关的检验.

表 5.4.5　D.W 检验法判断准则

$0 \leqslant \text{D.W} \leqslant d_{\text{L}}$	误差序列正相关
$d_{\text{L}} \leqslant \text{D.W} \leqslant d_{\text{U}}$	不能判断
$d_{\text{U}} \leqslant \text{D.W} \leqslant 4-d_{\text{U}}$	无自相关
$4-d_{\text{U}} \leqslant \text{D.W} \leqslant 4-d_{\text{L}}$	不能判断
$4-d_{\text{L}} \leqslant \text{D.W} \leqslant 4$	误差序列负相关

针对例 5.4.2，由普通最小二乘法计算得到的残差 $e_i (i=1,2,\cdots,20)$，计算得 D.W 的值为 0.6669，另一方面，由 $n = 20$，$m = 2$ 查 D.W 检验表知，$d_{\text{L}} = 1.2$，$d_{\text{U}} = 1.41$，显然 D.W 值落在区间[0, 1.2]内，因此判断随机误差项序列 $\varepsilon_1, \varepsilon_2, \cdots, \varepsilon_n$ 呈正的自相关关系，与图示法的判断结论一致.

2. 解决自相关问题的方法

当一个回归模型存在序列相关时，首先要分析序列相关的原因. 如果是回归模型选用不当的原因，则改用其他适当的模型；如果是缺少重要变量，则考虑增加自变量. 如果前两者都还不能消除序列的自相关性，则需要采用迭代法、自回归法、移动平均法等. 下面仅介绍常用的两种方法：迭代法与差分法.

1) 迭代法

以一元回归模型为例，假设它的误差项 ε_i 存在着一阶自相关，即

$$\begin{aligned}&y_i=\beta_0+\beta_1x_i+\varepsilon_i\\&\varepsilon_i=\rho\varepsilon_{i-1}+u_i\\&Eu_i=0,\quad Du_i=\sigma^2,\quad \mathrm{Cov}(u_i,u_j)=0,\quad i\neq j(i,j=1,2,\cdots,n)\end{aligned}\tag{5.4.13}$$

模型(5.4.13)表示序列 $\varepsilon_1,\varepsilon_2,\cdots,\varepsilon_n$ 具有一阶自相关性，而 $u_1,u_2,\cdots,u_n$ 满足回归模型的基本假设. 可以通过变换，将模型(5.4.13)变换为以随机误差项 $u_1,u_2,\cdots,u_n$ 表示的一元回归模型.

将模型(5.4.13)中的第一表达式改写为 $y_{i-1}=\beta_0+\beta_1x_{i-1}+\varepsilon_{i-1}$，两边同乘以 ρ，再将两表达式相减，得到表达式

$$y_i-\rho y_{i-1}=\beta_0(1-\rho)+\beta_1(x_i-\rho x_{i-1})+(\varepsilon_i-\rho\varepsilon_{i-1})\tag{5.4.14}$$

令 $\tilde{y}_i=y_i-\rho y_{i-1}$，$\tilde{x}_i=x_i-\rho x_{i-1}$，$\tilde{\beta}_0=\beta_0(1-\rho)$，$\tilde{\beta}_1=\beta_1$，$u_i=\varepsilon_i-\rho\varepsilon_{i-1}$，则(5.4.14)式变形为

$$\tilde{y}_i=\tilde{\beta}_0+\tilde{\beta}_1\tilde{x}_i+u_i\tag{5.4.15}$$

并且序列 $u_1,u_2,\cdots,u_n$ 满足条件

$$Eu_i=0,\quad Du_i=\sigma^2,\quad \mathrm{Cov}(u_i,u_j)=0,\quad i\neq j(i,j=1,2,\cdots,n)\tag{5.4.16}$$

这就是满足基本假设的一元线性回归模型. 由于参数 ρ 是未知的，因此需要对它进行估计，ρ 的估计可以选择(5.4.8)式进行计算，也可以使用如下的近似计算公式计算.

$$\hat{\rho}\approx1-\frac{1}{2}\mathrm{D.W}\tag{5.4.17}$$

由 $\hat{\rho}$ 计算 $\tilde{x}_i,\tilde{y}_i$，用(5.4.15)式作普通的最小二乘回归，再判断序列 $u_1,u_2,\cdots,u_n$ 是否具有一阶自相关性，如果仍有，再重复以上步骤，否则终止迭代程序.

2) 差分法

差分法就是用增量数据代替原来的样本数据，将原来的回归模型变为差分形式的模型. 一阶差分法通常适合于原模型存在较高程度的一阶自相关的情况.

假设 $\rho=1$，则(5.4.14)式变形为

$$y_i-y_{i-1}=\beta_1(x_i-x_{i-1})+(\varepsilon_i-\varepsilon_{i-1})\tag{5.4.18}$$

令 $\Delta y_i=y_i-y_{i-1}$，$\Delta x_i=x_i-x_{i-1}$，$u_i=\varepsilon_i-\varepsilon_{i-1}$，则得到

$$\Delta y_i=\beta_1\Delta x_i+u_i\tag{5.4.19}$$

这时的方程(5.4.19)不存在序列的自相关，它是以差分数据 $\Delta x_i,\Delta y_i$ 为样本的回归方程.

注意，差分法的应用条件是 $\rho=1$，在应用过程中，只要 $\rho\to1$ 就可以使用差分法，而不用迭代法. 因为迭代法过程较为繁琐，而且 ρ 的估计误差会影响迭代法的实验效率.

以例 5.4.2 为例，使用迭代法消除模型的随机误差项的自相关性. 按以下步骤计算：

(1) 使用普通最小二乘回归法计算残差 $e_i(i=1,2,\cdots,20)$，采用 D.W 检验法判断自相关性，并得到 D.W 的值为 0.6669，将它代入(5.4.17)式，计算得 $\hat{\rho}_1 \approx 0.1666$.

(2) 计算 $\tilde{y}_i = y_i - \hat{\rho}_1 y_{i-1}$，$\tilde{x}_i = x_i - \hat{\rho}_1 x_{i-1}$，利用(5.4.15)式进行普通最小二乘回归，得到残差 $\tilde{e}_i(i=1,2,\cdots,20)$，再计算 D.W ≈ 0.8128，因为 D.W 的值落在区间[0,1.2]内，表明新的回归方程中的随机误差项序列 $u_i(i=1,2,\cdots,20)$ 仍具有自相关，还需要迭代一次. 再计算 $\hat{\rho}_2 \approx 0.5936$.

(3) 重复步骤 2，计算 $\widehat{y}_i = \tilde{y}_i - \hat{\rho}_2\tilde{y}_{i-1}$，$\widehat{x}_i = \tilde{x}_i - \hat{\rho}_2\tilde{x}_{i-1}$，利用(5.4.15)式进行普通最小二乘回归，得到残差 $\widehat{e}_i(i=1,2,\cdots,20)$，再计算 D.W ≈ 1.4454，因为 D.W 的值落在区间 $[d_{\mathrm{U}}, 4-d_{\mathrm{U}}]=[1.41, 2.59]$ 内，表明新的回归方程中的随机误差项序列 u_i 已经没有自相关性了，迭代终止.

(4) 计算回归系数 $\widehat{\beta}_0 = -0.2579$，$\widehat{\beta}_1 = 0.1718$，经验线性回归方程为 $\hat{y} = -0.2579 + 0.1718\widehat{x}$. 还需要还原为原来的回归方程. 由于 $\widehat{\beta}_1 = \tilde{\beta}_1 = \beta_1 \approx 0.1718$，$\widehat{\beta}_0 = (1-\hat{\rho}_2)\tilde{\beta}_0 = (1-\hat{\rho}_2)(1-\hat{\rho}_1)\beta_0$，从而 $\beta_0 = \dfrac{\widehat{\beta}_0}{(1-\hat{\rho}_1)(1-\hat{\rho}_2)} \approx -0.7615$，所以，最终的线性回归方程为 $\hat{y} = -0.7615 + 0.1718x$.

使用差分法消除模型的随机误差项的自相关性. 计算如下：

一阶差分 $\Delta y_i = y_i - y_{i-1}$，$\Delta x_i = x_i - x_{i-1}$，用 $\Delta y_i, \Delta x_i$ 做过原点的普通最小二乘法，得到残差 $e_i(i=1,2,\cdots,20)$，计算 D.W $\approx 1.4653 \in [1.41, 2.59]$，表明已经没有自相关性了. 由此得到过原点的差分方程：$\Delta\hat{y}_i = 0.1688\Delta x_i$，还原为原始方程 $\hat{y}_i = y_{i-1} + 0.1688(x_i - x_{i-1})$. 即

$$\hat{y}_i = (y_{i-1} - 0.1688x_{i-1}) + 0.1688x_i$$

如何比较普通最小二乘所得的回归方程、迭代法、差分法所建的回归方程的优劣？试用如表 5.4.6 所示的残差平方和的值加以比较.

表 5.4.6 三种方法所建的回归方程及残差平方和

	普通最小二乘法	迭代法	差分法
回归方程	$\hat{y} = -1.4348 + 0.1762x$	$\hat{y} = -0.7615 + 0.1718x$	$\hat{y}_i = (y_{i-1} - 0.1688x_{i-1}) + 0.1688x_i$
残差平方和	0.1709	0.0795	0.1033

由表 5.4.6 所示，三种方法所建的回归方程中，其迭代法的残差平方和最小，差分法的效果低于迭代法的效果.

还有一些关于违背基本假设的问题，如 $\mathrm{rank}(\boldsymbol{X}^{\mathrm{T}}\boldsymbol{X}) < m+1$，即多重共线性的问题；异常值与强影响值的问题等，这里不再赘述，请参考相关文献.

5.5 非线性回归分析

许多实际问题常遇到响应变量 Y 与解释变量 x (或 $x_1, x_2, \cdots, x_m$)之间的关系不是线性的情况，而是呈曲线(或曲面)形式的回归问题，这时不能照搬前面线性回归的建模方法. 但一部分问题可以通过适当的变量变换将其转化为线性回归问题来加以研究. 本节主要讨论一元非线性回归问题，并且列举一些常见的非线性回归函数图形以及线性化方法.

5.5.1 可化为线性回归模型的非线性问题

一般地，一元非线性回归模型

$$y_i = f(x_i) + \varepsilon_i, \quad i = 1,2,\cdots,n$$
$$\varepsilon_1, \varepsilon_2, \cdots, \varepsilon_n \text{独立同分布于} N(0, \sigma^2)$$

首先鉴别哪些非线性回归函数 $f(x)$ 可线性化是非常重要的环节. 其次如何判断非线性回归函数的数据拟合效果是另一个重要环节. 一元非线性回归分析主要按以下步骤进行:

(1) 由统计数据画散点图，根据散点图的形状选择回归函数 $f(x)$；

(2) 针对回归函数 $f(x)$ 的形式，令 $y = f(x)$，对自变量或因变量作变换，将 $y = f(x)$ 转换为线性函数形式 $u = \beta_0 + \beta_1 v$ 或者 $u = \beta_0 + \beta_1 v_1 + \cdots + \beta_m v_m$，其中 v_i 为 x 的函数;

(3) 利用一元线性回归模型或多元线性回归模型进行参数估计、模型检验等;

(4) 利用反变换还原为 $y = f(x)$ 的形式;

(5) 诊断非线性回归函数拟合效果的好坏往往依据残差平方和的值的大小，残差平方和的值越小，反映拟合效果越好.也可根据决定系数 $R^2 = 1 - \dfrac{S_E^2}{S_T^2}$ 对非线性回归函数的拟合效果加以判断，决定系数 R^2 越接近 1，表明非线性函数的拟合效果越好.

以如下的实例来阐述可化为线性的非线性回归模型和方法.

例 5.5.1 随着国民经济水平的提高，全社会的用电量呈指数增长趋势. 从 2013 年中国统计年鉴中，收集了 1988～2012 年的某地区用电量 Y (单位：亿千瓦时)的统计数据(表 5.5.1).

表 5.5.1 某地区 1988～2012 年的用电量数据

年份	用电量/亿千瓦时	年份	用电量/亿千瓦时	年份	用电量/亿千瓦时
1988	311.61	1997	774.04	2006	2569.75
1989	343.12	1998	785.45	2007	2952.02
1990	373.82	1999	848.48	2008	3118.32
1991	421.85	2000	971.86	2009	3453.99
1992	478.12	2001	1078.44	2010	3864.37
1993	545.15	2002	1245.14	2011	4281.62
1994	626.88	2003	1505.12	2012	4580.9
1995	698.59	2004	1820.09		
1996	753.5	2005	2193.45		

以 1988 年为基准年，取值为 $t = 1$，2012 年 $t = 25$. 由表 5.5.1 数据画散点图如图 5.5.1 所示. 由散点图 5.5.1 可以看出，用电量 y 关于时间 t 的趋势曲线呈指数形式或二次函数形式，回归函数可以选择为指数函数 $y = ae^{bt}$，或者幂函数形式 $y = a_1 t^{b_1} (t > 0)$，或者二次多项式 $y = c_0 + c_1 t + c_2 t^2$，其中 a, b 或 a_1, b_1 或 c_0, c_1, c_2 均为待定参数，需要用数据去估计(拟合)这些参数. 这几种函数形式都可实现线性化.

如果选择指数函数 $y = ae^{bt}$，两边取对数，得到 $\ln y = \ln a + bt$，由此转换为一元线性回归模型

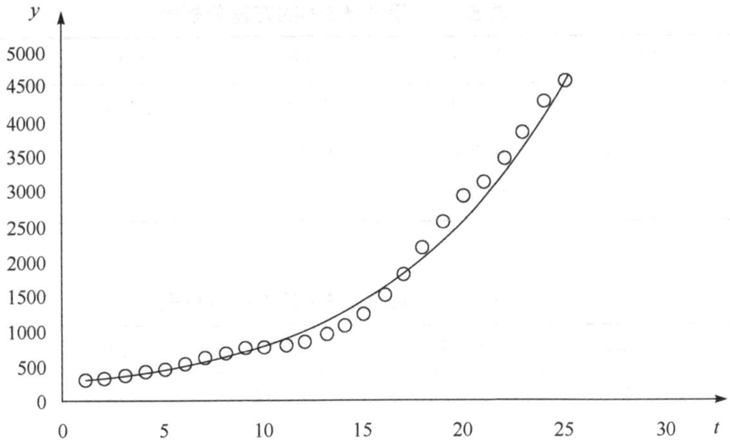

图 5.5.1 1988～2012 年间某地区用电量数据的散点图

$$\begin{aligned}&\tilde{y}_i=\beta_0+\beta_1 t_i+\varepsilon_i,\quad \tilde{y}_i=\ln y_i,\quad i=1,2,\cdots,25,\quad \beta_0=\ln a,\quad \beta_1=b\\&\varepsilon_1,\varepsilon_2,\cdots,\varepsilon_{25}\text{独立同分布于}N(0,\sigma^2)\end{aligned}\tag{5.5.1}$$

如果选择幂函数形式 $y=a_1t^{b_1}$，同理两边取对数，得到 $\ln y=\ln a_1+b_1\ln t$，则转换的一元线性回归模型为

$$\begin{aligned}&\tilde{y}_i=\beta_0+\beta_1\tilde{t}_i+\tilde{\varepsilon}_i,\quad \tilde{y}_i=\ln y_i,\quad \tilde{t}_i=\ln t_i,\quad i=1,2,\cdots,25,\quad \beta_0=\ln a_1,\quad \beta_1=b_1\\&\tilde{\varepsilon}_1,\tilde{\varepsilon}_2,\cdots,\tilde{\varepsilon}_{25}\text{独立同分布于}N(0,\sigma^2)\end{aligned}\tag{5.5.2}$$

如果选择二次多项式 $y=c_0+c_1t+c_2t^2$，令 $x_1=t,x_2=t^2$，得到 $y=c_0+c_1x_1+c_2x_2$，由此转换为二元线性回归模型

$$\begin{aligned}&y_i=c_0+c_1x_{i1}+c_2x_{i2}+\hat{\varepsilon}_i,\quad x_{i1}=t_i,\quad x_{i2}=t_i^2,\quad i=1,2,\cdots,25\\&\hat{\varepsilon}_1,\hat{\varepsilon}_2,\cdots,\hat{\varepsilon}_{25}\text{独立同分布于}N(0,\sigma^2)\end{aligned}\tag{5.5.3}$$

针对模型(5.5.1)和(5.5.2)，在 Excel 软件平台上分别对 $\tilde{y}$ 与 t，$\tilde{y}$ 与 $\ln t$ 进行一元线性回归分析，针对模型(5.5.3)，对 y 与 x_1,x_2 进行多元线性回归分析. 计算结果分别如表 5.5.2～表 5.5.5 所示.

表 5.5.2 模型(5.5.1)～(5.5.3)的基本统计描述

	指数形式	幂函数形式	二次多项式
R^2	0.9867	0.8108	0.9657
修正 R^2	0.9862	0.8026	0.9626
标准误差	0.0437	0.1649	0.0701
观测值	25	25	25

表 5.5.3 模型(5.5.1)的方差分析表

方差来源	自由度	平方和	均方	f 值	p 值
回归分析	1	3.2643	3.2643	1710.4739	0.0000
残差	23	0.0439	0.0019		
总计	24	3.3081			

表 5.5.4　模型(5.5.2)的方差分析表

方差来源	自由度	平方和	均方	f 值	p 值
回归分析	1	2.6824	2.6824	98.5896	0.0000
残差	23	0.6258	0.0272		
总计	24	3.3081			

表 5.5.5　模型(5.5.3)的方差分析表

方差来源	自由度	平方和	均方	f 值	p 值
回归分析	2	3.0425	1.5212	309.4600	0.0000
残差	22	0.1081	0.0049		
总计	24	3.1506			

对于指数函数形式，拟合的线性回归系数为 $\beta_0 = 2.411$, $\beta_1 = 0.0501$，则还原为非线性回归系数 $\hat{a} = e^{2.411} \approx 11.1451$, $\hat{b} = 0.0501$，由此得到非线性回归函数 $\hat{y} = 11.1451\,e^{0.0501t}$，残差平方和为 0.0439.

对于幂函数形式，拟合的线性回归系数为 $\beta_0 = 2.1327$, $\beta_1 = 0.9227$，则还原为非线性回归系数 $\hat{a} = e^{2.1327} \approx 8.4376$, $\hat{b} = 0.9227$，得到非线性回归函数 $\hat{y} = 8.4376\,t^{0.9227}$，残差平方和为 0.6258.

对于二次多项式函数形式，拟合的线性回归系数为 $c_0 = 0.1193$, $c_1 = 0.1114$, $c_2 = -0.0025$，则回归函数为 $\hat{y} = 0.1193 + 0.1114t - 0.0025t^2$，残差平方和为 0.1081.

究竟哪一个函数拟合效果比较好呢？由表 5.5.2 知，三种回归函数的决定系数 R^2 分别为 0.9867、0.8108 和 0.9657，这说明指数函数的决定系数比二次多项式、幂函数更接近 1，效果最好，二次多项式的拟合效果也比较好．又三种回归函数的残差平方和的值分别为 0.0439、0.6258 和 0.1081，残差平方和的值越小，表明拟合效果越好．显然，指数函数的拟合效果最好．

下面列出一些常见的可线性化的回归函数、曲线形状和线性化的变换(表 5.5.6).

表 5.5.6　非线性回归函数、曲线形状、变换对照表

函数名称	函数表达式	曲线形状	线性化方法及模型
双曲线函数	$\frac{1}{y} = a + \frac{b}{x}$	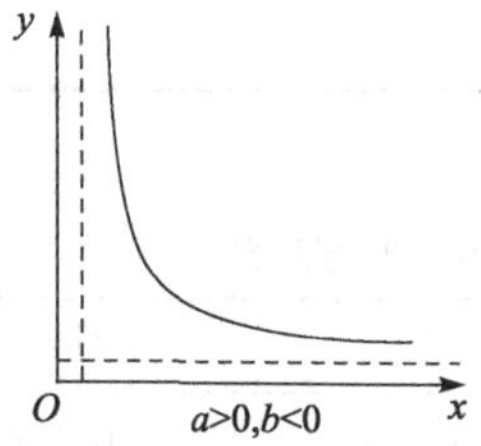 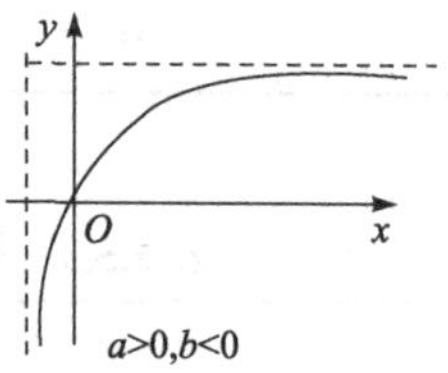	$u = \frac{1}{y}$, $v = \frac{1}{x}$ $u = a + bv$

续表

<table>
<tr><th>函数名称</th><th>函数表达式</th><th>曲线形状</th><th>线性化方法及模型</th></tr>
<tr><td>幂函数</td><td>$y = ax^b$
$(a > 0)$</td><td>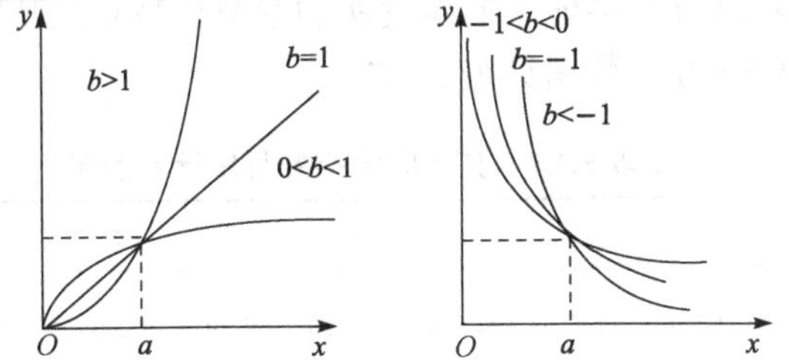
</td><td>$u = \ln y,\quad v = \ln x$
$u = \ln a + bv$</td></tr>
<tr><td rowspan="2">指数
函数</td><td>$y = ae^{bx}$
$(a > 0)$</td><td>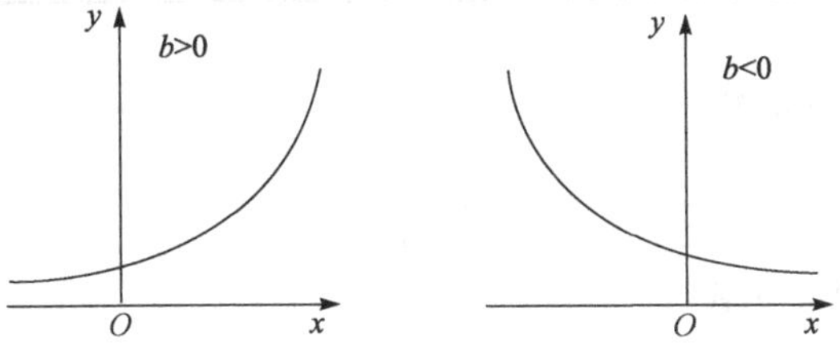
</td><td>$u = \ln y$
$u = \ln a + bx$</td></tr>
<tr><td>$y = ae^{\frac{b}{x}}$
$(a > 0)$</td><td>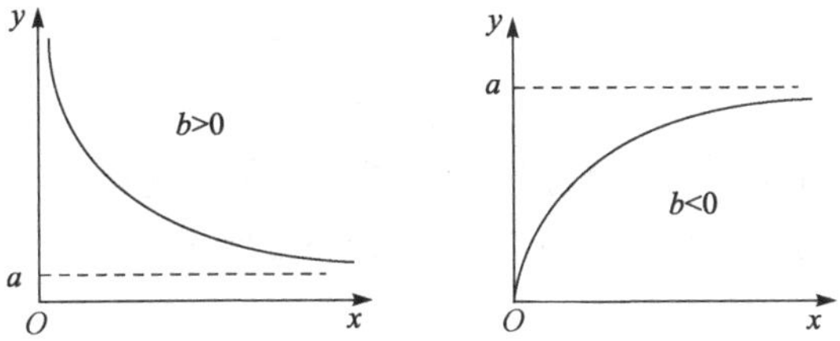
</td><td>$u = \ln y,\quad v = \frac{1}{x}$
$u = \ln a + bv$</td></tr>
<tr><td>对数
函数</td><td>$y = a + b\ln x$</td><td>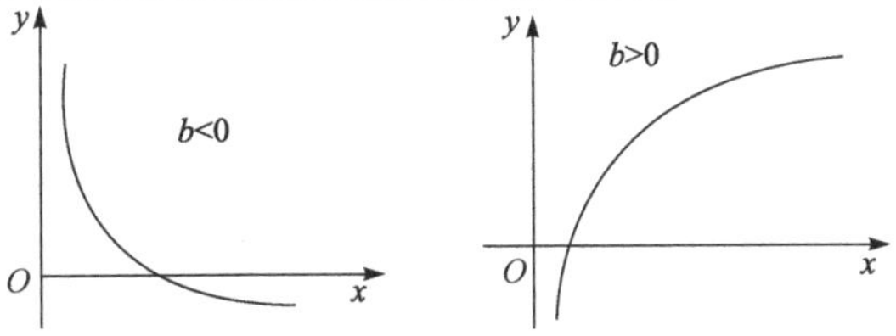
</td><td>$v = \ln x$
$y = a + bv$</td></tr>
<tr><td>S 形
曲线</td><td>$y = \frac{1}{a + be^{-x}}$
$(a > 0, b > 0)$</td><td>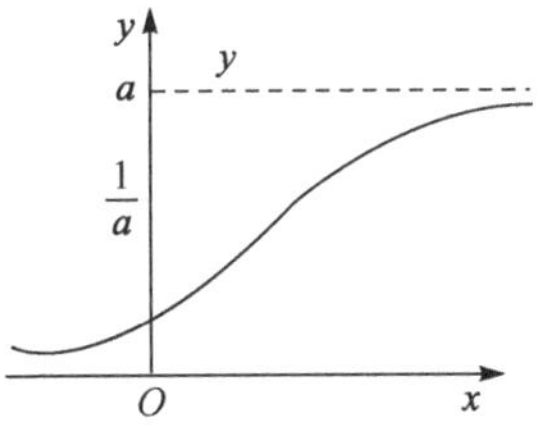
</td><td>$u = \frac{1}{y},\quad v = e^{-x}$
$u = a + bv$</td></tr>
</table>

5.5.2　不可化为线性回归模型的非线性问题

实际问题中，可能出现不能通过某种变换将非线性回归模型转换为线性回归模型的情形.例如，如下的回归函数：

(1) $y = f(x;a,b,c) = \dfrac{e^{-ax}}{b + cx}$；

(2) $y = f(x;c_0,c_1,c_2) = c_0 - \dfrac{c_0}{1 + \left(\dfrac{x}{c_2}\right)^{c_1}}$.

那么，对于这种情况又如何估计模型中的参数和评价回归拟合效果呢？以如下的实例来阐述回归方法，以及如何采用 SPSS 软件实现计算与分析.

例 5.5.2　某研究者欲分析某地区疟疾发病的季节性特点，观测了该地区 1961～1996 年疟疾的月累计发病率(1/10 万)，数据见表 5.5.7.

表 5.5.7　某地区疟疾的月累计发病率

月份	1	2	3	4	5	6	7	8	9	10	11	12
累计发病率(1/10 万)	0.555	1.295	2.751	11.116	24.879	43.476	69.297	97.037	114.631	121.645	124.412	125.619

Logistic 曲线函数表达式

$$y=\frac{\alpha}{1+\mathrm{e}^{\beta-\gamma x}} \tag{5.5.4}$$

Richards 曲线函数表达式

$$y=\frac{\alpha}{(1+\mathrm{e}^{\beta-\gamma x})^{\frac{1}{\delta}}} \tag{5.5.5}$$

试采用 Logistic 和 Richards 曲线函数拟合该数据，并加以比较.

首先由表 5.5.7 中的数据画出散点图，如图 5.5.2 所示.

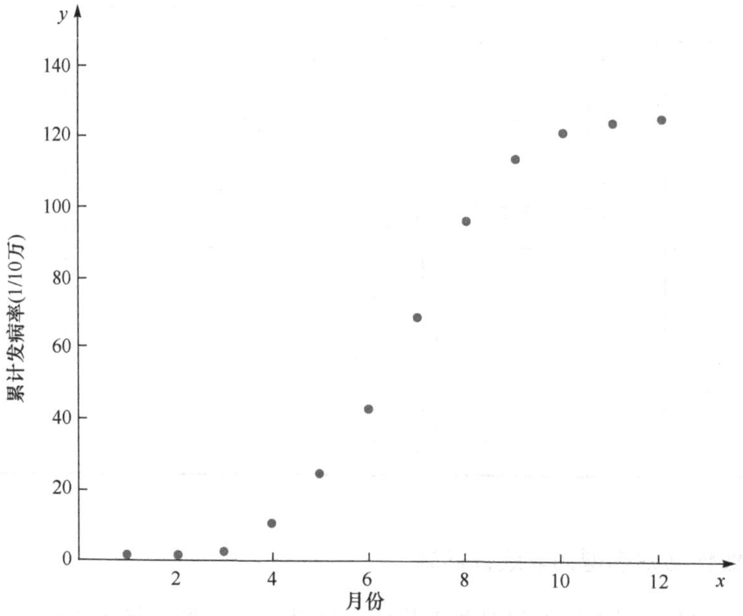

图 5.5.2　某地区疟疾的月累计发病率的数据散点图

由图 5.5.2 可知，数据 (x_i, y_i)，$i=1,2,\cdots,12$ 呈非线性的 S 形曲线，并且 Logistic 和 Richards 曲线函数(5.5.4)、(5.5.5)显示不可线性化，应该直接采用非线性最小二乘法估计模型参数 $\alpha,\beta,\gamma,\delta$. 由于用手工程序操作计算繁琐，这里选用 SPSS 软件对模型(5.5.4)和(5.5.5)进行非线性最小二乘法回归拟合. 首先对模型(5.5.4)的具体操作是：在 SPSS 软件中，首先输入数据和赋予变量名，然后在菜单下选择“分析→回归→非线性”将进入非线性回归的对话框，按步骤输入“因变量→回归函数→未知参数的初始值”．输入回归函数时，在 Model Expression 框中输入回归函数表达式：$c_0/(1+\exp(c_1-c_2*x))$．然后，输入参数 c_0, c_1, c_2 的初始值．注意，如果输入的初始值不当，运算过程中会给出警告并停止迭代．这里给出的初始值分别为 $c_0=1, c_1=0.4, c_2=0.09$．计算结果见表 5.5.8～表 5.5.10.

表 5.5.8　Logistic 函数的迭代历史记录

迭代数	残差平方和	参数		
		c_0	c_1	c_2
1	75167.532	1.000	0.400	0.090
2	42050.224	29.886	35.110	34.934
3	42050.224	29.886	35.110	34.934
4	26790.366	66.923	21.795	17.577
5	5938.889	89.350	13.111	2.504
6	1405.811	106.290	9.757	1.565
…	…	…	…	…
9	1926.680	122.526	4.110	0.574
10	238.391	119.694	7.581	1.142
11	238.391	119.694	7.581	1.142
12	55.864	127.238	5.535	0.820
13	55.864	127.238	5.535	0.820
14	19.526	127.586	5.975	0.888
15	19.526	127.586	5.975	0.888
16	19.381	127.816	5.978	0.888
17	19.381	127.817	5.978	0.888

表 5.5.9　Logistic 函数的参数估计值

参数	估计	标准差	参数的 95% 置信区间	
			下限	上限
c_0	127.817	1.074	125.388	130.245
c_1	5.978	0.165	5.604	6.351
c_2	0.888	0.026	0.828	0.947

由表 5.5.9 可知，参数 c_0, c_1, c_2 的最小二乘估计为 $\hat{c}_0=127.817$，$\hat{c}_1=5.978$，$\hat{c}_2=0.888$，因此，拟合的 Logistic 函数为

$$\hat{y}=\frac{127.817}{1+\mathrm{e}^{(5.978-0.888x)}}$$

同理，对 Richards 函数 (5.5.5)，在 SPSS 软件中，输入回归函数表达式：$c_0/(1+\exp(c_1-c_2*x))**(1/c_3)$．然后，输入初始值分别为 $c_0=1$，$c_1=0.4$，$c_2=0.09$，$c_3=0.09$，计算结果见表 5.5.10.

表 5.5.10 Richards 函数的参数估计值

参数	估计	标准误	95% 置信区间	
			下限	上限
c_0	126.843	1.243	123.978	129.709
c_1	6.971	0.851	5.009	8.933
c_2	0.985	0.088	0.783	1.187
c_3	1.260	0.224	0.744	1.777

由表 5.5.10 可知，参数 c_0,c_1,c_2,c_3 的最小二乘估计为 $\hat{c}_0=126.843$，$\hat{c}_1=6.971$，$\hat{c}_2=0.985$，$\hat{c}_3=1.26$ 因此，拟合的 Richards 函数为

$$\hat{y}=\frac{126.843}{(1+\mathrm{e}^{6.971-0.985x})^{1/1.26}}$$

"残差平方和"反映非线性回归的拟合效果，如表 5.5.11 所示.

表 5.5.11 Logistic 和 Richards 函数的估计值 $\hat{y}$、残差 e 等计算表

序号	原始数据		Logistic 函数		Richards 函数	
	x	y	$\hat{y}$	e	$\hat{y}$	e
1	1	0.555	0.782	−0.227	1.094	−0.539
2	2	1.295	1.885	−0.590	2.384	−1.089
3	3	2.751	4.486	−1.735	5.163	−2.412
4	4	11.116	10.380	0.736	11.023	0.093
5	5	24.879	22.601	2.278	22.707	2.172
6	6	43.476	43.840	−0.364	43.164	0.312
7	7	69.297	71.478	−2.181	70.959	−1.662
8	8	97.037	96.515	0.522	96.955	0.082
9	9	114.631	112.768	1.863	113.489	1.142
10	10	121.645	121.164	0.481	121.457	0.188
11	11	124.412	124.993	−0.581	124.770	−0.358
12	12	125.619	126.640	−1.021	126.060	−0.441
均值	7	61.393	61.461	−0.068	61.602	−0.209
离差平方和	143	30827.913	30717.650	19.326	30521.665	16.022
平方和	650	76056.750	76046.867	19.381	76059.315	16.547

由表 5.5.11 知，Logistic 函数的残差平方和 $\sum_{i=1}^{12}(e_i-\bar{e})^2=19.326$，平方和 $\sum_{i=1}^{13}e_i^2=19.381$，Richards 函数的残差平方和 $\sum_{i=1}^{12}(e_i-\bar{e})^2=16.022$，平方和 $\sum_{i=1}^{12}e_i^2=16.547$，并且，$\sum_{i=1}^{12}e_i\neq 0$，这

与线性回归模型的性质不同. 因此, 对于非线性回归模型的残差平方和应该以离差平方和为准, 即 S_E^2 分别取值为 19.326, 16.022, Richards 函数的残差平方和较小, 反映它的拟合效果较佳. 它们的拟合效果图如图 5.5.3 所示.

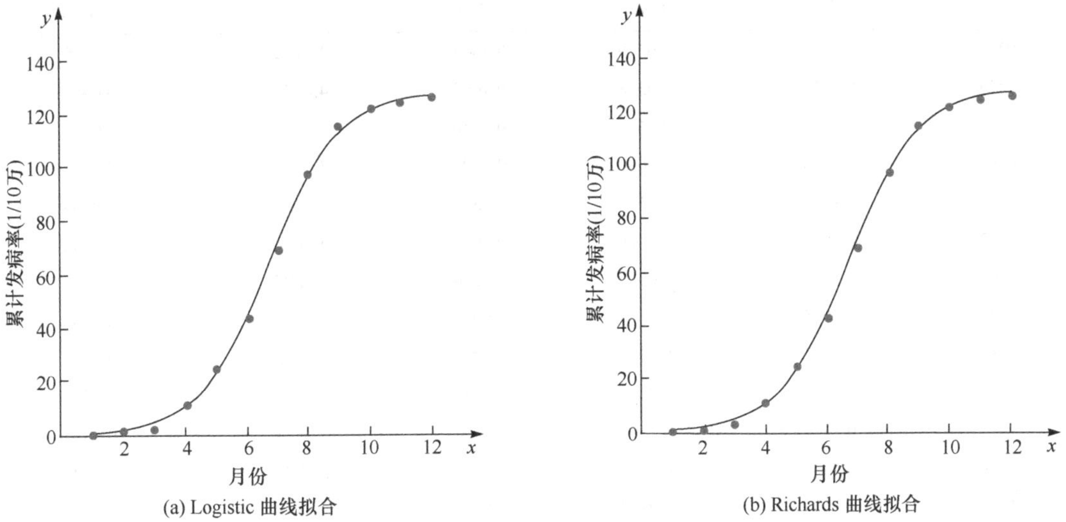

图 5.5.3 Logistic 与 Richards 函数的拟合效果图

根据实际观测数据配以合适的模型(回归函数)有两个重要步骤:

(1) 由散点图的形状大体确定曲线类型, 或者结合专业知识确定曲线类型;

(2) 参数估计问题. 如果选择的回归模型可转化为线性模型, 则采用线性模型中的最小二乘法去估计参数. 如果不能用某种变换将非线性回归模型转换为线性模型, 则参数的估计问题就要用非线性最小二乘法, 一般采用迭代算法, 其计算量和复杂度比线性最小二乘法要大. 但借助 SPSS 软件或其他统计软件也易于实现非线性回归模型的参数估计问题.

目前, 线性回归问题的研究已日趋成熟, 许多统计学家已把精力投入到非线性问题的研究中. 可以说非线性问题要比线性问题复杂得多, 今后在相当长的时期内人们会关注非线性问题.

5.6 应用案例——影响中国财政收入的因素分析

从 1978 年改革开放以来, 中国国民经济一直保持着较高的增长速度, 人们生活水平大幅度提高. 财政政策是宏观调控的重要手段, 财政平衡对于国家的宏观经济有着决定性的影响力. 因此政府都会有年度财政预算, 以尽量实现财政平衡, 避免财政赤字.

本案例提出国家财政收入决定因素分析, 通过统计的方法, 研究多项因素对中国财政收入的影响, 从而建立财政收入预测模型, 以达到对现实经济活动进行指导的目的.

财政收入水平的高低是反映国家经济实力的重要标志. 在一定时期内, 财政收入规模大小受许多因素的影响, 如国民生产总值大小、进出口额、社会就业人员数多少、税收规模大小等因素. 将财政收入作为响应变量 Y, 把国民生产总值 X_1、进出口额 X_2、从业人数 X_3、税收 X_4、其他收入 X_5 视为解释变量. 采用回归分析方法, 分析各因素对财政收入的影响程度，影响最大的又是哪些因素？从中国统计年鉴上获得如下数据，见表 5.6.1.

表 5.6.1　1978～2012 年与财政收入有关因素的统计数据

年份	财政收入 y /万亿元	税收 x_1 /万亿元	GNP x_2 /万亿元	从业人数 x_3 /亿人	进出口额 x_4 /万亿元
1978	0.1132	0.0519	0.3645	4.0152	0.0355
1979	0.1146	0.0538	0.4063	4.0581	0.0456
1980	0.1160	0.0572	0.4546	4.2361	0.0570
1981	0.1176	0.0630	0.4890	4.3280	0.0751
1982	0.1212	0.0700	0.5331	4.4706	0.0788
1983	0.1867	0.0756	0.5986	4.6004	0.0862
1984	0.1643	0.0947	0.7244	4.7597	0.1246
1985	0.2005	0.2041	0.9041	4.9873	0.2067
1986	0.2122	0.2091	1.0274	5.1282	0.2550
1987	0.2199	0.2140	1.2051	5.2783	0.3076
1988	0.2357	0.2391	1.5037	5.4334	0.3826
1989	0.2665	0.2727	1.7001	5.5329	0.4205
1990	0.2937	0.2822	1.8718	5.6740	0.5560
1991	0.3150	0.2990	2.1826	5.8360	0.7226
1992	0.3483	0.3297	2.6937	5.9482	0.9120
1993	0.4349	0.4255	3.5260	6.0220	1.1271
1994	0.5218	0.5127	4.8109	6.1470	2.0382
1995	0.6242	0.6038	5.9811	6.2388	2.3500
1996	0.7408	0.6910	7.0143	6.8850	2.4134
1997	0.8651	0.8234	7.8061	6.9600	2.6967
1998	0.9876	0.9263	8.3024	6.9957	2.6858
1999	1.1444	1.0683	8.8479	7.0586	2.9896
2000	1.3395	1.2582	9.8001	7.2085	3.9274
2001	1.6386	1.5301	10.8068	7.3025	4.2193
2002	1.8904	1.7637	11.9096	7.3740	5.1378
2003	2.1715	2.0017	13.4977	7.4432	7.0484
2004	2.6397	2.4166	15.9454	7.5200	9.5539
2005	3.1649	2.8779	18.3617	7.5825	11.6922
2006	3.8760	3.4804	21.5904	7.6400	14.0974
2007	5.1322	4.5622	26.6422	7.6990	16.6864
2008	6.1330	5.4224	31.6030	7.7480	17.9922
2009	6.8518	5.9522	34.0320	7.7995	15.0648
2010	8.3102	7.3211	39.9760	7.6105	20.1722
2011	10.3874	8.9738	46.8562	7.6420	23.6402
2012	11.7254	10.0614	51.6282	7.6704	24.4160

首先，利用响应变量与解释变量之间的散点图初步判断它们之间是否成线性相关关系，分别画出 x_1与y，x_2与y，x_3与y，x_4与y 的散点图，如图 5.6.1 所示.

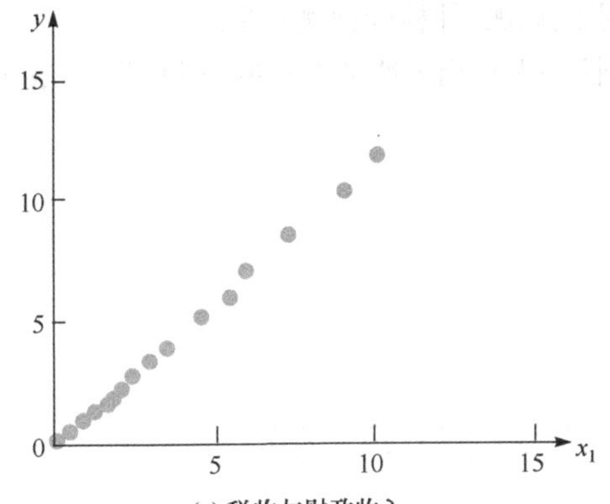

(a) 税收与财政收入

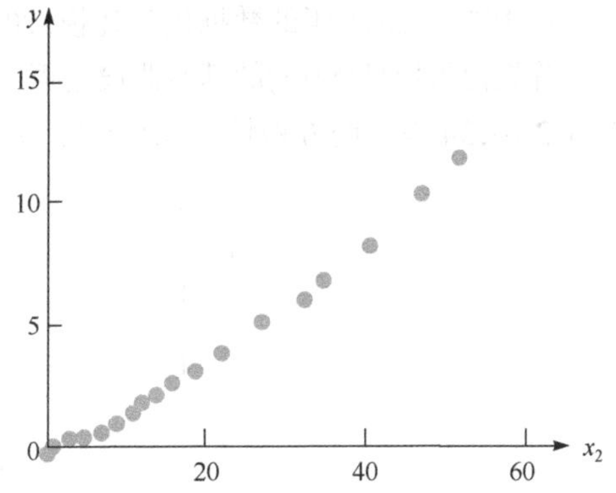

(b) GNP与财政收入

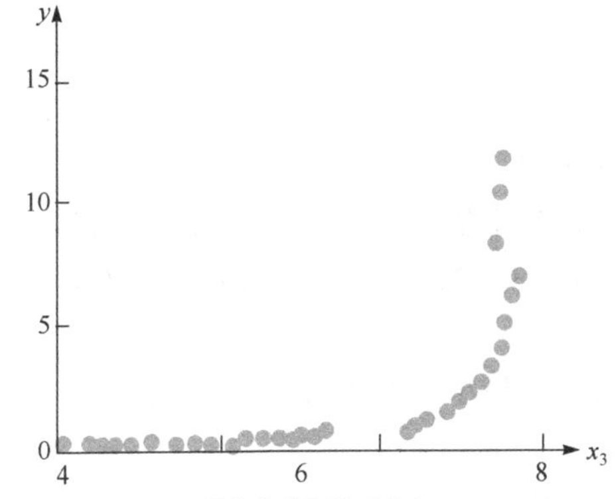

(c) 从业人数与财政收入

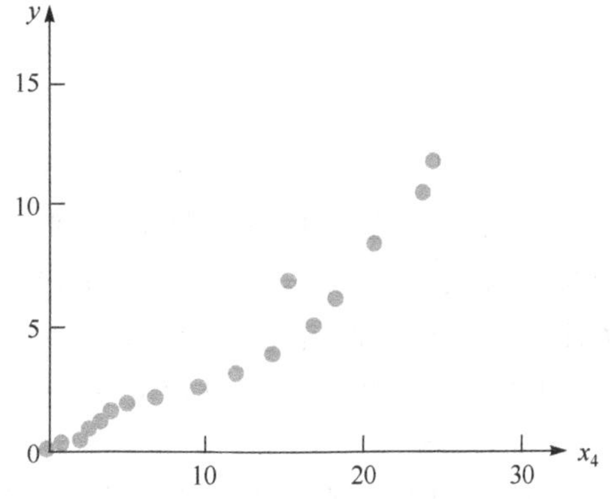

(d) 进出口额与财政收入

图 5.6.1 各解释变量与因变量之间的散点图

图 5.6.1 显示，x_1,x_2,x_4 与 y 基本上构成线性函数关系，而 x_3 与 y 构成非线性关系．进一步地计算 x_1,x_2,x_3,x_4,y 之间的相关系数如表 5.6.2 所示．

表 5.6.2　5 个变量间的相关系数矩阵

	y	x_1	x_2	x_3	x_4
y	1				
x_1	0.9997	1			
x_2	0.9920	0.9945	1		
x_3	0.6683	0.6843	0.7491	1	
x_4	0.9744	0.9782	0.9865	0.7462	1

表 5.6.2 显示自变量 x_1,x_2,x_4 与因变量 y 具有高度的线性正相关性，而 x_3 与 y 只是中度的正线性相关．x_1 与 x_2,x_4 也有高度的线性正相关关系．表明解释变量可能存在共线性相关关系．仍考虑建立多元线性回归模型

$$\begin{cases} y_i=\beta_0+\beta_1x_{i1}+\beta_2x_{i2}+\beta_3x_{i3}+\beta_4x_{i4}+\varepsilon_i, & i=1,2,\cdots,35 \\ \varepsilon_1,\cdots,\varepsilon_n\text{独立同分布于}N(0,\sigma^2) \end{cases} \tag{5.6.1}$$

将 1978～2011 年的数据用于建模, 2012 年的数据用于预测, 并检验预测效果.

首先检验模型(5.6.1)的基本假设是否成立, 即同方差性和无自相关性是否满足. 用残差图 (i,e_i), $i=1,2,\cdots,34$ 检验同方差性, 如图 5.6.2 所示.

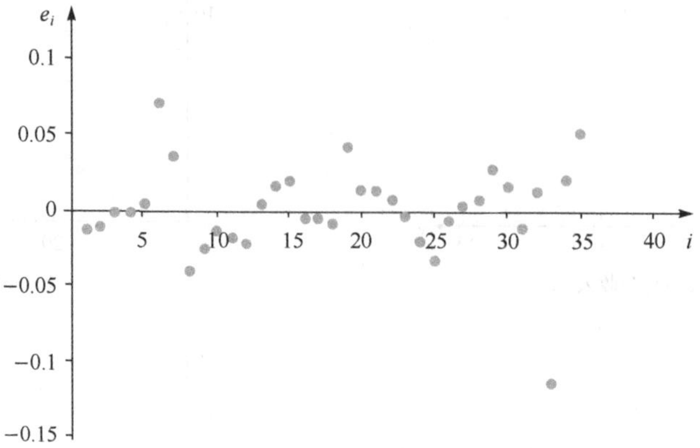

图 5.6.2　关于 (i,e_i) 的残差图

显然, e_i 不随 i 的增加而增加, 因此, 模型(5.6.1)的同方差性存在. 又根据(5.4.11)式计算 $\mathrm{D.W}\approx 1.81$, 查表 $d_{\mathrm{L}}=1.22$, $d_{\mathrm{U}}=1.73$, 则 $\mathrm{D.W}=1.81\in[1.73,2.27]$, 表明模型(5.6.1)没有自相关性. 因此, 线性回归模型的基本假设成立.

其次, 对模型(5.6.1), 分别按以下四个步骤进行: 参数的最小二乘法估计、方程检验、变量选择、预测.

在 Excel 软件平台上计算, 得到模型(5.6.1)的计算结果.

(1) 由计算结果可知, 回归方程为:

$$\hat{y}=0.3356+1.1451x_1+0.0129x_2-0.0721x_3-0.015x_4 \tag{5.6.2}$$

(2) 模型检验的问题是 $H_0:\beta_1=\beta_2=\beta_3=\beta_4=0$, H_1:至少一个$\beta_i\neq 0$. 由表 5.6.3 知, $R^2=0.9999$, 说明回归拟合效果很好. 另一方面, 由表 5.6.4 可知, p 值远远小于 0.05, 则拒绝 H_0, 同样说明回归方程拟合效果很好.

表 5.6.3　回归统计

R^2	0.9999
修正 R^2	0.9999
标准误差	0.0305
观测值	34

表 5.6.4　方差分析表

方差来源	自由度	平方和	均方	f值	p值
回归分析	4	225.1180	56.2795	60589.3049	0.0000
残差	29	0.0269	0.0009		
总计	33	225.1449			

(3) 变量的选择.

需要检验

$$H_{0i}:\beta_i=0,\quad H_{0i}:\beta_i\neq 0,\quad i=1,2,3,4$$

由表 5.6.5 中的 p 值可知, 关于变量 x_1,x_3,x_4 的系数都能通过检验, 因为 p 值近似为 0, 并且 t 值的绝对值都显著地大于 $t_{0.975}(29)=2.0452$, 因此, 拒绝 H_{01},H_{03},H_{04}. 而变量 x_2 的系数不能通过检验, 因此在方程(5.6.2)中可删除 x_2 项, 重新计算得到以下结果(表 5.6.6～表 5.6.8).

表 5.6.5 回归系数及其他统计值

系数	标准误差	t 值	p 值		系数的 95%的置信区间	
					下限	上限
常数项	0.3556	0.0624	5.7008	0.0000	0.2280	0.4831
x_1	1.1451	0.0421	27.2247	0.0000	1.0591	1.2312
x_2	0.0129	0.0091	1.4087	0.1696	−0.0058	0.0315
x_3	−0.0721	0.0129	−5.5734	0.0000	−0.0985	−0.0456
x_4	−0.0150	0.0046	−3.2600	0.0028	−0.0243	−0.0056

表 5.6.6 回归统计

R^2	0.9999
修正 R^2	0.9999
标准误差	0.0310
观测值	34

表 5.6.7 方差分析表

方差来源	自由度	平方和	均方	f 值	p 值
回归分析	3	225.1162	75.0387	78218.3981	0.0000
残差	30	0.0288	0.0009		
总计	33	225.1449			

表 5.6.8 回归系数及其他统计值

	系数	标准误差	t 值	p 值	系数的 95%的置信区间	
					下限	上限
常数项	0.2841	0.0369	7.7076	0.0000	0.2088	0.3593
x_1	1.2020	0.0120	100.1044	0.0000	1.1775	1.2265
x_3	−0.0563	0.0066	−8.5392	0.0000	−0.0698	−0.0429
x_4	−0.0126	0.0044	−2.9041	0.0068	−0.0215	−0.0038

由计算结果可知，通过方程检验和全部的回归系数检验，回归方程拟合效果非常好．最优的回归方程为

$$\hat{y}=0.2841+1.202x_1-0.0563x_3-0.0126x_4 \tag{5.6.3}$$

(4) 利用方程(5.6.3)对 2012 年的解释变量的数据对响应变量 Y 进行预测．

设 $\boldsymbol{x}_0=(1,x_{01},x_{03},x_{04})^{\mathrm{T}}=(1,10.0614,7.6704,24.4160)$，代入方程(5.6.3)中，计算出预测值 $\hat{y}_0=11.6385$，实际值 $y_0=11.7254$，其绝对误差为 0.0869，相对误差 0.7411%．

Y_0 的置信度为 0.95 的预测区间 $(\hat{y}_0-\delta(\boldsymbol{x}_0),\ \ \hat{y}_0+\delta(\boldsymbol{x}_0))$，其中 $\delta(\boldsymbol{x}_0)=t_{0.975}(34)\cdot s(\boldsymbol{x}_0)\cdot\hat{\sigma}$，$\hat{\sigma}=\sqrt{\overline{S}_{\mathrm{E}}^2}=\sqrt{0.0009}=0.03$，关键是计算 $s(\boldsymbol{x}_0)$．

设以指标 x_1,x_3,x_4 为列的数据矩阵为 $\boldsymbol{X}$，用 MATLAB 软件计算，则

$$(\boldsymbol{X}^{\mathrm{T}}\boldsymbol{X})^{-1}=\begin{pmatrix} 1.4159 & -0.111 & -0.2493 & 0.0684 \\ -0.111 & 0.1503 & 0.0207 & -0.0524 \\ -0.2493 & 0.0207 & 0.0454 & -0.0132 \\ 0.0684 & -0.0524 & -0.0132 & 0.0198 \end{pmatrix}$$

$$\boldsymbol{x}_0^{\mathrm{T}}(\boldsymbol{X}^{\mathrm{T}}\boldsymbol{X})^{-1}\boldsymbol{x}_0=0.874$$

$$s(\boldsymbol{x}_0)=\sqrt{1+\boldsymbol{x}_0^{\mathrm{T}}(\boldsymbol{X}^{\mathrm{T}}\boldsymbol{X})^{-1}\boldsymbol{x}_0}=\sqrt{1.874}\approx 1.3689$$

$$\delta(\boldsymbol{x}_0)=t_{0.975}(30)\cdot s(\boldsymbol{x}_0)\cdot\hat{\sigma}=2.0423\times 1.3689\times 0.03\approx 0.0839$$

所以关于 Y_0 的置信度为 0.95 的预测区间为 $(11.5546,\ \ 11.7224)$．

由四个解释变量的回归方程(5.6.2)可知，税收对财政收入增长的直接作用最大；国民生产总值的作用微弱，因此将它从模型中剔除；从业人数与财政收入呈负相关关系，说明随着从业人数的增多，并没有相应的明显增加财政收入．它实际上反映了人均劳动生产率较低，潜在失业现象较为严重，生产方式多为劳动密集型，且劳动者整体素质不高．这与我国实际就业状况比较吻合．而进出口额与财政收入之间的回归系数的绝对值很小，进出口额对财政收入的影响也很小．而且它们之间呈负相关关系，从经济学的定性分析看，它们两者之间应该呈正相关关系，因此负的回归系数无法解释．问题出在哪里？怀疑是因为解释变量之间存在着多重共线性关系．这样的情况在进行实际问题的回归分析时会经常碰到．如何诊断多重共线性，如何消除多重共线性的方法，读者可参考相关文献．

5.7 章节总结

本章研究的是处理相关关系的回归分析方法，研究的基本内容有：建立回归模型的基本原理、线性回归分析方法与一元非线性回归分析方法及其应用．对一元线性回归，重点讨论了回归模型中参数的最小二乘估计及其性质、模型检验、预测与控制．对多元线性回归分析，结合应用案例，主要介绍了最小二乘估计的矩阵表达形式、模型检验、变量选择和预测．本章还从实际问题出发，介绍了如何应对线性回归模型的基本假定不满足的情形，即异方差性和自相关性的问题，结合实例从建模带来的影响、如何诊断以及解决的方法这三个方面加以讨论．对非线性回归，详细讨论了可转化与不可转化为线性回归模型的非线性问题．图 5.7.1 概括了本章的基本内容．

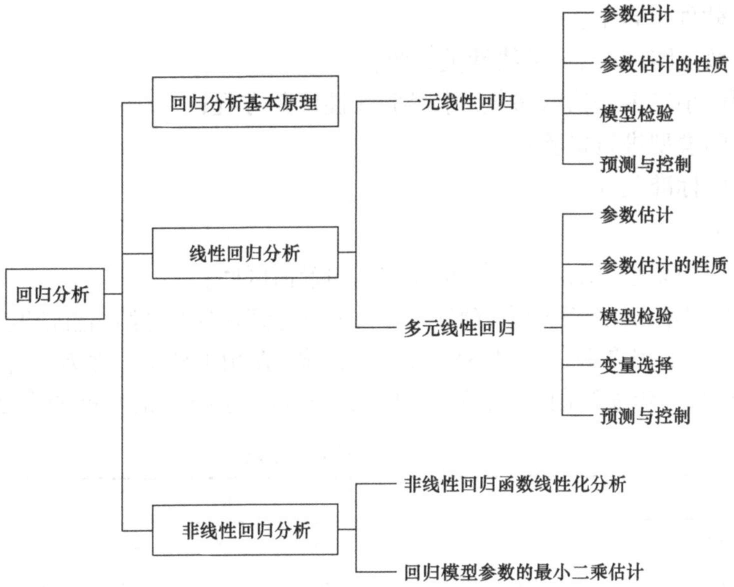

图 5.7.1　第 5 章基本内容结构图

5.8　应用分享——计量经济学

计量经济学是以一定的经济理论和统计资料为基础，运用数学、统计学与计算机技术，以建立计量经济模型为主要手段，定量分析具有随机性特性的经济变量关系的一门经济学学科，主要内容包括理论计量经济学和应用计量经济学．理论计量经济学主要研究如何运用、改造和发展数理统计的方法，使之成为随机经济关系测定的特殊方法．应用计量经济学是在一定的经济理论的指导下，以反映事实的统计数据为依据，用计量经济方法研究经济数学模型的实用化或探索实证经济规律．

计量经济学的基础是一整套建立在数理统计理论上的计量方法．主要用途或目的有两个方面．

(1) 理论检验．这是计量经济学用途最为主要的和可靠的方面．这也是计量经济学本身的一个主要内容．

(2) 预测应用．从理论研究和方法的最终目的看，预测(包括政策评价)是计量经济学最终任务．

习题 5

A 组

1．为调查某广告对销售收入的影响，某商店记录了 12 个月的销售收入 Y 和广告费 x，数据如表 1 所示．

表 1　12 个月的销售收入和广告费　　(单位：亿元)

月份	1	2	3	4	5	6	7	8	9	10	11	12
x_i	2	2	3	4	5	4.5	5.5	7.5	8	9	10	11
y_i	30	35	40	45	50	55	66	75	85	100	110	120

在 Excel 软件平台上：

(1) 画出散点图，x 与 Y 呈线性关系吗？

(2) 利用最小二乘法估计参数，求经验线性回归方程；

(3) 对回归模型进行检验；

(4) 求回归标准差 $\hat{\sigma}$；

(5) 计算 R^2；

(6) 给出回归系数 β_0,β_1 的置信度为 95%的置信区间；

(7) 当广告费用为 4.2 万元时，预计销售收入将达到多少？并给出置信度为 95%的预测区间.

2. 为估计山上积雪融化后对下游灌溉的影响，在山上建立一个观测站，测量最大积雪深度 x(单位：m)与当年灌溉面积 Y(单位：hm)，测得连续 10 年的数据如表 2 所示.

表 2　测量数据表

年	1	2	3	4	5	6	7	8	9	10
x_i	5.1	3.5	7.1	6.2	8.8	7.8	4.5	5.6	8.0	6.4
y_i	1907	1287	2700	2373	3260	3000	1947	2273	3113	2493

(1) 试画出散点图，判断 x 与 Y 是否有线性关系；

(2) 如果有线性关系，试确定 Y 关于 x 的经验线性回归方程；

(3) 对方程进行显著性检验；

(4) 如果测得来年的数据 $x_0 = 7\text{ m}$，预测灌溉面积 Y_0 和它的置信度为 95%的区间估计.

3. 某地区一些企业的广告投入 x 与销售收入 Y 的样本数据如表 3 所示.

表 3　样本数据　(单位：万元)

x_i	y_i	x_i	y_i	x_i	y_i
3.48	135.51	94.89	1046.4	354.26	3619.53
3.49	134.02	107.89	1177.55	446.48	4603.78
3.71	136.21	166.98	1784.46	478.85	4993.68
3.95	144.42	180.45	1896.8	483.43	4893.95
4.19	142.27	187.05	1968.69	484.2	4991.4
10.02	198.77	188.48	1942.87	527.97	5397.47
10.87	213.53	195.79	2066.12	563.92	5743.42
11.06	208.38	210.04	2198.16	568.99	5689.37
12.11	224.25	221.09	2343.7	587.91	5923.77
74.33	839.71	221.52	2272.4	592.71	6014.79
78.26	891.17	269.04	2786.51	596.09	6032.42
87.55	962.83	284.41	2992.1	601.59	6207.3
93.18	1029.69	338.51	3455.57	602.66	6174.21

(1) 采用最小二乘法建立 Y 关于 x 的线性回归方程，并画出和分析残差图；

(2) 对回归方程做显著性检验；

(3) 诊断该问题是否存在异方差，如果存在，建立改进的线性回归方程.

4. 为研究人均消费金额 Y 与人均国民收入 x 之间的关系，收集到 1985～2012 年的统计数据，如表 4 所示.

表 4　统计数据表　(单位：万元)

年份	人均国民收入/万元	人均消费金额/万元	年份	人均国民收入/万元	人均消费金额/万元
1985	858	443	1999	7159	3333
1986	963	493	2000	7858	3618
1987	1112	560	2001	8622	3873
1988	1366	709	2002	9398	4130
1989	1519	782	2003	10542	4461
1990	1644	827	2004	12336	5017
1991	1893	926	2005	14185	5580
1992	2311	1109	2006	16500	6282
1993	2998	1385	2007	20169	7291
1994	4044	1823	2008	23708	8409
1995	5046	2342	2009	25608	9261
1996	5846	2774	2010	30015	10497
1997	6420	2987	2011	35198	12540
1998	6796	3144	2012	38420	14063

(1) 采用最小二乘法建立 Y 与 x 的线性回归方程；

(2) 用残差图和 D.W 检验诊断序列的自相关性；

(3) 用迭代法处理序列相关，并建立回归方程；

(4) 用差分法处理数据，建立回归方程；

(5) 比较以上三种方法得到的回归方程的优良性.

5. 某种水泥在凝固时放出的热量 Y (单位：cal/g)与水泥中四种化学成分 x_1, x_2, x_3, x_4 有关，现测得 13 组数据如表 5 所示.

表 5　测得数据表

编号	y_i /(cal/g)	x_{i1} /%	x_{i2} /%	x_{i3} /%	x_{i4} /%
1	78.5	7	26	6	60
2	74.3	1	29	15	52
3	104.3	11	56	8	20
4	87.6	11	31	8	47
5	95.9	7	52	6	33
6	109.2	11	55	9	22
7	102.7	3	71	17	6
8	72.5	1	31	22	44
9	93.1	2	54	18	22
10	115.9	21	47	4	26
11	83.8	1	40	23	34
12	113.3	11	66	9	12
13	109.4	10	68	8	12

在 Excel 软件平台上：

(1) 求 Y 关于 x_1, x_2, x_3, x_4 之间的线性回归方程；

(2) 对回归方程做显著性检验；

(3) 筛选变量，对不显著的因素(变量)给以剔除，重新建立回归方程.

6. 为了研究生产率 x 与废品率 Y 之间的关系，记录了如表 6 所示的数据.

表 6　数据表

生产率 x_i /(单位/周)	1000	2000	3000	3500	4000	4500	5000
废品率 y_i /%	5.2	6.5	6.8	8.1	10.2	10.3	13.0

(1) 请用 Excel 软件画出散点图，根据散点图选择适当的回归模型；

(2) 请选择合适的变换将回归模型线性化；

(3) 求参数估计和残差平方和.

7. 一位饮食公司的分析人员想调查自助餐馆中的自动咖啡售货机数量 x 与咖啡销售量 Y (单位：kg)之间的关系，她选择了 14 家餐馆，假定这 14 家餐馆在营业额、顾客类型和地理位置方面是相近的，即无显著差异. 并假设这些餐馆的自动咖啡售货机数量从 0 到 6 不等，且是随机分配到各餐馆的. 试验数据如表 7 所示.

表 7　试验数据表

x_i	0	0	1	1	2	2	3
y_i	508.1	498.1	568.2	577.3	651.7	657.0	713.4
x_i	3	4	4	5	5	6	6
y_i	697.5	755.3	758.9	787.6	792.1	841.4	831.8

(1) 画出散点图，选择合适的回归模型；

(2) 选择两种以上的回归模型，并加以比较.

B 组

1. 一位医院管理人员欲建立一个回归模型，对重伤病人出院后的长期恢复情况进行预测. 自变量是病人住院的天数 x，响应变量是病人出院后长期恢复的预后指数 Y，指数的数值越大表示预后结果越好. 为此，研究了 15 位病人的数据如表 8 所示.

表 8　15 位病人的数据表

序号 i	x_i	y_i	序号 i	x_i	y_i
1	2	54	9	34	18
2	5	50	10	38	13
3	7	45	11	45	8
4	10	37	12	52	11
5	14	35	13	53	8
6	19	25	14	60	4
7	26	20	15	65	6
8	31	16			

根据经验表明，病人住院天数与预后指数有如下的关系：

$$Y = \theta_0 e^{\theta_1 x} + \varepsilon$$

(1) 采用线性化方法求参数 θ_0, θ_1 的估计；

(2) 求参数 θ_0, θ_1 的最小二乘估计.

2. 某大型牙膏制造企业为了更好地拓展产品市场, 有效地管理库存, 公司董事会要求销售部门根据市场调查, 找出公司生产的牙膏销售量 Y 与销售价格、广告投入等之间的关系, 从而预测出在不同价格与广告费用下的销售量. 为此, 销售部研究人员收集了过去 30 个销售周期(每个周期为 4 周)的销售量、价格、广告费用等数据如表 9 所示.

表 9 30 个销售周期数据表

销售周期	销售价格/元	其他厂家平均价格/元	价格差/元	广告费用/百万元	销售量/百万支
1	3.85	3.8	-0.05	5.5	7.38
2	3.75	4	0.25	6.75	8.51
3	3.7	4.3	0.6	7.25	9.52
4	3.7	3.7	0	5.5	7.5
5	3.6	3.85	0.25	7	9.33
6	3.6	3.8	0.2	6.5	8.28
7	3.6	3.75	0.15	6.75	8.75
8	3.8	3.85	0.05	5.25	7.87
9	3.8	3.65	-0.15	5.25	7.1
10	3.85	4	0.15	6	8
11	3.9	4.1	0.2	6.5	7.89
12	3.9	4	0.1	6.25	8.15
13	3.7	4.1	0.4	7	9.1
14	3.75	4.2	0.45	6.9	8.86
15	3.75	4.1	0.35	6.8	8.9
16	3.8	4.1	0.3	6.8	8.87
17	3.7	4.2	0.5	7.1	9.26
18	3.8	4.3	0.5	7	9
19	3.7	4.1	0.4	6.8	8.75
20	3.8	3.75	-0.05	6.5	7.95
21	3.8	3.75	-0.05	6.25	7.65
22	3.75	3.65	-0.1	6	7.27
23	3.7	3.9	0.2	6.5	8
24	3.55	3.65	0.1	7	8.5
25	3.6	4.1	0.5	6.8	8.75
26	3.65	4.25	0.6	6.8	9.21
27	3.7	3.65	-0.05	6.5	8.27
28	3.75	3.75	0	5.75	7.67
29	3.8	3.85	0.05	5.8	7.93
30	3.7	4.25	0.55	6.8	9.26

试根据这些数据建立一个数学模型, 分析牙膏的销售量与其他因素之间的关系, 为制定价格策略和广告投入策略提供数量依据. 从你的分析中, 你能得到什么结论或提出什么建议吗?

3. 请查阅资料, 了解什么是非参数回归.

4. 结合你的专业背景研讨问题——结合你的专业提出一个回归分析问题, 并用所学的回归分析方法解决.

C组

1. 为研究影响中国货物进出口总额的因素，以中国货物进出口总额作为因变量 y. 考虑自变量分别为汇率 x_1 (100 美元：人民币)、年末外汇储蓄余额 x_2、居民消费价格指数 x_3 (CPI)、国内生产总值 x_4 (单位：亿美元)、实际使用外汇 x_5 . 从 2013 年中国统计年鉴上获得如表 10 所示的数据.

表 10　2013 年中国统计年鉴数据表　　(单位：亿美元)

年份	y	x_1	x_2	x_3	x_4	x_5
1994	2366.20	861.87	516.20	100.00	5592.24	432.13
1995	2808.60	835.10	735.97	117.10	7279.81	481.33
1996	2898.80	831.42	1050.29	108.30	8560.85	548.05
1997	3251.60	828.98	1398.90	102.80	9526.53	644.08
1998	3239.50	827.91	1449.59	99.20	10194.62	585.57
1999	3606.30	827.83	1546.75	98.60	10832.79	526.59
2000	4742.90	827.84	1655.74	100.40	11984.75	593.56
2001	5096.50	827.70	2121.65	100.70	13248.18	496.72
2002	6207.70	827.70	2864.07	99.20	14538.20	550.11
2003	8509.88	827.70	4032.51	101.20	16409.66	561.40
2004	11545.50	827.68	6099.32	103.90	19316.44	640.72
2005	14219.10	819.17	8188.72	101.80	22576.19	638.05
2006	17604.40	797.18	10663.40	101.50	27134.95	670.76
2007	21765.70	760.40	15282.49	104.80	34956.64	783.39
2008	25632.55	694.51	19460.30	105.90	45218.27	952.53
2009	22075.35	683.10	23991.52	99.30	49905.26	918.04
2010	29739.98	676.95	28473.38	103.30	59312.03	1088.21
2011	36418.60	645.88	31811.48	105.40	73249.53	1176.98
2012	38671.19	631.25	33115.89	102.60	82208.65	1132.94

借助软件完成如下任务：

(1) 用 1994～2011 年的数据建立 Y 与 x_1,x_2,x_3,x_4,x_5 之间的线性回归方程，并进行模型检验；

(2) 对回归系数 β_i，$i=1,2,3,4,5$ 进行检验，并筛选变量；

(3) 分析线性回归模型的基本假设是否满足？即讨论异方差性、自相关性和共线性性，并对模型进行改进；

(4) 对改进的线性回归方程进行合理的解释，并预测 2012 年的中国货物进出口总额.

2. 已知某药物为双室模型药物，静脉注射 100mg 后，测得各时间点的血药浓度结果如表 11 所示.

表 11　血药浓度结果表

时间/h	0.1	0.3	0.5	1	2.5	5	7.5	10	15	20	25	30	40	50	60
血药浓度/%	4.7	13.2	20.8	36.3	61.4	68.1	61.1	52.1	37.3	27.5	21.1	16.9	11.4	8.2	5.9

首先画出散点图；其次选择合适的函数拟合该药物的“药-时”曲线.

第 6 章　方差分析与正交设计

方差分析(analysis of variance, ANOVA)通常用于分类(离散)变量与数值(连续)变量之间的因果关系研究，即将分类变量看作是“因”(即自变量)，数值变量看作是“果”(即因变量)，讨论自变量对因变量的影响作用及大小. 它与第 5 章回归分析的关系密切，但是又不完全相同. 例如，研究行业与收入之间的关系，行业是分类变量，而收入是数值变量. 当然，自变量也可以是数值变量，但需要将它划分为不同的取值区域，来讨论它对因变量的影响作用大小.

方差分析是数理统计中应用广泛的基本方法之一，是社会实践和科学研究中分析数据的一个重要工具，是罗纳德·艾尔默·费希尔(R.A.Fisher)于20世纪20年代在农业试验过程中创立的. 方差分析的基本思想是按影响因素(自变量)的不同水平(level)(也可称为状态)对试验指标(因变量)进行观测，依据观测结果，检验各个水平下试验指标的均值是否相等. 如果均值不等，则说明因素对试验指标的影响是显著的，挑选出各个因素使试验指标的均值达最大或最小的水平，即为影响试验指标的最佳水平(或状态)组合.

按照影响因素的个数，方差分析分为单因素方差分析(one-way factorial ANOVA)与多因素方差分析(multiple factorial ANOVA). 本章重点介绍单因素方差分析与双因素方差分析.

6.1　引例——人们喜欢什么品牌的冰箱

现代生活中，人们已经离不开家用电器了，如电视、冰箱、洗衣机等. 当你的冰箱需要更换时，考虑购买哪种品牌的冰箱呢？类似的问题还有，消费者喜欢什么品牌的手机，哪种口味的方便面. 这种类型的问题很多. 这里仅讨论冰箱品牌选择问题，介绍方差分析的基本术语和基本原理等.

例 6.1.1　某个时期内市场上销售的各种品牌的冰箱中，销量最大的应该就是人们最喜欢的品牌. 因此，首先需要分析冰箱品牌对销售量是否有显著影响；其次，若影响显著，则分析销量最大的冰箱品牌是什么. 假定某段时间内收集了4个品牌的冰箱在5个城市里销售情况的统计数据，如表 6.1.1 所示.

表 6.1.1　4 个品牌冰箱在不同城市的销量数量

品牌	销售量/台				
A_1	358	323	353	343	308
A_2	345	368	363	330	303
A_3	288	280	298	260	298
A_4	365	350	343	340	323

该例中观测的是相同时间内每个冰箱品牌的销售数量，称为试验指标，也称为因变量，

用 Y 表示. 冰箱品牌是影响试验指标 Y 的因素, 也称为自变量, 用 A 表示. 四个品牌 A_1,A_2,A_3,A_4 称为因素 A 的4个水平(或状态). 四个品牌冰箱销售量为四个总体 Y_1,Y_2,Y_3,Y_4, 表6.1.1 中的观测数据就是来自这四个总体的样本值. 因此, 分辨四个不同品牌冰箱的销售数量之间是否存在显著差异的问题归结为判断四个总体 Y_1,Y_2,Y_3,Y_4 是否具有相同分布的问题. 假定这四个总体的方差相同, 且都服从正态分布, 则问题转换为判断四个总体的均值是否相同的问题. 统计模型为

$$Y_{ij} \sim N(\mu_i,\sigma^2), \quad i=1,2,3,4;\ j=1,2,3,4,5 \tag{6.1.1}$$

其中, Y_{ij} 表示来自第 i 个总体 Y_i 的第 j 个样本, 样本容量都为5, y_{ij} 为样本观测值. 模型(6.1.1)的基本假定是正态性和同方差性. 要检验的问题是

$$H_0:\mu_1=\mu_2=\mu_3=\mu_4$$

若在给定的显著水平下拒绝 H_0, 则说明冰箱品牌对销售量有显著影响, 这时需要确定哪个品牌使冰箱销售量达最大. 这就是单因素方差分析方法所要解决的问题.

如果除了考虑冰箱品牌对销售量的影响以外, 还要考虑地域的影响作用, 这时, 影响销售量的因素就有两个, 设为 A,B. 假设考虑有 4 个品牌 5 个地域, 则表示因素 A 有 4 个水平, 因素 B 有5个水平, 它们的组合 $(A_i,B_j)(i=1,2,3,4;\ j=1,2,3,4,5)$ 数就有20个, 如表6.1.2所示.

表 6.1.2 冰箱品牌在不同地域的销量数据

销售量/台		地域				
		B_1	B_2	B_3	B_4	B_5
品牌	A_1	358	323	353	343	308
	A_2	345	368	363	330	303
	A_3	288	280	298	260	298
	A_4	365	350	343	340	323

表 6.1.2 中的数据记为 y_{ij}, 它来自总体 Y_{ij}. 假定

$$Y_{ij} \sim N(\mu_{ij},\sigma^2)\ (i=1,2,3,4;\ j=1,2,3,4,5) \tag{6.1.2}$$

对模型(6.1.2), 要检验的问题是 $H_0:\mu_{ij}$ 相同, $\forall i,j$. 这就是双因素无重复的方差分析问题.

如果观察一年的时间, 分别按 12 个月进行采样, 将数据记为 $y_{ijk}(k=1,2,\cdots,12)$, 来自总体 $Y_{ij}\ (i=1,2,3,4;\ j=1,2,3,4,5)$, 且假定 $Y_{ij} \sim N(\mu_{ij},\sigma^2)$, 同样, 要检验的问题是 $H_0:\mu_{ij}$ 相同, $\forall i,j$. 这就是双因素有重复的方差分析问题, 重复度为 12.

如果除了考虑冰箱的品牌、地域因素以外, 还考虑冰箱的容积、制冷效果、外观等因素, 这就是多因素的方差分析问题. 多因素的方差分析数据结构复杂, 数据容量较多, 分析难度较大, 需要使用正交设计来安排试验, 既要大大地减少数据容量, 又要检验出影响试验指标的各因素的重要程度, 还要筛选出各因素较优的水平组合.

方差分析从名称上来看, 似乎是对方差进行分析. 事实上它分析和检验的是总体间的均值是否有所不同, 而不是总体的方差是否不同, 但检验所用的方法是通过数据的方差进行的.

6.2　单因素方差分析

6.2.1　单因素随机试验的数据结构

影响试验指标 Y 的因素只有一个 A 时，称为单因素问题. 设因素 A 有 r 个水平 $A_1, A_2, \cdots, A_r$，对应的试验指标分别为 $Y_1, Y_2, \cdots, Y_r$，对各个水平的试验指标进行观测，获得的数据结构如表 6.2.1 所示.

表 6.2.1　单因素分析的试验数据表

指标 Y / 因素 A	试验指标 Y			
A_1	y_{11}	y_{12}	$\cdots$	y_{1n_1}
A_2	y_{21}	y_{22}	$\cdots$	y_{2n_2}
$\vdots$	$\vdots$	$\vdots$		$\vdots$
A_r	y_{r1}	y_{r2}	$\cdots$	y_{rn_r}

注：$y_{i1}, y_{i2}, \cdots, y_{in_i}\,(i=1,2,\cdots,r)$ 是来自总体 $Y_i \sim N(\mu_i, \sigma^2)$ 的样本值.

6.2.2　单因素方差分析的基本假设与模型

单因素方差分析中，假设 $Y_{i1}, Y_{i2}, \cdots, Y_{in_i}\,(i=1,2,\cdots,r)$ 是来自总体 $Y_i \sim N(\mu_i, \sigma^2)$ 的样本，样本值为 $y_{i1}, y_{i2}, \cdots, y_{in_i}\,(i=1,2,\cdots,r)$. $Y_{ij}\,(i=1,2,\cdots,r;\ j=1,2,\cdots,n_i)$ 满足下列三个基本假设.

(1) r 个正态总体 $Y_i \sim N(\mu_i, \sigma^2)\,(i=1,2,\cdots,r)$ 的方差相同；

(2) 对第 $i\ (i=1,2,\cdots,r)$ 个水平，样本 $Y_{ij} \sim N(\mu_i, \sigma^2)\,(j=1,2,\cdots,n_i)$ 之间相互独立；

(3) 来自 r 个正态总体的样本 $Y_{i1}, Y_{i2}, \cdots, Y_{in_i}\,(i=1,2,\cdots,r)$ 之间相互独立.

样本 Y_{ij} 与总体均值 μ_i 具有一定的偏差，记为 ε_{ij}，即 $\varepsilon_{ij} = Y_{ij} - \mu_i$. 在三个基本假设下有如下的统计模型.

$$\begin{cases} Y_{ij} = \mu_i + \varepsilon_{ij} \\ \varepsilon_{ij} \sim N(0, \sigma^2), i=1,2,\cdots,r;\ j=1,2,\cdots,n_i \\ \varepsilon_{ij}\text{相互独立}, i=1,2,\cdots,r;\ j=1,2,\cdots,n_i \end{cases} \tag{6.2.1}$$

称(6.2.1)式为单因素方差分析模型. 单因素方差分析欲解决的问题主要有以下两个方面.

首先，需要比较各水平下的总体均值 μ_i 是否相同，即需要检验.

$$H_0: \mu_1 = \mu_2 = \cdots = \mu_r,\quad H_1: \mu_1, \mu_2, \cdots, \mu_r\text{不全相等} \tag{6.2.2}$$

其次，如果拒绝 H_0，则表明因素 A 的 r 个水平下的总体均值不全相同，说明因素 A 的不同水平对试验指标的影响是有显著差异的，这时需要确定 r 个水平中对试验指标影响最大或最小的水平.

为了更好地分析问题，通常引入总均值和水平效应的概念.

记 $\bar{\mu}=\frac{1}{n}\sum_{i=1}^{r}n_i\mu_i$，称 $\bar{\mu}$ 为总均值，称 $\alpha_i=\mu_i-\bar{\mu}$ 为第 i 个水平 A_i 的主效应，简称为 A_i 的水平效应，反映水平 A_i 对试验指标作用的大小. 容易验证 $\sum_{i=1}^{r}n_i\alpha_i=0$. 模型(6.2.1)转化为如下的线性模型

$$\begin{cases}Y_{ij}=\bar{\mu}+\alpha_i+\varepsilon_{ij}\\ \varepsilon_{ij}\sim N(0,\sigma^2), i=1,2,\cdots,r;\ j=1,2,\cdots,n_i\\ \varepsilon_{ij}\text{相互独立}, i=1,2,\cdots,r;\ j=1,2,\cdots,n_i\end{cases}\tag{6.2.3}$$

检验问题(6.2.2)等价于

$$H_0:\alpha_1=\alpha_2=\cdots=\alpha_r=0,\quad H_1:\alpha_1,\alpha_2,\cdots,\alpha_r\text{不全为零}\tag{6.2.4}$$

即检验因素 A 的各水平效应是否有显著差异.

6.2.3　单因素方差分析方法

下面从分析表 6.2.1 中数据差异性来源的角度讨论(6.2.4)式的检验方法.

记表 6.2.1 中的全部数据的均值为 $\bar{y}=\frac{1}{n}\sum_{i=1}^{r}\sum_{j=1}^{n_i}y_{ij}$，各行数据的样本均值记为 $\bar{y}_{i\cdot}=\frac{1}{n_i}\sum_{j=1}^{n_i}y_{ij}\ (i=1,2,\cdots,r)$，总的样本容量 $n=\sum_{i=1}^{r}n_i$，则 $\bar{y}=\frac{1}{n}\sum_{i=1}^{r}\sum_{j=1}^{n_i}y_{ij}=\frac{1}{n}\sum_{i=1}^{r}n_i\bar{y}_i$.

令

$$S_{\mathrm{T}}^2=\sum_{i=1}^{r}\sum_{j=1}^{n_i}(y_{ij}-\bar{y})^2\tag{6.2.5}$$

$$S_A^2=\sum_{i=1}^{r}n_i(\bar{y}_{i\cdot}-\bar{y})^2=\sum_{i=1}^{r}n_i\bar{y}_{i\cdot}{}^2-n\bar{y}^2\tag{6.2.6}$$

$$S_{\mathrm{E}_i}^2=\frac{1}{n_i-1}\sum_{j=1}^{n_i}(y_{ij}-\bar{y}_{i\cdot})^2,\quad i=1,2,\cdots,r\tag{6.2.7}$$

$$S_{\mathrm{E}}^2=\sum_{i=1}^{r}\sum_{j=1}^{n_i}(y_{ij}-\bar{y}_{i\cdot})^2=\sum_{i=1}^{r}(n_i-1)S_{\mathrm{E}_i}^2\tag{6.2.8}$$

称 S_{T}^2 为总离差平方和，它度量了全部数据的离散程度；称 S_A^2 为组间差平方和，它是因素 A 的水平变化引起的试验指标变化的总度量；S_{E}^2 称为组内差平方和，是对所有随机误差引起试验指标变化的总度量. 这三个平方和有如下关系.

定理 6.2.1　总离差平方和可以分解为组间差平方和与组内差平方和之和，即

$$S_{\mathrm{T}}^2=S_A^2+S_{\mathrm{E}}^2\tag{6.2.9}$$

证明　因为

$$S_{\mathrm{T}}^2=\sum_{i=1}^{r}\sum_{j=1}^{n_i}(y_{ij}-\bar{y})^2=\sum_{i=1}^{r}\sum_{j=1}^{n_i}\left[(y_{ij}-\bar{y}_{i\cdot})+(\bar{y}_{i\cdot}-\bar{y})\right]^2$$

$$= S_A^2 + S_E^2 + 2\sum_{i=1}^{r}\sum_{j=1}^{n_i}(y_{ij} - \overline{y}_{i\cdot})(\overline{y}_{i\cdot} - \overline{y})$$

而

$$\sum_{i=1}^{r}\sum_{j=1}^{n_i}(y_{ij} - \overline{y}_{i\cdot})(\overline{y}_{i\cdot} - \overline{y}) = \sum_{i=1}^{r}\left[(\overline{y}_{i\cdot} - \overline{y})\sum_{j=1}^{n_i}(y_{ij} - \overline{y}_{i\cdot})\right]$$

$$= \sum_{i=1}^{r}\left[(\overline{y}_{i\cdot} - \overline{y}) \times 0\right] = 0$$

因此 $S_T^2 = S_A^2 + S_E^2$ 成立.

由定理 6.2.1 可见，表 6.2.1 中数据的差异性来源于因素 A 的水平变化和其他随机因素. 如果总离差平方和 S_T^2 中 S_A^2 所占的比重大，则 S_E^2 所占比重就小，说明试验指标的变化主要由因素 A 的水平变化引起；反之，试验指标的变化主要由其他随机因素引起. 因此，可以通过 S_A^2 与 S_E^2 的相对大小来推断假设(6.2.4)中的 H_0 是否成立. 下面的定理 6.2.2 给出了 S_A^2, S_E^2 具有的性质，为确定假设(6.2.4)的检验方法提供了理论依据.

定理 6.2.2　在单因素模型(6.2.3)下，有

(1) $\dfrac{S_E^2}{\sigma^2} \sim \chi^2(n-r)$，且 $E(S_E^2) = (n-r)\sigma^2$.

(2) 如果 H_0 成立，则 $\dfrac{S_A^2}{\sigma^2} \sim \chi^2(r-1)$，且 $E(S_A^2) = (r-1)\sigma^2$，S_E^2 与 S_A^2 相互独立.

证明　略.

称 $\overline{S}_A^2 = S_A^2 / (r-1)$ 为组间均方差，称 $\overline{S}_E^2 = S_E^2 / (n-r)$ 为组内均方差. 由定理 6.2.2 知，在 H_0 成立条件下，$F = \overline{S}_A^2 / \overline{S}_E^2 \sim F(r-1, n-r)$.

假设问题（6.2.4）的检验统计量为

$$F = \overline{S}_A^2 / \overline{S}_E^2 \tag{6.2.10}$$

H_0 的拒绝域

$$\mathscr{X}_0 = \left\{f > F_{1-\alpha}(r-1, n-r)\right\} \tag{6.2.11}$$

上述检验过程，可以通过表 6.2.2 所示的方差分析表实现.

表 6.2.2　单因素方差分析表

方差来源	自由度	平方和	均方差	f 值	p 值
因素 A	$r-1$	S_A^2	$\overline{S}_A^2$	$f = \dfrac{\overline{S}_A^2}{\overline{S}_E^2}$	p
误差	$n-r$	S_E^2	$\overline{S}_E^2$		
总和	$n-1$	S_T^2			

注：$f = F_{1-p}(r-1, n-r)$.

方差分析的计算过程总结如下：

首先，依据表 6.2.1 中的数据计算各个水平对应的样本均值、离差平方和，如表 6.2.3 所示.

表 6.2.3　计算各水平对应的样本均值和离差平方和

指标 Y / 因素 A	试验指标 Y	均值 $\bar{y}_{i\cdot}$	$n_i\bar{y}_{i\cdot}^2$	$(n_i-1)S_{E_i}^2=\sum_{j=1}^{n_i}(y_{ij}-\bar{y}_{i\cdot})^2$
A_1	$y_{11}, y_{12}, \cdots, y_{1n_1}$	$\bar{y}_{1\cdot}$	$n_1\bar{y}_{1\cdot}^2$	$(n_1-1)S_{E_1}^2$
A_2	$y_{21}, y_{22}, \cdots, y_{2n_2}$	$\bar{y}_{2\cdot}$	$n_2\bar{y}_{2\cdot}^2$	$(n_2-1)S_{E_2}^2$
⋮	⋮	⋮	⋮	⋮
A_r	$y_{r1}, y_{r2}, \cdots, y_{rn_r}$	$\bar{y}_{r\cdot}$	$n_r\bar{y}_{r\cdot}^2$	$(n_r-1)S_{E_r}^2$
求和 $\sum$		$n\bar{y}=\sum_{i=1}^{r}n_i\bar{y}_{i\cdot}$	$\sum_{i=1}^{r}n_i\bar{y}_{i\cdot}^2$	$S_E^2=\sum_{i=1}^{r}(n_i-1)S_{E_i}^2$

其次，依据表 6.2.3 最后一行的数据，按照(6.2.6)、(6.2.7)、(6.2.8)式，计算 S_A^2，S_E^2.

最后，完成方差分析表 6.2.2，并进行检验.

用上述计算方法求解例 6.1.1. 首先用图 6.2.1 的箱线图及数据描述表 6.2.4 呈现数据结构的形态和数字特征.

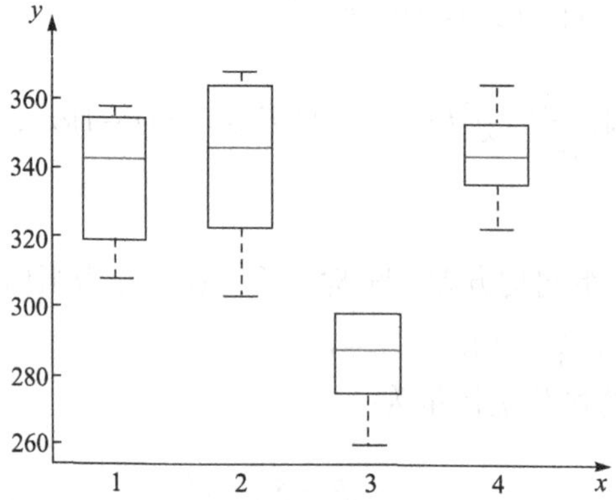

图 6.2.1　数据的箱线图

箱线图 6.2.1 的基本特征是：每个盒子的上下两条线分别为 75%和 25%的分位数，每个箱体中间的线表示样本中位数，若中位数不在箱体中间，则表明样本数据有一定的偏度. 箱体上下越厚，表明数据的方差越大. 虚线表示样本的其余部分，位于上下两侧，虚线连接的两根横线表示各组数据的最大、最小值. 图中显示品牌 3 的平均销售量明显低于其余 3 个品牌的销售量. 表 6.2.4 反映了数据的基本特征，如平均值、方差、偏度、峰度等. 下面按步骤计算方差分析表.

表 6.2.4　数据的统计描述

项目	A_1	A_2	A_3	A_4
平均值	337	341.8	284.8	344.2
标准误差	9.407	11.813	7.060	6.837

续表

项目	A_1	A_2	A_3	A_4
中位数	343	345	288	343
标准差	21.036	26.414	15.786	15.287
方差	442.5	697.7	249.2	233.7
峰度	−1.571	−0.402	0.849	0.940
偏度	−0.607	−0.735	−1.137	−0.048
区域	50	65	38	42
最小值	308	303	260	323
最大值	358	368	298	365
求和	1685	1709	1424	1721
观测数	5	5	5	5

第一步，完成表 6.2.3 的计算，得到表 6.2.5.

表 6.2.5 冰箱品牌的销量统计数据计算表

品 牌	销售量/台					$\overline{y}_{i\cdot}$	$n_i\overline{y}_{i\cdot}^2$	$(n_i-1)S_{E_i}^2$
A_1	358	323	353	343	308	337	567845	1770
A_2	345	368	363	330	303	341.8	584136.2	2790.8
A_3	288	280	298	260	298	284.8	405555.2	996.8
A_4	365	350	343	340	323	344.2	592368.2	934.8
$\sum$						1307.8	2149904.6	6492.4

第二步，依据(6.2.6)、(6.2.8)式，计算

$$\overline{y}=\frac{1}{20}\sum_{i=1}^{4}n_i\overline{y}_i=\frac{5}{20}\times 1307.8=326.95$$

$$S_A^2=\sum_{i=1}^{4}n_i\overline{y}_{i\cdot}^{\ 2}-n\overline{y}^2=2149904.6-20\times 326.95^2=11978.55$$

$$S_E^2=\sum_{i=1}^{4}(n_i-1)S_{E_i}^2=6492.4$$

第三步，计算 F 的值.

$$\overline{S}_A^2=\frac{S_A^2}{r-1}=\frac{11978.55}{3}=3992.85,\quad \overline{S}_E^2=\frac{S_E^2}{n-r}=\frac{6492.4}{16}=405.775$$

$$f=\frac{\overline{S}_A^2}{\overline{S}_E^2}=\frac{3992.85}{405.775}=9.84$$

第四步，检验假设 $H_0:\alpha_1=\alpha_2=\alpha_3=\alpha_4=0$，$H_1:\alpha_1,\alpha_2,\alpha_3,\alpha_4$不全为零.

取显著水平 $\alpha=0.05$，查表得到 $F_{0.95}(3,16)=3.24$．因为 $f\approx 9.84>3.24=F_{0.95}(3,16)$，所以拒绝 H_0，认为在显著水平 $\alpha=0.05$ 下冰箱品牌对销售量有显著影响.

在实际应用中，方差分析的计算过程可以用 Excel、SPSS 等统计软件完成. 表 6.2.6、表 6.2.7 是用 Excel 数据分析中的单因素方差分析工具计算的结果.

表 6.2.6　基本数据表

组	观测数	求和	平均	方差
行 1	5	1685	337	442.5
行 2	5	1709	341.8	697.7
行 3	5	1424	284.8	249.2
行 4	5	1721	344.2	233.7

表 6.2.7　单因素方差分析

方差来源	自由度	平方和	均方差	f 值	p 值	F 临界值
组间	3	11978.55	3992.85	9.8401	0.0006	3.2389
组内	16	6492.4	405.775			
总计	19	18470.95				

表 6.2.6 是基本信息表, 表 6.2.7 的计算结果直接显示 f 值 9.8401，显著大于临界值 $F_{0.95}(3,16)=3.2389$，因此拒绝 H_0. 此结果与前面的手工计算结果一致.

当假设检验的结果是拒绝 H_0 时，表明因素 A 与试验指标之间有显著的关系，因素 A 的不同水平对试验指标的影响作用是不一样的. 那么，进一步需要解决的问题是：

(1) 因素 A 与试验指标之间的关系强度.

用组间平方和占总平方和的比例大小来反映因素 A 与试验指标 Y 之间的关系强度，即定义

$$R^2=\frac{S_A^2}{S_{\mathrm{T}}^2} \tag{6.2.12}$$

(2) 因素水平的影响指标的程度度量.

由于效应值 α_i 的大小反映了因素 A 的第 i 个水平对试验指标影响的大小，因此，可以通过效应值 α_i 来确定影响指标达最大或最小的水平.

α_i 的估计为

$$\hat{\alpha}_i=\hat{\mu}_i-\hat{\mu}=\bar{Y}_{i\cdot}-\bar{Y} \tag{6.2.13}$$

其中 $\bar{Y}=\frac{1}{n}\sum_{i=1}^{r}\sum_{j=1}^{n_i}Y_{ij}$，$\bar{Y}_{i\cdot}=\frac{1}{n_i}\sum_{j=1}^{n_i}Y_{ij}\ (i=1,2,\cdots,r)$. 由此可以确定出具有最佳效应值的因素水平 i_0

$$i_0=\arg\max\{\hat{\alpha}_1,\hat{\alpha}_2,\cdots,\hat{\alpha}_r\}$$

或者

$$i_0=\arg\min\{\hat{\alpha}_1,\hat{\alpha}_2,\cdots,\hat{\alpha}_r\}$$

(3) 两总体均值之间差异性比较.

在拒绝原假设时，需要对总体的均值进行配对比较，按以下步骤进行.

(i) 提出假设

$$H_0:\mu_i=\mu_j,\quad H_1:\mu_i\neq\mu_j,\quad i\neq j,\quad i,j=1,2,\cdots,r$$

(ii) 选择检验统计量.

因为 $\overline{Y}_{i\cdot}-\overline{Y}_{j\cdot}$ 可以估计参数 $\mu_i-\mu_j$，且在模型的假定下，

$$\overline{Y}_{i\cdot}-\overline{Y}_{j\cdot}\sim N\left(\mu_i-\mu_j,\left(\frac{1}{n_i}+\frac{1}{n_j}\right)\sigma^2\right),\quad \frac{S_{\mathrm{E}}^2}{\sigma^2}\sim\chi^2(n-r),$$

则在 $H_0:\mu_i=\mu_j,\quad i\neq j,\quad i,j=1,2,\cdots,r$ 成立条件下有

$$\frac{\overline{Y}_{i\cdot}-\overline{Y}_{j\cdot}}{\overline{S}_{\mathrm{E}}\sqrt{\dfrac{1}{n_i}+\dfrac{1}{n_j}}}\sim t(n-r)$$

(iii) 确定拒绝域

$$\mathscr{X}_0=\left\{|\,\overline{y}_{i\cdot}-\overline{y}_{j\cdot}\,|>t_{1-\alpha/2}(n-r)\overline{S}_{\mathrm{E}}\sqrt{\frac{1}{n_i}+\frac{1}{n_j}}\right\}$$

(iv) 进行判断.

针对例 6.1.1，计算得 $R^2=\dfrac{S_A^2}{S_{\mathrm{T}}^2}=\dfrac{11978.55}{18470.95}=0.6485$，表明冰箱品牌对销售量的影响达到了 64.85%，具有中等以上的相关程度．由表 6.2.5 计算

$$\hat{\alpha}_1=\overline{y}_{1\cdot}-\overline{y}=337-326.95=10.05$$

$$\hat{\alpha}_2=\overline{y}_{2\cdot}-\overline{y}=341.8\text{–}326.95=14.85$$

$$\hat{\alpha}_3=\overline{y}_{3\cdot}-\overline{y}=284.8\text{–}326.95=-42.15$$

$$\hat{\alpha}_4=\overline{y}_{4\cdot}-\overline{y}=344.2\text{–}326.95=17.25$$

计算结果表明，效应值 $\hat{\alpha}_4$ 达最大，这表明第四个品牌的销售量达到最大，因此因素 A 的水平 A_4 为最优，而 $\hat{\alpha}_3$ 的值最小，表明第三个品牌的销量最差.

对如下假设：

(1) $H_0:\mu_1=\mu_2,\quad H_1:\mu_1\neq\mu_2$，　(2) $H_0:\mu_1=\mu_3,\quad H_1:\mu_1\neq\mu_3$，

(3) $H_0:\mu_1=\mu_4,\quad H_1:\mu_1\neq\mu_4$，　(4) $H_0:\mu_2=\mu_3,\quad H_1:\mu_2\neq\mu_3$，

(5) $H_0:\mu_2=\mu_4,\quad H_1:\mu_2\neq\mu_4$，　(6) $H_0:\mu_3=\mu_4,\quad H_1:\mu_3\neq\mu_4$.

计算

$$|\,\overline{y}_{1\cdot}-\overline{y}_{2\cdot}\,|=|\,337-341.8\,|=4.8,\qquad |\,\overline{y}_{1\cdot}-\overline{y}_{3\cdot}\,|=|\,337-284.8\,|=52.2$$

$$|\,\overline{y}_{1\cdot}-\overline{y}_{4\cdot}\,|=|\,337-344.2\,|=7.2,\qquad |\,\overline{y}_{2\cdot}-\overline{y}_{3\cdot}\,|=|\,341.8-284.8\,|=57$$

$$|\,\overline{y}_{2\cdot}-\overline{y}_{4\cdot}\,|=|\,341.8-344.2\,|=2.4,\qquad |\,\overline{y}_{3\cdot}-\overline{y}_{4\cdot}\,|=|\,284.8-344.2\,|=59.4$$

由于 $n_1=n_2=n_3=n_4=5$，$\alpha=0.05$，因此，

$$t_{0.975}(16)\overline{S}_{\mathrm{E}}\sqrt{\frac{1}{5}+\frac{1}{5}}=2.1199\times\sqrt{405.775}\times0.6325=27.0109$$

因为$|\bar{y}_{1\cdot}-\bar{y}_{2\cdot}|,|\bar{y}_{1\cdot}-\bar{y}_{4\cdot}|,|\bar{y}_{2\cdot}-\bar{y}_{4\cdot}|<27.0109$，所以没有理由拒绝(1), (3), (5)的假设H_0.

因为$|\bar{y}_{1\cdot}-\bar{y}_{3\cdot}|,|\bar{y}_{2\cdot}-\bar{y}_{3\cdot}|,|\bar{y}_{3\cdot}-\bar{y}_{4\cdot}|>27.0109$，所以有理由拒绝(2), (4), (6)的假设$H_0$.

结果表明，冰箱品牌 1,2,4 与 3 之间有显著差异，而冰箱品牌 1,2,4 之间无显著差异.

6.2.4 方差分析的齐性检验

单因素方差分析的模型中有一个基本假定，就是各水平间的方差相等，称之为方差齐性. 而实际问题中的方差齐性不一定满足. 理论研究表明，F检验对方差齐性的偏离较为敏感，因此，方差齐性检验就显得十分必要.

对单因素方差分析模型

$$\begin{cases} Y_{ij}=\bar{\mu}+\alpha_i+\varepsilon_{ij} \\ \varepsilon_{ij}\sim N(0,\sigma_i^2), \quad 且诸\varepsilon_{ij}相互独立, i=1,2,\cdots,r; j=1,2,\cdots,n_i \end{cases} \tag{6.2.14}$$

方差齐性检验如下问题

$$H_0:\sigma_1^2=\sigma_2^2=\cdots=\sigma_r^2,\quad H_1:\sigma_1^2,\sigma_2^2,\cdots,\sigma_r^2不全相等$$

统计学者提出了一些很好的检验方法，这里介绍最常用的两种检验法：Hartley 检验法和 Bartlett 检验法. Hartley 检验法仅适合于各类样本量相等的场合；Bartlett 检验法适合于样本量相等或不等的场合，但每组样本容量不得低于 5.

1. Hartley 检验法

假设各水平下试验重复次数相等，即$n_1=n_2=\cdots=n_r=n$. 设S_i^2表示第i个水平A_i下的样本方差，即$S_i^2=\frac{1}{n-1}\sum_{j=1}^{n}(Y_{ij}-\bar{Y}_{i\cdot})^2,\quad i=1,2,\cdots,r$.

Hartley 检验法的统计量定义为

$$H=\frac{\max\{S_1^2,S_2^2,\cdots,S_r^2\}}{\min\{S_1^2,S_2^2,\cdots,S_r^2\}} \tag{6.2.15}$$

它是r个样本方差的最大值与最小值之比，该统计量的分布无明显的表达式，称为H分布. 因该分布依赖于水平数r和样本方差自由度$n-1$，简记H分布为$H(r,n-1)$. 在显著水平α下上侧分位数为$H_{1-\alpha}(r,n-1)$. 可通过随机模拟的方法获得H分布的分位数，为了便于读者查询，特列举了常见的H分布的分位数$H_{1-\alpha}(r,n-1)$表(附表 8).

当H_0成立时，统计量H的值应接近于 1，当统计量H的值较大时，表明诸方差间的差异较大，则应拒绝H_0，因此H_0的拒绝域为

$$\mathscr{X}_0=\{H>H_{1-\alpha}(r,n-1)\} \tag{6.2.16}$$

以例 6.1.1 为例，因为$n_1=n_2=n_3=n_4=5$，并且$S_1^2=442.5,\quad S_2^2=697.7,\quad S_3^2=249.2,\quad S_4^2=233.7$，由此可计算统计量的值$H=\frac{697.7}{233.7}=2.9855$. 另一方面，给定显著水平$\alpha=0.05$，查附表 8 知，$H_{0.95}(4,4)=39.529$，显然$H$值小于临界值，表明没有理由拒绝$H_0$，即认为三个总体方差间无显著差异.

2. Bartlett 检验法

由公式(6.2.8)知，$S_{\mathrm{E}}^2=\sum_{i=1}^{r}(n_i-1)S_{\mathrm{E}_i}^2$，则

$$\overline{S}_{\mathrm{E}}^2=\frac{1}{n-r}\sum_{i=1}^{r}(n_i-1)S_{\mathrm{E}_i}^2=\sum_{i=1}^{r}\frac{(n_i-1)}{n-r}S_{\mathrm{E}_i}^2$$

由于$n-r=\sum_{i=1}^{r}(n_i-1)$，因此$\overline{S}_{\mathrm{E}}^2$是$r$个样本方差$S_{\mathrm{E}_1}^2,S_{\mathrm{E}_2}^2,\cdots,S_{\mathrm{E}_r}^2$的加权平均数. 又定义$r$个样本方差$S_{\mathrm{E}_1}^2,S_{\mathrm{E}_2}^2,\cdots,S_{\mathrm{E}_r}^2$的几何平均数为

$$S_{\mathrm{GE}}^2=\left(\prod_{i=1}^{r}(S_{\mathrm{E}_i}^2)^{n_i-1}\right)^{\frac{1}{n-r}} \tag{6.2.17}$$

由于几何平均数总是不会超过算术(加权)平均数，则

$$S_{\mathrm{GE}}^2\leqslant\overline{S}_{\mathrm{E}}^2 \tag{6.2.18}$$

其中等号成立当且仅当诸$S_{\mathrm{E}_1}^2,S_{\mathrm{E}_2}^2,\cdots,S_{\mathrm{E}_r}^2$相等.

如果诸$S_{\mathrm{E}_1}^2,S_{\mathrm{E}_2}^2,\cdots,S_{\mathrm{E}_r}^2$之间差异越大，则$S_{\mathrm{GE}}^2,\overline{S}_{\mathrm{E}}^2$之间的差异也越大. 因此，在$H_0$的假定下，$\dfrac{\overline{S}_{\mathrm{E}}^2}{S_{\mathrm{GE}}^2}$应该接近于 1. 为此，建立如下检验统计量：

$$B=\frac{n-r}{C}\ln(\overline{S}_{\mathrm{E}}^2/S_{\mathrm{GE}}^2) \tag{6.2.19}$$

其中$C=1+\dfrac{1}{3(r-1)}\left(\sum_{i=1}^{r}\dfrac{1}{n_i-1}-\dfrac{1}{n-r}\right)$.

并且 Bartlett 证明了，在大样本场合下，$B\sim\chi^2(r-1)$. 对给定显著水平α下，H_0的拒绝域为

$$\chi_0=\{B>\chi_{1-\alpha}^2(r-1)\} \tag{6.2.20}$$

该方法要求$n_i\geqslant 5$.

例 6.2.1　为研究各产地绿茶的叶酸含量是否有显著差异，选择了四个产地的绿茶，其测试数据如表 6.2.8 所示.

表 6.2.8　绿茶的叶酸含量　(单位：mg)

产地	叶酸含量						
A_1	7.9	6.2	6.6	8.6	8.9	10.1	9.6
A_2	5.7	7.5	9.8	6.1	8.4		
A_3	6.4	7.1	7.9	4.5	5	4	
A_4	6.8	7.5	5	5.3	6.1	7.4	

解　这是一个单因素方差分析的问题，研究指标为叶酸含量，影响因素为产地 A，它有四个水平.

在 Excel 软件平台上进行单因素方差分析，得到计算结果，如表 6.2.9、表 6.2.10 所示.

表 6.2.9 基本数据表

组	观测数	求和	平均	方差
行 1	7	57.9	8.271	2.139
行 2	5	37.5	7.500	2.825
行 3	6	34.9	5.817	2.406
行 4	6	38.1	6.350	1.123

表 6.2.10 单因素方差分析表

方差来源	自由度	平方和	均方差	f值	p值	F临界值
组间	3	23.496	7.832	3.749	0.028	3.098
组内	20	41.778	2.089			
总计	23	65.273				

提出方差齐性检验假设

$$H_0:\sigma_1^2=\sigma_2^2=\sigma_3^2=\sigma_4^2,\quad H_1:\sigma_1^2,\sigma_2^2,\sigma_3^2,\sigma_4^2\text{不全相等}$$

采用 Bartlett 检验法.

由表 6.2.9 知，$n_1=7$，$n_2=5$ $n_3=6$，$n_4=6$，$r=4$．$S_{E_1}^2=2.139$，$S_{E_2}^2=2.825$，$S_{E_3}^2=2.406$，$S_{E_4}^2=1.123$．由(6.2.17)式计算$S_{GE}^2=1.9824$.

由表 6.2.10 知，$\overline{S}_E^2=2.089$.

可计算

$$C=1+\frac{1}{3\times3}\left(\frac{1}{6}+\frac{1}{4}+\frac{1}{5}+\frac{1}{5}-\frac{1}{20}\right)=1.0852,\quad B=\frac{n-r}{C}\ln\left(\frac{\overline{S}_E^2}{S_{GE}^2}\right)=0.9655$$

因为$B=0.9655<\chi_{0.95}^2(4-1)=7.8147$，所以不拒绝$H_0$，认为在各水平$A_i$下的方差均无显著差异，方差齐性成立，即$H_0:\sigma_1^2=\sigma_2^2=\sigma_3^2=\sigma_4^2$成立.

进一步地提出单因素方差分析检验

$$H_0:\mu_1=\mu_2=\mu_3=\mu_4,\quad H_1:\mu_1,\mu_2,\mu_3,\mu_4\text{不全相等} \tag{6.2.21}$$

表 6.2.10 的计算结果显示，$p=0.028<0.05$，表明在显著水平$\alpha=0.05$下，拒绝(6.2.21)式中的H_0，说明四个地区生产的绿茶的叶酸含量有显著差异.

6.3 双因素方差分析

6.3.1 基本概念

在更多的情况下，影响因变量变化的不仅仅是一个自变量，而可能同时有两个或者更多自变量在共同影响. 例如，在比较三个品种的松树在四个不同的地区的生长速度有无显著差别时，就有品种和地区两个因素要考虑. 这种考虑两个因素对试验指标影响的方差分析称为双因素方差分析.

与单因素试验相比，双因素试验要复杂一些，主要考虑以下三种情况.

1) 因素的属性

因素 A 或 B 可能是定量的，也可能是定性的. 例如，考虑某化工产品的得率 Y，影响试验指标 Y 的有试验条件 A、温度 B 等因素，那么因素 A 是定性的，因素 B 是定量的.

2) 因素间的关系

因素 A, B 可能是平等关系，也可能是非平等关系. 平等关系是指因素 A 或 B 可自由选取各自的水平，然后考虑在所有水平组合 (A_i, B_j) $(i=1,2,\cdots,r; j=1,2,\cdots,s)$ 下安排试验，这种试验称为交叉试验. 非平等关系是指因素 A, B 可能具有从属关系. 例如，在人造纤维的生产中，第一道工序是生产人造纤维的液体材料，第二道工序是用机械方法将液体材料抽丝. 因此，第一道工序中的因素(混合材料 A)将影响第二道工序中的因素(抽丝工艺 B)，这种状况称为非平等的. 本书中仅考虑平等关系的交叉试验.

3) 因素间有无交互效应

在双因素试验中，不仅要考虑和估计每个因素的水平效应(亦称为主效应)，还要考虑两个因素 A,B 之间的交互效应，记为 $A\times B$. 特别地，在所有水平组合 (A_i, B_j) $(i=1,2,\cdots,r; j=1,2,\cdots,s)$ 下对指标 Y 做无重复试验，则因素 A 与 B 之间无交互效应. 显然，没有交互效应的双因素试验比较容易处理.

如何判断两个因素间有无交互效应呢？主要从每个因素的水平变化如何引起试验指标变化方面来加以辨别. 例如，假设因素 A 有两个水平 A_1, A_2，因素 B 有两个水平 B_1, B_2，且双因素的试验结果有如下两种情形：

	A_1	A_2
B_1	10	40
B_2	30	12

	A_1	A_2
B_1	10	30
B_2	20	40

与之对应的折线图如图 6.3.1 所示.

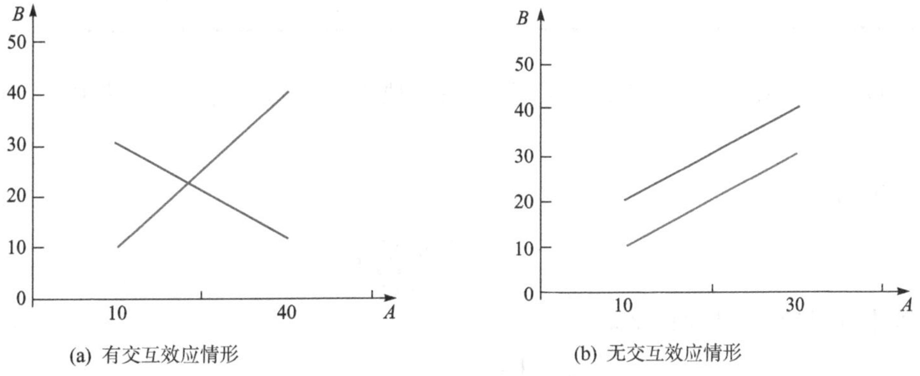

图 6.3.1　两因素水平变化引起试验指标变化的示意图

图 6.3.1 显示，两条直线或者平行或者相交. 其中图 6.3.1(b)的特征是，当固定因素 B 水平为 B_1 时，让因素 A 的水平从 A_1 变为 A_2 时，响应值增加 20；当固定因素 B 水平为 B_2 时，让因

素 A 的水平从 A_1 变为 A_2 时，响应值同样增加 20，这显示增量与 B 的水平无关. 而图 6.3.1(a)的特征是，当固定因素水平 B_1 时，让因素 A 的水平从 A_1 变到 A_2 时，响应值增加 30；当固定因素水平为 B_2 时，让因素 A 的水平从 A_1 变到 A_2 时，响应值减少 18，表明增量与因素 B 的水平有关，即 A,B 有交互效应.

综上所述，两个因素之间的交互效应的判断原则是：两条直线呈平行(或近似平行)关系，说明因素 A,B 之间没有交互效应，如图 6.3.1(b)所示；两条直线呈相交的关系，说明因素 A,B 之间有交互效应，如图 6.3.1(a)所示.

以下分别就无重复试验和有重复试验这两种情形来讨论双因素的方差分析.

6.3.2 双因素无重复试验的方差分析

在例 6.1.1 中除了考虑冰箱品牌对销售量的影响以外，还要考虑地域的影响作用. 设影响销售量的因素为 A,B. 这时因素 A 有 4 个水平，因素 B 有 5 个水平，它们的组合 (A_i,B_j) $(i=1,2,3,4;j=1,2,3,4,5)$ 数就有 20 个，数据结构如表 6.1.2 所示.

一般的情况是，设有两个因素 A,B 影响着试验指标 Y，因素 A 有 r 个水平 $A_1,A_2,\cdots,A_r$，因素 B 有 s 个水平 $B_1,B_2,\cdots,B_s$，因素 A,B 不同水平的每种组合 (A_i,B_j) 都只做一次试验，得到观测值 y_{ij}，它被看作是从各正态总体 $Y_{ij}\sim N(\mu_{ij},\sigma^2)$ $(i=1,2,\cdots,r;j=1,2,\cdots,s)$ 中抽取一个样本观测值，其数据结构如表 6.3.1 所示.

表 6.3.1　双因素分析的无重复试验数据结构表

因素 A \ 指标 Y \ 因素 B	B_1	B_2	$\cdots$	B_s
A_1	y_{11}	y_{12}	$\cdots$	y_{1s}
A_2	y_{21}	y_{22}	$\cdots$	y_{2s}
$\vdots$	$\vdots$	$\vdots$		$\vdots$
A_r	y_{r1}	y_{r2}	$\cdots$	y_{rs}

假设 Y_{ij} $(i=1,2,\cdots,r;j=1,2,\cdots,s)$ 之间相互独立，且 $Y_{ij}=\mu_{ij}+\varepsilon_{ij}$，其中 ε_{ij} 独立同分布，$\varepsilon_{ij}\sim N(0,\sigma^2)$. 记

总平均

$$\bar{\mu}=\frac{1}{rs}\sum_{i=1}^{r}\sum_{j=1}^{s}\mu_{ij}$$

因素 A 的第 i 个水平的平均

$$\bar{\mu}_{i\cdot}=\frac{1}{s}\sum_{j=1}^{s}\mu_{ij},\qquad i=1,2,\cdots,r$$

因素 B 的第 j 个水平的平均

$$\bar{\mu}_{\cdot j}=\frac{1}{r}\sum_{i=1}^{r}\mu_{ij}, \quad j=1,2,\cdots,s$$

因素 A 的第 i 个水平 A_i 的效应

$$\alpha_i=\bar{\mu}_{i\cdot}-\bar{\mu}, \quad i=1,2,\cdots,r$$

因素 B 的第 j 个水平 B_j 的效应

$$\beta_j=\bar{\mu}_{\cdot j}-\bar{\mu}, \quad j=1,2,\cdots,s$$

容易验证，$\sum_{i=1}^{r}\alpha_i=0$，$\sum_{j=1}^{s}\beta_j=0$.

在上述基本假定下，有如下的线性模型

$$\begin{cases}Y_{ij}=\bar{\mu}+\alpha_i+\beta_j+\varepsilon_{ij}\\ \varepsilon_{ij}\sim N(0,\sigma^2), \text{且各}\varepsilon_{ij}\text{相互独立}, \ i=1,2,\cdots,r; j=1,2,\cdots,s\end{cases} \tag{6.3.1}$$

与单因素方差分析类似，判断因素 A 的影响作用是否显著等价于检验假设

$$H_{01}:\alpha_1=\alpha_2=\cdots=\alpha_r=0, \quad H_{11}:\alpha_1,\alpha_2,\cdots,\alpha_r \ \text{不全为零}$$

判断因素 B 的影响作用是否显著等价于检验假设

$$H_{02}:\beta_1=\beta_2=\cdots=\beta_s=0, \quad H_{12}:\beta_1,\beta_2,\cdots,\beta_s \ \text{不全为零}$$

双因素方差分析类似于单因素方差分析，也有平方和分解公式

$$S_{\mathrm{T}}^2=S_A^2+S_B^2+S_{\mathrm{E}}^2$$

以及关于 $S_A^2,S_B^2,S_{\mathrm{E}}^2$ 的分布定理.

定理 6.3.1　在双因素模型(6.3.1)和假设 H_{01},H_{02} 成立的条件下，有

(1) $\dfrac{S_{\mathrm{T}}^2}{\sigma^2}\sim\chi^2(n-1)$，其中 $n=rs$；

(2) $\dfrac{S_A^2}{\sigma^2}\sim\chi^2(r-1)$，$\dfrac{S_B^2}{\sigma^2}\sim\chi^2(s-1)$；

(3) S_{E}^2 分别与 S_A^2,S_B^2 独立，且 $\dfrac{S_{\mathrm{E}}^2}{\sigma^2}\sim\chi^2((r-1)(s-1))$.

基于定理 6.3.1 的双因素无重复试验的方差分析表如表 6.3.2 所示.

表 6.3.2　无交互效应的双因素试验方差分析表

方差来源	自由度	平方和	均方差	f 值	p 值	F 临界值
因素 A	$r-1$	S_A^2	$\bar{S}_A^2$	$f_A=\bar{S}_A^2/\bar{S}_{\mathrm{E}}^2$	p_A	$F_{1-\alpha}(r-1,(r-1)(s-1))$
因素 B	$s-1$	S_B^2	$\bar{S}_B^2$	$f_B=\bar{S}_B^2/\bar{S}_{\mathrm{E}}^2$	p_B	$F_{1-\alpha}(s-1,(r-1)(s-1))$
误差	$(r-1)(s-1)$	S_{E}^2	$\bar{S}_{\mathrm{E}}^2$			
总和	$rs-1$	S_{T}^2				

注：$f_A=F_{1-p_A}(r-1,(r-1)(s-1))$，$f_B=F_{1-p_B}(s-1,(r-1)(s-1))$.

根据表 6.3.1 中的试验数据，方差分析的计算步骤如下：

第一步，计算 $n = rs$，$\overline{y}_{i\cdot} = \frac{1}{s}\sum_{j=1}^{s} y_{ij}$，$\overline{y}_{\cdot j} = \frac{1}{r}\sum_{i=1}^{r} y_{ij}$，$\overline{y} = \frac{1}{rs}\sum_{i=1}^{r}\sum_{j=1}^{s} y_{ij}$.

第二步，计算 $S_A^2 = s\sum_{i=1}^{r}(\overline{y}_{i\cdot} - \overline{y})^2$，$S_B^2 = r\sum_{j=1}^{s}(\overline{y}_{\cdot j} - \overline{y})^2$，$S_E^2 = \sum_{i=1}^{r}\sum_{j=1}^{s}(y_{ij} - \overline{y}_{i\cdot} - \overline{y}_{\cdot j} + \overline{y})^2$.

第三步，计算 S_A^2，S_B^2，S_E^2 的自由度.

第四步，计算方差分析表 6.3.2.

第五步，由表 6.3.2 的数据信息作出判断：

对给定的显著水平 α，

(1) 当 $f_A \geqslant F_{1-\alpha}(r-1,(r-1)(s-1))$，或 $p_A \leqslant \alpha$ 时，则拒绝 H_{01}，认为因素 A 对试验结果有显著影响，否则接受 H_{01}；

(2) 当 $f_B \geqslant F_{1-\alpha}(s-1,(r-1)(s-1))$，或 $p_B \leqslant \alpha$ 时，则拒绝 H_{02}，认为因素 B 对试验结果有显著影响，否则接受 H_{02}.

如果拒绝 H_{01} 或 H_{02} 说明因素 A 或 B 对试验结果有显著影响，还需要进一步估计效应 α_i 或 β_j 的值. 由 α_i, β_j 的大小可说明水平 A_i 或 B_j 的影响程度.

α_i, β_j 的无偏估计分别是

$$\hat{\alpha}_i = \overline{y}_{i\cdot} - \overline{y}, \quad i = 1,2,\cdots,r$$

$$\hat{\beta}_j = \overline{y}_{\cdot j} - \overline{y}, \quad j = 1,2,\cdots,s$$

例 6.3.1　继续考虑影响冰箱销售量的因素问题，设冰箱品牌 A 和地域 B 为影响销售量的两个因素，水平分别为 $A_1, A_2, A_3, A_4; B_1, B_2, B_3, B_4, B_5$，数据结构表如表 6.3.3 所示. 试分析品牌与地域对冰箱销售量的影响作用是否显著($\alpha = 0.05$).

表 6.3.3　冰箱品牌在不同城市的销量数据

销售量/台		地域				
		B_1	B_2	B_3	B_4	B_5
品牌	A_1	358	323	353	343	308
	A_2	345	368	363	330	303
	A_3	288	280	298	260	298
	A_4	365	350	343	340	323

解　因为各组(A_i, B_j)中只采样一个数据，在这种情况下没有交互效应. 要检验的假设是

$$H_{01}: \alpha_1 = \alpha_2 = \alpha_3 = \alpha_4 = 0, \quad H_{11}: \alpha_1, \alpha_2, \alpha_3, \alpha_4 \text{不全为零}$$

$$H_{02}: \beta_1 = \beta_2 = \beta_3 = \beta_4 = \beta_5 = 0, \quad H_{12}: \beta_1, \beta_2, \beta_3, \beta_4, \beta_5 \text{不全为零}$$

利用统计软件 Excel 或 SPSS，可以得到下列方差分析表 6.3.4.

表 6.3.4　双因素方差分析表

方差来源	自由度	平方和	均方差	f 值	p 值	F 临界值
因素 A	3	11978.55	3992.8500	13.5977	0.0004	3.4903
因素 B	4	2968.7	742.1750	2.5275	0.0957	3.2592

续表

方差来源	自由度	平方和	均方差	f 值	p 值	F 临界值
误差	12	3523.7	293.6417			
总和	19	18470.95				

给定显著水平 a=0.05，由表 6.3.4 得到 F 临界值 $F_{0.95}(3,12)=3.4903$, $F_{0.95}(4,12)=3.2592$. 因为 $f_A= 13.5977>F_{0.95}(3,12)= 3.4903$, $f_B=2.5275<F_{0.95}(4,12)=3.2592$，所以，拒绝 H_{01}，接受 H_{02}. 即根据现有数据资料，有 95%的把握推断冰箱品牌对销售量的影响显著，而冰箱销售地域对销售量影响不大. 由表 6.3.5 知，进一步地对因素 A 进行统计分析，可以根据效应的估计公式 $\hat{\alpha}_i=\overline{y}_{i.}-\overline{y}\ (j=1,2,3)$，计算因素 A 各水平下的效应值

$\hat{\alpha}_1=\overline{y}_{1.}-\overline{y}=337-326.95=10.05$,　　$\hat{\alpha}_2=\overline{y}_{2.}-\overline{y}=341.8-326.95=14.85$

$\hat{\alpha}_3=\overline{y}_{3.}-\overline{y}=284.8-326.95=-42.15$,　　$\hat{\alpha}_4=\overline{y}_{4.}-\overline{y}=344.2-326.95=17.25$

表 6.3.5　双因素基本数据信息表

	观测数	求和	平均	方差
行 1	5	1685	337	442.5
行 2	5	1709	341.8	697.7
行 3	5	1424	284.8	249.2
行 4	5	1721	344.2	233.7
列 1	4	1356	339	1224.67
列 2	4	1321	330.25	1464.25
列 3	4	1357	339.25	822.92
列 4	4	1273	318.25	1538.92
列 5	4	1232	308	116.67

显然 $\hat{\alpha}_4$ 是最大值，说明 A_4 为最优水平. 事实上，品牌 1,2,4 的销售量相差不大，都为人们所青睐，而品牌 3 相对较差. 地域 1,2 销售量较好.

6.3.3　双因素等重复试验的方差分析

设影响试验指标 Y 的有两个因素 A,B，因素 A 有 r 个水平 $A_1,A_2,\cdots,A_r$，因素 B 有 s 个水平 $B_1,B_2,\cdots,B_s$，因素 A,B 的不同水平的每种组合 (A_i,B_j) 都做 n 次试验，得到观测值 $y_{ijk}\ (k=1,2,\cdots,n)$，它被看作是从正态总体 $Y_{ij}\sim N(\mu_{ij},\sigma^2)$ ($i=1,2,\cdots,r;j=1,2,\cdots,s$)中抽取的一个容量为 n 的样本观测值. 值得注意的是，这时会产生交互效应 $A\times B$. 数据结构如表 6.3.6 所示.

表 6.3.6　双因素分析的 n 重试验数据表

指标 Y / 因素 B / 因素 A	B_1	B_2	$\cdots$	B_s
A_1	$y_{111},\cdots,y_{11n}$	$y_{121},\cdots,y_{12n}$	$\cdots$	$y_{1s1},\cdots,y_{1sn}$
A_2	$y_{211},\cdots,y_{21n}$	$y_{221},\cdots,y_{22n}$	$\cdots$	$y_{2s1},\cdots,y_{2sn}$
$\vdots$	$\vdots$	$\vdots$		$\vdots$
A_r	y_{11},y_{r1n}	$y_{r21},\cdots,y_{r2n}$	$\cdots$	$y_{rs1},\cdots,y_{rsn}$

符号约定：

总平均

$$\bar{\mu}=\frac{1}{rs}\sum_{i=1}^{r}\sum_{j=1}^{s}\mu_{ij}$$

因素 A 的第 i 个水平的平均

$$\bar{\mu}_{i\cdot}=\frac{1}{s}\sum_{j=1}^{s}\mu_{ij}\,,\qquad i=1,2,\cdots,r$$

因素 B 的第 j 个水平的平均

$$\bar{\mu}_{\cdot j}=\frac{1}{r}\sum_{i=1}^{r}\mu_{ij}\,,\qquad j=1,2,\cdots,s$$

因素 A 的第 i 个水平 A_i 的效应

$$\alpha_i=\bar{\mu}_{i\cdot}-\bar{\mu}\,,\qquad i=1,2,\cdots,r$$

因素 B 的第 j 个水平 B_j 的效应

$$\beta_j=\bar{\mu}_{\cdot j}-\bar{\mu}\,,\qquad j=1,2,\cdots,s$$

除此之外，还有交互效应

$$\gamma_{ij}=(\mu_{ij}-\bar{\mu})-\alpha_i-\beta_j\,,\qquad i=1,2,\cdots,r\,;\,j=1,2,\cdots,s$$

则有线性模型

$$\begin{cases}Y_{ijk}=\bar{\mu}+\alpha_i+\beta_j+\gamma_{ij}+e_{ijk}\\ e_{ijk}\sim N(0,\sigma^2),\text{且各}e_{ijk}\text{相互独立}\\ i=1,2,\cdots,r;\,j=1,2,\cdots,s;\,k=1,2,\cdots,n\end{cases}\tag{6.3.2}$$

其中 $\sum_{i=1}^{r}\alpha_i=0,\quad \sum_{j=1}^{s}\beta_j=0,\quad \sum_{i=1}^{r}\gamma_{ij}=0(j=1,2,\cdots,s),\quad \sum_{j=1}^{s}\gamma_{ij}=0(i=1,2,\cdots,r)$.

与双因素无重复试验的方差分析类似，判断因素 A 的影响作用是否显著等价于检验假设

$$H_{01}:\alpha_1=\alpha_2=\cdots=\alpha_r=0,\quad H_{11}:\alpha_1,\alpha_2,\cdots,\alpha_r\text{不全为零}$$

判断因素 B 的影响作用是否显著等价于检验假设

$$H_{02}:\beta_1=\beta_2=\cdots=\beta_s=0,\quad H_{12}:\beta_1,\beta_2,\cdots,\beta_s\text{不全为零}$$

与双因素无重复的方差分析不同的是还需要判断因素 A,B 的交互效应的影响作用是否显著，此判断等价于检验假设

$$H_{03}:\gamma_{ij}=0(i=1,2,\cdots,r;\,j=1,2,\cdots,s)$$

$$H_{13}:\gamma_{ij}(i=1,2,\cdots,r;j=1,2,\cdots,s)\text{不全为零}$$

相应的方差分析表如表 6.3.7 所示.

表 6.3.7　有交互效应的双因素方差分析表

方差来源	自由度	平方和	均方差	f 值	p 值
因素 A	$r-1$	S_A^2	$\overline{S}_A^2$	$f_A=\overline{S}_A^2/\overline{S}_E^2$	p_A
因素 B	$s-1$	S_B^2	$\overline{S}_B^2$	$f_B=\overline{S}_B^2/\overline{S}_E^2$	p_B
交互效应 $A\times B$	$(r-1)(s-1)$	$S_{A\times B}^2$	$\overline{S}_{A\times B}^2$	$f_{A\times B}=\overline{S}_{A\times B}^2/\overline{S}_E^2$	$p_{A\times B}$
误差	$rs(n-1)$	S_E^2	$\overline{S}_E^2$		
总和	$rsn-1$	S_T^2			

根据表 6.3.6 中的数据，方差分析表的计算步骤如下：

第一步，$m=rsn$，$\overline{y}_{i\cdot\cdot}=\dfrac{1}{sn}\sum_{j=1}^{s}\sum_{k=1}^{n}y_{ijk}$，$\overline{y}_{\cdot j\cdot}=\dfrac{1}{rn}\sum_{i=1}^{r}\sum_{k=1}^{n}y_{ijk}$，$\overline{y}_{ij\cdot}=\dfrac{1}{n}\sum_{k=1}^{n}y_{ijk}$，$\overline{y}=\dfrac{1}{rsn}\sum_{i=1}^{r}\sum_{j=1}^{s}\sum_{k=1}^{n}y_{ijk}$.

第二步，计算各类平方和

$$S_T^2=\sum_{i=1}^{r}\sum_{j=1}^{s}\sum_{k=1}^{n}(y_{ijk}-\overline{y}\,)^2,\quad S_A^2=sn\sum_{i=1}^{r}(\overline{y}_{i\cdot\cdot}-\overline{y})^2,\quad S_B^2=rn\sum_{j=1}^{s}(\overline{y}_{\cdot j\cdot}-\overline{y})^2$$

$$S_E^2=\sum_{i=1}^{r}\sum_{j=1}^{s}\sum_{k=1}^{n}(y_{ijk}-\overline{y}_{ij\cdot})^2,\qquad S_{A\times B}^2=S_T^2-S_A^2-S_B^2-S_E^2$$

第三步，计算方差分析表 6.3.7.

第四步，由表 6.3.7 中的计算结果作出判断：

对给定的显著性水平 α，

(1) 当 $f_A\geqslant F_{1-\alpha}(r-1,rs(n-1))$，或 $p_A\leqslant\alpha$ 时，则拒绝 H_{01}，认为因素 A 对试验结果有显著影响，否则接受 H_{01}；

(2) 当 $f_B\geqslant F_{1-\alpha}(s-1,rs(n-1))$，或 $p_B\leqslant\alpha$ 时，则拒绝 H_{02}，认为因素 B 对试验结果有显著影响，否则接受 H_{02}；

(3) 当 $f_{A\times B}\geqslant F_{1-\alpha}((r-1)(s-1),rs(n-1))$，或 $p_{A\times B}\leqslant\alpha$ 时，则拒绝 H_{03}，认为因素 $A\times B$ 对试验结果有显著影响，否则接受 H_{03}.

如果拒绝 H_{01} 或 H_{02} 或 H_{03}，说明因素 A 或 B 或 $A\times B$ 对试验结果有显著影响，还需要进一步估计效应 α_i,β_j 和 γ_{ij} 的值. α_i,β_j 和 γ_{ij} 的值的大小可说明水平 A_i,B_j 或 A_i 与 B_j 的组合的影响程度.

α_i,β_j 和 γ_{ij} 的无偏估计分别是

$$\hat{\alpha}_i=\overline{y}_{i\cdot\cdot}-\overline{y},\quad \hat{\beta}_j=\overline{y}_{\cdot j\cdot}-\overline{y},\quad \hat{\gamma}_{ij}=\overline{y}_{ij\cdot}-\overline{y}_{i\cdot\cdot}-\overline{y}_{\cdot j\cdot}+\overline{y},\quad i=1,2,\cdots,r;j=1,2,\cdots,s$$

例 6.3.2　某集团在三个城市开设了连锁店，为了检查销售地点与品种对产品销售量的影响，该集团进行了抽样调查，考察了 3 个城市 2 个品种的产品销售量，并重复抽样 2 次，具体数据如表 6.3.8 所示.

表 6.3.8　影响产品销量的城市、品种的双因素可重复实验数据表

城市(A)	品种(B)			
	B_1		B_2	
A_1	25	17	37	24
A_2	38	25	60	57
A_3	41	37	76	63

试以 0.05 为显著水平检验销售地点、销售品种以及交互效应对销售量是否有显著的影响.

解　采用 Excel 软件进行计算. 首先将数据结构按下列形式输入:

	B_1	B_2
A_1	25	37
	17	24
A_2	38	60
	25	57
A_3	41	76
	37	63

由 Excel 的数据分析中的"方差分析：可重复双因素"工具, 选择每一样本的行数为 2, 输出结果如表 6.3.9 和表 6.3.10 所示.

表 6.3.9　数据描述表

		B_1	B_2	总计
A_1	观测数	2	2	4
	求和	42	61	103
	平均	21	30.5	25.75
	方差	32	84.5	68.917
A_2	观测数	2	2	4
	求和	63	117	180
	平均	31.5	58.5	45
	方差	84.5	4.5	272.667
A_3	观测数	2	2	4
	求和	78	139	217
	平均	39	69.5	54.25
	方差	8	84.5	340.917
总计	观测数	6	6	12
	求和	183	317	500
	平均	30.5	52.833	41.667
	方差	90.3	358.167	339.879

表 6.3.10　有交互效应的双因素方差分析表

方差来源	自由度	平方和	均方差	f 值	p 值	F 临界值
因素 A	2	1691.167	845.583	17.025	0.003	5.1433
因素 B	1	1496.333	1496.333	30.128	0.002	5.9874
交互效应 $A\times B$	2	253.167	126.583	2.549	0.158	5.1433
误差	6	298	49.667			
总和	11	3738.667				

表6.3.9反映了数据的基本信息，譬如，$\overline{y}_{12\cdot}=30.5$，$\overline{y}_{\cdot 2\cdot}=52.833$，$\overline{y}_{1\cdot\cdot}=25.75$，$\overline{y}=41.667$. 表6.3.10提供了表6.3.7中符号的具体计算结果. 取显著水平为0.05，由表6.3.10中数据知，$f_A=17.025>5.1433=F_{0.95}(2,6)$，$f_B=30.128>5.9874=F_{0.95}(1,6)$，$f_{A\times B}=2.549<5.1433=F_{0.95}(2,6)$，表明销售地点 A、品种 B 对产品的销售量 Y 都有显著影响. 而它们的交互效应 $A\times B$ 却对产品销量没有显著影响. 由 p 值同样说明结论成立，因为 p_A,p_B 的值均小于0.05，而 $p_{A\times B}$ 却大于0.05.

如何找出最佳销量的条件呢？这就需要寻求产品销量达最大的地点和品种. 首先，需要估计各参数 α_i,β_j 的效应值 $\hat{\alpha}_i,\hat{\beta}_j$.

$$\hat{\alpha}_1=\overline{y}_{1\cdot\cdot}-\overline{y}=25.75-41.667=-15.917$$
$$\hat{\beta}_1=\overline{y}_{\cdot 1\cdot}-\overline{y}=30.5-41.667=-11.167$$
$$\hat{\alpha}_2=\overline{y}_{2\cdot\cdot}-\overline{y}=45.00-41.667=3.333$$
$$\hat{\beta}_2=\overline{y}_{\cdot 2\cdot}-\overline{y}=52.833-41.667=11.667$$
$$\hat{\alpha}_3=\overline{y}_{3\cdot\cdot}-\overline{y}=54.25-41.667=12.589$$

由于不考虑交互作用，则使产品销量达最大的地域为 A_3，品种为 B_2.

6.4　正 交 设 计

一般在科技攻关或产品技术革新等项目中，所考察的指标(因变量)受到多个(多于两个)因素的影响，而这些因素又是离散的. 如何确定各个因素对因变量影响的大小，并选择各个因素水平的最佳组合，这就是多因素方差分析问题，它是双因素方差分析问题的延伸. 多因素方差分析问题更加复杂，若处理的数据量较多，则计算量较大. 例如，欲寻找最佳的鸭肉天然复合保鲜剂，试验指标为得率，主要的影响因素为茶多酚的浓度(%)、增效剂种类、被膜剂种类和浸泡时间(单位：min)共四个因素. 如果在每个因素下有 4 个水平可选择，那么，需要做 4 个因素的 $4^4=256$ 个水平组合的试验；如果每个因素下选择 7 个水平，则需做 $7^4=2401$ 次全面试验；若再考虑重复 5 次试验，则试验次数达到 12005 次，即产生 12005 个数据，数据量呈指数增长. 全面完成这些实验，往往需要投入大量的人力、物力、财力. 于是，希望只选做其中的部分试验，而这部分试验又能较好地反映全面试验的情况. 因此，必须事先对试验进行合理的安排，也就是要进行试验设计(experiment design).

试验设计始于20世纪20年代，最初用于农业生产试验，后逐渐推广应用于工业生产和科学技术研究. 试验设计是以数理统计为基础，科学地安排多因素试验的一类实用性很强的统计方法. 它的主要任务是研究如何合理地安排试验以使试验次数尽可能地少, 并根据这些试验结果推断出因素的最佳水平组合方案. 正交设计(orthogonal design)是最常用的一类试验设计, 它通过正交表巧妙地安排实验方案, 利用方差分析方法对试验结果进行统计分析, 推断出多因素的最佳水平组合. 由于正交设计采用了水平组合均衡的原则, 所选择的实验方案具有“均衡分散”和“整齐可比”的特点, 因而大大减少了试验次数, 同时又具有较高的统计推断效力, 已广泛应用于工农业生产等各个领域.

正交设计包括正交试验设计和试验结果分析两部分.

6.4.1　正交设计的基本原理

例 6.4.1　研究表明, 运动是控制糖尿病患者餐后血糖的重要治疗手段. 医生们需要研究餐后的运动何时开始、持续时间多长、运动强度多大, 才能有效控制糖尿病患者的餐后血糖, 从而科学地制定出最佳的运动治疗方案. 将糖尿病患者的餐后血糖作为试验指标 Y, 它是连续型变量, 而将餐后运动的开始时间(A)、运动的持续时间(B)、运动强度(C)作为影响餐后血糖的因素, 即为解释变量, 每个变量取 3 个水平, 具体如表 6.4.1 所示.

表 6.4.1　糖尿病患者的餐后运动因素和水平表

水平	因素		
	餐后运动开始时间 A/min	运动持续时间 B/min	运动强度 C/(km/h)
1	10	20	4
2	20	30	6
3	30	40	8

其中, 运动强度是按每小时步行 4,6,8 km 的速度测量, 试验指标 Y 的值是计算餐后血糖曲线下方面积, 记为 AUC, 单位为 mmol/L · min. 数据来源于 2010 年 5～12 月某医院住院治疗的 54 例糖尿病患者, 研究对象均符合 1999 年糖尿病诊断标准.

该例的试验指标为 AUC, 影响指标 AUC 的有 3 个因素 A,B,C, 每个因素分别对应 3 个水平 A_i,B_j,C_k, $i,j,k=1,2,3$, 全面试验包含 3 个因素的 3 个水平的所有组合, 有 $3^3=27$ 种: (A_i,B_j,C_k), $i,j,k=1,2,3$. 这些水平组合可用一个立方体的 27 个网格点表示, 如图 6.4.1 所示.

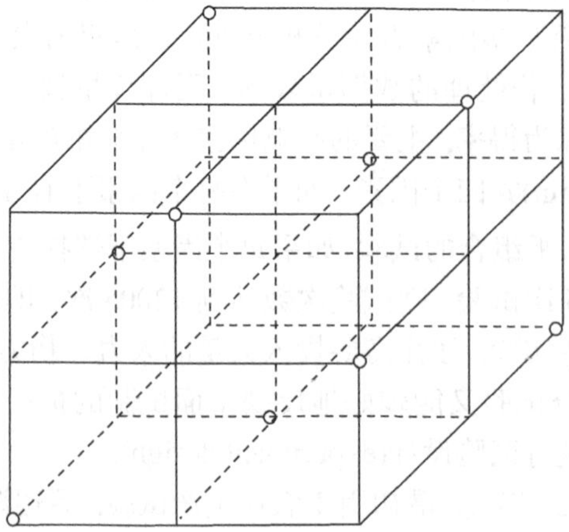

图 6.4.1　27 个网格点的示意图

正交试验设计的基本原理就是从 27 个格点(全面试验点)中选出部分格点，然后完成这部分格点对应的水平组合的试验，并分析试验结果，推断出 3 个因素的最佳水平组合．而所选格点要具有“均衡分散性”和“整齐可比性”．如图 6.4.1 中标记为“o”的 9 个格点，其特点是：立方体的每个面有 3 个“o”、每条线上有 1 个“o”．该例是通过正交表来安排试验，并获取样本数据的．

表 6.4.2　例 6.4.1 的试验安排和样本数据

组别	因素			AUC(mmol/L · min)		
	A	B	C	样本 1	样本 2	样本 3
1	1	1	1	623.25	651.45	628.29
2	1	2	2	542.62	609.99	578.64
3	1	3	3	634.29	615.24	574.16
4	2	1	2	587.67	588.35	579.5
5	2	2	3	559.17	582.69	602.39
6	2	3	1	526.25	563.34	540.94
7	3	1	3	603.32	594.27	642.27
8	3	2	1	588.58	614.34	557.34
9	3	3	2	598.26	554.71	579.46

1. 正交表的定义和性质

正交表是由一些字符组成的 $n\times m$ 矩阵，例如下面的矩阵

$$\boldsymbol{X}=\begin{pmatrix}1&1&1&1&1&1&1\\1&1&1&2&2&2&2\\1&2&2&1&1&2&2\\1&2&2&2&2&1&1\\2&1&2&1&2&1&2\\2&1&2&2&1&2&1\\2&2&1&1&2&2&1\\2&2&1&2&1&1&2\end{pmatrix}$$

这是一个 8×7 的矩阵，矩阵中的元素“1”“2”只是一个符号而已，也可以用其他符号代替，如可以将符号“a”代替“1”，符号“b”代替“2”．该矩阵具有如下特征：

(1) 每列中出现的字符“1”和“2”的频数相等，都为 4；

(2) 任意两列中，同一行对应的有序数对(1,1),(1,2),(2,1),(2,2)出现的次数相等，都等于 2.

称具有这种特征的矩阵 $\boldsymbol{X}$ 为正交表，记为 $L_8(2^7)$，它表示 8 行 7 列，每列中只有两个不同的字符．同理，正交表 $L_9(3^4)$ 表示 9 行 4 列矩阵，每列中只有 3 个不同的字符，并具有上面所述的两个特征．例 6.4.1 就是用正交表 $L_9(3^4)$ 来安排试验和获取的试验结果．

更一般的正交表的符号为 $L_n(r_1\times r_2\times\cdots\times r_m)$，其含义如图 6.4.2 所示．

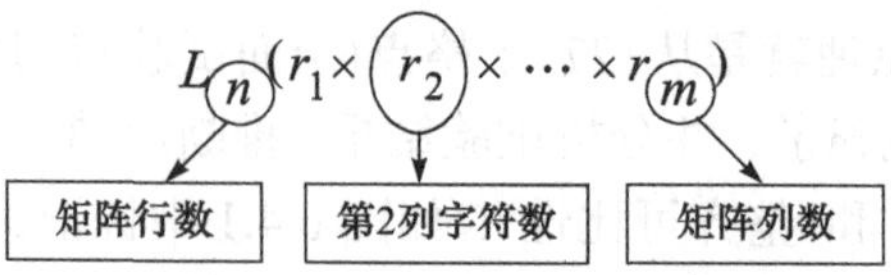

图 6.4.2　正交表符号的含义示意图

当 $r_1 = r_2 = \cdots = r_m = r$ 时，正交表符记为 $L_n(r^m)$.

正交表的有如下分类：

(1) $L_{t^n}(t^m)$ 型正交表. 其特点是满足 $m = \dfrac{t^n - 1}{t - 1}$，列数达到最大值，而且任何两列的交互效应可以单独占用一列，例如 $L_4(2^3)$, $L_8(2^7)$, $L_{16}(2^{15})$, $L_{32}(2^{31})$, $L_9(3^4)$, $L_{27}(3^{13})$, $L_{16}(4^5)$, $L_{64}(4^{21})$, $L_{25}(5^6)$. 这类正交表也称为完备正交表.

(2) $L_{4k}(t^{4k-1})$ 型正交表. 例如 $L_{12}(2^{11})$, $L_{20}(2^{19})$.但这类正交表非完备型正交表.

(3) 混合型正交表. 例如 $L_{18}(2 \times 3^7)$, $L_{12}(3 \times 2^4)$, $L_{12}(6 \times 2^2)$ 等.

在正交试验设计中，正交表的每一行对应一个水平组合试验，正交表的行数就是所要做的部分试验的次数；各列中的不同字符数表示该列所安置的因素的水平数. 当选定了一张正交表，且所考虑的多个因素都安放到正交表的列中，也确定好因素所在列的符号所代表的水平，那么，需要做的部分试验就完全确定. 下面将介绍如何利用正交表具体设计所要做的部分试验和试验结果的分析方法.

2. 正交设计的基本程序

首先要由实际问题确立因素和水平，然后进行正交试验安排，获取样本数据，进行统计分析，其基本步骤如下.

1) 合理选择正交表

一个因素放在正交表的某一列，一列只能放一个因素. 如果要考虑因素间的交互作用，那么每个交互作用也是一个因素. 因素个数应该小于正交表的列数. 每个因素的水平数应该与因素所在列的字符数一致.

2) 表头设计

如果需要考虑因素之间的交互作用，就需要进行正交表的表头设计. 一般正交表都配有两列间交互作用表，这张表指出了两列间交互作用的安放方法. 例如，如果因素 A,B 分别安排在正交表 $L_8(2^7)$ 的第 1，3 列，则在正交表 $L_8(2^7)$ 所对应的交互作用表(见附表 9)中，查找第一行第三列(或第三行第一列)所对应的元素，它为数字 2，表示 A 与 B 的交互效应 $A \times B$ 应安排在第二列.

3) 制定试验方案

对每个因素，确定所在列的各个字符所代表的因素水平.

4) 统计分析

利用正交表的特点对试验数据进行统计分析，分析哪些因素对试验指标有明显影响，诊断出哪些是主、次因素，各个因素的最佳水平组合是什么. 有以下两种统计分析法.

(1) 直观分析法.

为方便起见，假定考虑了 p 个因素，每个因素有 r 种不同的水平，每种水平在试验方案中出现了 m 次，则总的试验次数 $n=rm$，试验结果记为 $y_1,y_2,\cdots,y_n$. 为了分析每个因素的水平变化对试验结果的影响，令 $K_{lj}(l=1,2,\cdots,r;j=1,2,\cdots,p)$ 表示正交表的第 j 列(包括空列)中水平 l 对应的 m 个试验结果之和，$\bar{K}_{lj}=K_{lj}/m(l=1,2,\cdots,r;j=1,2,\cdots,p)$. 这时，可以利用 $\bar{K}_{lj}(l=1,2,\cdots,r;j=1,2,\cdots,p)$ 分析第 j 列因素的水平变化对试验指标的影响，比如，如果试验指标值是越大越好，令 $\bar{K}_{l_0 j}=\max_{l}\bar{K}_{lj}(j=1,2,\cdots,p)$，则第 j 列因素的水平 l_0 最优.

计算各个因素的极差：

$$R_j=\max_{1\leqslant l\leqslant r}\bar{K}_{lj}-\min_{1\leqslant l\leqslant r}\bar{K}_{lj},\quad j=1,2,\cdots,p \tag{6.4.1}$$

极差越大，表明这个因素对试验指标的影响越大；极差越小，表明这个因素对试验指标的影响越小. 因此，可以通过 $R_j(j=1,2,\cdots,p)$ 的大小排序，分析出主次因素. 对影响大的因素要选取使试验指标达到最佳的水平，对影响小的因素，可以任意选取一个水平，一般选取经济、实用方便的水平.

(2) 方差分析法.

直观分析法虽然计算简单、工作量小和易懂，但它不能将试验中由于试验条件改变引起的数据波动与试验误差引起的波动区分开来. 也就是说，它不能区分因素各水平间对应的试验结果的差异究竟是因素水平不同导致的还是试验误差引起的，且无法估计试验误差的大小. 此外，它还无法精确估计各因素对试验结果的影响程度，这时需要采用方差分析法.

方差分析是将数据的总变异分解为因素引起的变异和误差引起的变异两个部分，构造 F 统计量，作 F 检验，即可判断因素作用是否显著. 假设有因素 A,B,C，而且不考虑交互效应. 每个因素安排在正交表的某一列，三个因素就占有正交表的三列，还必须留有一空列，可计算误差平方和. 计算步骤简要概述如下：

(1) 平方和分解 $S_{\mathrm{T}}^2=S_A^2+S_B^2+S_C^2+S_{空列}^2$；

(2) 自由度分解 $\mathrm{df}_{\mathrm{T}}=\mathrm{df}_A+\mathrm{df}_B+\mathrm{df}_C+\mathrm{df}_{空列}$；

(3) 均方差 $\bar{S}_A^2=S_A^2/\mathrm{df}_A$，$\bar{S}_B^2=S_B^2/\mathrm{df}_B$，$\bar{S}_C^2=S_C^2/\mathrm{df}_C$，$\bar{S}_{空列}^2=S_{空列}^2/\mathrm{df}_{空列}$；

(4) F 统计量 $F_A=\bar{S}_A^2/\bar{S}_{\mathrm{E}}^2$，$F_B=\bar{S}_B^2/\bar{S}_{\mathrm{E}}^2$，$F_C=\bar{S}_C^2/\bar{S}_{\mathrm{E}}^2$，其中 $\bar{S}_{\mathrm{E}}^2=\bar{S}_{空}^2$.

(5) 列举方差分析表(表 6.4.3).

表 6.4.3　方差分析表

方差来源	自由度	平方和	均方差	f 值	p 值
因素 A	df_A	S_A^2	$\bar{S}_A^2$	$f_A=\bar{S}_A^2/\bar{S}_{空列}^2$	p_A
因素 B	df_B	S_B^2	$\bar{S}_B^2$	$f_B=\bar{S}_B^2/\bar{S}_{空列}^2$	p_B
因素 C	df_C	S_C^2	$\bar{S}_C^2$	$f_C=\bar{S}_C^2/\bar{S}_{空列}^2$	p_C
误差	$\mathrm{df}_{空列}$	$S_{空列}^2$	$\bar{S}_{空列}^2$		
总和	df_{T}	S_{T}^2			

关键需要计算 $S_A^2,S_B^2,S_C^2,S_{空列}^2$，下一节将给出具体的计算公式.

6.4.2 无交互效应的正交设计

下面通过例 6.4.1 的计算来说明无交互效应的正交设计、直观分析与方差分析.

利用表 6.4.2, 正交试验与分析步骤如下:

第一步, 选择正交表 $L_9(3^4)$, 因素 A,B,C 分别安排在正交表 $L_9(3^4)$ 的第 1,2,3 列, 每列的字符 i 对应于所在列因素的水平, 如表 6.4.4 所示.

第二步, 制定试验方案并得出试验结果. 将每个因素的三个水平与正交表所在列中的字符相对应, 得到 9 个试验方案, 如表 6.4.4 中的试验方案所示. 然后进行试验, 得到试验结果. 需要强调的是这 9 次试验对应的水平搭配应当随机决定, 例如用抽签的方式决定, 或者用计算机产生随机数编程来决定, 下面的安排只是一个特例. 表 6.4.4 中的试验结果是重复三次获得三组样本, 再对样本平均, 位于表 6.4.4 的最后一列.

表 6.4.4 具体的试验安排和样本数据处理

组别	试验方案				试验结果[AUC/(mmol/L · min)]			样本平均
	A	B	C	空列	样本 1	样本 2	样本 3	
1	1(10min)	1(20min)	1(4km/h)	1	623.25	651.45	628.29	634.33
2	1	2(30min)	2(6km/h)	2	542.62	609.99	578.64	577.08
3	1	3(40min)	3(8km/h)	3	634.29	615.24	574.16	607.90
4	2(20min)	1	2	3	587.67	588.35	579.5	585.17
5	2	2	3	2	559.17	582.69	602.39	581.42
6	2	3	1	1	526.25	563.34	540.94	543.51
7	3(30min)	1	3	2	603.32	594.27	642.27	613.29
8	3	2	1	3	588.58	614.34	557.34	586.75
9	3	3	2	1	598.26	554.71	579.46	577.48

第三步, 计算并进行直观分析.

针对表 6.4.4, $m=3$, 按最后一列计算,

$$K_{11}=634.33+577.08+607.90=1819.31$$

$$K_{12}=634.33+585.17+613.29=1832.79$$

$$K_{23}=577.08+585.17+577.48=1739.73$$

类似地计算其他的 K_{lj}, 得到 3×4 的矩阵

$$\begin{pmatrix} K_{11} & K_{12} & K_{13} & K_{14} \\ K_{21} & K_{22} & K_{23} & K_{24} \\ K_{31} & K_{32} & K_{33} & K_{34} \end{pmatrix}=\begin{pmatrix} 1819.31 & 1832.79 & 1764.59 & 1755.32 \\ 1710.10 & 1745.25 & 1739.73 & 1771.79 \\ 1777.52 & 1728.88 & 1802.60 & 1779.82 \end{pmatrix} \tag{6.4.2}$$

再计算 K_{lj} 的平均值 $\overline{K}_{lj}=K_{lj}/3$ 与 1,2,3 列的极差, 计算结果如下:

列号 j	1	2	3	4
$\overline{K}_{1j}$	606.44	610.93	588.20	585.11
$\overline{K}_{2j}$	570.03	581.75	579.91	590.60

续表

列号 j	1	2	3	4
$\bar{K}_{3j}$	592.51	576.29	600.87	593.27
R_j	36.41	34.64	20.96	

将极差由大到小排序，其结果是，控制糖尿病患者餐后血糖的运动治疗因素的主次顺序为：餐后运动开始时间(A)＞运动持续时间(B)＞运动强度(C)．实际问题是控制餐后血糖的升高，因此对第 j 列，选取 $\min\limits_{i=1,2,3} \bar{K}_{ij}$ 对应的水平 i 作为因素的最佳水平，即最佳水平组合是 $A_2B_3C_2$：餐后运动开始时间为 20min、运动持续时间为 40min、运动强度为 6km/h.

第四步，方差分析.

方差分析的关键需要计算对应矩阵(6.4.2)中每一列的方差 $S_j^2, j=1,2,3,4$，其计算公式为 $S_j^2=\dfrac{1}{r}\sum\limits_{i=1}^{r}(K_{ij}-\bar{K}_j)^2$，$\bar{K}_j=\dfrac{1}{r}\sum\limits_{i=1}^{r}K_{ij}$，$j=1,2,3,4$．可以推证 $S_{\mathrm{T}}^2=S_1^2+S_2^2+S_3^2+S_4^2$，其中 $S_{\mathrm{T}}^2=\sum\limits_{i=1}^{n}(y_i-\bar{y})^2$，$n=rm$，$\bar{y}=\dfrac{1}{n}\sum\limits_{i=1}^{n}y_i$.

由 Excel 软件计算得如下表格：

列号 j	1	2	3	4
K_{1j}	1819.31	1832.79	1764.59	1755.32
K_{2j}	1710.10	1745.25	1739.73	1771.79
K_{3j}	1777.52	1728.88	1802.60	1779.82
S_j^2	2024.28	2080.80	668.30	104.05

和方差分析表 6.4.5.

表 6.4.5　方差分析表

方差来源	自由度	平方和	均方差	f 值	p 值
因素 A	2	2024.28	1012.14	19.455	0.0489
因素 B	2	2080.80	1040.4	19.998	0.0476
因素 C	2	668.30	334.15	6.423	0.1347
误差	2	104.05	52.025		
总和	8	4877.43			

若取显著水平 $\alpha=0.05$，则由表 6.4.5 知，因素 C 的 p 值 0.1347 最大，是最不显著的，而因素 A, B 的 p 值均小于 0.05，是显著的，其主次顺序为 $B>A>C$，与直观分析法稍有区别.

6.4.3　有交互效应的正交设计及分析

在多因素试验中，有时还需考虑因素间的交互效应．下面通过一个例子来说明有交互效应的正交设计.

例 6.4.2 为分析影响钉螺产卵数 Y 的因素，主要考虑的因素有温度 A、含氧量 B、含水量 C 和 PH 值 D，每个因素有两个水平. 现希望通过正交试验设计，找出主要因素和较好的因子水平搭配，以提高钉螺产卵数. 具体的因素水平如表 6.4.6 所示.

表 6.4.6　四个因素的水平表

因素＼水平	1	2
温度 A	5℃	10℃
含氧量 B	0.5	5
含水量 C	10%	30%
PH 值 D	6	8

解决该问题按以下步骤进行.

第一步，选择正交表. 这是一个四因子两水平的试验，如果不考虑交互效应，则选择正交表 $L_8(2^7)$(表 6.4.8). 实际问题是需要考虑交互效应，但根据实际经验，只需要考虑交互效应 $A\times B$，$A\times C$，因此依然选用正交表 $L_8(2^7)$.

第二步，表头设计. 不妨将因素 A,B 分别安排在第一、二列，则在正交表 $L_8(2^7)$ 对应的交互效应表 6.4.9 中查找第一、二列所对应的数字，它是 3，表明交互效应 $A\times B$ 应该安排在第三列. 同理，如果将因素 C 安排在第四列，则正交表 $L_8(2^7)$ 对应的交互效应表中第一、四列对应的数字是 5，因此交互效应 $A\times C$ 安排在第五列. 具体的表头设计如表 6.4.7 所示.

表 6.4.7　表头设计

因子	A	B	$A\times B$	C	$C\times A$	D	空列
列号	1	2	3	4	5	6	7

表 6.4.8　正交表 $L_8(2^7)$

试验号	列号						
	1	2	3	4	5	6	7
1	1	1	1	1	1	1	1
2	1	1	1	2	2	2	2
3	1	2	2	1	1	2	2
4	1	2	2	2	2	1	1
5	2	1	2	1	2	1	2
6	2	1	2	2	1	2	1
7	2	2	1	1	2	2	1
8	2	2	1	2	1	1	2

表 6.4.9　$L_8(2^7)$ 对应的交互效应表

列号	列号						
	1	2	3	4	5	6	7
1	(1)	3	2	5	4	7	6
2		(2)	1	6	7	4	5
3			(3)	7	6	5	4
4				(4)	1	2	3
5					(5)	3	2
6						(6)	1
7							(7)
8							

第三步，制定试验方案.

建立试验方案表 6.4.10. 具体安排应该采用随机抽签的形式，如水平 A_1 对应于字符“1”还是“2”，是由随机模拟决定的. 如下的安排是其中的一种形式.

第四步，按表 6.4.10 做试验，记录试验结果 $y_i(i=1,2,\cdots,8)$，并标在试验方案表 6.4.10 的最后一列上.

表 6.4.10　试验方案及试验结果表

试验号	列号(因素)				试验结果 y_i (钉螺产卵数/个)
	1(A)	2(B)	4(C)	6(D)	
1	1(5℃)	1(0.5)	1(10%)	1(6)	86
2	1	1	2(30%)	2(8)	95
3	1	2(5)	1	2	91
4	1	2	2	1	94
5	2(10℃)	1	1	1	91
6	2	1	2	2	96
7	2	2	1	2	83
8	2	2	2	1	88

第五步，试验结果的直观分析.

类似于例 6.4.1，需要计算 K_{lj}. 具体计算如表 6.4.11 所示.

表 6.4.11　采收率试验结果及计算表

试验号	列号							试验结果
	1	2	3	4	5	6	7	
1	1	1	1	1	1	1	1	86
2	1	1	1	2	2	2	2	95
3	1	2	2	1	1	2	2	91
4	1	2	2	2	2	1	1	94
5	2	1	2	1	2	1	2	91
6	2	1	2	2	1	2	1	96
7	2	2	1	1	2	2	1	83
8	2	2	1	2	1	1	2	88
K_{1j}	366	368	352	351	361	359	359	
K_{2j}	358	356	372	373	363	365	365	
$\bar{K}_{1j}$	91.5	92	88	87.75	90.25	89.75	89.75	
$\bar{K}_{2j}$	89.5	89	93	93.25	90.75	91.25	91.25	
R_j	2	3	5	5.5	0.5	1.5	1.5	

最后一行是极差，其中 $R_4=5.5$ 最大，表明因素 C 对钉螺产卵数 Y 的影响最大，其次因素 $A\times B$，$R_3=5$，根据极差由大到小的排序，其因素的主次关系为

$$\text{主}\xrightarrow[C\quad A\times B\quad B\quad A\quad D\quad A\times C]{}\text{次}$$

另外，该试验是希望提高钉螺产卵数，其钉螺产卵数越大越好. 从表 6.4.10 可知，第 6 号

试验的钉螺产卵数目为96个，达到最高，对应的试验条件为 $A_2B_1C_2D_2$．而因素 D 和交互效应 $A\times C$ 的极差都比较小，表明它们对钉螺产卵数影响较小．

第六步，试验结果的方差分析．

方差分析的关键是需要计算每一列的方差 $S_j^2, j=1,2,\cdots,7$，计算公式为

$$S_j^2=\frac{1}{r}\sum_{i=1}^{r}(K_{ij}-\bar{K}_j)^2,\quad \bar{K}_j=\frac{1}{r}\sum_{i=1}^{r}K_{ij},\quad j=1,2,\cdots,7$$

由于 $r=2$，因此可以推证：$S_j^2=\frac{1}{4}(K_{1j}-K_{2j})^2, j=1,2,\cdots,7$．经计算得到方差分析表6.4.12.

表 6.4.12　方差分析表

方差来源	自由度	平方和	均方差	f 值	p 值
因素 A	1	16	16	1.778	0.410
因素 B	1	36	36	4.000	0.295
因素 C	1	100	100	11.111	0.186
因素 D	1	121	121	13.444	0.170
交互效应 $A\times B$	1	1	1	0.111	0.795
交互效应 $A\times C$	1	9	9	1.000	0.500
误差	1	9	9		
总和	7	292			

由表 6.4.12 知，交互效应 $A\times B$ 的 p 值为 0.795，达最大，其次是因素 $A\times C$，它的 p 值为 0.5，再其次是因素 A 的 p 值 0.41 也偏大．可以断定交互效应 $A\times B$ 和 $A\times C$ 对钉螺产卵数是不显著的，可以考虑将因素 A 和交互效应 $A\times B$，$A\times C$ 剔除，重新作方差分析，这时的误差项 $S_E^2=S_1^2+S_3^2+S_5^2+S_7^2$．

由表 6.4.13 可知，按 p 值由小到大的排序是 $D\to C\to B$，可以认为前三项都是显著的．

表 6.4.13　剔除 A，$A\times B$，$A\times C$ 后的方差分析表

方差来源	自由度	平方和	均方差	f 值	p 值
因素 B	1	36	36	5.538	0.078
因素 C	1	100	100	15.385	0.017
因素 D	1	121	121	18.615	0.013
误差	4	26	6.5		
总和	7	283			

如何确定最佳水平组合呢？因为因素 D 是最显著的，从 $(\bar{K}_{16},\bar{K}_{26})=(89.75,91.25)$ 中选出取值最大的水平，即因素 D 应该取 D_2 水平．同理，因素 C 应该取 C_2，因素 B 应该取 B_1，因素 A 由于不显著，可取 A_1，也可取 A_2．最优水平组合是 $A_1B_1C_2D_2$，或者 $A_2B_1C_2D_2$，后者与直观分析得到的结果一致．可见，方差分析从数量上反映问题的本质．

6.5　应用案例——影响商品房价格的因素分析

6.5.1　背景简介

我国房地产价格除了受国家宏观政策的影响以外，还受到市场上一些因素的影响. 这里针对重庆市的商品房的价格主要受到市场哪些因素的影响而展开讨论. 从网上随机选取了重庆地区 2013～2014 年度开盘的新楼盘的价格作为样本. 从本案例所收集的数据中可以看出，商品房的价格差异巨大，从最低的 3000 元/m^2 到最高的 40000 元/m^2. 人们自然地产生一个疑问，是什么样的因素影响着重庆市商品房的销售价格呢？价格的巨大差异是怎样产生的呢？根据网上公开的实际数据，建立恰当的统计模型，从数量上刻画房地产的销售价格与各影响因素之间的关系.

设商品房的销售均价为因变量，自变量分别有所在区县、所在环线、房屋类型、装修状况等. 这些自变量均为离散型，不适合用回归分析，适合于采用本章所学的方差分析法. 首先，可以简单分析“所在区县”对商品房销售价格的影响，所在区县包括 12 个区县，它们分别是渝中区、江北区、渝北区、南岸区、沙坪坝区、北部新区、九龙坡区、巴南区、大渡口区、北碚区、重庆郊县、高新区等. “环线”主要考虑内环和外环，重庆郊县主要位于外环以外，称之为三环，而北碚横跨外环与三环之间，其余各区均位于内、外两环. 因此，也可以分析“环线”对商品房销售价格的影响. 仅涉及“所在区县”或“环线”一个因素的分析，就是单因素方差分析. 其次，同时考虑“所在区县”和“环线”两个因素对商品房销售价格的影响，就是双因素方差分析. 最后，除了“所在区县”和“环线”两因素以外，再考虑房屋类型、装修状况等因素，就是多因素方差分析.

6.5.2　数据的描述性分析

在进行方差分析之前，有必要对数据进行一些简单的描述性分析，它可以加强对数据的整体的认识，发现异常数据，并指导进行下一步的分析.

由于自变量都是离散型的，所以画它们之间的两两散点图是无意义的. 可以考虑画出“所在区县”或“环线”与商品房销售均价分布的箱线图，如图 6.5.1 所示，并附上数据描述表 6.5.1.

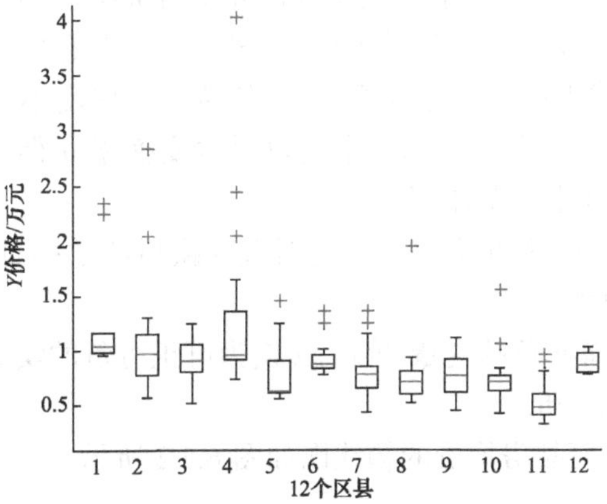

图 6.5.1　重庆所在区县的商品房销售价格分布的箱线图

表 6.5.1　各区县商品房销售价格数据的描述表　(单位：万元/m²)

	1 渝中区	2 江北区	3 渝北区	4 南岸区	5 沙坪坝区	6 北部新区	7 九龙坡区	8 巴南区	9 大渡口区	10 北碚区	11 重庆郊县	12 高新区
平均值	1.2259	1.0433	0.8751	1.2342	0.7047	0.8786	0.7266	0.6856	0.7044	0.6738	0.4567	0.8300
标准误差	0.1545	0.1225	0.0254	0.1278	0.0613	0.0332	0.0307	0.0380	0.0710	0.0308	0.0152	0.0344
中位数	0.99	0.92	0.85	0.9	0.575	0.8225	0.72	0.66	0.71	0.65	0.42	0.805
众数	1.1	1.1	0.85	0.88	0.56	1.3	0.8	0.75	—	0.65	0.4	—
标准差	0.5125	0.5338	0.1585	0.7775	0.2600	0.1627	0.2013	0.2309	0.2131	0.1925	0.1267	0.0974
方差	0.2626	0.2850	0.0251	0.6045	0.0676	0.0265	0.0405	0.0533	0.0454	0.0371	0.0160	0.0095
峰度	1.8735	6.4957	−0.0632	7.5343	2.0618	2.6733	1.3665	21.9587	−0.5673	8.3362	1.8056	−1.3461
偏度	1.8344	2.4083	0.0000	2.7048	1.6968	1.8439	0.9640	4.1856	0.1523	2.3471	1.2142	0.5901
全距	1.4	2.28	0.74	3.32	0.89	0.5801	0.92	1.4345	0.66	1.13	0.63	0.25
最小值	0.9	0.52	0.46	0.68	0.51	0.7199	0.38	0.4655	0.4	0.37	0.27	0.73
最大值	2.3	2.8	1.2	4	1.4	1.3	1.3	1.9	1.06	1.5	0.9	0.98
求和	13.485	19.822	34.128	45.665	12.685	21.086	31.244	25.3655	6.34	26.278	31.51	6.64
观测数	11	19	39	37	18	24	43	37	9	39	69	8

在图 6.5.1 中，“+”表示数据的异常点，显然异常点的数量较多．图中共有 12 个箱线图，每一个箱子对应一个所在全距．以第二个箱子为例，箱子中的横线代表江北区的商品房均价的中位数，它反映了该区域房屋价格的某种平均水平(不是算术平均水平)．箱子的厚度表示 75%的分位数与 25%的分位数之差，它反映了该区域商品房价格的波动情况．值得注意的是，每个箱子都有上下两根横线，该横线画出的范围是在正态假设下数据取值的一个合理范围．如果数据落在了范围以外，那么有两种可能的原因：第一，该数据可能是异常值，第二，因变量可能不服从正态假设．因此，凡落在该范围以外的数据都值得注意．

从箱线图可以看出，区域的不同极大地影响着商品房的均价，而且还影响着商品房价格的波动程度．例如，第一个箱子(渝中区)的房屋均价明显高于其他城区，第四个箱子(南岸区)的房屋价格波动程度远远高于其他城区．表 6.5.1 中的数据也说明了这一点．显然，箱线图 6.5.1 显示出线性模型的同方差性不满足，因为箱体厚度不一致．如何消除呢？考虑对因变量(房屋均价)实施对数变换．人们常常通过对数变换来获得更加可靠且准确的统计模型．具体来说，对数变换有如下两个作用：

(1) 过去的大量经验和研究显示，实施对数变换后的数据具有稳定的方差，在某种程度上可以解决异方差的问题；

(2) 对数变换能够将非负的变量(价格)转换为可正可负的实数变量，因此，实施对数变换后的数据可能服从正态分布．

实施对数变换后的商品房均价的箱线图如图 6.5.2 所示．

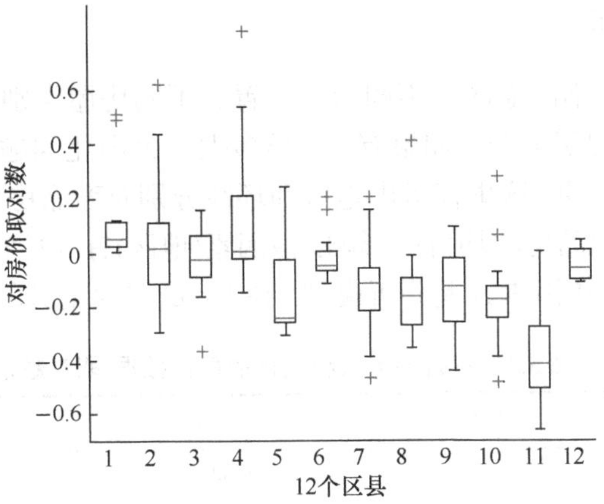

图 6.5.2　对数变换后的商品房均价的箱线图

从箱线图 6.5.2 中可以看出，异方差的问题得到了一定的解决，正态假设基本成立．以下所有的分析都是以对数变换后的单价作为因变量．

下面考虑“环线”对商品房销售价格分布的箱线图(图 6.5.3)及数据描述(表 6.5.2).

表 6.5.2　各环线房价的数据描述表　(单位：万元/m²)

	内环	外环	三环		内环	外环	三环
平均	0.9968	0.6483	0.4687	偏度	3.8197	2.5598	1.0145
标准误差	0.0642	0.0283	0.0154	全距	3.6000	1.2667	0.6300
中位数	0.8650	0.6100	0.4300	最小值	0.4000	0.3333	0.2700
众数	0.7500	0.7500	0.4000	最大值	4.0000	1.6000	0.9000
标准差	0.5888	0.2001	0.1333	求和	83.7323	32.4174	35.1495
方差	0.3467	0.0401	0.0178	观测数	84	50	75
峰度	16.1611	10.0551	0.8644				

从图 6.5.3 可以明显看到两个特点．第一，随着地理位置从内环向外环延伸，商品房均价的中位数呈现明显的下降趋势．这说明距离城市中心(渝中区)越远，商品房的平均价格越低．第二，不论地理位置如何，商品房的均价波动基本趋于平稳，可以认为同方差基本成立．

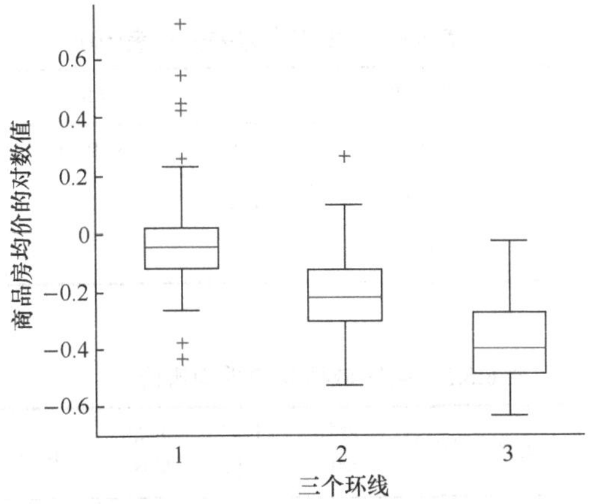

图 6.5.3　重庆市各环线房价的分布的箱线图

6.5.3 单因素方差分析

本案例中，欲比较不同地区、不同地理位置、不同房屋类别和不同装修状况等的商品房价格的平均水平有无显著差异. 如果有，差异多大？为简化问题及研究，首先考虑一个因素对商品房价格的影响作用，这里仅考虑地区和环线分别对商品房价格的影响作用.

首先考虑地区对商品房的均价的影响，该因素(地区)有 12 个水平，以商品房的均价取对数的数据为样本，建立单因素方差分析模型. 在 Excel 平台上计算，得到如下结果(表 6.5.3).

表 6.5.3　按各地区采样获得的房价数据(取对数)描述表

因子水平	观测数	求和	平均	方差
渝中区	11	0.6853	0.0623	0.0216
江北区	19	−0.3690	−0.0194	0.0300
渝北区	39	−2.5457	−0.0653	0.0068
南岸区	37	1.4913	0.0403	0.0365
沙坪坝区	18	−3.1334	−0.1741	0.0181
北部新区	24	−1.4951	−0.0623	0.0051
九龙坡区	43	−6.6288	−0.1542	0.0137
巴南区	37	−6.6211	−0.1789	0.0110
大渡口区	9	−1.5389	−0.1710	0.0192
北碚区	39	−7.2257	−0.1853	0.0113
重庆郊县	69	−24.5080	−0.3552	0.0125
高新区	8	−0.6678	−0.0835	0.0025

从方差分析表 6.5.4 可以看出，p 值近似于零，f 值显著地大于 F 临界值，这说明地区这个因素对楼盘售价是有显著影响的，地区确实是影响商品房销售价格的一个重要因素. 究竟哪一个地区的商品房价格最高？哪两个商品房均价的差异最大？首先需要比较地区楼盘的平均售价，看看哪个地区的楼盘售价最高. 由于表 6.5.3 中的数据是以价格取对数后计算的，因此，需要还原为真实的地区楼盘平均售价，计算数据如表 6.5.5 所示.

表 6.5.4　单因素方差分析表(地区)

方差来源	自由度	平方和	均方差	f 值	p 值	F 临界值
组间	11	5.6590	0.5145	33.9030	0.0000	1.8168
组内	341	5.1744	0.0152			
总计	352	10.8334				

表 6.5.5　各区域楼盘的平均售价　　(单位：万元/m²)

区域	渝中区	江北区	渝北区	南岸区	沙坪坝区	北部新区	九龙坡区	巴南区	大渡口区	北碚区	重庆郊县	高新区
平均售价	1.2259	1.0433	0.8751	1.2242	0.7047	0.8786	0.7266	0.6856	0.7044	0.6738	0.4567	0.8300

从表 6.5.5 中可知，楼盘售价最高的是渝中区，其次是南岸区，售价最低的是重庆郊县，北碚区和巴南区的楼盘售价处于相对较低的位置. 显然，渝中区与重庆郊县的房价差异最大，值是 0.7692 万元/m^2. 渝中区与北碚区的房价差异值是 0.5521 万元/m^2.

再来考虑环线对商品房售价的影响，该因素(环线)有 3 个水平. 同样利用取对数后的数据建立单因素方差分析模型. 在 Excel 平台上计算，得到如下结果(表 6.5.6).

表 6.5.6　按环线采样获得的房价数据(取对数)描述表

环线的水平	观测数	求和	平均	方差
内环	84	−3.4127	−0.0406	0.0264
外环	50	−10.1955	−0.2039	0.0127
三环	75	−25.8779	−0.3450	0.0135

从方差分析表 6.5.7 可以看出，p 值近似于零，F 值显著地大于 F 临界值，都说明环线因素也对楼盘售价是有显著影响. 再按各环线计算楼盘平均售价如表 6.5.8 所示.

表 6.5.7　单因素方差分析表(环线)

方差来源	自由度	平方和	均方差	f 值	p 值	F 临界值
组间	2	3.6864	1.8432	99.4675	0.0000	3.0397
组内	206	3.8173	0.0185			
总计	208	7.5038				

表 6.5.8　各环线楼盘的平均售价　(单位：万元/m^2)

环线	内环	外环	三环
平均售价	0.9968	0.6483	0.4687

从表 6.5.8 中的数据可知，从内环向外环延伸，楼盘售价逐渐降低，最大差异值为 0.5281 万元/m^2，这与实际情况相吻合.

6.5.4　双因素方差分析

上一节从单因素的角度分析了地区和环线对楼盘售价的影响作用，并且得出了结论：它们两个因素都是影响楼盘售价的重要因素. 因此，有必要讨论这两个因素对房价共同的影响作用，而且分辨出它们的主次关系.

首先，对数据进行整理. 按各地区和环线的楼盘售价计算平均值. 数据整理过程中发现，渝中区位于城市中心，在外环、三环没有楼盘销售，而北碚区、重庆郊县没有内环的楼盘销售，北部新区、高新区是新开发的区域，样本数据较少，不足以说明问题. 为简化讨论和研究，将地区的水平从 12 个缩减为 7 个，环线的水平数为 2 个. 并将数据整理为如下两种形式：一种是无重复的样本，另一种是等重复的样本.

基于表 6.5.9 中的数据建立的是双因素无重复试验模型，而基于表 6.5.10 中的数据建立的是双因素交互效应的模型. 前者仅考察两个因素共同对楼盘售价的影响作用，这种作用是可叠加的. 后者除了考察两个因素的共同作用以外, 还要考察它们的交互效应. 在 Excel 平台上的计算结果如表 6.5.11～表 6.5.14 所示.

表 6.5.9 各地区和环线双因素无重复的楼盘平均售价 (单位: 万元/m^2)

区域 / 环线	江北区	渝北区	南岸区	沙坪坝区	九龙坡区	巴南区	大渡口区
内环	1.1382	0.9077	1.4610	0.8374	0.8519	0.7186	0.7132
外环	0.7140	0.7187	1.0033	0.5682	0.6295	0.5638	0.6733

表 6.5.10 各地区和环线双因素等重复的楼盘平均售价 (单位: 万元/m^2)

区域 B / 环线 A	江北区	渝北区	南岸区	沙坪坝区	九龙坡区	巴南区	大渡口区
内环	1.2	0.98	0.86	0.75	0.75	0.68	0.6501
	1.1	1	1.6	0.76	0.92	0.7	0.76
	1.12	0.899	0.93	0.97	1.02	0.83	0.6971
外环	0.78	0.74	0.73	0.5999	0.62	0.525	0.75
	0.662	0.6688	0.68	0.57	0.65	0.6	0.65
	0.7	0.67	1.6	0.7999	0.498	0.54	0.62

表 6.5.11 双因素无重复的楼盘均价的简单描述表

因素	水平	观测数	求和	平均	方差
行	内环	7	6.6280	0.9469	0.0717
	外环	7	4.8709	0.6958	0.0223
列	江北	2	1.8522	0.9261	0.0900
	渝北	2	1.6264	0.8132	0.0178
	南岸	2	2.4643	1.2322	0.1047
	沙坪坝	2	1.4056	0.7028	0.0362
	九龙坡	2	1.4814	0.7407	0.0247
	巴南	2	1.2824	0.6412	0.0120
	大渡口	2	1.3866	0.6933	0.0008

表 6.5.12 双因素无重复的方差分析表

方差来源	自由度	平方和	均方差	f 值	p 值	F 临界值
因素 A	1	0.2205	0.2205	20.1211	0.0042	5.9874
因素 B	6	0.4984	0.0831	7.5797	0.0132	4.2839
误差	6	0.0658	0.0110			
总计	13	0.7847				

表 6.5.13　双因素等重复的楼盘均价的简单描述表

		江北区	渝北区	南岸区	沙坪坝区	九龙坡区	巴南区	大渡口区	总计
内环	观测数	3	3	3	3	3	3	3	21
	求和	3.42	2.879	3.39	2.48	2.69	2.21	2.1072	19.1762
	平均	1.14	0.9597	1.13	0.8267	0.8967	0.7367	0.7024	0.9132
	方差	0.0028	0.0029	0.1669	0.0154	0.0186	0.0066	0.0030	0.0492
		江北区	渝北区	南岸区	沙坪坝区	九龙坡区	巴南区	大渡口区	总计
外环	观测数	3	3	3	3	3	3	3	21
	求和	2.142	2.0788	3.01	1.9698	1.768	1.665	2.02	14.6536
	平均	0.714	0.6929	1.0033	0.6566	0.5893	0.555	0.6733	0.6978
	方差	0.0036	0.0017	0.2676	0.0156	0.0065	0.0016	0.0046	0.0493
		江北区	渝北区	南岸区	沙坪坝区	九龙坡区	巴南区	大渡口区	
总计	观测数	6	6	6	6	6	6	6	
	求和	5.562	4.9578	6.4	4.4498	4.458	3.875	4.1272	
	平均	0.927	0.8263	1.0667	0.7416	0.743	0.6458	0.6879	
	方差	0.0570	0.0232	0.1786	0.0211	0.0384	0.0132	0.0033	

两个方差分析表 6.5.12 和表 6.5.14 说明了因素 A,B 都是影响房价的主要因素，但它们之间的交互效应不显著，因此，可以不考虑交互效应 $A\times B$．只是因素 A,B 的主次关系应该是环线、地区.

表 6.5.14　双因素等重复的方差分析表

方差来源	自由度	平方和	均方差	f 值	p 值	F 临界值
因素 A	1	0.4870	0.4870	13.1738	0.0011	4.1960
因素 B	6	0.7843	0.1307	3.5361	0.0099	2.4453
交互效应 $A\times B$	6	0.1518	0.0253	0.6846	0.6635	2.4453
误差	28	1.0351	0.0370			
总和	41	2.4582				

6.5.5　多因素方差分析

在实际问题中，遇到的情况可能更加复杂，涉及的因素远远大于两个，此时应该考虑多因素的方差分析方法. 前面仅仅考虑了地区和环线这两个因素的方差分析，下面将综合考虑四个因素：这些因素包括地区、环线、房屋类型、建筑状况等. 如果还考虑它们之间的交互效应项，分析起来比较复杂，应该简化问题，并利用正交设计来安排试验和方差分析. 因此，问题简化如表 6.5.15 所示.

表 6.5.15　多因素水平表

水平 \ 因素	地区 A	环线 B	房屋类型 C	装修状况 D
1	江北	内环	普通住宅	毛坯
2	渝北	外环	豪华住宅	精装
3	南岸			
4	九龙坡			

采用正交表 $L_{16}(4\times 2^{12})$，并考虑两两之间的 6 个交互效应，对应的试验安排及采样数据如表 6.5.16 所示.

表 6.5.16　正交表 $L_{16}(4\times 2^{12})$ 的试验安排及采样数据 y_i

列号	1	2	3	4	5	6	7	8	9	10	11	12	13	y_i 万元/m^2
表头设计	A	B	$C\times D$	$A\times B$		C	$B\times D$	$A\times C$		$B\times C$	D	$A\times D$		
试验号 1	1	1	1	1	1	1	1	1	1	1	1	1	1	1.12
2	1	1	1	1	1	2	2	2	2	2	2	2	2	3.8
3	1	2	2	2	2	1	1	1	1	2	2	2	2	1.32
4	1	2	2	2	2	2	2	2	2	1	1	1	1	1.7778
5	2	1	1	2	2	1	1	2	2	1	1	2	2	1.08
6	2	1	1	2	2	2	2	1	1	2	2	1	1	3.5267
7	2	2	2	1	1	1	1	2	2	2	2	1	1	1.15
8	2	2	2	1	1	2	2	1	1	1	1	2	2	1.225
9	3	1	2	1	2	1	2	1	2	1	2	1	2	0.9815
10	3	1	2	1	2	2	1	2	1	2	1	2	1	4
11	3	2	1	2	1	1	2	1	2	2	1	2	1	1.65
12	3	2	1	2	1	2	1	2	1	1	2	1	2	1.8494
13	4	1	1	2	1	1	2	2	1	1	2	2	1	0.8783
14	4	1	1	2	1	2	1	1	2	2	1	1	2	2.2
15	4	2	2	1	2	1	2	2	1	2	1	1	2	0.8
16	4	2	2	1	2	2	1	1	2	1	2	2	1	1.3

值得注意的是：每行的数据 y_i 是许多个商品房售价的平均，因为交互效应的准确估计需要大量的样本. 计算每一列的 $K_{ij}(i=1,2,3,4;\quad j=1,2,\cdots,13)$，并按公式 $S_j^2=\frac{1}{r}\sum_{i=1}^{r}(K_{ij}-\bar{K}_j)^2$ 计算每列的方差. 计算获得表 6.5.17 和表 6.5.18.

表 6.5.17 中间过程的计算表

列 j	1	2	3	4	5	6	7	8	9	10	11	12	13
K_{1j}	8.0178	17.5865	16.1044	14.3765	13.8727	8.9798	14.0194	13.3232	14.7194	10.2120	13.8528	13.4054	15.4028
K_{2j}	6.9817	11.0722	12.5543	14.2822	14.7860	19.6789	14.6393	15.3355	13.9393	18.4467	14.8059	15.2533	13.2559
K_{3j}	8.4809												
K_{4j}	5.1783												
S_j^2	1.6099	10.6090	3.1508	0.0022	0.2085	28.6177	0.0961	1.0123	0.1521	16.9526	0.2271	0.8537	1.1523

表 6.5.18 多因素方差分析表

方差来源	自由度	平方和	均方差	f 值	p 值	F 临界值
因素 A	3	1.6099	0.5366	1.0640	0.4802	9.2766
因素 B	1	10.6090	10.6090	21.0363	0.0195	10.1280
因素 C	1	28.6177	28.6177	56.7450	0.0048	10.1280
因素 D	1	0.2271	0.2271	0.4503	0.5502	10.1280
交互效应 $A\times B$	1	0.0022	0.0022	0.0044	0.9512	10.1280
交互效应 $A\times C$	1	1.0123	1.0123	2.0073	0.2515	10.1280
交互效应 $A\times D$	1	0.8537	0.8537	1.6927	0.2842	10.1280
交互效应 $B\times C$	1	16.9526	16.9526	33.6146	0.0102	10.1280
交互效应 $B\times D$	1	0.0961	0.0961	0.1905	0.6920	10.1280
交互效应 $C\times D$	1	3.1508	3.1508	6.2476	0.0877	10.1280
误差	3	1.5130	0.5043			
总和	15	64.6444				

为此得出结论：具有显著影响的因素是环线和房屋类型，而地区与装修类别不显著，而且环线与房屋类型有交互效应，其余的交互效应都不显著. 在多因素方差分析中，为什么区域对商品房均价的影响不显著呢？其原因是这里仅选择了四个区域(江北、渝北、南岸和九龙坡)，而重庆市现在的地区划分有 12 个，它们仅占三分之一，它们主要位于城市的内环、外环，是由商品房的均价差异不大而导致的. 另外，它们的主次关系是“房屋类型”“环线”“地区”“装修状况”，房价最高的是南岸区位于内环位置的豪华型别墅全精装修的商品房，房价是 4 万元/m^2，这与实际情况相吻合.

在多因素方差分析过程中，可发现利用正交表安排试验有很多不足，如实际情况是有四个因素，分别有 10,3,3,2 的水平，却无法找到合适的正交表. 如果做全面试验，数据和计算量都非常大，应如何利用统计软件进行多因素方差分析值得读者思考.

本案例的计算和分析仅供读者参考，不当之处请读者批评指正.

6.6 章节总结

本章主要介绍方差分析和正交设计两种方法的基本原理、计算方法和应用. 基本内容如图 6.6.1 所示.

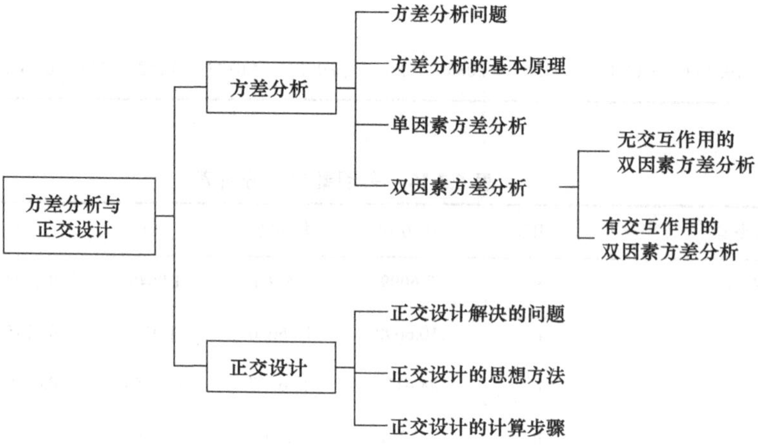

图 6.6.1　第 6 章基本内容结构图

6.7　应用分享——机器学习

机器学习(machine learning)是一门多领域交叉学科, 涉及概率论、统计学、逼近论、凸分析、算法理论等多门学科, 专门研究计算机如何模拟或实现人类的学习行为, 以获取新的知识或技能, 重新组织已有的知识结构使之不断改善自身的性能. 机器学习具有十分广泛的应用, 如数据挖掘、计算机视觉、语音和手写识别、自然语言处理、搜索引擎、医学诊断、检测信用卡欺诈、DNA 序列测序、高速路上无人驾驶汽车、战略游戏和机器人运用.

机器学习理论主要是设计和分析一些让计算机可以自动“学习”的算法. 机器学习算法是一类从数据中自动分析获得规律, 并利用规律对未知数据进行预测的算法. 在机器学习方法中, 运用统计学理论实现的学习算法称为统计学习方法. 这类方法中常使用的统计知识有贝叶斯统计、支持向量机、聚类分析、主成分分析、线性判别分析等.

习题 6

A 组

1. 某公司采用 4 种方式推销其产品, 为了检验不同方式推销产品的效果, 将推销人员分成 4 组, 每组采用一种推销方式, 考察了 5 个月的销售量, 结果如表 1 所示.

表 1　销售量表　(单位：件)

销售方式＼月	1	2	3	4	5
方式一	77	86	81	88	83
方式二	95	92	78	96	89
方式三	71	76	68	81	74
方式四	80	84	79	70	82

假定销售量服从正态分布，试问

(1) 不同销售方式下的销售量有无显著差异($\alpha=0.05$)?

(2) 哪种推销方式的效果最好?

(3) 该问题满足方差齐性条件吗?

2. 有四种产品，设 $A_i\ (i=1,2,3)$ 分别表示国内三个工厂生产的产品，A_4 表示国外同类产品，现从各类产品中随机抽取 10,6,6,2 个产品做 300h 连续磨损的老化试验，获得变化率如表 2 所示.

表 2　老化试验表

产品	变化率									
A_1	20	18	19	17	15	16	13	18	22	17
A_2	26	19	26	28	23	25				
A_3	24	25	18	22	27	24				
A_4	12	14								

假定各厂产品试验的变化率近似服从等方差的正态分布.

(1) 试问四类产品的变化率有无显著差异? ($\alpha=0.05$)

(2) 若有差异，请做进一步的检验，国内产品与国外产品有无显著差异? 国内各厂家的产品有无显著差异?

3. 为研究人们在催眠状态下对各种情绪的反应是否有差异，选取了 8 个受试者. 在催眠状态下，要求每人按任意次序做出恐惧、愉快、忧虑和平静 4 种反应. 各受试者在处于 4 种情绪状态下皮肤的电位变化值如表 3 所示. 试检验受试者在催眠状态下对这 4 种情绪的反应是否有显著差异? ($\alpha=0.05$)

表 3　电位变化值表

情绪状态	皮肤的电位变化值(单位：mV)							
	1	2	3	4	5	6	7	8
恐惧	23.1	57.6	10.5	23.6	11.9	54.6	21.0	20.3
愉快	22.7	53.2	9.7	19.6	13.8	47.1	13.6	23.6
忧虑	22.5	53.7	10.8	21.1	13.7	39.2	13.7	16.3
平静	22.6	53.1	8.3	21.6	13.3	37.0	14.8	14.8

4. 试验某种钢的冲击值(kg · m/cm^2), 影响该指标的因素有两个, 一是含铜量 A, 另一个是温度 B, 不同状态下的实测数据如表 4 所示.

表 4　实测数据表

含铜量＼试验温度	20℃	0℃	−20℃	−40℃
0.2%	10.6	7	4.2	4.2
0.4%	11.6	11	6.8	6.3
0.8%	14.5	13.3	11.5	8.7

试检验含铜量和试验温度是否会对钢的冲击值产生显著差异? ($\alpha=0.05$)

5. 为了提高化工厂的产品质量, 需要寻求最优反应温度与反应压力的组合, 为此选择如下水平:

A : 反应温度(单位: ℃)　60,　70,　80,

B : 反应压力(单位: kg)　2,　2.5,　3.

在每个 (A_i,B_j) 条件下做两次试验, 其产量如表 5 所示($\alpha=0.05$).

表 5　产量表

反应压力/kg	反应温度/℃		
	A_1	A_2	A_3
B_1	4.6 4.3	6.1 6.5	6.8 6.4
B_2	6.3 6.7	3.4 3.8	4.0 3.8
B_3	4.7 4.3	3.9 3.5	6.5 7.0

(1) 对数据做方差分析(考虑交互作用);

(2) 求最优条件下平均产量的点估计和区间估计.

6. 某工厂为了提高零件内孔研磨工序质量进行工艺的参数选优试验, 考察孔的锥度值, 希望其越小越好. 在试验中, 主要考察三个因素: 研孔工艺设备 A、生铁研圈材质 B 和留研量 C, 每个因素下考虑两个水平, 具体水平状态如表 6 所示.

表 6　具体水平状态表

因素	A	B	C/mm
水平 1	通用夹具	特殊铸铁	0.01
水平 2	专用夹具	一般灰铸铁	0.015

考虑交互作用, 应选用正交表 $L_8(2^7)$ 来安排试验, 试验结果如表 7 所示.

表 7　试验结果

试验号	试验值(孔的锥度值)			
1	1.5	1.7	1.3	1.5
2	1.0	1.2	1.0	1.0
3	2.5	2.2	3.2	2.0
4	2.5	2.5	1.5	2.8
5	1.5	1.8	1.7	1.5
6	1.0	2.5	1.3	1.5
7	1.8	1.5	1.8	2.2
8	1.9	2.6	2.3	2.0

试对试验结果进行方差分析，并给出一组较好的工艺参数指标.

7. 某良种繁殖场为了提高水稻产量，制定试验的因素位级表如表 8 所示.

表 8　因素位级表

因素 / 位级	品种	密度/(颗/100m^2)	施肥量/(kg/100m^2)
位级 1	窄叶青 8 号	4.50	0.75
位级 2	南二矮 5 号	3.75	0.375
位级 3	珍珠矮 11 号	3.00	1.125

问应选用哪张正交表安排试验，并写出第 8 号试验的条件；如果 9 组试验结果为(单位：kg/100m^2)：62.925, 57.075, 51.6, 55.05, 58.05, 56.55, 63.225, 50.7, 54.45，试对该正交试验结果进行直观分析和方差分析.

B 组

1. 纤维水泥混凝土作为主要路面材料在道路建设工程中广泛应用. 掺加纤维的种类包括钢纤维、聚丙烯纤维、尼龙纤维等. 纤维水泥混凝土路面强度受混合料的水灰质量比、砂的质量分数、纤维的体积分数等因素的影响显著，合理设计混合料的配合比非常重要. 针对水灰质量比、砂的质量分数、纤维的体积分数三个因素，每个因素选取四个水平如表 9 所示.

表 9　混合料配方数据

因素 / 水平	砂的质量分数/%	纤维的体积分数/%	水灰质量比
1	0.40	0	0.43
2	0.42	0.5	0.45
3	0.45	1.0	0.47
4	0.46	1.5	0.49

如果不考虑因素间的交互效应，则选择正交表 $L_{16}(4^5)$. 具体安排和试验结果如表 10 所示.

表 10　试验结果

试验号	砂的质量分数/%	纤维的体积分数/%	水灰质量比	28d 抗折强度/MPa
1	0.4	0	0.43	8.97
2	0.4	0.5	0.45	9.06
3	0.4	1	0.47	9.17
4	0.4	1.5	0.49	8.06
5	0.42	0	0.45	8.05
6	0.42	0.5	0.43	8.25
7	0.42	1	0.49	7.69
8	0.42	1.5	0.47	7.82
9	0.45	0	0.47	7.65
10	0.45	0.5	0.49	7.13
11	0.45	1	0.43	9.13
12	0.45	1.5	0.45	8.83
13	0.46	0	0.49	6.88
14	0.46	0.5	0.47	7.75
15	0.46	1	0.45	9.19
16	0.46	1.5	0.43	9.23

对此试验结果进行直观分析和方差分析，并确定三个因素的主次关系和最佳水平组合. 如果考虑两两之间的交互效应，又选择怎样的正交表，请给出具体的试验安排.

2. 请查阅资料，了解什么是空间统计.

3. 结合你的专业背景研讨问题——结合你的专业提出一个方差分析或正交设计问题，并用所学的方差分析方法或正交设计方法解决.

C 组

请在网上搜集数据，采用单因素、双因素和多因素方差分析进行案例分析，并写出简单分析报告.

第 7 章　多元统计分析

多元统计分析(multivariate statistical analysis)是研究如何从多元数据中提取和挖掘数据内在结构和规律的统计分支，为分析和理解多元数据提供了有效的理论和方法. 本章主要介绍聚类分析、判别分析和主成分分析三种基本的多元统计分析方法，并通过案例说明这些方法的思想、概念和计算步骤.

7.1　引例——黄牛经济类型的划分

例 7.1.1　黄牛是世界上各类家畜中分布地域最广、数量最多的家畜. 经过多年广泛调查(陈金宝等, 2008)，确定我国共有黄牛品种 28 个. 为了有效地对黄牛品种进行遗传改良和提高科学养牛水平，需要对黄牛品种的经济类型进行划分，一般分为乳用、肉用、兼用和役用四大类型. 现测定了 15 个牛种的平均体重、平均体高和平均年产奶量，如表 7.1.1 所示. 回答下列问题:

表 7.1.1　15 个黄牛品种的平均体重、平均体高和平均年产奶量

序号	品种	平均体重/kg	平均体高/cm	平均年产奶量/kg
1	秦川牛	381.3	124.5	715.8
2	南阳牛	411.9	126.3	700.0
3	鲁西牛	365.7	123.6	700.0
4	晋南牛	339.4	117.4	745.1
5	延边牛	365.2	121.8	600.0
6	复州牛	415.0	128.5	1648.0
7	蒙古牛	350.4	112.6	518.0
8	荷斯坦牛	575.0	133.0	6331.0
9	三河牛	547.9	131.8	3370.0
10	草原红牛	453.0	124.2	1809.4
11	西门塔尔牛	577.0	134.4	4499.0
12	海福特牛	519.6	117.9	1500.0
13	夏洛来牛	573.6	127.8	2000.0
14	摩拉水牛	647.9	140.2	1751.1
15	尼力-拉菲水牛	721.0	138.8	1917.0

(1) 根据以上数据，将 15 个牛种聚合成类，并从经济类型角度分析各类的特征.

(2) 若新增“利木赞牛”的观测数据，平均体重 700kg，平均体高 130cm，平均年产奶量

1200.0kg, 试判断该牛种应该属于哪个经济类型.

例7.1.1中每个牛种由平均体重、平均体高、平均年产奶量三个观测指标刻画, 牛种经济类型的划分建立在三个指标的观测数据基础上. 这种建立在多维观测数据基础上的分类问题和类型识别问题, 就是多元统计分析中的聚类分析(cluster analysis)问题和判别分析(discriminant analysis)问题.

7.2 聚类分析

7.2.1 聚类分析的基本思想

建立统计模型分析例 7.1.1. 设有 n 个观测对象, 每个对象有 m 个观测指标, 用 $X_1,X_2,\cdots,X_m$ 表示, 每个对象的观测指标值记为向量 $\boldsymbol{x}_i=(x_{i1},x_{i2},\cdots,x_{im})$, $i=1,2,\cdots,n$. 由这些观测数据构成如下观测矩阵

$$\boldsymbol{X}=\begin{pmatrix} x_{11} & x_{12} & \cdots & x_{1m} \\ x_{21} & x_{22} & \cdots & x_{2m} \\ \vdots & \vdots & & \vdots \\ x_{n1} & x_{n2} & \cdots & x_{nm} \end{pmatrix} \tag{7.2.1}$$

多元统计中, 常将 m 个指标 $X_1,X_2,\cdots,X_m$ 视为 m 个总体, 因而矩阵 $\boldsymbol{X}$ 中第 j ($j=1,2,\cdots,m$)列是总体 X_j 的 n 次观测值, 是总体 X_j 的一个容量为 n 的样本值. 矩阵 $\boldsymbol{X}$ 的行向量称为对象或样本, 表示多元总体$(X_1,X_2,\cdots,X_m)$的一个观测结果. 此处, 大写字母表示随机变量, 大写粗斜体表示向量或矩阵, 小写字母表示观测值.

聚类分析就是将某种意义下相似的对象或指标归并成一个类, 其基本思想是: 首先给出对象之间或指标之间相似性的度量方式, 然后将在此种度量方式下, 相似度较大的对象或指标聚在一起, 归为一类; 相似度小的对象或指标则放在不同的类别里. 聚类分析能够概括多元数据的结构和特征, 找到关系密切的对象或指标.

聚类分析分为Q型聚类分析和R型聚类分析. Q型聚类分析就是将对象进行聚类, R型聚类分析就是将观测指标进行聚类. 本节讨论Q型聚类分析.

7.2.2 相似性的度量方法

观测指标 $X_1,X_2,\cdots,X_m$ 的数据类型会影响到相似性度量方法的选择. 取值为连续值的指标常选择“距离”衡量样本的相似性.

1. 距离度量法

设 $X_1,X_2,\cdots,X_m$ 是连续型随机变量, 样本观测值 $\boldsymbol{x}_i=(x_{i1},x_{i2},\cdots,x_{im})$ 与样本观测值 $\boldsymbol{x}_j=(x_{j1},x_{j2},\cdots,x_{jm})$ 之间的相似度用距离衡量, 记为 $d_{ij}=d(\boldsymbol{x}_i,\boldsymbol{x}_j)$.

当观测指标 $X_1,X_2,\cdots,X_m$ 具有相同量纲时, d_{ij} 的定义如下

$$d_{ij}=\|\boldsymbol{x}_i-\boldsymbol{x}_j\|_p=\left\{\sum_{k=1}^{m}|x_{ik}-x_{jk}|^p\right\}^{\frac{1}{p}},\quad p\geqslant 1 \tag{7.2.2}$$

当 $p=2$ 时，(7.2.2)式就是常用的欧氏距离. d_{ij} 越小，表明样本 $\boldsymbol{x}_i$ 与 $\boldsymbol{x}_j$ 越相似. $d_{ij}=0$ 时，样本 $\boldsymbol{x}_i$ 与 $\boldsymbol{x}_j$ 完全相同.

若指标 $X_1,X_2,\cdots,X_m$ 的量纲不统一，且数量级有较大差别，则需要先将数据进行标准化处理，再采用如(7.2.2)式的 L_p 范数度量样本之间的相似性. 对观测数据矩阵

$$\boldsymbol{X}=\begin{pmatrix} x_{11} & x_{12} & \cdots & x_{1m} \\ x_{21} & x_{22} & \cdots & x_{2m} \\ \vdots & \vdots & & \vdots \\ x_{n1} & x_{n2} & \cdots & x_{nm} \end{pmatrix}$$

计算其每一列数据的平均值 $\overline{x}_{\cdot j}$ 和标准差 s_j

$$\overline{x}_{\cdot j}=\frac{1}{n}\sum_{k=1}^{n}x_{kj},\quad j=1,2,\cdots,m$$

$$s_j=\sqrt{\frac{1}{n-1}\sum_{k=1}^{n}(x_{kj}-\overline{x}_{\cdot j})^2},\quad j=1,2,\cdots,m$$

数据矩阵 $\boldsymbol{X}$ 标准化记为 $\tilde{\boldsymbol{X}}=(\tilde{x}_{ij})_{n\times m}$，其中

$$\tilde{x}_{ij}=\frac{x_{ij}-\overline{x}_{\cdot j}}{s_j},\quad i=1,2,\cdots,n;\ j=1,2,\cdots,m \tag{7.2.3}$$

数据矩阵 $\tilde{\boldsymbol{X}}$ 是一个无量纲阵. 可以选择(7.2.2)式度量矩阵 $\tilde{\boldsymbol{X}}$ 中样本之间的相似性.

此外，还可以采用马氏距离和相关系数等方法度量样本之间的相似度. 对数据矩阵 $\boldsymbol{X}$，马氏距离定义为

$$d_{ij}^{\mathrm{M}}=(\boldsymbol{x}_i-\boldsymbol{x}_j)\boldsymbol{\Sigma}^{-1}(\boldsymbol{x}_i-\boldsymbol{x}_j)^{\mathrm{T}},\quad i,j=1,2,\cdots,n \tag{7.2.4}$$

其中 $\boldsymbol{\Sigma}^{-1}$ 是 $\boldsymbol{\Sigma}$ 的逆矩阵，$\boldsymbol{\Sigma}=(\sigma_{ij})_{m\times m}$ 是 m 个总体 $X_1,X_2,\cdots,X_m$ 的协方差矩阵，$\sigma_{ij}=E[(X_i-EX_i)(X_j-EX_j)]$. σ_{ij} 可以用矩估计得到

$$\hat{\sigma}_{ij}=\sqrt{\frac{1}{n}\sum_{k=1}^{n}\left(x_{ki}-\overline{x}_{\cdot i}\right)\left(x_{kj}-\overline{x}_{\cdot j}\right)}$$

距离的度量方法需要根据实际问题中变量的物理背景以及数据的特点确定，这个距离应该既能有效区分不同种类的样本，也能最大限度地识别同种类的样本.

2. 邻近度度量法

表示属性的指标通常称为定性指标，例如性别、国别、专业类型等. 对象具有特定属性时，对应指标通常取为 1，反之取为 0. 指标取值有且仅有两种的样本常称为二值样本. 定性指标常采用邻近度衡量样本的相似性.

设样本 $\boldsymbol{x}_i=(x_{i1},x_{i2},\cdots,x_{im})$ 和 $\boldsymbol{x}_j=(x_{j1},x_{j2},\cdots,x_{jm})$ 为二值样本，即每一个观测指标的数值或者取值为 0，或者取值为 1. 对第 k 个观测指标而言，有如下 4 种情形

$$x_{ik}=x_{jk}=1，\ x_{ik}=x_{jk}=0，\ x_{ik}=1\text{ 且 }x_{jk}=0，\ x_{ik}=0\text{ 且 }x_{jk}=1$$

令

$$\begin{cases} a_1 = \sum_{k=1}^{m} I_{\{x_{ik}=x_{jk}=1\}}(x),\ a_2 = \sum_{k=1}^{m} I_{\{x_{ik}=0, x_{jk}=1\}}(x) \\ a_3 = \sum_{k=1}^{m} I_{\{x_{ik}=1,\, x_{jk}=0\}}(x),\ a_4 = \sum_{k=1}^{m} I_{\{x_{ik}=x_{jk}=0\}}(x) \end{cases} \tag{7.2.5}$$

其中

$$I_A(x) = \begin{cases} 1, & x \in A \\ 0, & \text{其他} \end{cases}$$

是事件 A 的示性函数. 事实上, $a_i\,(i=1,2,3,4)$ 分别记录了上述 4 种情形在样本观测数据 $(x_{i1}, x_{i2}, \cdots, x_{im})$ 与 $(x_{j1}, x_{j2}, \cdots, x_{jm})$ 中出现的总次数.

二值样本 $\boldsymbol{x}_i$ 与 $\boldsymbol{x}_j$ 之间的邻近度记为 $d_{ij} = d(\boldsymbol{x}_i, \boldsymbol{x}_j)$. 实际应用中, 邻近度 d_{ij} 的常见计算方法为

$$d_{ij} = \frac{a_1 + \delta a_4}{a_1 + \delta a_4 + \lambda(a_2 + a_3)} \quad (i \neq j) \tag{7.2.6}$$

其中 δ 和 λ 是权重因子, 常见的选择方法如表 7.2.1 所示.

表 7.2.1　权重因子的常见选择方法表

序号	权重名称	δ	λ	邻近度
1	Jaccard	0	1	$\frac{a_1}{a_1+a_2+a_3}$
2	Tanimoto	1	2	$\frac{a_1+a_4}{a_1+2(a_2+a_3)+a_4}$
3	Simple Matching	1	1	$\frac{a_1+a_4}{m}$
4	Russel-Rao	—	—	$\frac{a_1}{m}$
5	Dice	0	0.5	$\frac{2a_1}{2a_1+(a_2+a_3)}$
6	Kulczynski	—	—	$\frac{a_1}{a_2+a_3}$

例 7.2.1　某公司拟对员工进行分类, 考虑的指标是: 员工的性别(取值为 1 表示女性, 0 表示男性)、是否已婚(取值为 1 表示已婚, 0 表示未婚)、是否为独生子女(取值为 1 表示独生子女, 0 表示非独生子女)、是否为本地人(取值为 1 表示本地人, 0 表示外地人)、是否愿意经常出差(取值为 1 表示愿意, 0 表示不愿意). 现有 3 个员工的数据

$$\boldsymbol{X} = \begin{pmatrix} \boldsymbol{x}_1 \\ \boldsymbol{x}_2 \\ \boldsymbol{x}_3 \end{pmatrix} = \begin{pmatrix} 1 & 1 & 0 & 1 & 1 \\ 1 & 0 & 1 & 1 & 1 \\ 0 & 1 & 0 & 0 & 1 \end{pmatrix}$$

如果采用欧氏距离度量样本之间的相似性, 则每两个样本之间的距离如表 7.2.2 所示.

表 7.2.2　三个员工之间的欧氏距离

	x_1	x_2	x_3
x_1	0.0000	1.4142	1.4142
x_2		0.0000	2.0000

从表 7.2.2 中可见，x_1分别与x_2和x_3的距离相同，表明x_1与x_2的相似程度与x_1与x_3的相似程度相等，无法判断x_1与x_2、x_3中的哪一个更相似.

如果用 Jaccard 权重下的公式(7.2.6)重新计算三个员工之间的邻近度，得到表 7.2.3.

表 7.2.3　Jaccard 权重下三个员工之间的邻近度

	x_1	x_2	x_3
x_1	0.0000	0.6000	0.5000
x_2		0.0000	0.2000

表 7.2.3 利用 Jaccard 权重计算了两个样本同时具有相同属性的频数，邻近度取值越高，表明样本之间越相似. 由表 7.2.3 可见，邻近度避免了欧氏距离无法区分x_1与x_2, x_3之间相似度的问题，达到了有效区别三个员工相似性的目的.

度量样本之间的相似性，应该根据实际问题的背景选择恰当的方式，否则会因为滥用度量方法得到违背常理的结论.

7.2.3　类与类的相似性度量

聚类分析中，不仅需要度量两个样本之间的相似性，也需要度量类与类之间的相似性. 在此介绍一种用距离度量类与类之间的相似性的方法.

定义 7.2.1　设类P与类Q合并后形成的新类记为$P+Q$，$P+Q$与第三个类R之间的距离记为

$$d(R,P+Q)=\delta_1 d(R,P)+\delta_2 d(R,Q)+\delta_3 d(P,Q)+\delta_4 \left|d(R,P)-d(R,Q)\right| \tag{7.2.7}$$

其中，$\delta_j (j=1,2,3,4)$是加权因子. 记集合P的元素个数为$n_P=\sum_{i=1}^{n} I_P(x)$，$n_Q$和$n_R$的意义类似. 不同加权因子下的距离如表 7.2.4 所示.

表 7.2.4　不同加权因子下的距离

名称	δ_1	δ_2	δ_3	δ_4
单一连接	1/2	1/2	0	−1/2
完全连接	1/2	1/2	0	1/2
平均连接(未加权)	1/2	1/2	0	0
平均连接(加权)	$\dfrac{n_P}{n_P+n_Q}$	$\dfrac{n_Q}{n_P+n_Q}$	0	0
重心化	$\dfrac{n_P}{n_P+n_Q}$	$\dfrac{n_Q}{n_P+n_Q}$	$-\dfrac{n_P n_Q}{(n_P+n_Q)^2}$	0

续表

名称	δ_1	δ_2	δ_3	δ_4
中位数	1/2	1/2	−1/4	0
Ward	$\dfrac{n_R+n_P}{n_R+n_P+n_Q}$	$\dfrac{n_R+n_Q}{n_R+n_P+n_Q}$	$-\dfrac{n_R}{n_R+n_P+n_Q}$	0

聚类过程往往从单个样本出发逐步聚合成类，类与类之间的相似性可以采用距离或者邻近度度量. 如果采用距离法，则先计算样本和样本之间的距离，此时公式中的三个距离 $d(R,Q),d(P,Q),d(R,P)$ 都是样本和样本之间的距离. 随着聚类过程的推进，样本聚合成新类 $P+Q$，新类和其他样本之间的距离就采用公式(7.2.7)逐一更新. 事实上公式(7.2.7)给出的是一种迭代算法.

单一连接算法把两个类之间的距离定义为两个类之间个体距离的最小值，称为最近邻算法. 只要两个类之间有一对点很接近，该算法便将这两类合并. 完全连接法将两个类之间的距离定义为两类之间个体距离的最大值，称为最远邻算法. 该算法合并的是类中所有的点都很接近的两个类.

平均连接算法是上述两种算法的折中，它用两类个体之间的平均距离作为两类之间的距离. 重心算法与平均算法类似，它使用第三个类 R 与合并后的类 $P+Q$ 之间加权重心的自然几何距离作为两个类之间的距离. Ward 算法的目的是减小合并过程中各类变异程度的增量，使得各类合并前后尽可能保持相近的变异性.

选择不同的距离会导致聚类结果的差异. 需要根据样本指标的物理含义和数据分析的目的选择恰当的距离函数，以达到理想的聚类效果.

7.2.4　聚类算法

常用的聚类算法是分层算法，从尽可能细小的类出发，按照选定的相似性度量方法逐步合并最相似的两个类，不断循环，直到所有样本都被纳入一个统一的类为止. 算法的具体步骤为:

第一步　构建最细的类，即每个样本自成一类.

第二步　计算类与类之间的相似性，形成距离矩阵 $\boldsymbol{D}=(d_{ij})$.

第三步　合并最相似的两个类.

第四步　使用公式(7.2.7)，重新计算各类之间的相似性，得到新的距离矩阵.

第五步　合并最相似的两个类.

第六步　如果剩余类数大于或等于 3，则重复第四步和第五步；如果剩余类数等于 2，则合并最后两类，使用公式(7.2.7)计算二者间的距离，算法结束.

下面通过案例分析，具体介绍聚类算法的实施过程.

7.2.5　应用案例——黄牛经济类型的聚类分析

考虑例 7.1.1 中的问题(1)，划分黄牛的经济类型. 由于平均体重、平均体高和平均年产奶量数据量级差别比较明显，为了克服数据量级差别对分析过程造成的影响，先将数据按列作标准化处理，得到下列数据(表 7.2.5).

表 7.2.5　15 个牛种的平均体重、平均体高和年均年产奶量数据标准化

序号	品种	平均体重	平均体高	平均年产奶量
1	秦川牛	−0.8468	−0.2993	−0.7309
2	南阳牛	−0.5918	−0.0704	−0.7405
3	鲁西牛	−0.9767	−0.4138	−0.7405
4	晋南牛	−1.1959	−1.2024	−0.7131
5	延边牛	−0.9809	−0.6428	−0.8011
6	复州牛	−0.5660	0.2094	−0.1652
7	蒙古牛	−1.1042	−1.8129	−0.8509
8	荷斯坦牛	0.7672	0.7818	2.6764
9	三河牛	0.5414	0.6292	0.8797
10	草原红牛	−0.2494	−0.3375	−0.0673
11	西门塔尔牛	0.7838	0.9599	1.5647
12	海福特牛	0.3056	−1.1388	−0.2550
13	夏洛来牛	0.7555	0.1204	0.0484
14	摩拉水牛	1.3746	1.6976	−0.1027
15	尼力-拉菲水牛	1.9837	1.5195	−0.0020

采用欧氏距离度量相似性，计算两类牛种之间的距离，得到表 7.2.6.

表 7.2.6　牛种之间的距离

	2	3	4	5	6	7	8	9	10	11	12	13	14	15
1	0.34	0.17	0.97	0.38	0.81	1.54	3.92	2.32	0.89	3.08	1.50	1.83	3.05	3.44
2		0.52	1.28	0.69	0.64	1.82	3.77	2.10	0.80	2.88	1.48	1.57	2.72	3.12
3			0.82	0.24	0.94	1.41	4.02	2.45	0.99	3.21	1.55	1.98	3.22	3.61
4				0.61	1.64	0.63	4.39	2.99	1.44	3.71	1.57	2.48	3.92	4.25
5					1.14	1.18	4.14	2.60	1.08	3.36	1.48	2.08	3.39	3.76
6						2.20	3.19	1.58	0.64	2.32	1.61	1.34	2.45	2.87
7							4.76	3.42	1.88	4.13	1.67	2.83	4.36	4.62
8								1.82	3.13	1.13	3.53	2.71	2.99	3.03
9									1.57	0.80	2.11	1.00	1.67	1.91
10										2.33	0.99	1.11	2.60	2.91
11											2.82	1.73	1.92	2.05
12												1.37	3.04	3.15
13													1.70	1.86
14														0.64

第一步：表 7.2.6 中 1 与 3 的距离最近(0.17)，合并 1、3 成一类，记为 $g_1=\{1,3\}$，按单一连接法计算新类 g_1 与 2, 4, 5, ⋯ , 15 各类的距离，结果如下:

	2	4	5	6	7	8	9	10	11	12	13	14	15
{1,3}	0.34	0.82	0.24	0.81	1.41	3.92	2.32	0.89	3.08	1.50	1.83	3.05	3.44

第二步: 表7.2.6中其他位置上的值没有变化, 结合表7.2.6和上表中的计算结果, 观察 g_1, 2, 4, 5, …, 15类与类之间的距离, 发现类 g_1 和类{5}之间距离最近(0.24), 将其聚合形成新类 $g_2=\{1,3,5\}$, 按单一连接法计算新类 g_2 与剩余各类的距离, 得到下表:

	2	4	6	7	8	9	10	11	12	13	14	15
{1,3,5}	0.34	0.61	0.81	1.18	3.92	2.32	0.89	3.08	1.48	1.83	3.05	3.44

第三步: 结合表 7.2.6 和上表, 发现{1, 3, 5}和{2}之间的距离最近(0.34), 将其聚合成类 $g_3=\{1,2,3,5\}$, 按单一连接法计算新类与剩余各类的距离, 得到下表:

	4	6	7	8	9	10	11	12	13	14	15
{1,2, 3, 5}	0.61	0.64	1.18	3.77	2.10	0.80	2.88	1.48	1.57	2.72	3.12

第四步: 结合表 7.2.6 和上表, 发现类 $\{1,2,3,5\}$ 和 $\{4\}$ 之间的距离最近(0.61), 将其聚合成类 $g_4=\{1,2,3,4,5\}$, 按单一连接法得到下表:

	6	7	8	9	10	11	12	13	14	15
{1,2, 3, 4, 5}	0.64	0.63	3.77	2.10	0.80	2.88	1.48	1.57	2.72	3.12

第五步: 结合表 7.2.6 和上表, 发现类 $\{1,2,3,4,5\}$ 和{7}之间的距离最近(0.63), 将其聚合成类 $g_5=\{1,2,3,4,5,7\}$, 按单一连接法得到下表:

	6	8	9	10	11	12	13	14	15
{1,2, 3, 4, 5, 7}	0.64	3.77	2.10	0.80	2.88	1.48	1.57	2.72	3.12

第六步: 结合表 7.2.6 和上表, 发现类 $\{6\}$ 和类 $\{10\}$ 之间的距离最近(0.64), 将其聚合形成类 $g_6=\{6,10\}$, 得到下表:

	{6,10}	8	9	11	12	13	14	15
{1,2, 3, 4, 5, 7}	0.64	3.77	2.10	2.88	1.48	1.83	3.05	3.12
{6,10}		3.13	1.57	2.32	0.99	1.11	2.45	2.87

第七步: 结合表 7.2.6 和上表, 发现类 g_5 和类 g_6 之间的距离最近(0.64), 将其聚合成类 $g_7=\{1,2,3,4,5,6,7,10\}$, 得到下表:

	8	9	11	12	13	14	15
{1,2, 3, 4, 5, 6, 7, 10}	3.13	1.57	2.32	0.99	1.11	2.45	2.87

第八步: 结合表 7.2.6 和上表, 发现类$\{14\}$和类$\{15\}$之间的距离最近(0.64), 将其聚合成类$g_8=\{14,15\}$, 得到下表:

	{14,15}	8	9	11	12	13
{1,2, 3, 4, 5, 6, 7, 10}	2.45	3.13	1.57	2.32	0.99	1.11
{14,15}		2.99	1.67	1.92	3.04	1.70

第九步: 结合表 7.2.6 和上表, 发现类$\{9\}$和类$\{11\}$的距离最近(0.80), 将其聚合成类$g_9=\{9,11\}$, 得到下表:

	{14,15}	{9,11}	8	12	13
{1,2, 3, 4, 5, 6, 7, 10}	2.45	1.57	3.13	0.99	1.11
{14,15}		1.67	2.99	3.04	1.70
{9,11}			1.13	2.11	1.00

第十步: 结合表 7.2.6 和上表, 发现类$g_7=\{1,2,3,4,5,6,7,10\}$和类$\{12\}$距离最近(0.99), 将其聚合成新类$g_{10}=\{1,2,3,4,5,6,7,10,12\}$, 得到下表:

	{14,15}	{9,11}	8	13
{1,2, 3, 4, 5, 6, 7, 10, 12}	2.45	1.57	3.13	1.11
{14,15}		1.67	2.99	1.70
{9,11}			1.13	1.00
8				2.71

第十一步: 结合表 7.2.6 和上表, 发现类$g_9=\{9,11\}$和类$\{13\}$距离最近(1.00), 将其聚合成类$g_{11}=\{9,11,13\}$, 得到下表:

	{14,15}	{9,11, 13}	8
{1,2, 3, 4, 5, 6, 7, 10, 12}	2.45	1.11	3.13
{14,15}		1.67	2.99
{9,11, 13}			1.13

第十二步: 上表中, 发现类$g_{10}=\{1,2,3,4,5,6,7,10,12\}$和类$g_{11}=\{9,11,13\}$距离最近(1.11), 将其聚合成类$g_{12}=\{1,2,3,4,5,6,7,9,10,11,12,13\}$, 得到下表:

	{14,15}	8
{1,2, 3, 4, 5, 6, 7, 9, 10, 11, 12, 13}	1.67	1.13
{14,15}		2.99

第十三步: 上表中, 发现类 $g_{12}=\{1,2,3,4,5,6,7,9,10,11,12,13\}$ 和类 $\{8\}$ 最接近(1.13), 将其聚合成类 $g_{13}=\{1,2,3,4,5,6,7,8,9,10,11,12,13\}$, 更新最后两个类之间的距离为 1.67, 聚类算法结束. 聚类过程中实际采用了 4 位有效数字, 前两位数字相同时, 需要比较后两位的大小.

聚类过程可以用树状图表示, 每一类黄牛是一个叶片, 类别聚合过程用枝干连接的方式标出. 图 7.2.1 给出了在单一连接法下 15 个牛种的聚类树状图, 形象地说明了聚类的过程.

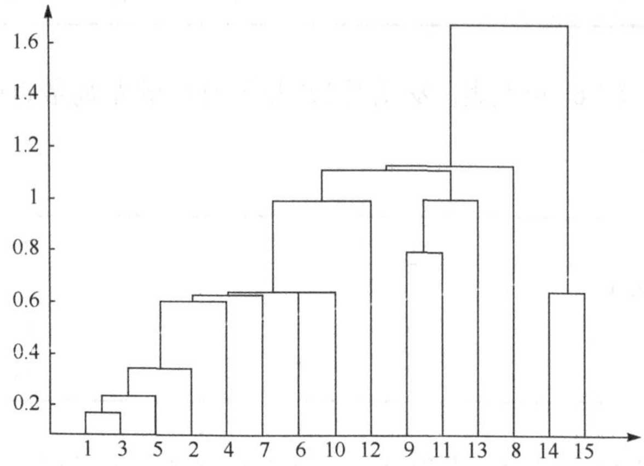

图 7.2.1　单一连接法下 15 个牛种的聚类树状图

取定树干到地面的高度可以将树状图分成若干子类, 称为“砍树法”. 若取高度 1.4, 可将树状图砍成两类: 14 和 15 号牛种一类, 其他牛种一类. 14, 15 号牛种又高又重但年产奶量不大, 可以划分为肉用型. 为了分析其他牛种的经济类型, 需要再降低高度进行“砍树”. 若取高度为 1, 则剩余树干砍成 3 类: 8 号自成一类, 9, 11, 13 号成一类, 其余牛种成一类. 8 号牛种年产奶量在整个样本中最多, 可以划入乳用类型. 9, 11, 13 号牛种年产奶量和体重都高于其他牛种, 可以划入肉乳兼用型. 再次降低高度, 对剩余牛种分类. 取高度 0.8, 可将剩余牛种分为两类: 12 号自成一类, 其余牛种成一类. 总的来说, 最后两类牛种体重较轻, 年产奶量也较少, 可以划入役用型. 又由于 12 号牛种体重在这类中较大, 可以划入肉役兼用型, 而其他牛种划入纯役用型.

除了单一连接法以外, 还可以采用完全连接法进行聚类. 图 7.2.2 就是采用完全连接法聚类的树状图.

完全连接法下的树状图比最短距离法下的树状图枝干更明显. 采用“砍树法”, 可以看出 14 和 15 号牛种是一类, 可以划入肉用型. 8, 9, 11 号是一类, 可以划入乳用型. 1, 2, 3, 5 是一类, 可以划入役用型; 6, 10 是一类, 比较靠近左边的役用型, 但年产奶量要明显高于役用型, 可划入役乳兼用型; 12, 13 成一类, 此类年产奶量和体重都较好, 可以划入肉乳兼用型; 4, 7 成一类, 这类牛种体重轻, 体高矮, 年产奶量少, 也只能划入役用型. 两种距离下聚类结果略有差异, 说明了距离函数在聚类过程中的重要作用.

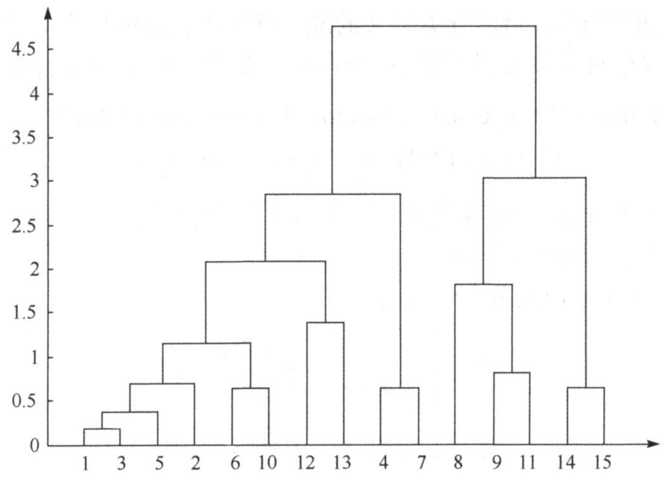

图 7.2.2　完全连接法下 15 个牛种的聚类树状图

7.3　判 别 分 析

聚类分析是将不同的样本按照内在的相似性分类的过程. 分类完成后, 若遇到新的对象, 需要判断它应该划入哪个类别, 这就是判别分析(discriminant analysis)方法将要解决的问题. 例如, 银行判断一个新客户是否为“可放贷客户”, 医生诊断病人患有哪种疾病, 系统管理人员判断当前系统的运行状态是否良好等. 本节介绍判别分析的理论和方法.

7.3.1　最大似然法

若已知对象分为 J 个类 $\Pi_i(i=1,2,\cdots,J)$, 每个类的似然函数为 $f_i(\boldsymbol{x})$, $i=1,2,\cdots,J$. 最大似然法分类的思想是: 将新对象 $\boldsymbol{x}$ 划分到可能性最大的类中, 也就是使得似然函数达到最大值的类. 若

$$L_j(\boldsymbol{x})=f_j(\boldsymbol{x})=\max_{i\in\{1,2,\cdots,J\}} f_i(\boldsymbol{x})$$

则判断 $\boldsymbol{x}$ 属于第 j 类.

如果有几个类的似然函数在点 $\boldsymbol{x}$ 都达到最大值, 则 $\boldsymbol{x}$ 可以分入其中的任何一个类. 最大似然法给出的分类集合记为

$$\boldsymbol{R}_j=\left\{\boldsymbol{x}:L_j(\boldsymbol{x})\geqslant L_i(\boldsymbol{x}),i=1,2,\cdots,J,i\neq j\right\}$$

点 $\boldsymbol{x}$ 落入集合 $\boldsymbol{R}_j$ 则认为该对象属于第 j 类.

7.3.2　期望成本法

将对象 $\boldsymbol{x}$ 分到某个类中, 有可能分类正确, 也有可能分类错误. 例如, 把原本属于第 1 类的对象错误的划入了第 2 类, 出现这种分类错误的概率是一个条件概率, 为

$$p_{2|1}=P\left\{\boldsymbol{x}\in\boldsymbol{R}_2\mid\Pi_1\right\}$$

错误分类会带来成本, 例如银行错误地把一个不具备偿还能力的客户判断为“可贷客户”, 发

放贷款后客户产生违约行为，错误分类带来的成本就是银行未能按合同约定按时足额收回的本金和利息．属于 Π_j 的对象被错误的划分到集合 $\boldsymbol{R}_i$ 中，错误分类的成本记为 $C(i|j)$，在 $J=2$ 时错误分类的期望成本(expected cost of misclassification, ECM)为

$$\mathrm{ECM}=C(2|1)\cdot p_{2|1}\cdot\pi_1+C(1|2)\cdot p_{1|2}\cdot\pi_2$$

其中，$\pi_i(i=1,2)$ 是对象 $\boldsymbol{x}$ 来自第 i 类的概率，称为第 i 类的先验概率．采用最小化 ECM 的分类方法称为期望成本法或 ECM 分类法．

在 $J=2$ 时, ECM 法给出的分类集合为

$$R_1=\left\{\boldsymbol{x}:\frac{f_1(\boldsymbol{x})}{f_2(\boldsymbol{x})}\geqslant\frac{C(1|2)}{C(2|1)}\frac{\pi_2}{\pi_1}\right\}$$

$$R_2=\left\{\boldsymbol{x}:\frac{f_1(\boldsymbol{x})}{f_2(\boldsymbol{x})}<\frac{C(1|2)}{C(2|1)}\frac{\pi_2}{\pi_1}\right\}$$

事实上, ECM 法通过最小化错误分类带来的损失完成新对象类型的判别.

对相同的错误分类成本和先验概率，ECM 法给出的分类集合就是最大似然分类集合，所以最大似然法是 ECM 法的一个特例.

7.3.3 贝叶斯判别法

随机抽取一个样本，该样本属于类 Π_j 的概率记为先验概率 π_j．已知先验概率 π_j 时，可以采用贝叶斯判别法进行分类．它把 $\boldsymbol{x}$ 分配到 Π_j 使得 $\pi_j f_j(\boldsymbol{x})$ 取得最大值，其中 $f_j(\boldsymbol{x})$ 是对象属于类 Π_j 时对应的似然函数，即 $\pi_j f_j(\boldsymbol{x})=\max\limits_i \pi_i f_i(\boldsymbol{x})$．贝叶斯判别法给出的分类集合为

$$\boldsymbol{R}_j=\left\{\boldsymbol{x}:\pi_j f_j(\boldsymbol{x})\geqslant\pi_i f_i(\boldsymbol{x}),i=1,2,\cdots,J\right\}$$

当先验概率 $\pi_j=1/J$ 时，即每个类出现的概率相等时，贝叶斯判别法和最大似然法给出的分类集合相同，所以最大似然法也是贝叶斯判别法的一个特例.

7.3.4 线性函数判别法

研究对象的观测指标只有一个时，可以采用单总体的统计推断方法解决观测值的判别问题．当观测指标是多维变量时，由于观测数据维度的增加，导致数据结构的复杂化，增加了解决判别问题的难度．由此产生了将多维数据转化为一维数据，采用一维数据判别方法解决多维问题的思路，这就是费希尔提出的线性函数判别法.

观测数据 $\boldsymbol{x}$ 是一个 m 维列向量，每一行代表对应变量的观测值．再选取一个 m 行 1 列的参数向量 $\boldsymbol{a}$，施行线性变换 $y=\boldsymbol{x}^{\mathrm{T}}\boldsymbol{a}$，则可以将 m 维观测数据变换成 1 维数据，从而将多维数据的判别问题转化为一维数据的判别问题．解决问题的关键是如何找到一个恰当的线性变换系数向量 $\boldsymbol{a}$.

费希尔认为"恰当"的线性变换应该让变换以后的数据满足两个方面的要求：其一，类和类之间的差异应该充分大；其二，同类的数据应该尽量接近．第一个方面可以用变换以后数据的组间差平方和来度量，第二个方面可以用组内差平方和来度量．将两个离差平方和的比值作为最大化的目标函数，就可以求出最佳的线性组合系数 $\boldsymbol{a}$.

观测数据矩阵 $\boldsymbol{X}=(x_{ij})$ 中，第 i 行元素为第 i 个对象的观测数据 $\boldsymbol{x}_i^{\mathrm{T}}=(x_{i1},x_{i2},\cdots,x_{im})$. 对类 Π_j 来说，样本均值 $\overline{\boldsymbol{x}}_j$ 是一个 $m\times1$ 的向量，它的第 k 个位置上的元素 $\overline{\boldsymbol{x}}_j(k)$ 是类 Π_j 中所有对象第 k 个位置上观测值的平均值，即

$$\overline{\boldsymbol{x}}_j(k)=\frac{1}{n_j}\sum_{i=1}^{n_j}\overline{\boldsymbol{x}}_{ik}$$

其中 n_j 是类 Π_j 含有的对象个数. 所有观测数据的总平均值 $\overline{\boldsymbol{x}}$ 也是一个 $m\times1$ 的向量，它可以由所有 J 类的平均值得出，即

$$\overline{\boldsymbol{x}}(k)=\frac{1}{n}\sum_{j=1}^{J}n_j\overline{\boldsymbol{x}}_j(k)$$

其中 $n=\sum_{j=1}^{J}n_j$ 是观测样本总个数. 定义组间差样本矩阵 $\boldsymbol{B}$ 为

$$\boldsymbol{B}=\sum_{j=1}^{J}n_j\left(\overline{\boldsymbol{x}}_j-\overline{\boldsymbol{x}}\right)\left(\overline{\boldsymbol{x}}_j-\overline{\boldsymbol{x}}\right)^{\mathrm{T}}$$

它是一个 $m\times m$ 的方阵. 类似地，也可以定义组内差样本矩阵 $\boldsymbol{W}$ 为

$$\boldsymbol{W}=\sum_{j=1}^{J}\sum_{i=1}^{n_j}\left(\boldsymbol{x}_j^i-\overline{\boldsymbol{x}}_j\right)\left(\boldsymbol{x}_j^i-\overline{\boldsymbol{x}}_j\right)^{\mathrm{T}}$$

它也是一个 $m\times m$ 的方阵，其中 x_j^i 是类 Π_j 中的第 i 个对象的观测值，它是一个 $m\times m$ 的矩阵.

组间差计算了每个类的均值和所有数据的总均值之间的累积差异，所以要用每组数据个数进行加权，描述的是类和类之间的差异，应该尽量大；组内差计算了每个类的均值和本类中每个观测之间的累积差异，所以对比的基准是本组的均值，描述的是随机噪声的影响，应该尽量小. 线性变换后组间差和组内差的比值为

$$\frac{\boldsymbol{a}^{\mathrm{T}}\boldsymbol{B}\boldsymbol{a}}{\boldsymbol{a}^{\mathrm{T}}\boldsymbol{W}\boldsymbol{a}}$$

使上式达到最大值的系数 $\boldsymbol{a}$ 是矩阵 $\boldsymbol{W}^{-1}\boldsymbol{B}$ 最大特征值对应的特征向量.

观测到新对象 $\boldsymbol{x}$，采用费希尔判别法，做线性变换 $y=\boldsymbol{x}^{\mathrm{T}}\boldsymbol{a}$，对比它和第 j 个类均值的线性变换 $\overline{\boldsymbol{x}}_j^{\mathrm{T}}\boldsymbol{a}$ 之间的距离，将 $\boldsymbol{x}$ 划入线性变换结果最接近的类，也就是

$$\boldsymbol{x}\to\Pi_j \Leftrightarrow j=\arg\min_{i\in\{1,2,\cdots,J\}}|(\boldsymbol{x}-\overline{\boldsymbol{x}}_i)^{\mathrm{T}}\boldsymbol{a}| \tag{7.3.1}$$

若将 $\boldsymbol{W}^{-1}\boldsymbol{B}$ 的特征值从大到小排序，将第 k 个特征值对应的特征向量 $\boldsymbol{a}_k$ 作为线性变换系数，也可得到线性变换 $y=\boldsymbol{x}^{\mathrm{T}}\boldsymbol{a}_k$，由此得到关于第 k 个特征值的判别函数.

7.3.5　应用案例——“利木赞牛”的经济类型识别

考虑例 7.1.1 中的第二个问题，增加“利木赞牛”的观测数据，平均体重 700kg，平均体高 130cm，平均年产奶量 1200.0kg，判断该牛种所属的经济类型. 案例 7.2.5 在完全连接法下得到 15 个种牛的分类情况如表 7.3.1 所示.

表 7.3.1 15 个牛种的平均体重、平均体高、平均年产奶量和分类

分类	序号	品种	体重/kg	体高/cm	产奶量/kg
役用	1	秦川牛	381.3	124.5	715.8
	2	南阳牛	411.9	126.3	700.0
	3	鲁西牛	365.7	123.6	700.0
	4	晋南牛	339.4	117.4	745.1
	5	延边牛	365.2	121.8	600.0
	7	蒙古牛	350.4	112.6	518.0
	均值		368.98	121.03	663.15
兼用	6	复州牛	415.0	128.5	1648.0
	10	草原红牛	453.0	124.2	1809.4
	12	海福特牛	519.6	117.9	1500.0
	13	夏洛来牛	573.6	127.8	2000.0
	均值		490.30	124.60	1739.35
乳用	8	荷斯坦牛	575.0	133.0	6331.0
	9	三河牛	547.9	131.8	3370.0
	11	西门塔尔牛	577.0	134.4	4499.0
	均值		566.63	133.07	4733.33
肉用	14	摩拉水牛	647.9	140.2	1751.1
	15	尼力-拉菲水牛	721.0	138.8	1917.0
	均值		684.45	139.5	1834.05

由此得到 $\boldsymbol{W}$ 矩阵

$$W=\begin{pmatrix}21298.12 & 298.93 & 64127.19\\ 298.93 & 206.12 & 4594.35\\ 64127.19 & 4594.35 & 4655628.86\end{pmatrix}$$

$\boldsymbol{B}$ 矩阵

$$\boldsymbol{B}=\begin{pmatrix}180359.69 & 10569.93 & 1525772.51\\ 10569.93 & 659.24 & 95784.03\\ 1525772.51 & 95784.03 & 33367876.07\end{pmatrix}$$

以及 $\boldsymbol{W}^{-1}\boldsymbol{B}$ 矩阵

$$\boldsymbol{W}^{-1}\boldsymbol{B}=\begin{pmatrix}7.39 & 0.43 & 49.29\\ 36.33 & 2.30 & 254.19\\ 0.19 & 0.01 & 6.24\end{pmatrix}$$

最大的特征值为 11.7871，对应的特征向量为 $\boldsymbol{a}_1^{\mathrm{T}}=(-0.19\ \ -0.98\ \ -0.01)$，新观测值经过线性变换后与四个类型均值线性变换后的绝对距离分别为

类型	役用	兼用	乳用	肉用
绝对距离	77.82	41.24	8.38	11.91

若采用最大特征值对应的判别函数，“利木赞牛”和乳用黄牛类型最接近，可以归为乳用类型. 但仔细观察发现，乳用牛种年均年产奶量都在 3000kg 以上，而“利木赞牛”仅有 1200kg，这个判别结论明显不符合实际情况. 于是尝试其他特征值对应的判别函数，取第二个特征值 3.9817 对应的特征向量 $\boldsymbol{a}_2^{\mathrm{T}}=(-0.20\ \ -0.98\ \ 0.02)$ 构造判别函数，得到绝对距离为

类型	役用	兼用	乳用	肉用
绝对距离	63.68	59.80	103.26	8.07

发现“利木赞牛”和肉用类型的距离最近，可以归为肉用型. 对比发现，肉用型牛种平均体重在 684kg 左右，而“利木赞牛”体重达到了 700kg，归为肉用型牛种非常合适. 可见，不同的判别函数可能会得到不同的结论，不恰当的选择会导致不科学的判别结论.

7.4　主成分分析

观测对象往往由若干个观测指标构成，观测数据维数的增加给对象特性的分析带来了困难. 为了挖掘各个观测变量之间的相互关系，减少分析过程中数据的维数，人们通过构造观测变量的综合指标来代替原始数据，达到降低数据维数的目的. 这种多元数据分析方法就是主成分分析方法(principal components analysis).

主成分分析在多元统计分析中常常作为中间步骤，结合多重回归、聚类分析、因子分析等方法一起应用. 主成分分析一般分为两种形式，一种基于观测变量的方差-协方差矩阵，另一种基于观测变量的相关系数矩阵. 两种形式的基本思想相同，只是数据的预处理方式不同.

7.4.1　基本原理

构造 m 维观测变量 $\boldsymbol{X}=\left(X_1,X_2,\cdots,X_m\right)^{\mathrm{T}}$ 的综合指标，常用的方法是线性变换，也就是寻找一组线性变换系数 $\boldsymbol{E}=\left(e_1,e_2,\cdots,e_m\right)^{\mathrm{T}}$，使得线性变换

$$\boldsymbol{Y}=\boldsymbol{E}^{\mathrm{T}}\boldsymbol{X}=e_1X_1+e_2X_2+\cdots+e_mX_m$$

既能够保留原始数据中大部分信息，又能将 m 维的原始数据统计分析问题转化为1维数据的统计分析问题，达到简化统计分析的目的.线性变换后数据携带信息量的多少可以通过方差来衡量，方差越大，携带信息越多.

线性变换后的方差为

$$D\boldsymbol{Y}=D(\boldsymbol{E}^{\mathrm{T}}\boldsymbol{X})=\boldsymbol{E}^{\mathrm{T}}D(\boldsymbol{X})\boldsymbol{E}=\boldsymbol{E}^{\mathrm{T}}\boldsymbol{\Sigma}\boldsymbol{E}\,,$$

其中 $\boldsymbol{\Sigma}=D(\boldsymbol{X})$ 是 m 维列向量 $\boldsymbol{X}$ 的方差-协方差矩阵. 发现只要在线性变换系数 $\boldsymbol{E}$ 上乘以较大的数便能增大 $D\boldsymbol{Y}$，为此需要对线性变换系数施加一定的约束，通常限制为单位向量.

在 m 维空间中，通过构造一组相互正交的线性变换，可将原始数据投影到相互正交的线性子空间中去，从而达到消除原始观测变量之间潜在的线性相关关系的目的. 选择 m 维空间中的一组正交单位向量 $\boldsymbol{E}_1,\boldsymbol{E}_2,\cdots,\boldsymbol{E}_m$，构造线性变换序列 $\boldsymbol{Y}_i=\boldsymbol{E}_i^{\mathrm{T}}\boldsymbol{X}$，便可达到目标. 综上所述，主成分分析的数学模型为

$$\max_{\boldsymbol{E}_i} D\boldsymbol{Y}_i=\boldsymbol{E}_i^{\mathrm{T}}\boldsymbol{\Sigma}\boldsymbol{E}_i$$

$$\begin{cases}\text{s.t.}\ \ \|\boldsymbol{E}_i\|=1\\ \qquad \mathrm{Cov}(\boldsymbol{Y}_i,\boldsymbol{Y}_j)=\boldsymbol{E}_i^{\mathrm{T}}\boldsymbol{\Sigma}\boldsymbol{E}_j=0\\ \qquad i,j=1,2,\cdots,m;\ \ i\neq j\end{cases}$$

分析方差-协方差矩阵 $\boldsymbol{\Sigma}$ 的特征值和对应的特征向量求解上述问题. 假设其特征值-特征向量对分别表示为 $(\lambda_1,\boldsymbol{E}_1)$，$(\lambda_2,\boldsymbol{E}_2)$，$\cdots$，$(\lambda_m,\boldsymbol{E}_m)$，其中特征值降序排列，即 $\lambda_1\geqslant\lambda_2\geqslant\cdots\geqslant\lambda_m\geqslant 0$，对应于第 i 个特征值 λ_i 的特征向量 $\boldsymbol{E}_i$ 是一个单位向量，满足

$$e_{1i}^2+e_{2i}^2+\cdots+e_{mi}^2=1 \tag{7.4.1}$$

则第 i 个主成分为

$$\boldsymbol{Y}_i=\boldsymbol{E}_i^{\mathrm{T}}\boldsymbol{X}=e_{1i}X_1+e_{2i}X_2+\cdots+e_{mi}X_m,\quad i=1,2,\cdots,m \tag{7.4.2}$$

此时有

$$D\boldsymbol{Y}_i=\boldsymbol{E}_i^{\mathrm{T}}\boldsymbol{\Sigma}\boldsymbol{E}_i=\lambda_i,\quad i=1,2,\cdots,m$$

$$\mathrm{Cov}(\boldsymbol{Y}_i,\boldsymbol{Y}_j)=\boldsymbol{E}_i^{\mathrm{T}}\boldsymbol{\Sigma}\boldsymbol{E}_j=0,\quad i,j=1,2,\cdots,m,\ i\neq j$$

主成分是观测变量的线性组合，可以看成是诸元的加权平均，权重向量就是方差-协方差矩阵特征值对应的特征向量，可以解释为诸元构成的一个综合性指标.

将随机变量 $X_1,X_2,\cdots,X_m$ 标准化，得到

$$Z_i=\frac{X_i-\mu_i}{\sqrt{\sigma_{ii}}},\quad i=1,2,\cdots,m$$

其中 $\mu_i=EX_i,\sigma_{ii}=\sqrt{DX_i}$. 向量 $Z_1,Z_2,\cdots,Z_m$ 的协方差矩阵就是随机变量 $X_1,X_2,\cdots,X_m$ 的相关系数矩阵 $\boldsymbol{\rho}$. 此处总体矩可用样本矩估计得到.

变量 $Z_1,Z_2,\cdots,Z_m$ 的第 i 个主成分是

$$\boldsymbol{Y}_i=\boldsymbol{E}_i^{\mathrm{T}}\boldsymbol{Z}=e_{1i}Z_1+e_{2i}Z_2+\cdots+e_{mi}Z_m,\quad i=1,2,\cdots,m$$

其中 $\boldsymbol{E}_i$ 是随机变量 $X_1,X_2,\cdots,X_m$ 的相关系数矩阵 $\boldsymbol{\rho}$ 的第 i 个特征值对应的特征向量，这就是基于相关系数矩阵构造的主成分.

一般来说，基于协方差矩阵 $\boldsymbol{\Sigma}$ 的主成分和基于相关系数矩阵 $\boldsymbol{\rho}$ 的主成分是不相同的. 如果观测值数量级有很大差别，就需要经过标准化来确定主成分.

主成分的个数由特征值的分布决定，没有统一的规定. 由于

$$\sum_{i=1}^{m}DX_i=\sum_{i=1}^{m}D\boldsymbol{Y}_i=\sum_{i=1}^{m}\lambda_i \tag{7.4.3}$$

通常将前 k 个特征值之和占特征值总和的比例作为确定主成分个数的方法，例如前 3 个特征值占总和的比例达到 80%，而 m 的个数又较大，则可以用前 3 个主成分取代原始数据，损失

的信息量也不多.

例 7.4.1　基于下列方差-协方差阵和相关系数阵，分别用两种方法确定主成分，并比较两种方法下变量的相对权重.

$$\boldsymbol{\Sigma}=\begin{pmatrix} 1 & -4 \\ -4 & 100 \end{pmatrix},\quad \boldsymbol{\rho}=\begin{pmatrix} 1 & -0.4 \\ -0.4 & 1 \end{pmatrix}$$

基于协方差矩阵的特征值和特征向量对为

$$\lambda_1=100.1614,\quad \boldsymbol{E}_1=(-0.0403\quad 0.9992)^{\mathrm{T}}$$

$$\lambda_2=0.8386,\quad \boldsymbol{E}_2=(-0.9992\quad -0.0403)^{\mathrm{T}}$$

第一和第二主成分为

$$Y_1=-0.0403X_1+0.9992X_2,\quad Y_2=-0.9992X_1-0.0403X_2$$

基于相关系数矩阵的特征值和特征向量为

$$\lambda_1=1.4000,\quad \boldsymbol{E}_1=(-0.7071\quad 0.7071)^{\mathrm{T}}$$

$$\lambda_2=0.6000,\quad \boldsymbol{E}_2=(-0.7071\quad -0.7071)^{\mathrm{T}}$$

第一主成分为

$$\begin{aligned} Y_1&=-0.7071Z_1+0.7071Z_2=-0.7071\frac{X_1-\mu_1}{1}+0.7071\frac{X_2-\mu_2}{10}\\ &=-0.7071(X_1-\mu_1)+0.0707(X_2-\mu_2) \end{aligned}$$

第二主成分为

$$\begin{aligned} Y_2&=-0.7071Z_1-0.7071Z_2=-0.7071\frac{X_1-\mu_1}{1}-0.7071\frac{X_2-\mu_2}{10}\\ &=-0.7071(X_1-\mu_1)-0.0707(X_2-\mu_2) \end{aligned}$$

由于 X_2 的方差较大，它在 $\boldsymbol{\Sigma}$ 确定的第一主成分中占有控制地位，权重为 0.9992 . 通过标准化后，两个变量对主成分的贡献变得相同，此时 X_2 在第一主成分中不再拥有绝对控制地位，它的权重变为 0.0707 ，远远小于 X_1 的权重. 可见，标准化可以影响到主成分中各个变量的相对重要性，在使用的过程中要结合问题背景和数据特征，慎重选择.

7.4.2　应用案例——黑龙江产大米品质分析

稻米是 2/3 中国人的主食，其品质好坏深受人们关注. 品质指标包括长宽比(X_1)、垩白粒率(X_2)、垩白度(X_3)、胶稠度(X_4)、整精米率(X_5)和直链淀粉含量百分比(X_6)等因素[8]. 现抽取黑龙江省生产的 19 种稻米，测定上述 6 种指标，得表 7.4.1.

表 7.4.1　19 种黑龙江产大米观测数据

编号	X_1	X_2	X_3	X_4	X_5	X_6
1	1.70	9.88	5.30	66.90	73.20	18.13
2	1.46	13.20	6.50	64.80	78.80	18.60
3	1.51	7.27	3.90	67.30	76.50	18.10
4	1.45	8.20	4.10	66.50	82.00	18.15
5	1.56	4.81	2.56	78.80	74.90	16.90

续表

编号	X_1	X_2	X_3	X_4	X_5	X_6
6	1.50	1.50	2.70	80.90	77.10	15.10
7	1.52	11.20	6.40	65.10	75.80	18.30
8	1.52	16.35	9.10	64.00	75.70	18.80
9	1.46	7.60	4.50	67.70	81.20	17.98
10	2.04	10.90	6.80	65.70	63.90	18.23
11	1.81	1.95	1.05	80.10	69.80	15.80
12	1.93	6.30	3.60	73.40	68.70	17.70
13	1.93	6.74	3.87	70.10	67.90	17.96
14	1.84	3.65	1.98	80.00	69.00	16.63
15	1.66	27.45	9.68	63.80	73.50	18.98
16	1.78	16.98	10.18	63.90	72.90	18.98
17	1.56	14.07	8.20	64.80	74.90	18.50
18	1.50	5.91	3.24	75.50	77.10	17.40
19	2.04	6.30	3.70	71.00	64.10	18.98

上述数据的相关系数矩阵为

$$\begin{pmatrix} 1.00 & -0.115 & -0.108 & 0.146 & -0.965 & 0.063 \\ -0.115 & 1.00 & 0.922 & -0.783 & 0.107 & 0.738 \\ -0.108 & 0.922 & 1.00 & -0.842 & 0.100 & 0.751 \\ 0.146 & -0.783 & -0.842 & 1.00 & -0.186 & -0.897 \\ -0.965 & 0.107 & 0.100 & -0.186 & 1.00 & -0.024 \\ 0.063 & 0.738 & 0.751 & -0.897 & -0.024 & 1.00 \end{pmatrix}$$

特征值和对应的特征向量如表 7.4.2 所示.

表 7.4.2　特征值和对应的特征向量

特征值	3.506	1.952	0.36	0.102	0.05	0.03
占比	0.584	0.325	0.06	0.017	0.008	0.005
特征向量	−0.106	0.695	0.031	0.066	−0.253	0.66
	0.492	0.054	−0.545	−0.532	−0.414	−0.059
	0.502	0.062	−0.437	0.485	0.53	0.192
	−0.507	−0.024	−0.399	−0.501	0.534	0.217
	0.115	−0.692	0.112	−0.037	−0.152	0.687
	0.473	0.177	0.583	−0.474	0.419	0.071

由于 0.584+0.325=0.909, 说明特征值从大到小排列后, 前两个特征值的贡献就达到 90%以上, 数据的主成分可由前两个特征值确定. 第一主成分为

$$Y_1 = -0.106X_1 + 0.492X_2 + 0.502X_3 - 0.507X_4 + 0.115X_5 + 0.473X_6$$

第一主成分强调了 2, 3, 4 和 6 号特征, 解释为成品米的外观和营养特征. 第二主成分为

$$Y_2 = 0.695X_1 + 0.054X_2 + 0.062X_3 - 0.024X_4 - 0.692X_5 + 0.177X_6$$

强调了 1 和 5 两个特征，可解释为加工便利性.

主成分是多个观测变量的综合表示，特征的解释需要结合主成分在各个变量上的负荷大小综合考虑. 为了判断主成分的个数，有时也按特征值从大到小的顺序画出对应的贡献率图形，称为"崖底碎石图". 图 7.4.1 表明，从第三个特征值开始，特征值的贡献率发生明显的转折，所以可以选择前两个特征值构建主成分.

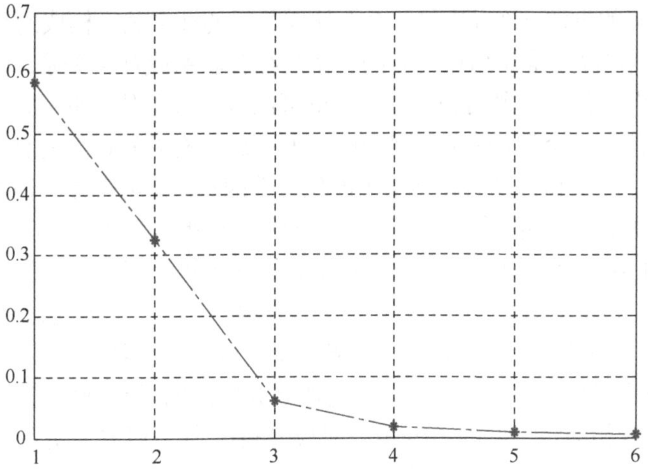

图 7.4.1　大米问题的"崖底碎石图"

7.5　章节总结

本章介绍了观测对象有多个观测指标时常用的统计方法，包括聚类分析、判别分析和主成分分析，结构框图如图 7.5.1 所示.

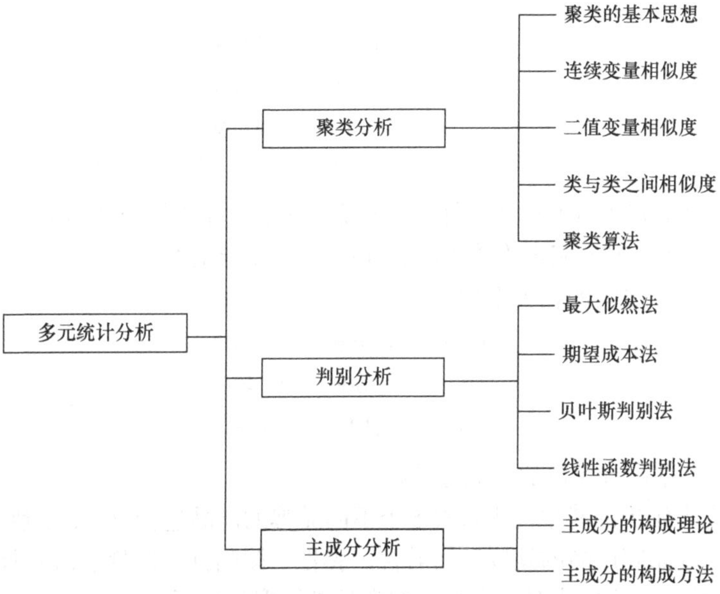

图 7.5.1　第 7 章基本内容结构图

7.6 应用分享——社会网络分析

社会是一个复杂的系统，社会中的成员通过一些关系形成团体，这些团体的存在形式、组成机理和相互影响是社会学关注的焦点. 社会网络分析(social network analysis)是一种研究社会关系和社会结构的方法. 该方法将社会个体成员间的社会关系构成的相对稳定的系统称为社会网络，即把"网络"视为是联结行动者的一系列社会联系或社会关系，它们相对稳定的模式构成社会结构. 网络的行动者既可以是个人，也可以是集合单位，如家庭、部门、组织. 社会网络与企业知识、信息等资源的获取紧密相关. 网络成员有差别占有各种稀缺性资源，关系的数量、方向、密度、力量和行动者在网络中的位置等因素，影响资源流动的方式和效率.

各种网络模型的研究促进了社会网络分析方法的发展，其中，统计网络模型(或称为复杂系统)用节点表示社会系统中研究的对象，边表示节点之间的相互关系，通过统计建模分析社会网络的复杂关系. 统计网络已在诸多领域取得成功，还被用来描述计算机互联、文献引用关系、基因蛋白质关联等. 在经济领域，经济学家通过对各个经济因素的统计网络建模来理解经济结构与市场的因果关系，基金公司通过债券股票间的联动网络管理投资等.

其他多元统计分析方法，如因子分析、对应分析、典型相关分析等，已经广泛应用于科学研究和社会实践，具体内容可以参看多元统计分析方面的其他文献.

习题 7

A 组

1. 假设 4 个样本之间的距离矩阵为

$$\begin{pmatrix} 0 & 1.3671 & 1.1724 & 1.3504 \\ & 0 & 2.5396 & 0.0166 \\ & & 0 & 2.5229 \\ & & & 0 \end{pmatrix}$$

请分别采用以下方法对上述 4 个样本进行聚类分析，并比较聚类结果.

(1) 单连接聚类法; (2) 完全连接聚类法; (3) 平均连接聚类法.

2. 假设 3 个变量之间的相关系数矩阵为

$$\begin{pmatrix} 1.000 & 0.0861 & -0.1302 \\ 0.0861 & 1.000 & 0.1406 \\ -0.1302 & 0.1406 & 1.000 \end{pmatrix}$$

请使用表中数据进行变量的主成分分析.

3. 现从市场上销售的酱牛肉中选择 5 个不同品牌的产品进行分析，品牌分别记为 a、b、c、d、e，测量每个品牌产品的硬度、黏着性、弹性、耐嚼性、胶性、凝聚性和回复性. 请根据表 1 数据，采用单一连接法对五个品牌的产品进行聚类分析.

表 1 参数数据表

品牌	硬度	黏着性	弹性	耐嚼性	胶性	凝聚性	回复性
a	21.92	0.39	0.88	1154.27	1270.69	0.57	0.21
b	12.72	0.18	0.86	520.11	605.25	0.47	0.16
c	21.75	0.32	0.78	897.08	1065.91	0.50	0.16
d	15.93	0.37	0.88	754.18	858.74	0.53	0.18
e	8.27	0.15	0.89	426.99	478.16	0.57	0.15

4. 采用单一连接法对 3 题中 5 个品牌的产品进行聚类，发现 b 和 e 是一类，c 和 d 是一类，a 自成一类. 如果新增加一种酱牛肉品牌 f，其参数如表 2 所示. 试问它应该归于哪类?

表 2 f 参数表

品牌	硬度	黏着性	弹性	耐嚼性	胶性	凝聚性	回复性
f	10.50	0.35	0.83	1154.27	962.33	0.52	0.16

B 组

1. 为了评估隧洞施工区域岩石的质量，工程部在施工区域采集了 16 块岩石标本进行检测，分别测量了岩石的干密度(单位: g/cm^3)、变形模量(单位: GPa)、饱和吸水率(单位: %)、干抗压强度(单位: MPa)和中波波速(单位: m/s)，数据如表 3 所示，请根据所给数据进行主成分分析.

表 3 参数数据表

样本编号	干密度/(g/cm^3)	变形模量/GPa	饱和吸水率/%	干抗压强度/MPa	中波波速/(m/s)
1	2.79	48.2	0.15	105.6	4515
2	2.76	79.2	0.08	165	5642
3	2.65	42.4	0.82	113.9	4312
4	2.63	55.1	0.29	172.5	6243
5	2.61	45.7	0.24	118.2	4415
6	2.6	48.9	0.8	171.4	5781
7	2.58	42.8	1.01	110.4	4926
8	2.83	78.8	0.09	142.6	6618
9	2.58	30.3	1.85	35.7	4154
10	2.63	41.2	0.65	96.7	4232
11	2.62	49.8	0.19	172.1	4901
12	2.8	71.6	0.25	165.7	6515
13	2.6	52.6	0.6	181.1	5516
14	2.82	60.1	0.24	154	6445
15	2.74	69.2	0.13	165.7	6547
16	2.73	45.8	0.28	132.1	5378

2. 将题 1 中前 15 各个数据进行聚类.

3. 将题 1 中前 15 各个数据进行聚类后，判断第 16 个样本属于哪一类.

4. 请查阅资料，了解什么是因子分析.

5. 结合你的专业背景研讨问题——结合你的专业提出一个聚类分析问题或判别分析问题，并用所学的方法解决.

C 组

某公司对10位新员工进行分类，考虑员工性别(女性记为0，男性记为1)、学历(研究生记为0，其他学历记为1)、民族(汉族记为0，少数民族记为1)、党派(无党派记为0，加入党派记为1)、资格证书(无资格证书记为0，具有资格证书记为1)等 5 项指标. 请根据如表 4 所示数据完成新员工分类.

表 4　指标数据表

员工编号	性别	学历	民族	党派	资格证书
1	1	0	1	1	1
2	1	0	0	1	1
3	1	1	1	0	1
4	1	0	1	1	1
5	1	1	0	0	0
6	0	1	0	0	0
7	0	1	0	1	0
8	0	1	1	0	0
9	0	1	1	0	1

部分习题参考答案与提示

习题 1

A 组

1. (1) 0.9; (2) 0.784.

2. 0.27.

3. (1) 0.28; (2) 0.5714.

4. $F(x)=\begin{cases}0, & x<0\\ \dfrac{1}{10}, & 0\leqslant x<1\\ \dfrac{7}{10}, & 1\leqslant x<2\\ 1, & x\geqslant 2\end{cases}$.

5. $C=\dfrac{\lambda}{\pi}$.

6. d 值至少取 82℃.

7. (X,Y) 的联合分布律为

X \ Y	0	1	2
0	0.04	0.08	0.04
1	0.12	0.24	0.12
2	0.09	0.18	0.09

8. $f_X(x)=\begin{cases}\dfrac{2}{\pi}\sqrt{1-x^2}, & |x|\leqslant 1\\ 0, & \text{其他}\end{cases}$, $\quad f_Y(y)=\begin{cases}\dfrac{2}{\pi}\sqrt{1-y^2}, & |y|\leqslant 1\\ 0, & \text{其他}\end{cases}$.

9. $3.5n$, $\dfrac{35}{12}n$.

10. $\sqrt{\dfrac{2}{\pi}}$.

11. 4.

12. $\dfrac{n}{p}$.

13. $\rho_{Z_1Z_2}=\dfrac{\operatorname{Cov}(Z_1,Z_2)}{\sqrt{DZ_1}\sqrt{DZ_2}}=\dfrac{(\alpha^2-\beta^2)}{(\alpha^2+\beta^2)}$.

14. 842.

B 组

1. $E(X)=\sum_{i=1}^{N}E(X_i)=\sum_{i=1}^{N}(1-p)^{i-1}=\dfrac{1-(1-p)^N}{p}$.

2. $\dfrac{3}{4}(1-\mathrm{e}^{-2\lambda})$.

3. $f_Z(z)=0.4f(-z)+0.6f(3-z)$.

4. $t=4$ 年.

C 组

1. 换.

2. 不全对, 应为 $|\rho(X,Y)|=0.5$.

习题 2

A 组

1. 众数: 7.6; 中位数: 7.6; 80 分位数: 9.3; 变异系数: 22.36%.

2. 极差: 51, 53; 方差: 216.593, 159.540; 标准差: 14.717, 12.631; 偏态系数: 0.028, −0.122; 峰态系数: −0.673, −0.208.

背靠背茎叶图:

放假后		放假前
569	8	
55788	9	5778
1558888	10	03899
1235555667899	11	1233349
0248	12	00448888
8	13	123568
	14	266

由图可见, 放假前完成任务所需的时间在茎为 12 时比较多, 而放假后完成相同任务所需的时间在茎为 11 时比较多, 表明放假后所需时间减少, 效率更高.

3. 总体: 所有包装的降血压药物; 样本: m 盒降血压药物; 总体的分布: $B(n,p)$.

4. 这组数据的均值: 67.793; 方差: 86.765; 标准差: 9.315; 峰度: 0.900; 偏度: 0.233; 下四分位数: 61.2; 中位数: 66.15.

5. (1) $\prod_{i=1}^{10}\dfrac{\lambda^{x_i}}{x_i!}\mathrm{e}^{-\lambda}$; (2) $\prod_{i=1}^{10}(1-p)^{x_i-1}p$; (3) $\dfrac{1}{(b-a)^{10}}, a\leqslant x_i\leqslant b, i=1,2,\cdots,10$.

6.
$$F_n(x)=\begin{cases}0, & x<108\\ 0.1, & 108\leqslant x<118\\ 0.3, & 118\leqslant x<120\\ 0.5, & 120\leqslant x<122\\ 0.6, & 122\leqslant x<124\\ 0.7, & 124\leqslant x<131\\ 0.8, & 131\leqslant x<146\\ 0.9, & 146\leqslant x<162\\ 1, & x\geqslant 162\end{cases}.$$

8. $\overline{Y}=b(\overline{X}-a)$； $S_Y^2=b^2S_X^2$.

9. 62.376 11. 549.

10. (1) $f_{X_1,X_2,X_3}(x_1,x_2,x_3)=\begin{cases}0.02^3\mathrm{e}^{-0.02(x_1+x_2+x_3)}, & x_1,x_2,x_3>0\\ 0, & 其他\end{cases}$.

(2) $f_{X_{(1)}}(x)=\begin{cases}0.06\mathrm{e}^{-0.06x}, & x>0\\ 0, & 其他\end{cases}$, $f_{X_{(3)}}(x)=\begin{cases}0.06(1-\mathrm{e}^{-0.02x})^2, & x>0\\ 0, & 其他\end{cases}$.

(3) 0.302. (4) 0.007.

11. (1) 1, 0.08, 0.8, 0.72; (2) 5, 0.5, 5, 4.5; (3) 5, 2.5, 25, 22.5.

12. 0.683.

13. 0.284.

14. (1) $a_1=\dfrac{1}{8}$, $a_2=\dfrac{1}{4}$, $a_3=\dfrac{1}{8}$, $m_1=3$;

(2) $b=\dfrac{\sqrt{6}}{2}$, $m_2=3$;

(3) $c_1=\dfrac{1}{2}$, $c_2=1$, $m_3=2$, $m_4=1$.

15. (1) 0.8413; (2) 0.5094; (3) 0.05.

16. (1) 23; (2) 0.438; (3) $\chi^2(15)$

17. (1) 0.6826; (2) 0.95.

习题 3

A 组

1. (1) 矩估计量、最大似然估计量为 $\hat{p}=\dfrac{\overline{X}}{m}$.

(2) 矩估计量为 $\hat{N}=2\overline{X}-1$；最大似然估计量为 $\hat{N}=X_{(n)}$.

(3) 矩估计量、最大似然估计量为 $\hat{p}_1=\dfrac{n_1}{n},\hat{p}_2=\dfrac{n_2}{n},\hat{p}_3=\dfrac{n_3}{n}$.

(4) 参数 σ^2 的矩估计量为 $\hat{\sigma}^2=M_2^*$，最大似然估计量为 $\hat{\sigma}^2=\dfrac{1}{n}\sum\limits_{i=1}^{n}(X_i-6)^2$.

(5) 矩估计量为 $\hat{\theta}=\dfrac{2\overline{X}-1}{1-\overline{X}}$；最大似然估计量为 $\hat{\theta}=-1-\dfrac{n}{\sum\limits_{i=1}^{n}\ln X_i}$.

2. 1 升水中大肠杆菌的平均个数的矩估计值和最大似然估计值均为 $\overline{x}$，即 1.87，接近两个.

3. 参数 λ 的矩估计值和最大似然估计值为 $\dfrac{1}{\overline{x}}=0.05$.

4. (1) $k=2(n-1)$; (2) $k=\sqrt{\dfrac{2n(n-1)}{\pi\sigma^2}}$.

5. $E\hat{\theta}_1=\dfrac{\sigma^2}{n}+(EX)^2\neq(EX)^2$，$\hat{\theta}_1$ 不是 $(EX)^2$ 的无偏估计；$E\hat{\theta}_2=(EX)^2$，$\hat{\theta}_2$ 是 $(EX)^2$ 的

无偏估计.

6. (1) $E\hat{\mu}_1 = E\hat{\mu}_2 = \mu$，$\hat{\mu}_1$、$\hat{\mu}_2$ 均为参数 μ 的无偏估计，但 $D\hat{\mu}_1 = \dfrac{\sigma^2}{n} > D\hat{\mu}_2 = \dfrac{\sigma^2}{2n}$，所以 $\hat{\mu}_2$ 比 $\hat{\mu}_1$ 更有效，$\hat{\mu}_2$ 比 $\hat{\mu}_1$ 更好. (2) 略.

7. 只有 S^2 是 σ^2 的无偏估计；对 σ^2 而言，S_2^2 是均方误差最小的估计.

8. 不能. 因为置信区间(14.52, 14.99)是一个确定的区间，钢杆的平均直径也是一个确定的值，它要么在区间(14.52, 14.99)内，要么在此区间外. 由于不知钢杆的平均直径的真值，无法判断是哪种情况，只是有 95%的把握相信钢杆的平均直径为 14.52～14.99cm. 在这里“概率”一词表达不恰当.

9. (1) 近似为(51.4, 52.8); (2) 置信度是 0.866; (3) 样本容量至少 74 .

10. (1) 近似为(141, 159); (2) 置信度是 0.962.

11. (1) (60535,64245); (2) (2201,5842),

$$\left(\sqrt{\frac{(n-1)S^2}{\chi^2_{1-\frac{\alpha}{2}}(n-1)}},\sqrt{\frac{(n-1)S^2}{\chi^2_{\frac{\alpha}{2}}(n-1)}}\right)=\left(\sqrt{\frac{9\times 3200^2}{19.0228}},\sqrt{\frac{9\times 3200^2}{2.7004}}\right)\approx(2201,5842)$$

12. (−10.7, 3.2).

13. (−92.1, −32.5).

14. 置信度为 0.90 时，A 班加工套筒的平均直径与 B 班加工套筒的平均直径之差的置信区间为(0.003, 0.008).

15. 置信度 0.90 时，第一种过程的方差与第二种过程的方差之比的置信区间为(0.40, 3.9).

16. (1) 4143; (2) 样本容量从 4143 变为 1033，减少 3110; (3) 置信度是 0.95，估计误差为 0.045，样本容量是 471.

17. (−0.0138, 0.245).

B 组

1. (1) 矩估计量和最大似然估计量均为 $\hat{p}_0 = \bar{X}$，$X_i = \begin{cases}1, & Y_i \leqslant 3\\ 0, & Y_i > 3\end{cases}$，$i = 1,2,\cdots,n.$

(2) 参数 λ, a 的矩估计量和最大似然估计量为 $\hat{\lambda} = \dfrac{1}{\bar{X}}$，$\hat{a} = \bar{X}\cdot\ln 20$.

2. (1) 参数 p 的矩估计量与最大似然估计量均为 $\hat{p} = \Phi\left(\dfrac{200-\bar{X}}{\sqrt{M_2^*}}\right) - \Phi\left(\dfrac{180-\bar{X}}{\sqrt{M_2^*}}\right)$，矩估计值与最大似然估计值为 $\hat{p} = \Phi\left(\dfrac{200-24.94}{142.39}\right) - \Phi\left(\dfrac{180-24.94}{142.39}\right) \approx 0.049$；

(2) 6 个进气阀中恰有 2 个进气阀的间隙为 180～200μm 的概率为 $q = \mathrm{C}_6^2 p^2(1-p)^4$，矩估计量与最大似然估计量均为 $\hat{q} = 15\hat{p}^2(1-\hat{p})^4$，估计值为 $\hat{q} \approx 15\times 0.049^2 \times 0.951^4 \approx 0.029$.

3. 矩估计值和最大似然估计值为 $\hat{p} \approx \Phi\left(\dfrac{100-105\times 0.9}{\sqrt{105\times 0.9\times 0.1}}\right) \approx 0.96$.

4. (1) (4.38, 6.54); (2) (0.0033,0.0467).

5. (1) (20, 40); (2) $a = 1.64\sigma$，(33, 66).

6. $\left(\dfrac{5(s_1^2+s_2^2)}{\chi_{1-\alpha/2}^2(10)},\dfrac{5(s_1^2+s_2^2)}{\chi_{\alpha/2}^2(10)}\right)=(0.0049,0.0311)$.

8. 提示：似然函数为 $L=\theta_3^{2n_1}(2\theta_1\theta_3+\theta_1^2)^{n_2}(2\theta_2\theta_3+\theta_2^2)^{n_3}(2\theta_1\theta_2)^{n_4}$.

习题 4

A 组

1. (1) $\bar{X}\sim N\left(\mu,\dfrac{\sigma^2}{30}\right)$，其中，每份香水中甲醇浓度服从 $N(\mu,\sigma^2)$；

(2) $H_0:\mu\geqslant 2000,\quad H_1:\mu<2000$. 用 t 检验法，检验统计量为 $T=\dfrac{\bar{X}-2000}{S}\sqrt{30}$，对给定的显著水平 0.05，拒绝域为 $\mathscr{X}_0=\{t<t_{0.05}(29)\}=\{t<-1.6991\}$.

2. (1) 弃真错误；(2) 纳伪错误；(3) 弃真错误；(4) 纳伪错误.

3. (1) 假设为 $H_0:\mu\geqslant 45,\quad H_1:\mu<45$，$U$ 检验法，$u\approx -1.269>u_{0.05}=-1.65$，不在拒绝域内，因此，在 $\alpha=0.05$ 时，不拒绝原假设，即，没有理由认为新系统的运行时间比传统系统的时间少.

(2) U 检验法的检验统计量的样本值 $u\approx -1.269\approx u_{0.1023}$，$p\approx 0.1023>\alpha=0.05$，所以不拒绝原假设.

4. (1) 假设为 $H_0:\mu\leqslant 0.04,\quad H_1:\mu>0.04$，$t$ 检验法，检验统计量的样本值 $t=4.2113>t_{0.95}(19)\approx 1.7291$ 拒绝原假设，可以认为这批牙膏含氟量高于行业标准的下限.

(2) 假设为 $H_0:\sigma^2\geqslant 0.01,\quad H_1:\sigma^2<0.01$，$\chi^2$ 检验法，检验统计量的样本值 $\chi^2=4.0730<\chi_{0.05}^2(19)\approx 10.1170$，拒绝原假设，可以认为这批牙膏含氟量符合规定.

(3) 检验统计量的样本值为 $\chi^2\approx 4.0730\approx \chi_{0.0001}^2(19)$，$p\approx 0.0001<\alpha$，拒绝原假设.

(4) 参数 μ 的置信度是 0.95 的置信区间为(0.0619, 0.1056)，$\mu_0=0.08$ 在置信区间内，所以，接受原假设. 采用 t 检验法，检验统计量的样本值 $t\approx 0.3477\approx t_{0.6341}(19)$，$p\approx 0.7318>\alpha$，因此，不拒绝原假设.

5. (1) $H_0:\mu=200,\quad H_1:\mu\neq 200$，$u$ 检验法，检验统计量为 $U=\dfrac{\bar{X}-200}{12}\sqrt{n}$，拒绝域为 $\mathscr{X}_0=\left\{|u|>u_{1-\frac{\alpha}{2}}\right\}$.

(2) (1) 中的检验犯第Ⅱ类错误的概率为

$$\beta=P\{U\in\bar{\mathscr{X}}_0|\mu=210\}=\varPhi\left(1.96-\frac{5}{6}\sqrt{n}\right)-\varPhi\left(-1.96-\frac{5}{6}\sqrt{n}\right)\to 0\quad(n\to+\infty)$$

n	15	25	40
β	0.1024886	0.01352513	0.000466

6. (1) $H_0:\sigma=70,\quad H_1:\sigma\neq 70$，$\chi^2$ 检验法，检验统计量的样本值 $\chi^2\approx 28.699\notin\mathscr{X}_0=\{\chi^2<13.1197\}\cup\{\chi^2>40.6465\}$，不拒绝原假设，不能认为电池的寿命的波动性较 70 有显著

变化.

(2) 检验统计量的样本值 $\chi^2 \approx 28.699 \approx \chi^2_{0.7233} = \chi^2_{1-\frac{p}{2}}(25)$，$p \approx 0.5534 > \alpha$，不拒绝原假设.

(3) 检验法可能犯第Ⅱ类错误，犯错的概率为

$$\beta = P\{\chi^2 \in \bar{\mathscr{X}}_0 \,|\, H_0\text{不成立}\}$$

$$= P\left\{1.16\chi^2_{0.025}(n-1) \leqslant \frac{(n-1)S^2}{65^2} \leqslant 1.16\chi^2_{0.975}(n-1) \,\middle|\, \sigma=65\right\}$$

n	10	26	60	70
β	0.9588	0.9361	0.8915	0.8784

7. 假设为 $H_0: p \leqslant 5\%, H_1: p > 5\%$，取 $\alpha = 0.05$，$u \approx 0.4104 < u_{0.95} = 1.65$，不拒绝原假设，不能认为有线电视订购者中有超过 5%的人愿意支付频道费用.

8. (1) U 检验法，$|u| \approx 2.4771 > u_{0.975} = 1.96$，拒绝原假设，接受备择假设，两种推进剂的平均燃烧率不相同.

(2) $|u| \approx 2.4771 = u_{1-\frac{p}{2}}, p \approx 0.0132 < 0.05$，拒绝原假设.

(3) $H_0: \mu_Y - \mu_X = 3, H_0: \mu_Y - \mu_X \neq 3$，$u$ 检验法，$|u| \approx 5.6394 > u_{0.975} = 1.96$，拒绝原假设，不能认为平均燃烧率之差 $\mu_Y - \mu_X$ 为 3.

(4) 0.2843.

9. (1) 双样本等方差 t 检验法，$t \approx 4.6707 > t_{0.99}(21) = 2.517$，拒绝原假设，接受备择假设，数据支持电池 A 的平均寿命高于电池 B 的论断.

(2) $t = 4.6707 \approx t_{0.99994}(21), p = 0.00006 < 0.01$，拒绝原假设，接受备择假设.

10. 要检验的假设为 $H_0: \mu_X \geqslant \mu_Y, H_1: \mu_X < \mu_Y$，采用双样本异方差 t 检验法，$t \approx -3.3676 \notin \mathscr{X}_0 = \{t < t_{0.05}(1)\} = \{t < -6.3138\}$，不拒绝原假设，没有理由认为 60 多岁人的平均变异频数大于 20 多岁人的平均变异频数.

11. 假设为 $H_0: \mu_A - \mu_B = 0, H_1: \mu_A - \mu_B \neq 0$. 显著水平 0.05 时, Excel 的计算结果如下表所示.

***t* 检验：成对双样本均值分析**

	变量 1	变量 2
平均	24.7429	26.6429
方差	57.3129	3.2895
观测值	7	7
泊松相关系数	−0.8733	
假设平均差	0	
df	6	
t 值	−0.5466	
P(*T*<=*t*) 单尾	0.3022	
t 单尾临界	1.9432	
P(*T*<=*t*)双尾	0.6044	
t 双尾临界	2.4469	

双尾检验, p=0.6044>0.05, 不拒绝原假设, 不能认为 A、B 微处理器运行速度有显著差异.

12. $H_0:\mu_X \geqslant \mu_Y, H_1:\mu_X < \mu_Y$.

显著水平取 0.05, u 检验法, $u \approx -2.0215 \in \mathscr{X}_0 = \{u < -1.64\}$, 拒绝原假设, 有充足理由认为第二种方法的平均日产量高于第一种方法的平均日产量.

13. 假设为 $H_0:p_X \geqslant p_Y, H_1:p_X < p_Y$, 显著水平取 0.05, u 检验法, 检验统计量的样本值 $u \approx -0.5445 \notin \mathscr{X}_0 = \{u < -1.64\}$, 不拒绝原假设, 不能认为石油公司中使用"风险转移"方法的公司比例小于建筑公司中的比例.

14. (1) 假设为 $H_0:p_X = p_Y, H_1:p_X \neq p_Y$, 显著水平取 0.05, 采用 u 检验法, 检验统计量的样本值 $u \approx -3.2774 \in \mathscr{X}_0 = \{|u| > 1.96\}$, 拒绝原假设, 可以认为两种资料的准确度存在差异.

(2) 显著水平取 0.05, 采用 u 检验法, 检验统计量的样本值 $u \approx -1.7950 \notin \mathscr{X}_0 = \{|u| > 1.96\}$, 不拒绝原假设, 没有理由认为研究数据具有统计上的显著差异.

(3) 因为检验统计量 $U = \dfrac{\bar{X}-\bar{Y}}{\sqrt{\dfrac{\bar{X}(1-\bar{X})}{n_X-1}+\dfrac{\bar{Y}(1-\bar{Y})}{n_Y-1}}}$ 的值不仅与 $\bar{X},\bar{Y}$ 的值有关, 而且与样本容量有关. 样本容量越大, 检验统计量的绝对值也越大. 第一个研究的样本容量显然更大.

(4) 如果采用(3.4.35)式, 则(1)的置信区间为(−0.0742, −0.0187), 置信区间长度为 0.0555; (2)的置信区间为(−0.0993, 0.0043), 置信区间长度为 0.1036. (1)的对 $p_X - p_Y$ 的估计约为−0.0464, (2)的对 $p_X - p_Y$ 的估计约为−0.0475, 两个估计几乎相同, 但由于两个研究的样本容量显然不同, 致使区间估计的半径不一样, 从而使得置信区间长度不一样. (1)的半径为 0.0277, (2)的为 0.0518.

15. (1) 服从正态分布.

(2) $H_0:\sigma_X^2 \geqslant \sigma_Y^2$, $H_1:\sigma_X^2 < \sigma_Y^2$, F 检验法, 检验统计量的样本值 $f = \dfrac{s_X^2}{s_Y^2} = 0.3235 < F_{0.05}(9,9) \approx 0.3146$, 所以拒绝原假设, 可以认为数据支持 B 品牌汽车的变差大于 A 品牌的.

16. $H_0:\lambda = 5$, $H_1:\lambda \neq 5$, 用 U 检验法, 检验统计量的样本值 $|u| = 0.9633 < u_{0.975} = 1.96$, 不拒绝原假设, 不能否认 1 小时进入这家银行的顾客数平均为 5 人结论.

17. $H_0:\lambda = 0.5$, $H_1:\lambda \neq 0.5$, 用 U 检验法, 检验统计量的样本值 $|u| \approx 1.3668 < u_{0.975} = 1.96$, 不拒绝原假设, 不能否认 λ=0.5.

18. 数据与模型相符.

19. 该药疗效与年龄有关.

20. 不能得出"两情况下所花时间不同的结论".

B 组

1. (1) 0.0668, 0.2266. (2) $\alpha = 1-\Phi\left(\dfrac{\sqrt{n}}{2}\right) \to 0(n \to +\infty)$, $\beta = 1-\Phi\left(\dfrac{\sqrt{n}}{4}\right) \to 0(n \to +\infty)$.

2. (1) 检验统计量 $\bar{X}$, 拒绝域为 $\left\{\bar{x} - 15 < -\dfrac{3.3}{\sqrt{n}}\right\}$.

(2) $n \geqslant 11$.

3. $\alpha \approx 0.1$，$\beta \approx 0.025$.

4. 因为 $a = \mu - 5940$，所以等价的假设为：H_0：$\mu \geqslant 16080$，$H_1 : \mu < 16080$，用 U 检验法，检验统计量的样本值为$-0.4667 > u_{0.01} \approx -2.326$，不拒绝原假设.

5. 要检验的假设为 $H_0 : \mu_Y - \mu_X \leqslant 25, H_1 : \mu_Y - \mu_X > 25$，采用双样本异方差 t 检验法，显著水平取 0.05，$t \approx 2.0162 \notin \mathcal{X}_0 = \{t > t_{0.95}(1)\} = \{t > 6.3138\}$，不拒绝原假设，没有理由认为 60 多岁人的平均变异条数比 20 多岁人的平均变异条数多 25 条.

6. 可以认为原材料与新材料的疲劳寿命有显著的差异.

习题 5

A 组

1. (1) 散点图显示呈线性关系.

(2) $\hat{y} = 9.508 + 9.747x$.

(3) 方差分析表.

方差来源	df	SS	MS	F	F 临界值
回归分析	1	9950	9950	449.6	4.9646
残差	10	221.3	22.13		
总计	11	10171			

由表可知，F 值显著大于 F 的临界值，所以拒绝 $H_0 : \beta_1 = 0$，说明变量 x与y 有显著的线性相关关系.

(4) $\hat{\sigma} = 4.704$.

(5) $R^2 = 0.989$.

(6) β_0 的置信区间为：[2.696, 16.319]，β_1 的置信区间为：[8.723, 10.771].

(7) 当广告费用 $x_0 = 4.2$ 万元时，预计销售收入 $y_0 = 50.44$，它的置信度为95%的预测区间 [39.39, 61.5].

2. 散点图显示变量 X 与 Y 呈线性趋势. 一元线性回归方程为：$\hat{y} = 140.9536 + 364.182x$.

	df	SS	MS	F	P 值
回归分析	1	3323670.2698	3323670.2698	357.5193	0.0000
残差	8	74371.8302	9296.4788		
总计	9	3398042.1000			

由以上方差分析表显示，模型通过回归检验.

在 $x_0 = 7\,\text{m}$ 时，$\hat{Y}_0 = 2690.228\,\text{hm}$，区间估计为：[2454.972, 2925.484].

3. 一元线性回归方程为：$\hat{y} = 98.4547 + 10.0124x$，关于 x 的残差图：

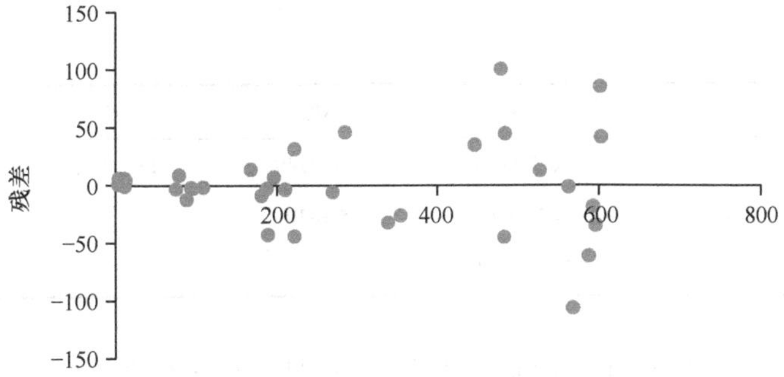

	df	SS	MS	F	P 值
回归分析	1	1.81E+08	1.8E+08	133107.35	2.12189E-67
残差	37	50419.84	1362.7		
总计	38	1.81E+08			

显然通过模型检验.

由残差图可知, 误差随着 x 的增加而增加, 误差项具有明显的异方差性. 用加权最小二乘估计法, 重新建立改进的回归方程: $\hat{y}=100.733+10.0023x$.

4. (1) 最小二乘回归方程: $\hat{y}=506.6496+0.3465x$.

(2) 残差图:

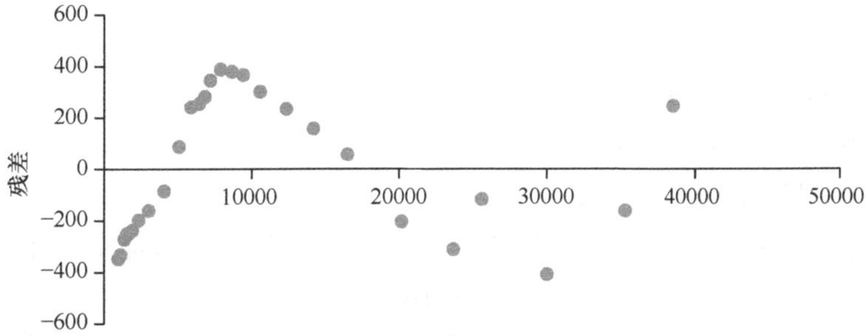

D.W ≈ 0.2618, 说明残差序列具有正的自相关性.

(3) 一步迭代: 令 $y_t'=y_t-0.8691y_{t-1}, x_t'=x_t-0.8691x_{t-1}$, $\hat{y}_t'=91.3061+0.3453x_t'$, 或 $\hat{y}_t=91.3061+0.8691\hat{y}_{t-1}+0.3453x_t+0.3x_{t-1}$. D.W ≈ 1.7083, 表明已消除自相关性.

(4) 令 $\Delta y_t=y_t-y_{t-1}$, $\Delta x_t=x_t-x_{t-1}$, 得到: $\Delta\hat{y}_t=39.3544+0.335\Delta x_t$.

还原回归方程: $\Delta\hat{y}_t=39.3544+y_{t-1}+0.335(x_t-x_{t-1})$. D.W ≈ 1.694, 表明已经消除自相关性.

(5) 迭代法优于差分法.

5. (1) 多元线性回归方程: $\hat{y}=62.4054+1.5511x_1+0.5102x_2+0.102x_3-0.1441x_4$;

(2)

方差来源	df	SS	MS	F	P 值
回归分析	4	2667.8994	666.9749	111.4792	0.0000
残差	8	47.8636	5.9830		
总计	12	2715.7631			

由方差分析表可知，模型通过检验，即回归方程具有显著线性性；

(3) 由于变量 x_3, x_4 的 t 检验法的 p 值分别为 0.895 和 0.844，说明它们对因变量 y 影响不显著，予以剔除，得到的回归方程为：$\hat{y} = 52.5774 + 1.4683x_1 + 0.6623x_2$.

6. (1) 根据散点图，选择二次多项式回归模型，$\hat{y} = \hat{a} + \hat{b}x + \hat{c}x^2$.

(2) 令 $z_1 = x$，$z_2 = x^2$，将模型转换为二元线性回归模型 $\hat{y} = \hat{a} + \hat{b}z_1 + \hat{c}z_2$.

(3) $\hat{y} = 5.843 + -0.00087z_1 + 0.000000447z_2$，$S_E^2 = 0.4244$.

7. 画出散点图：

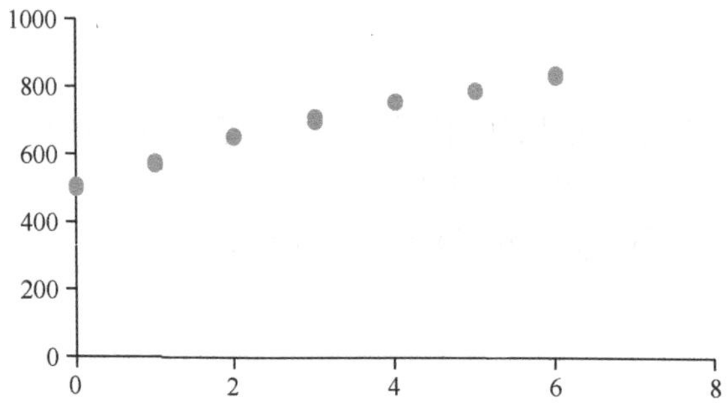

选择建立线性回归模型和二次曲线模型，

(1) $\hat{y} = 523.7304 + 54.9089x$；

(2) $\hat{y} = 502.4417 + 80.4554x - 4.2577x^2$.

两个模型的标准误差分别为 17.6242,7.8727，显然，二次曲线拟合模型优于线性回归模型.

B 组

1. (1) 线性化 $\ln y = \ln\theta_0 + \theta_1 x$，$\ln\hat{\theta}_0 = 4.037$，$\hat{\theta}_1 = -0.038$，$\hat{y} = 56.665e^{-0.038x}$，$R^2 = 0.977$；

(2) 非线性最小二乘法：$\hat{y} = 58.607e^{-0.04x}$，残差平方和 $S_E^2 = 49.459$，$R^2 = 0.987$.

2. 建立的全模型：$\hat{y} = 7.5891 - 0.7455x_2 + 2.3577x_3 + 0.5012x_4$，$R^2 = 0.945$，$x_1$ 的系数为零. 对变量 x_2 的系数进行 t 检验，表明它不显著，应予以剔除. 如果剔除变量 x_1 和 x_2，得到回归模型 $\hat{y} = 4.4075 + 1.5883x_3 + 0.5635x_4, R^2 = 0.9412$，表明价格差和广告费用显著地影响着牙膏的销售量.

C 组

1. (1) 全线性回归模型：

$$\hat{y} = -92363.69 + 91.965x_1 + 0.717x_2 + 104.544x_3 + 0.3577x_4 + 8.793x_5, \quad R^2 = 0.989$$

(2) 检验回归系数，其中回归系数 β_3, β_5 不显著，应予以剔除，得到部分变量的回归方程 $\hat{y} = -61116.4 + 73.0867x_1 + 0.793x_2 + 0.347x_4, R^2 = 0.988$.

由残差图看出，异方差的情况不明显.

2. (1) 散点图如下:

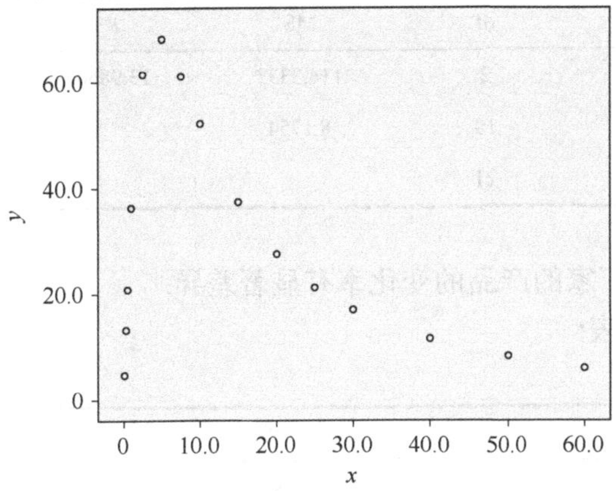

(2) 选择模型 $y = c_1e^{b_1x} + c_2e^{b_2x} + c_3e^{b_3x}$，在 SPSS 软件中，采用非线性回归方法迭代，得到参数 $c_1, c_2, c_3, b_1, b_2, b_3$ 的估计，计算结果为 $\hat{y} = -124.63e^{-0.479x} + 89.428e^{-0.12x} + 35.191e^{-0.03x}$，残差平方和 $S_E^2 \approx 0.026$，$R^2 \approx 1$.

习题 6

A 组

1. (1) 单因素方差分析表:

方差来源	SS	df	MS	F	p 值	F 临界值
因素 A	685	3	228.333	7.336	0.003	3.239
误差	498	16	31.125			
总和	1183	19				

结论: 拒绝 H_0，表明在显著水平 0.05 下不同销售方式下的销售量有显著差异.

(2) 推销方式二的销售量达最大，因此最佳.

(3) 采用 Hartley 检验法，计算得 H=2.8378，查表 $H_{0.95}(4,19) \approx 3.29$，所以，接受原假设 H_0，该问题满足方差齐性条件.

2. 单因素方差分析表:

方差来源	SS	df	MS	F	p 值	F 临界值
因素 A	346	3	115.3333	14.6610	0.0000	3.0984
误差	157.3333	20	7.8667			
总和	503.3333	23				

在显著水平 0.05 下，拒绝 H_0，表明四类产品的变化率有显著差异.

国内产品的平均变化率为 21.778，而国外的仅为 13，表明它们有显著差异.

国内三个厂家的产品的方差分析表如下:

方差来源	SS	df	MS	F	p 值	F 临界值
因素 A	228.6667	2	114.3333	13.9850	0.0002	3.5219
误差	155.3333	19	8.1754			
总和	384	21				

同样表明国内三个厂家的产品的变化率有显著差异.

3. 单因素方差分析表:

方差来源	SS	df	MS	F	p 值	F 临界值
因素 A	101.4325	3	33.8108	0.1310	0.9408	2.9467
误差	7226.6675	28	258.0953			
总和	7328.1	31				

因为 P 值显著大于 0.05, 所以不拒绝 H_0, 表明受试者在催眠状态下对这 4 种情绪的反应无显著差异.

4. 无重复双因素方差分析

方差来源	SS	df	MS	F	p 值	F 临界值
因素 A	60.7817	2	30.3908	34.5896	0.0005	5.1433
因素 B	64.3158	3	21.4386	24.4006	0.0009	4.7571
误差	5.2717	6	0.8786			
总和	130.3692	11				

因为两个因素 A, B 的 P 值都很小, 显著小于 0.05, 所以拒绝 H_0, 表明含铜量和试验温度都对钢的冲击值产生显著影响.

5. 有重复双因素方差分析表:

方差来源	SS	df	MS	F	p 值	F 临界值
因素 A	3.974	2	1.987	26.694	0.000	4.256
因素 B	4.441	2	2.221	29.828	0.000	4.256
因素 $A\times B$	21.159	4	5.290	71.056	0.000	3.633
误差	0.670	9	0.074			
总和	30.244	17				

由于因素A, B和$A\times B$对应的P值都小于0.05，所以，拒绝H_0. 表明反应温度、反应压力和它们的交互效应都对产量有显著影响.

各种组合下的平均产量为

	A_1	A_2	A_3
B_1	4.45	6.3	6.6
B_2	6.5	3.6	3.9
B_3	4.5	3.7	6.75

显然，最佳组合方案为(A_3, B_3)，其产量达到最大值 6.75，它的方差为 0.125. 区间估计[6.5768, 16.1743].

6. 选择正交表$L_8(2^7)$. 试验安排如下:

试验号	列号							平均试验结果
	1	2	3	4	5	6	7	
因素	A	B	$A\times B$	C	$A\times C$	$B\times C$	空	
1	1	1	1	1	1	1	1	1.5
2	1	1	1	2	2	2	2	1.05
3	1	2	2	1	1	2	2	2.475
4	1	2	2	2	2	1	1	2.325
5	2	1	2	1	2	1	2	1.625
6	2	1	2	2	1	2	1	1.575
7	2	2	1	1	2	2	1	1.825
8	2	2	1	2	1	1	2	2.2

直观分析计算结果:

K_{1j}	7.35	5.75	6.575	7.425	7.75	7.65	7.225
K_{2j}	7.225	8.825	8.0	7.15	6.825	6.925	7.35
$\bar{K}_{1j}$	1.8375	1.4375	1.6438	1.8563	1.9375	1.9125	1.8063
$\bar{K}_{2j}$	1.8063	2.2063	2.0	1.7875	1.7063	1.7313	1.8375
R	0.0313	0.7688	0.3563	0.0688	0.2313	0.1813	0.0312

由极差排序得: 主$\xrightarrow[B\quad A\times B\quad A\times C\quad B\times C\quad C\quad A]{}$次.

因为希望孔的锥度值越小越好，所以，最佳组合方案为$A_1B_1C_2$，最佳值为1.05.

计算的方差分析表如下:

方差来源	平方和	自由度	均方差	F 值	p 值
A	0.0039	1	0.0039	1.000	0.500
B	2.3639	1	2.3639	606.128	0.026
C	0.0189	1	0.0189	4.846	0.271
$A\times B$	0.5077	1	0.5077	130.179	0.056
$A\times C$	0.2139	1	0.2139	54.846	0.085
$B\times C$	0.1314	1	0.1314	33.692	0.109
误差	0.0039	1	0.0039		
总和	3.2436	7			

由表中的 p 值可知, 因素 A,C 和交互作用项 $B\times C$ 不显著, 可以删除.

7. $L_9(3^4)$; 第 8 号试验条件是: 品种为珍珠矮 11 号, 密度 4.5 颗/100m^2, 施肥量 1.125kg/100m^2. 直观分析结果:

	j=1	j=2	j=3	j=4
$\bar{K}_{1j}$	57.2	60.4	56.725	58.475
$\bar{K}_{2j}$	56.55	55.275	55.525	58.95
$\bar{K}_{3j}$	56.125	54.2	57.625	52.45

$$主 \xrightarrow[C\quad B\quad A]{} 次$$

最佳水平组合: $A_1B_1C_3$.

方差分析结果:

方差来源	SS	df	MS	F	P 值
因素 A	1.759	2	0.879	0.0223	0.9782
因素 B	65.861	2	32.931	0.8361	0.5446
因素 C	6.66	2	3.33	0.0845	0.922
误差	78.776	2	39.388		
总和	153.056				

B 组

1. (1) 直观分析法计算结果:

$\bar{K}_{1j}$	8.815	7.8875	8.895
$\bar{K}_{2j}$	7.9525	8.0475	8.7825
$\bar{K}_{3j}$	8.185	8.795	8.0975
$\bar{K}_{4j}$	8.2625	8.485	7.44
R	0.8625	0.9075	1.455

$$\text{主}\xrightarrow[C\quad B\quad A]{}\text{次}$$

最佳水平组合: $A_4B_3C_1$.

(2) 方差分析表:

	SS	df	MS	F	P
A	1.4242	3	0.4747	13.2197	0.0310
B	1.8244	3	0.6081	16.9342	0.0220
C	4.8618	3	1.6206	45.1281	0.0054
E	0.1077	3	0.0359		
总和	8.2181	12			

在显著水平 0.05 下, 由 P 值知, 都拒绝 H_0, 表明因素 A, B, C 都显著影响着指标 Y.

由 P 值大小依次排序, 主次关系与直观分析法相同.

如果考虑两两之间的交互效应, 则选择比表 $L_{16}(4^5)$ 更大的正交.

参考文献

陈金宝, 周正奎, 许尚忠, 等. 2008. 应用产奶指数和产肉指数对 16 个牛品种的聚类分析[J]. 中国畜牧兽医, 35(11): 91-93.

陈希孺. 2009. 概率论与数理统计[M]. 合肥: 中国科学技术大学出版社.

方开泰. 1998. 实用回归分析[M]. 北京: 科学出版社.

高慧璇. 2005. 应用多元统计分析[M]. 北京: 北京大学出版社.

何晓群. 2007. 现代统计分析方法与应用[M]. 北京: 中国人民大学出版社.

刘琼荪, 钟波, 荣腾中, 等. 2013. 概率论与数理统计[M]. 北京: 高等教育出版社.

罗伯特·约翰逊, 帕特里夏·库贝. 2003. 基础统计学[M]. 屠俊, 洪再吉, 译. 北京: 科学出版社.

吕海峰, 钱丽丽, 张东杰, 等. 2014. 黑龙江稻米品质的主成分分析和聚类分析[J]. 粮食与饲料工业, 10(1): 1-3.

茆诗松, 程依明, 濮晓龙. 2011. 概率论与数理统计教程[M]. 北京: 高等教育出版社.

茆诗松, 吕晓玲. 2011. 数理统计学[M]. 北京: 中国人民大学出版社.

茆诗松, 汤银才. 2012. 贝叶斯统计[M]. 2 版. 北京: 中国统计出版社.

茆诗松, 王静龙, 濮晓龙. 2004. 高等数理统计[M]. 北京: 高等教育出版社.

苗瑞, 蒋祖华, 崔利荣. 2012. 工程统计学[M]. 北京: 机械工业出版社.

孙荣恒. 2004. 随机过程及其应用[M]. 北京: 清华大学出版社.

韦博成. 2011. 漫画信息时代的统计学[M]. 北京: 中国统计出版社.

杨虎, 刘琼荪, 钟波. 2004. 数理统计[M]. 北京: 高等教育出版社.

张尧庭, 方开泰. 2013. 多元统计分析引论[M]. 武汉: 武汉大学出版社.

钟波, 刘琼荪, 刘朝林, 等. 2015. 数理统计[M]. 北京: 高等教育出版社.

John A R. 2011. 数理统计与数据分析[M]. 田金方, 译. 北京: 机械工业出版社.

Montgomery D C, Runger G C, Hubele N F. 2005. 工程统计学[M]. 代金, 魏秋萍, 译. 张波, 校译. 北京: 中国人民大学出版社.

附　　表

附表 1　标准正态分布函数 $\Phi(x)$ 表

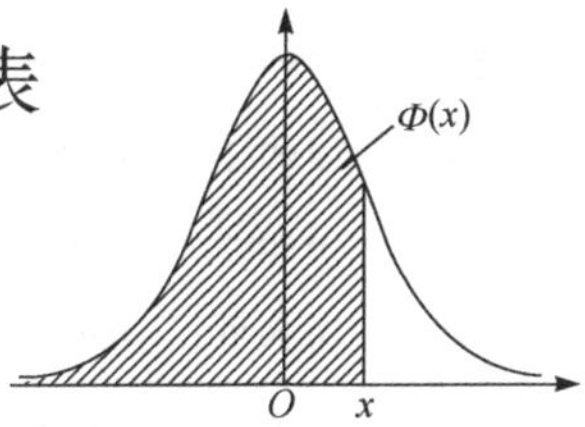

$$\Phi(x) = P\{X \leqslant x\} = \int_{-\infty}^{x} \frac{1}{\sqrt{2\pi}} e^{-\frac{t^2}{2}} dt$$

$$\Phi(x) = 1 - \Phi(-x)$$

x	0.00	0.01	0.02	0.03	0.04	0.05	0.06	0.07	0.08	0.09
0.0	0.5000	0.5040	0.5080	0.5120	0.5160	0.5199	0.5239	0.5279	0.5319	0.5359
0.1	0.5398	0.5438	0.5478	0.5517	0.5557	0.5596	0.5636	0.5675	0.5714	0.5753
0.2	0.5793	0.5832	0.5871	0.5910	0.5948	0.5987	0.6026	0.6064	0.6103	0.6141
0.3	0.6179	0.6217	0.6255	0.6293	0.6331	0.6368	0.6406	0.6443	0.6480	0.6517
0.4	0.6554	0.6591	0.6628	0.6664	0.6700	0.6736	0.6772	0.6808	0.6844	0.6879
0.5	0.6915	0.6950	0.6985	0.7019	0.7054	0.7088	0.7123	0.7157	0.7190	0.7224
0.6	0.7257	0.7291	0.7324	0.7357	0.7389	0.7422	0.7454	0.7486	0.7517	0.7549
0.7	0.7580	0.7611	0.7642	0.7673	0.7704	0.7734	0.7764	0.7794	0.7823	0.7852
0.8	0.7881	0.7910	0.7939	0.7967	0.7995	0.8023	0.8051	0.8078	0.8106	0.8133
0.9	0.8159	0.8186	0.8212	0.8238	0.8264	0.8289	0.8315	0.8340	0.8365	0.8389
1.0	0.8413	0.8438	0.8461	0.8485	0.8508	0.8531	0.8554	0.8577	0.8599	0.8621
1.1	0.8643	0.8665	0.8686	0.8708	0.8729	0.8749	0.8770	0.8790	0.8810	0.8830
1.2	0.8849	0.8869	0.8888	0.8907	0.8925	0.8944	0.8962	0.8980	0.8997	0.9015
1.3	0.9032	0.9049	0.9066	0.9082	0.9099	0.9115	0.9131	0.9147	0.9162	0.9177
1.4	0.9192	0.9207	0.9222	0.9236	0.9251	0.9265	0.9279	0.9292	0.9306	0.9319
1.5	0.9332	0.9345	0.9357	0.9370	0.9382	0.9394	0.9406	0.9418	0.9429	0.9441
1.6	0.9452	0.9463	0.9474	0.9484	0.9495	0.9505	0.9515	0.9525	0.9535	0.9545
1.7	0.9554	0.9564	0.9573	0.9582	0.9591	0.9599	0.9608	0.9616	0.9625	0.9633
1.8	0.9641	0.9649	0.9656	0.9664	0.9671	0.9678	0.9686	0.9693	0.9699	0.9706
1.9	0.9713	0.9719	0.9726	0.9732	0.9738	0.9744	0.9750	0.9756	0.9761	0.9767
2.0	0.9772	0.9778	0.9783	0.9788	0.9793	0.9798	0.9803	0.9808	0.9812	0.9817
2.1	0.9821	0.9826	0.9830	0.9834	0.9838	0.9842	0.9846	0.9850	0.9854	0.9857
2.2	0.9861	0.9864	0.9868	0.9871	0.9875	0.9878	0.9881	0.9884	0.9887	0.9890
2.3	0.9893	0.9896	0.9898	0.9901	0.9904	0.9906	0.9909	0.9911	0.9913	0.9916
2.4	0.9918	0.9920	0.9922	0.9925	0.9927	0.9929	0.9931	0.9932	0.9934	0.9936

续表

x	0.00	0.01	0.02	0.03	0.04	0.05	0.06	0.07	0.08	0.09
2.5	0.9938	0.9940	0.9941	0.9943	0.9945	0.9946	0.9948	0.9949	0.9951	0.9952
2.6	0.9953	0.9955	0.9956	0.9957	0.9959	0.9960	0.9961	0.9962	0.9963	0.9964
2.7	0.9965	0.9966	0.9967	0.9968	0.9969	0.9970	0.9971	0.9972	0.9973	0.9974
2.8	0.9974	0.9975	0.9976	0.9977	0.9977	0.9978	0.9979	0.9979	0.9980	0.9981
2.9	0.9981	0.9982	0.9982	0.9983	0.9984	0.9984	0.9985	0.9985	0.9986	0.9986
3.0	0.9987	0.9987	0.9987	0.9988	0.9988	0.9989	0.9989	0.9989	0.9990	0.9990
3.1	0.9990	0.9991	0.9991	0.9991	0.9992	0.9992	0.9992	0.9992	0.9993	0.9993
3.2	0.9993	0.9993	0.9994	0.9994	0.9994	0.9994	0.9994	0.9995	0.9995	0.9995
3.3	0.9995	0.9995	0.9995	0.9996	0.9996	0.9996	0.9996	0.9996	0.9996	0.9997
3.4	0.9997	0.9997	0.9997	0.9997	0.9997	0.9997	0.9997	0.9997	0.9997	0.9998
3.5	0.9998	0.9998	0.9998	0.9998	0.9998	0.9998	0.9998	0.9998	0.9998	0.9998

附表 2　t 分布的(下侧)p 分位数表

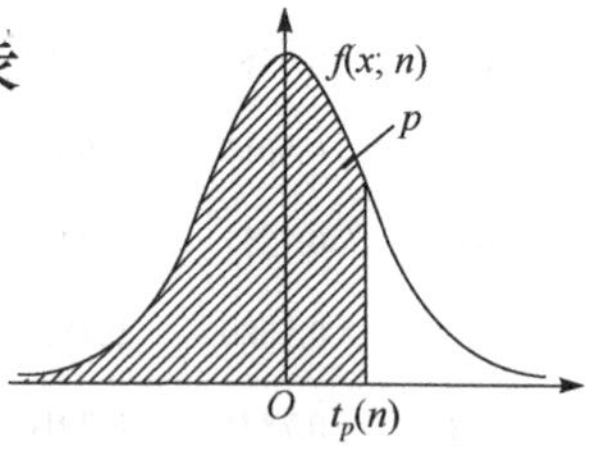

$$P\{T \leqslant t_p(n)\} = p$$

$$t_p(n) = -t_{1-p}(n)$$

$$t_p(n) \approx u_p, \quad n \geqslant N$$

n \ p	0.600	0.700	0.800	0.900	0.950	0.975	0.985	0.990	0.995
1	0.3249	0.7265	1.3764	3.0777	6.3138	12.7062	21.2049	31.8205	63.6567
2	0.2887	0.6172	1.0607	1.8856	2.9200	4.3027	5.6428	6.9646	9.9248
3	0.2767	0.5844	0.9785	1.6377	2.3534	3.1824	3.8960	4.5407	5.8409
4	0.2707	0.5686	0.9410	1.5332	2.1318	2.7764	3.2976	3.7469	4.6041
5	0.2672	0.5594	0.9195	1.4759	2.0150	2.5706	3.0029	3.3649	4.0321
6	0.2648	0.5534	0.9057	1.4398	1.9432	2.4469	2.8289	3.1427	3.7074
7	0.2632	0.5491	0.8960	1.4149	1.8946	2.3646	2.7146	2.9980	3.4995
8	0.2619	0.5459	0.8889	1.3968	1.8595	2.3060	2.6338	2.8965	3.3554
9	0.2610	0.5435	0.8834	1.3830	1.8331	2.2622	2.5738	2.8214	3.2498
10	0.2602	0.5415	0.8791	1.3722	1.8125	2.2281	2.5275	2.7638	3.1693
11	0.2596	0.5399	0.8755	1.3634	1.7959	2.2010	2.4907	2.7181	3.1058
12	0.2590	0.5386	0.8726	1.3562	1.7823	2.1788	2.4607	2.6810	3.0545
13	0.2586	0.5375	0.8702	1.3502	1.7709	2.1604	2.4358	2.6503	3.0123
14	0.2582	0.5366	0.8681	1.3450	1.7613	2.1448	2.4149	2.6245	2.9768

续表

p / n	0.600	0.700	0.800	0.900	0.950	0.975	0.985	0.990	0.995
15	0.2579	0.5357	0.8662	1.3406	1.7531	2.1314	2.3970	2.6025	2.9467
16	0.2576	0.5350	0.8647	1.3368	1.7459	2.1199	2.3815	2.5835	2.9208
17	0.2573	0.5344	0.8633	1.3334	1.7396	2.1098	2.3681	2.5669	2.8982
18	0.2571	0.5338	0.8620	1.3304	1.7341	2.1009	2.3562	2.5524	2.8784
19	0.2569	0.5333	0.8610	1.3277	1.7291	2.0930	2.3456	2.5395	2.8609
20	0.2567	0.5329	0.8600	1.3253	1.7247	2.0860	2.3362	2.5280	2.8453
21	0.2566	0.5325	0.8591	1.3232	1.7207	2.0796	2.3278	2.5176	2.8314
22	0.2564	0.5321	0.8583	1.3212	1.7171	2.0739	2.3202	2.5083	2.8188
23	0.2563	0.5317	0.8575	1.3195	1.7139	2.0687	2.3132	2.4999	2.8073
24	0.2562	0.5314	0.8569	1.3178	1.7109	2.0639	2.3069	2.4922	2.7969
25	0.2561	0.5312	0.8562	1.3163	1.7081	2.0595	2.3011	2.4851	2.7874
26	0.2560	0.5309	0.8557	1.3150	1.7056	2.0555	2.2958	2.4786	2.7787
27	0.2559	0.5306	0.8551	1.3137	1.7033	2.0518	2.2909	2.4727	2.7707
28	0.2558	0.5304	0.8546	1.3125	1.7011	2.0484	2.2864	2.4671	2.7633
29	0.2557	0.5302	0.8542	1.3114	1.6991	2.0452	2.2822	2.4620	2.7564
30	0.2556	0.5300	0.8538	1.3104	1.6973	2.0423	2.2783	2.4573	2.7500
40	0.2550	0.5286	0.8507	1.3031	1.6839	2.0211	2.2503	2.4233	2.7045
60	0.2545	0.5272	0.8477	1.2958	1.6706	2.0003	2.2229	2.3901	2.6603
120	0.2539	0.5258	0.8446	1.2886	1.6577	1.9799	2.1962	2.3578	2.6174
∞	0.2533	0.5244	0.8416	1.2816	1.6449	1.9600	2.1701	2.3263	2.5758

附表 3　χ^2分布的(下侧)p分位数表

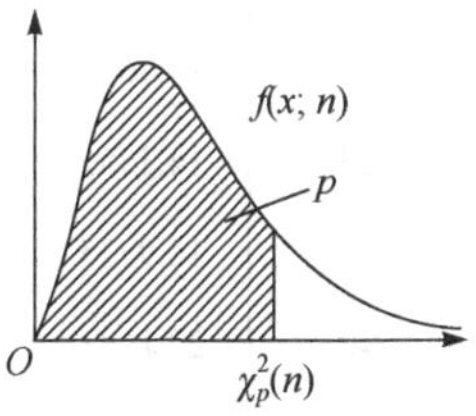

$$P\{\chi^2 \leqslant \chi_p^2(n)\} = p$$

$$\chi_p^2(n) \approx \frac{1}{2}(u_p + \sqrt{2n-1})^2, \quad n \geqslant N$$

p / n	0.010	0.025	0.050	0.500	0.900	0.950	0.975	0.980	0.995
1	0.0002	0.0010	0.0039	0.4549	2.7055	3.8415	5.0239	5.4119	7.8794
2	0.0201	0.0506	0.1026	1.3863	4.6052	5.9915	7.3778	7.8240	10.5966
3	0.1148	0.2158	0.3518	2.3660	6.2514	7.8147	9.3484	9.8374	12.8382
4	0.2971	0.4844	0.7107	3.3567	7.7794	9.4877	11.1433	11.6678	14.8603
5	0.5543	0.8312	1.1455	4.3515	9.2364	11.0705	12.8325	13.3882	16.7496

续表

n \ p	0.010	0.025	0.050	0.500	0.900	0.950	0.975	0.980	0.995
6	0.8721	1.2373	1.6354	5.3481	10.6446	12.5916	14.4494	15.0332	18.5476
7	1.2390	1.6899	2.1673	6.3458	12.0170	14.0671	16.0128	16.6224	20.2777
8	1.6465	2.1797	2.7326	7.3441	13.3616	15.5073	17.5345	18.1682	21.9550
9	2.0879	2.7004	3.3251	8.3428	14.6837	16.9190	19.0228	19.6790	23.5894
10	2.5582	3.2470	3.9403	9.3418	15.9872	18.3070	20.4832	21.1608	25.1882
11	3.0535	3.8157	4.5748	10.3410	17.2750	19.6751	21.9200	22.6179	26.7568
12	3.5706	4.4038	5.2260	11.3403	18.5493	21.0261	23.3367	24.0540	28.2995
13	4.1069	5.0088	5.8919	12.3398	19.8119	22.3620	24.7356	25.4715	29.8195
14	4.6604	5.6287	6.5706	13.3393	21.0641	23.6848	26.1189	26.8728	31.3193
15	5.2293	6.2621	7.2609	14.3389	22.3071	24.9958	27.4884	28.2595	32.8013
16	5.8122	6.9077	7.9616	15.3385	23.5418	26.2962	28.8454	29.6332	34.2672
17	6.4078	7.5642	8.6718	16.3382	24.7690	27.5871	30.1910	30.9950	35.7185
18	7.0149	8.2307	9.3905	17.3379	25.9894	28.8693	31.5264	32.3462	37.1565
19	7.6327	8.9065	10.1170	18.3377	27.2036	30.1435	32.8523	33.6874	38.5823
20	8.2604	9.5908	10.8508	19.3374	28.4120	31.4104	34.1696	35.0196	39.9968
21	8.8972	10.2829	11.5913	20.3372	29.6151	32.6706	35.4789	36.3434	41.4011
22	9.5425	10.9823	12.3380	21.3370	30.8133	33.9244	36.7807	37.6595	42.7957
23	10.1957	11.6886	13.0905	22.3369	32.0069	35.1725	38.0756	38.9683	44.1813
24	10.8564	12.4012	13.8484	23.3367	33.1962	36.4150	39.3641	40.2704	45.5585
25	11.5240	13.1197	14.6114	24.3366	34.3816	37.6525	40.6465	41.5661	46.9279
26	12.1981	13.8439	15.3792	25.3365	35.5632	38.8851	41.9232	42.8558	48.2899
27	12.8785	14.5734	16.1514	26.3363	36.7412	40.1133	43.1945	44.1400	49.6449
28	13.5647	15.3079	16.9279	27.3362	37.9159	41.3371	44.4608	45.4188	50.9934
29	14.2565	16.0471	17.7084	28.3361	39.0875	42.5570	45.7223	46.6927	52.3356
30	14.9535	16.7908	18.4927	29.3360	40.2560	43.7730	46.9792	47.9618	53.6720
40	22.1643	24.4330	26.5093	39.3353	51.8051	55.7585	59.3417	60.4361	66.7660
50	29.7067	32.3574	34.7643	49.3349	63.1671	67.5048	71.4202	72.6133	79.4900
60	37.4849	40.4817	43.1880	59.3347	74.3970	79.0819	83.2977	84.5799	91.9517
70	45.4417	48.7576	51.7393	69.3345	85.5270	90.5312	95.0232	96.3875	104.2149
80	53.5401	57.1532	60.3915	79.3343	96.5782	101.8795	106.6286	108.0693	116.3211

附表 4　F 分布的(下侧)p 分位数表

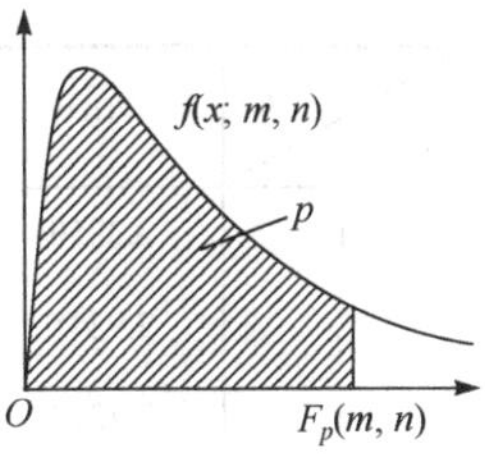

$$P\{F \leqslant F_p(m,n)\} = p \quad (p = 0.90)$$

$$F_p(m,n) = \frac{1}{F_{1-p}(n,m)}$$

m \ n	1	2	3	4	5	6	7	8	9
1	39.8635	8.5263	5.5383	4.5448	4.0604	3.7759	3.5894	3.4579	3.3603
2	49.5000	9.0000	5.4624	4.3246	3.7797	3.4633	3.2574	3.1131	3.0065
3	53.5932	9.1618	5.3908	4.1909	3.6195	3.2888	3.0741	2.9238	2.8129
4	55.8330	9.2434	5.3426	4.1072	3.5202	3.1808	2.9605	2.8064	2.6927
5	57.2401	9.2926	5.3092	4.0506	3.4530	3.1075	2.8833	2.7264	2.6106
6	58.2044	9.3255	5.2847	4.0097	3.4045	3.0546	2.8274	2.6683	2.5509
7	58.9060	9.3491	5.2662	3.9790	3.3679	3.0145	2.7849	2.6241	2.5053
8	59.4390	9.3668	5.2517	3.9549	3.3393	2.9830	2.7516	2.5893	2.4694
9	59.8576	9.3805	5.2400	3.9357	3.3163	2.9577	2.7247	2.5612	2.4403
10	60.1950	9.3916	5.2304	3.9199	3.2974	2.9369	2.7025	2.5380	2.4163
11	60.4727	9.4006	5.2224	3.9067	3.2816	2.9195	2.6839	2.5186	2.3961
12	60.7052	9.4081	5.2156	3.8955	3.2682	2.9047	2.6681	2.5020	2.3789
13	60.9028	9.4145	5.2098	3.8859	3.2567	2.8920	2.6545	2.4876	2.3640
14	61.0727	9.4200	5.2047	3.8776	3.2468	2.8809	2.6426	2.4752	2.3510
15	61.2203	9.4247	5.2003	3.8704	3.2380	2.8712	2.6322	2.4642	2.3396
16	61.3499	9.4289	5.1964	3.8639	3.2303	2.8626	2.6230	2.4545	2.3295
17	61.4644	9.4325	5.1929	3.8582	3.2234	2.8550	2.6148	2.4458	2.3205
18	61.5664	9.4358	5.1898	3.8531	3.2172	2.8481	2.6074	2.4380	2.3123
19	61.6579	9.4387	5.1870	3.8485	3.2117	2.8419	2.6008	2.4310	2.3050
20	61.7403	9.4413	5.1845	3.8443	3.2067	2.8363	2.5947	2.4246	2.2983
21	61.8150	9.4437	5.1822	3.8405	3.2021	2.8312	2.5892	2.4188	2.2922
22	61.8829	9.4458	5.1801	3.8371	3.1979	2.8266	2.5842	2.4135	2.2867
23	61.9450	9.4478	5.1781	3.8339	3.1941	2.8223	2.5796	2.4086	2.2816
24	62.0020	9.4496	5.1764	3.8310	3.1905	2.8183	2.5753	2.4041	2.2768
25	62.0545	9.4513	5.1747	3.8283	3.1873	2.8147	2.5714	2.3999	2.2725
26	62.1030	9.4528	5.1732	3.8258	3.1842	2.8113	2.5677	2.3961	2.2684
27	62.1480	9.4542	5.1718	3.8235	3.1814	2.8082	2.5643	2.3925	2.2646
28	62.1897	9.4556	5.1705	3.8213	3.1788	2.8053	2.5612	2.3891	2.2611
29	62.2286	9.4568	5.1693	3.8193	3.1764	2.8025	2.5582	2.3860	2.2578
30	62.2650	9.4579	5.1681	3.8174	3.1741	2.8000	2.5555	2.3830	2.2547
40	62.5291	9.4662	5.1597	3.8036	3.1573	2.7812	2.5351	2.3614	2.2320
60	62.7943	9.4746	5.1512	3.7896	3.1402	2.7620	2.5142	2.3391	2.2085
120	63.0606	9.4829	5.1425	3.7753	3.1228	2.7423	2.4928	2.3162	2.1843

续表

m \ n	10	12	15	20	25	30	40	60
1	3.2850	3.1765	3.0732	2.9747	2.9177	2.8807	2.8354	2.7911
2	2.9245	2.8068	2.6952	2.5893	2.5283	2.4887	2.4404	2.3933
3	2.7277	2.6055	2.4898	2.3801	2.3170	2.2761	2.2261	2.1774
4	2.6053	2.4801	2.3614	2.2489	2.1842	2.1422	2.0909	2.0410
5	2.5216	2.3940	2.2730	2.1582	2.0922	2.0492	1.9968	1.9457
6	2.4606	2.3310	2.2081	2.0913	2.0241	1.9803	1.9269	1.8747
7	2.4140	2.2828	2.1582	2.0397	1.9714	1.9269	1.8725	1.8194
8	2.3772	2.2446	2.1185	1.9985	1.9292	1.8841	1.8289	1.7748
9	2.3473	2.2135	2.0862	1.9649	1.8947	1.8490	1.7929	1.7380
10	2.3226	2.1878	2.0593	1.9367	1.8658	1.8195	1.7627	1.7070
11	2.3018	2.1660	2.0366	1.9129	1.8412	1.7944	1.7369	1.6805
12	2.2841	2.1474	2.0171	1.8924	1.8200	1.7727	1.7146	1.6574
13	2.2687	2.1313	2.0001	1.8745	1.8015	1.7538	1.6950	1.6372
14	2.2553	2.1173	1.9853	1.8588	1.7853	1.7371	1.6778	1.6193
15	2.2435	2.1049	1.9722	1.8449	1.7708	1.7223	1.6624	1.6034
16	2.2330	2.0938	1.9605	1.8325	1.7579	1.7090	1.6486	1.5890
17	2.2237	2.0839	1.9501	1.8214	1.7463	1.6970	1.6362	1.5760
18	2.2153	2.0750	1.9407	1.8113	1.7358	1.6862	1.6249	1.5642
19	2.2077	2.0670	1.9321	1.8022	1.7263	1.6763	1.6146	1.5534
20	2.2007	2.0597	1.9243	1.7938	1.7175	1.6673	1.6052	1.5435
21	2.1944	2.0530	1.9172	1.7862	1.7095	1.6590	1.5965	1.5343
22	2.1887	2.0469	1.9106	1.7792	1.7021	1.6514	1.5884	1.5259
23	2.1833	2.0412	1.9046	1.7727	1.6953	1.6443	1.5810	1.5180
24	2.1784	2.0360	1.8990	1.7667	1.6890	1.6377	1.5741	1.5107
25	2.1739	2.0312	1.8939	1.7611	1.6831	1.6316	1.5677	1.5039
26	2.1697	2.0267	1.8891	1.7559	1.6776	1.6259	1.5617	1.4975
27	2.1657	2.0225	1.8846	1.7510	1.6725	1.6206	1.5560	1.4915
28	2.1621	2.0186	1.8804	1.7465	1.6677	1.6156	1.5507	1.4859
29	2.1586	2.0149	1.8765	1.7422	1.6632	1.6109	1.5458	1.4806
30	2.1554	2.0115	1.8728	1.7382	1.6589	1.6065	1.5411	1.4755
40	2.1317	1.9861	1.8454	1.7083	1.6272	1.5732	1.5056	1.4373
60	2.1072	1.9597	1.8168	1.6768	1.5934	1.5376	1.4672	1.3952
120	2.0818	1.9323	1.7867	1.6433	1.5570	1.4989	1.4248	1.3476

$P\{F \leqslant F_p(m,n)\} = p \quad (p = 0.95)$

m \ n	1	2	3	4	5	6	7	8
1	161.4476	18.5128	10.1280	7.7086	6.6079	5.9874	5.5914	5.3177
2	199.5000	19.0000	9.5521	6.9443	5.7861	5.1433	4.7374	4.4590
3	215.7073	19.1643	9.2766	6.5914	5.4095	4.7571	4.3468	4.0662
4	224.5832	19.2468	9.1172	6.3882	5.1922	4.5337	4.1203	3.8379
5	230.1619	19.2964	9.0135	6.2561	5.0503	4.3874	3.9715	3.6875
6	233.9860	19.3295	8.9406	6.1631	4.9503	4.2839	3.8660	3.5806
7	236.7684	19.3532	8.8867	6.0942	4.8759	4.2067	3.7870	3.5005
8	238.8827	19.3710	8.8452	6.0410	4.8183	4.1468	3.7257	3.4381
9	240.5433	19.3848	8.8123	5.9988	4.7725	4.0990	3.6767	3.3881
10	241.8817	19.3959	8.7855	5.9644	4.7351	4.0600	3.6365	3.3472
11	242.9835	19.4050	8.7633	5.9358	4.7040	4.0274	3.6030	3.3130
12	243.9060	19.4125	8.7446	5.9117	4.6777	3.9999	3.5747	3.2839
13	244.6898	19.4189	8.7287	5.8911	4.6552	3.9764	3.5503	3.2590
14	245.3640	19.4244	8.7149	5.8733	4.6358	3.9559	3.5292	3.2374
15	245.9499	19.4291	8.7029	5.8578	4.6188	3.9381	3.5107	3.2184
16	246.4639	19.4333	8.6923	5.8441	4.6038	3.9223	3.4944	3.2016
17	246.9184	19.4370	8.6829	5.8320	4.5904	3.9083	3.4799	3.1867
18	247.3232	19.4402	8.6745	5.8211	4.5785	3.8957	3.4669	3.1733
19	247.6861	19.4431	8.6670	5.8114	4.5678	3.8844	3.4551	3.1613
20	248.0131	19.4458	8.6602	5.8025	4.5581	3.8742	3.4445	3.1503
21	248.3094	19.4481	8.6540	5.7945	4.5493	3.8649	3.4349	3.1404
22	248.5791	19.4503	8.6484	5.7872	4.5413	3.8564	3.4260	3.1313
23	248.8256	19.4523	8.6432	5.7805	4.5339	3.8486	3.4179	3.1229
24	249.0518	19.4541	8.6385	5.7744	4.5272	3.8415	3.4105	3.1152
25	249.2601	19.4558	8.6341	5.7687	4.5209	3.8348	3.4036	3.1081
26	249.4525	19.4573	8.6301	5.7635	4.5151	3.8287	3.3972	3.1015
27	249.6309	19.4587	8.6263	5.7586	4.5097	3.8230	3.3913	3.0954
28	249.7966	19.4600	8.6229	5.7541	4.5047	3.8177	3.3858	3.0897
29	249.9510	19.4613	8.6196	5.7498	4.5001	3.8128	3.3806	3.0844
30	250.0951	19.4624	8.6166	5.7459	4.4957	3.8082	3.3758	3.0794
40	251.1432	19.4707	8.5944	5.7170	4.4638	3.7743	3.3404	3.0428
60	252.1957	19.4791	8.5720	5.6877	4.4314	3.7398	3.3043	3.0053
120	253.2529	19.4874	8.5494	5.6581	4.3985	3.7047	3.2674	2.9669

续表

m \ n	9	10	12	15	20	25	30	40	60
1	5.1174	4.9646	4.7472	4.5431	4.3512	4.2417	4.1709	4.0847	4.0012
2	4.2565	4.1028	3.8853	3.6823	3.4928	3.3852	3.3158	3.2317	3.1504
3	3.8625	3.7083	3.4903	3.2874	3.0984	2.9912	2.9223	2.8387	2.7581
4	3.6331	3.4780	3.2592	3.0556	2.8661	2.7587	2.6896	2.6060	2.5252
5	3.4817	3.3258	3.1059	2.9013	2.7109	2.6030	2.5336	2.4495	2.3683
6	3.3738	3.2172	2.9961	2.7905	2.5990	2.4904	2.4205	2.3359	2.2541
7	3.2927	3.1355	2.9134	2.7066	2.5140	2.4047	2.3343	2.2490	2.1665
8	3.2296	3.0717	2.8486	2.6408	2.4471	2.3371	2.2662	2.1802	2.0970
9	3.1789	3.0204	2.7964	2.5876	2.3928	2.2821	2.2107	2.1240	2.0401
10	3.1373	2.9782	2.7534	2.5437	2.3479	2.2365	2.1646	2.0772	1.9926
11	3.1025	2.9430	2.7173	2.5068	2.3100	2.1979	2.1256	2.0376	1.9522
12	3.0729	2.9130	2.6866	2.4753	2.2776	2.1649	2.0921	2.0035	1.9174
13	3.0475	2.8872	2.6602	2.4481	2.2495	2.1362	2.0630	1.9738	1.8870
14	3.0255	2.8647	2.6371	2.4244	2.2250	2.1111	2.0374	1.9476	1.8602
15	3.0061	2.8450	2.6169	2.4034	2.2033	2.0889	2.0148	1.9245	1.8364
16	2.9890	2.8276	2.5989	2.3849	2.1840	2.0691	1.9946	1.9037	1.8151
17	2.9737	2.8120	2.5828	2.3683	2.1667	2.0513	1.9765	1.8851	1.7959
18	2.9600	2.7980	2.5684	2.3533	2.1511	2.0353	1.9601	1.8682	1.7784
19	2.9477	2.7854	2.5554	2.3398	2.1370	2.0207	1.9452	1.8529	1.7625
20	2.9365	2.7740	2.5436	2.3275	2.1242	2.0075	1.9317	1.8389	1.7480
21	2.9263	2.7636	2.5328	2.3163	2.1124	1.9953	1.9192	1.8260	1.7346
22	2.9169	2.7541	2.5229	2.3060	2.1016	1.9842	1.9077	1.8141	1.7222
23	2.9084	2.7453	2.5139	2.2966	2.0917	1.9738	1.8972	1.8031	1.7108
24	2.9005	2.7372	2.5055	2.2878	2.0825	1.9643	1.8874	1.7929	1.7001
25	2.8932	2.7298	2.4977	2.2797	2.0739	1.9554	1.8782	1.7835	1.6902
26	2.8864	2.7229	2.4905	2.2722	2.0660	1.9472	1.8698	1.7746	1.6809
27	2.8801	2.7164	2.4838	2.2652	2.0586	1.9395	1.8618	1.7663	1.6722
28	2.8743	2.7104	2.4776	2.2587	2.0517	1.9323	1.8544	1.7586	1.6641
29	2.8688	2.7048	2.4718	2.2525	2.0452	1.9255	1.8474	1.7513	1.6564
30	2.8637	2.6996	2.4663	2.2468	2.0391	1.9192	1.8409	1.7444	1.6491
40	2.8259	2.6609	2.4259	2.2043	1.9938	1.8718	1.7918	1.6928	1.5943
60	2.7872	2.6211	2.3842	2.1601	1.9464	1.8217	1.7396	1.6373	1.5343
120	2.7475	2.5801	2.3410	2.1141	1.8963	1.7684	1.6835	1.5766	1.4673

$P\{F \leqslant F_p(m,n)\} = p \quad (p = 0.975)$

m \ n	1	2	3	4	5	6	7	8
1	647.7890	38.5063	17.4434	12.2179	10.0070	8.8131	8.0727	7.5709
2	799.5000	39.0000	16.0441	10.6491	8.4336	7.2599	6.5415	6.0595
3	864.1630	39.1655	15.4392	9.9792	7.7636	6.5988	5.8898	5.4160
4	899.5833	39.2484	15.1010	9.6045	7.3879	6.2272	5.5226	5.0526
5	921.8479	39.2982	14.8848	9.3645	7.1464	5.9876	5.2852	4.8173
6	937.1111	39.3315	14.7347	9.1973	6.9777	5.8198	5.1186	4.6517
7	948.2169	39.3552	14.6244	9.0741	6.8531	5.6955	4.9949	4.5286
8	956.6562	39.3730	14.5399	8.9796	6.7572	5.5996	4.8993	4.4333
9	963.2846	39.3869	14.4731	8.9047	6.6811	5.5234	4.8232	4.3572
10	968.6274	39.3980	14.4189	8.8439	6.6192	5.4613	4.7611	4.2951
11	973.0252	39.4071	14.3742	8.7935	6.5678	5.4098	4.7095	4.2434
12	976.7079	39.4146	14.3366	8.7512	6.5245	5.3662	4.6658	4.1997
13	979.8368	39.4210	14.3045	8.7150	6.4876	5.3290	4.6285	4.1622
14	982.5278	39.4265	14.2768	8.6838	6.4556	5.2968	4.5961	4.1297
15	984.8668	39.4313	14.2527	8.6565	6.4277	5.2687	4.5678	4.1012
16	986.9187	39.4354	14.2315	8.6326	6.4032	5.2439	4.5428	4.0761
17	988.7331	39.4391	14.2127	8.6113	6.3814	5.2218	4.5206	4.0538
18	990.3490	39.4424	14.1960	8.5924	6.3619	5.2021	4.5008	4.0338
19	991.7973	39.4453	14.1810	8.5753	6.3444	5.1844	4.4829	4.0158
20	993.1028	39.4479	14.1674	8.5599	6.3286	5.1684	4.4667	3.9995
21	994.2856	39.4503	14.1551	8.5460	6.3142	5.1538	4.4520	3.9846
22	995.3622	39.4525	14.1438	8.5332	6.3011	5.1406	4.4386	3.9711
23	996.3462	39.4544	14.1336	8.5216	6.2891	5.1284	4.4263	3.9587
24	997.2492	39.4562	14.1241	8.5109	6.2780	5.1172	4.4150	3.9472
25	998.0808	39.4579	14.1155	8.5010	6.2679	5.1069	4.4045	3.9367
26	998.8490	39.4594	14.1074	8.4919	6.2584	5.0973	4.3949	3.9269
27	999.5609	39.4609	14.1000	8.4834	6.2497	5.0884	4.3859	3.9178
28	1000.2225	39.4622	14.0930	8.4755	6.2416	5.0802	4.3775	3.9093
29	1000.8388	39.4634	14.0866	8.4681	6.2340	5.0724	4.3697	3.9014
30	1001.4144	39.4646	14.0805	8.4613	6.2269	5.0652	4.3624	3.8940
40	1005.5981	39.4729	14.0365	8.4111	6.1750	5.0125	4.3089	3.8398
60	1009.8001	39.4812	13.9921	8.3604	6.1225	4.9589	4.2544	3.7844
120	1014.0202	39.4896	13.9473	8.3092	6.0693	4.9044	4.1989	3.7279

续表

m \ n	9	10	12	15	20	25	30	40	60
1	7.2093	6.9367	6.5538	6.1995	5.8715	5.6864	5.5675	5.4239	5.2856
2	5.7147	5.4564	5.0959	4.7650	4.4613	4.2909	4.1821	4.0510	3.9253
3	5.0781	4.8256	4.4742	4.1528	3.8587	3.6943	3.5894	3.4633	3.3425
4	4.7181	4.4683	4.1212	3.8043	3.5147	3.3530	3.2499	3.1261	3.0077
5	4.4844	4.2361	3.8911	3.5764	3.2891	3.1287	3.0265	2.9037	2.7863
6	4.3197	4.0721	3.7283	3.4147	3.1283	2.9685	2.8667	2.7444	2.6274
7	4.1970	3.9498	3.6065	3.2934	3.0074	2.8478	2.7460	2.6238	2.5068
8	4.1020	3.8549	3.5118	3.1987	2.9128	2.7531	2.6513	2.5289	2.4117
9	4.0260	3.7790	3.4358	3.1227	2.8365	2.6766	2.5746	2.4519	2.3344
10	3.9639	3.7168	3.3736	3.0602	2.7737	2.6135	2.5112	2.3882	2.2702
11	3.9121	3.6649	3.3215	3.0078	2.7209	2.5603	2.4577	2.3343	2.2159
12	3.8682	3.6209	3.2773	2.9633	2.6758	2.5149	2.4120	2.2882	2.1692
13	3.8306	3.5832	3.2393	2.9249	2.6369	2.4756	2.3724	2.2481	2.1286
14	3.7980	3.5504	3.2062	2.8915	2.6030	2.4413	2.3378	2.2130	2.0929
15	3.7694	3.5217	3.1772	2.8621	2.5731	2.4110	2.3072	2.1819	2.0613
16	3.7441	3.4963	3.1515	2.8360	2.5465	2.3840	2.2799	2.1542	2.0330
17	3.7216	3.4737	3.1286	2.8128	2.5228	2.3599	2.2554	2.1293	2.0076
18	3.7015	3.4534	3.1081	2.7919	2.5014	2.3381	2.2334	2.1068	1.9846
19	3.6833	3.4351	3.0896	2.7730	2.4821	2.3184	2.2134	2.0864	1.9636
20	3.6669	3.4185	3.0728	2.7559	2.4645	2.3005	2.1952	2.0677	1.9445
21	3.6520	3.4035	3.0575	2.7403	2.4484	2.2840	2.1785	2.0506	1.9269
22	3.6383	3.3897	3.0434	2.7260	2.4337	2.2690	2.1631	2.0349	1.9106
23	3.6257	3.3770	3.0306	2.7128	2.4201	2.2551	2.1490	2.0203	1.8956
24	3.6142	3.3654	3.0187	2.7006	2.4076	2.2422	2.1359	2.0069	1.8817
25	3.6035	3.3546	3.0077	2.6894	2.3959	2.2303	2.1237	1.9943	1.8687
26	3.5936	3.3446	2.9976	2.6790	2.3851	2.2192	2.1124	1.9827	1.8566
27	3.5845	3.3353	2.9881	2.6692	2.3751	2.2089	2.1018	1.9718	1.8453
28	3.5759	3.3267	2.9793	2.6602	2.3657	2.1992	2.0919	1.9615	1.8346
29	3.5679	3.3186	2.9710	2.6517	2.3569	2.1901	2.0827	1.9519	1.8246
30	3.5604	3.3110	2.9633	2.6437	2.3486	2.1816	2.0739	1.9429	1.8152
40	3.5055	3.2554	2.9063	2.5850	2.2873	2.1183	2.0089	1.8752	1.7440
60	3.4493	3.1984	2.8478	2.5242	2.2234	2.0516	1.9400	1.8028	1.6668
120	3.3918	3.1399	2.7874	2.4611	2.1562	1.9811	1.8664	1.7242	1.5810

$P\{F \leqslant F_p(m,n)\} = p \quad (p=0.99)$

m \ n	1	2	3	4	5	6	7	8
1	4052.1807	98.5025	34.1162	21.1977	16.2582	13.7450	12.2464	11.2586
2	4999.5000	99.0000	30.8165	18.0000	13.2739	10.9248	9.5466	8.6491
3	5403.3520	99.1662	29.4567	16.6944	12.0600	9.7795	8.4513	7.5910
4	5624.5833	99.2494	28.7099	15.9770	11.3919	9.1483	7.8466	7.0061
5	5763.6496	99.2993	28.2371	15.5219	10.9670	8.7459	7.4604	6.6318
6	5858.9861	99.3326	27.9107	15.2069	10.6723	8.4661	7.1914	6.3707
7	5928.3557	99.3564	27.6717	14.9758	10.4555	8.2600	6.9928	6.1776
8	5981.0703	99.3742	27.4892	14.7989	10.2893	8.1017	6.8400	6.0289
9	6022.4732	99.3881	27.3452	14.6591	10.1578	7.9761	6.7188	5.9106
10	6055.8467	99.3992	27.2287	14.5459	10.0510	7.8741	6.6201	5.8143
11	6083.3168	99.4083	27.1326	14.4523	9.9626	7.7896	6.5382	5.7343
12	6106.3207	99.4159	27.0518	14.3736	9.8883	7.7183	6.4691	5.6667
13	6125.8647	99.4223	26.9831	14.3065	9.8248	7.6575	6.4100	5.6089
14	6142.6740	99.4278	26.9238	14.2486	9.7700	7.6049	6.3590	5.5589
15	6157.2846	99.4325	26.8722	14.1982	9.7222	7.5590	6.3143	5.5151
16	6170.1012	99.4367	26.8269	14.1539	9.6802	7.5186	6.2750	5.4766
17	6181.4348	99.4404	26.7867	14.1146	9.6429	7.4827	6.2401	5.4423
18	6191.5287	99.4436	26.7509	14.0795	9.6096	7.4507	6.2089	5.4116
19	6200.5756	99.4465	26.7188	14.0480	9.5797	7.4219	6.1808	5.3840
20	6208.7302	99.4492	26.6898	14.0196	9.5526	7.3958	6.1554	5.3591
21	6216.1184	99.4516	26.6635	13.9938	9.5281	7.3722	6.1324	5.3364
22	6222.8433	99.4537	26.6396	13.9703	9.5058	7.3506	6.1113	5.3157
23	6228.9903	99.4557	26.6176	13.9488	9.4853	7.3309	6.0921	5.2967
24	6234.6309	99.4575	26.5975	13.9291	9.4665	7.3127	6.0743	5.2793
25	6239.8251	99.4592	26.5790	13.9109	9.4491	7.2960	6.0580	5.2631
26	6244.6239	99.4607	26.5618	13.8940	9.4331	7.2805	6.0428	5.2482
27	6249.0708	99.4621	26.5460	13.8784	9.4182	7.2661	6.0287	5.2344
28	6253.2031	99.4635	26.5312	13.8639	9.4043	7.2527	6.0157	5.2214
29	6257.0530	99.4647	26.5174	13.8503	9.3914	7.2402	6.0034	5.2094
30	6260.6486	99.4658	26.5045	13.8377	9.3793	7.2285	5.9920	5.1981
40	6286.7821	99.4742	26.4108	13.7454	9.2912	7.1432	5.9084	5.1156
60	6313.0301	99.4825	26.3164	13.6522	9.2020	7.0567	5.8236	5.0316
120	6339.3913	99.4908	26.2211	13.5581	9.1118	6.9690	5.7373	4.9461

$P\{F \leqslant F_p(m,n)\} = p \quad (p = 0.995)$

m \ n	1	2	3	4	5	6	7	8
1	16210.7227	198.5013	55.5520	31.3328	22.7848	18.6350	16.2356	14.6882
2	19999.5000	199.0000	49.7993	26.2843	18.3138	14.5441	12.4040	11.0424
3	21614.7414	199.1664	47.4672	24.2591	16.5298	12.9166	10.8824	9.5965
4	22499.5833	199.2497	46.1946	23.1545	15.5561	12.0275	10.0505	8.8051
5	23055.7982	199.2996	45.3916	22.4564	14.9396	11.4637	9.5221	8.3018
6	23437.1111	199.3330	44.8385	21.9746	14.5133	11.0730	9.1553	7.9520
7	23714.5658	199.3568	44.4341	21.6217	14.2004	10.7859	8.8854	7.6941
8	23925.4062	199.3746	44.1256	21.3520	13.9610	10.5658	8.6781	7.4959
9	24091.0041	199.3885	43.8824	21.1391	13.7716	10.3915	8.5138	7.3386
10	24224.4868	199.3996	43.6858	20.9667	13.6182	10.2500	8.3803	7.2106
11	24334.3581	199.4087	43.5236	20.8243	13.4912	10.1329	8.2697	7.1045
12	24426.3662	199.4163	43.3874	20.7047	13.3845	10.0343	8.1764	7.0149
13	24504.5356	199.4227	43.2715	20.6027	13.2934	9.9501	8.0967	6.9384
14	24571.7673	199.4282	43.1716	20.5148	13.2148	9.8774	8.0279	6.8721
15	24630.2051	199.4329	43.0847	20.4383	13.1463	9.8140	7.9678	6.8143
16	24681.4673	199.4371	43.0083	20.3710	13.0861	9.7582	7.9148	6.7633
17	24726.7982	199.4408	42.9407	20.3113	13.0327	9.7086	7.8678	6.7180
18	24767.1704	199.4440	42.8804	20.2581	12.9850	9.6644	7.8258	6.6775
19	24803.3549	199.4470	42.8263	20.2104	12.9422	9.6247	7.7881	6.6411
20	24835.9709	199.4496	42.7775	20.1673	12.9035	9.5888	7.7540	6.6082
21	24865.5213	199.4520	42.7333	20.1282	12.8684	9.5562	7.7230	6.5783
22	24892.4186	199.4541	42.6929	20.0925	12.8364	9.5264	7.6947	6.5510
23	24917.0048	199.4561	42.6561	20.0599	12.8071	9.4992	7.6688	6.5260
24	24939.5653	199.4579	42.6222	20.0300	12.7802	9.4742	7.6450	6.5029
25	24960.3405	199.4596	42.5910	20.0024	12.7554	9.4511	7.6230	6.4817
26	24979.5341	199.4611	42.5622	19.9769	12.7325	9.4298	7.6027	6.4620
27	24997.3202	199.4625	42.5355	19.9532	12.7112	9.4100	7.5838	6.4438
28	25013.8481	199.4639	42.5106	19.9312	12.6914	9.3915	7.5662	6.4268
29	25029.2466	199.4651	42.4874	19.9107	12.6729	9.3743	7.5498	6.4109
30	25043.6277	199.4663	42.4658	19.8915	12.6556	9.3582	7.5345	6.3961
40	25148.1532	199.4746	42.3082	19.7518	12.5297	9.2408	7.4224	6.2875
60	25253.1369	199.4829	42.1494	19.6107	12.4024	9.1219	7.3088	6.1772
120	25358.5735	199.4912	41.9895	19.4684	12.2737	9.0015	7.1933	6.0649

续表

m \ n	9	10	12	15	20	25	30	40	60
1	13.6136	12.8265	11.7542	10.7980	9.9439	9.4753	9.1797	8.8279	8.4946
2	10.1067	9.4270	8.5096	7.7008	6.9865	6.5982	6.3547	6.0664	5.7950
3	8.7171	8.0807	7.2258	6.4760	5.8177	5.4615	5.2388	4.9758	4.7290
4	7.9559	7.3428	6.5211	5.8029	5.1743	4.8351	4.6234	4.3738	4.1399
5	7.4712	6.8724	6.0711	5.3721	4.7616	4.4327	4.2276	3.9860	3.7599
6	7.1339	6.5446	5.7570	5.0708	4.4721	4.1500	3.9492	3.7129	3.4918
7	6.8849	6.3025	5.5245	4.8473	4.2569	3.9394	3.7416	3.5088	3.2911
8	6.6933	6.1159	5.3451	4.6744	4.0900	3.7758	3.5801	3.3498	3.1344
9	6.5411	5.9676	5.2021	4.5364	3.9564	3.6447	3.4505	3.2220	3.0083
10	6.4172	5.8467	5.0855	4.4235	3.8470	3.5370	3.3440	3.1167	2.9042
11	6.3142	5.7462	4.9884	4.3295	3.7555	3.4470	3.2547	3.0284	2.8166
12	6.2274	5.6613	4.9062	4.2497	3.6779	3.3704	3.1787	2.9531	2.7419
13	6.1530	5.5887	4.8358	4.1813	3.6111	3.3044	3.1132	2.8880	2.6771
14	6.0887	5.5257	4.7748	4.1219	3.5530	3.2469	3.0560	2.8312	2.6205
15	6.0325	5.4707	4.7213	4.0698	3.5020	3.1963	3.0057	2.7811	2.5705
16	5.9829	5.4221	4.6741	4.0237	3.4568	3.1515	2.9611	2.7365	2.5259
17	5.9388	5.3789	4.6321	3.9827	3.4164	3.1114	2.9211	2.6966	2.4859
18	5.8994	5.3403	4.5945	3.9459	3.3802	3.0754	2.8852	2.6607	2.4498
19	5.8639	5.3055	4.5606	3.9127	3.3475	3.0429	2.8526	2.6281	2.4171
20	5.8318	5.2740	4.5299	3.8826	3.3178	3.0133	2.8230	2.5984	2.3872
21	5.8027	5.2454	4.5020	3.8552	3.2907	2.9862	2.7960	2.5713	2.3598
22	5.7760	5.2192	4.4765	3.8301	3.2659	2.9615	2.7712	2.5463	2.3346
23	5.7516	5.1953	4.4530	3.8071	3.2431	2.9387	2.7483	2.5233	2.3114
24	5.7292	5.1732	4.4314	3.7859	3.2220	2.9176	2.7272	2.5020	2.2898
25	5.7084	5.1528	4.4115	3.7662	3.2025	2.8981	2.7076	2.4823	2.2697
26	5.6892	5.1339	4.3930	3.7480	3.1845	2.8800	2.6894	2.4639	2.2511
27	5.6714	5.1164	4.3759	3.7311	3.1676	2.8631	2.6725	2.4467	2.2336
28	5.6548	5.1001	4.3599	3.7153	3.1519	2.8473	2.6566	2.4307	2.2172
29	5.6393	5.0848	4.3449	3.7006	3.1372	2.8326	2.6417	2.4156	2.2019
30	5.6248	5.0706	4.3309	3.6867	3.1234	2.8187	2.6278	2.4015	2.1874
40	5.5186	4.9659	4.2282	3.5850	3.0215	2.7160	2.5241	2.2958	2.0789
60	5.4104	4.8592	4.1229	3.4803	2.9159	2.6088	2.4151	2.1838	1.9622
120	5.3001	4.7501	4.0149	3.3722	2.8058	2.4961	2.2998	2.0636	1.8341

$P\{F \leqslant F_p(m,n)\} = p \quad (p = 0.999)$

m \ n	1	2	3	4	5	6	7	8
1	405284.0679	998.5003	167.0292	74.1373	47.1808	35.5075	29.2452	25.4148
2	499999.5000	999.0000	148.5000	61.2456	37.1223	27.0000	21.6890	18.4937
3	540379.2016	999.1666	141.1085	56.1772	33.2025	23.7033	18.7723	15.8295
4	562499.5833	999.2499	137.1004	53.4358	31.0850	21.9235	17.1980	14.3916
5	576404.5558	999.2999	134.5800	51.7116	29.7524	20.8027	16.2058	13.4847
6	585937.1111	999.3333	132.8475	50.5250	28.8344	20.0297	15.5208	12.8580
7	592873.2879	999.3571	131.5829	49.6579	28.1626	19.4634	15.0186	12.3980
8	598144.1562	999.3749	130.6190	48.9962	27.6495	19.0303	14.6340	12.0455
9	602283.9916	999.3888	129.8600	48.4745	27.2445	18.6882	14.3299	11.7665
10	605620.9712	999.3999	129.2467	48.0526	26.9166	18.4109	14.0833	11.5401
11	608367.6788	999.4090	128.7408	47.7043	26.6456	18.1816	13.8791	11.3525
12	610667.8213	999.4166	128.3165	47.4118	26.4180	17.9888	13.7073	11.1945
13	612622.0054	999.4230	127.9553	47.1627	26.2240	17.8244	13.5607	11.0596
14	614302.7549	999.4285	127.6443	46.9481	26.0566	17.6825	13.4341	10.9430
15	615763.6620	999.4333	127.3736	46.7612	25.9108	17.5587	13.3237	10.8413
16	617045.1825	999.4374	127.1359	46.5969	25.7826	17.4499	13.2265	10.7517
17	618178.4255	999.4411	126.9254	46.4515	25.6691	17.3534	13.1403	10.6722
18	619187.7040	999.4444	126.7378	46.3217	25.5677	17.2673	13.0633	10.6012
19	620092.2937	999.4473	126.5696	46.2053	25.4768	17.1900	12.9941	10.5374
20	620907.6727	999.4499	126.4178	46.1003	25.3946	17.1201	12.9316	10.4797
21	621646.4123	999.4523	126.2801	46.0050	25.3201	17.0567	12.8749	10.4273
22	622318.8288	999.4545	126.1548	45.9182	25.2522	16.9989	12.8231	10.3795
23	622933.4670	999.4564	126.0401	45.8387	25.1900	16.9460	12.7758	10.3357
24	623497.4649	999.4583	125.9349	45.7658	25.1329	16.8974	12.7322	10.2954
25	624016.8313	999.4599	125.8379	45.6986	25.0803	16.8525	12.6920	10.2583
26	624496.6611	999.4615	125.7483	45.6364	25.0316	16.8111	12.6549	10.2239
27	624941.3022	999.4629	125.6652	45.5788	24.9865	16.7726	12.6204	10.1920
28	625354.4876	999.4642	125.5879	45.5252	24.9445	16.7368	12.5883	10.1623
29	625739.4405	999.4654	125.5159	45.4753	24.9054	16.7034	12.5583	10.1346
30	626098.9585	999.4666	125.4486	45.4286	24.8688	16.6722	12.5304	10.1087
40	628712.0309	999.4749	124.9590	45.0886	24.6020	16.4445	12.3260	9.9194
60	631336.5558	999.4833	124.4658	44.7457	24.3326	16.2143	12.1189	9.7272
120	633972.4030	999.4916	123.9692	44.3998	24.0605	15.9812	11.9090	9.5321

续表

m \ n	9	10	12	15	20	25	30	40	60
1	22.8571	21.0396	18.6433	16.5874	14.8188	13.8767	13.2930	12.6094	11.9730
2	16.3871	14.9054	12.9737	11.3391	9.9526	9.2225	8.7734	8.2508	7.7678
3	13.9018	12.5527	10.8042	9.3353	8.0984	7.4511	7.0545	6.5945	6.1712
4	12.5603	11.2828	9.6327	8.2527	7.0960	6.4931	6.1245	5.6981	5.3067
5	11.7137	10.4807	8.8921	7.5674	6.4606	5.8851	5.5339	5.1283	4.7565
6	11.1281	9.9256	8.3788	7.0917	6.0186	5.4617	5.1223	4.7306	4.3721
7	10.6979	9.5175	8.0009	6.7408	5.6920	5.1484	4.8173	4.4355	4.0864
8	10.3680	9.2041	7.7104	6.4707	5.4400	4.9063	4.5814	4.2070	3.8648
9	10.1066	8.9558	7.4797	6.2559	5.2392	4.7131	4.3930	4.0243	3.6873
10	9.8943	8.7539	7.2920	6.0808	5.0752	4.5551	4.2388	3.8744	3.5415
11	9.7183	8.5864	7.1362	5.9352	4.9386	4.4233	4.1100	3.7490	3.4193
12	9.5700	8.4452	7.0046	5.8121	4.8229	4.3116	4.0006	3.6425	3.3153
13	9.4433	8.3245	6.8920	5.7066	4.7236	4.2155	3.9065	3.5507	3.2255
14	9.3337	8.2200	6.7945	5.6151	4.6374	4.1320	3.8247	3.4707	3.1472
15	9.2381	8.1288	6.7092	5.5351	4.5618	4.0587	3.7527	3.4003	3.0781
16	9.1538	8.0484	6.6340	5.4644	4.4949	3.9938	3.6890	3.3378	3.0167
17	9.0790	7.9770	6.5672	5.4015	4.4353	3.9359	3.6321	3.2820	2.9618
18	9.0121	7.9131	6.5074	5.3452	4.3819	3.8839	3.5810	3.2318	2.9123
19	8.9520	7.8557	6.4535	5.2944	4.3337	3.8370	3.5348	3.1863	2.8674
20	8.8976	7.8037	6.4048	5.2484	4.2900	3.7944	3.4928	3.1450	2.8266
21	8.8482	7.7565	6.3605	5.2066	4.2501	3.7555	3.4545	3.1072	2.7892
22	8.8031	7.7134	6.3200	5.1683	4.2137	3.7199	3.4194	3.0726	2.7548
23	8.7618	7.6739	6.2829	5.1332	4.1802	3.6872	3.3870	3.0406	2.7231
24	8.7239	7.6376	6.2488	5.1009	4.1493	3.6570	3.3572	3.0111	2.6938
25	8.6888	7.6041	6.2172	5.0710	4.1208	3.6291	3.3296	2.9838	2.6665
26	8.6564	7.5730	6.1880	5.0433	4.0943	3.6031	3.3039	2.9583	2.6412
27	8.6262	7.5442	6.1608	5.0176	4.0696	3.5789	3.2800	2.9346	2.6175
28	8.5982	7.5173	6.1355	4.9936	4.0466	3.5564	3.2576	2.9124	2.5953
29	8.5720	7.4922	6.1119	4.9712	4.0251	3.5353	3.2367	2.8916	2.5745
30	8.5476	7.4688	6.0898	4.9502	4.0050	3.5155	3.2171	2.8721	2.5549
40	8.3685	7.2971	5.9278	4.7959	3.8564	3.3692	3.0716	2.7268	2.4086
60	8.1865	7.1224	5.7623	4.6377	3.7030	3.2171	2.9196	2.5737	2.2523
120	8.0014	6.9443	5.5931	4.4750	3.5438	3.0581	2.7595	2.4103	2.0821

附表 5　符号检验表

$$P\{S < s_\alpha(n)\} = \alpha$$

n \ α	0.01	0.025	0.05	0.1	0.25
1					
2					
3					
4					
5					
6					1
7					1
8				1	1
9			1	1	2
10		1	1	1	2
11		1	1	2	3
12	1	1	2	2	3
13	1	2	2	3	3
14	1	2	2	3	4
15	2	2	3	3	4
16	2	3	3	4	5
17	2	3	4	4	5
18	3	3	4	5	6
19	3	4	4	5	6
20	3	4	5	5	6
21	4	4	5	6	7
22	4	5	5	6	7
23	4	5	6	7	8
24	5	6	6	7	8
25	5	6	7	7	9
26	6	6	7	8	9
27	6	7	7	8	10
28	6	7	8	9	10
29	7	8	8	9	10
30	7	8	9	10	11
31	7	8	9	10	11
32	8	9	9	10	12
33	8	9	10	11	12
34	9	10	10	11	13
35	9	10	11	12	13
36	9	10	11	12	14
37	10	11	12	13	14
38	10	11	12	13	14
39	11	12	12	13	15
40	11	12	13	14	15
41	11	12	13	14	16
42	12	13	14	15	16
43	12	13	14	15	17
44	13	14	15	16	17
45	13	14	15	16	18
46	13	14	15	16	18
47	14	15	16	17	19
48	14	15	16	17	19
49	15	16	17	18	19
50	15	16	17	18	20
51	15	17	18	19	20
52	16	17	18	19	21
53	16	17	18	20	21
54	17	18	19	20	22
55	17	18	19	20	22
56	17	19	20	21	23
57	18	19	20	21	23
58	18	20	21	22	24

续表

n \ α	0.01	0.025	0.05	0.1	0.25	n \ α	0.01	0.025	0.05	0.1	0.25
59	19	20	21	22	24	75	25	27	28	29	32
60	19	20	21	23	25	76	26	27	28	30	32
61	20	21	22	23	25	77	26	28	29	30	32
62	20	21	22	24	25	78	27	28	29	31	33
63	20	22	23	24	26	79	27	29	30	31	33
64	21	22	23	24	26	80	28	29	30	32	34
65	21	23	24	25	27	81	28	29	31	32	34
66	22	23	24	25	27	82	28	30	31	33	35
67	22	23	25	26	28	83	29	30	32	33	35
68	22	24	25	26	28	84	29	31	32	33	36
69	23	24	25	27	29	85	30	31	32	34	36
70	23	25	26	27	29	86	30	32	33	34	37
71	24	25	26	28	30	87	31	32	33	35	37
72	24	26	27	28	30	88	31	33	34	35	38
73	25	26	27	28	31	89	31	33	34	36	38
74	25	26	28	29	31	90	32	33	35	36	39

附表 6　秩和检验表

$$P\{T < t_\alpha(n,m)\} = \alpha \qquad (n \leqslant m)$$

n	m	α											
		0.005	0.01	0.025	0.05	0.1	0.2	0.8	0.9	0.95	0.975	0.99	0.995
4	4	10	11	13	14	22	23	25	26				
	5	10	11	12	14	15	25	26	28	29	30		
	6	10	11	12	13	15	17	27	29	31	32	33	34
	7	10	11	13	14	16	18	30	32	34	35	37	38
	8	11	12	14	15	17	20	32	35	37	38	40	41
	9	11	13	14	16	19	21	35	37	40	42	43	45
	10	12	13	15	17	20	23	37	40	43	45	47	48
	11	12	14	16	18	21	24	40	43	46	48	50	52
	12	13	15	17	19	22	26	42	46	49	51	53	55

续表

n	m	α											
		0.005	0.01	0.025	0.05	0.1	0.2	0.8	0.9	0.95	0.975	0.99	0.995
5	5	15	16	17	19	20	22	33	35	36	38	39	40
	6	16	17	18	20	22	24	36	38	40	42	43	44
	7	16	18	20	21	23	26	39	42	44	45	47	49
	8	17	19	21	23	25	28	42	45	47	49	51	53
	9	18	20	22	24	27	30	45	48	51	53	55	57
	10	19	21	23	26	28	32	48	52	54	57	59	61
	11	20	22	24	27	30	34	51	55	58	61	63	65
	12	21	23	26	28	32	36	54	58	62	64	67	69
6	6	23	24	26	28	30	33	45	48	50	52	54	55
	7	24	25	27	29	32	35	49	52	55	57	59	60
	8	25	27	29	31	34	37	53	56	59	61	63	65
	9	26	28	31	33	36	40	56	60	63	65	68	70
	10	27	29	32	35	38	42	60	64	67	70	73	75
	11	28	30	34	37	40	44	64	68	71	74	78	80
	12	30	32	35	38	42	47	67	72	76	79	82	84
7	7	32	34	36	39	41	45	60	64	66	69	71	
	8	34	35	38	41	44	48	64	68	71	74	77	78
	9	35	37	40	43	46	50	69	73	76	79	82	84
	10	37	39	42	45	49	53	73	77	81	84	87	89
	11	38	40	44	47	51	56	77	82	86	89	93	95
	12	40	42	46	49	54	59	81	86	91	94	98	100
8	8	43	45	49	51	55	59	77	81	85	87	91	93
	9	45	47	51	54	58	62	82	86	90	93	97	99
	10	47	49	53	56	60	65	87	92	96	99	103	105
	11	49	51	55	59	63	69	91	97	101	105	109	111
	12	51	53	58	62	66	72	96	102	106	110	115	117
9	9	56	59	62	66	70	75	96	101	105	109	112	115
	10	58	61	65	69	73	78	102	107	111	115	119	122
	11	61	63	68	72	76	82	107	113	117	121	126	128
	12	63	66	71	75	80	86	112	118	123	127	132	135
10	10	71	74	78	82	87	93	117	123	128	132	136	139
	11	73	77	81	86	91	97	123	129	134	139	143	147
	12	76	79	84	89	94	101	129	136	141	146	151	154
11	11	87	91	96	100	106	112	141	147	153	157	162	166
	12	90	94	99	104	110	117	147	154	160	165	170	174
12	12	105	109	115	120	127	134	166	173	180	185	191	195

附表 7　相关系数临界值 $r_\alpha(n-2)$表

$$P\{|R| > r_\alpha(n-2)\} = \alpha$$

$n-2$ \ α	0.5	0.2	0.1	0.05	0.02	0.01	0.005	0.002	0.001
1	0.707	0.951	0.988	0.997	1	1	1	1	1
2	0.5	0.8	0.9	0.95	0.98	0.99	0.995	0.998	0.999
3	0.404	0.687	0.805	0.878	0.934	0.959	0.974	0.986	0.991
4	0.347	0.603	0.729	0.811	0.882	0.917	0.942	0.963	0.974
5	0.309	0.551	0.669	0.755	0.833	0.875	0.906	0.935	0.951
6	0.281	0.507	0.621	0.707	0.789	0.834	0.87	0.905	0.925
7	0.26	0.472	0.582	0.666	0.75	0.798	0.836	0.875	0.898
8	0.242	0.443	0.549	0.632	0.715	0.765	0.805	0.847	0.872
9	0.228	0.419	0.521	0.602	0.685	0.735	0.776	0.82	0.847
10	0.216	0.398	0.497	0.576	0.658	0.708	0.75	0.795	0.823
11	0.206	0.38	0.476	0.553	0.634	0.684	0.726	0.772	0.801
12	0.197	0.365	0.457	0.532	0.612	0.661	0.703	0.75	0.78
13	0.189	0.351	0.441	0.514	0.592	0.641	0.683	0.73	0.76
14	0.182	0.338	0.426	0.497	0.574	0.623	0.664	0.711	0.742
15	0.176	0.327	0.412	0.482	0.558	0.606	0.647	0.694	0.725
16	0.17	0.317	0.4	0.468	0.542	0.59	0.631	0.678	0.708
17	0.165	0.308	0.389	0.456	0.529	0.575	0.616	0.622	0.693
18	0.16	0.299	0.378	0.444	0.515	0.561	0.602	0.648	0.679
19	0.156	0.291	0.369	0.433	0.503	0.549	0.589	0.635	0.665
20	0.152	0.284	0.36	0.423	0.492	0.537	0.576	0.622	0.652
25	0.136	0.255	0.323	0.381	0.445	0.487	0.524	0.568	0.597
30	0.124	0.233	0.296	0.349	0.409	0.449	0.484	0.526	0.554
35	0.115	0.216	0.275	0.325	0.381	0.418	0.452	0.492	0.519
40	0.107	0.202	0.257	0.304	0.358	0.393	0.425	0.463	0.49
45	0.101	0.19	0.243	0.288	0.338	0.372	0.403	0.439	0.465
50	0.096	0.181	0.231	0.273	0.322	0.354	0.384	0.419	0.443
60	0.087	0.165	0.211	0.25	0.295	0.325	0.352	0.385	0.408
70	0.081	0.153	0.195	0.232	0.274	0.302	0.327	0.358	0.38
80	0.076	0.143	0.183	0.217	0.257	0.283	0.307	0.336	0.357
90	0.071	0.135	0.173	0.205	0.242	0.267	0.29	0.318	0.338
100	0.068	0.128	0.164	0.195	0.23	0.254	0.276	0.303	0.321
150	0.055	0.105	0.134	0.159	0.189	0.208	0.227	0.249	0.264
200	0.048	0.091	0.116	0.138	0.164	0.181	0.197	0.216	0.23
300	0.039	0.074	0.095	0.113	0.134	0.148	0.161	0.177	0.188
500	0.03	0.057	0.074	0.088	0.104	0.115	0.125	0.138	0.146
1000	0.021	0.041	0.052	0.062	0.073	0.081	0.089	0.098	0.104

附表 8　H 分布的分位数 $H_\alpha r, (n-1)$表

r	n	0.85	0.9	0.95	0.975	0.985	0.99	0.995
2	2	71.503	161.861	648.255	2604.061	7218.441	16261.269	65067.867
2	3	12.335	19.002	39.005	78.954	132.224	198.549	399.610
2	4	6.783	9.277	15.440	25.223	35.928	47.436	75.779
2	5	4.958	6.386	9.610	14.137	18.655	23.148	33.335
2	6	4.064	5.050	7.142	9.903	12.490	14.951	20.212
2	7	3.533	4.285	5.821	7.749	9.480	11.073	14.378
2	8	3.178	3.785	4.989	6.450	7.731	8.893	11.188
2	9	2.926	3.437	4.429	5.601	6.597	7.492	9.206
2	10	2.736	3.180	4.030	5.008	5.827	6.542	7.921
2	11	2.585	2.976	3.714	4.550	5.241	5.833	6.973
2	12	2.465	2.817	3.473	4.209	4.808	5.321	6.289
2	15	2.210	2.483	2.979	3.515	3.942	4.301	4.962
2	20	1.965	2.168	2.526	2.903	3.193	3.433	3.870
2	25	1.819	1.984	2.269	2.562	2.786	2.966	3.286
2	30	1.720	1.861	2.101	2.345	2.527	2.674	2.932
2	40	1.594	1.704	1.891	2.076	2.212	2.322	2.510
2	50	1.514	1.607	1.762	1.914	2.025	2.113	2.263
2	60	1.458	1.540	1.674	1.804	1.900	1.974	2.100
3	2	296.950	687.996	2833.939	11508.995	31962.423	72304.358	290571.569
3	3	27.456	42.414	87.467	177.705	297.299	446.927	894.273
3	4	12.318	16.771	27.755	45.173	64.206	84.610	135.292
3	5	8.108	10.386	15.459	22.614	29.686	36.699	52.493
3	6	6.221	7.679	10.745	14.755	18.495	22.060	29.695
3	7	5.171	6.225	8.361	11.020	13.392	15.575	20.069
3	8	4.500	5.322	6.939	8.874	10.555	12.075	15.119
3	9	4.036	4.707	6.001	7.514	8.809	9.947	12.186
3	10	3.695	4.263	5.335	6.562	7.591	8.492	10.237
3	11	3.433	3.926	4.846	5.880	6.734	7.469	8.863
3	12	3.225	3.661	4.464	5.356	6.078	6.695	7.852
3	15	2.797	3.124	3.706	4.335	4.831	5.249	6.007
3	20	2.400	2.633	3.039	3.462	3.788	4.052	4.533
3	25	2.170	2.354	2.668	2.990	3.234	3.434	3.785
3	30	2.019	2.173	2.433	2.697	2.892	3.050	3.327
3	40	1.828	1.946	2.144	2.339	2.483	2.598	2.794
3	50	1.710	1.808	1.970	2.128	2.242	2.333	2.488
3	60	1.630	1.715	1.853	1.987	2.083	2.159	2.289
4	2	710.825	1665.457	6904.344	28140.285	78465.627	176324.528	703156.623
4	3	44.693	69.223	142.692	289.341	484.374	729.068	1456.867
4	4	17.630	23.952	39.529	64.136	91.170	120.334	192.741
4	5	10.874	13.871	20.550	29.926	39.195	48.468	69.246

续表

r	n	0.85	0.9	0.95	0.975	0.985	0.99	0.995
4	6	8.033	9.879	13.740	18.750	23.430	27.931	37.322
4	7	6.489	7.776	10.371	13.607	16.489	19.151	24.623
4	8	5.536	6.517	8.438	10.743	12.752	14.555	18.174
4	9	4.887	5.678	7.189	8.952	10.448	11.772	14.351
4	10	4.416	5.073	6.309	7.716	8.889	9.913	11.884
4	11	4.061	4.625	5.669	6.840	7.808	8.644	10.218
4	12	3.783	4.277	5.178	6.177	6.991	7.688	8.984
4	15	3.214	3.575	4.216	4.906	5.450	5.908	6.739
4	20	2.700	2.952	3.388	3.842	4.190	4.478	4.995
4	25	2.409	2.604	2.937	3.278	3.535	3.744	4.114
4	30	2.219	2.381	2.655	2.929	3.134	3.300	3.593
4	40	1.982	2.105	2.309	2.510	2.658	2.776	2.979
4	50	1.838	1.939	2.104	2.265	2.382	2.474	2.633
4	60	1.740	1.826	1.967	2.103	2.201	2.279	2.410
5	2	1335.589	3139.613	13133.333	53674.305	150065.756	339362.319	1354694.228
5	3	63.327	98.145	202.269	410.436	689.055	1036.743	2080.538
5	4	22.808	30.927	50.941	82.516	117.072	154.205	246.316
5	5	13.413	17.073	25.191	36.591	47.875	59.090	84.351
5	6	9.628	11.796	16.346	22.271	27.784	33.003	44.170
5	7	7.623	9.108	12.103	15.821	19.131	22.186	28.428
5	8	6.408	7.520	9.694	12.292	14.549	16.573	20.614
5	9	5.600	6.484	8.172	10.146	11.810	13.282	16.183
5	10	5.012	5.740	7.106	8.670	9.972	11.107	13.291
5	11	4.574	5.192	6.336	7.615	8.662	9.573	11.313
5	12	4.234	4.772	5.755	6.842	7.726	8.478	9.895
5	15	3.548	3.933	4.624	5.362	5.945	6.433	7.327
5	20	2.935	3.200	3.660	4.137	4.502	4.806	5.349
5	25	2.592	2.796	3.144	3.497	3.765	3.983	4.367
5	30	2.371	2.539	2.820	3.104	3.316	3.487	3.785
5	40	2.098	2.224	2.433	2.638	2.789	2.909	3.116
5	50	1.934	2.036	2.204	2.367	2.487	2.581	2.742
5	60	1.822	1.910	2.052	2.189	2.288	2.366	2.499
6	2	2193.708	5186.015	21728.160	88892.073	249078.196	560649.834	2260267.254
6	3	83.373	129.150	266.409	541.799	911.360	1373.704	2751.297
6	4	27.868	37.753	62.068	100.271	142.354	187.425	299.730
6	5	15.803	20.069	29.529	42.801	55.928	69.004	98.446
6	6	11.071	13.539	18.699	25.411	31.644	37.543	50.109
6	7	8.647	10.312	13.652	17.798	21.479	24.857	31.856
6	8	7.180	8.407	10.808	13.674	16.175	18.415	22.901
6	9	6.215	7.179	9.016	11.162	12.977	14.580	17.707

续表

r	n	0.85	0.9	0.95	0.975	0.985	0.99	0.995
6	10	5.526	6.315	7.797	9.476	10.880	12.108	14.456
6	11	5.011	5.676	6.907	8.283	9.410	10.385	12.240
6	12	4.618	5.192	6.242	7.399	8.340	9.145	10.663
6	15	3.826	4.233	4.958	5.733	6.345	6.856	7.794
6	20	3.130	3.406	3.884	4.379	4.760	5.074	5.638
6	25	2.743	2.954	3.313	3.678	3.955	4.177	4.573
6	30	2.495	2.668	2.958	3.247	3.464	3.639	3.943
6	40	2.193	2.321	2.533	2.741	2.895	3.017	3.229
6	50	2.010	2.114	2.283	2.448	2.568	2.664	2.827
6	60	1.887	1.976	2.119	2.257	2.357	2.436	2.570
7	2	3303.058	7782.810	32675.214	133941.869	375305.950	843325.048	3387474.706
7	3	104.391	161.680	333.808	678.553	1140.877	1714.840	3438.696
7	4	32.800	44.423	72.901	117.859	166.959	219.847	350.923
7	5	18.059	22.912	33.670	48.742	63.644	78.477	111.836
7	6	12.417	15.154	20.887	28.338	35.272	41.882	55.924
7	7	9.564	11.384	15.027	19.542	23.580	27.312	34.928
7	8	7.876	9.205	11.797	14.899	17.584	20.004	24.787
7	9	6.763	7.797	9.768	12.070	14.016	15.730	19.096
7	10	5.983	6.823	8.399	10.193	11.683	12.993	15.490
7	11	5.400	6.105	7.407	8.866	10.059	11.091	13.057
7	12	4.954	5.560	6.668	7.889	8.875	9.727	11.304
7	15	4.069	4.495	5.252	6.062	6.703	7.235	8.219
7	20	3.295	3.581	4.075	4.586	4.980	5.304	5.883
7	25	2.871	3.088	3.457	3.830	4.113	4.343	4.749
7	30	2.601	2.777	3.073	3.369	3.590	3.771	4.081
7	40	2.271	2.401	2.616	2.828	2.984	3.108	3.324
7	50	2.075	2.179	2.351	2.518	2.640	2.737	2.903
7	60	1.942	2.030	2.174	2.313	2.414	2.493	2.629
8	2	4658.407	11032.271	46177.476	188615.141	526868.999	1184908.905	4780012.901
8	3	126.327	195.584	403.401	818.947	1373.045	2066.540	4141.339
8	4	37.688	50.934	83.499	134.881	190.825	251.169	399.816
8	5	20.183	25.560	37.502	54.221	70.772	87.031	123.817
8	6	13.673	16.670	22.916	31.067	38.610	45.831	61.076
8	7	10.417	12.379	16.317	21.186	25.553	29.576	37.816
8	8	8.511	9.932	12.717	16.044	18.905	21.494	26.660
8	9	7.260	8.359	10.449	12.879	14.934	16.751	20.308
8	10	6.393	7.281	8.945	10.838	12.414	13.798	16.442
8	11	5.750	6.491	7.859	9.393	10.646	11.726	13.784
8	12	5.255	5.890	7.049	8.335	9.377	10.266	11.939
8	15	4.284	4.726	5.510	6.350	7.011	7.569	8.594
8	20	3.442	3.736	4.244	4.770	5.173	5.507	6.108

续表

r	n	0.85	0.9	0.95	0.975	0.985	0.99	0.995
8	25	2.982	3.204	3.580	3.962	4.252	4.485	4.905
8	30	2.692	2.871	3.173	3.475	3.701	3.883	4.199
8	40	2.339	2.470	2.688	2.903	3.061	3.186	3.403
8	50	2.130	2.235	2.408	2.576	2.699	2.796	2.964
8	60	1.989	2.078	2.223	2.364	2.465	2.545	2.680
9	2	6296.279	14889.499	62659.493	256424.191	715453.181	1625118.472	6518416.471
9	3	149.195	230.959	476.165	966.653	1619.912	2433.209	4856.118
9	4	42.465	57.360	93.822	151.264	214.093	281.820	449.085
9	5	22.258	28.155	41.261	59.667	77.768	95.722	136.577
9	6	14.855	18.081	24.824	33.625	41.783	49.571	66.127
9	7	11.215	13.315	17.515	22.715	27.356	31.603	40.379
9	8	9.098	10.604	13.531	17.045	20.100	22.837	28.305
9	9	7.722	8.877	11.078	13.632	15.798	17.696	21.440
9	10	6.769	7.699	9.436	11.416	13.067	14.506	17.265
9	11	6.067	6.841	8.268	9.862	11.170	12.298	14.447
9	12	5.529	6.190	7.395	8.724	9.798	10.720	12.452
9	15	4.478	4.933	5.742	6.606	7.286	7.860	8.917
9	20	3.572	3.873	4.394	4.930	5.342	5.684	6.293
9	25	3.083	3.308	3.692	4.082	4.376	4.615	5.040
9	30	2.774	2.955	3.260	3.565	3.794	3.978	4.301
9	40	2.399	2.532	2.752	2.968	3.128	3.255	3.475
9	50	2.178	2.285	2.459	2.629	2.752	2.850	3.016
9	60	2.030	2.120	2.266	2.407	2.508	2.588	2.726
10	2	8212.946	19483.336	81995.208	337581.102	940560.880	2123935.474	8573347.691
10	3	172.376	266.759	550.356	1116.865	1871.191	2821.990	5700.399
10	4	47.188	63.682	104.186	168.248	238.269	313.512	499.350
10	5	24.209	30.596	44.819	64.723	84.458	103.921	147.625
10	6	15.986	19.436	26.673	36.085	44.851	53.126	70.898
10	7	11.959	14.181	18.636	24.163	29.083	33.646	42.916
10	8	9.643	11.229	14.315	18.003	21.201	24.062	29.760
10	9	8.148	9.355	11.659	14.334	16.616	18.608	22.502
10	10	7.115	8.083	9.894	11.960	13.673	15.170	18.068
10	11	6.360	7.162	8.643	10.297	11.649	12.829	15.056
10	12	5.780	6.465	7.711	9.089	10.204	11.162	12.947
10	15	4.653	5.121	5.953	6.844	7.549	8.139	9.217
10	20	3.690	3.997	4.527	5.078	5.500	5.850	6.472
10	25	3.172	3.400	3.790	4.186	4.485	4.729	5.160
10	30	2.845	3.029	3.338	3.647	3.880	4.067	4.396
10	40	2.453	2.587	2.809	3.027	3.189	3.317	3.538
10	50	2.221	2.328	2.504	2.675	2.799	2.898	3.067
10	60	2.067	2.157	2.303	2.445	2.547	2.628	2.766

续表

r	n	0.85	0.9	0.95	0.975	0.985	0.99	0.995
11	2	10406.876	24617.680	103338.781	424339.415	1191188.622	2680582.495	10745534.725
11	3	196.247	303.733	626.579	1270.692	2127.013	3198.679	6416.970
11	4	51.860	69.989	114.418	184.334	260.936	343.799	547.821
11	5	26.117	32.990	48.211	69.401	90.405	111.282	158.404
11	6	17.039	20.699	28.357	38.282	47.539	56.359	75.111
11	7	12.669	15.009	19.702	25.500	30.728	35.501	45.374
11	8	10.159	11.818	15.042	18.912	22.272	25.276	31.340
11	9	8.551	9.811	12.210	15.006	17.374	19.466	23.601
11	10	7.443	8.449	10.333	12.468	14.252	15.799	18.797
11	11	6.631	7.461	8.997	10.708	12.113	13.315	15.620
11	12	6.014	6.718	8.006	9.423	10.579	11.568	13.426
11	15	4.817	5.297	6.153	7.061	7.781	8.385	9.506
11	20	3.798	4.111	4.652	5.211	5.639	5.991	6.627
11	25	3.254	3.486	3.881	4.283	4.586	4.833	5.265
11	30	2.912	3.098	3.412	3.725	3.960	4.148	4.478
11	40	2.502	2.637	2.861	3.082	3.243	3.374	3.597
11	50	2.261	2.368	2.545	2.717	2.842	2.941	3.111
11	60	2.099	2.190	2.337	2.478	2.581	2.662	2.801
12	2	12958.744	30733.465	129097.200	529327.597	1480350.419	3335103.587	13342123.900
12	3	220.658	341.705	703.948	1426.325	2390.194	3589.312	7208.228
12	4	56.480	76.181	124.490	200.414	284.053	373.204	593.905
12	5	27.995	35.331	51.576	74.410	96.830	119.186	169.505
12	6	18.078	21.958	30.053	40.568	50.352	59.608	79.334
12	7	13.344	15.789	20.710	26.815	32.240	37.231	47.450
12	8	10.652	12.379	15.750	19.779	23.252	26.408	32.657
12	9	8.926	10.230	12.720	15.617	18.064	20.228	24.492
12	10	7.744	8.784	10.730	12.941	14.785	16.396	19.478
12	11	6.882	7.736	9.314	11.090	12.541	13.806	16.189
12	12	6.231	6.955	8.277	9.731	10.909	11.925	13.828
12	15	4.968	5.460	6.334	7.270	8.009	8.628	9.767
12	20	3.899	4.217	4.767	5.336	5.773	6.133	6.781
12	25	3.329	3.565	3.965	4.372	4.679	4.929	5.367
12	30	2.973	3.162	3.478	3.795	4.031	4.222	4.558
12	40	2.546	2.682	2.908	3.131	3.295	3.425	3.652
12	50	2.296	2.404	2.582	2.755	2.882	2.982	3.153
12	60	2.130	2.221	2.368	2.511	2.614	2.695	2.835

附表9　正　交　表

$L_4(2^3)$

试验号	列号		
	1	2	3
1	1	1	1
2	1	2	2
3	2	1	2
4	2	2	1

注: 任意二列间的交互作用出现于另一列.

$L_8(2^7)$

试验号	列号						
	1	2	3	4	5	6	7
1	1	1	1	1	1	1	1
2	1	1	1	2	2	2	2
3	1	2	2	1	1	2	2
4	1	2	2	2	2	1	1
5	2	1	2	1	2	1	2
6	2	1	2	2	1	2	1
7	2	2	1	1	2	2	1
8	2	2	1	2	1	1	2

$L_8(2^7)$：二列间的交互作用表

列号	列号						
	1	2	3	4	5	6	7
	(1)	3	2	5	4	7	6
		(2)	1	6	7	4	5
			(3)	7	6	5	4
				(4)	1	2	3
					(5)	1	2
						(6)	1

$L_{12}(2^{11})$

试验号	列号										
	1	2	3	4	5	6	7	8	9	10	11
1	1	1	1	1	1	1	1	1	1	1	1
2	1	1	1	1	1	2	2	2	2	2	2
3	1	1	2	2	2	1	1	1	2	2	2

续表

试验号	列号										
	1	2	3	4	5	6	7	8	9	10	11
4	1	2	1	2	2	1	2	2	1	1	2
5	1	2	2	1	2	2	1	2	1	2	1
6	1	2	2	2	1	2	2	1	2	1	1
7	2	1	2	2	1	1	2	2	1	2	1
8	2	1	2	1	2	2	2	1	1	1	2
9	2	1	1	2	2	2	1	2	2	1	1
10	2	2	2	1	1	1	1	2	2	1	2
11	2	2	1	2	1	2	1	1	1	2	2
12	2	2	1	1	2	1	2	1	2	2	1

$L_{16}(2^{15})$

试验号	列号														
	1	2	3	4	5	6	7	8	9	10	11	12	13	14	15
1	1	1	1	1	1	1	1	1	1	1	1	1	1	1	1
2	1	1	1	1	1	1	1	2	2	2	2	2	2	2	2
3	1	1	1	2	2	2	2	1	1	1	1	2	2	2	2
4	1	1	1	2	2	2	2	2	2	2	2	1	1	1	1
5	1	2	2	1	1	2	2	1	1	2	2	1	1	2	2
6	1	2	2	1	1	2	2	2	2	1	1	2	2	1	1
7	1	2	2	2	2	1	1	1	1	2	2	2	2	1	1
8	1	2	2	2	2	1	1	2	2	1	1	1	1	2	2
9	2	1	2	1	2	1	2	1	2	1	2	1	2	1	2
10	2	1	2	1	2	1	2	2	1	2	1	2	1	2	1
11	2	1	2	2	1	2	1	1	2	1	2	2	1	2	1
12	2	1	2	2	1	2	1	2	1	2	1	1	2	1	2
13	2	2	1	1	2	2	1	1	2	2	1	1	2	2	1
14	2	2	1	1	2	2	1	2	1	1	2	2	1	1	2
15	2	2	1	2	1	1	2	1	2	2	1	2	1	1	2
16	2	2	1	2	1	1	2	2	1	1	2	1	2	2	1

$L_{16}(2^{15})$：二列间的交互作用表

列号	列号														
	1	2	3	4	5	6	7	8	9	10	11	12	13	14	15
	(1)	3	2	5	4	7	6	9	8	11	10	13	12	15	14
		(2)	1	6	7	4	5	10	11	8	9	14	15	12	13
			(3)	7	6	5	4	11	10	9	8	15	14	13	12
				(4)	1	2	3	12	13	14	15	8	9	10	11
					(5)	3	2	13	12	15	14	9	8	11	10
						(6)	1	14	15	12	13	10	11	8	9
							(7)	15	14	13	12	11	10	9	8
								(8)	1	2	3	4	5	6	7
									(9)	3	2	5	4	7	6
										(10)	1	6	7	4	5
											(11)	7	6	5	4
												(12)	1	2	3
													(13)	3	2
														(14)	1

$L_9(3^4)$

试验号	列号			
	1	2	3	4
1	1	1	1	1
2	1	2	2	2
3	1	3	3	3
4	2	1	2	3
5	2	2	3	1
6	2	3	1	2
7	3	1	3	2
8	3	2	1	3
9	3	3	2	1

$L_{27}(3^{13})$

试验号	列　号												
	1	2	3	4	5	6	7	8	9	10	11	12	13
1	1	1	1	1	1	1	1	1	1	1	1	1	1
2	1	1	1	1	2	2	2	2	2	2	2	2	2
3	1	1	1	1	3	3	3	3	3	3	3	3	3
4	1	2	2	2	1	1	1	2	2	2	3	3	3
5	1	2	2	2	2	2	2	3	3	3	1	1	1
6	1	2	2	2	3	3	3	1	1	1	2	2	2
7	1	3	3	3	1	1	1	3	3	3	2	2	2
8	1	3	3	3	2	2	2	1	1	1	3	3	3
9	1	3	3	3	3	3	3	2	2	2	1	1	1

续表

试验号	列号												
	1	2	3	4	5	6	7	8	9	10	11	12	13
10	2	1	2	3	1	2	3	1	2	3	1	2	3
11	2	1	2	3	2	3	1	2	3	1	2	3	1
12	2	1	2	3	3	1	2	3	1	2	3	1	2
13	2	2	3	1	1	2	3	2	3	1	3	1	2
14	2	2	3	1	2	3	1	3	1	2	1	2	3
15	2	2	3	1	3	1	2	1	2	3	2	3	1
16	2	3	1	2	1	2	3	3	1	2	2	3	1
17	2	3	1	2	2	3	1	1	2	3	3	1	2
18	2	3	1	2	3	1	2	2	3	1	1	2	3
19	3	1	3	2	1	3	2	1	3	2	1	3	2
20	3	1	3	2	2	1	3	2	1	3	2	1	3
21	3	1	3	2	3	2	1	3	2	1	3	2	1
22	3	2	1	3	1	3	2	2	1	3	3	2	1
23	3	2	1	3	2	1	3	3	2	1	1	3	2
24	3	2	1	3	3	2	1	1	3	2	2	1	3
25	3	3	2	1	1	3	2	3	2	1	2	1	3
26	3	3	2	1	2	1	3	1	3	2	3	2	1
27	3	3	2	1	3	2	1	2	1	3	1	3	2

$L_{16}(4^5)$

试验号	列号				
	1	2	3	4	5
1	1	1	1	1	1
2	1	2	2	2	2
3	1	3	3	3	3
4	1	4	4	4	4
5	2	1	2	3	4
6	2	2	1	4	3
7	2	3	4	1	2
8	2	4	3	2	1
9	3	1	3	4	2
10	3	2	4	3	1
11	3	3	1	2	4
12	3	4	2	1	3
13	4	1	4	2	3
14	4	2	3	1	4
15	4	3	2	4	1
16	4	4	1	3	2

$L_8(4\times2^4)$

试验号 \ 列号	1	2	3	4	5
1	1	1	1	1	1
2	1	2	2	2	2
3	2	1	1	2	2
4	2	2	2	1	1
5	3	1	2	1	2
6	3	2	1	2	1
7	4	1	2	2	1
8	4	2	1	1	2

$L_{12}(3\times2^4)$

试验号 \ 列号	1	2	3	4	5
1	1	1	1	1	1
2	1	1	1	2	2
3	1	2	2	1	2
4	1	2	2	2	1
5	2	1	2	1	1
6	2	1	2	2	2
7	2	2	1	1	1
8	2	2	1	2	2
9	3	1	2	1	2
10	3	1	1	2	1
11	3	2	1	1	2
12	3	2	2	2	1

$L_{12}(6\times2^2)$

试验号 \ 列号	1	2	3
1	2	1	1
2	5	1	2
3	5	2	1
4	2	2	2
5	4	1	1
6	1	1	2
7	1	2	1
8	4	2	2
9	3	1	1
10	6	1	2
11	6	2	1
12	3	2	2

$L_{16}(8\times 2^3)$

试验号＼列号	1	2	3	4	5	6	7	8	9
1	1	1	1	1	1	1	1	1	1
2	1	2	2	2	2	2	2	2	2
3	2	1	1	1	1	2	2	2	2
4	2	2	2	2	2	1	1	1	1
5	3	1	1	2	2	1	1	2	2
6	3	2	2	1	1	2	2	1	1
7	4	1	1	2	2	2	2	1	1
8	4	2	2	1	1	1	1	2	2
9	5	1	2	1	2	1	2	1	2
10	5	2	1	2	1	2	1	2	1
11	6	1	2	1	2	2	1	2	1
12	6	2	1	2	1	1	2	1	2
13	7	1	2	2	1	1	2	2	1
14	7	2	1	1	2	2	1	1	2
15	8	1	2	2	1	2	1	1	2
16	8	2	1	1	2	1	2	2	1